SOCIAL POLICY

COMPARATIVE HISTORICAL AND
INSTITUTIONAL APPROACH

사회정책론

비교 역사 및 제도적 접근

유 현 종

法 文 社

Social Policy

Comparative Historical and Institutional Approach

Hyun Jong Yoo

BOBMUNSA

머리말

    저자가 이 책을 쓰게 된 동기는 정부에서 사회정책을 수행하면서 느낀 자괴감과 미래세대에 대한 일말의 책임의식 때문이다. 부처별로 다양한 사회정책에 관한 사업이 시행되고 있음에도 출산율은 몇 년째 세계에서 최하위권이며, 자살률과 노인 빈곤율은 세계 최고 수준이고, 정책 홍보에도 불구하고 국민들에 대한 실질적인 복지 체감도는 높지 않다. 본서에서 분석한 바에 의하면 중앙정부와 지방자치단체를 통해 보건, 연금, 돌봄, 가족, 고용, 교육, 주거 등 사회정책 분야에 투입되는 재정의 규모는 2019년에 301조 정도이며, 재정 외로 운영되는 건강보험과 장기요양보험의 재원까지 더하면 약 370조 정도로 추정된다. 이처럼 천문학적 자금이 사회정책에 사용되고 있음에도 왜 이러한 결과가 발생했는지에 대하여 근본적인 의문이 제기되었다.

    선배 학자 분들께서 제시한 바에 의하면 한국의 발전과정은 국가형성, 산업화, 민주화를 통하여 궁극적으로 모두가 인간다운 삶을 영위하는 복지국가를 지향하는 것이었다. 그러나 1997년 IMF 외환위기가 발생하고 신자유주의적 개혁이 추진되어 한국의 복지국가의 변화는 공공성과 효율성이 조화를 이루는 형태로 이루어지지 못하고 시장의 논리에 지배를 받게 되었다. 저자가 공직생활과 행정학에 배움의 뜻을 품기 시작했던 시기도 이즈음이었다. 당시 한국은 경제발전을 바탕으로 제도적 복지국가를 지향해야 할 단계였음에도 영미 복지국가의 재조정기의 정책을 참고하기 시작하였다. 그러는 사이에 2000년대에 들어 저출산 및 고령화가 심화되고, 중국의 추격에 따라 제조업의 쇠퇴와 구조조정이 진행되면서 보육, 기초연금, 일자리, 건강보험의 보장성 확대 등 선거와 맞물려 사회정책에 대한 잠재된 국민의 요구가 봇물처럼 쏟아져 나오기 시작하였다. 그러나 서구의 복지국가의 발전과정에서 보는 바와 같이 비스마르크의 사회보험(독일), 베버리지 보고서(영국), 라로크 계획(프랑스) 등과 같이 복지국가와 사회정책에 관한 근본적이고 체계적인 계획은 제시되지 못하고 있다.

이러한 상황 속에서 저자는 학회와 학술지에 사회정책에 관한 논문을 발표하면서 언젠가는 한국의 사회정책에 관한 이론과 정책을 망라하는 책을 쓰겠다고 마음먹고 있다가 연세대학교에서 열리는 사회정책연구회에 참여하면서 많은 동기부여를 받게 되었고, 공직 생활을 하면서 틈을 내어 작업을 시작하여 이제야 마무리를 짓게 되었다. 이 책은 한국보다 앞서 복지국가를 이룩한 외국과의 비교 역사적 맥락 속에서 한국의 사회정책의 형성과 변화를 분석하는 제도주의적 방법론에 기초하고 있다. 일찍이 지천(智泉) 박동서 선생께서는 외국 행정이론의 한국적 적실성을 강조하시고, 비교역사적 방법론에 기초한 한국 행정의 7대 과정론을 제시하신 바가 있다. 본서는 한국행정의 7대 과정론을 사회정책 분야에 비판적으로 적용하여 서구 복지국가의 이론에 대비한 한국 복지국가의 이론화, 복지국가의 조직화와 재원조달, 한국이 처한 상황을 고려한 분야별 사회정책을 제시하였다.

본서는 모두 10개의 장으로 구성되어 있다. 제1장에서는 복지국가와 사회정책에 대한 기본적 개념과 연구방법론을 제시하였고, 제2장에서는 사회정책의 이념과 접근방법, 복지국가의 이론들을 제시하였으며, 제3장에서는 서구와 한국의 복지국가의 역사를 비교분석하였고, 제4장에서는 한국이 직면하고 있는 사회정책의 현황과 도전과제들을 제시하였으며, 제5장에서는 사회정책의 정책과정 모델과 정책수단을 고찰하였고, 제6장에서는 복지국가의 조직화와 관련된 행정이론과 복지레짐별 정치행정체계와 전달체계의 사례를 비교분석하였으며, 제7장에서는 복지국가의 재원과 관련된 이론과 제도를 분석하였고, 제8장에서는 가족, 고용 및 실업, 연금, 보건의료, 교육, 사회적 부조, 장애인, 돌봄 서비스, 주거 등의 분야별 사회정책을 소개하였으며, 제9장에서는 사회정책의 평가와 관련된 이론과 제도를 소개하였고, 제10장에서는 분석의 결과를 종합하고 복지국가의 미래와 한국 복지국가의 발전방향을 제시하였다. 본서의 특징은 무엇보다 행정 및 정책이론을 한국적 맥락에서 사회정책에 적용하고자 하였고, 복지국가의 조직화와 재원에 관한 문제를 실질적으로 논의하고자 하였다. 아무쪼록 사회정책을 배우고자 하는 학생들에게는 이론과 실무에 관한 균형잡힌 시각을 제공하고, 행정의 실무자들에게도 현실의 정책문제 해결을 위한 아이디어를 제공함으로써 업무 수행에 참고가 될 수 있기를 기대한다.

마지막으로 이 책은 저자 개인의 노력만으로는 결코 발간될 수 없었음을 밝혀 두고자 한다. 행정학이라는 학문의 여정으로 이끌어 주시고 용기를 북돋워 주신 정용덕 교수님, 김병섭 교수님, 박상인 교수님 등 서울대학교 행정대학원의 은사님과 동고동락을 같이한 동학 여러분, 사회정책연구회를 통해 복지국가에 대한 안목을 넓혀주신 연세대학교 정무권 교수님, 양재진 교수님, 그리고 개인적으로 서울대학교 사회복지학과 안상훈 교수님, 한신대학교 장종익 교수님께도 지면을 빌려 감사의 인사를 드린다. 또한 캐나다 국외훈련 과정에서 여러모로 도움을 주신 Concordia 대학교의 Marguerite Mendell 교수님, Le Chantier de l'économie sociale의 Béatrice Alain 대표님, International Center for Innovation and Knowledge Transfer on the Social and Solidarity Economy (CITIES)의 Martin Van den Borre 국장님과 직원 여러분에게도 감사의 마음을 전한다. 무엇보다도 저자의 연구 활동으로 인하여 모처럼 함께할 수 있는 시간이 많이 줄어들었던 것을 인내해 준 가족들에게 미안하고 감사하다.

2020년 8월
캐나다 몬트리올에서
저자 씀

차 례

제 9 장 사회정책의 평가 (625~654)

Contents

개념 및 방법론

1 개념 및 방법론

제 1 절   서 론

인류의 역사는 수십만 년 전의 수렵사회에서 농경사회로, 농경사회에서 산업혁명을 거쳐 산업사회로, 다시 양차 세계대전을 거쳐 복지국가로 발전해 왔다. 유구한 인류 역사에 비추어 볼 때 복지국가(welfare state)는 비교적 최근에 발생한 현상으로서 19세기 말 산업화와 자본주의 발달로 도시 노동자들이 늘어나게 되고, 이들의 열악한 생활환경과 실업, 빈곤 등의 사회적 문제를 해결하고 노동계급이 과격하게 정치세력화 되는 것을 사전적으로 방지하기 위하여 실업, 질병보험, 노인연금 등의 제도가 부분적으로 도입되기 시작하였다.[1] 복지국가는 유럽에서 19세기 후반에 나타난 현상이며, 가장 먼저 시도된 것은 프랑스에서 나폴레옹 3세가 자발적인 연대성에 기반하여 상호부조 조직들을 국가가 지원함으로써 급부국가(l'État Providence)라는 용어를 사용하기 시작하였고(Pierson and Leimgruber, 2010: 36),[2] 독일에서는 비스마르크(Otto Eduard Leopold Fürst von Bismark)에 의하여 1880년대 질병, 상해, 노인 등의 보험이 도입되면서 국가의 재정적 기능이 보다 적극적으로 행사되는 것을 복지국가(Wohlfahrtsstaat)로 부르기도 하였다(Wagner, 1893).[3] 현대적인 의미에서 복지국가는 영국에서 베버리지(William Beveridge)의 1942년 「사회보험과 연합된 서비스(the Report on the Social Insurance and Allied Services)」라는 보고서에 기초하여 1948년 포괄적인 복지제도가 시행된 깃과 관련된다.

그러나 개인주의와 자유주의에 기초한 시장경제가 나타나기 이전에도 사람들 간에 가족 및 친족 공동체의 상호성(reciprocity)에 따라 도움을 주고받았으며, 가부장적인 지도자에 의하여 재분배가 이루어지고 있었다(Polanyi, 1944 [2001]: 49-50).○4 18세기부터 자유주의와 결합한 시장경제가 발달함에 따라 개인들은 자유로운 경제활동에 대한 대가를 받는 대신에 고립된 존재로서 생존을 추구하게 되었다. 그 결과 19세기의 도시노동자들은 빈곤과 열악한 노동조건으로 비참한 생활을 하였고, 자본주의를 극복하려는 사회주의의 탄생의 배경이 되기도 하였다. 그렇다면 개인 노동자들의 삶의 문제를 해결하기 위하여 기존의 상호성에 기초한 연대경제를 택하지 않고 왜 국가를 활용하고자 하였을까? 자본주의의 발전과 복지국가의 성장과는 어떤 관계가 있을까? 등의 물음을 던질 수 있다. 노동자의 복지 문제를 해결하기 위하여 사회개혁을 시도한 국가는 시민사회를 중심으로 시장경제가 발달한 영국이 아니라 국가주도로 후발 산업화와 민족통일을 이룩한 독일이었으며, 노동자들의 과격한 운동을 방지하고 국가체제 내에서 포섭하기 위한 수단으로 복지국가가 제시되었다. 그러면 국가 주도가 아닌 시민사회 중심의 시장경제가 발달한 영미에서는 왜 복지국가를 도입하게 되었을까?

영국에서 단순한 시혜적 급부를 넘어 국가가 국민에게 인간다운 삶을 누릴 수 있도록 권리로서의 복지를 제공하는 것은 시민권(citizenship)의 성장과 관련이 있다. 영국의 사회학자 마샬(T. H. Marshall)에 의하면 시민권의 내용은 공민권(civil rights), 정치적 권리(political rights), 사회적 권리(social rights)로 순차적으로 발달되는데, 자본주의가 성장함에 따라 시장경쟁으로 인한 빈부격차와 평등주의적 원칙 간에 긴장이 발생하게 되었고, 이를 해결하기 위하여 소득재분배와 빈곤에 대한 국가의 개입 등의 사회권이 강조되었다(Marshall, 1964: 65-122; Béland, 2010: 12-17).○5 참정권이 확대되고 대의 민주주의가 성장함에 따라 노동계급을 대표하는 정당이 정치권력을 차지하게 됨으로써 복지제도는 더욱 확대되었다. 또한 자본주의의 모순에 대하여 저항하는 사회주의 세력의 등장과 대공황과 세계대전 등의 위기 상황을 겪으면서 보수적인 자본주의 국가에서도 사회주의적 아이디어를 수용하지 않을 수 없게 되었다. 그러나 국가개입의 범위와 방식에 있어서 국가별로 차이점이 있는데 자유주의와 시장경제가 발달된 미국은 시장에서의 기업복지와 비영리민간단체를 통하여 복지를 제공하려고 하고 국가에 의한 복지개입은 최소한으로 하였고, 스스로 일할 수 없는 사람들에 대하여 최소한의 생활수준을 보장하려고 하였다. 영국에서는 미국과 마찬가지로 자유주의와 시장경제가 발달된 국가이지만 자유주의의 한계로 발생한 사회적 불평등에 대하여 노동자들이 노동조합을 통하여 조직화되었고, 페이비언 협회(Fabian Society)와 같은 지식인 집단과 함께 노동당을 결성하여 정치세력화 하였다. 세계대전에 노동자들이 참전하여 국가를 위하여 봉사하였으며 그 과정에서 보수당과 연립정부를 구성하여 참전한 시민과 노동자들을 국가가 포용하고 소련이라는 전체주의적 공산국가에 대응하여 장기적으로 자본주의가 지속적으로 성장할 수 있는 보완장치로 복지국가라는 아이디어가 제안된 것이다.

　이에 비하여 독일이나 프랑스에서는 소상공인이나 노동자들이 자체적으로 조합을 형성하여 상호부조적인 사회보험을 구축하였고, 국가가 이를 수용하여 관리하였고 개인적 기여에 따라 급여가 차별되는 계층적 원리가 받아들여졌으며, 남성 가장에 의존하여 복지가 결정되는 보수주의적 복지제도가 발달하였다. 한편, 스웨덴은 사회민주당이 농민세력과 연합하여 선거에서 승리하고 장기집권을 하면서 높은 수준의 조세를 국민이 수용하는 대신에 보편주의적 복지를 국가가 제공하는 모델을 개발하였고, 완전고용과 노사 및 노노간의 타협을 통한 연대임금제, 포용적이고 투명한 관료제를 구현하였다. 이처럼 국가별로 구현되는 복지국가의 양상은 다르지만 복지국가를 구성하는 중요한 요소로 초기에는 근로능력이 없는 사회적 약자에 대해서는 조세에 의한 공공부조를 제공하였으며, 노동자들에는 개인별 기여에 따른 사회보험이 도입되었고, 점차 교육, 건강, 주거 등에서 보편주의적 서비스로 발전하게 되는데, 이를 뒷받침하기 위하여 사회보험 기여금 이외의 누진적 조세와 부가가치세 등의 재정적 수단이 마련되었다.

　이러한 복지국가의 이상은 1970년대 재정위기가 초래될 때까지 국가가 지향하는 목표가 되었으나 1970년대 이후 재정위기에 직면하게 되자 국민에 대한 보편적 복지와 재정적 지속가능성이라는 상반된 가치를 조화하는 것이 본질적인 과제가 되었다. 즉, 복지국가의 구조 조정기에서는 개인의 복지수요에 대하여 바람직한 서비스의 제공 수준을 정하고 개인적인 이익과 기여에 기반한 복지 제도가 개인 및 가족의 필요(needs)를 충족시키면서 일자리를 통한 생산활동에 충분한 동기부여를 유발할 수 있어야 하며, 공공서비스에서도 효율성이 필요하고, 개인의 직접적인 기여 이상의 자원배분에서는 사회적 형평성과 공동체에 대한 개인의 책임성을 확보할 수 있어야 복지국가는 지속가능할 수 있다. 특히, 한국은 사회의 전근대성을 극복하고 국가형성, 경제발전, 정치적 민주화를 차례로 이룩하고 참여의 시대를 거쳐 모든 국민이 실질적으로 인간다운 삶을 누릴 수 있는 복지국가의 시대로 진입할 단계에 놓여 있다. 그러나 정치 및 행정의 국가 시스템은 과거 경제발전기의 발전국가의 유산이 남아 있으며, 경제규모에 비하여 공공사회지출은 낮은 작은 복지국가(small welfare state)에 머무르고 있다.

이러한 맥락에서 본서에서는 다음과 같은 주제에 대하여 연구하고자 한다. 첫째, 복지국가란 무엇이며, 어떤 요인에 의하여 형성되고 발전되는가? 복지국가를 구성하는 핵심적인 제도는 무엇이며 국가별로 어떤 차이가 있는가? 둘째, 복지국가의 발전은 가정, 시장, 사회를 대체 또는 보완하면서 개인에게 인간다운 삶을 보장하기 위한 국가, 정치, 행정 체계의 발전과 병행하게 되는데,◇6 복지국가의 발전과 병행하여 사회정책을 산출하고 전달하는 정치행정체계와 전달체계는 어떻게 변화되어 왔는가? 복지국가는 재정만 증가시킨다고 이룩되는 것이 아니라 복지국가를 합리적으로 설계하고 일관성 있게 집행하는 정치와 행정기구, 관료제의 발전이 수반되어야 하는 것이 아닌가라는 점이다. 셋째, 복지국가를 통하여 국민들에게 제공되는 사회정책에는 어떤 것들이 있으며, 여기에 필요한 재원을 어떻게 확보할 것인가? 넷째, 사회정책에 대한 정책평가와 환류에 대하여 분석하고 국정평가 체계의 개혁방안에 대하여 살펴보고자 한다. 끝으로 논의한 내용을 바탕으로 한국 복지국가의 미래상에 대하여 간략하게 살펴보고자 한다.

제2절 │ 개념적 분석틀

복지국가의 행정과 사회정책을 이해하기 위하여 사용되는 여러 개념들에 대한 이해가 필요하다. 우선 복지국가(welfare state)에 개념에 대하여 다양하게 정의되고 있으나 독일에서는 1870년대 이후 비스마르크가 사회보험을 통하여 보수주의적 사회개혁을 통하여 추구한 것을 사회국가(sozialstaat) 또는 복지국가(wohlfahrtsstaat)라고 하였으며, 영국에서는 템플 주교가 독일 나치의 전체주의적 권력국가에 대항하여 전후 연합국의 재건에 대한 약속으로서 '복지국가(welfare state)'라는 용어를 사용하였다(Temple, 1941; C. Pierson, 2007: 105; 박병현, 2017: 14).[7] 복지국가는 다양한 학문의 연구 대상이며, 개념적으로 정의하기에 모호하고(Øverbye, 2010: 153),[8] 연구자의 가치관, 이데올로기적 입장, 이론적 관점에 따라 매우 다양하게 정의되고 있다(김태성·성경륭, 2014: 46).[9] 사전적인 의미에서 복지국가는 기회균등, 부의 균등 분배, 자조능력이 없는 시민들에게 최소한의 급여를 제공하는 공적 책임의 원칙에 근거하여 시민들의 경제적 사회적 웰빙(wellbeing)을 보호하고 증진하는 국가를 의미한다(Britannica Online Encyclopedia).[10] 학자들의 견해를 살펴보면 마샬(T. H. Marshall)은 복지국가를 법적, 정치적, 사회적 권리가 상호 연결되어 있으며(Marshall, 1992[1949]),[11] 정치적 권리로서 민주적 의사결정을 복지국가의 핵심적 요소로 보지만 다른 입장에서는 소득 수준이 높은 국가에서 제공되는 복지프로그램들로 보기도 한다(Barr, 1992).[12] 복지국가를 역사적 발전과정으로 파악하여 근대국가와 자본주의 국가에 이어서 등장한 국가의 형태로서 소득보장과 보건 및 교육 등의 사회적 급여를 제공함으로써 전체적으로 정치경제와 사회적 장치들에 대하여 정당성을 부여하는 국가로 보는 입장도 있다(Dryzek and Dunleavy, 2009: 30-31).[13] 이는 마르크스주의적인 국가관을 반영하는 것으로서 자본주의 국가에서 자본주의적 축적과정에 발생하는 정당성의 위기를 극복하기 위하여 노동자 계급에 대하여 복지급여를 제공하며 복지국가도 자본주의 체제의 일부로 본다(Offe, 1984).◇14 한편 수정 자본주의의적 접근으로 모든 국민에게 최소한의 수입, 영양, 건강, 주택, 그리고 교육을 보장하는 국가라고 하거나(Wilensky, 1975: 1)◇15 국민들에게 전국적인 최저 기준(national minimum standards)의 삶을 유지하기 위하여 국가가 제도적으로 책임을 지는 국가로 보는 견해도 있다(Mishra, 1990: 34).◇16 국내에서는 서구의 다양한 복지국가의 정의들에서 발견되는 공통된 특성으로 자본주의 경제체제와 정치적 민주주의를 전제로 하며, 최소한의 전국 수준의 복지를 제시하면서 복지국가를 자본주의와 민주주의의 거시적 구조 속에서 모든 국민들의 기본욕구를 최소한으로 보장하여 삶의 안전을 증진시키는 국가로 규정하는 입장도 있고(김태성 · 성경륭, 2014: 53),◇17 국가가 국민을 위해 포괄적이고 보편적인 복지 제공의 책임을 지기 시작하면서 대두된 개념으로서 시장경제와 민주주의의 틀 안에서 경제적 역동성과 사회적 결속을 함께 이루는 것을 목적으로 하는 국가로 정의하기도 하며(안병영외, 2018: 22),◇18 자본주의와 민주주의라는 국가체제에서 모든 국민들의 기본 욕구를 적정 수준으로 충족시켜 안락한 삶을 증진시키려 노력하는 국가로 정의하기도 한다(박병현, 2017: 13-15).◇19 이러한 맥락에서 좁은 의미에서의 복지국가는 보건, 교육, 주거, 소득유지, 사회서비스 등의 중요한 복지수요를 충족시키기 위한 국가의 조치(measures)를 의미하며, 광의로는 20세기 이후 서구의 자본주의 사회를 중심으로 나타난 (국민의 기본적 수요를 충족시키기 위한) 특정 형태의 국가, 구별되는 정체의 형태, 특정한 형태의 사회를 의미하는 것으로 볼 수 있다(C. Pierson, 2007: 10).◇20

한편 이러한 복지국가의 개념 정의에 대하여 단순히 국가가 시혜적으로 급부를 제공하는 것만 아니라 복지급여의 범위도 고려해야 한다는 주장이 제기되었다. 티트머스(Richard M. Titmuss)에 의하면 복지국가를 잔여적(residual) 또는 제도적(institutional) 복지국가로 구분하고 전자는 국가가 가족이나 시장이 실패한 경우에만 책임을 떠맡지만 후자는 국민 전체를 대상으로 보편적이고 제도화된 복지를 제공한다고 한다(Titmuss, 1958).◇21 이를 발전시켜 에스핑 안데르센(Gøsta Esping-Andersen)은 탈상품화(decommodification)와 복지 수혜자의 계층화(stratification)의 정도에 따라 복지국가의 유형을 자유주의, 보수주의, 사민주의의 세 가지 복지레짐으로 분류하였다(Esping-Andersen, 1990).◇22 즉, 자유주의는 탈상품화의 정도가 높지 않고 빈부에 차이에 따른 계층화의 정도도 높고, 보수주의에서는 탈상품화의 정도는 다소 높지만 사회적 계층에 따른 차이로서 계층화가 있으며, 사민주의에서는 탈상품화의 정도도 높고, 국가의 복지급여를 통하여 계층화의 정도도 약화되는 특징을 나타내고 있다. 이보다 앞서 복지의 필요에 대한 정부 개입의 형태에 따라 적극적 국가(positive state), 사회보장국가(social security state), 사회복지국가(social welfare state) 유형화하기도 하였다(Furniss and Tilton. 1977; 박병현, 2017).◇23 적극적 복지국가에서는 정부의 주된 역할이 지속적인 경제성장을 위하여 기업과 자본의 이익을 보호하며, 사회복지국가는 경제성장을 해하지 않는 범위에서 잔여적인 것이나 사회보험의 형태를 선호하는데 대표적으로 미국을 들 수 있다. 사회보장국가에서는 국민들에게 최저 수준의 생활을 보장하고 기회의 균등을 강조하며 보편적인 복지를 추구하지는 않는 국가로서 대표적으로 영국을 들 수 있다. 사회복지국가는 평등주의적 경향이 강하며, 보편적인 사회서비스를 제공하기 위하여 높은 조세부담과 국민의 정치적 참여가 활성화된 국가로서 대표적으로 스웨덴을 들 수 있다.

복지국가는 국가별로 구체적인 실현 형태에서는 차이가 있지만 전체적으로 산업화와 민주화라는 근대화(modernization)의 산물로 볼 수 있고, 거시적인 분석틀(framework)로 접근할 필요가 있다(Flora and Alber, 1984).◇24 근대화의 과정은 크게 성장의 과정(growth processes)과 구조적 변화(structural changes)의 과정으로 나눌 수 있는데, 전자는 경제와 인구를 지속적으로 성장시키는 능력으로서 경제와 구조를 변화시키는 능력인 정체(polity)로 구분할 수 있다. 경제와 인구 성장의 배경에는 교육과 과학기술이 발달함에 따라 산업화가 나타나게 되고, 대중들의 사회적 동원을 통하여 관료제의 성장이 나타나게 되며, 이를 통하여 정부의 개입과 정치적 참여가 증가하게 된다. 산업화로 인하여 나타난 빈곤이나 위생 등의 문제를 해결하기 위하여 조직적 능력을 증가시키게 되며 그 결과로서 도시화가 나타나게 된다. 이러한 산업화, 도시화, 관료제화의 과정을 거쳐 경제와 인구의 성장, 정치적 참여와 관료제의 개입의 증가가 나타나게 되고 사회의 구조적 및 기능적 분화를 초래하게 된다. 사회는 기능적 분화의 결과로서 시장, 관료제, 조합(사회단체)의 영역으로 나누어지게 되며, 이를 통합시키는 구심점으로 한 사회의 구성원으로서의 자격인 시민권(citizenship)이라는 개념이 정립되었다. 시민권은 공민권(civil rights), 정치권(political rights), 사회권(social rights)의 순서로 발전해 왔는데 공민(자유)권은 시장의 영역에서 재산의 소유와 계약의 자유라는 측면에서는 시장과 관련되고, 표현 및 거주이전, 집회결사의 자유라는 측면에서 조합(사회단체)의 영역과 관련되며, 정치권은 정당결성과 이익집단의 활동이라는 측면에서 조합(사회단체)의 영역과 관련되며, 정치적 참여의 결과로서 의회권력을 확립함으로써 관료제를 통제할 수 있게 되므로 관료제와도 관련된다. 한편 사회권은 경제에 필요한 건강한 노동력의 공급이라는 측면에서 복지서비스를 제공하므로 시장과 관련되며, 다른 한편, 복지 프로그램은 다양한 실정법적 조치를 통하여 구현되므로 관료제와도 관련된다. 이러한 근대화를 통하여 복지국가가 실현되는 되는 과정은 첫째, 가정으로부터 분리되어 특정한 노동시장을 창출하는 분화의 과정에서 발생하는 사회문제들을 국가가 해결할 필요가 있게 되고, 둘째, 정치적 권리의 제도화의 결과로서 사회권이 등장하게 되며, 셋째, 복지입법이 강화됨에 따라 국가 관료제에 의하여 시장을 보완하고 대체하는 규제들이 등장하게 된다.

복지국가의 형성은 총체적으로 근대화라는 경제적, 정치적, 사회적 환경의 변화에 따라 사회의 구조적 및 기능적 분화가 발생하게 되며, 그 결과로 다양한 사회문제가 발생하게 되고 이를 해결하기 위한 국가의 개입을 통해 이루어졌음을 알 수 있다. 그러나 복지국가의 기원과 관련하여 기존의 연구들은 산업화와 경제발전과 같은 기능주의적 설명(Wilensky, 1975), 노동자 계급의 권력자원의 확보(Korpi, 1978), 복지제도의 형성을 위한 국가와 제도의 중요성에 대한 설명 (Skocpol, 1985) 등의 대표적인 연구가 있었으나 복지국가를 실현하는 수단으로서 복지국가 내부의 관료제의 의사결정과 정책적 산출로서 사회정책에 대한 분석은 부족하였다(Flora and Alber, 1984: 44).◇25

그림 1-1 서구 복지국가의 발전과정으로서 근대화의 분석틀

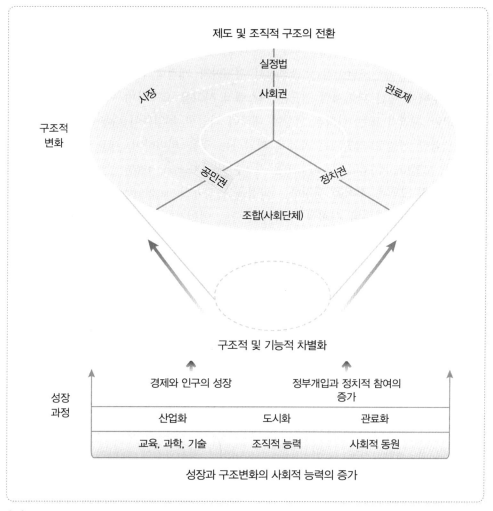

제도 및 조직적 구조의 전환

실정법

시장   사회권   관료제

구조적
변화

공민권   정치권

조합(사회단체)

구조적 및 기능적 차별화

성장
과정

경제와 인구의 성장   정부개입과 정치적 참여의
증가

산업화	도시화	관료화
교육, 과학, 기술	조직적 능력	사회적 동원

성장과 구조변화의 사회적 능력의 증가

출처: Flora and Alber, 1984. p. 39.

본서에서는 복지국가를 형성하는 환경적 요인을 배경으로 구체적인 사회정
책을 산출하는 국가의 정치행정 작용을 하나의 체계(system)로 파악하고자 한다.

복지국가를 형성하는 중요한 수단으로서 정치행정의 체계가 어떻게 형성되고 인력과 재원을 활용하여 사회문제 해결을 위한 정책결정을 통하여 어떻게 사회정책을 창출해 내는지를 분석하고자 한다. 국민들에게 사회정책을 실현하기 위한 국가기능의 증대는 행정조직과 정책과정, 정책분석 및 평가에 대한 연구를 확대하였고, 재원조달이라는 관점에서 경제학과 재정학적 접근을 요구하였다. 사회정책에 대한 다학제적 접근은 시스템적 사고를 요구하며 여기서 시스템적 사고란 자연적 또는 사회적 현상에 대하여 다양한 투입들이 다루어지고 처리되어 명확한 산출로 창출되는 체계로 파악하는 것을 의미하며, 대표적으로 투입-산출 모델(inputs-outputs model)을 들 수 있다(Easton, 1965).◇26 그러나 투입 산출과정 모델은 정책을 결정하는 과정을 블랙박스(blackbox)로 보아 설명에서 제외함으로서 단순히 사회적 투입이 산출로 이어지는 과정만을 묘사하는 한계에 머무르고 있다. 민주주의 국가의 복지정책과정에서는 체제 내의 정책과정에 대해서도 분석이 이루어져야 하며, 이를 통하여 복지국가 내에서 관료제를 통한 사회정책들이 형성되고 집행되는 과정을 이해할 수 있다. 여기서 정책과정(policy process)이란 정책 아이디어를 적극적인 효과가 나타나게 집행되는 정책으로 전환하는 과정을 의미한다(Birkland, 2015: 26-27).◇27 정책과정에 대하여 공공정책이 산출되는 과정을 지능(intelligence), 권고(recommendation), 처방(prescription), 환기(invocation), 적용(application), 평가(appraisal), 종료(termination)라는 7가지 범주의 의사결정 과정(decision process)으로 분석한 연구가 있고(Lasswell, 1956),◇28 이를 정책과정의 중요한 활동으로 보고 정책 사이클(policy cycles)이라는 개념을 제안하기도 하였다(Jones, 1970).◇29 정책과정에 대하여 인과적 이론과 검증가능한 가설 설정이 없다고 비판하기도 하지만(Sabatier and Jenkins-Smith, 1993: 3)◇30 다른 대안을 찾아 내지 못하는 이상 정책을 이해하는 중요한 분석 틀로서 의미를 지니고 있다.

구체적으로 정책과정을 어떻게 설계할 것인지에 대해서는 단계적 접근방법과 동태적 접근방법으로 나누어 볼 수 있다. 전자는 전통적인 의사결정이론의 입장으로서 정책과정은 정적이고 분리된 일련의 과정으로서 정치인에 의하여 결

정된 정책을 행정이 집행하는 것으로 보는 반면에 후자는 정책집행 과정을 동
태적이고 지속적인 과정으로 보며, 각각의 정책단계가 겹치면서 환경변화와 의
사결정자들의 피이드백이 지속적으로 이루어지는 것으로 본다(Bochel, 2016).◇31
정책과정의 유형으로는 전통적으로 정책형성-집행-평가의 3단계로 파악하였지
만, 이를 보다 구체화하여 문제정의 및 의제설정-정책형성-정책정당화-정책집
행-정책평가-정책변화의 6단계 과정으로 파악하는 입장도 있고(Jones, 1984),◇32
정책과정의 단계별 모델에서는 ① 이슈의 형성, ② 의제설정, ③ 대안의 선택,
④ 법제화, ⑤ 집행, ⑥ 평가로 구분하기도 하며(Birkland, 2015: 26),◇33 ① 사
회문제, ② 정책의제설정, ③ 정책분석, ④ 정책결정, ⑤ 정책집행, ⑥ 정책결
과, ⑦ 정책평가 등으로 구분하는 입장도 있다(정정길외, 2010: 14).◇34 정책과정
은 단계별 상호 구분된 것이 아니라 환경변화와 행위자의 권력관계, 영향에 따
라 동태적으로 변화하기 때문에 후자의 모형이 적절하다고 생각된다.

기존의 투입-산출 체계 모델에서는 환경적 요인으로부터 투입이 이루어져
산출로 이어지는 정치 행정체계의 내부적 가정을 다루지 않았기 때문에 이를
보다 구체화하기 위한 연구들로서 정책의 흐름과 정책의 창(Policy Streams and
Policy Window) 이론, 옹호연합틀(Advocacy Coalition Framework) 이론, 단절적
균형(Punctuated Equilibrium) 이론, 제도적 분석 및 발전(Institutional Analysis
and Development) 이론 등이 제시되었다. 첫째, 정책의 창 이론은 문제의 흐름,
정책의 흐름, 정치의 흐름이 우연한 기회에 합쳐져서 기회의 창을 통해 해결되
는 환경으로부터 투입까지의 정책형성의 과정을 설명하였고(Kingdon, 1995),◇35
옹호연합 이론은 특정한 정책의 영역에서 이익집단들이 외부적 계기와 구조적
제약 하에서 정책의 하부시스템 내에서 각각 옹호그룹을 형성하여 정책매개자를
통하여 의사결정에 이르고 정책산출 및 정책영향으로 이어지는 정책과정을 설명
하였다(Sabatier, 1987).◇36 또한 단절적 균형이론은 정치체계가 비교적 안정적이
라는 전제 하에 언론의 보도나 이익집단들이 법원 및 기타 정부기관에 대한 적
극적 활동 등을 통하여 특정 정책네트워크의 정책독점을 깨뜨릴 때 단절적으로
정책변화가 일어난다고 하고(Baumgartner and Jones, 1993),◇37 제도적 분석 및

발전이론은 정책과정에서 제도적 제약 하에서 다양한 아이디어를 지닌 행위자들이 상호작용을 통하여 합리적 선택으로서 정책 산출에 이르는 과정을 분석한다 (Ostrom, Gardner, and Walker, 1994).◇38

  그러나 의회 중심의 정책관련 다양한 행위자와 언론 등을 매개한 정책의제의 형성은 미국의 현실을 이론화한 것이며, 국회가 주도권을 지니고 있지 않은 한국에서는 언론 보도에 따른 여론의 변화에 따라 집권여당 및 야당의 압력과 청와대를 통한 지시에 의하여 관료제가 대안을 마련하여 국회에 승인을 받는 과정으로 전개된다. 중앙집권적인 국가구조를 지니고 있는 한국에서는 문제정의 및 의제설정이 사회 내에서 다원적인 이익집단의 경쟁과 언론의 보도를 통하여 이루어지기 보다는 국가권력의 주도로 형성되며, 과거 권위주의 정부보다는 개선되었지만 환경으로부터의 투입 기능이 취약하다. 따라서 강한 국가성을 지닌 한국 행정의 경우 ① 목표설정, ② 정책결정, ③ 기획, ④ 조직화, ⑤ 동작화, ⑥ 평가, ⑦ 시정조치의 한국 행정의 7대 과정론이 제시되기도 하였다(박동서, 1997).◇39 국가행정에 대한 분석틀로서 이 모형은 행정조직과 정책과정을 결합하고 모든 단계에서 환경과의 상호작용이 일어나는 개방체제를 가정한다. 본서의 분석틀에서는 이를 사회정책에 적용하고자 하며, 복지국가의 정치행정체계가 환경으로부터 끊임없이 상호작용을 하고, 강한 국가성에 기반하여 목표설정과 정책기획 기능을 수행하며, 민주적으로 선출된 정치엘리트의 지도를 받는 행정 및 정책과정으로 파악하고자 한다. 이를 단계별로 보면 ① 투입, ② 목표설정, ③ 정책결정, ④ 정책기획, ⑤ 정책정당화, ⑥ 조직화, ⑦ 정책집행, ⑧ 정책평가, ⑨ 환류 및 시정조치의 9단계의 과정으로 분석할 수 있다. 이러한 논의들을 종합하여 복지국가의 정책과정의 분석틀을 제시하면 [그림 1-2]와 같다.

  이 분석틀에 대하여 부연하자면 첫째, 환경적 요인은 정책과정에 영향을 미치는 외부적 요인으로서 경제적, 정치적, 사회적 요인들이 있다. 이들 요인은 정책과정의 전체적인 단계에서 영향을 미치며 정치행정체계로부터 역으로 영향을 받을 수도 있다. 다만, 제도적 및 구조적 요인을 환경적 요인에 포함시키는 입장도 있지만(Birkland, 2015)◇40 이를 생태적 및 사회적 환경으로 보기는 어렵고,

그림 1-2 복지국가의 정책과정의 분석틀

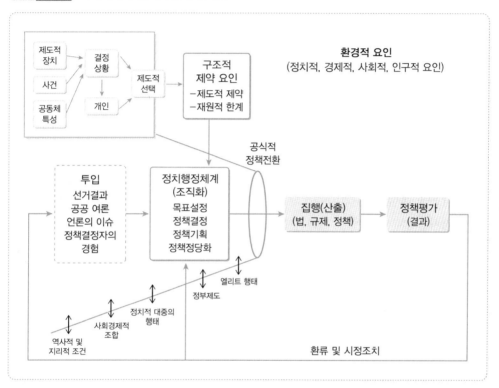

출처: Easton(1965), Mazmanian and Sabatier(1980), Sabatier(1988), 박동서(1997), Birkland(2015)을 참고하여 재작성.

신제도주의적 관점에서는 정부제도의 일부를 형성하면서도 행위자의 행태를 제약하는 별도의 외부적 요인으로 보는 것이 바람직할 것이다. 제도분석 이론에 의하면 기존의 제도적 장치, 사건, 공동체의 특성의 상호 작용 하에서 제도적 선택의 상황이 형성되고 행위자들의 자신들의 선호에 따라 제도적 선택을 하게 되면 그 결과로서 형성된 제도가 정치행정체계 내에서 정책과정을 제약하는 구조적인 요인이 된다(Kiser and Ostrom, 1982).◇41 또한 정책시스템을 단순히 블랙박스가 아니라 개방된 시스템으로 보려는 시도는 정책형성 과정을 ① 역사적-시정학적 조건들, ② 사회-경제적 구성, ③ 대중 정치행태, ④ 정부제도, ⑤ 엘리트 행태로 이어지는 단계적인 깔때기(funnel)로 보려는 연구에 의하여 시도되었고 정치체계 내에서 공식적인 정책전환을 통하여 정책이 산출되는 것으로 보았다(Hofferbert, 1974).◇42 투입(inputs)은 정치체계의 외부로부터 일정한 요구가 반영되는 것으로서 민주주의 국가에서는 선거결과, 공공여론, 선출직 및 고위 관리에 대한 의사소통, 이익집단의 활동, 언론매체 등의 영향 등이 있다. 한편, 정치행정체계는 헌법에 따라 조직된 정부라고 할 수 있는데, 초기의 투입 산출 모델에서는 정치시스템을 블랙박스로 가정하였지만 신제도주의와 정책과정 이론의 도움을 통하여 정치행정체계 내에서 구조적 제약 하에 행위자들의 상호 작용을 통하여 정책이 결정되는 과정을 분석할 수 있게 되었다. 산출(output)은 정치행정체계 내에서 사회문제 해결을 위하여 일련의 의사결정 과정을 통하여 내놓은 결과로서 정책을 말하며, 법과 규제 등도 포함한다. 산출은 정치행정체계로부터 만들어 낸 고안물이며, 실제로 국민과 사회에 영향을 미치는 변화의 정도는 결과(outcome)를 통하여 판단되며, 국정평가의 대상이 된다. 정책평가의 결과는 다시 투입과정을 거치거나 정치행정체계로 직접 환류되기도 한다. 환류 및 시정조치는 효과가 다시 원인이 되는 것으로 법과 제도의 해석을 통하여 영향을 미치는 효과와 정치적 활동에 대하여 수단과 인센티브를 제공하는 자원효과를 통하여 영향을 미칠 수 있다(P. Pierson, 1993; Sabatier and Weible, 2014: 153-154).◇43

한편, 복지국가의 정책과정의 산출결과로서 사회정책(social policy)은 복지국가의 성장과 함께 20세기 이후에 등장한 학문의 분야로서 초기에는 학자들마다 다양한 의미로 사용되고 있었다. 사회학분야에서는 국가가 개인의 삶에 개입하는 정책들로 광범위하게 정의하는 반면에 보다 전형적인 의미로 사회정책은 공동체의 구성원에게 최소한의 삶의 수준을 보장하고 기회를 제공하기 위한 소망들로 표현하기도 하고(Hagenbuch, 1958; Titmuss, 1974: 23-32),◇44 실제적인 의미에서는 시민의 복지에 직접적인 영향을 미치는 조치에 관한 정부의 정책이며, 사회보험, 공적 부조, 보건 및 복지서비스, 주거정책들을 포함한다(Marshall,

1965).◇45 기존의 농경사회에서 산업사회로 전환되고 자본주의가 발달하면서 다양한 사회문제가 발생하게 되고, 이러한 사회적, 경제적 문제에 대한 제도화된 대응이 사회정책(social policy)이라 할 수 있다.◇46 사회문제(social problem)란 단순히 개인적 필요를 넘어서는 사회적으로 공통되는 필요로서 공동체 내에서 필요들이 인식되고, 판단이 내려지며, 해결하기 위한 대안들이 제시될 수 있어야 한다. 사회문제가 다양한 것처럼 이를 해결하기 위한 수단으로서 사회정책도 다양하며 정책영역과 하위 프로그램을 포괄하는 큰 그림 속에서 이해할 필요가 있다. 이렇게 볼 때 사회정책은 사회권으로서 인간다운 삶을 누릴 수 있도록 사회보험, 공적 부조, 보건 및 복지서비스, 주거 등 인간의 생활에 개입하는 국가의 정책을 의미한다고 볼 수 있고 복지국가를 구현하는 정책수단으로서 의미를 지니고 있다. 보통 사회정책의 정책영역으로는 학자들마다 다양하게 제시되고 있는데, 일자리, 실업, 복지, 연금, 보건의료, 주거, 가족급여로 나누기도 하고 (Béland, 2010), 소득보장, 고용, 보건의료, 공공보건, 학교교육, 평생교육 및 직업훈련, 주거, 사회적 돌봄, 형벌행정 등으로 나누기도 하며(Pete Alcock et al., 2016), 일반적으로는 보건, 교육, 사회보장, 주거 및 개인적 사회서비스 등을 포함하고 있으며 여기에 고용과 환경정책을 추가하기도 한다(Dean, 2012: 42-57). 경제협력개발기구(OECD)에서는 공공사회지출(public social expenditure)의 영역을 노령(old-age), 유족(survivors), 장애관련급여(incapacity- related benefits), 보건(health), 가족(family), 적극적 노동시장 정책(active labour market policies), 고용(employment), 주거(housing), 기타 급여로 구분하고 있으며(OECD SOCX), 이를 바탕으로 사회정책을 노령연금, 보건, 장기요양, 산업재해, 장애, 실업보험, 적극적 노동시장, 사회적 부조, 가족급여 및 서비스, 주거, 교육으로 구분하기도 한다(Castles et al., 2010). 국내에서는 보건의료, 공적 연금, 고용문제와 노동시장 정책, 사회서비스 및 가족정책, 공공부조(안병영외, 2018), 빈곤, 불평등, 건강, 고용정책, 근로자보호정책, 사회보장제도(김영종, 2009) 소득보장정책, 의료보장정책, 사회복지서비스정책(한국복지행정학회, 2014), 노동시장, 가족, 불평등 및 빈곤과 관련된 사회복지정책(구인회외, 2012) 등으로 나누고 있다.◇47

　　본서에서는 OECD의 공공사회지출 항목을 참고하여 현실적으로 중요한 정책들을 중심으로 ① 가족, ② 고용 및 실업정책, ③ 연금, ④ 보건의료, ⑤ 교육, ⑥ 사회적 부조, ⑦ 장애인, ⑧ 돌봄 서비스, ⑨ 주거정책으로 구분하여 분석하고자 한다. 또한 사회정책은 사회복지와도 밀접한 관련이 있다. 사회복지(social welfare)란 사회 내에서 개인과 단체의 필요에 대응하고 사회적 문제를 해결하기 위한 다양한 사회적 장치를 말한다(Manning, 2016).◇48 사회복지의 역사는 인간의 필요를 인식하고 그것을 충족하기 위한 사회적 조직의 이야기이기 때문이다(Bradshaw, 1974).◇49 여기서 필요란 첫째, 전문가들에 의하여 사람들에게 필요하다고 정의되는 규범적 필요(normative need), 둘째, 사람들이 필요하다고 느끼는 주관적 필요(felt need), 셋째, 주관적 필요가 행동으로 표현된 것으로 서비스에 대한 수요의 정도를 의미하는 표현된 필요(expressed need), 넷째, 서비스를 제공받는 사람들의 특성을 연구함으로써 측정되는 비교적 필요(comparative need) 등이 있다. 주관적 필요가 있는 사람은 그것을 표현할 수도 있고 표현하지 않을 수도 있으며, 주관적 필요는 표현된 필요를 포함하므로 위 4가지 필요의 영역이 일치하는 것은 아니다.◇50 필요에 있어서 중요한 것은 기본적 요소나 최저기준 등과 같은 필요를 어떻게 측정할 것인가이며, 개인의 필요에 대하여 객관적 해석을 중시하는 입장과 개개인의 주관적 요인에 초점을 맞추는 입장 간에 차이가 존재한다. 한편 필요(need)와 대비되는 개념으로 결핍(want)과 선호(preference)의 개념이 있다. 결핍이라는 것은 무엇인가 부족하다는 것으로 보다 포괄적인 개념이며, 필요하지 않지만 없기 때문에 원할 수 있고, 원하지 않지만 필요할 수 있다. 따라서 필요는 단순한 결핍보다 더 본질적이고 기본적인 것임을 알 수 있다. 선호는 경제학에 주로 사용되는 개념으로서 시장에서의 선택 행위를 통하여 표출된다는 점에서 필요나 결핍과는 구별된다.

　　개인의 수요를 충족시키기 위한 사회정책은 개인들에게 효과적으로 전달되어야 목적이 달성될 수 있는데 이는 전달체계(delivery system)의 문제와 관련되어 있다. 전달체계(delivery system)란 서비스 공급자간 그리고 서비스 공급자 및 수요자 간에 존재하는 조직적 배열이며(Gilbert and Terrell, 2013: 66-67),◇51 시대적 상황이나 맥락에 따라 변화해 왔다. 현재는 가족, 국가, 시장, 제3섹터가 모두 혼합된 형태로 제공되고 있으며, 그 정도는 국가나 사회적 배경에 따라 정도의 차이가 있다. 영국의 경우는 제2차 세계대전 이후에는 케인즈적인 경제정책에 따라 국가복지가 발전되어 왔다가 재정압박에 시달리게 되자 1970년대 이후부터 시장에 의한 복지를 통해 국가복지를 개혁해 왔으며 최근에는 시장복지의 부작용인 공동체의 해체를 복원하기 위하여 제3섹터에 의한 복지가 나타나고 있지만 결과적으로 4가지 복지전달체계가 적절하게 결합된 형태의 복지혼합(welfare mix)이 강조되고 있다(Kendall, 2016: 265).◇52 사회복지가 개개인의 필요를 충족시키는 것임을 상기할 때 보편적 서비스를 평등하게 제공하는 목표와 함께 한정된 재원 하에서 효율적으로 제공하는 것도 함께 고려하여야 한다. 복지국가는 개인에게 제공되는 급여와 서비스에 관한 정책을 기획하고 집행하는 정부조직과 사회 내에서의 조직 간의 관계와 연결망(network)으로 구현되며 이러한 제도적 배열을 제대로 구성하여야 지속가능하면서도 개인의 필요를 충족시킬 수 있는 것이다.

이러한 개념들을 바탕으로 하여 본서에서는 복지국가를 이론적으로 고찰하고, 한국보다 앞서 복지국가의 전철을 밟은 서구사회에서는 어떻게 복지국가가 형성되고 변화해 왔는지를 분석한다. 이 연구에서는 복지국가를 하나의 정치행정체계(politics and administration system)로 가정하고, 정치, 경제, 사회적인 환경변화에 대응하여 복지국가의 정치행정체계가 어떻게 정책결정을 하고, 복지급여와 서비스의 전달체계를 조직화하며, 필요한 재원을 마련하여 산출로서 가족, 고용 및 실업, 연금, 보건, 교육, 사회적 부조, 장애인, 돌봄 서비스, 주거 등의 사회정책을 국민들에게 제공하고, 그 성과에 대한 평가와 환류를 어떻게 하였는지를 비교 역사적 및 제도주의적 방법에 따라 분석한다. 또한 제도적 제약 하에서 복지국가의 정치행정체계가 사회문제에 대하여 어떻게 대응하는지를 정책과정, 조직화, 재원, 분야별 사회정책, 평가 및 환류 등으로 분석한다. 이를 바탕으로 인구구조의 변화, 경제위기 및 노동시장의 변화, 사회적 양극화와 빈곤의 심화라는 현대 사회의 위험에 직면하여 재정적 한계 내에서 복지국가가가 어떻게 변화할 것인지와 한국 복지국가의 미래에 대하여 간략하게 논의하고자 한다. 본서의 분석틀을 정리하면 [그림 1-3]과 같다.

그림 1-3 본서의 분석틀

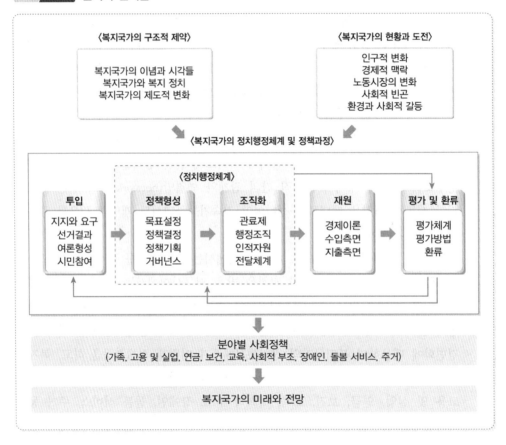

제 3 절 연구방법

복지국가와 사회정책에 대한 연구도 사회과학의 일종으로서 과학적 연구방법이 필요하며, 활발한 이론적 탐구와 증거 기반적 자료를 제공할 수 있어야 한다. 과학적 연구를 위하여 다양한 접근(approach)과 방법론(methodology)을 이해하고 이를 활용하여 연구 설계를 하며, 연구결과를 해석하고 평가하고, 실제적인 정책결정과 집행에 활용하는 것이 필요하다(Alcock and Becker, 2016: 15-16).◇53

1. 접근과 연구방법

접근(approach)이란 연구자가 사회의 본질, 지식창출, 연구과정에 대하여 일정한 가정을 하고, 연구자 및 연구 참여자의 입장이 존재하는 것을 말한다. 예를 들어 페미니트 연구, 서비스 사용자 중심의 연구, 후기 구조주의 연구 등은 각각 여성의 관점, 수요자적 관점, 거시적 관점 등의 가정이 존재하며, 이를 통해 연구의 일관성이 유지된다. 이에 비하여 연구방법(research method)은 자료를 수집하는 방법으로서 양적 방법과 질적 방법으로 나눌 수 있다. 양적 연구방법은 사회적 실체의 본질에 대한 인과관계를 추론하기 위하여 자연과학의 원리를 활용하여 변수들 간의 관계를 규명하는 객관적 연구방법이다. 자료수집 방법은 주로 설문조사(survey)나 2차 자료를 활용하여 큰 규모의 양적 자료를 구축하고 통계적인 분석방법을 통하여 도출된 결과에 대하여 해석을 한다. 이 연구방법에서는 인과관계를 규명하기 위한 제3의 변수를 통제하는 모델을 구축하는 것이 핵심이며, 표면적인 관계에 대해서는 설명할 수 있지만 사회적 관계에 대한 심층적인 분석과 주관적 의도를 해석하는 데는 한계가 있다. 한편, 질적인 연구방법은 개인이 사회적 관계를 구성하는 역할과 그것의 영향에 관심을 가지며 구성주의적 입장과 관련이 있다. 맥락에 대한 묘사를 강조하고 행위자가 상호작용하면서 사회적 관계를 형성하고 변화하는 과정을 설명하는데 초점을 둔다. 질적 연구방법에서 자료 수집은 주로 포커스 그룹을 설정하고 심층 인터뷰를 하거나 사람들의 생활양식과 경험에 대한 민속지적(ethnographic) 설명을 시도한다. 이 연구방법은 이론과 연구조사의 귀납적인 접근을 하고 사례 연구로서 이론의 구축에는 적절하나 이론의 일반화를 위한 객관성을 확보하는 데는 한계가 있다. 혼합적 연구방법(mixed methods)은 양적 연구방법과 질적 연구방법을 혼합한 것으로서 사회적 문제를 서로 다른 시각에서 파악함으로써 문제해결의 가능성을 보다 향상시킬 수 있다는 장점이 있다. 인과적 추론은 통계적인 분석을 통하여 얻어지지만 심층적인 인터뷰를 통해 행위자의 특수한 행태에 대하여 보다 깊이 있게 이해할 수 있게 된다. 그러기 위해서는 상호 다른 방법론이 통합되어 적용되는 이유에 대하여 충분한 근거를 제시하여야 한다. 한편 실험적 방법(experimental methods)은 주로 인과관계를 설명하기 위한 연구방법인데 통제된 실험실의 상황에서 진행될 수도 있고, 사회적 현실 속에서 자연적 사건을 이용하여 행하여질 수도 있다. 이 경우도 독립변수와 종속변수의 관계를 설명하기 위하여 제3의 설명가능성을 충분히 통제하는 것이 핵심이다(Babbie, 2013).◇54 연구대상에 간섭하지 않고 진행하는 연구(unobtrusive study)로는 기록된 인간의 의사소통을 분석하는 내용분석(content analysis), 통계분석, 비교 역사적 분석(comparative and historical analysis)이 있다. 연구자가 현장에 직접 참여하여 관찰하는 질적 연구방법은 민속학적연구(ethnomethodology), 근거이론(grounded theory), 사례연구(case study), 제도적 민속지(institutional ethnography), 참여행동연구(participatory action research) 등이 있다.

2. 사회정책의 연구방법

이러한 방법론적 기초를 활용하여 실제로 사회정책을 연구하는 방법들을 살펴보면 다음과 같다. 첫째, 인과관계의 연구방법으로는 비교적 접근(comparative approach)과 역사적 접근(historical approach)이 있다(Amenta and Hicks, 2010:

107-120).◇55 비교적 또는 역사적 연구에서는 양적 또는 질적 연구방법이 모두 적용될 수 있다. 예를 들어 한 국가에서 일차 자료에 의존하여 특정 사회정책의 발전을 분석한다면 질적 연구일 것이고, 한 국가의 사회복지지출에 관한 시계열 연구를 수행한다면 양적 연구일 것이다. 또한 적은 표본의 국가에서 사회정책의 발전에 관하여 일차 자료를 분석한다면 질적 연구이고, 국가별 공동 시계열에서 양적인 분석 또는 국가별 사회지출에 관한 횡단적(cross-sectional)으로 분석한다면 양적연구에 해당한다. 이외에 역사적 및 비교적 연구가 아닌 인과적 연구도 있는데 하나의 국가 내에서 큰 표본에 대하여 통계 분석 기법을 적용하거나 연방 단위의 국가 내에서 하위 단위의 정책적 차이를 비교하거나 비슷한 조직 간의 작은 표본의 질적 연구를 수행하는 경우는 모두 엄밀한 의미에서 복지국가의 역사적 또는 비교적 연구가 아니다. 비교적 연구는 두 개 이상 국가의 사례를 분석하거나 비교적 추론 하에서 중요한 거시적 수준의 비교를 수행하는 연구를 말한다. 여기에는 주로 밀(John Stuart Mill)이 제안한 일치(agreement) 및 차이(difference)의 비교방법을 적용하거나 비동태적인 횡단적인 비교를 활용하기도 한다. 질적인 비교연구에서는 설명하고자 하는 특정한 종속변수를 설정하고 이러한 결과에 동시에 이르게 하는 두 개 이상의 전제조건으로서 원인 변수들을 퍼지 집합(fuzzy set)의 형태로 제시한다. 양적인 비교연구의 대표적인 방법으로는 통계적 회귀분석(statistical regression method)이 있다.

J. S. Mill의 방법론

원인과 결과의 인과관계를 설명하는 논리로서 J. S. Mill의 5가지 귀납법이 있다(J. S. Mill, 1843; 남궁근, 2010: 255-262).◇56 첫째, 일치법(Method of agreement)은 두 가지 이상의 현상을 조사할 때 단지 한 가지 경우가 공통되고, 모든 경우에 그 상황이 일치한다면 그 상황은 주어진 현상의 원인 또는 효과라는 것이다. 둘째, 차이법(Method of difference)으로서 조사 중인 현상에서 하나의 요소가 발생하고 있고, 다른 현상에서는 그 요소가 발생하지 않지만 그 요소를 제외하고 모든 것이 공통적이라면 그 요소는 현상의 원인 또는 효과이다. 셋째, 일치와 차이의 결합법 (Joint method of agreement and difference)으로서 그 현상이 발생하는 두 가지 이상의 사건에서 오직 하나의 요소가 공통적이고, 그 현상이 발생하지 않는 두 개 이상의 사례에서 하나의 요소만이 없다면 그 요소는 그 현상에 대한 원인 또는 효과이다. 넷째, 잔여법(Method of residue)으로서 귀납법에 의하여 특정한 선행요인의 효과라고 알려진 현상을 제외한 잔여적 부분은 나머지 선행요인들의 효과이다. 다섯째, 공변법(Method of concomitant variations)은 다른 현상이 변화함에 따라 어떤 방식으로든 변화하는 어떤 현상은 그 현상의 원인 또는 효과이거나 인과관계의 사실을 통해 연관되어 있다.

역사적 접근은 중요한 원인의 중요한 시대별 변화를 분석하면서 사례에 대한 심층적인 지식을 축적할 수 있는데 경로의존적인 논의를 진행하면서 주로 일차 연구에 의존한다. 역사적 연구에는 특정한 사건이 발생한 이면에 존재하는 행위자의 목적과 의도를 분석하거나 역사적 발전과 전개의 인과적 조건을 제시하면서 역사적 언술(historical narratives)을 제시하는 연구, 하나의 국가 내에서 시계열적 데이터를 활용하여 분석하는 시계열 분석(time-series analysis), 하나의 분석 단위로서 국가 내에서 사건들의 순서를 조사하여 특정한 사건 또는 제도의 구조를 분석하는 사건구조분석(event structure analysis) 등이 있다. 이 연구방법은 특정 사건(A)이 순서상 발생하였을 때 특정 사건(B)이 왜 발생하였는지에 대하여 인과적으로 중요한 설명을 제공할 수 있다는 역사적 신제도주의(historical institutionalism)의 관점을 반영하고 있다(P. Pierson and Skocpol, 2002).◇57 예를 들어 미국에서 연금 제도와 사회 정책의 성장에 대하여 분석한 연구(Skocpol, 1992), 궁핍의 정치와 복지국가의 쇠퇴 여부를 경로의존성으로 설명하는 연구(P. Pierson, 2000), 사건 구조 분석의 논리를 적용한 연구로는 경로의존성의 자기강화적 순서를 설명하는 연구(Mahoney, 2000) 등이 있다.◇58

역사적 및 비교적 연구방법은 양적 및 질적 연구방법을 모두 포함한다. 복수의 국가 사례의 역사적 분석과 각각의 국가의 시계열 조사에 의하여 심화된 횡단적 분석이 포함된다. 질적인 측면에서는 고전적인 비교 및 역사적 연구로서 Mill의 일치와 차이법을 적용하여 다른 변수를 가능한 한 통제하여 가장 비슷한 시스템을 찾아내는 연구(Prezeworski and Teune, 1970), 국가별로 조세, 노동, 의료 등 사회정책적 차이의 원인에 대한 연구(Steinmo, 1993; Thelen, 1999; Immergut, 1990) 등이 있다.◇59 양적인 역사적 비교연구 방법으로는 공동 횡단적 시계열 통계분석(Statistical Analysis of Pooled Cross-Sections and Time-Series)이 있다. 이 연구는 시간과 공간에 관한 자료를 통합하여 정권교체, 시차적 관성 등 시간적으로 변화하는 변수의 통제 등 횡단적 분석의 한계와 정치체제의 특성과 같은 구조적 변수의 통제와 같은 시계열 연구의 한계를 극복할 수 있다. 특히 1980년대 이후 컴퓨터 프로그램의 도움을 받아 많은 연구가 등장하고 있으며, 경제협력개발기구(Organization for Economic Cooperation and Development)와 국제노동기구(International Labor Organization) 등에서 사회복지지출(SOCX) 등 국가별 통계자료를 구축하고 있다. 예를 들어 횡종단적 통계연구로는 민주정치, 정치적 제도가 복지지출에 미친 영향에 대한 18개국의 계량적 분석 연구(Hicks and Swank, 1992), 탈산업화와 세계화 등이 복지국가의 확대에 미치는 영향에 관한 연구(Iversen and Cusack, 2000) 등이 있다.◇60

3. 신제도주의 이론

아래에서는 복지국가 및 행정연구에서 자주 활용되는 신제도주의 연구방법에 대하여 보다 구체적으로 설명하고자 한다. 우선 제도(institutions)의 개념에 대하여 사회 내의 게임의 규칙으로서 공식적으로 인간의 상호작용을 형성하는 인위적으로 고안된 제약으로 정의하거나(North, 1990: 3)◇61 특정한 정책의 영역에서 행위자의 의도를 제약하는 공식적이거나 비공식적인 중간 수준의 구조로 정의하고 있다(Thelen and Steinmo, 1992).◇62 기존의 제도연구는 정태적인 제도의 기능을 분석하는 구제도주의에서 벗어나 제도적 변화와 안정성을 설명하기 위한 다양한 이론들로서 역사적 신제도주의, 합리적 선택 신제도주의, 사회학적 신제도주의 등이 제시되었다(Hall and Taylor, 1996; 정용덕외, 1999; 정정길외, 2006).◇63

역사적 신제도주의(historical new institutionalism)란 구조기능주의의 한계를 극복하기 위하여 국가별로 발전경로나 공공정책의 차이가 발생하는 이유를 행위자들의 상호작용과 갈등을 제약하는 구조에서 찾고, 권력관계의 불균형의 관점에서 행위자와 구조와의 관계를 분석하는 이론이다(Hall and Taylor, 1996).◇64 역사적 신제도주의에서는 제도를 정체 또는 경제의 조직적 구조 내에 배태된 공식적 또는 비공식적 절차, 루틴, 규범, 관습 등으로 광범위하게 정의한다. 다른 제도주의 분파와 다른 특징으로 첫째, 제도와 개인적 행태 간의 관계를 비교적 광범위하게 정의하고, 둘째, 제도의 운영과 개발에 있어 권력적 불균형을 강조하며, 제도변화에서 경로의존성과 의도하지 않은 결과를 강조하고, 넷째, 아이디어 같은 다른 요소들을 제도의 분석과 통합한다. 역사적 신제도주의에서 경로의존성(path dependence)이란 보다 더 효율적인 대안이 존재함에도 불과하고 맥락적 제약 하에서 초기에 선택된 제도가 지속되는 현상을 의미한다(Mahoney, 2000).◇65 경로의존성의 이유에 대하여 다양한 견해가 제시되고 있으나 공리적 측면, 권력적 측면, 기능적 측면, 문화적 측면으로 설명할 수 있다. 첫째, 공리적 설명은 행위자들 간의 비용과 편익의 평가를 통하여 재창출되며 제도가 이전의 제도에 비하여 비효율적일 수 있고 이에 따라 경쟁의 압력이 증가하고 학습의 과정을 통하여 변화될 수 있다고 보고, 둘째, 기능적 설명은 제도가 전체 시스템에 일정한 기능을 수행하기 때문에 재생산되고 이전 제도에 비하여 덜 기능적일 때 변화가 발생하며 외부적 충격을 제도변화의 주요한 요인으로 보며, 셋째, 권력적 설명은 제도가 엘리트 집단에 의하여 지지를 받기 때문에 재생산되며 이전에 종속적인 엘리트 집단에게 제도적 권한이 부여되는 등 엘리트의 권력변화에 따라 제도변화가 일어난다고 보고, 넷째, 문화적 설명은 제도는 도덕적으로 정당하고 적절하다고 여겨지기 때문에 재생산되며, 행위자의 가치와 주관적 신념의 변화에 의하여 제도가 변화될 수 있다고 본다(Mahoney, 2000: 517).◇66

합리적 선택 신제도주의(rational-choice new institutionalism)는 미국의 의회

내에서 투표행태의 분석에서 시작되었다. 애로우(K. Arrow)의 불가능성 정리에서 제시하는 바와 같은 투표의 순환이 발생하지 않고 다수결 투표의 안정성이 확보되는 이유를 설명하기 위하여 의사규칙이나 절차 등에 관한 제도에 주목하게 되었다. 합리적 선택 제도에서 제도는 조직과 관련된 행위자들 사이에 거래비용을 축소할 수 있는 의사결정규칙이나 절차 등과 같은 공식적 규칙이 연구의 대상이 된다. 주요 특징으로는 첫째, 행위자는 고정된 선호를 지니고 그들의 선호를 극대화하기 위하여 전략적 선택에 의하여 행동한다고 가정하고, 둘째, 행위자들은 일정한 특성의 정치적 이미지를 지니고 있으며, 정치적 결과를 선택하는데 전략적 선택을 강조하고, 제도가 형성되고 유지되는 것에 대하여 행위자들에게 가치를 창출하고 이익을 주는 측면을 부각시킨다(Hall and Taylor, 1996: 944-945).◇67

사회학적 신제도주의(sociological new institutionalism)는 조직에 대한 사회학적 연구에서 시작된 것으로서 조직마다 합리성의 전제 하에 비슷한 형태의 관료제가 도입되었지만 실제로 문화에서는 다양한 차이를 나타내고 있는 것에 주목하였다(Hall and Taylor, 1996: 946-949).◇68 조직 내의 제도적 구조는 합리성의 극대화를 위하여 도입된 것이 아니라 실제로는 특수한 문화와 관련되어 있으며 조직의 관행을 통하여 문화가 전수된다는 것이다. 사회학적 제도주의에서 제도는 공식적인 규칙 뿐만 아니라 인간의 행태에 의미의 틀을 제공하는 비공식적 규칙이나 조직 문화, 절차, 관행 등도 포함한다. 주요 특징으로는 첫째, 제도와 행위자와의 관계에서 문화적 접근을 택하며 제도가 행태규범으로서 당연한 것으로 수용되는 인지적 차원을 강조한다. 제도는 합리적 선택 제도주의와 같이 단순히 개인의 전략적 계산에 영향을 미치는 것이 아니라 기본적 선호와 사회적 정체성의 형성에 영향을 미치며 가장 합리적이지 않더라도 사회적으로 적합한 행동을 하도록 한다. 둘째, 제도의 생성과 변화에 대하여 목적과 수단의 효율성이 아니라 조직과 참여자의 사회적 정당성을 촉진하기 위한 것으로 본다.

최근에는 담론적 신제도주의(discursive new institutionalism)가 제시되고 있는데 제도의 연구에서 아이디어와 담론의 역할을 강조하고 행위자의 선호가 고정된 것이 아니라 변화할 수 있는 것으로 가정한다(Schmidt, 2008).◇69 아이디어는 사회적 담론의 실제적 내용이며, 담론은 아이디어를 전달하는 상호적인 과정으로 본다. 담론적 신제도주의에서 제도란 외적인 규칙 준수가 아니라 주어진 의미의 맥락 하에서 행위자의 행동 능력을 지지하는 배경 관념적 능력(background ideational abilities)을 활용하여 제도를 창출하고 유지하는 과정으로 보며, 제도와 행위자간의 상호작용을 통한 내생성을 강조한다. 주요특징으로는 첫째, 제도와 행위자의 관계에서 제도가 행위자의 객관적 관심(interest)에 영향을 미칠 수 있다고 하고, 둘째, 제도변화에 대해서는 제도적으로 제약을 받으면서도 제도 밖에서 생각하고 말하는 선행적 담론 능력(foreground discursive abilities)을 강조하며, 배경 관념적 능력과 선행적 담론 능력의 구성적 담론을 통하여 제도변화가 이루어진다고 본다. 담론적 신제도주의에서는 제도와 행위자 간의 상호작용을 통하여 제도와 행위자의 선호가 함께 변화할 수 있는 구성적(constructive) 변화를 설명할 수 있다.

신제도주의의 상호관계를 비교하자면 첫째, 합리적 선택신제도주의와 담론적 신제도주의는 개인에 초점을 두는 반면에 사회학적 신제도주의와 역사적 신제도주의는 집단에 초점을 두고 행위자의 의도에서는 합리적 선택 신제도주의와 역사적 신제도주의에서는 제도에 의하여 외생적으로 제약되지만 사회학적 신제도주의와 담론적 신제도주의에서는 내생적으로 변화되는 것을 강조한다. 제도에서는 합리적 선택 신제도주의에서는 주로 형식적인 제도를 고찰하는 반면에 다른 제도주의에서는 공식적 및 비공식적인 측면을 모두 고찰한다. 변화의 기제에서는 합리적 선택 신제도주의에서는 전략적 행동과 선택, 사회학적 신제도주의에서는 사회적 적절성에 대한 행동규범의 확산, 역사적 신제도주의에서는 정치적 갈등, 담론적 신제도주의에서는 사회적 담론의 역할을 강조한다.

표 **1-1** 신제도주의 이론의 비교

	행위자	의도	제도	변화기제
합리적 선택 신제도주의	개인적 행동	외생적	주로 형식적	전략적 행동/선택
사회학적 신제도주의	구성적/ 취약한 기관	내생적	주로 비공식적/ 선험적 도식	확산과 오염
역사적 신제도주의	집단	외생적	형식적/비공식적 조직적 형태	정치적 갈등
담론적 신제도주의	개인	내생적	형식적/비공식적 담론의 과정	사회적 담론

출처: Paul DiMaggio. 1998. The New Institutionalisms: Avenues of Collaboration. Journal of Institutional and Theoretical Economics(JITE) / Zeitschrift für diegesamte Staatswissenschaft, Vol.154, No.4, pp. 698에서 수정 보완.

이처럼 신제도주의 학파는 세부적으로는 차이가 있지만 첫째, 제도가 중요하고(institutions matter), 둘째, 제도는 행위자를 제약하며, 셋째, 제도는 일반적으로 안정적이며 경로의존적이라는 점에서 견해가 수렴하고 있다(North, 1990; Thelen, 1999; 하연섭, 2011: 362-363).◇70 제도적 변화에 대해서는 외부적 위기 상황에서 단절적 변화(critical juncture)에 의하여 설명하는 주장이 있기는 하지만 (Krasner, 1988)◇71 제도 그 자체에서 발생할 수 있는 다양한 변화의 유형을 설명할 수 없는 한계에 직면하였다. 무엇보다도 제도가 자기강화적 성질에 의하여 고착화되고 지속되는 경우는 매우 드물며, 제도가 점진적으로 변화하며 진화될 수 있다는 주장이 제기되었다(P. Pierson, 2004; Streeck and Thelen, 2005).◇72 한편 제도적 안정성의 상황에서도 제도변화의 가능성을 설명하기 위하여 점진적 제도변화 이론(gradual institutional change theory)이 제시되었다. 정치적 맥락의 분석을 통해 기존의 제도를 옹호하는 집단에 대하여 강한 또는 약한 거부점 (veto point)을 지니고 있는지 여부와 제도 자체의 성질상 이를 해석하고 집행하는 행위자에 대하여 어느 정도의 재량을 인정하고 있는지 여부에 따라 층화

(layering), 표류(drift), 대체(displacement), 전환(conversion) 등의 다양한 형태의 제도적 변화 유형이 제시될 수 있다(Mahoney and Thelen, 2010: 19).◇73

다양한 신제도주의 이론은 이론적 전제와 설명의 초점이 다르므로 적용될 수 있는 범위의 차이가 있었으나 제도적 맥락의 중요성을 강조하고 역사적 과정 및 비교연구를 통하여 방법론적 수렴이 이루어지고 있다(하연섭, 2011: 359). 그러나 이들이 완전히 혼합되는 것은 기대하기 어려우며 각 분파의 장점을 살리면서 상호 협업할 수 있는 장을 만드는 것이 중요하다. 대표적으로 합리적 선택 신제도주의와 역사적 신제도주의 결합하여 시장에 의한 강한 제약 하에 개인적 단위의 합리적 선택에 의한 분석의 제약을 국가(state)라는 제도를 도입하여 경제 및 사회제도의 진화론적 설명이 가능하며, 합리적 선택 신제도주의에서 외생적으로 제약되는 선호를 사회학적 신제도주의의 구성적 선호를 적용하여 사회적 구성되는 합리성(constructed rationality)의 개념을 제시할 수 있다(DiMaggio, 1998).◇74

주 석

◇1 칼 폴라니(Karl Polanyi)는 19세기말 산업화, 자본주의의 성장, 도시화, 인구증가 등의 현상을 대전환(Great Transformation)으로 표현하였고, 이러한 변화에 대한 반작용으로 계급에 기초한 조직과 노동운동이 복지국가의 동인이 되었다. 자세한 내용은 Polanyi, Karl. 1944[2001]. The Great Transformation: The Political and Economic Origins of Our Time. New York: Farrar and Rinehart. 참고.

◇2 Pierson, Chris and Matthieu Leimgruber. 2010. Intellectual Roots, in Francis G. Castles, Stephan Leibfried, Jane Lewis, Herbert Obinger, and Christopher Pierson. (eds.) The Oxford Handbook of The Welfare State. Oxford University Press. p. 36.

◇3 Wagner, Adolph. 1893. Grundlegung der politischen Ökonomie. Erster Theil: Grundlagen der Volkswissenschaft. Leipzig: Winter.

◇4 Polanyi, Karl. 1944[2001]. The Great Transformation: The Political and Economic Origins of Our Time. Beacon Press: Boston. pp. 49-50.

◇5 Marshall, Thomas Humphrey. 1964. Citizenship and Social Class, In Class, Citizenship and development, Garden City: NY: Double Day. pp. 65-122; Béland, Daniel. 2010. What is Social Policy: Understanding The Welfare State. Polity Press. pp. 12-17.

◇6 19세기 말에 자본주의의 발달과 노동계급의 성장에 따른 문제를 해결하기 위하여 프랑스에서는 급부국가라는 개념이 등장하였고, 독일에서는 국가의 시혜적인 개입이 확대됨에 따라 폰 슈타인(von Stein)의 국가학과 바그너(Wagner)의 재정학이 등장하였으며, 수십 년 후 20세기 초에 미국에서는 자본주의의 발달에 따라 유럽의 영향을 받아 윌슨(Woodrow Wilson)이 정치로부터 독립된 행정의 연구를 시작하였으며, 1930년대 뉴딜 정책의 시기를 거치면서 각종 사회정책 프로그램이 증가함에 따라 행정국가(administrative state)로 발전하게 된 것이다.

◇7 Temple, W. 1941. The state. In Citizen and Churchman. London: Eyre and Spottiswoode. Repr. in C. Schottland (ed.), The Welfare State. London: Harper and Row, 1967, pp. 20-24. Pierson, Christopher. 2007. Beyond the Welfare State? The New Political Economy of Welfare. The Pennsylvania State University Press: University Park, Pennsylvania. 박병현. 2017. 복지국가의 비교: 영국, 미국, 독일, 스웨덴 사회복지의 역사와 변천. 공동체. pp. 14-15. 1930년대 후반에 영국에서 복지국가(welfare state)라는 용어가 통용되고 있다는 주장도 있고(C. Pierson, 2007: 105), Ashford(1986)는 복지국가라는 용어의 기원을 A. Zimmern(1934)에서 찾고 있기도 하다. Ashford, D.E. 1986. The Emergence of the Welfare States. Oxford: Blackwell;

Zimmerrn, A. 1934: Quo Vadimus. Oxford: Oxford University Press.

◇8 Øverbye, Einar. 2010. Disciplinary Perspectives. in Francis G. Castles, Stephan Leibfried, Jane Lewis, Herbert Obinger, and Christopher Pierson. (eds.), The Oxford Handbook of The Welfare State. Oxford University Press. p. 153.

◇9 김태성·성경륭. 2014. 복지국가론(개정 2판). 나남. p. 46.

◇10 https://www.britannica.com/topic/welfare-state (검색일: 2019.7.25.)

◇11 Marshall, T. H. (1992[1949]). Citizenship and Social Class. in T. H. Marshall and Tom Bottomore, Citizenship and Social Class, Part I, London and Concord, MA: Pluto Press, pp. 3-51.

◇12 Barr, Nicholas A., 1992. Economic theory and the welfare state. Journal of Economic Literature, 30(2): 741-803.

◇13 Dryzek, John S. and Patrick Dunleavy. 2009. Theories of The Democratic State. Palgrave Macmillan. pp. 30-31.

◇14 Offe, Claus. 1984. Contradictions of the Welfare State. Cambridge, MA: MIT Press.

◇15 Wilensky, Harold. L. 1975. The Welfare State and Equality: Structural and Ideological Roots of Public Expenditures. Berkeley: University of California Press. p. 1.

◇16 Mishra, R. 1990. The Welfare State in Capitalist Society: Policies of Retrenchment and Maintenance in Europe, North America and Australia, Harvester Wheatsheaf. p. 34.

◇17 김태성·성경륭. 2014. 복지국가론(개정 2판). 나남. p. 53.

◇18 안병영·정무권·신동면·양재진. 2018. 복지국가와 사회복지정책. 다산출판사. p. 22.

◇19 박병현. 2017. 복지국가의 비교: 영국, 미국, 독일, 스웨덴 사회복지의 역사와 변천. 공동체. pp. 13-15.

◇20 Pierson, Christopher. 2007. Beyond the Welfare State? The New Political Economy of Welfare. The Pennsylvania State University Press. University Park, Pennsylvania. p. 10.

◇21 Titmuss, Richard. M. 1958. Essays on the Welfare State. London: Allen and Unwin.

◇22 Esping-Andersen, Gøsta. 1990. The Three Worlds of Welfare Capitalism. Princeton University Press. 에스핑 안데르센은 기존의 복지국가를 탈상품화와 계층화라는 관점에서 재정의하고 자유주의, 보수주의, 자유주의의 3가지 복지국가 유형론을 제시하였으며, 복지레짐의 형성에서 권력관계의 변화, 노동시장과의 관계, 후기 산업사회에서 고용의 변화와 복지레짐의 관계 등에 관하여 분석하고 있다. 국내 번역서로는 G. 에스

핑 앤더슨 지음(박시종 옮김). 2007. 복지 자본주의의 세 가지 세계. 성균관대학교출판부를 참고하기 바람.

◇23 Furniss, N. & T. Tilton, 1977. The Case for the Welfare State: From Social Security to Social Equality, Bloomington: Indiana University Press. 박병현. 2017. 복지국가의 비교: 영국, 미국, 독일, 스웨덴 사회복지의 역사와 변천. 공동체.

◇24 Flora, Peter and Jens Alber. 1984. Modernization, Democratization and the Development of Welfare States in Western Europe. In P. Flora and A. J. Heidenheimer(eds.), The Development of Welfare States in Europe and America. New Brunswick, N.J.: Transaction Book, pp. 37-80.

◇25 기능주의적 설명은 복지국가의 성장을 산업화와 인구의 성장의 결과로 보는 입장으로서 대표적으로 Wilensky, Harold. L. 1975. The Welfare State and Equality: Structural and Ideological Roots of Public Expenditures. Berkeley: University of California Press.가 있다. 권력적인 설명은 노조, 좌파 정당 등 복지지출에 친화적인 정치세력이 권력을 확보하게 됨에 따라 이루어진다는 설명으로 대표적으로 Korpi, Walter. 1978. Working Class in Welfare Capitalism: Work, Unions and Politics in Sweden. London: Routledge and Kegan Paul.가 있으며, 제도적 설명으로는 Skocpol, Theda. 1985. Bringing the state back in: Strategies of analysis in current research. Evans P, Rueschemeyer D. and Theda Skocpol (eds.), Bringing the State Back In. New York and Cambridge: Cambridge University Press.를 참고하였고, 자세한 내용은 본서 제2장 복지국가의 이론과 관점, 2. 복지국가의 이론을 참고하기 바란다. Flora and Alber(1984)에서는 복지국가의 성장과 관련하여 상대적으로 국가를 구성하는 관료제의 성장과 변천에 관한 연구가 부족하다고 지적하고 있다. 이러한 연장선상에서 국가 제도론적 연구가 시작되었으나 복지국가별로 정치행정체계의 조직화에 대한 비교분석은 여전히 부족한 점이 있다. Flora, Peter and Jens Alber. 1984. Modernization, Democratization and the Development of Welfare States in Western Europe. In P. Flora and A. J. Heidenheimer(eds.), The Development of Welfare States in Europe and America. New Brunswick, N.J.: Transaction Book.

◇26 Easton, David. 1965. A Framework for Analysis of Political Analysis, Englewood Cliffs: Prentice Hall.

◇27 Birkland, Thomas A. 2015. An Introduction to the Policy Process: Theories, Concepts, and Models of Public Policy Making(Third edition). Routledge: Taylor and Francis Group. pp. 26-27.

◇28 Lasswell, Harold D. 1956. The Decision Process. College Park: University of Maryland Press.

◇29 Jones, Charles O. 1970. An Introduction to the Study of Public Policy. Belmont, CA: Wadsworth Publishing Company.

◇30 Sabatier, Paul A. and Hank C. Jenkins-Smith. 1993. Policy Change and Learning: An Advocacy Coalition Approach. Boulder, CO: Westview Press. p. 3.

◇31 Bochel, Hugh. 2016. The Policy Process. in Pete Alcock, Tina Haux, Margaret May and Sharon Wright (eds.), the Student's Companion to Social Policy. Wiley Blackwell Press. 실무적으로 이를 응용하여 영국 재무부에서는 기준 - 목표 사정 - 점검 - 평가 - 피드백(Rationale - Objectives - Appraisal - Monitoring - Evaluation - Feedback: ROAMEF)모델을 개발하여 사용하기도 한다.

◇32 Jones, Charles O. 1984. An Introduction to the Study of Public Policy(3rd Eds.), Monterey, California: Brooks/Cole; Kraft, Michael E. and Scott R. Furlong. 2015. Public Policy: Politics, Analysis, and Alternatives. Sage: CQ Press.

◇33 Birkland, Thomas A. 2015. An Introduction to the Policy Process: Theories, Concepts, and Models of Public Policy Making(third edition). Routledge: Taylor and Francis Group. p. 26.

◇34 정정길·최종원·이시원·정준금·정광호. 2014. 정책학원론. 대명출판사. p. 14.

◇35 Kingdon, John W. 1995. Agendas, Alternatives, and Public Policies. 2nd ed. New York: Harper Collins College. 여기서 문제정의 및 의제설정이란 사회문제가 어떻게 인식되고 정의되며, 정책결정들의 관심의 대상이 되고 정치적 의제로 되는지에 대한 과정을 의미한다. 어떤 쟁점이 정책의제가 되는지 여부에 대해서 Kingdon(1995)은 사회 내에서 문제(problem), 정책(policy), 정치(politics)의 독립적인 활동의 흐름들(streams)이 교차할 때 발생한다고 한다. 여기서 문제의 흐름이란 문제에 이용될 수 있고 영향을 미칠 수 있는 다양한 정보들을 의미하고, 정책의 흐름이란 문제에 대하여 무엇이 행해져야 하는지에 대한 가능한 대안적 정책들을 의미한다. 국회의원이나 보좌관, 관료, 이익집단, 학계, 정책분석가들 사이에서 특정한 문제를 해결하기 위한 정책대안이 채택되기 위해서는 경제적 타당성 및 정치적 타당성 등의 기준을 충족할 수 있어야 하며, 이러한 기준에 적합하지 않다면 채택되지 않는 것이다. 끝으로 정치의 흐름이란 정치적 분위기나 대중의 의견 등을 의미하는 것으로 여론조사, 선거결과, 이익집단의 활동을 통해 나타나는데 적합한 대안이라도 시기가 부적합할 때는 대안이 채택되기 어렵다. 이러한 세 가지 흐름이 수렴될 때 정책 기업가(policy entrepreneurs)는 사회문제와 정책 아이디어를 의제 수준으로 이동시키며, 승인을 받을 수 있는 정책의 창이 열린다고 본다.

◇36 Sabatier, Paul A. 1987. Knowledge, Policy-Oriented Learning, and Policy Change: An Advocacy Coalition Framework. Knowledge: Creation, Diffusion, Utilization

8(4): 649-692.

◇37 Baumgartner, Frank R. and Bryan D. Jones. 1993. Agendas and Instability in American Politics. Chicago: University of Chicago Press.

◇38 Ostrom, Elinor, Roy Gardner, and James Walker. 1994. Rules, Games, and Common-Pool Resources. Ann Arbor: University Michigan Press.

◇39 박동서. 1997. 한국행정론(제4전정판). 서울: 법문사. pp. 71-77. 한국행정의 7대 과정론의 도출 논리를 참고하기 바람.

◇40 Birkland, Thomas A. 2015. An Introduction to the Policy Process: Theories, Concepts, and Models of Public Policy Making(Third edition). Routledge: Taylor and Francis Group.

◇41 Kiser, Larry and Elinor Ostrom. 1982. The Three Worlds of Action. in E. Ostrom (ed.). Strategies of Political Inquiry, Beverly Hills: Sage, pp. 179-222.

◇42 Hofferbert, Richard. 1974. The Study of Public Policy. Indianapolis: Bobbs-Merrill.

◇43 Pierson, Paul. 1993. When Effect Becomes Cause: Policy Feedback and Political Change. World Politics, 45(4): 595-628; Sabatier, Paul A. and Christopher M. Weible. 2014. Theories of The Policy Process(Third Edition). Westview Press. pp. 153-154.

◇44 Hagenbuch, W. 1958. Social Economics. Nisbet. Welwyn. p. 205.; Titmuss, Richard M. 1974. What is Social Policy?, in Brian Abel-Smith and Kay Titmuss (eds.). Social Policy: An Introduction, Chapter 2, New York, NY: Pantheon Books, A Division of Random House, pp. 23-32.

◇45 Marshall, T. H. 1965. Social Policy. Hutchinson: London. p. 7.

◇46 Béland, Daniel. 2010. What is Social Policy: Understanding The Welfare State. Polity Press. p. 9.

◇47 Béland, Daniel. 2010. What is Social Policy: Understanding The Welfare State. Polity Press; Pete Alcock, Tina Haux, Margaret May and Sharon Wright (eds.), the Student's Companion to Social Policy. Wiley Blackwell Press; Dean, Hartley. 2012. Social Policy(Second Edition). Polity; Castles, Francis G. Stephan Leibfried, Jane Lewis, Herbert Obinger, and Christopher Pierson. (eds.) 2010. The Oxford Handbook of The Welfare State. Oxford University Press; 안병영·정무권·신동면·양재진. 2018. 복지국가와 사회복지정책. 다산출판사; 김영종. 2009. 사회정책론. 형설출판사; 한국복지행정학회. 2014. 사회복지정책론. 양서원; 구인회·손병돈·안상훈. 2012. 사회복지정책론. 나남.

◇48 Manning, Nick. 2016. Social Needs, Social Problems, Social Welfare and Well-being. in Pete Alcock, Tina Haux, Margaret May and Sharon Wright (eds.), the Student's Companion to Social Policy. Wiley Blackwell Press.

◇49 Bradshaw, Jonathan. 1974. The concept of social need. Ekistics, 37(220): 184-187.

◇50 이 개념에 대하여 다른 학자들은 욕구로 번역하기도 하지만 이것은 보다 주관적인 의미에 초점을 맞추는 것으로 해석되므로 이 책에서는 필요로 번역하기로 한다.

◇51 Gilbert, Neil and Paul Terrell. 2013. Dimensions of Social Welfare Policy (8th edition). Person. pp. 66-67.

◇52 Kendall, Jeremy. 2016. Voluntary Welfare. in Pete Alcock, Tina Haux, Margaret May and Sharon Wright (eds.), the Student's Companion to Social Policy. Wiley Blackwell Press. p. 265.

◇53 Alcock, Pete and Saul Becker. 2016. Researching Social Policy. in Pete Alcock, Tina Haux, Margaret May and Sharon Wright (eds.), the Student's Companion to Social Policy. Wiley Blackwell Press. pp. 15-16.

◇54 Babbie, Earl. 2013. The Practice of Social Research. Wadsworth Cengage Learning.

◇55 Amenta, Edwin and Alexander Hicks. 2010. Research Methods. in Francis G. Castles, Stephan Leibfried, Jane Lewis, Herbert Obinger and Christopher Pierson. (eds.). The Welfare State. Oxford University Press. pp. 107-120.

◇56 Mill, John Stuart. 1843. A System of Logic, Vol. 1; 남궁근. 2010. 행정조사방법론(제4판). 법문사. pp. 255-262.

◇57 Pierson, Paul and Theda Skocpol. 2002. Historical Institutionalism in contemporary political science, in Ira Katznelson and Helen V. Milner. (eds.), Political Science: The State of the Discipline. New York: Norton, pp. 693-721.

◇58 Skocpol, Theda. 1992. Protecting Solders and Mothers: The Political Origins of Social Policy in the United States. Cambridge, MA: The Belknap Press of Harvard University Press; Pierson, Paul. 2000. Increasing returns, path dependence, and the study of politics. American Political Science Review, 94(2): 251-267; Mahoney, James. 2000. Path dependence in historical sociology. Theory and Society, 29: 507-548.

◇59 Przeworski, Adam and Herry Teune. 1970. The Logic of Comparative Social Inquiry. New York: Wiley-Interscience; Steinmo, Sven. 1993. Taxation and Democracy: Swedish, British and American Approaches to Financing the Modern State. New Haven, CT: Yale University Press; Thelen, Kathleen A. 1999. Historical

Institutionalism in comparative politics. Annual Review of Political Science, 2: 369-404; Immergut, Ellen M. 1990. Institutions, veto points, and policy results: A comparative analysis of health care. Journal of Public Policy, 10(4): 391-416.

◇60 Hicks, Alexander and Duane Swank. 1992. Politics, institutions, and welfare spending in industrialized democracies, 1960-1982. American Political Science Review, 86(3): 658-674; Iversen, Torben and Thomas R. Cusack. 2000. The causes of welfare state expansion: Deindustrialization or globalization. World Politics, 52(3): 313-349.

◇61 North, D. C. 1990. Institutions, Institutional Change and Economic Performance. New York: Cambridge University Press.

◇62 Thelen, Kathleen, and Sven Steinmo. 1992. "Historical Institutionalism in Comparative Politics." In Structuring Politics: Historical Institutionalism in Comparative Analysis, Sven Steinmo, Kathleen Thelen, and Frank Longstreth(ed.), New York: Cambridge University Press. pp. 1-32.

◇63 Hall, Peter and Rosemary Taylor. 1996. Political Science and the Three New Institutionalism. Political Studies, 44(4): 936-957; 정용덕외. 1999. 신제도주의 연구. 대영문화사; 정정길·최종원·이시원·정준금·정광호. 2010. 정책학원론. 대명출판사.

◇64 Hall, Peter and Rosemary Taylor. 1996. Political Science and the Three New Institutionalism. Political Studies, 44(4): 936-957.

◇65 Mahoney, James. 2000. Path dependence in historical sociology. Theory and Society, 29: 507-548.

◇66 Ibid. p. 517.

◇67 Hall, Peter A. and Rosemary Taylor. 1996. Political Science and the Three New Institutionalism. Political Studies, 44(4): 944-945.

◇68 Ibid. pp. 946-949.

◇69 Schmidt, Vivien A. 2008. Discursive Institutionalism: The Explanatory Power of Ideas and Discourse. Annual Review of Political Science, Vol. 11.

◇70 North, D. C. 1990. Institutions, Institutional Change and Economic Performance. New York: Cambridge University Press; Thelen, Kathleen. 1999. "Historical Institutionalism in Comparative Politics." Annual Review of Political Science 2: 369-404; 하연섭. 2011. 제도분석: 이론과 쟁점(제2판). 다산출판사. pp. 362-363.

◇71 Krasner, Stephen D. 1988. Sovereignty: An Institutional Perspective. Comparative Political Studies, 21(1): 66-94.

◇72 Pierson, Paul. 2004. Politics in Time: History, Institutions, and Social Analysis. Princeton: Princeton University Press; Streeck. Wofgang and Kathleen Thelen. 2005. Beyond continuity: institutional change in advanced political economies. Oxford University Press. p. 19.

◇73 Mahoney, James and Kathleen Thelen. 2010. Explaining Institutional Change: Ambiguity, Agency, and Power. New York: Cambridge University Press. p. 19.

◇74 DiMaggio, Paul. 1998. The New Institutionalisms: Avenues of Collaboration. Journal of Institutional and Theoretical Economics(JITE) / Zeitschrift für diegesamte Staatswissenschaft, Vol. 154, No. 4.

생각해 볼 문제

1. 복지국가의 개념에 대하여 다양한 기준이 있을 수 있다. 국가나 국가로부터 지원을 받는 민간단체가 개인의 안녕과 행복을 위하여 중요한 역할을 수행하는 것으로 보는 견해와 개인이 권리로서 복지급여를 제공받을 수 있고 국가 또는 시장에서 자신의 노동력을 상품화하지 않더라도 사회적으로 받아들여질 수 있는 생활수준을 유지하고 계급 간의 복지차별이 크지 않는 보편적 급부를 제공하는 국가로 보기도 한다. 이 두 견해의 차이점은 무엇이며, 19세기 말에 비스마르크에 의하여 시도된 독일의 사회보험을 이 두 견해에 따라 평가하시오.

2. 19세기 말 서구에서의 근대화 과정의 주요 특징은 무엇이며, 근대화가 복지국가의 형성과 어떻게 관련되는지를 설명해 보시오. 특히 시민권의 3요소인 공민권(자유권), 정치적 권리, 사회권 등이 복지국가의 구조적 요소인 시장, 조합(사회단체), 국가와 어떻게 관련되는지를 설명해 보시오.

3. 인간의 필요(need)는 무엇이며, 사회정책에서 이것이 왜 중요한가? 필요의 측정방법으로 개인이 생각하는 주관적 필요와 전문가들이 판단하는 객관적 필요가 상호 다른 경우 어떻게 해결할 것인가?

4. 사회정책의 연구에서 접근방법(approach)과 연구방법(research method)은 무엇이며, 어떻게 다른가? 사회과학에서 활용되는 연구방법 중 양적 연구방법과 질적 연구방법의 장단점은 무엇이며, 이를 조화하는 방법은 무엇인가?

5. 신제도주의 연구방법에는 어떤 것들이 있으며 복지국가의 정책과정에서 신제도주의적 연구방법이 지니는 유용성에 대하여 설명해 보시오.

읽을거리

복지국가와 사회정책의 개론서로 영국의 사회정책에 관한 「Pete Alcock, Tina Haux, Margaret May and Sharon Wright (eds.). 2016. the Student's Companion to Social Policy. Wiley Blackwell Press」와 「Daniel Béland. 2010. What is Social Policy: Understanding The Welfare State. Polity Press」가 있고, 좀 더 전문적인 내용을 다루고 있는 「Francis G. Castles, Stephan Leibfried, Jane Lewis, Herbert Obinger, and Christopher Pierson. (eds.). 2010. The Oxford Handbook of The Welfare State. Oxford University Press.」를 권장하며, 국내서로는 「안병영·정무권·신동면·양재진. 2018. 복지국가와 사회복지정책. 다산출판사.」가 있다. 서구 복지국가의 형성과 관련해서는 「Thomas H. Marshall. 1992[1949]. Citizenship and Social Class. in T. H. Marshall and Tom Bottomore. Citizenship and Social Class, Part I. London and Concord, MA: Pluto Press.」, 「Peter Flora and Jens Alber. 1984. Modernization, Democratization and the Development of Welfare States in Western Europe. in P. Flora and A. J. Heidenheimer(eds.), The Development of Welfare States in Europe and America. New Brunswick, N.J.: Transaction Book.」와 「Gøsta Esping-Andersen. 1990. The Three Worlds of Welfare Capitalism. Princeton University Press.」, 「박병현. 2017. 복지국가의 비교: 영국, 미국, 독일, 스웨덴 사회복지의 역사와 변천. 공동체.」 등이 있다.

제 2 장

복지국가의 이론과 관점

2 복지국가의 이론과 관점

복지국가는 사회문화적 전통과 제도의 특성에 따라 다양한 형태가 존재한다. 복지국가를 형성하는 제도적 배열이 달라지는 것은 개혁에 대한 아이디어가 다르기 때문인데, 집단과 국가의 역할을 중시하는 국가일수록 보다 보편적인 복지를 지향하게 되고 개인과 시장의 역할을 중시하는 국가일수록 선별적 복지를 지향하는 경향이 있다. 따라서 사회정책을 이해하기 위해서는 역사적으로 형성되어 온 다양한 복지국가의 이념을 이해할 필요가 있다. 또한 이러한 이념들은 복지국가의 유형론(typology)을 결정하는 맥락으로의 의미도 지니고 있다.

첫째, 복지국가의 태동기를 살펴보면 자본주의 성장하는 18-19세기에 영국에서는 경제적 활동에서 국가의 간섭을 배제하고 개인의 자유를 강조하는 자유주의(liberalism)의 사조가 나타났다. 자유주의는 복지국가 탄생에 직접적 영향을 미친 이데올로기는 아니지만 시장자유주의와 자본주의의 발전으로 인하여 나타난 문제에 대한 해결방안으로서 복지국가의 사상이 태동하였다는 점에 의의가 있고, 20세기 신자유주의(neo-liberalism)가 등장하여 복지국가를 비판하는 역할을 하였다는 점에서 복지국가와는 대립되는 이데올로기로 볼 수 있다. 자유주의의 사상적 기원은 18세기 아담 스미스(Adam Smith)의 「도덕 감정론(Theory of Moral Sentiments)」에 기초한 경제적 자유주의와 로크(John Locke)와 밀(John

Stuart Mill) 등이 입헌적 제한정부를 통한 정치적 자유주의로 볼 수 있다. 아담 스미스는 개인이 이익을 추구하는 존재이지만 윤리적 규범으로서 공감(sympathy), 행동의 적절성(propriety) 등 자연적인 도덕철학이 개인의 행위를 제한하기 때문에 개인의 이기적인 행동이 그가 의도하지 않았더라도 보이지 않는 손(invisible hand)이라는 자연적 질서에 의하여 공통의 선을 이룰 수 있다고 주장한다(Smith, 1761).◇1 개인의 자유를 강조하기 때문에 자조의 원칙이 강조되고, 빈곤은 개인적 문제이지만 가진 사람들이 연민과 동정 등 도덕적 감정이 있기 때문에 보이지 않는 손이라는 자연적 질서에 의하여 상호 구제가 될 수 있다고 보는 것이다. 따라서 빈곤을 구제하기 위하여 국가가 직접 개입하기 보다는 일차적으로 개인의 자조와 교회나 민간단체 등 공동체에 의한 부조를 강조하게 된다. 시장자유주의와 별도로 밀(J.S. Mill)은 정치적 자유주의를 주장하게 되는데, 국가보다 시민사회가 우위에 있는 경우에 개인의 자유를 중시하게 되고, 소수의 지배 대신에 다수의 지배로서 대의정치가 나타나게 된다고 주장하였다. 이러한 사회에서는 개인들이 다른 사람을 해하지 않는 자기 절제에 기초하여 최대한의 자유를 누리게 되고, 그중에서도 사상 및 표현의 자유는 더욱 자유롭게 보장되어야 한다고 보았다(J. S. Mill, 1859; Magrid, 1987: 796-800).◇2 이러한 자유주의 사회에서 국가는 제한된 정부이며, 개인의 자유와 권리를 억압하는 것을 방지하기 위하여 선출된 권력에 의하여 통제되는 국가로 보았다.

한편, 시장자유주의가 일체의 사회질서를 부정하고 개인의 경제적 이익만을 추구하는 것으로 이해하는 주장도 있는데(Dryzek and Dunleavy, 2009: 100-101),◇3 그것은 오해라고 할 수 있다. 왜냐하면 아담 스미스의 경우에도 개인적 도덕 감정을 중시하고 이를 계승한 신자유주의의 대표적 이론가인 하이에크(Friedrich A. von Hayek)도 인간이 특정한 집단의 이익을 추구하기 위하여 만든 자의적인 법(ius)에 대해서는 비판적이었지만 인간의 행동을 규율하는 법관에 의하여 해석되는 법(nomos)로서 자유의 법 또는 보통법에 대해서는 시장경제의 보이지 않는 손이 제대로 작동하기 위한 전제조건으로 인정하였기 때문이다(Hayek, 1982).◇4

보수주의(conservatism)도 복지국가의 형성과 발전에 영향을 미치는 이데올로기 중의 하나이다. 보수주의는 국가마다 다양한 형태로 나타나지만 사회를 개인들의 단순한 합이 아닌 자연적이고 점진적으로 발전하는 유기체로 보기 때문에 급진적인 혁명에는 반대하고, 개인의 자유와 사회의 안정성의 기초가 되는 소유권을 존중하며, 국부를 창출하는 수단으로서 시장경제를 중시하고, 부유층의 사회적 책임을 강조한다. 보수주의는 국가의 경제개입에는 반대하지만 사회의 질서와 안전을 지키기 위하여 강력한 정부가 필요하다고 보고, 급진적인 개혁에는 반대하지만 실용성에 기초한 변화와 개혁을 강조한다(Bochel, 2016: 73).[05] 이러한 보수주의적 이념은 19세기 말 독일에서는 비스마르크에 의하여 노동계급의 저항을 회유하기 위한 복지국가 프로그램과 유럽 대륙에서 사회보험에 기초한 보수주의 복지레짐이 형성되는데 기여하였다. 초기의 보수주의는 국가의 직접적인 개입보다는 기존의 사회질서를 통한 복지서비스 제공을 강조하므로 가족, 교회, 공동체 등을 통한 복지전달을 주장하게 된다.

자유주의나 보수주의 보다는 늦게 나타났지만 사회주의(socialism)도 복지국가의 형성에 배경이 되는 이데올로기이다. 19세기 후반 자본주의 사회의 모순에 대한 대안으로서 칼 마르크스(Karl Marx)와 프리드리히 엥겔스(Friedrich Engels)는 역사를 계급투쟁의 변증법적 과정으로 이해하고, 자본주의의 발달로 경제적 성장과 기술발전을 이루었지만 이윤의 극대화와 노동가치의 착취, 제국주의 등으로 자본가계급과 노동계급간의 갈등, 제국주의 국가 간의 대립 등의 계급 갈등이 나타나기 때문에 노동자와 농민 등 다수의 피지배계급들이 혁명적인 방법으로 저항하고 공동생산과 공동분배의 새로운 생산양식을 창출할 필요가 있다고 주장하였다(Marx, 1876 / 1976).[06] 마르크스가 자본주의를 보는 관점은 자본가들은 자신들의 이익만을 추구하면서 노동자들을 이익을 끝까지 착취하는 존재로 보는데 비하여 시장자유주의자인 아담 스미스는 부자라고 하더라도 자신들의 욕심을 모두 채우지 않는다고 보는 점에서 차이가 있다(Smith, 1761).[07] 이후 공산(사회)주의는 후에 폭력혁명의 정당성을 놓고 갈리게 되는데, 1863년 독일에서 페르디난드 라살(Ferdinand Lassalle)은 일반 독일 노동자 협회(the General German

Workers Associations)를 설립하였고, 이후 1875년 독일사회민주노동당(the German Social Democratic Labour Party)과 합병하여 독일사회주의노동당(the German Socialist Labour Party)을 설립하면서 자본주의 체제를 유지하면서 점진적 개혁을 추구하는 고다 강령(Gotha programme)을 발표하게 된다. 이후 수정주의자인 에 드워드 베른스타인(Eduard Bernstein)이 자본주의의 붕괴보다는 사회적 개혁을 추구하는 범 계급적 연대와 점진적 개혁을 추진하게 되었고, 1916년 제2차 사 회주의 인터내셔널(International)부터 공산당(Communist Party)과는 결별하게 되 었다(Page, 2016: 79-80).◇8 이러한 수정주의자들은 이후 자유민주주의와 자본주 의 하에서 점진적 개혁을 추구하는 사회민주주의로 발전하게 되며, 현대 복지국 가의 이념적 기초가 되었다.

둘째, 1940~1960년대 복지국가의 발전기를 살펴보면 양차 세계대전 이후 전쟁의 방지를 위한 새로운 대안으로서 복지국가가 제안되었으며, 정치적으로는 노동계급과 사회적 빈곤층의 이익을 대변하는 사회민주주의를 강조하고, 경제적 으로는 케인즈주의 경제학에 따라 완전고용과 국가에 의한 복지서비스를 강조하 게 되었다. 사회민주주의는 사회문화적 맥락과 개인의 자유와 사회적 정의의 관 계 등에 따라 다양한 형태로 존재한다. 크게 나누어 보다 자본주의에 대하여 친 화적인 자유주의적 사민주의와 자본주의 체제에 대하여 적대적인 사회주의적 사 회민주주의로 나누어 볼 수 있다. 전자는 시장에 대하여 긍정적인 태도를 지니 고 사회 문제에 해결에 있어 혁신적이고 비국가적인 방법을 활용하지만 후자의 경우에는 보편주의적 가치를 지향하고 국가개입에 대하여 긍정적이며 시장으로 부터 보호되는 공적 영역을 보장하려고 노력한다. 영국에서 사민주의는 19세기 말 시장을 길들이는 국가의 역할과 점진적 사회 개혁을 강조하는 페이비언 (Fabian) 사회주의로부터 시작되었으며, 노동당의 정책으로 수용되어 영국식 사 민주의로 발전하게 되었다(Page, 2016: 80-81).◇9 한편, 스웨덴은 사민주의의 모 델이 되는 국가로 1932년 이래 장기간 집권을 하였고 인민의 집(People's Home)이라고 불리는 범 계급적 선거공약으로 승리를 한 후 계급적 차별의 극 복, 보편적 사회서비스, 산업민주주의를 성취해 왔다. 스웨덴의 사민주의는 정부의 계획을 통해 자본주의의 문제점을 극복하고자 하는 중도의 길의 지향해 왔는데, 이는 미국식 자본주의와 소련식의 계획경제의 중간적 형태로 볼 수 있다(Childs, 1936).◇10 1938년에는 노사 간에 잘쯔요바덴(Saltsjöbaden) 협약을 통해 노사분규 없이 생산성에 따른 임금을 지불하는 협정을 맺었고 정부는 고용률 제고와 보편적 사회서비스를 통한 사회적 형평을 개선하는데 노력하였다. 특히, 1950년대 중반 이후 렌-마이트너(Rehn & Meidner)에 의하여 개발된 노노간의 임금차이를 해결하는 연대임금제를 통하여 물가 안정을 이루고, 긴축적 재정정책, 적극적 노동시장정책의 정책 혼합을 통하여 완전고용과 경제성장이 가능하게 되었고(신정완, 2018: 27-28),◇11 이는 스웨덴의 전형적인 복지국가 모델이 되었다. 사민주의는 복지국가의 성장에서 중요한 이데올로기적 기초를 제공하였고, 자본주의의 병폐를 치유하면서 평등주의와 사회적 연대성을 높이기 위한 실용적인 사고를 반영한 것으로 볼 수 있다. 사민주의적 복지국가는 사회민주당이 비교적 안정적으로 집권하고, 보수 우파도 시민적 자유와 시장의 효율성을 저해하지 않는 온건한 정책에 대하여 수용할 때 사회적 합의가 형성될 수 있었다.

한편, 복지국가의 발전기에 보수주의는 이념적 실용성에 기초하여 기존의 입장을 변경하게 된다. 영국의 보수당은 2차 세계대전 이후 노동당의 집권에 대응하기 위하여 이전에 자유당 정부에 의하여 도입된 연금, 실업 및 의료보험 등을 더욱 확대하여 가족의 가치와 정책의 실용성을 추구하였다. 제2차 세계대전 중 처칠(Churchill) 정부는 교육법(the Education Act of 1944)과 가족수당법(the Family Allowances Act of 1945)을 통과시키고, 노동당 측에서 제안한 사회주의적 색채가 강한 베버리지(Beverage) 개혁에 대해서는 초기에는 반대하다가 선거에서 패한 후 1960년대에 완전 고용과 보편적 의료, 국가 보험 등의 복지국가 정책을 실용적으로 수용하였다.

또한, 자유주의 중 사회 내에서 다양한 집단 간의 경쟁을 강조하는 다원주의는 복지다원주의로 발전하게 된다. 다원주의(pluralism)는 개인의 자유, 제한된 정부, 민주적 토론과 경쟁이 이루어지는 정치체제 내에서 이익집단이나 선거과정에서 다양한 세력들의 경쟁을 통하여 균형을 달성할 수 있다고 보며, 여기서 정부의 역할은 이해관계를 조정하는 것이다.◊12 특히 마샬(T. H. Marshall)에 의하여 제시된 복지다원주의(welfare pluralism)는 복지국가의 발전과정을 시민권, 정치적 권리, 사회적 권리의 형성을 통하여 자유민주주의에서 사회민주주의로 발전하는 과정으로 파악하고 있다. 한편, 자유주의 중 시장자유주의의 입장에서는 복지국가를 노예에 이르는 길(way to the serfdom)이라고 전면적으로 비판한다. 하이에크(Hayek)는 건강서비스나 공공주택 등과 같은 복지프로그램의 시행으로 정치인이나 관료들이 자신들의 재량으로 복지급여의 수혜자격이나 비용부담을 결정하고 시민들은 스스로의 결정권이 없이 이들의 권력행사에 의존하여 생활하게 될 것이며, 시민들로부터 국가기구로 권력이 이동될 것이라고 보았다(Hayek, 1944).◊13

신 마르크주의자(neo-Marxist)들은 복지국가에 대하여 불이익을 당하는 노동계급의 이익에 도움이 되면서도 자본가의 이익을 위하여 통제되는 모순된 존재로 보기도 한다(Dean, 2016: 85-90).◊14 또한 자본주의의 장기적 발전을 위하여 정당성의 위기를 극복하는 수단으로서 단기적으로 자본가의 이익에 반하더라도 노동자에게 복지정책을 제공하지만 이러한 복지정책은 궁극적으로 재정위기에 직면하게 되고 지속하기 어려운 것으로 본다(O'Connor, 1984; Offe, 1984).◊15

한편, 양차 세계대전에서 자유주의와 시장경제를 추구하는 세력들이 파시즘으로부터 승리함으로써 전후 세계는 자유민주주의와 사회주의의 대립 구도로 바뀌었으나 양차 세계대전 전에도 자본주의는 인류의 긴 역사를 뒤돌아 볼 때 산업혁명이라는 대변혁(great transformation)을 통해서 나타난 이질적 현상이며, 보다 근본적으로는 사회 내에서 상호성, 재분배, 공동체적 의무의 규칙(rule of reciprocity, redistribution, and communal obligations)이 시장적 관계보다 더 보편적이었다고 보는 견해도 있다(Polanyi, 1944[2001]: 280).◊16 칼 폴라니(Karl Polanyi)에 의하면 경제가 사회적 관계를 결정하는 것이 아니라 경제는 사회적 관계 속에서 배태된 장치(embedded arrangements)일 뿐이라는 것이다. 고대나 중세의 사회를 볼 때 거래와 교환은 보편적인 현상이 아니었고 노동의 분업도 경제적 요인에 의하여 결정되는 것이 아니라 사회적 및 지리적 요인에 의하여 결정되었다. 시장은 자생적으로 규율되는 제도가 아니라 중상주의에서 보는 바와 같이 정부의 규제에 의하여 형성된 것이며, 자유로운 시장을 주장하는 것은 기존의 정치나 사회제도로부터 경제를 분리하는 것인데, 이는 19세기부터 나타난 특수한 현상이며, 이러한 시장은 시장적인 사회에서만 존재할 수 있다고 주장한다. 그러나 시장적 사회는 상호성이나 재분배 등의 전통적 사회의 관계를 포함하지 않을 뿐만 아니라 파괴하기도 한다. 현대 사회는 사회로부터 시장을 분리하여 금전적 가치와 효율성이라는 고유한 논리로서 규율하는 비배태성(disembeddedness)의 운동과 시장을 사회적 관계 속으로 종속시켜 시민적인 권리를 보호하려는 배태성(embeddedness)간의 이중적 운동이 발생하고 있다. 이러한 사회적경제(social economy)는 사회주의나 발전국가에서 보는 바와 같이 국가의 권위적 개입은 아니며, 지역사회를 매개를 통해 대안적 경제를 의미한다.

  셋째, 복지국가의 재편기의 이념을 살펴보면 1970년대 이후 국제적 자본 이동의 자유화와 변동환율제의 도입, 오일 쇼크, 재정적자 등으로 경기침체가 지속되자 영국의 신 우파(new right) 대처 정부, 미국의 레이건 정부, 그리고 2000년대 워싱턴 컨센서스 등으로 이어지는 신자유주의가 기존의 복지국가에 대하여 비판을 제기하였다. 이러한 사조는 정부는 무능력하고 비효율적이기 때문에 정부영역에서도 가급적 시장적 운영원리를 극대화할 것을 요구하는 공공선택론(public choice theory)과 통화주의 경제학(monetarism)으로부터 발전하였으며, 기존의 정부의 업무를 민영화하고 정부 내에서도 경쟁과 시장의 원리를 도입할 것을 주장하였다. 각종 복지서비스 등에서 서비스 제공자간의 경쟁을 유도하고 소비자의 선택권을 인정하는 바우처(voucher) 제도가 도입되었다. 그러나 시장경제가 작동하기 위해서는 민간 경제 주체 등의 지나친 탐욕을 제어할 수 있는 도덕적인 자연법으로서 노모스(Nomos)가 제대로 작동되어야 하지만 실제로는 규제되지 않는 시장은 개인의 절제가 아닌 탐욕을 낳았다. 특히 금융자본의 도덕적 해이로 2008년 세계적 금융위기가 발생하게 됨에 따라 다시 국가의 역할을 중시하게 되었고 금전적 가치 위주의 신자유주의는 현재로서는 영향력이 약화되었다.

신자유주의적 개혁의 영향을 받아 사민주의적 복지국가의 모델이었던 스웨덴도 변화를 겪게 되었다. 1980년대 복지국가의 부분적 축소가 이루어졌고, 1990년대 초 보수당 정부에서 국가재정의 불균형 운용과 노동정책의 실패로 국가부채가 증가하자 이를 극복하기 위하여 집권 사민당의 페르손(Gran Persson) 총리는 복지제도의 축소, 재정지출 상한제, 공공부문의 구조조정 등을 통하여 GDP 대비 국가부채를 40% 대로 관리하도록 하였다(최연혁, 2012: 131-132).◇17 특히 실업급여와 연금 등에 있어 개인의 기여를 연계하고 사회서비스에서 경쟁과 선택의 원리를 도입하는 등 기존의 보편적 복지국가와 이질적인 조치들이 시행되었는데, 이는 스웨덴이 신자유주의의 변화를 수용한 것이라는 비판도 있지만 사민주의가 지니고 있는 실용성에 따라 복지국가의 지속성을 확보하기 위한 조치로 평가하기도 한다(Page, 2016: 83).◇18

또한 복지국가의 재편기에 보수주의도 1980~90년대에는 신자유주의와 비슷한 입장에서 국가의 축소를 주장하였지만 사회 자체를 부정하지 않고, 공동체의 전통을 강조하였다는 점에서 신자유주의와는 차이가 있다. 2010년 이후에는 영국에서 보수당과 자유당의 연립정부가 구성되어 기존의 노동당의 정책을 보수적인 입장에서 수용하고 발전시켜 국가와 시장 대신에 보다 큰 사회(Big Society)를 강조하는 정책이 추진되었다. 이러한 보수주의에 의한 사회정책은 전통과 가족의 가치를 중시하고 국가의 주도적 역할보다는 시장과 사회의 역할을 강조하며, 개인의 소유권을 존중하면서도 가진 자의 사회적 책임을 강조함으로서 공동체의 지속성과 안정성을 유지하고자 하는 것이다. 보수주의가 주장하는 큰 사회 정책은 칼 폴라니가 제기한 지역사회를 기반으로 시민들의 민주적 참여를 통하여 경제활동이 이루어지는 사회적경제 또는 연대경제와 공통점이 있으며, 사회적경제는 국가와 시장을 대신하여 제3섹터의 영역에서 시민들의 민주적 참여와 경제적 이윤 추구를 결합함으로써 공공재를 제공하는 대안적 모델을 제시하고 있다.

앞에서 제시한 복지국가의 이념들의 역사적 발전 과정에 대하여 살펴보았는데 이를 몇 가지 기준에 의하여 분류해 볼 수 있다. 첫째, 사회문제에 대한 국가의 역할이 적극적이고 개인의 자유의 관점에서 보다 집단(평등)적 가치를 지향하는 경우는 마르크스주의와 사회민주주의를 들 수 있고 마르크스주의가 보다 평등 지향적이고 국가의 역할이 강하다고 할 수 있다.◦19 둘째, 보수주의는 개인의 자유를 중시하는 입장이지만 국가의 역할에 대해서는 유연하고 실용적인 태도를 나타내고 있다. 독일에서는 국가주도로 보수적인 사회보험이 실시되었고, 영국의 보수주의는 복지국가의 발전기에는 국가의 적극적인 역할에 동조하였지만 복지국가의 감축 시기에는 다시 국가의 역할의 축소를 주장하고 있다. 셋째, 사회적경제는 시장경제에 대한 대안으로 지역사회에서의 자발적인 연대경제를 강조하지만 국가의 적극적인 개입에는 반대하고 있다. 넷째, 국가의 역할에 대하여 소극적이면서도 개인의 자유를 강조하는 입장으로는 시장자유주의를 들 수 있다. 시장자유주의는 시장의 자생적인 균형을 위하여 국가의 개입은 최소한으로 되어야 하고, 개인들의 선택을 강조한다. 다원주의도 자유주의의 한 분파로서 국가의 역할은 소극적이면서 집단 간의 경쟁을 강조하고 있다.

복지국가의 이념에서 사회민주주의와 보수주의는 실용성과 탄력성을 지니고 있으며, 다른 이념의 장점을 수용하여 자기혁신에 적극적이고 대안적인 제3의 길을 제시한다. 시장자유주의는 비대한 정부에 대한 비판으로서 의의가 있었지만 이론적 핵심으로 주장하는 자기절제와 도덕 감정에 기초한 자기 이익추구라는 본래의 주장으로 어떻게 회귀하고 실천되는지가 향후 시장자유주의의 관건이 될 것으로 본다. 또한 사회적 연대의 중요성을 강조하는 대안적 이론도 지역사회의 자발적 사회운동과 결합되어 보충적으로 활용될 수 있을 것이다. 결국 향후 복지국가의 이념 변화는 이러한 다양한 이념간의 대화와 상호 학습을 통하여 영향을 받을 것이며, 자기 이론의 핵심가정은 유지하면서 상대방의 비판을 수용하고 변화할 것으로 예상된다. 특히 국가의 역할은 개인, 집단, 시장, 제3섹터 등 다른 행위자들과의 관계에서 당시 상황적 맥락에서 지배적인 이념적 특성에 따라 역할이 달라질 것이다.

그림 2-1 복지국가 이념의 분류

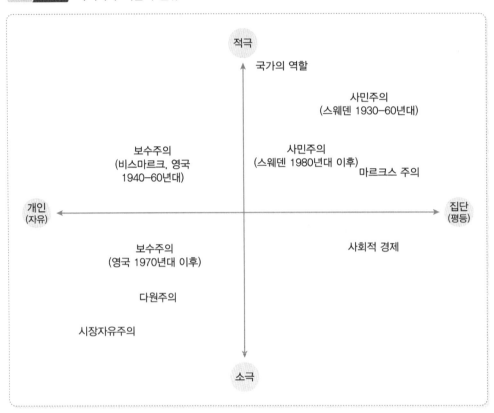

제 2 절 | 접근방식

1. 시장주의적 접근

시장주의적 접근(the approach of marketism)은 정보의 공개와 경쟁적 시장에서 개인들이 선택을 하게 함으로써 효율적 자원배분이 이루어질 수 있도록 한

다. 복지급여나 서비스의 전달을 국가기구를 통해서만 수행하는 경우 관료조직
의 비효율성과 규제의 비합리성 등으로 비효율이 발생할 수 있고 개인들에게
충분한 정보들이 제공된다는 전제 하에 개인의 합리적 선택을 통해 개인의 필
요를 충족하고 사회적 효율성을 달성할 수 있다는 입장이다. 국가 이론적으로
볼 때 이 접근방법은 시장자유주의(market liberalism)에 기반을 두고 있다. 시장
자유주의는 사회를 분해하여 개인들을 기초적 단위로 보고 개인들의 합리적 선
택 또는 공공선택(public choice)을 통해 자원배분이 이루어지도록 한다(Dryzek
and Dunleavy, 2009: 101-108).◇20 이러한 접근방법은 자원의 부족을 전제로 정
보의 효율적 배분을 통한 경쟁과 개인의 선택을 통해 자원배분의 효율성을 높
이기 위한 경제학적 논리에 기반하고 있다.

사람들이 어떻게 경제적 의사결정을 하는지에 대하여 몇 가지 제시되는 원
칙들이 있다(Mankiw, 2018: 4-8).◇21 첫째, 사람들은 선택 행위 시 상반관계
(trade-offs)에 직면하게 된다. 국방 또는 복지 중 무엇을 우선해야 할지, 효율성
과 평등 중에 무엇을 선택해야 할 것인지 등 상반관계에 관한 선택을 해야 한
다. 여기서 효율성이란 편익(benefit)과 비용(cost)의 관계를 말하는 것으로 최소
한의 자원으로부터 최대한의 편익을 얻는 것을 말하고, 평등(equality)은 다양하
게 정의될 수 있지만 일단 사회의 구성원인 사람들에게 각자의 몫을 배분하는
것으로 이해할 수 있다. 한편 효율성과 대비되는 개념으로 효과성(effectiveness)
이라는 개념도 있다. 효과성은 비용 대비하여 목표를 달성했는지 여부와 관련된
개념이다. 경제적 편익이 아니라 보다 장기적인 영향이나 사회적 변화를 의미하
는 것이고, 단기적인 편익과는 구별된다. 이를 기술적 효율성으로 보는 견해도
있는 바, 특정한 재화나 서비스를 기술적으로 가장 가능한 방법으로 생산하는
것을 의미한다(Propper, 2016: 45).◇22 기술적 효율성은 경제적 효율성의 전제로
서 일단 기술적 효율성이 달성되어야 경제적 효율성을 판단할 수 있다. 경제학
적 접근방법은 사회의 희소자원을 관리하기 위하여 선택의 대안에 대하여 정확
하게 이해하는 것을 전제로 한다. 둘째, 어떤 상품이나 재화에 대한 비용은 그
것을 얻기 위해 포기해야 하는 것이다. 자원의 희소성을 전제로 할 때 개인이

특정한 선택을 위해서 다른 선택들을 포기해야 하는 기회비용(opportunity cost)의 문제가 발생하게 된다. 이 기회비용이 클수록 개인이 다른 선택을 할 가능성은 줄어들 것이다. 셋째, 합리적인 인간이라면 한계적으로 사고할 것이다. 이는 재화나 소비를 할 경우 추가로 얼마나 편익과 비용이 들 것인지를 생각한다는 것이다. 예를 들어 어떤 개인이 빵을 소비한다고 할 때 빵을 점점 더 먹을수록 배고픔이 해소되고 편익이 증가하지만 어느 수준을 지나게 되면 포만감이 발생하여 빵을 더 먹음으로써 얻을 수 있는 추가적인 편익은 줄어들게 될 것이다. 이를 다르게 표현하면 개인의 총 편익은 증가하지만 편익 증가의 마지막 단위의 한계편익은 감소하게 된다. 이러한 개인들의 총 편익과 한계편익을 합하면 사회적 총 편익과 사회적 한계편익이 된다. 한편 빵을 생산하는 과정을 살펴보면 빵 공장에서 빵을 생산함으로써 총 생산비용은 증가하게 되고 마지막 한단위의 빵을 추가적으로 생산하는 비용은 빵의 생산이 증가함에 따라 점점 더 증가할 것이다. 즉, 개별 단위의 생산 공장에서 총 생산비용도 증가하고 추가적으로 생산하는데 드는 마지막 단위의 한계비용도 증가하게 된다. 이러한 생산자의 총 비용과 한계비용을 각각 합하면 사회적 총비용과 사회적 한계비용이 된다. 합리적인 개인이라면 추가적으로 얻게 되는 마지막 단위의 편익과 추가적으로 생산하는데 드는 마지막 단위의 한계비용이 일치하는 수준에서 소비와 생산을 결정할 것이다. 시장주의에서는 합리적 선택의 원리를 복지급여와 서비스를 결정하는 데에도 적용할 수 있다. 넷째, 사람들은 어떤 행동을 하도록 유도하는 이익에 반응한다는 것이다. 이러한 인센티브 구조를 잘 설계하는 것은 시장이 제대로 작동하기 위한 전제조건이 된다.

사회정책에서 효율성과 선택의 기제는 바우처(Voucher) 제도를 통해서 실현되고 있다. 바우처란 사용 목적을 특정하거나 특정한 재화나 서비스만을 위해 사용될 수 있도록 금전적 가치를 지닌 정부의 지불인증권을 말한다(정광호, 2007).◇23 국가계획과 통제를 통한 서비스 전달이 정보예측의 실패와 관료제의 비효율성 등으로 정부실패에 이르자 재원을 개인에게 배분하고 다양한 경쟁적 생산자 중에서 선택하게 하는 시장적 기제가 시장자유주의 뿐만 아니라 사민주의 국가에서도 수용되고 있다. 이러한 선택의 확대는 국가, 시장, 제3섹터가 소비자를 위하여 상호 경쟁하고 소비자의 합리적 선택을 통해 경제적 효율성 뿐만 아니라 분배적 정의를 달성하기 위한 것이다. 그러나 경쟁과 선택의 원리가 실제적으로 작동하기 위해서는 실질적 경쟁과 정보의 충분성을 확보하기 위한 제도적 설계와 문화적 차이를 고려하는 것이 중요하다.

2. 평등주의적 접근

사회적 정의는 복지국가의 중요한 이상 중의 하나이다. 그러나 구체적인 개념에 대해서는 다양한 의견이 존재하고 있는 바, 사회정책을 통하여 평등을 어떻게 확보할 것인가가 중심적인 주제였다. 앞에서 논의한 국가이론들에 따라서도 사회적 정의에 대한 접근방법이 각각 다르게 적용되었다. 사회주의, 사회민주주의, 여성주의적 시각에서는 평등의 관점을 보다 강조하지만 다원주의, 시장자유주의, 보수주의적 시각에서는 개인의 자유를 보다 강조하고 있다.

평등의 개념은 인류가 사회를 형성하면서부터 정치의 중요한 관심이 되어 왔다. 고대 그리스의 철학자안 플라톤(Plato)은 '각자가 자신에게 적합한 것을 하는 것'으로 이해하였고,◇24 아리스토텔레스(Aristotle)는 정의에 대하여 시민이 국가의 법질서에 복종해야 한다는 일반적 정의와 함께 특수한 정의로서 '각자에게 같은 것'이라는 교정적(산술적) 정의(corrective justice)와 '각자에게 그의 것'이라는 분배적(기하학적) 정의(distributive justice)로 구분하였다.◇25 또한 토마스 아퀴나스(Thomas Aquinas)는 이를 발전시켜 특수적 정의를 가환적 정의(commutative justice)와 분배적 정의(distributive justice)로 구분하여 전자는 인간이 재화와 급부를 교환하는 관계에서 발생하는 문제이고, 후자는 공동체 내에서 권리와 의무, 이익과 의무의 부담의 문제로 본다(Aquinas, 1981).◇26 한편, 형평적 정의(equitable justice)는 일반적 정의와 관련된 문제로서 법관에 의하여 법이 보편적으로 적용됨으로써 특수한 사례에서 부정의한 결과가 발생할 때 법관이 이를 교정하기 위하여 보편적 적용을 배제하는 것을 말한다. 또한 로마법에 관한 울

피아누스(Ulpianus) 주석서에는 정의(Iustitia)는 각자에게 그의 권리를 배분하는 항상적이고 계속적인 의지로 파악하고, 법(Iuris)의 "계율은 정직하게 살고, 타인을 해하지 않으며, 각자에게 그의 몫을 주는 것(honeste vivere, alterum non laedere, suum cuique tribuere)"으로 제시하였다(최병조, 1990: 172).◇27

정리하자면 정의는 일반적으로 국가의 법질서에 대한 복종을 의미하면서도 특수한 경우에 법관의 판단에 따라 형평을 확보할 여지가 있고, 특수한 경우에는 사람들과의 관계에서 적용될 수 있는데 계약적 관계에서는 산술적이고 형식적인 평등을 강조하여 같은 것은 같게, 다른 것은 다르게 취급하는 것을 의미하고, 공동체적 관계에서 분배적 정의는 각자가 그에 상응하는 몫을 가져가는 실질적 평등을 의미하는 것으로 볼 수 있다. 복지국가를 통한 복지정책에서는 '각자에게 그의 몫'을 배분하게 하는 분배적 정의가 중요한 과제가 될 것이다. 한편 플라톤에 의하여 제시된 '각자가 그의 능력에 맞는 일을 하는 것'이라는 의미에서의 정의는 개인의 능력에 따른 접근이라는 측면에서 의의를 지니고 있다. 국가이론별로 볼 때 사회주의에서는 형식적인 평등(각자에게 같은 것)을 보다 강조할 것이지만 다원주의나 시장자유주의적인 시각에서는 기회의 균등(각자에게 그의 것)을 강조할 것이다. 중간 영역에서 사회민주주의와 공동체적 보수주의에서는 결과의 평등을 보다 개선할 수 있도록 교육이나 건강, 일자리 제공 등의 개인의 능력에 초점을 두고 있다. 지속가능한 사회의 번영을 위해서는 형식적 평등을 추구하는 것만으로 충분할 수 없고 기회의 균등(equality of opportunity)을 실현하기 위한 전제적 조건으로서 삶의 수단인 일자리, 교육의 기회 등이 더 중요한 관심사로 부각되고 있다.

한편, 현대에서 정의관은 다양한 형태로 논의되고 있는데, 개인의 자유와 사회적 정의를 어떻게 조화시킬 것인지가 중요한 문제가 되고 있다. 첫째, 공리주의적 정의관으로 각 개인의 효용을 합을 사회적 후생 수준으로 보고 이를 극대화시키는 최대다수의 최대행복을 추구한다. 공리주의의 대표적 사상가인 벤담(Jeremy Bentham)은 정의의 최고 원칙은 효용(utility)을 극대화하는 것이며, 여기서 효용이란 쾌락이나 행복을 가져오고 고통을 막는 일체의 행위를 말한다.

얼핏 보면 공리주의는 바람직한 원칙으로 보이지만 최대의 약점은 최대다수의 행복에만 집착한 나머지 개인의 자유를 존중하지 않을 수 있다는 점이다(Sandel, 2009).◇28 또한 모든 사람의 기호를 단일한 기준으로 계산함으로써 사람의 생명까지도 돈의 가치로 계산하는 비윤리적인 상황에 이를 수도 있다. 이러한 문제점을 해결하기 위하여 밀(John Stuart Mill)은 쾌락의 양이 아니라 질을 판단하여야 한다고 하였지만 고급적 쾌락을 판단하는 것은 효용과는 다른 도덕기준에 의해야 하므로 공리주의의 일관성을 상실하게 될 수 있다.

둘째, 평등적 자유주의 정의관으로서 개인의 자유와 다원주의에 기반하면서도 사회적 약자에 대한 최대이익의 원칙이라는 사회민주주의의 관점도 포괄하고 있다. 롤즈(John Rawls)는 개인들은 계급, 성, 정년, 나이, 고용 기회, 건강 등 개인적 배경을 고려하지 않고 그들이 속하게 될 사회적 장치에 대하여 동의를 하는 사회적 계약을 체결한다고 가정한다. 이는 순수하게 개인의 자유에 기반한 능력에 따라 사회에서 차지할 위치가 결정될 것이기 때문에 기득권이나 출신배경 등으로 왜곡되지 않음을 의미한다. 이는 차등의 원칙(the difference principle)을 말하는 것으로 재능과 노력에 따른 차이는 인정하되, 신분이나 사회경제적 지위 등의 출발선의 차이, 자연적 혜택(재능), 사회적 행운/불운 등으로 발생한 불이익을 사회적으로 보정할 필요가 있다는 것이다(Rawls, 1971).◇29 또한 사회적 계약을 통한 불확실한 상황 속에서 불평등하게 자원을 재분배하는 것이 정당화될 수 있는 유일한 경우는 불평등한 (재)분배정책으로 인하여 사회적으로 가장 약한 자의 삶이 개선되는 경우이며(Maxmin principle), 이를 통하여 공동체의 삶의 수준을 전반적으로 향상시킬 수 있게 된다.

셋째, 자유지상주의(libertarianism)는 정부는 범죄를 처벌하고 사회적 구성원 상호 간의 합의를 집행하도록 하는 역할에 머물러야 하며, 재분배 정책을 수행해서는 안된다는 입장이다. 대표적으로 노직(Robert Nozick)은 정의의 요구의 핵심은 노동으로 보고 사람은 자신의 노동이 가해져서 향상된 것에 대하여 권리(entitlements)를 가지며, 사람들이 자신들의 노동에 의하여 자선 차원에서 소유물을 포기하는 것을 제외하고 개인이 산출한 결과물을 재분배하는 것은 개인의 자율성을 침해하는 것으로 본다(Nozick, 1974).◇30 경제적 성과에 대한 자유지상 주의의 대안은 그러한 성과가 나오는 과정(process)을 통하여 평가한다. 소득배분을 결정하는 과정이 공정하다면 그것이 아무리 불평등하더라도 공정한 것으로 본다(Mankiw, 2016: 412).◇31

넷째, 공동선으로서의 정의(justice as the common good)는 자유주의의 입장에서 논의되는 권리의 정치를 공동체에 대한 책임에 기반을 둔 공동선의 정치로 보완되어야 한다고 본다(Sandel, 2009).◇32 자유주의적 정의론은 행위나 제도의 본래의 존재의의나 목적으로 고려하지 않지만 제도나 행위의 본래 목적인 텔로스(telos)를 사회의 공통된 관념에 따라 결정하고 배분하는 것이 필요하다고 본다. 이를 위하여 민주적 공동체의 구성원으로서 시민의 덕목을 육성하기 위한 교육이 필요하고 책임있는 시민들이 사회적 토론의 과정에 적극적으로 참여할 것을 강조하고 있다. 그리고 정의의 기준으로서 텔로스는 민주적 덕성을 갖춘 시민들의 공동체적 토론과정에서 발견되는 것이라고 본다. 그러나 사회경제적 재화의 배분에서 텔로스를 토론을 통해서 발견하는 것은 쉬운 일이 아니며, 실체적인 정의기준이 제시되지 못하는 한계가 있다(김도균, 2012: 396).◇33

3. 시민권적 접근

시민권적 접근방식을 이해하기에 앞서 권리에 대한 접근방식을 살펴볼 필요가 있다. 즉, 권리에 대한 접근방식은 필요에 기초한 접근(need-based approach), 능력에 기반한 접근(capability-based approach), 기여에 기반 접근(desert-based approach) 등으로 나누어 볼 수 있다(Taylor-Gooby, 2016: 27-33).◇34 첫째, 필요에 기초한 접근(need-based approach)이란 인간의 필요 목록으로부터 시작하여 정부는 가능한 한 그러한 필요를 충족시킬 의무가 있다고 본다. 그러나 모든 인간의 필요를 충족시키는 데는 한계가 있기 때문에 인간의 존엄성과 생존권을 위하여 최소한으로 충족되어야 할 필요에 대해서는 정부의 불가피한 의무를 인정함으로써 복지급여나 서비스가 정당한 권리로서 인정받을 수 있게 된다. 둘째, 능력에 기초한 접근(capability- based approach)은 사람이 지닌 능력(capability)의 관점으로서 복지 또는 웰빙(well-being)을 이해하고 삶을 즐기기 위한 실체적인 자유와 무엇에 가치를 두는지를 강조한다. 이는 센(Amartya Sen)에 의하여 제안된 것으로서 빈곤은 이러한 능력이 결여된 것이며, 정부는 가능한 한 이러한 상태를 치유할 의무가 있고, 무엇이 능력인지는 사회에서 특권을 지닌 사람과 소외된 사람들을 비교하여 특권층이 무엇을 원하고 즐기는지를 파악함으로써 확인할 수 있다. 셋째, 기여에 기초한 접근(desert-based approach)은 특정 집단의 성질 또는 활동이 국가로 하여금 그 집단의 구성원들에게 특정한 서비스를 제공하도록 하는 의무를 지운다는 생각에 기초하고 있다. 우리가 당연하게 여기는 어머니들의 육아나 군인들의 봉사 등은 그 집단들이 사회에 일정한 기여를 한 것으로 볼 수 있고, 추후에 국가가 이러한 사회적 기여에 보상하는 의미에서 급여나 서비스 등을 제공할 필요가 있다는 접근방법이다. 예를 들어 기여에 따른 사회보험급여는 자산조사에 의한 급여에 비하여 보다 안정적이며, 노인들에 대한 요양 서비스는 성별과 나이에 의하여 수준이 결정된다.

  시민권(citizenships)적 접근법은 복지국가에서 제공되는 급여와 서비스를 공동체의 구성원에게 부여되는 권리로서 파악한다. 국가 이론적으로 볼 때 보수주의와 시장자유주의적인 관점은 복지국가의 급여와 서비스를 사회적 약자들에게 제공되는 시혜적인 것으로 보지만 사회민주주의나 공동체적 보수주의, 페미니즘 등과 같은 신 사회운동(New Social Movement)에서는 각각의 주장의 논거는 다르지만 이러한 것들을 공동체의 일원으로서 누려야할 권리로서 파악한다. 시민권은 역사적 발전의 개념으로서 영국에서는 공민권(civil right), 정치적 권리(political right)를 기초로 하여, 복지국가의 발전을 통해 사회권(social right)이 등장한 것으로 보고 있다(Marshall, 1992: 8-9).◇35 시민권이란 공동체의 완전한 구성원에게 부여되는 지위를 말하며, 그러한 지위를 보유한 사람들은 권리나 의무에 있어 동등하다. 권리와 의무가 무엇이 될 것인지에 대하여 결정하는 보편적인 원칙은 없으며, 해당 사회에서 시민권을 결정하는 제도적인 기관들이 시민권을 획득하기 위하여 어떻게 해야 하는지 그리고 어떤 방향으로 노력해야 하는

지에 대하여 이상적인 시민권의 이미지를 제시하게 된다(Marshall, 1992: 18).◇36 따라서 시민권은 근본적으로 개인과 그가 속한 공동체의 관계와 관련된 개념이며, 권리와 함께 특정한 의무를 수반하며, 공동체 구성원의 자격으로 포용과 배제의 문제를 수반한다.

시민권에 대한 접근방식은 국가와 사회에 따라 다르게 적용되어 왔는데 크게 나누어 프랑스, 독일과 같은 대륙법계 국가의 공동체주의(communitarianism)와 영미국가의 자유주의(liberalism) 접근으로 나눌 수 있다. 공동체주의는 공동체에 초점을 두고 시민권을 구체적인 실행행위(practice)로 이해하며, 집합적인 의무들(responsibilities and duties)을 우선하고 시민권을 적극적이고 책임 있는 시민에 대한 특수하고 조건적인 특권으로 파악하는데 반하여, 자유주의는 개인에 초점을 두고, 시민권을 지위(status)로서 이해하며, 개인적인 권리와 권한에 우선권을 부여하며, 시민권을 모든 시민들에 의하여 수동적으로 향유되는 보편적이고 대체로 무조건적인 권리로 인식한다(Dwyer, 2016: 49-50).◇37 현대적인 의미에서 시민권의 개념은 복지국가의 발전에 따라 구체적으로 등장하였으며, 현대 헌법상 노동3권, 최저생계 보호, 교육 등을 포함한 생존권적 기본권의 형태로 구현된다. 우리나라 헌법에서도 인간의 존엄과 가치의 원칙(제10조)과 행복추구권(제11조), 생존권적 기본권(제31조)을 명시하고 있다. 실제로 사회정책을 집행함에 있어 시민권적 접근법은 공동체에 대하여 의무를 다한 구성원에 대한 무조건적인 권리로서 급여와 서비스를 제공함으로써 계급에 기초한 불평등을 줄이고, 사회적 연대성을 높이기 위한 것이었다. 그러나 공동체에 대한 의무를 제대로 이행하지 않은 사람들에게 보편적으로 혜택을 부여하는 경우 복지에 대한 의존성을 높이고 국가재정의 위기를 초래하는 결과를 초래할 수 있다. 1980년대 영국에서 신자유주의적 관점에서 시민권에 대한 비판은 이러한 맥락에서 이루어졌고, 그 이후 복지급여에 있어 조건성(conditionality)을 강화하는 시도들이 이루어져 왔다. 예를 들자면 일자리 복지(Workfare)에서 기존의 실업급여를 적극적 구직 노력과 직업훈련 등을 연계함으로써 수동적인 복지 의존도를 낮추고 적극적인 시민으로서 사회적 참여를 유도하고자 하였다.

근로능력이 되지 않는 생활급여자에게도 구직활동을 수행하여 소득이 있는 경우 곧바로 수급자격을 탈락시키는 것이 아니라 기존의 급여와 노동을 통하여 얻는 혜택이 구직활동을 하지 않는 것에 비하여 더 많아지도록 인센티브를 부여함으로써 공동체에 대한 책임과 복지 급여를 연계시키려는 노력이 진행되고 있다. 좌파적 시각에서도 영국의 제3의 길(the Third Way), 독일의 하르츠 개혁 등을 통해 시장적 효율성과 사회적 연대성을 조화시키려고 하며, 우파적 시각에서도 정부가 아닌 큰 사회(Big Society)와 자원봉사의 활성화를 추구함으로써 개인들의 공동체에 대한 책임을 강조하고 있다. 또한 최근에는 기본소득(basic income) 모델이 시민권의 구체적 실현방안으로 제시되고 있다(Glennerster, 2010: 700-701).◇38 국가가 구성원으로서 시민들에게 그들 자신이 복지혜택 조합을 결정할 수 있는 플랫폼을 제공하고 개인들은 기초연금, 아동수당, 교육 바우처, 사적 보험에서 위험의 보전 등의 혜택을 부여받을 수 있다. 그러나 여기서도 누가 시민으로서 이러한 권리를 누릴 수 있는지에 대하여 결정하는 문제가 남아 있다.

4. 행태 변화적 접근

행태 변화적 접근방식(the approach of changing behavior)은 새로운 사회정책의 수단으로 등장한 것으로 개인의 행태에 대한 심리학적 및 경제학적 이해를 바탕으로 사회에 해로운 행태 대신에 사회에 유익한 행태로 유도하는 것을 의미한다. 이는 사람들의 행태가 완전한 합리성이 아닌 제한된 합리성에 따라 행동하는 것을 가정한다. 예를 들자면 사람의 심리는 확실한 관찰결과에 지나치게 많은 비중을 두거나 자신의 손해를 보더라도 경제적 성과의 공정성에 더 비중을 두거나 이미 결정한 것을 변경하는 것을 싫어하는데 이러한 증명된 인간행태의 비적실성(irrelevance)을 토대로 정책적 처방을 내릴 수 있게 된다(Mankiw, 2018: 461-465).◇39 무엇이 바람직하지 않은 행위인 지에 대하여 논란이 있을 수 있지만 전문가의 의견과 사회적 논의를 거쳐 공동체의 복리를 저해하는 크고 작은 행위들을 선정할 수 있다. 대표적으로 마약, 흡연, 나태, 탈세,

환경오염 등을 제시할 수 있고, 바람직한 행위는 건강한 생활 습관, 자선행위 등을 들 수 있지만 이러한 행위들은 사회적 여론을 통해서 수렴되는 것이 바람직하다. 행태 변화적 접근방식은 강제적으로 행위를 제한하는 것이 아니라 스스로의 선택에 의하여 하지 않거나 빈도를 줄여 보다 사회에 유익한 방향으로 유도하는 것이다. 그렇기 때문에 보수주의나 자유주의적 입장에서 시도되고 있고 자유주의적 가부장주의(libertarian paternalism)으로 불리기도 한다.

행태 변화적 접근의 구체적인 방법은 넛지(Nudge)로 표현되는데, 최근에 노벨경제학상을 수행한 쎄일러(Richard Thaler)가 「Nudge: Improving Decisions about Health, Wealth and Happiness」에서 제시한 개념이기도 하다. 넛지는 사전상 '옆구리 찌르기'를 의미하는데, 경제적 인센티브를 현저하게 바꾸지 않고 예견 가능한 방법으로 사람의 행태를 변화시키는 선택의 구조의 측면을 의미한다(Thaler and Sunstein, 2008).◇40 이러한 자유주의적 가부장적 개입의 유형으로는 무의식적 받아들임(Non-conscious priming), 지능적인 배치(intelligent assignment), 가정된 승낙(presumed consent), 의무적 선택(mandated choices), 고정(anchoring), 문화변화(culture change), 공개(disclosure), 환류(feedback), 자기등록적 통제전략(self-registered control strategies), 동료적 압력(peer to peer pressure), 규범형성(norm formation), 선택편집(choice editing) 등을 들 수 있다(Jones et al. 2013).◇41 예를 들자면 흡연을 줄이기 위하여 담배 케이스에 흡연으로 인한 질병의 결과에 대한 사진을 게재하거나 담배 케이스를 화려한 디자인으로 하지 않거나 식품에 포함된 영양요소와 첨가제를 크게 인쇄하여 소비자가 내용을 인지할 수 있도록 하는 것은 지능적 재배치이며, 자산저축 상품에 가입하는 경우 연금이 자동적으로 연계되는 것은 의무적 선택으로 들 수 있다. 또한 국민들의 건강을 위하여 술 또는 담배에 높은 세금을 부과하는 죄악세(sin tax)도 온정적 간섭주의를 통해 국민들의 바람직한 행동변화를 유도하는 정책으로 볼 수 있다(O'Donohue and Rabin, 2006).◇42

제3절 │ 복지국가의 이론

서구의 복지국가의 형성에 관해서는 다양한 이론이 존재한다. 우선 복지국가의 유형론으로서 서비스 제공에서 국가와 시장의 역할, 자격 등 특정한 기준에 따라 복지국가의 하위 체계가 어떻게 구성되어 있는지를 구분하는 복지국가 유형론이 있고, 복지국가라는 제도의 형성과 변화에 대하여 설명하는 복지국가의 이론 등이 있다.

1. 복지국가의 유형론

복지국가의 유형론과 관련하여 다양한 기준들이 제시되고 있는데 사회적 지출의 크기(Wilensky, 1975),◇43 탈상품화 및 층화(Esping-Andersen, 1990),◇44 수급 범위(Ferrera, 1996),◇45 정치적, 제도적, 경제적 요인(Castles, 2004)◇46 등을 통하여 분석되었으며, 경제적, 사회적, 제도적, 문화적, 역사적 맥락에 따라 다양한 복지국가의 유형이 존재한다는 결론에 이르게 되었다(Ferragina and Seeleib-Kaiser, 2011).◇47 특히, 덴마크 출신 사회학자인 에스핑-안데르센(Esping-Andersen)은 복지국가를 구성하는 제도적 요소들을 복지레짐(welfare regimes)으로 보고 이를 유형화하는데 선구적인 역할을 하였다. 서구의 복지국가를 탈상품화(decommodification)라는 지표를 활용하여 자유주의(liberalism), 보수주의(conservatism), 사회민주주의(social democracy) 복지레짐으로 구분하였다.

첫째, 자유주의 복지레짐은 온건하고, 자산조사(means-tested)에 의한 지원, 그리고 저소득층에 초점을 두고 있다. 안정적인 계급적 연합이 존재하지 않고, 국가복지가 주로 선별적이고 잔여적인 방식으로 운영된다. 둘째, 보수주의 복지레짐(conservative regimes)은 전통적인 가족적 가치에 의하여 형성되었으며, 가족중심적인 지원을 제공하고, 기여분에 입각한 사회보험에 의존한다. 직업적으로 구분된 사회급여가 노동 및 중산층에 대한 지원을 보장하기 위하여 도입되었다. 셋째, 사회민주주의 복지레짐(Social democratic regimes)은 높은 수준의 형평성을 보장하기 위한 보편적 제도이며, 복지서비스의 제공에서 민간이나 시장이 아닌 국가나 공공기관이 책임을 지도록 하는 탈상품화(decommodification)가 강조된다. 노동조합과 농민단체의 연합으로 형성된 정부가 완전고용과 관대한 재분배정책, 보편적 급여를 제공하는데 노력하도록 한다. 탈상품화란 개인이나 가족이 시장에서 경제적 활동을 통한 참여 여부와 상관없이 사회적으로 받아들여질 수 있는 생활수준을 유지하는 정도를 말한다. 에스핑 안데르센의 분류기준인 탈상품화(decomodification) 및 층화성의 원칙(principles of stratification)의 원칙을 적용하여 자유주의, 보수주의, 사회주의 복지레짐의 속성별로 복지국가를 분류하면 〈표 2-1〉과 같다.◇48

표　2-1　탈상품화 및 층화의 원칙에 따른 복지국가의 유형

〈탈상품화〉			〈층화의 원칙〉		
낮음	중간	높음	자유주의	보수주의	사회주의
호주	이태리	오스트리아	호주	오스트리아	덴마크
미국	일본	벨기에	캐나다	벨기에	핀란드
뉴질랜드	프랑스	네덜란드	일본	프랑스	네덜란드
캐나다	독일(서독)	덴마크	스위스	독일(서독)	노르웨이
아일랜드	핀란드	노르웨이	미국	이태리	스웨덴
영국	스위스	스웨덴			

출처: Esping-Andersen. 1990. 표 2.2 및 3.3, Francis G. Castles and Deborah Mitchell. 1993. Worlds of welfare and families of nations. in Francis G. Castles. (ed.) Families of Nations: Patterns of Public Policy in Western Democracies. Aldershot: Dartmouth. pp. 93-128.에서 재인용.

　　탈상품화의 기준에 따라 복지국가들이 서로 다른 집단으로 군집화되었으며, 앵글로 색슨 계열의 국가들이 탈상품화 지표가 가장 낮고, 스칸디나비아 국가들이 가장 높은 점수대에 모여 있으며, 유럽 대륙의 국가들은 중간 수준에 분포하고 있다. 한편, 보수주의의 계층화 수준에서 높은 수준을 나타낸 국가들(오스트리아, 벨기에, 프랑스, 독일, 이태리) 등은 같은 군집에 속하였으며 자유주의나 사민주의의 계층화를 나타내는 지표 점수에서는 낮은 수준을 나타내었고, 자유주의(호주, 캐나다, 일본, 스위스, 미국), 사민주의(덴마크, 핀란드, 네덜란드, 노르웨이, 스웨덴)로 군집화된 국가들도 이와 유사한 경향을 나타내었다. 한편, 에스핑 안데르센의 분석에 대하여 여러 가지 비판이 제기되었는데, 보수주의 레짐 중에서도 가족에 대한 의존도가 높고 탈상품화 비율이 높지 않은 이태리, 그리스, 스페인 등에 대하여 보수주의라는 범주 이외에 독자적인 범주로 구성해야 한다는 주장도 있고(Castles, 2004),◇49 이 견해에 의하면 정치적, 제도적, 사회경제적 변수를 종합적으로 고려하여 앵글로색슨(호주, 영국, 미국), 스칸디나비아(덴마크, 핀란드, 스웨덴, 노르웨이), 서유럽(프랑스, 독일, 네덜란드), 남유럽(그리스, 이태리, 스페인) 등으로 구분한다.

　서유럽의 복지레짐 구분 이외에 경제발전을 우선하고 복지지출을 억제하여 선별적으로 운영하는 한국, 일본, 대만 등의 동아시아 국가들에 대하여 생산적 복지레짐(productive welfare regime)으로 부르기도 하는데 이러한 국가에서는 역사적으로 좌파 정당의 세력이 약했고 강한 중앙집권적 전통에 의하여 국가에 의하여 경제 및 복지지출의 재원배분이 전략적으로 결정되는 특징이 있다(Wong, 2004).◇50 또한 유교적 가치에 입각하여 가족에 의한 부양을 강조한다는 점에서 남유럽의 복지레짐과 유사하지만 좌파 정당의 세력이 약하여 가부장적 가족제도에 대한 의존성이 보편적 복지로 나아가는데 제약요인이 되기도 하였다(Jones, 1993).◇51

　결국 복지국가는 국가가 복지급여에 대하여 국민들에게 얼마나 관대한 지를 의미하는 정도에 대하여 사회민주주의, 보수주의, 자유주의 순으로 스펙트럼으로 볼 수 있고, 그 사이에 지역적 특수성이 반영되는 다양한 모델이 존재할 수 있음을 알 수 있다. 아래 [그림 2-2]에서 보는 바와 같이 사회민주주의 복지레짐의 순수형은 스웨덴, 노르웨이, 덴마크를 들 수 있고, 보수주의의 순수형은 오스트리아, 프랑스, 독일이 있으며, 자유주의의 순수형은 미국이 있는데 그 사이에 사민주의적 특성이 강하면서도 보수주의적 특성을 포함하고 있는 핀란드, 보수주의적 특성이 강하면서도 가족을 중시하는 남유럽적 특수성이 반영된 이태리, 자유주의 복지레짐 내에서도 보수주의적 특성을 보유한 아일랜드, 전체적으로 자유주의이지만 보건정책에서는 보편주의 추구하는 영국과 캐나다 등 개별적인 특수성이 남아 있다.

그림 2-2 복지레짐의 유형분류

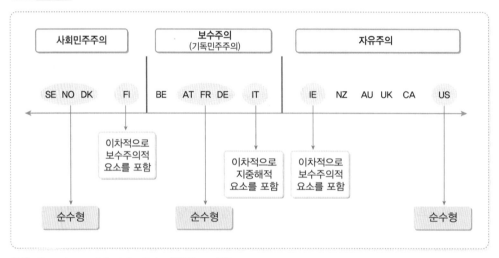

출처: Ferragina and Seeleib-Kaiser(2011), p. 595.
범례: SE:스웨덴, NO:노르웨이, DK:덴마크, FI:핀란드, BE:벨기에, AT:오스트리아, FR:프랑스, DE:독일, IT:이태리, IE:아일랜드, NZ:뉴질랜드, AU:호주, UK:영국, CA:캐나다, US:미국

복지레짐별로 어떤 차이가 있는지를 확인하기 위하여 사회지출의 세부 내역을 확인할 필요가 있다. 구체적으로 소득지원과 복지서비스의 비율, 연금, 소득지원, 보건, 기타 서비스 간의 비율로 볼 때 사민주의 복지레짐 국가인 스웨덴, 노르웨이 등은 소득지원과 서비스 지출의 비율, 사회서비스 등의 지출 비중이 높은 편이며, 미국과 같은 자유주의 복지레짐 국가에서는 상대적으로 이러한 비율이 낮은 편이다. 보수주의 복지레짐 국가인 프랑스와 독일은 중간 정도이고 생산주의 복지레짐인 우리나라의 경우는 자유주의 레짐인 미국과 같이 낮은 편

이었으나 연금과 보건지출을 중심으로 증가하고 있다〈표 2-2〉.

표 2-2 사회정책 분야별 공공사회지출

(단위: % of GDP)

	1990					2012				
	Proportion of income support & other services	pension	income support	health	other services	Proportion of income support & other services	pension	income support	health	other services
France	0.3253	10.6	5.0	6.2	3.1	0.31	13.0	4.9	7.7	4.4
Germany	0.2627	9.7	3.8	6.3	1.9	0.2763	10.4	3.9	8.2	3.2
Italy	0.1859	10.1	3.1	6.1	0.6	0.2121	14.1	3.0	6.7	2.6
Japan*	0.1607	4.9	1.1	4.5	0.7	0.14	9.3	1.7	6.7	2.3
South Korea	0.1852	0.7	0.4	1.5	0.1	0.2887	2.6	1.4	4.3	1.4
Netherlands	0.5255	6.7	10.8	5.4	2.6	0.4884	4.8	5.9	6.2	4.6
Norway	0.5561	5.6	7.5	4.3	4.9	0.5022	5.3	5.7	5.8	5.5
Spain	0.3434	7.9	5.6	5.1	1.2	0.415	8.6	6.4	6.2	4.1
Sweden	0.5	7.7	8.4	7.4	6.7	0.4755	7.2	5.3	6.7	7.3
UK	0.4226	4.8	4.2	4.9	2.9	0.4541	5.5	5.3	7.0	5.1
US	0.1866	6.1	1.7	4.8	0.8	0.2103	6.7	2.6	8.7	1.5

* 2012년 자료는 추정치이며, 일본은 2008년 데이터를 사용함.
Source: OECD Social Expenditure Database(SOCX, www.oecd.org/els/social/expenditure), Adema, W., P. Fron and M. Ladaique (2011). Is the European Welfare State Really More Expensive?: Indicators on Social Spending, 1980~2012. Social, Employment and Migration Working Papers. No. 124.

2. 복지국가의 이론

(1) 복지국가의 형성

앞에서 복지국가의 유형에 대하여 다양한 논의를 살펴보았는데 이러한 변화의 차이를 설명하는 복지정치의 과정에 대한 논의가 필요하다. 복지국가의 이론은 크게 나누어 구 복지정치 이론과 신 복지정치 이론으로 나눌 수 있다. 구 복지정치(the Old Welfare Politics)란 서구의 산업화 이후의 복지국가의 성장을 설명하는 이론이며 (Wilensky and Lebeaux, 1958),[52] 신 복지정치이론(the New Welfare Politics)은 복지국가가 성숙한 이후에 재정적 한계에 봉착하게 되자 복지국가가 지속가능하도록 다양한 대안들을 모색하는 궁핍의 정치(politics of austerity)를 설명하는 이론이다(P. Pierson, 1996; Myles and Quadagno, 2002).[53] 복지국가의 형성과 성장은 크게 나누어 ① 근대화와 시민권의 확대, ② 기능주의적 설명, ③ 신마르크스주의, ④ 권력자원이론, ⑤ 제도주의 이론 등으로 설명되고 있다. 첫째, 복지국가의 형성을 시민권의 성장과정으로 보고 19세기 영국에서 자유권으로서 공민권이 보장되고 20세기 초에 정치적 자유권을 가진 시민들이 선거나 다른 과정을 통하여 정부의 정책과정에 참여하면서 정부가 민주화되고, 시민들이 영향을 미치게 됨에 따라 20세기 중반에 사회권이 형성되며, 현대 복지국가가 탄생하게 된 것으로 본다. 시민권은 공동체의 구성원으로 평등주의를 지향하는데 비하여 사회적 계급은 차별성의 원칙에 입각하여 충돌이 발생하였고, 자본주의 체제의 발전에 따라 빈부격차를 심화시키고, 정부의 직접적인 조세제도가 강화되며, 가정생활 용품 등에 대한 대량생산이 이루어짐에 따라 문명화된 삶이 더 이상 가진 자의 전유물이 아니라 사회 구성원으로서 복지의 핵심요소에 대한 차별의 철폐를 요구하게 된 것이다. 그 결과 형평성을 요구하는 시민들의 투쟁은 주거, 교육, 보건, 소득보장으로 이어지고 사회권이 탄생하게 된 것이다(Marshall, 1992: 27-44).[54] 물론 이것은 영국의 근대화 과정을 통찰한 것으로 다른 국가에 모두 일반화할 수 있는 것은 아니지만 복지국가의 형성을 근대화과정 속에서 국가의 형성(state building)으로 파악한 점에서 의의가 있다(Leibfried and Mau, 2008: 16).[55]

둘째, 복지국가의 성장을 산업화와 인구의 성장의 결과로서 복지에 대한 정부지출이 확대되었다고 보는 기능주의적인 입장이 있다(Kerr et al. 1960; Wilensky, 1975).[56] 산업화로 인하여 임금 노동자가 증가함에 따라 여기에서 소외되는 노인이나 청년과 같은 취약노동 계층을 국가가 보호할 필요가 있게 되었고, 이를 통해 다양한 복지 프로그램이 등장한 것으로 본다. 이러한 설명은 마샬이 제시한 시민권의 성장과정의 연장선상에 있다고 볼 수 있는데, 윌렌스키에 의하여 최초로 경험적으로 검증되었다. 그에 의하면 복지국가의 뿌리는 인구변화에 매개된 경제성장의 결과이며 사람들의 수명이 늘어나고 노인인구가 증가함에 따라 복지지출이 늘어나게 되었다고 주장하였다. 이러한 기능주의적 설명은 어느 사회든지 경제적으로 발전하면 비슷한 수준의 복지로 수렴한다는 결론에 도달하게 되지만 실제로 국가별로 다양한 복지모델이 존재한다.

셋째, 복지국가의 성장에 대한 기능주의적 설명은 경제적 계급 간의 권력투쟁의 상황을 설명하지 못하고 있다는 한계를 지적하면서 자본주의 체제의 장기적 정당성을 확보하기 위한 복지국가의 역할이 확대되었다는 신마르크스주의의 입장이 있다(O'Connor, 1973; Offe, 1984).◇57 국가는 단순히 자본의 이익만을 위해 봉사하는 도구로 볼 수는 없고 모든 정치적 결정은 계급 간의 관계에서 내려지며, 본질적으로 국가는 자본주의적 속성을 지니고 있으면서 국가의 복지개입을 통해 장기적 노동공급을 원활하게 하고 자본주의 체제가 장기적으로 생존하게 한다는 것이다. 이러한 신마르크스주의의 설명은 복지국가의 등장에 대한 거시적인 설명으로서 의의가 있으나 국가 내부의 권력관계의 다양성과 특수성에 따라 구체적으로 복지국가의 양상이 어떻게 달라지는지를 설명할 수 없는 한계가 있다.

넷째, 복지국가의 성장을 노조, 좌파 정당 등 복지지출에 친화적인 정치세력이 권력을 확보하게 됨에 따라 이루어진다는 권력자원이론(power resources theory)이 있다(Korpi, 1989).◇58 단순히 대중의 정치참여를 복지지출 증가의 원인으로 보는 것이 아니라 보다 구체적으로 좌파 정당이나 노조 등이 사회 내에서 계급투쟁에서 승리함으로써 정치적 영향력을 행사한 결과로 복지국가가 성장한다는 설명이다. 그러나 이 이론에 대해서는 복지국가의 성장을 좌파세력의 집권이라는 변수만으로 설명할 수 없는 한계가 있다는 지적이 가능하고, 중산층의 지지나 여성운동의 등장도 복지지출에 긍정한 영향을 미칠 수 있기 때문이다.

다섯째, 복지국가의 성장과 변화를 해당 국가의 정책이나 제도의 차이로 설명하는 제도주의 이론이 있다. 이 연구의 계기는 기능주의의 이론에 의하면 복지국 가의 성장이 이루어지고 모든 국가가 비슷한 형태로 수렴되어야 하는데 실제로는 국가별로 다른 형태의 복지레짐들이 존재하는 현상을 설명하기 위한 것이었다. 1980년대부터 신제도주의(new institutionalism)와 정체 중심(polity centered)의 방법론에 입각하여 헌법상의 제약으로서 거부점(veto points)이나 제도적 맥락이 복지국가의 형성과 축소에 영향을 미쳤는지에 대한 연구가 활성화되었다(Orloff and Skocpol, 1984; Immegut, 1992).◇59 제도주의 이론가들은 정치적 및 경제적 제도가 복지국가 발전에 중요한 요소로 보고 사회에 대하여 자율성이 강한 국 가를 통하여 통해 복지지출을 증가시킬 수 있다고 보며(Skocpol, 1992),◇60 사회 가 다원화되어 많은 거부점이 존재하는 경우는 소수집단에 의하여 차단되기 때 문에 의료보험과 같은 사회정책의 입법이 어렵다고 한다(Immergut, 1992).◇61 또 한 신제도주의는 복지국가의 정책과 제도의 지속성과 피이드백에 대해서도 설득 력 있는 설명을 제공할 수 있는데 초기 제도 도입이 그 이후의 제도변화를 설 명하는 경로의존성(path dependency)과 이러한 맥락과의 관계에서 발생할 수 있 는 의도하지 않는 결과(unintended consequences) 등을 설명할 수 있다.

  제도주의 학자들의 최초의 시도는 복지국가 연구에서 미국의 예외성(excep-tionalism)을 설명하기 위한 것이다. 일반적으로 미국은 무국가성(statelessness)의 전통에 따라 민주주의가 발달되어 왔다가 자본주의가 발달되자 이로 인하여 발생 한 문제에 대처하기 위하여 정치로부터 행정의 분리가 시도되었고, 대공황과 세 계대전을 거치면서 행정국가(administrative state)로 발전하였다(Waldo, 1948).◇62 현대 자본주의와 국가형성에서 미국은 유럽의 국가들과 다른 경로를 밟아 왔으 며, 국가형성 보다 산업화가 먼저 진행된 미국에서는 중앙집권적 국가가 확립되 기 전에 경제적 이익집단이 강해졌고, 이것은 미국의 헌법 체계상에 많은 거부 점들을 만들게 되었으며, 1930년대 이래로 뉴딜정책을 시작으로 의료보험 제도 가 입법화되지 못한 것은 미국의사협회(the American Medical Association: AMA) 등의 강력한 이익집단들의 반대 때문이었다. 또한 민주주의가 국가 관료제보다 더 발달되어 있기 때문에 엽관제에 기초한 미국의 정치 행정체제는 부정부패의

부정적 인상을 남기게 되었고, 남북전쟁으로 인하여 군인연금 등이 도입되었음에
도 불구하고 일반 연금으로 확대되지 못하고 정치 엘리트와 노조들이 단체협상
과 사내연금 및 의료보험과 같은 사적 수단을 모색하게 되었다(Skocpol, 199
2).◊63 이를 통해 미국은 유럽과 달리 사회보험이나 국가에 의한 직접적 복지서
비스 보다는 시장과 시민사회에 의존하는 복지전달이 이루어지게 된 것이다.

　　신제도주의적 설명은 복지국가의 변화를 구조와 행위자의 상호작용을 종합
하여 설명할 수 있다는 장점이 있다. 특히, 복지국가의 형성에서 국가별 차이점
을 제도를 통하여 설명할 수 있다는 점에서 기능주의의 한계를 극복할 수 있고,
행위자 중심의 권력자원 이론뿐만 아니라 이들의 행위를 제약하는 구조까지 고
려한다는 점에서 이론적 장점이 있다. 그러나 제도주의적 설명은 기존 제도의
지속성과 국가 간 차이를 설명하는 데는 장점이 있지만 가족의 해체와 노동시
장의 변화 등의 새로운 사회적 위험들(new social risks), 과학적 근거에 의한 미
래예측과 재원배분 등에 대한 역동적인 정책대안을 제시하는 데는 한계가 있다.
한편 복지국가의 성장에 관한 이론에 대한 비판적인 시각으로 에스핑 안데르센
은 산업화, 경제성장, 자본주의 또는 노동계급의 정치권력 등의 요인들은 거의
설명력이 없고 그나마 인과적 설명이 가능한 것으로 계급 동원의 성격, 계급정
치의 연합구조, 복지레짐의 역사적 유산 등의 요인들의 상호작용으로 설명할 수
있다고 한다(Esping-Andersen, 1990).◊64

(2) 신 복지정치 이론

　　서구의 복지국가는 인구고령화, 탈산업화, 실업의 증가, 가족구조의 변화, 세
계화 등의 경제사회적 환경의 변화로부터 도전을 받게 되었다. 이를 후기 산업
적 복지국가의 전환으로 표현하는데 기존의 복지국가의 구조를 재설계하는 계기
가 되었다(Leibfried and Mau, 2008).◊65 많은 복지국가가 높은 실업과 재정 적자
에 직면하게 되자 국가와 정치적 행위자가 복지국가의 확대를 폐기하기 위해
선택한 것은 비난회피(blame avoidance) 전략이었다(Weaver, 1986).◊66 즉, 정치
인은 인기 있는 행위에 대해 신용을 주장하는(credit claiming) 것이 아니라 주로

인기가 없는 행위에 대한 비난을 회피하려고 한다. 이것은 유권자들이 실제로 얻는 것보다 잠재적 손실에 더 민감하게 반응하는 부정적 편이(negative bias) 때문이다. 비난회피 전략의 예로는 복지급여에 관한 새로운 의제를 제한하거나 축소, 책임을 관료제로 전가, 세태에 편승하기 등을 들 수 있다.

실제로 폴 피어슨(Paul Pierson)의 연구에 의하면 영국, 미국, 독일, 스웨덴의 사례를 분석한 결과 여전히 복지국가는 활성화되어 있으며(resilient), 변화되기 어려웠다(P. Pierson, 1996).◇67 강력한 정치적 수사에도 불구하고 기존의 복지제도로 인하여 수혜를 받는 이익집단들이 있고 이들이 선거에서 유권자로서 영향력을 미칠 수 있기 때문에 대대적인 복지축소는 어렵다는 것이다. 또 다른 연구로 OECD 국가에서 총 공공사회지출의 축소가 있었는지를 분석한 결과 명백한 감소는 나타나지 않았다(Castles, 2004).◇68 또한 정치인들은 복지축소로 인하여 정치적 지지를 잃기 보다는 정치적으로 취약한 집단의 혜택을 먼저 축소하고 수급자의 자격이나 급여조건을 강하게 부여함으로써 눈에 띄지 않게 복지혜택의 축소를 시도한다. 그럼에도 불구하고 시장자유주의에 입각한 복지국가의 개혁은 어느 정도 지지를 얻는 상황이며 전면적인 복지의 축소는 아니더라도 복지국가의 구조조정(restructuring)이나 재조정(recalibration)으로 부를 수 있을 것이다(Ferrera et al. 2000; P. Pierson, 2001).◇69

그러나 2008년 세계적 금융위기로 인하여 영국의 보수당과 자유당의 연립정부에서는 궁핍의 정치(austerity politics)가 다시 주목을 받게 되었다(Wiggan, 2016: 144).◇70 이 논쟁의 핵심은 정부가 복지지출을 줄이고 세금을 인상하여야 하는지 여부와 불가피하게 누가 비용을 부담하고 누가 복지서비스의 혜택을 받을 자격이 있는지에 관한 것이었다. 재정위기와 같은 상황 속에서는 비난 피하기나 비밀스러운 복지축소가 아닌 보다 공개적으로 복지재원의 축소와 재조정이 논의될 수 있었다.

제 4 절	한국 복지국가의 이론

　한국은 발전국가로서 경제발전과 민주화를 성취했지만 복지국가로의 전환은 여전히 시작단계에 불과하다. 1960-80년대 고도 성장기에 경제발전을 우선하면서 복지지출을 억제하여 왔으며, 2000년대부터 진보정부의 집권 이후 복지지출을 증가시키고 저출산 및 고령화, 선거정치를 경험하면서 보수정부에서도 복지지출을 증가시켜 오고 있으나 여전히 공공사회지출에서 OECD 국가의 평균 수준에 미치지 못하고 있다. 동아시아 복지레짐의 성격에 관하여 에스핑 안데르센의 복지국가 유형론을 확대 적용하면서 한국, 일본 등 동아시아 국가의 성격에 대해서도 연구가 진행되었다(Peng and Wong, 2010: 656-670).◇71 이른 바 동아시아적 복지국가(East Asian welfare state)에 대한 연구는 첫째, 교육의 강조, 가부장제, 권위에 대한 존중, 가족에 의한 부양 등과 같은 아시아적 가치가 복지국가의 발전을 제약하였다는 입장도 있고(Jones, 1993),◇72 둘째, 동아시아 복지국가의 저발전을 정치에서 강력한 좌파 정당의 부재에서 찾는 입장도 있으며(Wong, 2004),◇73 셋째, 동아시아 국가에서 사회정책은 사회적 보호와 재분배를 위한 것이 아니라 경제적 생산성을 증진시키기 위한 것이라는 생산주의적 (productivist) 접근도 있다(Holliday, 2000).◇74

　국내에서도 2000년대 이후 한국에서 복지정치의 변화를 경험하면서 한국 복지국가의 성격에 대한 논쟁이 있었다(김연명 편, 2002; 정무권 편, 2009).◇75 한국의 복지국가의 성격에 대한 논의는 에스핑 안데르센이 제안한 3가지 복지자본주의 유형론을 적용하려는 입장과 자본주의의 다양성에 따른 생산레짐과 발전국가(deveopmental state)의 관계 속에서 설명하려는 입장으로 나누어 볼 수 있다 (안상훈, 2010: 5).◇76 앞에서 논의한 안데르센의 복지국가의 유형론을 적용할 때 한국의 복지레짐은 일본, 대만 등과 함께 보수주의와 자유주의의 혼합형으로 보는 입장이 있고(Esping-Andersen, 1996),◇77 비영리민간단체를 통한 서비스 공급과 신사유주의적 생산적 복지를 추구하기 때문에 자유주의적 복지레짐으로 보거나(조영훈, 2002),[78] 2010년을 기준으로 급여 관대성(generosity)의 지표와 사회서비스에 대한 지출 수준이 모두 낮아 자유주의에 가깝다는 입장(양재진, 2018: 149-150)[79] 등이 있으며, 복지제도의 기본적 연대의 특성이 국가나 시장에 의존한 것이 아니라 가족에 의존하고 있고 공공부문도 순수 국가부문은 매우 작은 반면에 기업복지 등 법정민간부문을 포함하는 공공부문은 매우 크기 때문에 보수주의 복지레짐으로 보는 입장도 있다(김진욱, 2009).[80]

여기에 대하여 에스핑 안데르센의 복지국가 유형론을 한국에 적용하는 것에 대한 한계를 지적하면서 자본주의의 다양성의 시각에서 도입된 생산레짐과 복지레짐 간의 역사적 형성과정에서 발전국가의 독특한 역할로 설명하는 견해도 있다(정무권, 2009: 24).[81] 한편 한국의 복지국가는 아직 출발선에 있으므로 서구의 발전된 복지국가와 비교하는 것은 의미가 없다는 전제 하에 동아시아의 복지국가들에 대하여 새로운 기준과 이론에 기반한 유형화가 필요하다는 주장도 있고(김연명, 2009),[82] 에스핑 안데르센의 기준과는 다르게 복지지출을 현금급여 vs. 사회서비스, 보편주의 vs. 선별주의, 재원조달에서 공공 vs 민간의 비중, 급부대상 차원에서 노동세대 vs 비 노동세대라는 기준으로 한국을 OECD 국가들과 비교한 결과 한국의 복지체제가 제도화되지 않고 낙후된 수준으로 분석되었으며, 향후 보편주의적 복지국가가 가능한 복지동맹이 가능한 방향으로 복지전략이 필요하다는 연구도 있다(백승호·안상훈, 2009).[83] 또한 서구의 복지국가가 시작되는 19세기 후반부터 한국의 복지체제의 변화를 설명하고 현재 한국의 복지체제의 특징을 역진적 선별주의로 주장하면서 그 기원을 1961-1979년 개발국가 시기로 보고, 1980년대 이후부터 신자유주의의 영향을 받아 역진적 선별적 복지체제가 시작되었고 민주화 이후에도 신자유주의에 의한 역진적 선별적 복지체제가 확장되고 지속되었다는 연구도 있다(윤홍식, 2019, 1,2,3).[84]

정리하자면 한국의 복지국가는 발전국가 시기에 경제발전의 우선정책으로 인하여 복지에 대한 지출을 억제하였고, 가족중심의 돌봄, 노동계급을 대표하는 정치권력이 성장하지 못하여 경제규모에 비하여 사회복지는 뒤처져 있는 상태이다. 따라서 한국적 맥락에서 복지국가를 고찰함에 있어서는 발전된 서구의 복지국가 이론을 무비판적으로 적용하기 보다는 복지국가를 새롭게 설계하는 출발선에서 복지국가가 발달한 서구 국가와 함께 상호작용하면서 한국적 맥락에 맞는 제도를 창출해야 하는 비동시성의 동시성(simultaneity within non-simultaneity)의 문제에 직면하고 있다(정무권, 2009: 37).◇85 이러한 맥락에서 서구의 복지국가의 재정 위기 상황에서 제시하는 처방들을 한국 사회에 그대로 수용하려고 하는 경우 비정합성의 문제가 발생하게 될 것이며, 오히려 서구의 1920~60년대의 복지국가의 성장기에서 나타난 현상들을 고찰하면서 부작용을 방지할 수 있는 교훈을 얻는 것이 필요하다.

한국의 복지국가 이론은 형성과정에 있으며 발전국가의 복지이론은 한국의 저 발전된 복지를 설명하는 이론이지 한국 사회의 복지국가 모델이 될 수는 없다. 새로운 한국적 복지국가의 이론 정립은 한국 사회와 국가에 대한 심층적 이해를 바탕으로 앞으로 진행될 수 있는 개연성의 측면에서 논의할 필요가 있다. 우선 한국의 시민사회는 국가를 압도할 만큼 성장하고 있지 못하다. 따라서 다원주의적 관점에서 국가를 단순히 수동적 존재로 볼 수 없으며, 사회의 제 이익이 반영되는 경로도 억압되어 있다. 또한 발전국가를 통해 시장 경제는 발달되었지만 대규모 재벌집단에 대한 경제력 집중이 심하고, 국가에 의한 경제적 규제는 강한 편이다. 권위주의 체제 하에서 강력한 국가능력을 바탕으로 국가규제 중심의 조정기제가 형성되었으며, 민주화를 거치면서 다소 완화가 되었으나 발전주의의 유산이 남아있다(정용덕외, 2014: 209; 정무권, 2009: 156).◇86 국가의 사회에 대한 개입과 사회의 제 이익이 국가이익에 반영되는 경로는 폐쇄적이어서 사회 내에서는 시장자유주의적인 사고가 주류를 이루고 있다고 볼 수 있다. 한편, 노동시장은 1997년 IMF 외환위기 이후 신자유주의적 개혁으로 정규직과 비정규직으로 이원화된 구조가 심화되었으며, 주요 성장산업의 정체와 후기 산업화로 인하여 청년실업도 증가하고 있는 추세이다. 이에 더하여 저출산 및 고령화로 인하여 생산가능 인구는 줄어드는데 부양해야할 노인인구는 늘어나는 상황에 있다. 복지제도의 특성을 살펴보면 건강, 연금, 실업, 장기요양 등의 급여가 사회보험에 기반하고 있다. 그러나 서구의 보수주의 복지레짐과 달리 지역 및 직역별 조합으로 되어 있는 것이 아니라 국가가 단일한 보험자로서 관리하고 있다는 점에서 차이가 있다. 이는 서구의 사민주의적 관리와 보수주의적 재원확보의 중간 형태라 할 수 있다. 또한 공공부조에서는 선별주의의 원칙에 따라 자산조사(means-test)가 이루어지고 있고, 부양의무자로서 직계가족이 있는 경우에는 제외된다는 점에서 가족중시의 특징도 지니고 있다. 사회서비스의 경우에는 보육 등에서 지원이 점차 증가하고 있으나 공공성이 취약한 편이고, 일 가정의 양립과 여성의 사회참여를 장려하는 적극적 노동시장 정책도 활성화되고 있지 못한 편이다. 즉, 북유럽의 사회주의적 복지레짐의 특징과는 아직 괴리가 존재하고 있다. 사회서비스의 전달체계는 정부보조금에 의존하여 대부분 민간전달체계를 통하여 이루어지고 있으며, 복지지출의 세부적 요인에서 민간부문의 역할이 강조되고 있는 특징을 보이고 있다(백승호·안상훈, 2009: 228).◇87 따라서 한국의 복지국가의 유형은 서구 국가에 비하여 복지국가의 수준이 낮고, 학자에 따라 자유주의 또는 보수주의적 요소를 더 강조하기도 하지만 동아시아의 특유한 가족적 부양의무라는 문화적 배경 하에 자유주의적 요소와 보수주의적 요소가 혼합되어 있는 것으로 볼 수 있다. 한국도 서구와 같이 산업화와 민주화라는 근대화의 중요한 과정을 압축적으로 달성하였기 때문에 복지국가에 진입하는 과정으로 볼 수 있다. 그러나 서구와 달리 세계대전을 통하여 국가가 국민들로부터 조세를 최대한 동원하는 과정을 경험하지 못했고, 강한 국가능력이 있음에도 경제발전을 우선하고 민간의 자유로운 경제활동을 제약하는 증세에는 제약을 하였기 때문에 복지국가로 발전하기 위한 충분한 재원을 확보하지 못했다.◇88 복지의 확대를 위해서는 재원이 필요하지만 평균적인 국민들은 증세를 수반한 복지확대에 대하여 부정적인 인식을 지니고 있는 것으로 나타났다. 서울대학교 행정대학원과 한국갤럽이 공동으로 실시한 「2014 정부역할과 삶의 질에 대한 국민인식조사」를 활용하여 분석한 결과에 의하면 명시적인 증세 가능성이 제시되는 경우 복지확대에 부정적인 태도를 나타냈으며, 중산층과 저소득층일수록 이러한 경향이 보다 분명하게 나타났다(금종예·금현섭, 2017).◇89 증세를 수반한 복지확대에 대한 국민들의 불신은 정부의 투명성과 신뢰 등에서 영향을 받는 것으로 보이지만 향후 복지국가를 확대하기 위해서는 구체적인 복지 프로그램의 제안과 증세에 대한 국민들의 동의를 얻어내는 복지정치의 역할이 중요할 것으로 보인다.

따라서 한국적 복지국가이론을 정립하기 위해서는 자본주의 생산체제와의 관계에서 정치권력이 국민들을 설득하거나 저항을 극복하고 적극적으로 조세나 사회보험 기여금을 인상하여 사회적 지출을 늘리지 못한 이유와 정치권력과 국가 관료제의 관계, 그리고 복지정책에 민간과 시장을 적극적으로 활용하는 한국의 사회정책 체계의 독특한 특징을 이해하는 것이 중요하다고 생각된다. 우선 한국은 경제발전에 따라 외국으로부터 다양한 복지제도를 도입하고 있지만 실질적인 복지 수준이 높지 못한 이유를 설명해야 한다.[90] 중요한 변수로서 정당체계와 선거제도, 관료제의 역할, 복지국가의 재원부담에 대한 국민의식과 정치인의 선택, 과거 발전국가의 제도적 유산 등을 고려할 수 있는데, 다양한 복지제도를 도입하면서도 복지수준이 낮은 맛보기 수준의 하이브리드(hybrid)형 복지레짐으로서 한국 복지국가의 본질을 분석하고 설명할 수 있어야 한다. 이를 바탕으로 정치제도의 개혁, 정당의 엘리트 충원 및 정책능력의 향상, 이념적 기반과 사회 정책적 프로그램을 통하여 국민을 설득하고, 국민 모두의 복지국가를 구축하기 위한 사회적 합의를 형성하기 위한 복지정치의 연구와 함께, 국민적 합의를 바탕으로 복지국가의 청사진을 제시하고 재원을 추출할 수 있는 국가능력과 행정체계에 대한 체계적인 연구가 이루어져야 한다.

끝으로 역설적이지만 한국의 복지체제의 기본적 제도는 1960~80년대를 통해 산재보험, 건강보험, 국민연금, 사회복지서비스, 자산조사에 기초한 생활보호 등의 제도가 형성되었고, 1990년대 이후에는 이러한 제도들이 보편적으로 확대되기 보다는 신자유주의적 개혁을 통하여 국민연금의 급여를 축소하거나 복지서비스의 제공에 시장 경쟁의 원리 도입 등 보다 영미에 가까운 경로로 전환되었다는 점이다. 향후 한국 복지국가의 발전 방향과 관련하여 복지국가의 재원으로 GDP 대비 조세수입의 비중과 복지국가의 지출 수준으로 GDP 대비 공공사회지출의 비중을 고려할 수 있다. [그림 2-3]에서 보는 바와 같이 스웨덴과 같이 보편주의를 지향하는 사민주의 복지레짐은 세금을 많이 거두어 사회정책에 많이 지출하는 체제이지만 영국, 미국과 같이 자유주의 복지레짐은 세금을 적게 거두고 사회정책에 대한 공공지출도 적은 국가이다. 프랑스는 이른 바 보수주의적 복지레짐으로서 1980년까지 조세수입에 비하여 공공사회지출 비중이 높지 않았으나 이후 공공사회지출이 급격하게 증가하였다. 한국의 경우는 2017년 현재 공공사회지출과 조세수입이 모두 상대적으로 낮아서 향후 다양한 변화의 가능성이 있다. 그러나 복지국가의 재원으로서 조세수입의 비중이 획기적으로 증가하지 않는 한 보편주의적 복지국가로 나아가는 것은 어렵게 보이고, 1980년에 비

그림 2-3 공공사회지출과 조세수입의 관계(1980~2017)

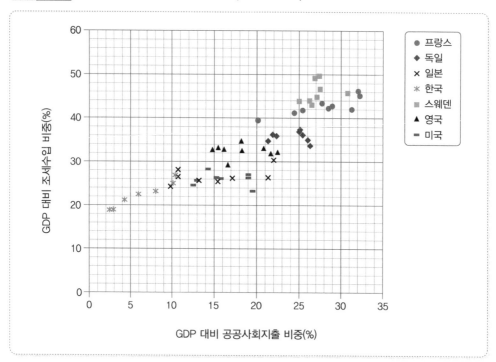

출처: OECD i library, Tax Revenue(조세 수입) 및 SOCX(공공사회지출) 자료(1980~2017)
* 1980~2015년까지는 5년 단위의 자료임.

하여 공적 사회지출의 증가율이 조세수입의 증가율보다 더 크기 때문에 이러한 추세로 간다면 자유주의적 복지레짐으로 변화될 가능성이 크게 보인다.

또한 [그림 2-4]와 같이 공공사회지출과 민간사회지출(강제 및 자발적 사회지출)의 관계를 보면 프랑스, 스웨덴, 독일은 민간사회지출에 비하여 공공사회지출의 비중이 높은 반면에서 미국은 민간사회지출과 공공사회지출이 비슷한 수준이며, 영국도 유럽의 복지국가들에 비하여 민간사회지출을 확대하여 왔다. 한국은 공공사회지출과 민간사회지출이 모두 낮은 수준이지만 1980~2017년의 변화를 살펴보면 공공사회지출과 함께 민간사회지출도 증가하고 있어 자유주의 복지레짐인 영국과 유사한 변화 패턴을 보이고 있다.

그림 2-4 공공사회지출과 민간사회지출의 관계(1980~2015)

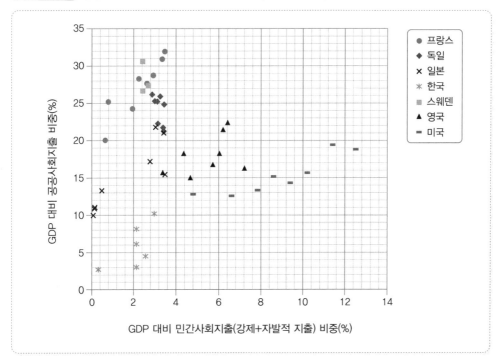

출처: OECD i library SOCX(공공사회지출) 자료.
*1980~2015년까지는 5년 단위의 자료임.

주 석

◇1 Smith, Adam. 1761. Theory of Moral Sentiments (2ed.). Strand & Edinburgh: A. Millar; A. Kincaid & J. Bell.

◇2 Mill, John Stuart. 1859. On Liberty. London; Magrid, Henry M. 1987. John Stuart Mill. Leo Straus and Joseph Cropsey (ed.). History of Political Philosophy(3th edition). The University of Chicago Press. pp. 796-800.

◇3 Dryzek, John S. and Patrick Dunleavy. 2009. Theories of the Democratic State. Palgrave macmillan. pp. 100-101.

◇4 자유주의적 관점에서 자본주의 사회의 도덕적 기초를 제공한 이론으로는 Smith, Adam. 1761. Theory of Moral Sentiments (2 ed.). Strand & Edinburgh: A. Millar, A. Kincaid & J. Bell. 참고. 고대 그리스 용어로 'nomos'는 법률가의 법으로서 법관이 구체적인 사례의 적용을 통하여 발견하는 법으로서 영미의 보통법(common law)의 전통에 해당되지만 로마의 'ius'는 특정한 조직의 법으로 의도를 가지고 입법화되었으며 보통은 성문법의 형태를 지니고 있고, 대륙법계 국가에서 nomos를 droit(프랑스), Recht(독일)로 부르고 loi(프랑스), Gesetz(독일) 등과는 구별하고 있다. 자세한 내용은 Hayek, Friedrich A. 1982. Law, Legislation and Liberty: A new statement of the liberal principle of justice and political economy. Routledge & Kegan Paul Ltd. 참고, 자생적 질서와 인위적 질서에 대해서는 최병선. 2001. 정부주도 경제사회 운영과 행정윤리. 행정논총, 제39권제4호. pp. 94-96. 참고.

◇5 Bochel, Hugh. 2016. The Conservative Tradition. in Pete Alcock, Tina Haux, Margaret May and Sharon Wright (eds.), the Student's Companion to Social Policy. Wiley Blackwell Press. p. 73.

◇6 마르크스의 이론은 변증법적 유물론이라는 과학주의에 의거하여 자본주의의 진화를 설명하고자 했고 이러한 억압받는 지배구조를 극복하는 것은 무산계급의 혁명적 방법에 의하여 가능하다고 주장했다. Karl Marx. 1876/1976. Capital: A Critique of Political Economy. Harmondsworth: Penguin. 그러나 자본주의 국가에서 시도되었던 1848년, 1871년 파리코뮨 등에서 시도들은 실패로 끝났고, 제1차 세계대전이후 러시아의 자유주의적 혁명의 기회를 활용하여 소수의 볼세비키 선봉대가 권력을 장악하고 공산당의 일당 독재와 반대파에 대한 탄압을 통하여 국가계획 중심의 공산체제를 구현하였고, 후에 중국에서 농민 중심의 공산혁명이 발생하였다. 그러나 이것은 원래 마르크스가 생각했던 자본주의의 종말과 새로운 유토피아와는 다른 결과가 되었다.

◇7 이 부분에 대하여 아담 스미스는 도덕 감정론에서 다음과 같이 논의하고 있다. "부자들은 그들의 자연적인 이기심과 탐욕에도 불구하고 가난한 사람들보다 약간 더 소비

하고, 그것을 의도하지 않았거나 알지 못하더라도 모든 거주자에게 토지가 균등하게 분배된 것과 같이 그들의 모든 수확들을 가난한 사람들과 나눈다. 그들은 보이지 않는 손에 이끌려(led by an invisible hand) 생활에 필요한 것들을 거의 같게 분배하고, 사회의 이익을 증진시키고 종족을 번식시킬 수 있게 된다." Adam Smith. 1761. The Theory Of Moral Sentiments, Part IV, Chapter I, pp. 184-185, para. 10.

◇8 Page, Robert M. 2016. Social Democracy. in Pete Alcock, Tina Haux, Margaret May and Sharon Wright (eds.), the Student's Companion to Social Policy. Wiley Blackwell Press. pp. 73-74. 참고.

◇9 Ibid. pp. 80-81.

◇10 스웨덴은 국유화 등의 조치 대신에 시장경제를 규제하고 통제하는 정치적 수단을 선택하였으며 이러한 방식은 미국 언론가인 Marquis Childs에 의하여 중도의 길(Middle Way)로 표현되고 있다. 자세한 내용은 Marquis Childs. 1936. Sweden: The Middle Way, New Haven, CT: Yale University Press. 참고.

◇11 신정완. 2018. 사회보장의 역사적 전개. 한국보건사회연구원(편). 주요국의 사회보장제도5: 스웨덴의 사회보장제도. 나남. pp. 27-28.

◇12 다원주의는 19세기 후반 미국에서 등장한 사상이지만 그 뿌리는 자유주의에서 찾을 수 있다. 대표적으로 「Locke, John. 1688-90. Two Treaties of Government. Cambridge: Cambridge University Press, 1988, ed. Peter Laslett」; 「Mill, John Stuart. 1859. On Liberty.」; 「Popper, Karl R. 1966. The Open Society and its Enemies. London: Routledge & Kegan Paul.」 등이 있다. 다원주의 국가는 자유민주주의로 구현되며 소수가 아닌 다수에 의하여 통치되는 다양한 권력의 중심을 가진 다두정(polyarchy)의 형태를 띠게 된다. 로버트 달에 의하면 자유민주주의에서 선거는 국민의 의사를 표현하는 의미가 있지만 정책결정에는 한계가 있고 평상시의 정책과정에서 소수의 세력이나 이익집단이 정치인에게 영향력을 행사하여 재원 배분을 위한 정책결정에 영향을 미친다. 다두정은 하나의 지배 권력이 지시나 통제를 하는 것이 아니라 다수의 세력들이 경쟁하면서 영향을 미치는 미국과 영국의 정치체제의 특징을 표현하는 것으로 볼 수 있다. 자세한 내용은 Dahl, Robert. 1961. Who Governs? Democracy and Power in an American City. New Haven, CT: Yale University Press. 참고.

◇13 Hayek, Friedrich A. 1944. The Road to Serfdom. Chicago: University of Chicago Press.

◇14 Dean, Hartley. 2016. The Socialist Perspective. in Pete Alcock, Tina Haux, Margaret May and Sharon Wright (eds.), the Student's Companion to Social Policy. Wiley Blackwell Press. pp. 85-90.

◇15 O'Connor, James. 1984. Accumulation Crisis. New York: Basil Blackwell; Claus

Offe, 1984. Contradictions of the Welfare State. Cambridge, MA: MIT Press.

◇16 Polanyi, Karl. 1944[2001]. The Great Transformation: The Political and Economic Origins of Our Time. Beacon Press: Boston. p. 280.

◇17 최연혁. 2012. 경제와 정부재정. 한국보건사회연구원(편). 주요국의 사회보장제도: 스웨덴. 한국보건사회연구원. pp. 131-132.

◇18 Page, Robert M. 2016. Social Democracy. in Pete Alcock, Tina Haux, Margaret May and Sharon Wright (eds.), the Student's Companion to Social Policy. Wiley Blackwell Press. p. 83.

◇19 원래 마르크스주의에 의하면 프롤레타리아 혁명이 이루어지고 나면 국가도 사라질 것이라고 보았으나 레닌에 의하여 실현된 러시아의 사회주의에서는 국가계획과 통제를 통하여 국가의 역할이 강화되었다.

◇20 Dryzek, John S. and Patrick Dunleavy. 2009. Theories of the Democratic State. Palgrave macmillan. pp. 101-108.

◇21 Mankiw, N. Gregory. 2018. Principles of Economics 8th edition. Cengage Learning. pp. 4-8.

◇22 Propper, Carol. 2016. Efficiency, Equity and Choice. 2016. in Pete Alcock, Tina Haux, Margaret May and Sharon Wright (eds.), the Student's Companion to Social Policy. Wiley Blackwell Press. p. 45.

◇23 바우처 제도에 대하여 자세한 내용은 정광호. 2007. 바우처 분석: 한국과 미국을 중심으로. 행정논총 제45권제1호. pp. 61-109. 참고.

◇24 Plato. The Republic(Πολιτεία, Politeia). Book Ⅳ. 443b. 플라톤은 분업을 통해 각자의 역할을 수행하여 전체적으로 조화를 이루는 것을 정의로 보았다.

◇25 Aristotle. Nichomachean Ethics. Book Ⅳ. 분배적(기하학적) 정의는 사람을 판단의 기준으로 삼고 A가 B보다 더 많은 것을 가지는 것이 바람직할 때 재화인 c가 d가 많을 때는 A가 c를 B가 d를 가지게 하는 것을 말하며, 교정적(산술적) 정의는 손실에 초점을 두고 B가 A에게 c만큼 빚을 지고 있을 때는 재판관이 B에게서 c만큼을 A에게 이전할 때 정의가 회복되는 것으로 본다. 정의의 개념에 관한 대표적 문헌으로는 심헌섭. 1988. 정의에 관한 연구: 기일. 정의의 기본개념과 기본원리. 서울대학교 법학 제29권 제2호 참고.

◇26 Aquinas, Thomas. Summa theologiae. 1981. Trans. Fathers of the English Dominican Province. Westminster: Christian Classics. https://www.iep.utm.edu/aq-moral/#SH3d

◇27 최병조. 1990. 로마 법률가들의 정의관. 서울대학교 법학 제31권 제3・4호. p. 172.

◇28 Sandel, Michael J. 2009. Justice: What's the right thing to do? New York: Farrar,

Straus and Giroux. 번역본으로는 마이클 샌들(이창신 역). 2010. 정의란 무엇인가? 김영사. 참고.

◇29 Rawls, John. 1971. A Theory of Justice. Cambridge, Massachusetts: Harvard University Press.

◇30 Nozick, Robert. 1974. Anarchy, State, and Utopia. New York: Basic Books. p. 412.

◇31 Mankiw, N. Gregory. 2018. Principles of Economics 8th edition. Cengage Learning.

◇32 Sandel, Michael J. 2009. Justice: What's the right thing to do? New York: Farrar, Straus and Giroux.

◇33 김도균. 2012. 한국 법질서와 정의론: 공정과 공평, 그리고 운의 평등: 시론. 서울대학교 법학 제53권제1호. p. 396.

◇34 Taylor-Gooby, Peter. 2016. Equality, Rights and Social Justice. in Pete Alcock, Tina Haux, Margaret May and Sharon Wright (eds.), the Student's Companion to Social Policy. Wiley Blackwell Press. pp. 27-33.

◇35 Marshall, Thomas H. 1992[1949]. Citizenship and Social Class. in T. H. Marshall and Tom Bottomore. Citizenship and Social Class, Part I. London and Concord, MA: Pluto Press. pp. 8-9.

◇36 Ibid. p. 18.

◇37 Dwyer, Peter. 2016. Citizenship. in Pete Alcock, Tina Haux, Margaret May and Sharon Wright (eds.), the Student's Companion to Social Policy. Wiley Blackwell Press. pp. 49-50.

◇38 Glennerster, Howard. 2010. The Sustainability of Western Welfare State. in Francis G. Castles and Stephan Leibfried (eds.) The Oxford Handbook of The Welfare State. Oxford University Press. pp. 700-701.

◇39 심리학적으로 증명된 인간의 비합리적인 행위는 경제적 성과의 형평성에 보다 관심을 기울이고, 시간에 따라 비일관적인 행태를 보이며, 동일한 기대이익이더라도 보다 확실한 이익을 선호한다는 것이다. Mankiw, N. Gregory. 2018. Principles of Economics (8th edition). CENGAGE Learnig. pp. 461-465.

◇40 Thaler, Richard H. and Cass R. Sunstein. 2008. Nudge: Improving Decisions about Health, Wealth, and Happiness. Yale University Press.

◇41 Jones, R., M. Whitehead and J. Pykett. 2013. Changing Behaviors: On the Rise of the Psychological State. Cheltenham: Edward Elgar.

◇42 O'Donohue, T. and M. Rabin. 2006. Optimal Sin Tax. Journal of Public Economics, 90: 1825-1849.

◇43 Wilensky, Harold L. 1975. The Welfare State and Equality: Structural and Ideological Roots of Public Expenditures. Berkeley: University of California Press.

◇44 Esping-Andersen, Gøsta. 1990. The Three Worlds of Welfare Capitalism. Cambridge and Princeton, NJ: Princeton University Press.

◇45 Ferrera, Maurizio. 1996. The 'Southern model' of welfare in social Europe. Journal of European Social Policy, 6(1): 17-37.

◇46 Castles, Francis. G. 2004. The Future of the Welfare State: Crisis Myths and Crisis Realities. Oxford: Oxford University Press.

◇47 Ferragina, E. and M. Seeleib-Kaiser, 2011. The Welfare Regime Debate: Past, Present, Future?, Policy and Politics, 39(4): 583-561.

◇48 탈상품화(decommodification)는 개인 또는 가족이 시장참여와는 독립적으로 사회적으로 받아들일 수 있는 삶의 기준을 유지할 수 있는 정도를 말하고, 계층화(stratification)는 사회적 집단의 귀속에 따라 개인의 상대적 지위나 급여가 달라지는 것을 말한다.

◇49 Castles, Francis. G. 2004. The Future of the Welfare State: Crisis Myths and Crisis Realities. Oxford: Oxford University Press.

◇50 Wong, Joseph. 2004. Healthy Democracies: Welfare Politics in Taiwan and South Korea. Ithica, NY: Cornell University Press.

◇51 Jones, Catherine (ed.) 1993. New Perspectives on the Welfare State in Europe. London: Routledge.

◇52 Wilensky, Harold L. and C. N. Lebeaux. 1958. *Industrial Society and Social Welfare*. New York: Russell Sage.

◇53 Pierson, Paul. 1996. The New Politics of the Welfare State. World Politics, 48(2): 143-179; Myles, John and Jill Quadagno. 2002. Political Theories of the Welfare State. Social Service Review, 76(1): 34-57.

◇54 Marshall, Thomas H. 1992[1949]. Citizenship and Social Class. in T. H. Marshall and Tom Bottomore. Citizenship and Social Class, Part I. London and Concord, MA: Pluto Press. pp. 27-44.

◇55 Leibfried, Stephan and Steffen Mau. 2008. Introduction. in Leibfried, Stephan and Steffen Mau (eds.), Welfare States: Construction, Destruction, Reconstruction. Volume I Analytical Approaches. An Elgar Reference p. 16.

◇56 Kerr, Clark, John Dunlop, Frederick Harbison, and Charles Myers. 1960. Industrialism and Industrial Man: The Problems of Labor and Management in

Economic Growth. Cambridge, MA: Harvard University Press; Wilensky, Harold L. 1975. The Welfare State and Equality: Structural and Ideological Roots of Public Expenditures. Berkeley: University of California Press.

◇57 O'Connor, James. 1973. The Fiscal Crisis of the State. New York: St. Martin's Press; Offe, Claus. 1984. Contradictions of the Welfare State. Cambridge, MA: MIT Press.

◇58 Korpi, Walter. 1989. Power, Politics and State Autonomy in the Development of Social Citizenship: Social Rights during Sickness in Eighteen OECD Countries since 1930. American Sociological Review, 54.

◇59 Orloff, Ann Shola and Theda Skocpol. 1984. Why not Equal Protection? Explaining the politics of public social spending in Britain, 1900~1911, and the United States, 1880s-1920. American Sociological Review, 49(6): 726-750; Immergut, Ellen, 1992. The Political Construction of Interests: National Health Insurance Politics in Switzerland, France and Sweden, 1930~1970. New York: Cambridge University Press.

◇60 Skocpol, Theda. 1992. Protecting Soldiers and Mothers: The Political Origins of Social Policy in the United States. Cambridge, Mass.: Harvard University Press.

◇61 Immergut, Ellen, 1992. The Political Construction of Interests: National Health Insurance Politics in Switzerland, France and Sweden, 1930 - 1970. New York: Cambridge University Press.

◇62 Waldo, D. 1948. The Administrative State: A Study of the Political Theory of American Public Administration. New York: Ronald Press.

◇63 미국의 복지제도의 역사적 발전과정에 대해서는 Skocpol, Theda. 1992. Protecting Soldiers and Mothers: The Political Origins of Social Policy in the United States. Cambridge, Mass.: Harvard University Press; Orloff, Ann Shola and Theda Skocpol. (eds.), 1988. The politics of social policy in the United States. Princeton: Princeton University Press. pp. 81-122; Daniel Béland. 2010. What is Social Policy? understanding the welfare state. pp. 72-81. 참고.

◇64 Esping-Andersen, Gøsta. 1990. The Three Worlds of Welfare Capitalism. Cambridge and Princeton, NJ: Princeton University Press.

◇65 Leibfried, Stephan and Steffen Mau. 2008. Introduction. in Leibfried, Stephan and Steffen Mau (eds.) Welfare States: Construction, Destruction, Reconstruction. Volume I Analytical Approaches. An Elgar Reference p. 23.

◇66 Weaver, R. Kent. 1986. The Politics of Blame Avoidance. Journal of Public Policy, Vol. 6, No.4. pp. 371-398.

◇67 Pierson, Paul. 1996. The New Politics of Welfare State. World Politics, 48(2): 143-79.

◇68 Castles, Francis. G. 2004. The Future of the Welfare State: Crisis Myths and Crisis Realities. Oxford: Oxford University Press.

◇69 Ferrera, Maurizio, Anton Hermerijck and Martin Rhodes. 2000. The Future of Social Europe: Recasting work and welfare in the new economy. Report Prepared for the Portuguese Presidency of the EU. Oeiras: Celta Editora.

◇70 Wiggan, Jay. 2016. Austerity Politics. in Pete Alcock, Tina Haux, Margaret May and Sharon Wright (eds.), the Student's Companion to Social Policy. Wiley Blackwell Press. p. 144.

◇71 Peng, Ito and Joseph Wong. 2010. East Asia. in Francis G. Stephan Leibfried, Jane Lewis, Herbert Obinger, and Christopher Pierson. (eds.) The Oxford Handbook of The Welfare State. Oxford University Press. pp. 656-670.

◇72 Jones, Catherine (ed.). 1993. New Perspectives on the Welfare State in Europe. London: Routledge.

◇73 Wong, Joseph. 2004. Healthy Democracies: Welfare Politics in Taiwan and South Korea. Ithica, NY: Cornell University Press.

◇74 Holliday, Ian. 2000. Productivist welfare capitalism: Social Policy in East Asia. Political Studies, 48(4): 708-723.

◇75 김연명 편. 2002. 복지국가 성격논쟁 1. 인간과 복지; 정무권 편. 2009. 복지국가의 성격논쟁 2. 인간과 복지.

◇76 안상훈. 2010. 현대 한국복지국가의 제도적 전환. 서울대학교출판문화원.

◇77 Esping-Andersen, Gøsta. 1996. "After the Golden Age? Welfare State Dilemmas in a Global Economy." In Esping-Andersen (ed.), Welfare States in Transition: National Adaptations in Global Economies. London: Sage Publications.

◇78 조영훈. 2002. 생산적 복지론과 한국 복지국가의 미래. 김연명(편). 복지국가의 성격논쟁 1. 인간과 복지.

◇79 양재진. 2018. 한국 복지국가의 어제와 오늘. 안병영·정무권·신동면·양재진 편. 복지국가와 사회복지정책. 다산출판사. pp. 149-150.

◇80 김진욱. 2009. 한국의 복지혼합과 복지체제. 정무권 편. 복지국가의 성격논쟁 2. 인간과 복지.

◇81 정무권. 2009. 한국 복지국가 성격 논쟁의 새로운 쟁점을 찾아서. 정무권 편. 복지국가의 성격논쟁 2. 인간과 복지. p. 24.

◇82 김연명. 2009. 동아시아 복지체제론의 재검토. 정무권 편. 복지국가의 성격논쟁 2. 인간과 복지.

◇83 백승호·안상훈. 2009. 한국 복지국가 성격 재조명. 정무권 편. 복지국가의 성격논쟁 2. 인간과 복지.

◇84 윤홍식. 2019. 한국 복지국가의 기원과 궤적 1,2,3. 사회평론아카데미.

◇85 정무권. 2009. 한국 복지국가 성격 논쟁의 새로운 쟁점을 찾아서. 정무권 편. 복지국가의 성격논쟁 2. 인간과 복지. p. 37.

◇86 정용덕외. 2014. 현대국가의 행정학(제2판). 법문사. p. 209; 정무권. 2009. 한국 발전주의 생산레짐과 복지체제의 형성. 정무권 편. 복지국가의 성격논쟁 2. 인간과 복지. p. 156.

◇87 백승호·안상훈. 2009. 한국 복지국가 성격 재조명. 정무권 편. 복지국가의 성격논쟁 2. 인간과 복지. p. 228.

◇88 복지국가의 재원에 관한 문제는 본서 제7장 복지국가의 재원을 참고하기 바람.

◇89 금종예·금현섭. 2017. 증세와 복지확대에 대한 태도: 세금부담 인식을 중심으로. 한국행정학보, 51(1): 1-29.

◇90 이 부분에 대해서는 본서 '제3장 제2절 한국 복지국가의 역사적 전개', '제10장 제3절 한국형 복지국가의 길'에서 보다 구체적으로 다룬다.

생각해 볼 문제

(1) 국가이론 중 복지국가의 성장과 가장 잘 조화되는 이론은 사회민주주의라는 주장에 대하여 어떻게 생각하는가? 사민주의가 복지국가에 친화적인 이유를 역사적 및 이론적 관점에서 생각해 보자. 이에 비하여 복지국가에 대하여 가장 적대적인 국가이론은 시장자유주의라는 주장에 대하여 생각해보자. 환경, 여성, 민주적 참여 등 새로운 국가이론이 기존의 복지국가 이론에 대하여 어떤 의미를 지니는가?

(2) 사회적 정의에 대하여 공리주의(Bentham), 자유지상주의(Nozick), 평등적 자유주의(Rawls)의 주장은 무엇이며, 각각 어떤 차이점이 있는가? 이러한 기준들을 현실에 적용할 때 시민적 덕성을 활용한 사회적 담론의 방식이 지니는 의의에 대하여 생각해보자.

(3) 복지국가의 성장요인에 대한 설명들을 요약하고 한계에 대하여 생각해보자. 복지국가의 지속가능성과 관련하여 궁핍의 정치(politics of austerity)가 논의되고 있는데 이러한 논의가 발생한 배경은 무엇이며, 현실적으로 복지국가의 축소가 발생했는지 여부에 대한 주장들을 제시하고, 복지국가의 후퇴가 어려운 이유에 대하여 설명하시오.

(4) 한국의 복지국가의 성격에 대하여 다양한 논쟁이 있다. 한국은 복지국가인가? 한국 복지국가의 변화 방향과 이를 제약하는 요인은 무엇인지에 대하여 설명하시오.

읽을거리

복지국가의 이론과 관련된 현대적 고전으로 「Gøsta Esping-Andersen. 1990. The Three Worlds of Welfare Capitalism. Princeton University Press.」를, 복지국가의 이념과 관련하여 「Pete Alcock, Tina Haux, Margaret May and Sharon Wright (eds.). 2016. the Student's Companion to Social Policy. Wiley Blackwell Press.」 Part II 및 「안병영·정무권·신동면·양재진. 2018. 복지국가와 사회복지정책. 다산출판사.」 제1부 제2장 사회가치, 이데올로기와 사회복지, 제2부 제4장 복지국가의 이론과 유형론을 참고하고, 복지국가의 이론을 잘 정리한 논문으로는 「Paul Pierson. 1996. The New Politics of the Welfare State. World Politics, 48(2): 143-179.」 와 「John Myles and Jill Quadagno. 2002. Political Theories of the Welfare State. Social Service Review, 76(1): 34-57.」을, 한국 복지국가의 이론적 논쟁에 대해서는 「김연명 편. (2002). 복지국가 성격논쟁 1. 인간과 복지.」 및 「정무권 편. 2009. 복지국가의 성격논쟁 2. 인간과 복지.」 등이 있다.

복지국가의
역사적 분석

3 복지국가의 역사적 분석

서구에서 복지국가의 발전과정을 역사적으로 고찰함으로써 한국 복지국가의 형성과 발전에 있어 시사점을 도출할 수 있다. 서구의 복지국가를 시기적으로 구분할 때 근대에 와서 사회보험을 필두로 한 국가 복지제도의 싹이 트기 시작한 것으로 볼 수 있다. 그 후 자본주의의 발전에 따라 국가별로 상호 영향을 받으며 복지제도를 확대하고 공고화되다가 양차 세계대전을 겪고 그 결과로 현대복지국가의 태동을 보게 되었다. 전후 영국에서는 베버리지(Beveridge)형 복지국가의 모델이 제시되었고, 국가별로 역사적 문화적 환경에 따라 다른 유형의 복지국가가 발전되어 오다가 1970년 후반기부터 재정위기를 겪으면서 시장주의적 개혁을 통해 복지국가의 축소 및 재조정을 겪었다. 여기서는 서구의 복지국가의 역사를 ① 근대이전의 구빈 복지의 시작, ② 근대 사회보험의 제도화, ③ 양차 세계대전 사이의 복지제도의 확대, ④ 2차 세계대전 이후 현대 복지국가의 발전, ⑤ 1970년대 이후 복지국가의 조정기로 나누어 분석하고자 한다.

1. 구빈 복지의 시작

인류의 역사를 되돌아 볼 때 고대로부터 가족이나 친족, 이웃들 간에 어려울 때 상호 부조하는 인류애가 존재하고 있었다. 이는 인간의 이타심에서 자연스럽게 발현되는 것으로 인간 사회를 지탱하는 도덕적 기초였다. 경제적 동기가 없더라도 상호성에 기초한 재분배가 이루어지는 것이 고대 이래 사람들의 일반적인 생활양식이었다. 그러나 17세기 이후 중상주의가 발달하게 되자 국가가 노동력의 활용 차원에서 일할 수 있는 자와 일할 수 없는 자를 구별하여 복지혜택을 제공하는 구빈제도를 실시하였다. 대표적으로 영국에서는 엘리자베스 1세(Elizabeth I) 여왕 때 구빈법(Act for the Relief of the Poor)을 제정하여 일할 수 없는 빈곤자에 대해서는 돌봄을 제공하고, 일할 수 있는 자는 산업체에서 작업을 하게하며, 일할 능력이 있는 게으른 자는 교정소에 보내어 교화하도록 하였다. 이는 지역단위(parish)를 통해 아동, 장애인, 신체적 약자, 실업자 등을 구제하기 위한 국가적 시스템을 마련한 것이다(Kuhnle and Sander, 2010; 김영종, 2010: 68-69).[1] 그러나 영국에서 근대적인 사회복지의 시작은 19세기에 도입된 보건, 주거, 교육 등의 사회정책에 관한 입법에서 시작된다고 할 수 있다(Harris, 2016: 114-115).[2] 예를 들자면 1834년에는 구빈법을 개정하여 신체적인 능력이 있는 사람은 구빈법에 의한 급여를 지원받지 못하도록 대상에서 제외하는 대신에 근로 및 주거의 개선과 보건서비스가 제공되었다. 또한 1833년에는 교육에 대한 보조금이 신설되었고, 1870년에는 초등학교에 대한 의무교육이 도입되었으며 1848년 공공보건법이 제정되었다. 이를 통하여 제한적인 구빈제도에서 산업사회의 건강한 노동력을 제공하기 위한 보건, 교육, 주거 등의 복지제도가 도입되었다고 볼 수 있다. 한편, 프러시아에서도 1794년 주법을 통하여 주정부에 대하여 빈곤자를 보호할 의무를 부과하였는데 이러한 돌봄의 권한은 지역공동체에 위임되었다(Dorwart, 1971).[3] 그러나 산업혁명이 시작되어 농촌에서 도시로 인구의 이동이 일어나고, 도시화 및 인구 증가 등으로 기존의 자선단체와 공동체에 의존한 구빈 복지로는 노동 계급의 등장과 도시화로 인한 소외라는 새로운 문제에 대응하기에 부적절하였다. 그 결과 국가가 보다 적극적으로 도시 빈곤과 사회적 빈곤을 해결할 필요성이 증가하였고, 프랑스 시민혁명 및 미국의 독립운동 등으로 민권의식이 성장하게 됨에 따라 국가가 인간의 기본적 권리로서 복지에 대하여 관심을 기울이지 않을 수 없었고, 산업화의 진전에 따라 노동자 계급의 급격한 성장에 대하여 기존의 자본가들의 이익을 보호하기 위해서 이들의 요구와 복지에 대하여 적극적인 노력을 기울이게 되었다.

2. 사회보험의 제도화

18세기 후반부터 19세기 후반까지 산업화와 민주화의 결과로 개인의 자유의 원칙, 평등, 자조 등과 같은 사회정책에 관한 자유주의적 사상이 등장하게 되었다. 이를 현대 복지국가의 출발점으로 기존의 권위주의적 왕정체제와 구별하여 자유주의적 단절(liberal break)로 부르기도 한다(Rimlinger, 1971; Kuhnle and Sander, 2010: 64).[4] 이 시기의 특징은 국가가 적극적으로 사회보험 제도의 도입을 통하여 기존에 가족과 공동체에게 맡겨진 상호부조나 빈곤 해결의 책임을 맡기 시작한 점이다. 그러나 주목할 점은 국가주도의 사회보험 제도의 보편적 도입이 민주주의와 산업화가 더 발전된 영국이 아니라 후발 산업국가인 독일에서 최초로 시도되었다는 것이다. 원래 사회보험의 사상은 1840년대 프로이센에서도 논의되기 시작했지만 본격적으로 제도화된 것은 프로이센 제국의 철혈 재상 비스마르크(Bismark)의 주도 하에 1881년 제국 칙령을 발표하고 질병보험(1883), 산재보험(1884), 노인 및 장애보험(1889)이 불과 6년만에 순차적으로 도입되면서 이루어졌다. 물론 그 이전에도 부분적으로 벨기에나 오스트리아 등에서 선원이나 광부 등 특수한 노동자들에게 적용되는 사회보험이 있었으나 자기 기여의 원칙에 입각한 전 국민적인 사회보험은 독일이 최초라 할 수 있다.

앞에서 살펴본 바와 같이 복지국가의 발전에 관한 이론 중 기능주의에 의하면 산업화와 도시화의 결과로서 복지제도가 발전한다고 주장하고 있으나(Wilensky, 1975)[5] 당시 독일은 프랑스와의 전쟁에서 승리하고 산업화의 시작단계였기 때문에 이론적으로 부합하지 않는 측면이 있다. 보수적인 프로이센 제국에서 1863년 독일노동자협회(Allgemeiner Deutscher Arbeiterverein: ADAV)가 조직되고, 1875년 사회민주노동당(Sozialdemokratische Arbeiterpartei Deutschlands: SDAP)이 설립되었으며, 이들이 합병하여 독일사회주의노동당(Sozialistische Arbei-

terpartei Deutschlands: SAPD)을 설립하게 되자 독일 제국 정부는 반사회주의법
을 제정하여 노동자 계급의 성장을 사전적으로 억제하려고 하였고, 동시에 노동
자 계급에게 유화정책으로 국가가 노동자의 복지와 관련된 사회보험제도를 도입
을 추진하게 된 것이다. 기존의 권력자원(power resources) 이론은 노동자 계급
을 대변하는 정당이 의회에 진출하여 노동자 계급의 이익을 대변하는 정책을
추진하는 것에 초점을 맞추고 분석하고 있으나 비스마르크 체제에서 사회보험의
제도화는 국가주도로 하향식으로 이루어졌는데, 이는 국가 제도주의적 설명과
부합하는 측면이 있다. 그러나 이외에도 로마 카톨릭 교회와 프로이센 정부 간
에 문화투쟁(Kulturkampf)을 통해 사회적 돌봄과 구호를 위하여 상호역할에 대
하여 대립이 발생하였고, 기존에 교회를 통한 복지 제공 대신에 국가를 통한 빈
곤 퇴치와 돌봄의 필요성이 강조되기 시작한 것도 독일에서 국가 주도의 사회
보험이 시작된 계기가 되었다(Manow and Palier, 2009).[6] 비스마르크 복지레짐
의 특징으로는 첫째, 임금 중심적인 사회보험의 원칙에 기반하고 있고, 둘째, 남
성 소득자(male breadwinner)에게 급여를 제공함으로써 가족을 통하여 사회적
안전망을 제공하는 것이었으며, 셋째, 국가의 권한을 부분적으로 분권화하여 경
영과 노동자들의 대표자들에 의하여 운영되는 준공공적인 조직에 관리를 맡기는
조합주의적 성격을 지니고 있다(Stiller, 2010: 46-47).[7] 질병보험은 직역별·지
역별 조합주의 방식을 채택하고 국가가 입법을 통하여 최종적 책임을 지는 대
신에 조합이 관리운영의 주체가 되며, 급여의 종류는 서비스 급여인 요양급여와
단기적 소득대체로서 질병보상이 이루어졌다. 한편 산업재해보험은 고용주의 과
실 여부를 불문하고 산업재해시 노동자를 보호하기 위한 입법이었으며, 비스마
르크는 국가조직에 의하여 관리될 것을 주장하였으나 독일 사회에 자생하던 길
드와 조합, 종교조직 등이 반대하여 결국 후자에 의한 조합주의적 관리방식이
채택되었다. 또한 장애 및 고령자보험은 사회적 약자인 장애인과 노인을 지원하
는 것으로서 빈민구제의 의미도 지니고 있어 국가에서 재정지원이 가능하도록
하였다(전광희, 2012: 14-15).[8] 이러한 비스마르크의 사회보험제도는 보수적 엘
리트에 의하여 주도된 것으로 평등주의적 관점보다는 주로 노동자에 대한 도덕

적 훈육, 사회안정, 그리고 국가건설 등 국가의 이익을 지키기 위한 목적이었다 (Flora and Alber, 1984; 박병현, 2017: 264).◇9

초기의 사회보험의 도입은 민주주의와 자본주의가 발달한 영국과 같은 의회주의 국가보다는 독일, 오스트리아, 스웨덴과 같이 왕정과 의회가 결합된 헌법적 이원주의 국가에서 더 적극적으로 도입되었다. 그러나 영국은 사회보험의 도입은 다소 늦었지만 점진적으로 노동자와 서민들에게 확대하고 있었으며, 노동자에 대한 보상법(1897), 노인연금(1908), 건강보험(1911)을 도입하였고, 1911년에는 세계 최초로 강제적 실업보험제도를 도입하였다. 19세기 후반까지 영국은 세계경제를 지배하고 있어 국내 경제가 번영하였기 때문에 자유주의적인 관점에서 빈곤은 개인적인 문제로 취급되었다. 그러나 미국과 독일 등 신흥국이 경제개발을 시작하여 국제적인 경쟁이 발생하였고, 도시 빈곤이 발생하게 됨에 따라 사회와 국가의 쇠퇴에 대한 우려가 고조되었다. 이러한 사이에 새로운 과학적 및 의학적 연구방법들은 빈곤의 원인을 체계적으로 연구할 수 있는 계기를 마련하게 되었다(Whiteside, 2016: 119-124).◇10 또한 사회민주연맹(Social Democratic Federation)과 노동조합총회(Trade Union Congress) 등이 노동당(Labor Party)을 결성하였다. 20세기 초에 제국주의 전쟁과 산업화의 과정에서 미래 세대의 신체적 건강의 확보가 중요하게 부각되었으며, 자유주의 정당이 먼저 아동과 모성 건강에 대한 지원방안을 도입하였고, 자유당 정부에서 독일의 사회보험을 참고하여 1911년 국민보험법(the National Insurance Act)을 제정하게 된다. 이 법을 구체적으로 살펴보면 연 최저소득보다 적게 버는 근로자들에게 급여를 제공하고, 민간의 자발적인 자선모금조직과 민간보험 회사에 의하여 관리되는 건강보험 서비스를 제공하도록 하였으며, 건설, 조선, 엔지니어링, 금속 등의 노동자들에게 연 15주까지의 실업수당을 제공하는 실업보험제도가 도입되었다. 또한 1908년에는 고용자, 근로자, 국가의 공동 부담으로 근로자에게 일주일간의 산재수당과 치료서비스를 제공하도록 하였다. 영국은 독일보다 더 중앙집권적인 관료제이고 정당경쟁 체제가 확립되었지만 독일에 비하여 복지제도의 도입이 20~30년 정도 늦었는데 그 이유에 대해서는 독일은 질병금고를 통하여 건강

문제에 대하여 집합적 해결을 선택했지만 영국은 사회 내에서 조직된 친근한 관계로서 협회(associations)들이 활성화되어 있어 보험제도의 도입이 없더라도 상호부조의 문화를 통해서 건강문제에 대한 사회적 해결이 가능했기 때문이라는 주장도 있다(Kuhnle and Sander, 2010: 66-67).◇11 한편 독일에서 도입된 국가주의적 사회보험제도는 유럽 및 식민지의 다른 국가들로 확산되기 시작되었다. 덴마크가 1891년부터 1898년 사이에 독일의 3가지 사회보험제도의 영향을 받아 노령연금, 질병보험, 산재보험의 제도화가 이루어졌고, 아이슬란드 및 노르딕 국가들로 확산되었다. 덴마크의 노령연금은 개인적 기여금이 아닌 조세에 기반하고 자산조사를 통하여 급여를 제공한다는 점에서 차이가 있다. 1898년에는 뉴질랜드에서 비기여적 노인연금이 도입되었고, 스웨덴에서는 1913년에 노인에 대한 재정적 지원과 기여금에 의한 보험의 원리를 결합하여 일정한 연령이상의 노인에 대한 보편적으로 연금을 제공하는 제도가 시행되었다(Kuhnle and Sander, 2010: 69).◇12

한편, 프랑스에서는 산업화로 인한 임금노동자들이 증가함에 따라 공제조합법(1898), 산재보상보험(1898), 퇴직연금제(1910), 의무사회보험법(1930), 가족수당(1932) 등의 제도가 도입되었다. 특히 노동자들의 직역별 조직체인 공제조합(la muturalité)의 제도적 근거가 마련되고, 근로자의 산업재해에 대하여 고용주의 책임을 부과하는 산재보험이 프랑스에서 최초로 도입되었다. 프랑스의 직역별 사회보험의 기초가 되는 의무사회보험은 1930년대에 도입되는데 건강, 모성, 장애 등의 사회적 위험에 대하여 민간 상공업부문에서 노사 간의 협의로 기여금을 갹출하여 기금을 적립한 후 사회적 위험이 발생할 경우 보험금을 지급하도록 하였다. 그러나 제2차 세계대전 이후 사회보호제도의 방향을 놓고 사회부조를 선택할 것인지 또는 사회보험을 선택할 것인지에 대하여 논란이 있었으며, 결국 다양한 이해관계자들 간의 토론을 통하여 복잡한 이해관계가 반영된 모자이크식 사회보험을 선택하게 되었다(박창렬, 2012: 11).◇13 이는 1920~30년대 형성된 자유주의적 민간 조합들에 의하여 건강보험, 가족수당제도 등이 이미 도입되어 있어 이들의 기득권과 저항 때문에 국가주도의 단일한 사회보장 체제로

전환하는데 한계가 있었기 때문이다(Dutton, 2002).◇14

　　유럽 국가들에서 복지제도가 확산된 순서는 다르지만 하나의 국가에서 실시된 복지제도가 다른 국가들에 의하여 전파되고 자신들의 실정에 맞는 형태로 수용되었음을 알 수 있다. 구체적으로 어떻게 실행되는지는 해당 국가의 정치체제와 사회문화적 성격, 기존에 자발적으로 형성된 복지제도의 역할에 따라 다르게 제도변화가 이루어졌다. 예를 들어 노르웨이는 자발적 건강 보험에 가입한 노동자 수가 적기 때문에 강제적 건강보험제도를 도입했지만 덴마크나 스웨덴은 국가에 의하여 보조되는 자발적 보험을 선택하였다. 제도 도입의 순서에서도 영국에서는 산업재해, 노인연금, 질병, 실업보험의 순으로 제도도입이 이루어졌지만 프랑스는 노인 및 장애인, 산업재해, 실업, 질병의 순으로, 독일은 질병, 산업재해, 노인 및 장애인 연금, 실업보험의 순이고 스웨덴의 경우는 질병, 산업재해, 노인 및 장애인 연금, 실업급여의 순으로 도입이 이루어졌다. 국가별로 질병, 노인 및 장애인, 산업재해, 실업급여, 가족수당의 측면에서 복지관련 제도를 도입한 시기를 정리하면 다음 〈표 3-1〉과 같다. 유럽대륙의 국가들이 복지제도의 도입 시기가 빠르고 영미국가들은 이에 비하여 다소 늦었지만 제도들을 모두 도입하였고, 예외적으로 미국은 산업화와 민주주의가 모두 발전되었지만 자본주의 활동을 저해하지 않는 범위 내에서만 복지제도의 도입이 이루어졌다. 공산주의 사회인 소련(러시아)에서는 국가계획에 따라 1922년에 일괄적으로 질병, 노인 및 장애인, 산업재해, 실업급여에 관한 복지제도가 도입되었다.

표 **3-1** 국가별 복지제도의 도입 연도

국가	질병 및 모성 보험 제도	노인, 장애, 유족 연금	산재보험 및 직업적 위험	실업급여	가족수당
영국	1911	1908(비기여 노인)	1897	1911	1945
호주*	1912 (모성현금급여)	1908(비기여 노인급여)	1900(남부 호주지역)	1944	1941
캐나다	1947 의료보험 (서스캐처원)	1927(비기여 노인연금)	1902(브리티쉬 컬럼비아)	1940	1944
벨기에	1844(선원)	1884(선원)	1903	1920(보조 및 자발적)	1930
프랑스	1928	1885(선원), 1910	1898	1905	1932
독일	1883	1889(장애 및 노인)	1884	1927	
오스트리아	1854(광부)	1854(광부)	1888	1920	1948
이태리	1910(모성보험)	1861(선원)	1898	1919	1936
스웨덴	1891(현금 및 의료지원)	1913(장애 및 노인)	1901	1934(보조 및 자발적)	1947
노르웨이**	1909	1936	1894	1916(보조 및 자발적)	1939
러시아(소련)	1922	1922	1922	1922	1944
미국		1935 (노령급여)	1908	1935	
일본	1922	1941	1905(광부)		1971 (아동부양수당)
한국	1977(의무적 의료보험)	1988(2007 기초노령연금)	1964	1995	2009 (양육수당)
멕시코	1942	1942	1931		

출처: Kuhnle and Sander. 2010. The Emergence of the Western Welfare State. in Francis G. Castles, Stephan Leibfried, Jane Lewis, Herbert Obinger, and Christopher Pierson. (eds.) The Oxford Handbook of The Welfare State. Oxford University Press. p. 71-74에서 수정 보완.
*영연방 호주는 1901년 영국으로부터 독립.
**노르웨이는 1905년 스웨덴으로부터 독립.

3. 복지제도의 확산

자본주의 체제 간의 경쟁으로 제1차 세계대전이 발생하고 노동계급을 대표하는 정치세력이 의회진출이 일어나게 되자 복지제도는 단순히 국가의 시혜적인 차원을 벗어나 국민 전체로 확산되고 제도적으로 공고화되기 시작하였다. 제1차 세계대전 이후 기존의 권위주의적 왕정 체제는 종식을 고하게 되고, 노동자 계급 및 여성으로 선거권이 확대되기 시작하였으며, 노동당이나 사회민주주의 정당이 의회에서 다수당을 차지하게 되는 일도 나타났다. 1920~30년대 스칸디나비아 국가나 호주, 뉴질랜드 등에서 복지제도의 확대는 이러한 정치권력의 변화로서 설명할 수 있다. 또한 여성의 참정권이 확대됨에 따라 유족연금이나 가족수당이 도입되기 시작하였다. 예를 들어 독일은 1911년에 유족연금을 최초로 도입하였고, 뉴질랜드는 1920년 중반에 사회적 위험에 대처하는 가족수당 제도를 도입하였다. 제1차 세계대전 이후 사회보험과 국가복지는 공급의 범위와 수혜자의 모든 면에서 확대되기 시작하는데 자본가와 노동자간의 계급 갈등을 해결하는 방법으로 사회권이 부각되기 시작하였다. 그리고 핵심 유럽 국가를 넘어 인근의 다른 유럽국가로, 유럽에 영향을 받는 국가들로 확대되는데 국제노동기구(International Labor Organization)가 매개적 역할을 수행하였다.

그러나 모든 국가가 보편적인 사회보험제도의 도입에 적극적인 것은 아니었다. 미국은 미국적 예외주의(American Exceptionalism)라 불릴 만큼 독특한 정치적 사상과 제도로 인하여 시민사회의 자치의 원칙을 강조하고 국가가 주도하는 전국적 사회보험제도에 대해서는 소극적이었다. 독립전쟁과 남북전쟁을 거치면서 국가를 형성하고 전쟁 퇴역군인, 미망인, 아동 등 사회적 약자들에게는 부분적으로 사회보장제도가 실시되었으나 대공황을 해결하기 위하여 케인즈주의적인 정부개입이 이루어진 1935년에 와서야 기여금에 기초한 노인연금보험, 강제적 실업보험 등의 전반적인 사회보장제도가 도입되었다. 대표적으로 1935년 사회보장법(Social Security Act)이 입안되었는데, 이를 통해 미국 연방-주 실업보험, 연방 노인연금 등의 사회보험과 연방정부의 직업재활, 의존아동가족지원(the Aid to Families with Dependent Children: AFDC), 장애아동에 대한 지원, 아동, 시각장애인, 노인 등에 대한 공공부조 프로그램의 헌장으로서 역할을 하게 되었다(Christopher Pierson, 2007: 123-124).◇15

이처럼 국가별로 다른 복지제도의 성장 추이에 대하여 비교역사적 설명방법에 따라 다양한 설명들이 제공되고 있다(Amenta 2003: 33).◇16 복지국가의 성장을 좌파정당이나 사민주의적 정당의 성장으로만 설명하는 것이 아니라 스웨덴의 경우처럼 농민과 노동계급 간의 연합 또는 독일에서와 같이 기독교 민주주의의 등장으로 설명하기도 한다. 1932년 스웨덴의 사회민주당은 국민의 집(the People's Home)이라는 복지국가의 비전을 제시하고 노동자 계급에 기반한 사민당과 농민당과의 연합에 의하여 집권하게 되는데 완전고용과 복지국가를 내세우면서도 농업분야에서는 보호주의를 채택하게 되었다. 또한 기업의 경제활동의 자유와 노동자에 대한 분배를 조화하기 위한 중앙집권적 기획과 사회 세력 간의 협의를 강조하였다. 특히 1938년에는 스웨덴 노동조합 연합(LO), 스웨덴 고용자 연합(SAF)과 사민당이 잘츠요바덴 협약(Saltsjöbaden Agreement)을 맺어 파업 보다는 평화적인 협의를 통하여 노동 문제를 해결하고자 하였고, 이러한 협의적인 조합주의의 전통이 발전하여 1960년대 노동조합의 대표와 경영자의 대표가 중앙집권적으로 직역간의 임금 차별을 조정하는 연대임금제(solidarity wage)의 도입으로 이어지게 된다(Lindbeck, 1997).◇17 사민당 정부에서 스웨덴의 복지제도는 비약적으로 발전하게 되는데, 1932년 실업보험제도, 1935년에는 노인에 대한 국민연금제도가 도입되었다. 1937년에는 출산정책의 일환으로 임산부에 대한 출산지원금을 도입하고, 1938년에는 2주간의 유급휴가제, 1948년에는 전체 아동에 대한 아동수당을 지급하기 시작하였다. 스웨덴에서도 여성의 사회참여가 확대되자 출산율이 급격하게 저하되었는데, 뮈르달(G. Myrdal) 부부는 출산율의 저하를 도시화와 사회구조의 변화에서 찾고 이를 해결하기 위하여 보편적 사회복지의 성격을 지니는 무상보육, 아동수당, 무상교육과 같은 예방적 사회정책을 제안하게 되었다(박병현, 2017: 316).◇18

　유럽의 경우는 사회적 이익이 정치적 세력으로 전환되어 복지정책과 제도로 실현되지만 미국의 경우는 연방주의와 개인의 자유에 기반한 헌법적 원칙 때문에 이러한 사회적 이익은 단순히 사회적 견해의 표명 수준에 머물렀다. 그러나 1920년대 후반부터 시작된 대공황으로 대량실업과 경기후퇴의 문제를 해결하기 위하여 케인즈주의적인 정부개입이 강화되었고, 복지정책도 점차 국가개입이 강화되는 방향으로 나아가게 되었다. 가장의 실업과 그로 인한 가정의 빈곤 문제를 해결하기 위하여 뉴질랜드에서는 세계 최초로 가족수당(family allowances)을 도입하였고, 미국에서는 진보주의적인 뉴딜정책을 통하여 복지에 대한 국가개입을 강화하였으며, 캐나다에서는 1940년에 연방 실업보험제도를 도입하였다.

　대공황의 경험 이외에 제2차 세계대전은 정부의 역할의 급성장과 조세의 확대를 통해 사회적 연대성에 기초한 보편적 복지의 확대에 우호적인 환경을 형성하였다(Goodin and Dryzek, 1995).◇19 또한, 전체주의적인 나치즘이나 파시즘에 대신하여 전후 세계를 지도할 이념으로 복지국가의 비전이 제시되었다. 영국에서는 1942년 사회보험 및 연합된 서비스에 관한 베버리지 보고서(the Beveridge Report on Social Insurance and Allied Services)에서 결핍(Want), 질병(Disease), 무지(Ignorance), 불결(Squalor), 게으름(Idleness)의 5대 악과 싸우기 위하여 요람에서 무덤까지 포괄적인 복지급여 및 서비스를 제공하는 개혁안이 제시되었고, 스웨덴에서는 전후에 사회민주당과 노조협회가 연대하여 국민의 사회보장시스템(people's social security system)을 설계하는데 합의하였다.

　제2차 세계대전의 참상을 경험하게 되자 더 이상 전쟁을 방지하기 위하여 계급과 계층에 관계없이 복지국가의 이상에 동조하게 되었고, 국민적 연대의 정신을 바탕으로 사회정책적 노력을 강화한 것이다(Titmuss, 1950; Marshall, 1964; Page, 2016: 125-130).◇20 전쟁기간 중에 노동당은 보수당과 통합정부를 구성하여 협조하면서 전후의 국내 정책에 대하여 다양한 대안들을 제시하게 되는데, 1942년 베버리지 보고서가 발표되고 난 후 1943년 부흥부(Ministry of Reconstruction)를 설립하고 가족수당(1942), 실업(1944), 사회보험(1944), 보건(1944), 주거(1945)에 관한 일련의 복지제도 개혁의 백서를 발표하였으며, 1945년 최초로 노동당이

다수당을 차지하게 됨으로써 본격적인 복지정책의 제도화가 이루어지게 되었다. 구체적으로 살펴보면 1946년 국민보험법을 개정하여 사회적 권리로서 실업급여, 질병급여, 장애인 수당, 임신급여, 퇴직연금, 사망위로금 등을 요구할 수 있게 되었다. 국민보험법의 자격이 되지 못하는 빈곤층에 대해서는 1948년 국가보조법(National Assistance Act)에 따라 자산조사에 의한 수당을 제공받을 수 있도록 하였다. 같은 해에 보편주의적인 국민건강서비스(National Health Service: NHS)가 시행되었는데, 비영리 민간병원들을 국유화하고 조세를 기반으로 한 보편주의적인 보건의료서비스 체제를 마련하였다. 주거정책에서는 민간 기업이 아닌 지방정부의 책임 하에 양질의 주거를 공급하는 정책을 시행하였고, 교육정책에서는 학생들의 적성에 따라 2차 교육기관에 배정하여 동등한 교육의 기회가 제공되도록 하였다. 그러나 전쟁이 국가적 효율성과 사회적 연대의 수단으로서 사회복지에 대한 국가의 인식을 강화하였다는 명백한 증거는 부족하다는 반론도 있다(Harris, 1981).[21] 예를 들어 미국의 경우에는 두 번의 세계대전을 모두 승리로 이끌었고 국내의 산업시설을 보존할 수 있었기 때문에 전후 복구차원에서 복지국가의 개념은 유럽에 비하여 절실하지 않았다고 할 수 있다. 제2차 세계대전 이후 미국은 경제적으로 호황을 경험하였고, 보수적인 공화당과 남부 민주당 의원들 간에 사회정책을 확대하지 않는 것에 대한 정책연합이 형성되어 있었기 때문에 영국의 베버리지 개혁과 같은 사회정책의 입법이 있었음에도 미국의 복지제도는 여전히 뉴딜정책의 수준에서 진전되지 못하고 있었다.

한편 패전국인 독일의 경우에도 기민당과 기사당의 보수적 연립정부가 출범함에 따라 자본주의와 사회주의와는 다른 제3의 길로서 사회적 시장경제(Socialist Market Economy)를 채택하고 시장경제에 의한 사회질서 위에 경쟁에서 탈락한 사람들에게 인도주의적 측면에서 사회복지를 제공하는 잔여적 복지국가 모델을 선택하게 된다(박병현, 2017: 272).[22] 당시 독일의 전체주의적 정치체제에 대한 반성으로서 영국에서 주장된 국가중심적인 사회개혁의 아이디어는 채택되지 않았다. 기민당과 기사당의 안정적 통화정책과 시장경쟁을 촉진하는 경제정책으로 독일은 라인강의 기적으로 불릴 만큼 급속하게 경제를 복구하였으며, 이를 기반으로 하여 축소된 연금에 대한 인상과 사민당의 집권기간 동안의 복지확대의 밑거름이 될 수 있었다.

4. 현대 복지국가의 성장

제2차 세계대전 이후의 사회정책의 특징은 그 이전에 비하여 복지를 인간의 기본적 권리인 사회권(social rights)으로서 인식하게 되었다. 국제법적으로도 유엔총회에서 1948년 「인권에 관한 보편적 선언(the Universal Declaration of Human Rights)」을 채택하였고, 이를 바탕으로 법적 구속력이 있는 다양한 국제조약이 체결되었다. 대표적으로 경제적, 사회적 및 문화적 권리에 관한 국제협약(International Covenant on Economic, Social and Cultural Rights), 시민적 및 정치적 권리에 관한 국제 협약(International Covenant on Civil and Political Rights), 모든 종류의 인종적 차별 철폐에 관한 국제협약(International Convention on the Elimination of All Forms of Racial Discrimination), 여성에 관한 모든 형태의 차별금지에 관한 국제협약과 선택적 조항(International Convention on the Elimination of All Forms of Discrimination against Women and Its Optional Protocol), 아동의 권리에 관한 협약(Convention on the Rights of the Child), 장애인의 권리에 관한 협약 및 선택적 조항(Convention on the Rights of Persons with Disabilities and Its Optional Protocol)을 들 수 있다. 국내법적으로도 이러한 사상과 규범을 반영하여 독일 기본법이나 우리나라 헌법과 같이 국가가 인간다운 생활을 할 생존권적 기본권을 보장할 책임을 헌법에 명시하게 되었다.

복지국가의 성장과 발전은 법적인 제도변화와 사회전반의 정책적 인식의 전환으로도 확인할 수 있지만 실질적으로 사회복지와 관련된 정부지출이 어떻게 변화했는지를 통해서 확인할 수 있다. 그러나 제2차 세계대전이 종료한 뒤에도 국가별로 사회적 및 경제적 상황이 다를 수 있어 공공사회지출의 변화는 다르게 나타났다. 패전국인 독일과 일본의 경우는 전후 복구를 위해 지출하는 부분이 있어 곧바로 복지지출을 증가시키기 어려운 점이 있었지만 전승국은 미국이나 영국의 경우에는 복지지출에 보다 적극적으로 나설 수 있는 여건이 되었다.

사회직 지출의 관점에서 본다면 1918~1920년과 1973~1975년이 중요한 변곡점이었고, 제2차 세계대전이 끝난 1945년은 별다른 변화가 나타나지 않았다(C. Pierson, 1998: 108-135).◇23 사회보험에 관한 지출에 있어서는 1910년부터 1970년대까지 다소 단절되지 않은 증가경향이 있다는 분석도 있다(Flora and Alber, 1984).◇24 이렇게 볼 때 역사적으로 중요한 사건이 발생한 1945년을 중심으로 현대 복지국가의 출발이라고 명시하기에는 어려운 점이 있고, 전체적으로 제2차 세계대전을 기준으로 서구 선진 국가들에서 사회의 이념과 정부정책의 기조가 복지국가를 지향하는 방향으로 전환되었다고 파악하는 것이 타당하다.

복지국가의 황금기는 1950~60년대에 도래하였는데 사회권으로서 사회보장에 대한 새로운 이해를 기초로 하여 모든 노동력 및 시민들에게 사회보장이 보편적으로 확대되는 혁신이 이루어졌다. 그러나 구체적으로 국가별로 구현되는 형태는 차이가 있는데 독일과 스웨덴에서는 높은 고용률을 기반으로 하여 노인연금의 소득대체율을 높이는 조치가 이루어졌고, 미국의 경우 1960년대 민권운동이 일어나면서 흑백 분리와 평등의 문제가 중요한 정치적 의제가 되기 시작하였으며, 케네디와 존슨 등 민주당 정부가 집권하게 되자 경제적 번영 속에서 사회적 형평과 빈곤문제 해결을 중요한 과제로 하는 위대한 사회(the Great Society) 건설의 다양한 프로그램을 제안하였다. 대표적으로 1964년에 지역사회에 빈곤문제를 해결하기 위하여 빈곤층에게 교육과 일자리를 제공하기 위한 경제적 기회법(the Economic Opportunity Act)이 입법화 되고 공공부조에서는 식료품 지원(Food Stamp), 저소득층 아동교육(Head Start)와 같은 사업이 실시되었으며, 케네디 정부부터 추진되었던 빈곤층에 대한 메디케이드(Medicaid)와 노인에 대한 메디케어(Medicare) 입법이 1965년에 실시되었다. 민주당의 복지확대에 대하여 보수적인 공화당 정부에서도 호응을 하였는데 1972년 기존의 노령연금에 의하여 충분히 소득을 확보하지 못하는 빈곤 노인을 대상으로 보완적 보장소득(Supplemental Security Income: SSI)을 채택하고, 1975년에는 정부에 의한 복지지원 대신에 보다 시장친화적인 방식인 근로장려세제(Earned Income Tax Credit)를 도입하게 된다. 이러한 복지국가의 황금기는 1973년 전 세계적인 오일쇼크와 스태그플레이션 등이 발생하고 마가렛 대처(Marget Thacher)와 레이건(Ronald Reagon) 등 보수 우파에 의하여 시장자유주의에 기초한 복지개혁이 일어날 때까지 지속되었다.

5. 복지국가의 재조정

서구의 현대 복지국가의 발전과정에서 1970년대 후반기부터 실업과 국제유가 상승으로 인한 인플레이션이 동시에 일어나고 재정지출의 압박을 느끼게 되자 복지국가를 통한 재정지출을 축소해야 한다는 주장들이 나타나게 된다. 이러한 담론들은 주로 시장자유주의의 시각에 기반하고 있으며 기존의 국가복지를 축소하는 대신에 시장을 통한 민영화와 복지의존도를 낮추고 근로의욕을 높이기 위한 제도들이 도입되었다. 이 시기에 대해 복지국가의 축소(retrenchment), 구조조정(restructuring), 재보정(recalibration), 영원한 궁핍(permanent austerity) 등의 용어가 사용되고 있다(P. Pierson, 1994).◇25 영국의 경우 1945년부터 1970년대 후반까지 약 30여 년 동안 복지국가는 발전하였으나 1970년대 브레튼우즈의 고정환율제가 붕괴되어 개방경제가 확대되고 오일쇼크 등으로 국제경제 위기와 복지지출 확대에 따른 재정위기에 처하게 되자 1980년대 이후 신자유주의적 개혁을 통하여 공공복지 지출의 축소와 주택, 연금, 장기요양시설 등에 대한 민영화가 시도되었다. 또한 복지제도의 효율화를 위하여 근로능력자에 대한 현금급여의 범위를 축소하였고, 국가중심의 서비스 제공에서 시장, 비영리를 포함한 다양한 행위자들 간의 경쟁의 원리를 도입하였으며, 공공서비스 전달기관에 대하여 성과평가제가 도입되었다(Glennerster, 2016: 131-135).◇26 한편, 노동당 정부에도 사회민주주의를 혁신하는 대안으로서 생산적 복지와 사회투자를 지향하는 제3의 길을 선택하였다. 그 결과 1997년 노동당이 선거에서 승리하여 토니 블레어(Tony Blair) 정부가 출범하였고 국가중심의 복지 대신에 일과 복지의 연계, 근로유인과 자활서비스 제공에 초점을 두었으며, 적극적 노동시장 정책과 보육에 대한 투자를 강화함으로써 사회투자형 복지국가로 전환을 모색하였다.

NHS에서도 기존의 보수당 정부에서 추진된 내부시장을 철폐하려는 공약을 내세웠으나 실제로는 성과급을 통하여 신자유주의적 개혁이 유지되었고 제3의 길을 실현하는 정책수단들이 모호하다는 비판도 제기되고 있다(Powell, 2016: 137).◇27 최근에는 2008~2009년 세계적 금융위기를 겪고 보수-자유 연합정부와 보수정부가 연이어 들어서면서 재정의 한계를 인식하고 일상의 생활에서 개인들의 재원관리와 정책선호를 연계하려는 유니버설 크레딧(universal credit)의 도입, 국가와 시장에 대한 대안으로 제3섹터의 활용, 개인의 공동체에 대한 책임과 자조의 규범 정립 등 복지의 지속가능성을 확보하기 위한 궁핍의 정치(politics of austerity)가 부각되고 있다.

독일의 경우 복지국가의 조정이 이루어지는 방식은 다소 다른데 헬무트 콜(Helmut Kohl) 수상이 이끄는 기민당 정부에서 1989년 '건강제도구조개혁법(Gesundheitsstruktur gesetz)'과 1992년 연금개혁법(Rentenreformen Gesetz)을 통과시켰다(전광희, 2012: 30).◇28 그러나 노조와 기존의 복지혜택을 수령하던 이해관계자의 저항 때문에 급진적으로 복지제도를 개혁하기 보다는 젊은 노동자에 대한 적극적 노동시장 정책을 축소하는 대신에 고령노동자와 가족에 대한 복지혜택을 증가시키는 선별적 축소와 확대 정책을 통하여 복지지출 구조를 조정하였다(Stiller, 2010: 63).◇29 1990년대 이후에는 실업률이 상승하고 숙련노동 중심의 사회경제체제로 장기적인 국제경쟁력의 확보에 어려움에 직면하게 되자 사민당과 녹색당의 연립정부에서는 미국과 영국에서 추진된 일과 복지의 양립과 제3의 길과 같은 사민주의가 시장자유주의의 장점을 수용한 자기혁신을 통하여 장기적 경제성장, 일자리와 사회보장제도의 개혁, 국제경쟁력의 강화를 위한 'Agenda 2010'의 국가비전을 발표하였다(Stiller, 2010: 66-69).◇30 이전의 기민당 정부가 복지제도의 축소를 선별적으로 수행한 반면에 슈뢰더의 사민당 정부에서는 하르츠 개혁(Hartz reform)을 통하여 실업부조와 사회부조를 통합하였고,◇31 연금 및 실업급여, 간접적 의료비 지원의 삭감, 근로장려세제의 도입 등 영미의 신자유주의 개혁과 유사한 개혁을 시도한 것이다. 이러한 개혁은 장기적으로 독일의 경제와 사회정책의 지속가능성을 높였지만 이후 선거에서 사민당 세력이 패배하게 되는 결과를 가져왔고, 이후 메르켈이 이끈 기민당과 사민당의 대 연정(Grand Coalition)이 성립되어 기존의 개혁의 전반적인 기조를 유지하면서 문제점이 있는 것으로 지적된 하르츠 개혁 Ⅳ의 실업보험의 보험률을 낮추고, 노령연금 재정의 지속가능성을 위하여 연금수급 연령을 67세까지 늦추며, 모든 질병기금을 지원하는 보편적인 건강보험 기금을 설립하는 등의 개혁조치가 이루어졌다.

1980년대 신자유주의적 개혁의 결과로 실제로 복지국가의 축소가 이루어졌는지에 대하여 의견이 대립되고 있다. 복지국가의 축소를 주장하는 학설로서 세계화 가설은 1970년대의 석유위기와 환율체제의 변화는 경제적 세계화의 초기 국면에 불과하고, 1980년대 외환자유화와 자본의 국가 간 이동이 활발해짐에 따라 어느 국가의 관대한 사회정책은 기업에 대하여 조세부담을 가중시키기 때문에 국가경쟁력을 저하하게 되며, 그 결과 국가들 간에는 복지혜택을 축소하려는 바닥으로의 경쟁(race to the bottom)이 일어난다는 주장이 있다(Swank, 2002).◇32 한편, 추기 산업화의 가설로서 산업구조의 변화에 따른 저성장은 직업안정을 저하시키고 노동유연성을 증가시키며, 이러한 변화는 새로운 위험으로서 노동시장의 양극화와 실업, 인구고령화와 저출산, 돌봄의 사회화 등의 문제에 직면하게 되며, 기존의 복지국가의 전환을 초래하게 된다고 한다(Taylor-Gooby, 2004).◇33

이러한 주장들에 대하여 실증적으로 검증해 본 결과 주로 영미국가에서 작은 정부와 복지국가의 축소를 위한 정치적 수사에도 불구하고 실질적인 복지국가의 축소를 위한 재정지출의 획기적인 감소는 이루어지지 못한 것으로 나타났다. 복지국가가 축소되지 않았다는 주장으로서 신자유주의에 의한 미국의 레이건(1981~1989) 및 영국의 대처(1979~1990) 정부에서의 복지축소는 제한적이었으며, 기존의 복지국가는 환경의 변화에 유연하게 적응하며 활성화되어 있었다. 그 이유는 기존의 복지제도를 통하여 다양한 이해관계자들이 생기게 되며, 이들이 정치적 영향력을 형성하기 때문에 복지혜택을 축소할 경우 발생하는 저항을 극복하고 개혁을 시도하는 것은 한계가 있고 이를 제도의 경로의존성(path dependency)으로 설명하고 있다(P. Pierson, 1994).◇34 이 분야에서 여러 가지 연구가 있었지만 결론적으로 공공지출만을 중심으로 살펴본 결과 복지축소로 볼 만한 증거를 발견하지는 못하였고(Castles, 2007),◇35 1980년부터 2002년까지 OECD 21개 국가에서 국내총생산 대비 사회지출 비중이 증가하는 것으로 확인되었다(Starke et al. 2008).◇36 주요 OECD 회원국의 1980~2018년간의 공공사회지출(Social Expenditure Data Set: SOCX)에 관한 시계열 자료를 분석하면 대부분의 국가에서 공공사회지출이 장기적으로 증가하는 추세를 보이고 있다. 복지축소에 대한 정치적 주장이 강했던 영국의 대처정부와 미국의 레이건 행정부의 경우에도 영국은 1986~1990년, 미국은 1983~1984년 다소 축소되는 경향을 보이다가 다시 증가하게 되고 2018년에는 시작연도인 1980년에 비하여 공공사회지출이 모두 증가하였다. 스웨덴의 경우는 다소 예외적인 경우인데 1990~1993

그림 3-1 OECD 주요 국가의 공공사회지출의 비교(1980~2018)

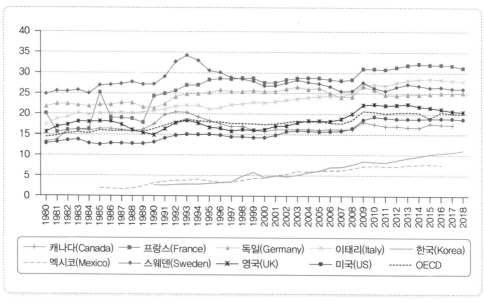

출처: OECD 공공사회지출(SOCX) 자료(www.oecd.org)

년까지 공공사회지출이 대폭 증가하였다가 1994~1995년에 다시 대폭 감소하였고, 2018년에도 1980년과 유사한 수준의 공공사회지출 수준을 유지하고 있다. 이 당시 보수정당의 연립정부가 구성되었으나 국가재정의 막대한 적자운용, 국가부채의 증가, 대량 실업의 발생으로 1994년 정권을 사민당에게 넘겨주었다. 사민당의 페르손(Gran Persson) 총리는 다시 렌-마이트너의 사민주의적 모델을 적용하지 않고 막대한 재정적자를 줄이는 것에 최우선을 두고 예산지출상한제와 복지수준의 조정, 요금 인상 등을 통하여 균형재정을 확보하고자 하였다(최연혁, 2012: 133-134).◇37 한국과 멕시코는 서구 복지국가와 공공복지지출에서 차이가 나는 편이지만 한국의 경우 2011년 이후 격차를 점차 좁혀가고 있다.

따라서 복지국가의 축소기가 복지지출의 양적 축소를 의미하는지 아니면 보다 재정의 지속가능성을 높이기 위하여 지출항목의 조정을 의미하는지에 대하여 향후 연구가 필요할 것으로 보인다. 이와 관련하여 복지국가의 새로운 대안으로서 사민주의적 시각으로부터 사회투자국가(social investment state)의 모델이 제시되고 있다(Giddens, 1998).◇38 이는 국가의 복지지출을 생애주기별로 인적 및 사회적 자본을 성장시키는 사회적 투자로 보며, 일자리 창출, 돌봄의 사회화, 여성의 사회참여, 가정의 민주화 등을 통하여 성장과 분배를 동시에 달성할 수 있는 대안을 제시한다. 이러한 예를 동아시아의 발전국가의 사례를 통하여 확인할 수 있는데 국가가 수출주도형 전략을 통하여 일자리를 창출하고 가족 등의 사회적 자본을 활용함으로서 복지지출에 대한 국가의 부담을 줄일 수 있었다. 사회투자국가는 교육과 가족정책, 일 가정의 양립 등이 복지정책의 중심이 되게 된다. 결국 서구 선진국에서는 복지제도가 어느 정도 확립되고 난 이후에 인구구조 및 산업구조, 국제경제 질서의 변화 등으로 발생한 재정적 압박의 문제를 해결하기 위하여 복지국가를 어떻게 재조정할 것인지에 대하여 국가별로 다양한 모색을 하고 있으며, 기존의 복지제도를 전면적으로 되돌리는 것은 제도적 지속성으로 인하여 어렵더라도 복지제도의 재정적 지속성을 높이기 위한 수단을 발견하기 위한 제도적 노력을 계속하게 될 것으로 보인다.

| 제2절 | 한국 복지국가의 역사적 전개 |

1. 분석의 전제

한국의 복지국가는 후발 개도국의 절대적 빈곤에서 출발하여 급속한 경제성장을 달성한 후 서구의 완성된 복지제도를 압축적으로 도입하였다. 서구 복지국가의 역사가 백년이 넘어가고 있는데 불구하고 한국이 제대로 된 복지국가를 추진한 역사는 수십 년에 지나지 않는다. 공무원연금 등 특수한 연금제도를 제외하고 일반 국민에 대한 복지제도로 산업재해보상보험이 1964년에 실시되었고, 의료보험제도가 강제적으로 적용되기 시작한 것이 1977년이며, 전 국민에 대하여 확대된 것은 1989년이다. 보편적 복지라고 부를 수 있는 전 국민 의료보험이 시작된 것이 불과 30년 정도 밖에 되지 않으며, 국민연금은 1988년에 시작되었지만 미가입자의 비율이 높고, 노인에 대한 기초노령연금은 2007년에 도입되어 이제 겨우 10년 정도 지났을 뿐이다. 이제 어느 새 한국도 질병, 노인연금, 산업재해 등 기본적인 복지제도를 모두 도입하게 되었지만 그 수준에 있어서는 의료보장을 제외하고는 보편적 복지국가라고 부르기에는 부족한 수준이다. 한국은 후 후발 개도국이기 때문에 서구의 완성된 복지국가를 비교분석하여 한국의 실정에 맞는 제도로 수입할 수 있는 장점이 있다. 그리고 경제적으로 어느 정도 성장하였기 때문에 제대로 된 복지를 시행할 수 있는 여력이 있다. 그러나 다른 한편으로는 인구고령화와 저출산, 제조업의 경쟁력 쇠퇴 등으로 기존의 경제적 기반이 복지국가의 성장과 발전을 충분히 누리기 전에 쇠퇴해 버릴 위험도 안고 있다. 우선 서구의 복지국가가 구빈복지와 사회보험의 제도화, 복지제도의 확대 및 공고화, 현대 복지국가의 발전, 복지국가의 재조정이라는 큰 범주의 역사적 과정을 거쳐 왔지만 한국의 복지국가는 짧지만 어떻게 역사적으로 발전해 왔는지를 분석할 필요가 있다. 서구의 학자들의 시각에서 한국의 복지국가는 서구 복지국가와는 정치적으로 다른 특성을 나타내고 있다. 한국 등 동아시아 복지국가는 보수 우파 엘리트들이 집권하면서 좌파와 노동세력을 정치적으로 제거하고, 수출주도형 경제발전과 사회정책 중에서도 교육에 집중하였고, 경제의 고도 성장기에는 성장의 과실을 나누어 가짐으로써 분배문제도 해결되었으나 경제발전이 이루어진 후에는 정치인들이 사회정책을 확대할 수 있는 계기가 마련될 수 있었다(Haggard and Kaufman, 2008: 347, 353- 355).◇39 서구의 복지국가의 발전을 설명하는 노동세력과 농민의 연합을 통한 사민주의의 권력자원이론이 한국 등 동아시아의 경우에는 적용되지 않으며, 무엇보다 놀라운 것은 초기의 보수주의적인 결정적 분기(critical juncture)의 역사적 전통이 지역과 정당제도에 지속되었으며, 사회정책의 급여의 확대도 "중도 및 보수정권이 정치적으로 사회정책을 활용한 결과"라는 것이다(Haggard and Kaufman, 2008: 360).◇40 해가드와 카우프만(2008)의 분석은 한국 복지체제의 특성을 비교적 정확하게 분석하고 있으며, 한국적 복지국가의 이론을 정립하는데 단초를 제공할 수 있다. 서구의 복지국가는 경제사회의 변화에 따라 국가, 노조 등이 유기적으로 형성된 역사성이 있고, 사민주의 정당들이 사회에서 형성된 노조를 기반으로 발전하였지만 한국은 노조의 조직률이 낮을 뿐만 아니라 전국 단위의 노조만 정치화되어 있을 뿐 진보정당도 하부 단위의 노조와 정당이 연계되어 상향식으로 의견이 수렴되는 이념적 정당이 존재하지 않기 때문이다. 한국에서 민주화 이후의 민주주의는 사회적 균열을 제대로 반영하지 못하는 정당체계와 보수적인 정치적 대표체계 하에서 노동 없는 민주주의가 고착되었다(이주하, 2009).◇41 서구의 복지국가의 발전에 관한 이론은 역사적 및 사회적 배경이 다르기 때문에 한국의 복지국가에 그대로 적용하는 데는 한계가 있고(Kwon, 1997),◇42 이러한 동아시아의 복지국가는 좌파정당의 부재에 의한 저 발전된 복지국가(Wong, 2004)◇43 또는 경제에 비하여 복지는 종속적 관계에 있고 경제발전을 보완하는 수단으로 복지정책을 활용하는 생산적 복지 자본주의 모델이라고 부르기도 한다(Holliday, 2000).◇44

이러한 맥락 하에서 한국 복지국가의 발전을 역사적으로 분석하고자 하며, 우선 시기 구분에 관하여 해가드와 카우프만(Haggard and Kaufman, 2008: 1)◇45

은 1980년을 21세기를 향한 사회정책의 전환점으로 보고 1945년부터 1980년까지 복지제도의 역사적 기원과 1980년대 이후 민주화, 경제적 위기, 복지개혁으로 나누어 분석하였으며, 특히 정부의 사회복지지출을 분석한 결과 동아시아 국가들은 초기에는 복지에 대한 제한된 관대성(generosity)을 지니고 있지만 1980년대 민주화의 과정을 거치면서 복지제도가 급속하게 성장하고 있으며, 서구와 같이 1973년 이후에 석유위기와 브레튼우즈 체제의 전환 등으로 사회정책의 축소를 경험하지 않았기 때문에 초기의 제한된 복지 단계와 1980년대 이후 복지 확대기의 2단계로 나눌 수 있다고 주장한다(Haggard and Kaufman, 2008: 135-142, 229-232, 249-251).◇46 그러나 이러한 분석은 1980년이 영미의 신자유주의적 정책변화의 기점이라는 점에서 영미적 시각에서 역사를 구분하는 것으로 보이며, 복지지출의 확대 여부만으로 시대구분을 하는 것은 바람직하지 않고, 사회정책에 대한 정부 정책 기조의 전환, 인구 구조, 경제적 상황 등 사회경제적 변수를 종합적으로 고려하여 복지정책의 중요한 결정적 전기(critical juncture)를 정할 필요성이 있다. 국내의 주요 연구를 보면 안병영(2018)은 서구의 복지국가의 발전과정을 복지국가의 전 시대, 태동기(1870~1920년대), 정착기(1930~40년대), 확장기(1950~70년대 중반), 재편기(1970년대 후반 이후)로 구분하고 있고,◇47 안상훈(2010)은 한국 복지국가의 제도적 전환과정을 분석하면서 권위주의시대, 한국 복지국가의 태동(이승만, 박정희 정부), 민주화 시대, 한국 복지국가의 발전(노태우, 김영삼 정부), 민주주의 시대, 한국 복지국가의 도약(김대중, 노무현 정부)로 분석하기도 하고,◇48 양재진(2008c)의 연구에서는 대한민국 건국기(1948~1961), 발전국가 시기(1961~1987), 민주화·세계화의 시기(1987~2007)로 구분하여 분석하고 있으며,◇49 최근의 연구로서 윤홍식(2019. I II III)은 복지국가를 역사적 분배체계로 개념화하고 서구의 복지국가의 형성으로부터 시작하여 한국의 복지체제를 전자본주의 분배체계의 해체(18세기부터 1910년), 식민지, 강요된 자본주의 세계체제의 주변화(1910~1945), 대역전과 자본주의 분배체계의 시작(1945~1948), 원조복지체제의 형성과 위기(1948~1961), 개발 국가 복지체제의 형성(1961~1979), 역진적 선별주의 복지체제의 시작(1980~1997), 역진적 선별주의 복지체제의 강화와 지속(1998~2007), 보수정부와 개발 국가 신자유주의 (2008~)로 나누어 분석하고 있다.◊50 이 연구는 복지국가가 자본주의 체제 내에서 역사적 분배체계이므로 근대 자본주의의 형성과 변화를 맥락으로 하여 분석하고 장기적인 시각을 제공하는 장점은 있지만, 조선시대와 일제 강점기의 제도가 현재의 한국 복지국가의 제도로 직접적인 계승이 이루어지지 않았고, 당시에는 복지국가라는 개념 자체에 대하여 한국이라는 민족 또는 정치적 구성체에서 자기인식을 가지지 않았다고 볼 수 있으므로 역사적 맥락으로 고려할 수 있을 뿐이지 복지국가의 변화의 시기로 분석하는 것은 한계가 있다고 본다. 또한 한국은 서구의 복지국가의 발전에서 보는 바와 같이 산업화와 민주화라는 전체적인 순서는 같지만 국가주도로 압축적 산업화를 위한 복지의 지체와 청사진 제공, 경제발전 이후 급속한 성장이라는 특징이 있다(Haggard and Kaufman, 2008).◊51 따라서 정권의 교체나 권력변동이 곧바로 복지국가의 특징을 결정하는 시기 구분으로 파악하는 것은 문제가 있고, 한국 복지체제를 구성하는 중요한 제도의 도입, 인구, 사회경제적 환경에 대한 국가의 정책적 대응과 제도적 변화의 특징에 주목하여 구분하는 것이 바람직하다고 생각된다.

　본서에서는 대한민국 건국 이후에 6·25전쟁 이후 국가안전을 위한 군대 육성과 자유민주주의 체제 구축을 시도한 국가형성기(1945~1961), 경제발전과 사회정책의 제도적 기초를 놓은 발전국가 시기(1961~1987), 민주화와 신자유주의적 개혁의 시기(1988~2001), 인구고령화 및 후기 산업화의 시기(2002~)로 구분하고자 한다. 왜냐하면 2001년 이후 한국은 저출산과 급속한 고령사회로 진입하였을 뿐만 아니라 산업구조의 변화를 통해 지식서비스 산업이 발전하는 사회경제적 변화를 겪었고, 1987년 민주화와 1993년 김영삼 정부 이후 도입된 세계화 정책과는 구별되는 새로운 시대 구분이 필요하고, 이 문제들이 아직 해결되지 않은 채 현재까지 지속되고 있기 때문이다. 이러한 시대구분에 따라 한국의 복지국가의 구성요소인 의료, 연금, 산업재해, 고용보험제도등의 변화를 단계적으로 요약하자면 국가형성기에서는 안보와 체제유지에 우선순위가 있었고, 경제적 재원이 충분하지 못하여 이러한 제도들이 도입되지 못하였고, 경제발전 및 복지국가의 제도적 기초기(1961~1987)에는 경제발전을 우선시 하면서 극빈층의 탈출과 최소한의 사회적 통합 차원에서 생활보호법(1961)을 도입하고, 근로자의 열악한 근무환경을 고려하여 산재보험(1964)과 공공부문과 대기업에 의료보험(1977)을 도입하였으며, 어느 정도 경제발전이 이루어지자 전 국민 의료보험 확대(1989), 국민연금법 제정(1986), 사회복지사업법 제정(1970), 노인복지법과 심신장애자복지법(1981) 등 복지제도의 기본적 틀이 마련되기 시작하였다. 민주화 및 신자유주의적 개혁의 시기(1987~2001)는 민주화를 통하여 분배에 대한 요구가 증가한 시기로서 국민연금의 실시(1988), 의료, 국민, 산재 및 고용 등 4대 보험이 전 국민으로 확대되었고, 생활보호가 국민기초생활보장(2000)으로 변화하였으나 민주화로 인한 국민의 요구를 중장기적인 복지국가의 기획으로 발전시키기 보다는 1997년 IMF 외환위기 이후 신자유주의적 복지개혁이 진행되어 기존의 국민연금의 보장율이 후퇴하였고, 근로장려세제 등 근로와 복지의 연계를 강화하는 개혁이 이루어졌다. 인구고령화 및 후기 산업화의 시기(2002~)는 저출산 및 고령사회에 대비하여 사회투자적인 정책으로서 보육서비스의 확대, 사회서비스바우처(2007), 기초노령연금(2007), 노인장기요양보험제도(2008), 근로장려세제(EITC, 2009), 기초연금(2013), 생애주기별 맞춤형 복지(2013), 아동수당(2017) 등이 도입되는 시기이다. 이 연구에서는 신제도주의 분석방법에 따라 각 시기마다 행위자의 선택을 제약하는 제약조건, 제도적 제약 하에서 행위자의 선택과 상호작용 및 그 결과로서 발생한 제도변화의 결과를 분석하고자 한다.

2. 자유민주주의 체제의 국가형성기: 1945~1961

(1) 제도적 제약

1948년 정부 수립 이후 우리나라는 남북이 분열되어 있었고, 그나마 6·25 전쟁으로 인하여 산업 기반이 파괴되어 전 국민이 빈곤상태에 허덕이고 있었으며, 대부분의 물자를 미국의 원조에 의존하고 있었다. 1944년 12월 일제에 의하여 조선구호령이 제정되어 65세 이상의 노약자, 13세 이하의 유자(어린이), 임산부, 불구, 폐질, 질병, 상이 기타 정신 또는 신체장애로 인하여 노무를 하기에 장애가 있는 자에 대하여 생활부조, 의료, 조산, 생업부조 등의 구호를 할 수 있도록 하였다. 그러나 이는 제2차 세계대전 말에 식민지 사람들을 회유하기 위한 수단이었고 급여의 범위도 조선총독의 재량으로 결정하는 것이었다. 그러나 해방 이후에도 조선구호령 내용에 기반하여 고아나 행려자, 저소득층과 같은 사회적 취약 층에 대한 구휼사업이 이루어지고 있었다. 또한 제헌헌법에서도 노령, 질병, 장애 등으로 인하여 자신을 돌볼 수 없는 사람에 대하여 국가로부터 법적인 보호를 받을 수 있는 권리를 인정하고 있었기 때문에(헌법 제19조) 국가가 스스로 자신을 돌볼 수 없는 요부조자에 대하여 보호할 헌법상의 의무가 인정되었으나 구체적인 법률의 근거가 없기 때문에 국민들이 권리를 행사하기는 어려웠다(이두호외, 1991: 238-239).◇52 공공부조 이외에 복지제도의 중요한 요소인 의료나 소득보장 등의 복지는 가족이 담당하고 있었다. 정치적으로는 해방당시 공산당과 상당한 수의 노동조합이 조직화되어 있었으나 미군정의 억압, 6·25 전쟁과 남북이 대립하고 있는 상황에서 보수 정당이 좌파세력을 억압하였기 때문에 사회민주주의적인 진보정당이 성장할 수 없었다(Haggard and Kaufman, 2008; 안상훈, 2010).◇53 또한 미국에 대하여 경제적으로 종속되었고 군대와 경찰을 양성하여 국가건설에 초점을 두었기 때문에 산업화를 통한 경제발전으로 나갈 수 있는 상황이 되지 못하였다.

(2) 행위자의 선택

이 당시의 주요 행위자는 미군정을 거쳐 정부수립 이후 집권한 이승만 대통령과 자유당 세력, 보건사회부, 여당인 자유당에 도전하는 정당들이라 할 수 있다. 냉전시대와 북한과의 대치 국면에서 이승만 대통령과 여당은 국방력을 키우는 것을 우선하였고, 경제발전에 필요한 물자가 부족한 상황이라 제대로 된 복지제도를 구현할 수 없었다. 이에 도전하는 세력으로 조봉암 등의 진보당이 대통령선거에서 근로대중에 기반을 둔 사회민주주의, 자유계획경제, 평화통일론을 내세워 30%의 득표를 하였으나 평화통일론이 반공이라는 국시에 위반된다는 이유로 진보당을 해산하였다. 결국 보수주의적 자유당 정부는 장기집권을 위한 반 공이데올로기를 강화하여 진보세력의 성장을 억제하였고, 산업화가 이루어지지 못했기 때문에 노동계급의 성장도 이루어지지 못하였고 노동계급을 대변하는 권 력으로서 정당이 성장할 수 없었으며, 복지에 대한 국민의 요구도 조직화될 수 없었다.

(3) 제도변화의 결과

이러한 제도적 제약과 행위자의 상호작용의 결과 한국의 복지제도는 정권의 유지에 도움이 되는 공무원과 군인 등 특수직역에 대한 제한적 복지위주로 개 편이 이루어지게 되었다. 6·25 전쟁에 대한 보상차원에서 군사원호법(1950.4.), 경찰원호법(1951.4.), 최초의 노동입법으로 근로기준법(1953.3.), 공무원연금법 (1960.1.)이 제정되었다. 전쟁으로 인하여 발생한 고아나 노인 등의 시설 보호대 상자와 극빈자에 대한 복지는 UN의 구호계획이나 외국 민간원조단체의 자원봉 사, PL(미국 공법) 제480호에 의한 잉여농산물원조에 의존해야 했고 공공부조정 책의 강화를 위하여 1953년 사회부가 '국민생활보호법' 제정안을 작성하여 법무 부 법제실에 넘겼으나 재정적 뒷받침이 없다는 이유로 국회에 제출되지 못하고 폐기되었다(김영순·권순미, 2008: 212-214).◇54 또한 춘궁기에 영세민에 대한 대 책도 양곡 위주의 현물 급여를 제공하였으며 응급구호의 수준을 넘어서지 못하 였다. 복지제도의 기초가 되는 공공부조의 경우에도 미국의 원조에 의존하고 있 었기 때문에 원조물자의 배분은 외국원조단체와 민간단체(구호협의위원회)를 통 해 이루어졌고 이는 사회복지서비스가 미국과 같이 민간의 비영리조직을 중심으 로 발전하게 되는 단초가 되었다(정무권, 1996).◇55

3. 경제발전과 복지제도의 기초기: 1961~1987

(1) 제도적 제약

현대 한국의 발전과정에서 산업화기는 1961년 박정희 정부가 군사쿠데타에 의하여 집권하고 국민들에게 경제발전이라는 공약을 제시하여 국가주도의 경제발전 체제를 구축한 시기로부터 보고 있다. 이 시기의 사회경제적 맥락을 살펴보면 첫째, 남북관계의 대립으로 인하여 군사정치 분야가 강조되었고, 농업사회 위주로 산업화가 이루어지지 못하여 복지제도를 구현하는데 재원의 제약이 많았다. 둘째, 이승만 정부에서 불완전하지만 토지개혁을 단행하여 사회의 다수를 차지하는 농민들은 좌파적 계급의식을 가지지 않고 보수적 정권에 어느 정도의 지지를 보내고 있었다(김일영, 2008).◇56 셋째, 한국 관료제 내에 선진 외국의 유학 등을 통하여 전문적인 기술과 지식을 습득한 합리적 관료제가 형성되고 있었으며, 이들을 중심으로 경제발전에 대한 청사진으로서 계획들이 마련되고 있었다. 대표적으로 행정부 내에서 경제발전 기획을 담당하는 부흥부가 설치되었고, 이를 중심으로 경제개발계획을 마련하고 있었다. 넷째, 정치 환경의 변화로서 이승만 정부의 장기독재에 항거하는 4·19 민주혁명이 일어나 사회개혁에 대한 국민적 요구가 강하였고, 그 결과 출범한 민주당 정부에서도 경제제일주의 원칙을 내세우며, 「제1차 5개년 경제개발계획」을 만들었고, 경제기획원과 건설부의 신설, 각 부처에 기획조직 신설 등의 정부조직 개편안이 만들어졌으나 1961. 5.16. 군사쿠데타로 인하여 실현되지 못하였다(이한빈 외, 1969: 411-412).◇57 이러한 재원의 제약 하에서 경제발전 우선의 정책방향을 설정하게 된 것은 이후 발전국가의 사회정책의 변화를 제약하는 요인이 되었으며, 기획과 예산기능을 담당하는 부처를 중심으로 강력한 중앙관리기구가 성장하게 되었다. 즉, 경제기획원은 부총리로서 모든 경제정책을 총괄하고 예산편성과 심의를 통하여 집행부처를 통제할 수 있었고, 총무처는 정부조직에 관한 통칙(1977)라는 대통령령을 통하여 사회정책 부처의 조직신설에 제동을 걸 수 있었다. 다섯째, 재원의 제약이라는 한계를 안고 시작한 한국의 발전국가는 초기의 공약대로 경제발전이라는 목표를 달성하는 경우 국민을 위한 복지를 시행해야 하는 국민에 대한 약속을 안고 있었다고 볼 수 있다. 산업화가 이루어지고 도시에서 산업노동자들이 증가함에 따라 근로조건이나 생활수준 향상에 대한 노동자들의 요구가 증가하게 되는 것은 정부가 약속한 복지국가 건설이라는 명분을 이행해야 할 필요성을 더욱 강화하였다.

박정희 정부는 수출주도형 경제발전 전략으로 1960년대 경공업에서 1970년 대 중화학공업으로 산업화를 이루어가고 있었다. 그러나 1970년대 후반 박정희 대통령이 서거하고, 군사쿠데타로 이를 이어 받은 전두환 정부에서도 혼란한 민심을 수습하고 경제를 안정시켜 복지국가를 구현하겠다는 약속을 국민들에게 제시하였다. 이를 위하여 정치는 권위주의적 체제를 유지하고 경제는 물가안정과 시장 순응적 안정을 추구하였다(김일영, 2008: 228).◇58 경제자유화 조치를 통하여 산업부문에서는 중화학 공업을 중심으로 대기업이 해외 수출을 확대해 나갔으나 금융부문에서는 여전히 관치를 유지하고 있었다. 또한 정치적 영역에서도 1983년 말 자유화조치로 민주화 운동이 촉발되었으며, 1985년에는 민주화 세력 중심의 신민당이 제1야당이 되었다. 이후 대통령 직선제 개헌을 중심으로 재야, 학생, 민주적 정치세력이 연합을 형성하여 전두환 정부에 저항하고 있었으며, 1987년에는 박종철 고문치사 사건과 4·13 호헌조치를 계기로 6월 민주화 항쟁이 발생하게 되었다.

(2) 행위자의 선택과 상호작용

남북대치와 재원의 한계로 인하여 외국원조와 가족중심의 복지에 의존하던 한국의 사회복지 시스템은 1961년 엘리트 군사관료의 쿠데타로 성립된 정부에 의하여 적어도 형식상으로는 제도적 도입이 이루어지게 된다. 박정희 정부는 자신들의 정당성을 보완하기 위하여 '민생고의 시급한 해결'이라는 공약을 내걸고 과거에 시도되었지만 지지부진했던 제도뿐만 아니라 독일의 비스마르크에 의한 국가개혁과 같이 국가주도로 사회보험 제도를 도입하게 된다. 특히 국가재건최고회의 박정희 의장이 1962년 시정연설에서 '복지국가 건설'을 기본 정책으로 공표하고 7월 28일 경제개발과 병행하여 사회보장제도를 추진할 것과 사회보험 중 실시가 용이한 보험을 선택하여 착수할 것을 지시함으로써 이후 의료보험법, 사회보장에 관한 법률, 산재보상보험법의 제정에 결정적인 역할을 하였다(손준규, 1981, 조영재, 2008: 70~72).◇59 합리적 선택의 관점에서 엘리트 관료들은 자신들이 내세운 경제발전과 민생안정을 위하여 형식적으로는 외국의 완비된 제도들을 도입하여 국민들에게 수권능력을 보여줄 필요가 있었다. 특히 잘 살아보겠다는 미래에 대한 청사진을 제시하는 것이 자신들의 체제를 유지하는데 유리하였기 때문이었다. 그러나 이 당시 관료제 내부에서도 정치엘리트와 외국 유학의 경험이 있는 소수의 엘리트로 구성된 사회보장심의위원회라는 연구 및 기획 위원회에서 주도하여 사회보장 개혁안이 마련되었고, 군사 엘리트에게 급속하게 권력이 집중되고 이를 반대할 거부세력의 정치활동이 억압된 상황에서 국가재건최고회의라는 소수의 회의체를 통하여 법안이 신속하게 통과될 수 있었다.

　　한편, 경제발전이 이루어짐에 따라 의료보험과 국민연금의 도입과 확대, 아동 및 노인에 대한 복지서비스가 확대되는 개혁과정에 대해서는 다른 사회경제적 맥락에서 다른 행위자에 의한 제도적 선택으로 설명될 수 있다. 이러한 제도변화가 이루어지는 시기가 경제발전이 가시적인 성과를 나타내기 시작한 1970년대 중후반기와 1980년대의 고도성장기로 볼 수 있다. 의료보험의 확대의 경우도 권위주의적 정치체제 하에서 행정부의 역할이 압도적으로 강했다(조영재, 2008: 82-97).[60] 의료보험 제도의 도입을 반대하고 조세를 재원으로 국가에 의한 관리를 주장하던 경제기획원에 대하여 보건사회부와 의료계, 기업집단이 연합하여 대통령을 설득함으로써 거부점을 약하게 하였고,[61] 유명무실한 의료보험 제도로는 경제발전의 단계에 따라 늘어나는 도시서민의 의료비를 감당하기 어렵게 되었고 북한과의 체제 경쟁의 명분 등으로 인하여 제도 변화를 주도하는 행위자는 점진적이고 선별적 강제적용으로 제도적 대체(displacement)를 추구한 것이다. 또한 사회보험 중 국민연금법은 가장 늦게 제도화되었는데 논의의 시작은 1960년대 후반에 사회보장심의위원회에서 나왔지만 별로 관심이 없다가 1970년대 중화학공업 육성을 위한 경제발전 정책이 추진되면서 국민연금이 사회보장의 수단이 될 뿐만 아니라 산업 육성을 위한 내자확보의 수단이 될 수 있다는 KDI의 건의를 대통령이 받아들여 법안 마련작업에 착수하게 되었다(손준규, 1981; 정무권, 1993, 안상훈, 2010).[62] 국민연금은 중화학공업 육성을 위하여 자금이 필요했던 정부에 도움이 될 뿐만 아니라 복지제도의 확충을 통해 독재정부의 정당성을 확보하기 위한 정치적 수단이 될 수 있었다(양재진, 2008).

결국 대통령의 결정에 따라 국민연금 도입에 관한 성제기획원과 보건사회부, KDI 등의 전문가들이 작업한 끝에 양 부처가 타협안을 마련하게 되었으나 대내외적 경제 여건상 시행이 연기되었다. 그러나 1986년에는 대내외 경제여건이 좋았고, 노인인구의 증가 등으로 인한 연금제도의 필요성이 증가하였을 뿐만 아니라 7년 단임제의 대통령의 임기만료를 앞두고 국민연금, 전 국민의료보험, 최저임금제를 통하여 국민적 지지를 확보할 필요가 있었다. 이 당시 전두환 대통령은 청와대의 경제참모진의 건의를 받아들여 물가안정 기조가 자리를 잡고 경상수지가 흑자를 기록하는 상황에서 국민의 민주화와 복지에 대한 요구를 수용하는 차원에서 국민연금제도의 도입을 결정한 것으로 볼 수 있다(양재진, 2008a: 129).◇63 발전국가 시기에 행위자의 선택과 상호작용의 양태를 살펴보면 소관부처와 청와대 참모, 국책연구기관들의 전문가들 등 폐쇄적인 참여자들 간에 대통령을 설득하기 위한 정책적 경쟁이 있었고, 최고의사결정권자의 승인과 지시에 의하여 정책이 추진되었음을 알 수 있다. 대통령은 성장논리를 주장하는 경제부처와 사회적 형평과 복지를 주장하는 사회부처 간의 관계에서 판단자의 역할을 하였으며, 경제적 합리성뿐만 아니라 정치적 고려까지도 하였음을 알 수 있다. 또한 사회정책 부처의 주장에 대하여 발전국가의 성장논리를 주장하는 경제기획원이 주된 거부권자의 역할을 수행하였다. 즉, 정부 예산과 경제정책을 총괄하는 경제기획원과 정부조직의 설치를 심사하는 총무처 등의 중앙관리기구가 보건사회부, 노동부 등 사회정책 부서의 복지전달체계의 형성과정을 통제할 수 있었다.

(3) 제도변화의 결과

발전국가의 초기에 복지제도의 변화의 결과를 살펴보면 박정희 정부의 군정 기간 동안 갱생보호법(1961.9.), 고아입양특례법(1961.9.), 생활보호법(1961.12.), 아동복리법(1961.12.), 군인연금법(1963.1.), 산업재해보상보험법(1963.11.), 사회보장에 관한 법률(1963.11.), 의료보험법(1963.12.) 등이 신속하게 제정되었다. 그러나 실제적으로 시행된 법률은 생활보호법, 군인연금법, 산업재해보상보험법에 불과했다(안상훈, 2010: 25).◊64 이 중에서 생활보호법은 기존의 조선구호령을 대체하는 입법으로 이승만 정부에서 재정적 제약을 이유로 미루었었던 법을 다시 제정한 것이며, 최고회의의장의 지시각서에 따라 사회보장제도의 설계원리로서 사회보험에 기반한 의료, 산재보험, 연금 등에 관한 법률이 제정된 것으로 볼 수 있다.

구체적으로 살펴보면 첫째, 공공부조에서는 생활보호법이 박정희 군사 정부가 내세운 민생고의 시급한 해결에 잘 부합하고, 광범하게 민심의 지지를 얻을 수 있는 법률이었기 때문에 신속하게 제정될 수 있었다(김영순·권순미, 2008: 209-210).◊65 그러나 경제발전을 우선하였기 때문에 기존의 원조물자를 민간이 관리하던 것을 대신하여 정부가 자활을 조건으로 생활보호제도가 운영되기 시작하였다. 자조근로사업 또는 취로근로사업을 통하여 일할 수 있는 저소득층 노동자들을 국토 개발 사업에 동원하면서 노동의 대가로 양곡을 지급하도록 한 것이다.◊66 또한 자산조사를 통하여 한정적인 범위 내에서만 자격요건이 되었고 근로능력이 없는 빈곤층을 대상으로 한 선별주의에 입각하고 있었다. 그나마 생계보호에서는 정부의 재정형편에 의하여 전면적으로 실시되지 못하고 부분적인 도입에 그쳤으며 실제로 예산이 책정된 것은 1969년에 이르러서였다(안상훈, 2010: 26).◊67

둘째, 사회보험에서는 노동자들이 산업재해를 당한 경우 기업과 노동자가 미리 보험에 가입하여 국가적인 경제발전에 차질이 발생하지 않도록 산재보험이 우선적으로 도입되었다. 서구의 사회보험은 노동계급의 성장에 대한 예방수단으로 국가가 선제적으로 복리국가의 차원에서 도입하였는데 비하여, 한국은 노동계급의 성장이 없었음에도 산업화를 위한 전제조건으로서 가장 필요한 제도부터 먼저 도입하기 시작하였다. 예를 들어 독일의 비스마르크의 사회보험 개혁의 경우에는 질병보험이 가장 먼저 도입되었고, 이후 산재보험 뿐만 아니라 노인 및 장애인에 대한 보험까지도 도입되었지만 한국의 경우에는 산재보험만이 도입되어 시행되었고, 의료보험법은 제정되었으나 재정상 한계로 시행이 연기되었으며, 노인에 대한 연금이나 장애인 보험 등은 논의조차 이루어지지 못했다. 산재보험의 적용범위는 1964년 500인 이상의 광업과 제조업 사업장을 대상으로 시작하였으며 점차 적용 범위를 확대하여 1968년 제5차 개정을 거쳐 50인 이상의 사업장까지 적용범위가 확대되었다. 산재보험은 다른 사회보험에 비하여 사업의 성격이 분명하고 수혜자의 근로의욕 저하가 문제되지 않고, 고용주의 재정책임으로 기금이 마련되기 때문에 이해관계의 대립이 없이 도입될 수 있었다(우명숙, 2008: 55-56).◇[68] 전달체계로는 노동행정의 강화를 위하여 1961년 보건사회부에 노동청을 설치하였고, 한국노총과 한국경제인연합회와 같은 노동단체와 사업자단체도 조직화하였고, 1977년 보건사회부 노동청 산하에 근로복지공사 설립하였으며, 10개 산업재해병원, 2개 재활훈련원 및 자립작업장 설치하여 운영하였다.

   의료보험법은 1963년 산업재해보험법에 제정되던 시기와 비슷한 시기에 제정되었는데 사회적 요구가 없었음에도 불구하고 군사정부 엘리트의 정책적 선택에 의하여 도입되었다(조영재, 2008: 70).◇[69] 의료보험제도도 산업화의 추진에 방해가 되지 않는 범위 내에서 도입하였으며 의료보험제도의 강제적 적용을 배제한 채 형식적 제도로서의 골격만 갖춘 법률이었다. 그러나 경제발전이 진행됨에 따라 도시 노동자들을 중심으로 삶의 질에 대한 요구가 증가하고 있었고, 무상의료를 제공하는 북한과의 체제 경쟁에서도 남한의 의료보험의 부재는 문제가 될 수 있었는데 최종적으로 도입의 결정은 최고결정권자인 대통령과 행정 관료제의 의지에 달려있었다. 그 결과 의료보험법을 전면 개정하여 1977년부터 500인 이상의 대규모 사업장을 대상으로 조합을 형성하고 의료보험을 강제 적용하도록 하고, 500인 미만의 소규모 사업장과 농어민을 포함한 자영업자는 지역의료보험제도에 임의 가입할 수 있도록 하였다. 한편 공무원, 군인, 사립학교 교직원 등은 공무원연금법, 군인연금법 또는 사립학교교원연금법과 통합하여 시행하려고 하였으나 무리라고 판단하여 1979년 연금과는 별도로 공무원, 군인, 사립학교 교직원에 대한 의료보험이 실시되었다(신현웅, 2011).◇[70] 같은 해 직장의료보험 가입자를 300인 이상으로 확대하고, 1981년에는 100인 이상 사업장으로 적용대상이 확대되었으며, 농어촌 지역에 지역의료보험의 시범사업이 시행되었다. 이러한 조합주의적 의료보험 제도는 향후 의료보험제도의 발전방향을 제약하게 되는데 조세를 기반으로 하여 국가나 지자체가 직접적으로 관여하는 전달 체계가 형성되기 보다는 자기 부담의 원칙에 따라 조합별로 적립된 자금을 활용하여 민간 의료기관을 통한 의료서비스가 제공되도록 하였다. 왜냐하면 조합 주의적 방식이 제도도입이 용이하고 조합별 자치 원칙에 의하여 보험재정을 독립적으로 운영함으로써 정부의 재정지원 없이 의료보험을 확대할 수 있기 때문이었다(인경석, 2008: 212).◇71 이처럼 부족한 재원 때문에 안정적이고 대규모인 사업체로부터 보험을 도입하고 이를 점진적으로 확대하며, 기업별로 조합을 형성하여 근로자의 조직에 대한 충성도를 높이는 한편, 기업에게 자금 운용상의 혜택을 부여하는 것은 한국의 생산주의적 복지레짐의 특징이라 하겠다(양재진, 2008b: 470-471).◇72

1970년대 초의 국민연금제도의 도입도 경제발전 우선의 발전국가의 전략과 대통령의 장기집권에 대한 국민들의 여론을 회유하기 위한 정치적 목적 등이 혼재되어 박정희 대통령이 도입을 승인하고 지시함으로써 국민연금법에 제정되었으나 오일쇼크로 인한 경제위기 상황으로 시행이 무기한 연기되었다. 그러나 1985년 국회의원 이후 재야세력이 국회의 제1야당으로 진출하고 민주화를 요구하는 재야 및 학생들의 운동이 활발하게 일어나자 1986년 전두환 대통령은 전 국민 의료보험 확대, 국민연금제, 최저임금 실시 등의 국민복지 3대 정책을 제시하게 된다. 이는 경제발전을 통하여 사회보험에 필요한 재원 충당이 가능하다는 측면도 있지만 정치적 민주화를 요구하는 저항세력에 대한 유화조치의 일환으로 볼 수도 있다(안상훈, 2010: 40).◇73 이에 따라 1986년 보건사회부가 주관하여 국민연금법안이 마련되었고, 경총과 한국노총 등 이해관계자의 의견수렴과 국무회의의 심의 및 국회 의결을 거쳐 1986년 12월에 공포되었다. 의료보험법과 같이 국민연금법도 재정적인 이유로 초기에는 대규모 사업장을 위주로 도입되었다가 점차 농어촌, 도시지역으로 적용범위를 확대해 가는 점진적 확산의 행태를 보이고 있다.

셋째, 사회복지서비스와 관련하여서는 상대적으로 제도적 발전이 지연되었는데 아동복리법(1961)이 제정되어 있기는 했지만 다수의 국민을 대상으로 하는 법으로 보기는 어려웠고, 1970년에 사회복지서비스의 기본법으로서 사회복지사업법(1970)을 제정하여 사회복지사업에 대하여 정부의 재정보조가 공식화되었으며, 정부의 지도 및 감독권한이 규정되었다. 이에 따라 국가나 지방자치단체가 시설을 설치 운영하거나 법에 대하여 국고보조금을 제공함으로써 서비스가 전달되도록 하였으며 서울특별시장, 부산시장 또는 도지사의 허가를 받은 법인은 시설을 설치할 수 있었다. 그러나 국가나 지방자치단체가 직접적으로 사업을 운영하는 경우는 적었고 대부분 법인이나 시설에 보조금을 지급함으로써 제한적으로 서비스가 제공되도록 하였기 때문에 제도의 시작단계부터 민간에 의존한 전달체계를 마련하였다.

또한 박정희 정부의 연장선상에서 출범한 전두환 정부에서도 복지국가 건설이라는 이상을 내세웠지만 근본적으로 이전 정부의 복지제도의 틀을 유지하면서 미흡한 부분을 보완하는 차원에서 이루어졌고, 경제발전이 우선이라는 정책기조는 유지되었다. 특히 사회복지서비스 분야에서 새로운 입법들이 추진되었는데 1981년 6월에 노인복지법과 심신장애자복지법이 제정되고, 4월에는 아동복리법이 아동복지법으로 전면개정 되었으며, 1982년부터는 시도별로 종합사회복지관이 설치되기 시작하였다(안상훈, 2010: 37).[74] 또한 1983년 이후에는 사회복지사업법의 개정을 통하여 사회복지법인 뿐만 아니라 비영리법인으로 국가 및 지방자치단체가 사회복지서비스를 위탁할 수 있도록 하여 전달체계에서 민간의존성은 더욱 증가하였다. 제도상으로 사회복지서비스의 1차적인 책임은 국가 및 지방자치단체가 지고 있었으나 보조금의 지원을 통하여 민간 영역의 사회복지법인이나 비영리법인이 서비스를 제공하는 전달체계를 형성하였다. 이는 엄밀히 말해서 민영화로 보기는 어렵고 국가나 지방자치단체가 직접적으로 제공하는 경우는 적었기 때문에 우리나라 사회복지서비스는 공공화를 경험하지 않고 보조금 제공을 통하여 민간에 의하여 전달되도록 하는 국가통제의 민영화로 제도적 출발을 하였다고 볼 수 있다(이봉주·김용득·김문근, 2007: 26).[75] 이처럼 복지전달체계의 초기부터 국가나 지방자치단체에 의하여 직접적으로 급여나 서비스가 제공되는 것은 최소한의 경우로 제한하고 직장별로 조직된 조합을 활용하거나 민간 영역에서의 사회복지법인이나 비영리법인을 활용함으로써 복지전달체계가 분절적으로 형성되게 하였으며, 이것은 향후 복지전달체계의 제도적 변화에 경로 의존적 제약을 형성하게 된다. 제도도입기의 복지전달체계는 저소득층의 생활보호 및 의료보호에 있어서는 국가복지의 체계를 형성하고 있었으며 의료보험이나 산재보험의 영역에서는 국가적 통제 하에 민간의 조합을 통하여 이루어지고 있으므로 국가복지와 시장복지의 결합형, 사회복지서비스에서는 국가적 통제 하에서 민간위탁을 통한 복지전달이 이루어졌다고 할 수 있다. 전반적으로 국가가 민간을 통제할 수 있었기 때문에 민간의 기관들이 국가정책을 수행하는 도구로서 활용되었으며 본질적으로는 국가복지의 특성을 보유하고 있었다고 할 수 있다.

4. 민주화와 신자유주의적 개혁의 시기: 1988~2001

(1) 제도적 제약

1987년 민주화 이후 한국은 국내외적으로 큰 변화에 직면하였다. 첫째, 정치적 민주화로서 대통령 직선제 개헌을 통하여 국민들이 대통령을 5년마다 직접 선출하게 되었으며, 1995년에는 지방자치제가 실시되었다. 정치민주화의 결과 노동운동과 시민사회의 민주적 참여와 분배 문제에 대한 요구는 더욱 증가하였다. 둘째, 대외적으로는 자유주의와 공산주의와의 체제 경쟁에서 자유주의가 승리함에 따라 세계화와 신자유주의적 세계질서가 기존의 발전국가적인 정책을 변경할 것을 요구하였다(김일영, 2008: 232).◇76 즉, 정부가 장기적인 경제계획을 수립하여 시장을 활동을 제약하는 것에서 규제를 개혁하여 시장중심적인 국가로 전환하는 것이 필요하였다. 셋째, 시민사회의 성장으로서 민주화 운동이 시민운동과 민중운동으로 분화되기 시작하였다(정해구, 2008).◇77 시민운동으로는 1989년 경제정의실천연합(경실련), 1993년 환경운동연합, 1994년 참여연대를 결성하여 정부정책의 비판과 의정감시 등 공익적 시민운동을 시작하였으며, 민중운동으로는 노조의 조직률이 증가하고 1990년 전국농민회총연맹(전농)과 1995년에는 기존의 한국노총이외에 전국민주노동조합총연맹(민주노총)이 설립되었다. 넷째, 국내외적 환경 변화에도 불구하고 발전국가의 제도적 지속성으로 인하여 총체적인 개혁은 실패하였고, 1997년 외환위기와 IMF의 정책 개입을 경험하면서 발전국가의 바탕 위에 선택의 여지도 없이 구조조정과 시장기제의 활용 등 신자유주의적 개혁이 덧씌워 지게 되었다.

(2) 행위자의 선택과 상호작용

이러한 제도적 제약 하에서 행위자의 선택과 상호작용을 살펴보면 첫째, 공공부조에서는 IMF 외환위기가 발생하여 실업율과 빈곤율이 올라가게 되고 가족해체, 노숙인의 증가 등의 사회적 문제가 발생하게 되자 상대적으로 진보적인 성향의 김대중 정부에서 기존의 시혜적인 생활보호법을 국민기초생활보장법으로 개정하게 되었다(김영순·권순미, 2008: 228-229).◇78 또한 참여연대와 같은 시민단체에서도 국민복지기본선의 확보를 위해 시민운동을 전개하고 있었다. 그러는 중에 진보정부가 집권하여 '생산적 복지'의 일환으로 기존의 시혜적인 생활보호법을 기초생활보장법으로 변경한 것이다. 진보적 정치권력과 시민단체의 연합을 통하여 법안이 통과되었으나 이를 구체적으로 시행하는 단계에서는 관료제 내부에서 재정적 안정성과 자기책임의 원리를 강조하는 재정당국, 복지확대를 옹호하는 보건복지부, 급여제공에 근로를 연계하는 노동부 등 관련 부처들 간에 대립이 있었고, 시민단체의 전문가들로 구성된 연대회의와 정치권력이 협력하면서 보건복지부의 안을 지원해 주어서 시행될 수 있었으나 구체적으로 선정기준안을 시행령과 시행규칙에 반영하는 과정에서 기획재정부가 재산기준을 시가기준으로 전환, 부양의무자의 재산기준 등 자신들의 의견을 반영하여 수급자격을 제한함으로써 입법의 취지가 거의 사라졌다. 국민기초생활보장법은 법의 제정 단계에서는 시민단체의 강력한 요구와 대통령의 지지를 통해 법 제정은 이루어졌지만 구체적으로 시행하는 단계에서는 전형적인 관료정치의 상황이 발생하여 예산권한을 가진 재정당국의 의도대로 세부기준이 마련되었고 이를 '생산적 복지'라는 이름으로 포장한 것이다(김영순·권순미, 2008: 254).◇79

둘째, 사회보험에서는 발전국가의 시기에는 정부가 기업 활동 등에 악영향을 우려하여 산재보험의 적용 확대에 유보적인 태도를 보였으나 민주화의 영향으로 노조의 정책참여가 활발하게 이루어졌으며, 특히 한국노총 이외에 1995년 민주노총이 설립되어 경영자단체와 대립하면서 산재보험의 적용 확대를 적극적으로 주장하였다. 또한 노사정위원회라는 협의체 기구가 만들어지고 이를 통해 적용범위와 수준에 관한 사회적 논의가 이루어질 수 있게 되었다. 건강보험의 경우에는 1980년대 말까지 전 국민의 의료보험 적용이 달성되었고, 의료보험의 서비스 품질과 형평성 차원에서 직장과 지역보험으로 나누어져 있는 의료보험의 통합의 문제가 제기되었다. 여기에는 통합을 지지하는 진보적 시민단체와 정당, 전문가들이 연합을 형성하여 선거 때 문제를 제기하였고, 조합주의를 지지하는 경총 등의 기업자를 대표하는 집단, 보수정당, 행정관료 등이 정책적으로 대립하였다. 그러나 IMF 경제위기가 발생하고 진보적 정부가 집권하게 되자 통합파가 권력을 차지하고 하향식의 방식으로 관료제를 활용하여 직장 및 지역의료보험 조합을 하나의 건강보험공단으로 통합하는 안을 시행하게 되었다. 즉, 건강보험의 통합을 지지하는 세력은 시민사회에서 진보적 정치세력과 연대를 형성하고 활동을 하다가 경제위기의 상황에서 대통령 선거에서 승리하게 되자 자신들의 안을 실현시키게 된 것이다. 국민연금의 경우에는 제도 도입을 발표한 시기가 전두환 정부였는데 1985년 국회의원 총선거에서 재야 정치세력이 원내 제1야당으로 진출하고, 학생 및 노동운동과 연계한 민주화 운동이 확산되자 이를 무마하고, 경제안정화 조치에 따라 물가안정 기조가 자리잡고 경상수지 흑자 등의 경제상태가 호전됨에 따라 정권 초기에 약속한 경제 발전 시 복지국가 건설하겠다는 공약의 이행이라는 의미에서 국민연금의 시행을 발표하게 되었다(양재진, 2008a: 128-129).◇80 이후 법안의 입안과정은 매우 빠르게 진행되었는데 보건사회부 내의 검토안과 KDI의 「국민연금개편구상과 경제·사회 파급효과 분석」을 토대로 국민복지연금법 개정안을 마련하였다(1986.9.30.). 이후 경총, 한국노총 등 이해관계자의 의견을 수렴하고 조정하여 11월 22일 국회에 법안을 제출하였고 한 달도 되지 않아 12월 17일 본회의를 통과하였고, 1986년 12월 31

일자로 공포되었다. 국민연금제도의 도입이 이렇게 빠르게 통과될 수 있었던 것은 1970년대 초에 국민연금 도입이 확정되었다가 경제상황에 따라 무기한 연기되었고 보건사회부 내에 연금기획과를 설치하여 제도 도입을 준비하고 있었기 때문이기도 하다.

(3) 제도변화의 결과

민주화 시기의 제도적 선택의 결과를 살펴보면 첫째, 공공부조의 영역에서는 생활보호법이 폐지되고 국민기초생활보장법이 제정되었으며, 급여 대상자를 기존의 18세 미만 65세 이상의 거택보호자와 경제활동 가능한 자활보호자 등으로 구분하는 것을 폐지하는 대신에 취업, 연령을 따지지 않고 수급이 필요한 자로 대상자의 범위는 확대하였다. 그러나 부양의무자의 기준을 폐지하지 않고 소득인정액 이하를 대상자로 함으로써 선별적 복지의 형태를 유지하였고, 생계급여의 경우 자활관련 사업에 참여를 조건으로 함으로써 실제로 수급권자로 인정되는 데에는 제약이 있었다. 국민기초생활보장법에 대하여 범주적·선별적 제도에서 포괄적·일반적 제도로 전환되었으며 시민권으로서 권리의 보장이라는 측면에서 빈곤정책의 새로운 역사라고 평가하는 견해도 있으나(김영순·권순미, 2008).◇81 세부 시행령과 시행규칙에서 급여를 제한하는 부양의무자와 소득인정액 기준 등을 정하는데 있어 기존의 선별적 복지의 아이디어가 남아 있을 뿐만 아니라 자활과 보충성의 원리가 완화된 형태로 남아 있어서 선별주의적 접근으로 볼 수 있다.

둘째, 사회보험을 살펴보면 건강보험은 1988년 농어촌 지역의료보험과 1989년 도시지역의료보험이 전면 실시됨에 따라 의료보험의 강제시행 이후 12년 만에 전 국민 의료보험 적용이 달성되었다. 그러나 지역 간의 의료서비스의 형평성의 문제가 발생하자 의료보험관리 조직의 통합을 놓고 통합파와 조합파 간의 대립이 있었으며 진보정당과 시민단체, 전문가들이 연대하여 대통령 선거에서 진보정권이 집권하자 1998년 10월부터 지역의료보험과 공무원 및 사립학교 교직원 의료보험을 하나로 통합 관리하도록 하였으며, 1999년 2월에는 국민건강보험법이 통과되어 단일보험자로서 국민건강보험공단을 설립하고 종전의 의료보험조합들의 업무를 승계하도록 하였다. 국민연금은 1988년 노태우 정부에서 10인 이상 사업장을 당연적용 대상으로 하여 시도되었으나 재정적 능력에 비하여 소득대체율이 70%로 높게 설정되어 있었다. 국민연금도 의료보험과 같이 점진적으로 확대되어 갔는데, 1992년에는 당연적용 대상을 5인 이상의 사업장으로 확대하였고, 1995년에는 WTO 가입에 따른 농산물 시장 개방으로 타격을 받은 농어민을 지원하는 차원에서 농어촌 지역 국민연금이 확대 실시되었다. 김영삼 정부에서 국민연금제도의 지속성을 높이기 위하여 소득대체율을 40%로 낮추면서 다층적 구조로 먼저 개혁한 후 도시민에게 국민연금을 확대적용하기로 논의를 하였으나 1997년 IMF 외환위기 이후 김대중 정부가 출범함에 따라 참여연대 등 시민단체의 비판을 수용하여 기존의 국민연금제도를 그대로 도시민에게 확대 적용하는 안이 받아들여져 1999년부터 시행되었다. 그러나 IMF 외환위기를 겪으면서 신자유주의적 경제개혁이 시행되었고, 인구고령화 현상이 발생함에 따라 1998년 소득대체율을 70%에서 60%로 낮추고 보험률을 높이는 제도변화가 있었다. 국민연금도 조합주의 방식을 채택하였고 제도의 학습을 통하여 기존과 유사한 전달체계를 선택하게 되었다. 그러나 선별적 도입에 따라 비교적 상대적으로 징수가 용이하고 재원이 안정적으로 운용될 수 있는 군인, 공무원 등의 특수직역의 연금은 별도의 공단을 통하여 관리되고 있었다.

한편, 산재보험에서는 민주화 이후 노동운동의 활성화와 권리요구로 적용범위가 확대되었는데 1998년까지 5인 이상 사업장으로, 2000년까지 1인 이상 사업장으로 빠르게 확대되었다. 또한 보상수준에서는 1989년 한국노총의 요구로 휴업급여가 70%로 인상되었고, 1995년 산업재해보상보험법을 개정하여 근로복지공사를 해산하고 근로복지공단을 설립하였으며, 공사의 권리 및 의무를 포괄 승계하고 산재보험 업무를 관장하기 시작하였다. 또한 1980년대 이후 산업구조의 변화에 따라 인력의 수요·공급의 구조가 변화하고 대량 실업자가 발생하게 되자 1993년 고용보험법을 제정하고 1995년부터 실업이 발생한 경우 실업급여, 고용안정, 직업능력 개발 등을 제공하는 고용보험이 도입되었다. 이로서 사회보험의 틀이 완성되었다고 볼 수 있는데, 고용보험은 노동부 산하의 근로복지공단이라는 준공공조직을 활용하지만 실제로 실업급여의 집행, 직업능력개발의 상담업무를 고용부의 특별행정기관인 노동청과 고용사무소를 통하여 전달하였다.

셋째, 사회복지서비스의 영역에서는 고령자고용촉진법(1991), 장애인고용촉진등에관한법률(1990)이 제정되어 노인 및 장애인에 대한 복지서비스의 범위가 확대되기 시작하였고, 1991년 영유아보육법을 제정하여 취학 전 아동에 대한 보육서비스의 근거가 마련되었다. 사회복지서비스의 전달에 있어 1990년대 이후 신자유주의의 영향으로 인하여 민간위탁이나 시장화의 방식을 활용하여 중앙정부나 시도 자치단체가 비영리사단법인에 보조금을 주어 사업을 수행하는 것이 확대되었다. 그러나 엄밀히 말하면 정부가 운영하던 것을 민간으로 이양한 것이 아니라 민간시설의 운영에 필요한 자금을 국가나 지방자치단체가 보조하고 정부의 통제에 의한 민간시설의 활용으로 볼 수 있다. 인구고령화 등으로 사회복지서비스의 제공이 증가하자 사회복지직 공무원과 사회복지전담 행정조직의 설치 확대가 필요했으나 인력 증원 이외에 조직의 확대는 총무처나 경제기획원 등 행정부 내의 중앙관리기구의 강력한 거부점이 존재하므로 실현되지 못하였다. 1992년에 사회복지사업법의 개정으로 복지전담행정기구의 설치근거가 마련되었고 1995년부터 1999년까지 5년간 5개 시군구에서 보건복지사무소를 설치하여 기존의 보건소 조직에 사회복지를 전담하는 조직을 신설하여 통합 운영하고자 하였으나 보건의료와 사회복지 통합으로 인한 효율성은 당초 기대했던 만큼 상승하지 못하였고 보건의료와 사회복지 인력간의 갈등의 문제가 노출되어 시범사업으로 끝나고 말았다(인경석, 2008: 292-293).[82]

5. 인구 고령화와 후기 산업화 시기: 2002~

(1) 제도적 제약

IMF 외환위기를 전후로 한국은 사회의 구조적 변화를 경험하게 된다. 미국과 IMF의 요구를 수용하여 금융시장의 개방, 은행부문 개편과 해외매각, 적대적

M&A, 비정규직을 양산하는 노동시장의 유연화, 공공부문의 민영화 등 신자유주의적 경제구조 개편을 거치게 된다(이병천, 2008: 285).◊83 1997년 이후 재벌체제는 중견 재벌의 퇴조와 소수의 재벌로의 경제력 집중이 발생하였고, 대·중소기업 간의 불공정거래와 일방적인 수탈이 일어나고 있었다. 그나마도 중국, 인도 등 신흥국의 성장으로 전통적인 노동집약적인 제조업에서 경쟁력을 잃어가고 있다. 또한 탈산업화 사회에서 인구고령화와 비정규직 일자리의 증가 등으로 청년실업이 발생하였으며, 사회구조적 요인과 결합한 저출산 문제가 장기적인 성장잠재력을 위협하였다. 2000년대 초반은 한국 사회의 출산율이 1.5명 밑으로 떨어져 유지되는 시기이며 정부에서도 인구구조의 변화에 대응하여 저출산 및 고령사회 대책을 준비하고 있었다. 그러나, 이러한 사회경제적 환경의 변화에도 불구하고 발전국가의 속성은 여전히 남아 있었다(김일영, 2001; 강광하·이영훈·최상오, 2008).◊84 노무현 정부의 출범 이후 정부 재정에서 복지지출이 차지하는 비중은 급격하게 증가하였지만 외환위기로 인하여 신자유주의적 정책을 수용하지 않을 수 없는 상황에서 과거의 발전국가적 경제사회 운영방식은 지속되고 있었다. 특히 대통령에게 권한이 집중되어 제왕적 대통령제의 폐해가 발생하였고, 발전국가 시기의 유산으로 폐지하려고 했던 경제기획원과 내무부는 행정개혁 과정을 통하여 재무부, 총무처 등과 결합함으로써 변형된 형태로 여전히 다른 사회부처를 압도하고 있었다. IMF 외환위기 이후 정부조직 개편을 통하여 총무처와 내무부를 통합하여 행정자치부가 출범하였지만 정부조직 심사권에 대한 축소는 없었을 뿐만 아니라 지방자치단체에 대한 통제도 중앙집권적으로 유지되었고, 경제기획원이 폐지되었더라도 예산당국의 경제정책조정과 예산심의권은 여전히 다른 부처에 대하여 강력한 권한으로 유지되었다.

(2) 행위자의 선택과 상호작용

이러한 사회적 환경의 변화 하에서 노무현 정부에서 시도한 정책들은 과거의 발전국가적 제약 하에서 새로운 환경변화에 대응하는 혼합적 정책이었다. 첫째, 경제위기를 해결하기 위하여 기존의 신자유주의적 정책에서 제시된 시장주의와 성과주의의 기조는 유지되었다. 복지전달체계에서도 국가복지의 확대보다는 민간전달체계에 의존하는 경향은 계속되게 된다. 둘째, 저출산 및 고령화라는 인구구조의 변화에 대응하기 위하여 영국의 노동당 정부에서 제안한 '제3의 길(the Third Way)'로서 사회투자국가(social investment state)를 적극 도입하였다. 그러나 이는 복지국가의 발달의 맥락이 다른 것으로 영국은 국가복지를 충분히 경험한 이후 시장자유주의에 의한 개혁이 있었고, 사민주의 쪽에서 자기혁신을 통하여 제시된 절충적 사회개혁이었기 때문에(Giddens, 1998)◇85 복지국가를 아직 제대로 경험하지 못한 한국에서는 결론만을 받아들이는 한계가 있었다. 셋째, 탈산업화와 인구구조의 변동이라는 기존의 경제발전과는 다른 사회문제임에도 불구하고 접근방법은 기존의 발전국가의 대응방식을 답습하고 있었다. 문제해결을 위한 주도권은 행정 관료가 가지고 있었으며, 대응계획을 수립하고 저출산·고령사회기본법을 마련하였지만 실제로 문제해결은 제대로 이루어지지 못하였다. 넷째, 사회정책의 기획방식에서도 관료와 민간 전문가가 참여한 위원회에서 '비전 2030'과 같이 중장기적 청사진을 제시하기는 하였으나 실제적인 실행과정에서 핵심적인 부분은 관료제의 법제와 예산 등의 작업에 맡겨져 있어서 집행되지 못하거나 변질되는 부분이 많았고 이러한 실질적인 부분까지 시민들의 참여는 이루어지지 못하였다. 노무현 정부의 절충적인 정책은 일종의 중도의 길을 모색한 것으로 볼 수 있는데, 이것은 보수진영으로부터도 비판되었을 뿐만 아니라 급진적인 진보진영 쪽에서도 비판의 대상이 되었다(안상훈, 2010: 74).◇86

국가복지를 경험하지 못한 상황에서 사민주의와 시장주의가 결합된 사회투자정책의 패러다임은 결국 시장주의에 의하여 지배되는 상황을 초래하였고, 보수적인 이명박 정부로 정권이 바뀌게 되었다. 이명박 정부에서는 노무현 정부에서 복지혼합적 사회투자정책 중에서 시장친화적인 정책을 중심으로 유지하게 된다. 미국에서 시작된 세계경제 위기에 대응하고 탈산업화와 인구구조의 변화라는 사회경제적 제약은 지속되었기 때문에 여기에 대응하기 위한 '동반성장'이라는 케인즈주의적 절충적 개혁안을 제시한 것이다. 그러나 복지국가를 위한 재정지출은 최대한 억제하였기 때문에 정치적 구호에도 불구하고, 실제로 양극화를

해소하기 위한 효과는 미미하였으며, 한국은 OECD 국가 중 미국 다음으로 소
득격차가 벌어진 국가가 되었다(양재진, 2018: 171).◊87 이러한 보수주의적 복지
정책은 2010년 지방선거에서 무상급식과 무상보육 논쟁을 통하여 서울시장 선
거에서 야당이 승리하였고, 2012년 총선과 대통령선거에서도 복지정책이 중요한
선거이슈로 등장하였다. 의료분야에서는 박근혜 후보가 건강보험 보장율을 최대
한 확대하되, 암, 심장병, 중풍, 난치병 등 중증질환에 대해서 국가가 100% 책임
지는 방안을 제시하였으나 문재인 후보는 모든 질환에 대하여 건강보험의 보장성
을 확대하고 의료비 부담 100만원 상한제를 제한하였다(유현종, 2013: 87-88).◊88
재원에 있어서는 박근혜 후보가 정부의 비효율적인 부분을 줄여 60% 재원을 마
련하고 세수 확대로 40%를 충당해 매년 27조 원씩 135조 원을 마련하기로 하
였으나 문재인 후보는 부유층에 대한 증세를 통하여 재원을 마련하고 우리나라
복지예산을 OECD 평균수준까지 높일 것을 제시하였다. 결국 박근혜 후보가 대
통령으로 당선되었고, 제시한 공약의 이행에 들어갔으나 증세를 하지 않는다는
전제 하에서 재원의 제약 때문에 실제로는 대폭 축소된 형태로 집행되었다. 첫
째, 기초노령연금을 기초연금으로 하되 보편주의 대신에 소득 하위 70%를 대상
으로 하여 월 최대 20만 원을 지급하도록 하였고, 둘째, 4대 중증질환 무상의료
대신에 국민의료비를 증가시키는 3대 질환에 대한 급여화를 추진하였으며, 셋
째, 무상보육은 보편주의 형태로 도입되어 0세 아동에 대한 보육료 지원과 공공
보육이 도입되었다(양재진, 2018: 171-172).◊89 또한 기초생활보장에서 급여는 기
존의 절대적 빈곤선에서 중위소득이라는 상대적 빈곤선으로 변경되었고, 수혜자
의 특성에 따라 맞춤형 급여를 추진하여 대상자는 확대하였지만 재원의 부족으
로 실제로 체감할 수 있는 혜택은 아니었다. 세금을 인상하지 않고 복지재원을
확대하려고 하였기 때문에 제도적 설계에도 불구하고 복지의 체감도는 높지 않
았으며, 담배 값 인상과 부정수급 단속을 통하여 재원을 확보하려고 하였으나
한계가 있었다. 문재인 정부에서는 2012년 대통령 선거에서 공약의 연장선상에
서 건강보험에서는 전면적 보장성 강화의 대책을 제안하였고, 대통령 직속의 일
자리위원회를 설치하여 의료 및 복지에서 사회서비스 일자리를 창출하고 소방,

경찰 등 공공부문의 일자리를 확충하겠다는 공약을 제시한 것이다. 또한 스웨덴에서 시작되고 OECD 등에 받아들여진 포용국가의 비전과 최저임금제의 인상을 통하여 소득주도성장이라는 경제정책의 방향을 제안하였다.

(3) 제도변화의 결과

제도적 제약 하에서 행위자의 상호작용의 결과로서 제도적 선택의 결과를 살펴보면 첫째, 공공부조에 있어서는 2000년에 도입된 기초생활보장제도는 선별적 복지의 형태로 유지되었으며, 사회투자국가의 정책방향에 따라 빈곤층의 근로의욕 제고를 통한 빈곤탈출을 위하여 2006년 근로장려세제(Earned Income Tax Credit: EITC)제도가 도입되어 2008년 시행되었다. 기초생활보장제도의 변화로서 2014년 법 개정을 통하여 맞춤형 급여 체계를 도입하였고 2015년 7월 시행되었다. 기존 제도와 다른 점은 최저생계비라는 절대적 빈곤선에서 중위소득이라는 상대적 빈곤선으로 급여기준을 변경하고 부양의무자 기준을 부분적으로 완화하는 제도개선이 이루어졌으나◇90 시민권으로서 복지급여를 체감하기에는 한계가 있었다. 생계, 주거, 의료, 교육 등에서 선정기준을 다층화함으로써 전체적인 대상자 수는 확대되는 것처럼 보이지만 가장 핵심적인 생계급여에서는 부양의무자의 제한과 소득기준 때문에 실제로 체감되는 변화는 크지 않았다고 할 수 있다. 또한 분야별로 선정기준을 다르게 정하는 방식만으로 개인의 선호에 대한 맞춤형으로 볼 수 없고 개인에 대한 복지급여 상한을 정한 후 그 범위 내에서 상담이나 사례관리를 통하여 개인별 최적조합을 찾아주는 형태의 수요자 중심의 급여체계가 아닌 여전히 공급자 중심의 급여체계의 한계를 지니고 있다.

현장에서 복지의 체감도가 높지 않다는 비판은 어제 오늘의 문제가 아니며 이를 해결하기 위하여 사회복지사무소의 설치 및 일선 사회복지인력 증원하고 지역사회복지를 강화하려는 시도를 하였으나 보건복지부, 행정자치부, 지방자치단체 등과의 권한을 어떻게 설정할 것인지가 문제로 부각되었다. 2003년 「사회복지사업법」에 지역사회복지협의체의 근거 규정을 신설하였고 보건복지부에서 2004년 7월부터 2006년 6월까지 시범사업의 형태로 사회복지사무소를 설치하려는 개편안을 제시하였다.◇91 그러나 이 사업이 마무리도 되기 전에 행정자치부에서 2006년 지방자치단체의 '주민생활지원 강화계획'을 수립하여 전국의 모든 시군구에 주민생활지원국을 설치하고 보건·복지 이외에 고용·주거·평생교육·생활체육·문화관광 등의 주민생활과 관련된 업무를 통합적으로 관리하도록 개편하며, 읍면동은 주민복지·문화센터로 전환하여 통합서비스를 제공하도록 함으로써 사회복지사무소의 설치는 중단되었다. 중앙조직과 지방조직에 대한 관리권을 지닌 기구가 스스로 특별행정기관으로서 사회복지사무소가 아닌 지방자치단체 조직을 통한 전달체계를 마련함으로써 지방조직에 대한 관리권을 여전히 보유할 수 있었다. 그러나 사회복지정책을 실제로 기획하고 예산을 집행하는 보건복지부에서는 지방단위의 하위조직이 없고, 행정자치부와 협의를 통하여 지방자치단체에 영향을 행사해야 하는 한계가 있다. 이는 전달체계의 통합을 더욱 어렵게 하고 분절화를 악화시킬 수 있으며, 정치권이 주도하여 전체적인 정부 전체의 구조개혁 차원에서 접근하였다면 다른 형태의 통합적 전달체계를 구축할 가능성이 있었다. 이러한 행정조직의 분절화에도 불구하고 정보화 차원에서는 통합적 전산망이 구축되기 시작하였다. 2009년 6월에는 총리실 주관으로 '사회복지 전달체계 종합대책'에 따라 사회복지통합관리망으로 행복e음의 구축, 복지사업의 유사중복의 통폐합, 부정수급 차단 등 복지사업의 구조조정이 이루어졌다. 공공부조의 전달체계는 2006년 행정자치부의 계획에 따라 시군구의 희망복지지원단과 주민센터 체제로 이루어지다가 박근혜 정부에서는 맞춤형 복지를 위하여 읍면동 주민센터를 복지서비스 허브로 전환하는 노력이 진행되었으나 기존의 주민센터를 행정복지센터로 전환하는 수준에 그쳤다. 또한 2014년에는 송파구에서 세 모녀가 스스로 생활고를 비관하여 자살하는 사건이 발생하여 「사회보장급여의 제공 및 발굴에 관한 법률」이 제정되었고 기존의 지역사회복지협의체를 생애주기별 복지서비스를 제공하고 주민들의 복지사각지대를 해소하기 위하여 다양한 의견을 수렴하는 장으로서 기능을 수행하도록 변경되었다. 그러나 하부 단위에서 행정과 복지의 통합에도 불구하고 중앙단위의 조직이 분산되어 있었기 때문에 하부 단위에서 복지와 행정 조직의 유기적 통합을 이루는 것에는 한계가 있으며, 여전히 전통적인 행정 우위의 현상이 일어나고 있고, 사각지대에서 고독사나 소외 등의 문제가 발생하고 있다.

　둘째, 사회보험의 영역에서는 전 국민 건강보험 실시와 국가에 의하여 관리된 일원화된 건강보험 관리조직이 구축되었으나 건강보험의 보장율이 낮은 문제를 해결하기 위하여 노력이 이루어졌다. 보장성의 강화를 위해서는 재원마련이 문제되는데 2001년 의약분업으로 건강보험의 재정이 급격히 악화되자 2002년「국민건강보험재정건전화특별법」을 제정하여 정부지원 50%(40% 국고지원, 10% 담배부담금)을 명문화하였다. 건강보험의 요양급여 기준과 비용과 본인부담율은 건강보험법상의 건강보험정책심의위원회를 통하여 심의 및 의결되는데 2005년 암, 뇌혈관계 질환에 대한 MRI의 보험급여가 시작되었고 6월 보장성강화대책이 발표되면서 급여기준을 단계적으로 확대하였고, 암 등 고액중증질환에 대한 본인부담금이 50%에서 10%로 경감되었다. 2007년에는 본인부담 상한을 300만 원에서 200만 원으로 낮추고 2009년에는 암환자 본인 부담금을 10%에서 5%로 경감했다. 2010년부터 임신출산에 대한 진료비가 확대되기 시작하여 2012년 50만원이 되었고, 2012년부터 75세 이상 노인에 대한 치과치료에 대한 건강보험이 적용되기 시작했고, 2014년에는 4·5인실 입원에 대한 건강보험 적용이 시작되었다. 한편, 2017년 건강보험보장성강화대책에 따라 비급여의 급여화 원칙을 적용하여 MRI, 초음파 등 치료에 필요한 검사를 급여화하고, 선택진료비 폐지, 2·3인 병실에 대해서도 건강보험을 적용하며, 간호간병서비스를 확대하였다. 이와 함께 치매환자, 노인 틀니와 임플란트, 난임 치료에 대한 건강보험 적용을 확대하고 소득하위 50%의 건강보험본인부담 상한액을 연 소득의 10%정도로 제한하였다. 건강보험의 보장성 확대에 따라 건강보험 보장율의 목표를 70%까지 확대하고자 하지만 재정을 확보하기 위한 대책이 부족하고 건강보험의 적립금의 재정이 소진되어 지속가능성에 대한 우려가 제기되었다.

　한편, 고령사회에 대비하여 2008년부터 신체거동이 어려운 65세 이상의 노인들을 대상으로 재가급여, 요양시설급여, 현금급여를 제공하기 위한 노인장기요양보험제도를 도입하여 관리운영을 건강보험공단에 맡기고 실제적인 서비스는 요양시설과 요양병원을 통하여 제공되도록 하였다. 그러나 장기요양의 등급판정을 위하여 독립적으로 일상생활을 수행하기 어렵다는 기준을 충족하기 어렵기 때문에 2011년 전체 노인 인구 수 564만명중 32.4만명(5.7%)이 장기요양서비스를 이용하고 있을 뿐이다(정형선, 2012: 343).[92] 이는 장기요양제도의 조기정착과 장기지속성을 위하여 중증 질환을 중심으로만 서비스를 이용하도록 설계되었으며, 경증 노인은 조세로 운영되는 지방자치단체의 노인돌봄서비스를 이용하도록 함으로써 이원적 서비스 체제를 구축하였기 때문이다. 급격한 인구고령화 현상이 진행되자 국민연금의 재정안정화를 위하여 2007년 여야합의로 국민연금의 소득대체율을 2028년까지 단계적으로 40%까지 낮추는 국민연금법 개정안이 통과되었고 대신에 소득수준이 낮은 노인들을 대상으로 한 기초노령연금법을 제정하여 65세 이상 노인 중 소득기준으로 60%에 해당하는 노인에게 국민연금 평균소득월액(A값)의 5%(월 8만~9만원)에 해당하는 금액을 지불하도록 하였다. 그러나 높은 노인빈곤율에 비하여 노령연금의 수준이 지나치게 낮아서 2013년에는 이를 기초연금으로 전환하고 소득하위 70% 노인에 대하여 월 20만원의 기초연금이 도입되었다.[93] 이후 2018년 9월에 월 최대 25만원으로 인상되었고, 2019년 4월부터는 소득 하위 20%에 대하여 월 30만원으로 추가 인상되었다. 또한, 노무현 정부에서 사회투자국가라는 발전방향을 설정함에 따라 인적 자본과 일자리에 대한 투자가 확대되었다. 이를 위하여 고용보험제도는 2004년 이후에는 예외로 남아 있던 일용근로자와 60세 이상 64세 미만 근로자에 대해서도 고용보험 적용이 확대되었고, 2006년에는 65세 이상의 노인에게도 고용안정·직업능력개발 사업이 적용되도록 하였다(김태홍, 2012: 120).[94] 고용서비스에서는 2009년에는 근로와 복지를 연계하여 취업성공패키지와 근로장려세제(EITC)를 도입하였으며 2014년부터는 실업자에 대한 고용서비스와 복지측면의 자활지원 제도를 연계하여 고용복지플러스센터를 설립하였다. 사회투자의 관점에서 보면 고용보험과 산재보험 정책은 장기적인 인적자원의 육성이라는 관점에서 정책이 추진되어야 하나 우리나라는 산업구조 전환에 따른 전직 및 직업훈련 등 적극적 노동시장 정책은 부진하며 실업자에 대한 단기적인 생계지원과 재취업에 초점을 맞추어 추진되고 있다.

셋째, 사회복지서비스의 영역에서는 저출산 고령사회에 대비한 사회투자 정책의 확대로 2005년 저출산·고령사회기본법이 제정되었고 이에 따라 대통령을 위원장으로 하는 '저출산·고령사회위원회'가 출범하였다. 2006년 제1차 저출산·고령사회기본계획(새로마지플랜)이 수립되어 보육에 대한 투자가 강화되기 시작했는데, 2006년 민간어린이집에 대한 평가인증제가 도입되고, 2009년에는 차상위계층에 대한 양육수당이 도입되었다가 2011년에는 보육료 지원대상을 소득하위 70%까지 확대하였고, 2013년부터는 누리과정으로 전 계층에 보육료를 지원하고 양육수당은 차상위계층에서 소득하위 70%로 확대되었다. 보육에 대한 투자는 진보나 보수정권이나 모두 재정지원을 확대해 왔다고 볼 수 있다. 보육서비스의 확대에 따라 보육시설이 증가하였으나 국공립보육시설보다는 민간어린이집에 대한 의존도가 크고 보육교사의 처우나 어린이집에서 보육서비스의 품질 문제 때문에 유치원과 통합(유보통합)하는 방안이 논의되었으나 실현되지 못하였다. 또한 기타 사회서비스에 대한 투자가 활성화되어 2004년 노인일자리사업이 시작되고 2007년 장애인활동보조서비스, 노인돌봄서비스, 사회서비스 전자 바우처 및 지역자율형 사회서비스의 도입이 이루어졌다. 사회복지서비스는 국가가 보조금을 통하여 민간에 위탁하여 시행되었는데 사회서비스 바우처 제도의 도입을 통하여 기존의 공급자 중심의 서비스 제공에서 수요자 중심의 선택제도로 전환이 이루어지고 있다. 그러나 각각 부처별로 예산사업에 근거하여 시도-구시군 단위로 사업을 수행하는 비정규직 일자리의 형태로 센터를 설립하여 서비스의 난립을 초래하고 있고 서비스 공급자가 영세한 상황에서 가격보조와 상한제를 두고 있어 서비스 품질에 문제가 발생하고 있다.

6. 한국 복지국가의 제도적 변화와 지속성

위에서 1945년 이후 한국 복지국가의 변화과정을 고찰하였는바, 제도변화의 특징을 요약하자면 다음과 같다. 첫째, 복지제도의 발전이 경제발전에 의존하고 있는 모습을 보이고 있다. 건국 초기 복지의 낙후는 6·25 전쟁으로 인한 산업 파괴와 미국의 대외원조에 의하여 극단적인 구빈복지의 머물렀으나 1960년대 이후 경제발전이 이루어짐에 따라 점차 복지제도의 실질적인 확대가 이루어져 왔다는 것을 확인할 수 있다. 둘째, 복지제도의 경제의존성에도 불구하고 정치적 지지의 확보 수단으로 활용되는 면도 있었다. 1960년대 박정희 군사정부에서 생활보호법, 의료보험법, 산재보험법 등의 복지제도를 공약한 것은 당시에 현실적으로 실행된 부분은 한정적이었다고 하더라도 이를 발표함으로써 자신들의 민주적 정당성의 부족한 부분을 보완하는 의미가 강하고, 1986년 전두환 정부에서 전 국민 의료보험, 국민연금, 최저임금제 도입이 발표된 것도 재야 민주화 운동이 진행되는 상황에서 국민적 요구를 사전에 수용한 것으로 파악될 수 있다. 이는 복지제도가 노동계급 투쟁의 정치적 투쟁의 산물로 보는 서구의 권력자원이론과는 다른 측면이 있다. 노동계급의 정치세력화가 아닌 민주화 운동에 대한 대응으로 보수정부에서 복지제도의 선제적인 도입이 이루어진 것이다.

셋째, 한국의 복지국가는 압축된 성장의 형태로 제도화의 속도가 빠른 편이다. 이는 발전국가의 속성상 권위주의 체제 하에서 국가 관료제가 발전기획, 법률의 입안, 예산편성 등 실질적인 권한을 활용하여 신속하게 제도도입을 이루어낸 것으로 볼 수 있다. 복지제도의 기초요소인 생활보호법, 의료보험, 산재보험, 국민연금제도 등의 기본틀이 1987년 민주화 이전에 거의 입안되었고 민주화 이후에는 이를 보완하고 확대하는 수준에서 제도변화가 이루어졌다는 점이다. 민주화 이후에도 발전국가의 운영방식은 지속되었는데 5년마다 바뀌는 대통령의 권력에 따라 고용보험법 도입, 의료보험의 통합, 생활보호법의 국민기초생활보장법으로의 전환, 장기요양보험 도입 등이 이루어졌다.

넷째, 한국 복지이론(제2장 제4절)에서 가설적으로 살펴본 바와 같이 한국은 경제개발 뿐만 아니라 복지국가의 후발국가로서 서구의 복지제도의 경험을 학습하면서 동시성의 비동시성의 관점에 다양한 제도를 한꺼번에 도입하였고 이로 인하여 여러 가지 복지제도가 혼재되어 있지만 실제 복지수준은 높지 않은 맛

보기형 복지 국가의 형태를 보이고 있다. 빈곤층에 대한 복지의 경우에는 미국의 원조물자를 배분하는 것에서 시작하여 비영리 민간복지시설을 복지전달이 이루어졌고 이를 통하여 미국식 선별적 복지에 의한 빈곤구제 제도가 마련되었고, 사회보험의 경우에는 유럽대륙의 조합주의를 수용하였으며, 재원의 제약으로 인하여 소수의 안정적 집단에 대하여 시범적으로 시행한 후 전 국민에게 점진적으로 확대되는 모습을 보이고 있다. 사회복지서비스의 경우에는 가장 늦게 발달된 것이지만 공공부조와 마찬가지로 민간의 제공기관에 대한 의존도가 높으며, 2007년 이후 도입된 노인장기요양, 노인과 장애인의 돌봄 서비스의 경우는 바우처 제도를 통하여 시장의 영리형 사업자에 의한 제공에 의존하고 있다.

다섯째, 복지제도의 도입과 전달체계의 형성에서 국가 관료제 내부에 거부점이 존재하고 있다. 재정적 지속가능성을 내세우는 예산당국과 정부조직과 지방자치단체를 관할하는 조직관리부처에 의하여 복지전달체계의 설계에 관한 정부 내부의 의사결정과정에서 중앙관리부처의 영향력이 크다는 점이다. 의료보험 및 국민연금제도의 형성과 국민기초생활보장 수준의 결정에서 보충성과 선별성의 원리를 관철한 것 등은 경제기획원과 기획재정부 등으로 이어지는 재정당국의 판단이 영향을 미쳤고, 국가에 의한 복지서비스 보다는 민간의 서비스 제공기관이나 준공공조직에 의한 전달체계가 마련된 것은 지방자치단체와 정부조직 관리를 관할하는 총무처, 내무부와 이를 계승한 행정자치부, 행정안전부 등의 조직관리부처의 영향력이 크게 작용한 것으로 볼 수 있다.

이러한 제도변화의 특징과 함께 한국에서 초기에 복지국가의 제도적 선택이 다음 시기의 제도적 변화의 방향을 결정하는 경로의존성(path dependency)도 확인할 수 있다. 경제성장을 저해하지 않는 범위 내에서 시범적으로 제도를 도입하고 이후에 점진적으로 제도를 확대해 나가는 맛보기식의 점진적 복지제도는 한국의 복지제도의 성장을 억제하는 역할을 하였다. 의료보험의 대상자는 1977년 의료보험의 강제시행 이후 1988년까지 불과 12년 만에 전 국민 의료보험을 달성하였지만 의료급여의 보장성은 국가가 주도하는 건강보험정책심의위원회를 통하여 사안별로 심사가 되고 있고, 재원의 제약이 있기 때문에 최근에 건강보험 보장성 강화대책이 마련되었지만 보장성의 목표치가 70%정도에 머무르고 있다. 기초생활보장의 경우에도 소득인정액과 부양의무자 기준을 적용하여 급여를 제한하고 있으며, 사회복지서비스의 경우에도 기초생활수급자나 차상위계층을 중심으로 서비스를 제공하고 있다.

둘째, 잔여적인 복지국가의 점진적인 발전은 국가 관료제에 의한 예산협의와 법제를 통하여 형성되는데 기존의 제도에 새로운 제도를 덧붙일 뿐이지 전체적인 차원에서 복지국가의 그림을 그리고 합리적인 제도를 설계하지는 못하였다. 그 결과 부처별로 유사중복한 사업이 증가하고, 손쉽게 실행할 수 있도록 전달 책임을 민간에 맡김으로써 복지서비스의 공공성을 상실하게 하고 서비스의 분절화를 초래하였다. 사민주의적 관점에서 베버리지 보고서나 스웨덴의 렌-마이트너 모형처럼 복지국가의 기획이 없기 때문에 한국의 복지국가는 재원과 지출의 연계와 중장기적인 발전경로에 대한 청사진을 제시하지 못하고 있다.

셋째, 발전국가의 유산으로 경제발전을 위해서 복지를 보충적으로 보는 아이디어가 정치적 민주화를 겪은 이후에도 국가행정 내부에서는 여전히 유지되고 있었다. 복지정책은 선거과정에서 중요한 이슈로 부각되고 있지만 정권의 임기가 5년의 단기이기 때문에 초기에 실행가능한 대안을 중심으로 제시하지 않을 수 없게 된다. 이를 위해 대통령을 중심으로 정책안을 신속하게 마련하고 보고할 수 있는 기구가 필요하며, 발전국가 시기에 경제발전계획을 수립하면서 이런 역할을 수행하였던 예산당국이나 정부의 조직을 관리하는 중앙관리기구가 대통령의 공약을 반영하여 발 빠르게 국정과제를 선정하고 핵심공약에 대한 기획안을 보고함으로써 사회정책 부처에 대하여 우위를 유지할 수 있게 된 것이다. 향후 한국의 복지국가의 전환을 위해서는 이러한 제도변화의 특징을 인식하고 발전국가의 제도적 지속성을 유지해 나갈 것인지 아니면 복지국가를 위한 새로운 국가운영의 틀을 새로 짤 것인지에 대한 진지한 고민이 필요하다고 할 것이다.

주 석

◇1 Kuhnle, Stein and Anne Sander. 2010. The Emergence of the Western Welfare State. in Francis G. Castles, Stephan Leibfried, Jane Lewis, Herbert Obinger, and Christopher Pierson. (eds.) The Oxford Handbook of The Welfare State. Oxford University Press. 영국의 복지제도의 기원은 1597년 및 1601년 구빈법으로부터 보는데, 잉글랜드와 웨일즈 지역의 교구공동체(parish)에게 일할 수 있는 빈곤층을 대상으로 노동을 시키는 강제적 권한을 부여하였고, 일할 수 없는 사람에게 최소한의 지원을 하고 가난한 아동들에게는 가정에 입양하거나 도제식 직업교육을 받도록 하였다. 김영종. 2010. 사회복지행정. 학지사. pp. 68-69.

◇2 Harris, Bernard. 2016. Nineteenth-Century Beginnings. in Pete Alcock, Tina Haux, Margaret May and Sharon Wright (eds.), the Student's Companion to Social Policy. Wiley Blackwell Press. pp. 114-115.

◇3 Dorwart, Reinhold A. 1971. The Prussian Welfare State Before 1740. Cambridge, MA: Harvard University Press.

◇4 Rimlinger, Gaston V. 1971. Welfare Policy and Industrialization in Europe, America and Russia. New York: Wiley and Sons; Kuhnle, Stein and Anne Sander. 2010. The Emergence of the Western Welfare State. in Francis G. Castles, Stephan Leibfried, Jane Lewis, Herbert Obinger, and Christopher Pierson. (eds.) The Oxford Handbook of The Welfare State. Oxford University Press. p. 64.

◇5 Wilensky, Harold L. 1975. The Welfare State and Equality: Structural and Ideological Roots of Public Expenditures. Berkeley: University of California Press.

◇6 Manow, Philip, and Bruno Palier. 2009. A conservative welfare state regime without Christian Democracy? The French état-providence, 1880-1960, in Religion, Class-Coalitions and Welfare States, ed. Kees van Kersbergen and Philip Manow, Cambridge: Cambridge University Press, pp. 146-174.

◇7 Stiller, Sabina. 2010. Ideational Leadership in German Welfare State Reform: How Politicians and Policy Ideas Transform Resilient Institutions. Amsterdam University Press. pp. 46-47.

◇8 전광희. 2012. 역사적 전개과정. 한국보건사회연구원(편). 주요국의 사회보장제도: 독일. pp. 14-15.

◇9 Flora, Peter and Jens Alber. 1984. Modernization, Democratization and the Development of Welfare States in Western Europe. In Peter Flora and Arnold J.

Heidenheimer (eds.), The Development of Welfare States in Europe and America. New Brunswick and London: Transaction Publishers. pp. 37-80; 박병현. 2017. 복지국가의 비교: 영국, 미국, 독일, 스웨덴 사회복지의 역사와 변천. 공동체. p. 264.

◇10 Whiteside, Noel. 2016. The Liberal Era and the Growth of State Welfare. in Pete Alcock, Tina Haux, Margaret May and Sharon Wright (eds.), the Student's Companion to Social Policy. Wiley Blackwell Press. pp. 119-124.

◇11 Kuhnle, Stein and Anne Sander. 2010. The Emergence of the Western Welfare State. in Francis G. Castles, Stephan Leibfried, Jane Lewis, Herbert Obinger, and Christopher Pierson. (eds.) The Oxford Handbook of The Welfare State. Oxford University Press. pp. 66-67.

◇12 Ibid. p. 69.

◇13 박창렬. 2012. 역사적 전개과정. 한국보건사회연구원(편). 주요국의 사회보장제도: 프랑스. p. 11.

◇14 Dutton, Paul V. 2002. Origins of the French Welfare State: The Struggle for Social Reform in France, 1914-1947. Cambridge University Press.

◇15 Pierson, Christopher. 2007. Beyond the Welfare State?: The New Political Economy of Welfare. Pennsylvania State University Press. pp. 123-124.

◇16 Amenta, Edwin. 2003. What we know about the development of social policy: Comparative and historical research in comparative and historical perspcctive, in Comparative Historical Analysis in the Social Sciences, ed. James Mahoney and Dietrich Rueschemeyer, Cambridge: Cambridge University Press pp. 91-130.(reprinted in Leibfried and Mau 2008: vol.1, pp. 22-61).

◇17 Lindbeck, Assar. 1997. 'The Swedish Experiment', Journal of Economic Literature, XXXV, September, 1273-1319.

◇18 박병현. 2017. 복지국가의 비교: 영국, 미국, 독일, 스웨덴의 사회복지의 역사와 변천. 공동체. p. 316.

◇19 Goodin, Robert E. and John S. Dryzek. 1995. Justice Differed: War time rationing and post war welfare policy. Politics and Society, 23(1): 49-73.

◇20 Titmuss, Richard M. 1950. Problems of Social Policy(History of the Second World War: United Kingdom Civil Series). London: HMSO/Longmans; Marshall, Thomas H. 1964. Citizenship and social class, in Class, Citizenship, and Social Development, ed. Thomas H. Marshall, Garden City, NY: Doubleday, pp. 42-61; Page, Robert M. 2016. The Modern Welfare State, 1940-74. in Pete Alcock, Tina

Haux, Margaret May and Sharon Wright (eds.), the Student's Companion to Social Policy. Wiley Blackwell Press. pp. 125-130.

◇21 Harris, José. 1981. Some aspects of social policy in Britain during the Second World War, in Wolfgang J. Mommsen (ed.) The Emergency of the Welfare State in Britain and Germany. London: Croom Helm. pp. 247-262.

◇22 박병현. 2017. 복지국가의 비교: 영국, 미국, 독일, 스웨덴의 사회복지의 역사와 변천. 공동체. p. 272.

◇23 Pierson, Christopher. 2007. Beyond the Welfare State?: The New Political Economy of Welfare. Pennsylvania State University Press. pp. 108-135.

◇24 Flora, Peter and Jens Alber. 1984. Modernization, Democratization and the Development of Welfare States in Western Europe. in Peter Flora and Arnold J. Heidenheimer (eds.), The Development of Welfare States in Europe and America. New Brunswick and London: Transaction Publishers.

◇25 Pierson, Paul. 1994. Dismantling the Welfare States? Reagan, Thatcher, and the Politics of Retrenchment. Cambridge: Cambridge University Press.

◇26 Glennerster, Howard. 2016. Crisis, Retrenchment and the Impact of Neo-Liberalism, 1976~1997. in Pete Alcock, Tina Haux, Margaret May and Sharon Wright (eds.), the Student's Companion to Social Policy. Wiley Blackwell Press. pp. 131-135.

◇27 Powell, Martin. 2016. Modernisation and the Third Way. in Pete Alcock, Tina Haux, Margaret May and Sharon Wright (eds.), the Student's Companion to Social Policy. Wiley Blackwell Press. p. 137.

◇28 전광희. 2012. 역사적 전개과정. 한국보건사회연구원(편). 주요국의 사회보장제도: 독일. p. 30.

◇29 Stiller, Sabina. 2010. Ideational Leadership in German Welfare State Reform: How Politicians and Policy Ideas Transform Resilient Institutions. Amsterdam University Press. p. 63.

◇30 Ibid. pp. 66-69.

◇31 하르츠(Hartz) 개혁이란 2002년 사민당과 녹색당의 연립정부의 슈뢰더 총리에 의하여 설립된 노동시장개혁 특별위원회(Kommission für moderne Dienstleistungen am Arbeitsmarkt)에서 제안한 4개의 개혁안(Ⅰ~Ⅳ)을 의미하며, 위원장인 Peter Hartz의 성을 따서 Hartz 개혁이라고 한다. 구체적으로 개인서비스기관(Personal Service Agenturen)의 설립과 교육지원(Hartz I), 미니 잡(mini job)과 일인 기업의 설립지원

(Hartz Ⅱ), 직업센터(Job Centre)의 개혁(Hartz Ⅲ), 실업급여와 사회부조의 통합과 이와 관련된 연방정부와 지방자치단체의 관리운영기관의 통합(Hartz Ⅳ) 방안이 제시되었으며, 이러한 개혁안들은 사민당 정부의 중장기 국가개혁안인 아젠다 2010(Agenda 2010)에 반영되었다.

◇32 Swank, Duane. 2002. Global Capital, Political Institutions, and Policy Change in Developed Welfare States. Cambridge University Press.

◇33 Taylor-Gooby, Peter. (ed.), 2004. New Risks, New Welfare: The Transformation of the European Welfare State. Oxford: Oxford University Press.

◇34 Pierson, Paul. 1994. Dismantling the Welfare States? Reagan, Thatcher, and the Politics of Retrenchment. Cambridge: Cambridge University Press.

◇35 Castles, Francis G. 2007. Testing the retrenchment hypothesis: An Aggregate Overview, in Francis G. Castles (ed.), The Disappearing State? Retrenchment Realities in the Age of Globalization. Cheltenham: Edgar Elgar.

◇36 Starke, Peter, Herbert Obinger, and Francis G. Castles. 2008. Convergence Towards Where: In what ways, if any, are welfare state becoming more similar? Journal of European Public Policy, 15(7): 975-1000.

◇37 최연혁. 2012. 경제와 정부재정. 주요국의 사회보장제도: 스웨덴. 한국보건사회연구원.

◇38 Giddens, Anthony. 1998. The Third Way: The Renewal of Social Democracy. Polity Press.

◇39 Haggard, Stephan and Robert R. Kaufman. 2008. Development, Democracy, and Welfare States: Latin America, East Asia, and Eastern Europe. Princeton University Press: Princeton and Oxford. pp. 353-355.

◇40 Ibid. p. 360.

◇41 이주하. 2009. '민주화 이후의 민주주의'와 공공성. 한국행정학회 동계학술대회 발표논문.

◇42 Kwon, Huck-Ju. 1997. Beyond European Welfare Regimes: Comparative Perspectives on East Asian Welfare Systems. Journal of Social Policy, 26(4): 467-484.

◇43 Wong, Joseph. 2004. Healthy Democracy: Welfare Politics in Taiwan and South Korea. Ithica, NY: Cornell University Press.

◇44 Holliday, Ian, 2000, Productivist Welfare Capitalism: Social Policy Political Studies, 48(4): 708-723.

◇45 Haggard, Stephan and Robert R. Kaufman. 2008. Development, Democracy, and

Welfare States: Latin America, East Asia, and Eastern Europe. Princeton University Press: Princeton and Oxford. p. 1.

◇46 Ibid. pp. 135-142, 229-232, 249-251.

◇47 안병영. 2018. 복지국가의 형성과 전개. 안병영외. 복지국가와 사회복지정책. 다산출판사. pp. 59-93.

◇48 안상훈. 2010. 현대 한국복지국가의 제도적 전환. 서울대학교출판문화원.

◇49 양재진. 2008c. 한국 복지정책 60년: 발전주의 복지체제의 형성과 전환의 필요성. 한국행정학보, 42(2): 327-349.

◇50 윤홍식. 2019. 한국 복지국가의 기원과 궤적 1,2,3. 사회평론아카데미.

◇51 Haggard, Stephan and Robert R. Kaufman. 2008. Development, Democracy, and Welfare States: Latin America, East Asia, and Eastern Europe. Princeton University Press: Princeton and Oxford.

◇52 이두호·최일섭·김태성·나성린. 1991. 빈곤론. 나남. pp. 238-239.

◇53 Haggard, Stephan and Robert R. Kaufman. 2008. Development, Democracy, and Welfare States: Latin America, East Asia, and Eastern Europe. Princeton University Press: Princeton and Oxford. p. 235; 안상훈. 2010. 현대 한국복지국가의 제도적 전환. 서울대학교출판문화원.

◇54 김영순·권순미. 2008. 공공부조제도. 양재진외. 한국의 복지정책 결정과정: 역사와 자료. 나남. pp. 212-214.

◇55 정무권. 1996. 한국 사회복지제도의 초기형성에 관한 연구. 한국사회정책 3.

◇56 김일영. 2008. 정치적 맥락(1): '발전국가' 형성과정. 정용덕 (편). 한국행정 60년 1948~2008. 1. 배경과 맥락. 한국행정연구원. pp. 214-216.

◇57 이한빈 외. 1969. 한국행정의 역사적 분석: 1948~1967. 서울: 한국행정문제연구소.

◇58 김일영. 2008. 정치적 맥락(1): '발전국가' 형성과정. 정용덕 (편). 한국행정 60년 1948~2008. 1. 배경과 맥락. 한국행정연구원. p. 228.

◇59 손준규. 1981. 한국의 복지정책 결정과정에 관한 연구. 서울대 정치학 박사 논문; 조영재. 2008. 건강(의료)보험제도. 양재진 외. 한국의 복지정책 결정과정: 역사와 자료. 나남. pp. 70-72.

◇60 조영재. 2008. 건강(의료)보험제도. 양재진 외. 한국의 복지정책 결정과정: 역사와 자료. 나남. pp. 82-97.

◇61 당시 북한은 무상의료를 실시하고 있었는데, 한국의 부실한 의료상황 등을 주장하면서 의료보험 제도의 강제시행이 설득력을 얻게 되었다. 의료보험의 확대에 대해서 경제기획원은 조합방식 운영체계의 부실과 재정결손을 우려하여 국가가 관장하는 방식을 주

장하였지만 보건사회부의 실무진들은 조합주의적 방식을 주장하였다. 그러나 기업의 대표단체 등이 사내에 의료보험 조합을 두는 것이 자신들에게 이익이 되었기 때문에 결국 경제기획원의 주장에도 불구하고 이들의 연합으로 대통령을 설득하여 조합주의형 의료보험 제도가 확대된 것이다.

◇62 손준규. 1981. 한국의 복지정책 결정과정에 관한 연구. 서울대 정치학 박사 논문; 정무권. 1993. 국가자율성. 국가능력, 사회보장정책: 유신체제의 연금제도와 의료보험정책을 중심으로. 한국행정학보, 27(2): 493-516; 안상훈. 2010. 현대 한국복지국가의 제도적 전환. 서울대학교출판문화원.

◇63 양재진. 2008a. 국민연금제도. 양재진 외. 한국의 복지정책 결정과정: 역사와 자료. 나남. p. 129.

◇64 안상훈. 2010. 현대 한국복지국가의 제도적 전환. 서울대학교출판문화원. p. 25.

◇65 김영순·권순미. 2008. 공공부조제도. 양재진외. 한국의 복지정책 결정과정: 역사와 자료. 나남. pp. 209-210.

◇66 자조근로사업의 효율적 실시를 위하여 미국 정부와 협상하여 민간단체 중심의 양곡 구호 사업이 정부주도로 변경될 수 있었고, 정부는 이를 활용하여 저임금 노동자들을 지역사회 및 국토개발에 활용하였다.

◇67 안상훈. 2010. 현대 한국복지국가의 제도적 전환. 서울대학교출판문화원. p. 26.

◇68 우명숙. 2008. 산재보험제도. 양재진 외. 한국의 복지정책 결정과정. 나남. pp. 55-56.

◇69 조영재. 2008. 건강(의료)보험제도. 양재진 외. 한국의 복지정책 결정과정: 역사와 자료. 나남. p. 70.

◇70 신현웅. 2011. 건강보험. 보건복지부·보건사회연구원 (편). 우리나라 주요 사회보장제도 전개과정과 과제 정책 세미나 자료. pp. 246-247.

◇71 인경석. 2008. 복지국가로 가는 길. 북코리아. p. 212.

◇72 양재진. 2008b. 복지정책. 한국행정연구원 편. 한국행정 60년 3. 공공정책. 법문사. pp. 470-471.

◇73 안상훈. 2010. 현대 한국복지국가의 제도적 전환. 서울대학교출판문화원. p. 25.

◇74 상게서. p. 37.

◇75 이봉주·김용득·김문근. 2007. 사회복지서비스와 공급체계: 쟁점과 대안. 커뮤니티. p. 26.

◇76 김일영. 2008. 정치적 맥락(1): '발전국가' 형성과정. 정용덕 (편). 한국행정 60년 1948~2008. 1. 배경과 맥락. 한국행정연구원. p. 232.

◇77 정해구. 2008. 정치적 맥락(2): '운동정치' 한국행정연구원 (편) 한국행정 60년: 1948~2008. 1. 배경과 맥락. 법문사. pp. 250-251.

◇78 김영순·권순미. 2008. 공공부조제도. 양재진외. 힌국의 복지정책 결정과정: 역사와 자료. 나남. pp. 228-229.

◇79 상게서 p. 254.

◇80 양재진. 2008a. 국민연금제도. 양재진 외. 한국의 복지정책 결정과정: 역사와 자료. 나남. pp. 128-129.

◇81 김영순·권순미. 2008. 공공부조제도. 양재진외. 한국의 복지정책 결정과정: 역사와 자료. 나남.

◇82 인경석. 2008. 복지국가로 가는 길. 북코리아. pp. 292-293.

◇83 이병천. 2008. 경제적 맥락(2): 경제발전의 명암. 정용덕 (편). 한국행정 60년 1948~2008. 1. 배경과 맥락. 한국행정연구원. p. 285.

◇84 김일영. (2001). 한국에서 발전국가의 기원, 형성과 발전 그리고 전망. 「한국정치외교사논총」, 23(1): 87-126.; 강광하·이영훈·최상오. (2008). 「한국 고도성장기의 정책 결정체계: 경제기획원과 정책추진기구」. 한국개발연구원.

◇85 Giddens, Anthony. 1998. The Third Way: The Renewal of Social Democracy. Polity.

◇86 안상훈. 2010. 현대 한국복지국가의 제도적 전환. 서울대학교출판문화원. p. 74.

◇87 양재진. 2018. 한국 복지국가의 어제와 오늘. 안병영 외. 복지국가와 사회복지정책. 다산출판사. p. 171.

◇88 유현종. 2013. 선택 2012의 분석: 정치행정 개혁의 비전과 과제. 법문사. pp. 87-88.

◇89 양재진. 2018. 한국 복지국가의 어제와 오늘. 안병영 외. 복지국가와 사회복지정책. 다산출판사. pp. 171-172.

◇90 아들, 딸의 사망시 배우자인 사위와 며느리는 부양 의무자에서 제외하고, 부양의무자 가구에 중증장애인이 있으면 부양의무자 기준을 추가로 완화하고, 교육급여의 경우는 부양의무자 기준을 폐지하였다.

◇91 이 안은 기존의 시군구의 사회복지과 업무와 읍면동의 복지행정 업무를 이관받아 시군구 자치단체장 직속으로 사무소(통합조사팀, 서비스연계팀, 자활지원팀, 복지행정팀 등의 기능별 팀제 구성)를 설치하여 기초생활보장의 공공부조, 노인, 장애인, 아동 등의 사회복지서비스 업무를 담당하도록 하는 것이었다.

◇92 정형선. 2012. 노인장기요양보험. 한국보건사회연구원(편). 주요국의 사회보장제도: 한국. p. 343.

◇93 기초연금은 65세 이상의 노인 중 소득인정액이 선정기준액 이하인 경우에 국가가 급여를 지급하는 제도로서 무연금자, 국민연금 월 급여액이 기준연금액의 150% 이하, 유족연금이나 장애연금 수령자 등에는 월 20만 원의 기준연금액을 지급하고 이외의 사

람에게는 (기준연금액 − 2/3 × A급여)값 + 부가연금액 또는 국민연금 급여액 등을 고
려하여 기초연금을 지급하도록 하였다. A급여는 국민연금의 소득재분배급여로서 국민
연금가입기간, 국민연금 지급발생 당시 국민연금법이 정하는 금액, 전국소비자물가상
승률 등을 고려한 산식으로 결정된다.

◇94 김태홍. 2012. 고용보험 및 고용정책. 한국보건사회연구원(편). 주요국의 사회보장제도
한국. p. 120. 제도도입 초기에 적용대상을 빠르게 확대하여 1995년 제도도입 이후
1998년까지 1인 이상 사업체까지 적용대상을 확대하였다.

생각해 볼 문제

① 서구의 복지국가는 언제, 왜, 어떻게 형성되었는가? 독일에서 19세기말에 사회보험이 도입된 배경은 무엇이며, 다른 나라의 복지국가의 형성에 어떤 영향을 미쳤는가?

② 사회민주주의 정당이 복지국가의 발전에 어떻게 기여하였는지를 스웨덴의 사례를 통하여 설명하시오. 제2차 세계대전은 영국과 프랑스 등 서구의 자본주의 국가의 복지국가 형성에 어떤 영향을 미쳤는가?

③ 1970년대 후반 이후 신자유주의자들은 복지국가에 대하여 어떤 주장을 하였는가? 실제로 신자유주의적 개혁으로 복지국가의 축소가 나타났는가? 복지국가가 축소되지 않았다면 그 원인은 무엇인지에 대하여 설명하시오.

④ 한국의 복지국가는 어떤 과정을 통하여 형성되어 왔는지를 설명하고, 경제규모에 비하여 낮은 공공사회지출 수준을 유지하는 이유에 대하여 설명하시오.

읽을거리

서구의 복지국가의 역사에 대해서는 「Peter Flora and Arnold J. Heidenheimer (eds.), The Development of Welfare States in Europe and America. New Brunswick and London: Transaction Publishers.」와 「Stein Kuhnle and Anne Sander. 2010. The Emergence of the Western Welfare State. in Francis G. Castles, Stephan Leibfried, Jane Lewis, Herbert Obinger, and Christopher Pierson. (eds.) The Oxford Handbook of The Welfare State. Oxford University Press.」를 참고하고, 동아시아, 라틴아메리카, 동유럽의 복지국가의 역사적 변화에 대해서는 「Stephan Haggard and Robert R. Kaufman. 2008. Development, Democracy, and Welfare States: Latin America, East Asia, and Eastern Europe. Princeton University Press: Princeton and Oxford.」를 추천하며, 한국 복지국가의 역사에 대해서는 「안상훈. 2010. 현대 한국복지국가의 제도적 전환. 서울대학교출판문화원.」, 「양재진 외. 2008. 한국의 복지정책 결정과정: 역사와 자료. 나남.」 등이 있다.

제 4 장

사회정책의
현황과 도전

4 사회정책의 현황과 도전

복지국가의 변화에 영향을 미치는 다양한 요인들이 있고 이러한 환경의 도전에 대응하여 사회정책을 어떻게 설계하는지에 따라 복지국가의 발전경로가 결정된다. 앞에서 살펴본 바와 같이 서구의 복지국가는 산업화로 인한 도시 근로자의 빈곤과 건강 문제의 해결을 위하여 시작되었고, 자본주의의 발달에 따라 점차 복지국가의 확대가 이루어졌다. 그러나 경제성장의 정체와 인구고령화의 위기에 직면하게 되자 복지국가의 구조조정의 시기를 경험하였다. 21세기에 들어와 대부분의 국가들은 인구고령화, 재정적 제약, 고용형태의 변화, 환경오염 등의 문제에 직면하고 있으며, 성별, 종교, 인종의 차이에 따라 정체성과 문화적 갈등이 발생하고 있다(Alcock et al. 2016).[1] 이 연구에서는 한국의 복지국가가 직면하고 있는 맥락을 인구적 변화, 경제적 맥락, 노동시장의 구조변동, 사회적 빈곤, 환경 문제, 사회적 갈등의 차원으로 나누어 설명하고자 한다.

제 1 절 인구적 변화

저출산 및 인구 고령화로 인하여 향후 한국 사회는 의료비나 복지지출이 증가할 것으로 예상되고 있다. 인구의 변화를 측정하는 방식은 특정한 시기(t_1)의 인구로부터 신생아수(B)를 더하고 사망자수(D)를 빼며, 국내 순 이민유입(I)을 더하고 국외 순 이민유출(E)을 제외한 결과로서 t_2기의 인구(P_2)를 구할 수 있다.

이를 공식으로 나타내면 다음과 같다.

$$P_{t2} = P_{t1} + B - D + I - E$$

인구변화의 예측은 추계를 통하여 이루어지는데 출산율, 인구의 국제적 이동, 의료기술로 인한 수명 연장, 위생 및 영양 상태의 개선, 청년층의 가치관의 변화 등 다양한 요인에 의하여 영향을 받는다. 인구의 자연증가에 영향을 미치는 중요한 요인으로 합계출산율(total fertility rate)은 한 여성이 가임기간(15세~49세) 동안 출산할 것으로 예상되는 평균 출생아 수를 말하며, 다음과 같은 식으로 표현할 수 있다.

$$합계출산율 = \sum_{n=15}^{49} \frac{B_n}{W_n}$$

B_n: n세의 여성인구, W_n: n세 어머니의 출산 자녀수

그림 4-1 합계출산율의 연도별 변화

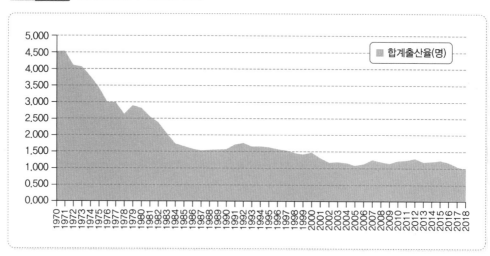

출처: 통계청 국가통계포털(인구동태 건수 및 동태율 추이)
http://kosis.kr/index/index.do (검색일: 2019.3.10.)

한국에서 합계출산율의 변화를 살펴보면 1970년에는 합계출산율이 4명을 넘었으나 1970년대 산아제한정책으로 1970년대 후반에는 3명 이하로 떨어졌으며, 이러한 기조는 1980년대까지 지속되어 1980년대 중반에 합계 출산율이 2명 이하로 떨어졌다. 1990년대는 합계출산율이 1.5명대에서 유지되다가 2000년대 이후에는 1.5이하로 떨어져서 초저출산이 지속되었으며 2019년에는 합계출산율이 0.92(잠정치)로서 최저를 기록하였다.

그림 / 4-2 출산율의 국제비교(1970, 1995, 2017)

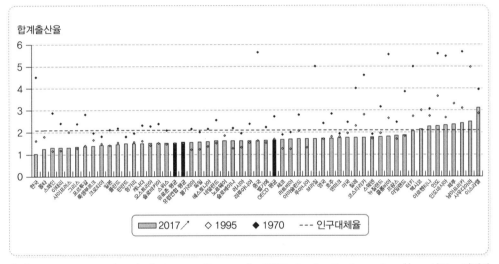

출처: Source: OECD (2018), "SF2.1 Fertility rates", OECD Family Database, http://oe.cd/fdb. 검색일 2019.7.10.

둘째, 인구변화에 영향을 미치는 다른 요인으로 사망률이 있는데 여기에는 자연사망, 질병, 사고 등 다양한 요인이 있을 수 있으나 가장 큰 요인으로는 수명에 따른 자연사망이라 할 수 있다. 한국인의 평균수명은 영양 및 위생수준, 의학기술, 생활수준의 향상에 따라 점차 증가하고 있으며, 1948년에 평균수명은 46.8세(남 44.5세, 여49.0세)였으나 1960년 52.4세(남 51.1세, 여 53.7세), 1970년 61.9세(남 58.7세, 여65.6세), 1980년 65.7세(남61.8세, 여70.0세), 1990년 71.3세(남

67.3세, 여 75.5세), 2007년 79.6세(남 76.1세, 여82.7세)로 증가하였다(한국경제60년사 편찬위원회, 2010: 82).◇2

셋째, 국제적 이민(International migration)은 국내 또는 국외에서의 체류기간이 90일을 초과한 국제 이민자를 기준으로 입국자수와 출국자수의 차이를 의미하는 순 국제 이민(international net migration)으로 측정한다. 출산율이 지속적으로 감소하는 것에 대한 대안으로 이민정책을 통한 생산가능 인구를 확보하는 방안이 제안되고 있으나 출산율의 제고 없이 임시적인 노동력 확보를 위하여 대량 이민을 허용하는 경우 한민족 공동체의 정체성 유지와 갈등을 초래할 수 있고, 보건, 교육, 주거, 환경 등의 삶의 질의 문제가 해결되지 않으면 우수한 인력의 확보도 어렵다.

그동안 한국 정부는 3차에 걸친 저출산 및 고령사회 계획을 통하여 출산율을 높이고 고령사회에 대비하여 노인복지를 향상시키기 위한 노력을 기울여왔다. 또한, 제3차 저출산·고령사회 기본계획에서는 출산율의 목표를 1.5로 가정하고 계획을 수립하였으나 이 계획을 시행하는 도중에 2019년 출산율이 0.92로 떨어지는 등 계획의 수정이 불가피해졌다. 2015년 통계청 인구추계에서는 인구성장을 중위가정으로 하는 경우 총인구는 2010년 현재 4,941만 명에서 2030년 5,216만명까지 성장하고 이후 감소하여 2060년 4,396만명(1992년 수준)에 이를 것으로 전망했으나 예상과 달리 출산율의 감소 속도가 더 빨라지자 2017년을 기준으로 인구추계를 다시 하였다. 이 추계에 의하면 총인구는 2017년 현재 5,136만명에서 증가하여, 2028년 5,194만명을 정점으로 감소하고 2067년 3,929만명(1982년 수준)에 이를 것으로 전망하고 있다.◇3 특히, 우려스러운 것은 저위 추계(낮은 출산율-기대수명-국제순유입) 가정 시 인구정점이 2019년으로 당겨지게 된다는 것이고, 고위 추계 가정 시 2036년까지 늦춰질 것으로 전망되고 있다. 한편, UN 경제사회국에서 실시한 한국의 인구추계는 이보다 더 부정적인 결과를 내놓고 있다. 중위추계를 가정할 경우 한국의 총인구가 2024년 5천134만7천명으로 정점을 찍은 후 2025년부터 감소할 것으로 전망했으며, 이는 통계청의 인구추계보다 4년이 더 앞당겨지는 결과이다(UN, 2019년 세계 인구 전망).◇4

그림 **4-3** 장래인구전망(1960~2067)

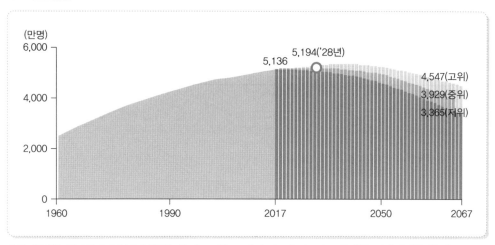

출처: 통계청 국가통계포털(장래인구추계), http://kosis.kr/index/index.do, 통계청, 장래인구특별추계:
2017~2067년

인구구성의 변화(중위추계)를 살펴보면 2017년 현재 15~64세의 생산연령인구는 3,757만 명으로서 전체 인구의 73.2%이며, 65세 이상 고령인구는 707만 명(13.8%)이며, 0~14세 유소년인구는 672만 명(13.1%)이다. 장래 인구구성의 변화에 대한 추계치를 살펴보면 생산연령인구는 2017년 3,757만 명에서, 10년간 250만 명씩 감소하여 2067년에 1,784만명 수준일 것으로 전망하고 있다(통계청, 2017).◇5 특히, 베이비붐세대가 고령인구로 이동하는 2020년대에는 연평균 33만 명, 2030년대는 연평균 52만 명씩 감소할 것으로 전망된다. 또한 고령연구는 2017년 707만 명에서 2025년에 1,000만 명을 넘고, 2067년에는 1,827만 명까지 증가할 것으로 전망되며, 유소년 인구는 2017년 672만 명에서 2030년 500만명, 2067년 318만 명으로 감소할 것으로 전망된다. 2017년 기준으로 유소년 부양비는 17.9%, 노인부양비는 18.8%이며, 전체 부양비는 36.7%로 나타나고 있다.◇6

그림 **4-4** 연령계층별 인구 구조, 1960~2067년(중위)

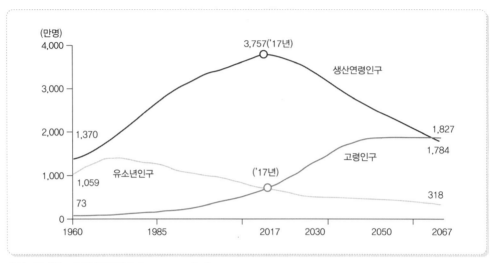

출처: 통계청, 장래인구특별추계: 2017~2067년.

저출산 및 고령화로 인한 인구구조의 변화는 향후 2050년까지 OECD 국가의 공공지출에서 노인과 유족에 대한 연금, 보건과 장기요양에 대한 지출 비중은 증가시키지만 아동수당과 교육에 지출에 대한 지출을 감소시킬 것으로 예상된다(Meier and Werding, 2010).[7] 노령화로 인한 복지지출의 증가를 억제하고 재정의 지속성을 높이기 위해서 생애소득과 기여를 종합적으로 고려한 보험적 조정(actuarial adjustment), 연금의 확정 급여(Defined Benefit)에서 명목 확정 급여(Notional Defined Benefit)로 변경, 은퇴 연령의 상향 조정 등이 제안되고 있다. 한국의 경우도 저출산과 고령화가 지속됨에 따라 향후 10년간 국가재정에 부담이 증가할 것으로 예상된다. 현 정부에서 진행 중인 세입과 세출의 중요 정책들을 가정 속에 포함시켜 재정추계를 한 결과 2018년 463.5조 원에서 2027년 670.7조 원으로 연평균 4.2% 증가하고, 총지출은 2018년 432.7조 원에서 2027년 699.5조 원으로 연평균 5.5% 증가하는 것으로 나타났다. 의무지출은 2018년 217.0조 원에서 2027년 385.5조 원으로 연평균 6.6% 증가, 총지출에서 의무지

그림 4-5 부양인구비

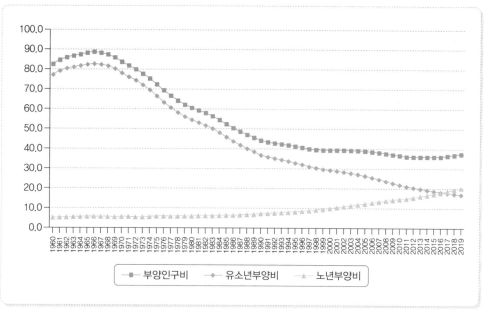

출처: 통계청, 「장래인구추계」

자료: 통계청, 「장래인구추계(2017년 기준)」, http://kosis.kr/statHtml/statHtml.do?orgId＝101&tblId＝DT_1B
PA002&vw_cd＝MT_ZTITLE&list_id＝A41_10&seqNo＝&lang_mode＝ko&language＝kor&obj_var_id
＝&itm_id＝&conn_path＝MT_ZTITLE (검색일: 2020.4.16.)

1) 부양인구비(총부양비) ＝ {(15세 미만 인구 ＋ 65세 이상 인구): (15-64세 인구)} × 100.

2) 소년부양인구비 ＝ (15세 미만 인구: 15-64세 인구) × 100.

3) 노인부양인구비 ＝ (65세 이상 인구: 15-64세 인구) × 100.

출의 비중은 2018년 50.2%에서 2027년 55.1%로 증가하고, 재량지출은 2018년
215.7조 원에서 2027년 314.1조 원으로 연평균 4.3% 증가하는 것으로 전망되
었다. 한편, 국가채무는 2018년 685.2조 원에서 2027년 1,233.7조 원으로 증가
하여 GDP 대비 비율은 2018년 38.2%에서 2027년 46.4%로 증가할 것으로 예
상되었다(국회예산정책처, 2018: 15-17).◇8 구체적으로 복지 분야의 의무지출의
경우 국민연금은 연금수급자에 대한 지출이 2018년 44.1조 원(GDP 대비 2.5%)
에서 98.8조 원(GDP 대비 3.7%)으로 연평균 9.4%로 증가하고, 건강보험 및 고

용보험의 부장성 강화로 인해 정부 지원금이 증기히여 21.3조 원(GDP 내비 1.2%)에서 38.7조 원(GDP 대비 1.5%)으로 연평균 6.9% 증가하며, 공공부조는 기초연금 기준연금액 인상 등으로 인해 24.1조 원(GDP 대비 1.3%)에서 45.0조 원(GDP 대비 1.7%)으로 연평균 7.2% 증가할 것으로 전망된다(국회예산정책처, 2018: 45).◇9 또한 저출산이 지속될 경우 생산가능인구의 감소와 노령화로 인하여 경제의 지속적인 성장에 장애요인이 될 수 있다. 경제성장은 노동과 자본에 의하여 이루어지는데 획기적인 기술발전이 있지 않는 한 자본의 생산성 증가에는 한계가 있고, 노동력의 공급이 뒷받침되지 않는 한 경제성장은 감소할 수밖에 없다. 최근에 인구구조의 변화가 경제에 미치는 영향에 대한 연구결과를 살펴보면 합계출산율에 따라 경제성장률의 변화가 시차를 두고 발생하게 되며 출산율 하락에 따른 인구감소보다 GDP 감소폭이 더 크며, 인구감소가 실현되기도 전에 부정적인 경제적 효과가 시장에 반영되는 것으로 예상되었다(김경수외, 2018: 87).◇10

인구의 감소가 지속될 경우 경제성장이 정체될 뿐만 아니라 농어촌의 지방자치단체의 소멸을 가져와 그동안 추진해 온 국토의 균형발전이라는 국가적 과제가 퇴색될 수 있다. 참여정부이래로 행정수도의 이전을 통하여 국토의 균형발전을 추진했지만 대도시와 세종시 등 새롭게 건설된 신도시 지역에서만 청년층의 인구가 집중될 뿐이고 농어촌 지역은 가임여성 인구에 비하여 노년층의 인구가 많아 지방소멸의 위기에 봉착해 있다(增田寛也. 2014; 이상호, 2018).◇11 전국 228개 기초 지방자치단체 중 2013년과 대비하여 6년 사이에 소멸저위험 기초지자체(41개 → 12개)는 급격하게 감소하고 소멸주의지역(55개 → 76개)과 소멸고위험지역(2개 → 11개)은 증가하고 있으며, 정상지역과 소멸위험진입지역은 상대적으로 유지되고 있으나 이러한 추세가 지속된다면 정상지역이 소멸주의 및 소멸위험지역으로 떨어지고 다시 이들 지역이 소멸고위험 지역이 되는 악순환이 발생할 것으로 보인다. 인구가 감소할 경우 최악의 경우 공무원들에게 봉급을 줄 수 없는 사태가 발생하게 되며, 이것은 지방자치단체의 존재의 이유를 상실하게 되는 것을 의미한다. 실제로 현재 지방자치법에 의하면 지방자치단체의 조

직과 정원은 해당 지역의 주민등록인구를 기준으로 하고 있고, 예를 들어 부자
치단체장의 직급도 인구의 규모에 따라 결정되고 있다(지방자치법 제110조 및 동
법 시행령 제73조).◇12 인구감소와 현재와 같은 도시집중 현상이 계속될 경우 지
방소멸은 급속하게 진행될 것이기 때문에 지방조직에 대한 대대적인 통합과 개
혁이 필요할 것으로 보인다. 단순한 지방조직의 개편뿐만 아니라 대도시에 집중
된 중앙행정체계의 혁신과 권한의 이양, 생활권을 기반으로 하는 행정구역의 통
합과 조정 등의 국가대개조 차원의 개혁조치가 진행되어야 할 것이다.

표 4-1 지방소멸지수

	2013. 7.	2014.7.	2015.7.	2016.7.	2017.7.	2018.6.
전체 시구군 수	228	228	228	228	228	228
소멸저위험	41	30	24	20	16	12
정상지역	57	63	62	61	54	51
소멸주의	55	56	62	63	73	76
소멸위험진입	73	76	76	79	78	78
소멸고위험	2	3	4	5	7	11
소멸위험지역 소계	75	79	80	84	85	89
비중	32.9	34.6	35.1	36.8	37.3	39.0

출처: 이상호. 2018. 한국의 지방소멸 2018. 2013~2018년까지의 추이와 비수도권 인구이동을 중심으로. 고용
　　동향브리프 7월. p. 18.
* 통계청 KOSIS 주민등록 통계를 활용하여, 구는 자치구를 기준으로 작성하고, 제주와 세종은 1개 지역으로
　계산.

저출산 현상의 원인에 대하여 자유주의적 삶의 추구와 경제적 구조조정을
제시하고 있는데, 사회적 자유주의는 양성 평등을 통하여 여성의 사회참여를 증
가시키고, 경제적 구조조정과 경쟁적 노동시장으로 인하여 젊은 세대가 출산이
라는 위험을 회피하기 때문이라고 한다(McDonald, 2006).◇13 특히 한국의 경우

저출산의 문제가 더 심각한데 탈산업화로 인한 일자리의 감소, 사회적 양극화로 인한 청년 빈곤층의 증가, 학벌 중심의 경쟁 사회, 주거 및 교육비 등 결혼생활 비용의 증가, 보육시설의 부족, 일 가정 양립이 허용되지 않는 권위주의적 직장 문화 등을 지적할 수 있고, 이러한 요인들이 복합적으로 작용하여 발생한 것으로 볼 수 있다. 이는 발전국가의 사회경제적 시스템의 총체적 문제점으로 인하여 발생한 문제라고 할 수 있지만 한국 사회는 발전국가의 국가행정 체계를 활용하여 중앙집권적인 기획과 일률적인 집행으로 문제를 해결하고자 하였다. 그러나 수십조 규모의 재원을 투자하였음에도 출산율은 개선될 기미를 보이고 있지 않다. 저출산의 문제는 개인적인 문제가 아니라 사회제도와 문화적인 문제이며, 이를 해결하기 위하여 국가 및 사회경제적 구조개혁을 단행함과 함께 수치 위주의 접근방식보다는 인간다운 삶과 사회적 웰빙(Social Wellbeing)을 구현하기 위하여 사회적 약자와 청년들의 정치참여, 일과 가정이 양립하는 생활환경 조성, 경쟁과 성과집착적인 조직문화의 개선, 시민의 참여에 의한 정책수립 등 정치 및 사회문화적인 개혁이 이루어져야 할 것이다.

제 2 절   경제적 맥락

경제발전은 사회정책을 수행하기 위한 재원을 확보하는 전제조건이 된다. 특히, 기능주의적 시각에 의하면 복지국가의 발전은 산업화의 진전에 따라 이루어져 왔다고 제시하고 있다. 또한 대공황이나 경기침체기에 사회문제를 해결하기 위하여 정부가 직접 개입하여 사회정책 프로그램을 집행한 바도 있다. 한국의 복지국가의 발전과정을 이해하기 위해서도 경제적 맥락에 대한 분석이 필요하다. 우선적으로 산업구조의 변화를 살펴볼 필요가 있다. 농어업 중심의 사회에서 제조업으로 산업구조가 변화됨에 따라 산업 노동자들의 복지에 대한 요구가 증가하게 되어 복지국가가 추진되는 것이 서구의 역사적 경험이다. [그림 4-6]

에서 보는 바와 같이 우리나라에서도 농림어업의 비중이 60% 이상이었으나 경제발전에 따라 제조업과 서비스업의 비중이 지속적으로 상승하여 1970년대 후반에는 농림어업과 서비스업의 비중이 역전되었고, 1980년대 초반에 제조업과 농림어업의 비중이 역전이 되었다. 이 시기가 바로 건강보험의 강제적 적용이 시도되는 때이며, 점차로 전 국민으로 대상이 확대되어 가고 있었다. 또한 1980년대에는 국민연금이 도입되었고, 노인이나 아동복지의 제도적 기반이 마련되었다.

그림 4-6 산업별 취업자 수의 변화(1~3차 산업)

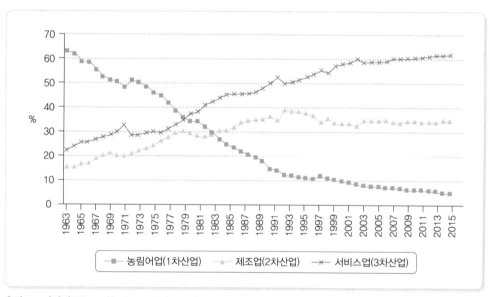

출처: e-나라지표(http://index.go.kr/smart/chart_view.jsp?idx_cd=2896&bbs=INDX_001&clas_div=C&root Key=1.48.0, 검색일: 2017.4.30.)

복지국가의 전제조건으로서 경제성장이 필요하지만 충분조건은 아니다. 복지국가로 발전하기 위해서는 첫째, 경제발전이 이루어지고 법과 조세, 공공행정의 기능적 체계가 확보되어야 한다. 이러한 조건들은 교육, 보건, 사회보장 등의 복지급여를 제공함으로써 경제의 지속가능한 성장을 가능하게 하는 것이다 (Farnsworth and Irving, 2016: 193).[14] 둘째, 경제성장이 이루어진 국가들에서도 경제적 요인은 국가 자원의 지속가능한 이용과 재배분에서 복지급여를 늘려야 하는지 또는 줄여야 하는지를 결정한다. 발전국가의 시기에 한국은 경제성장에 방해가 되지 않는 범위 내에서 복지정책을 추진하였고 이는 현재의 경제규모에 비하여 낮은 복지지출을 하는 국가가 된 원인이기도 하다. 그러나 1977년 이후 건강보험의 강제적용과 1980년대 국민연금제의 도입, 건강보험의 전 국민 확대, 노인 및 아동복지서비스의 확충 등은 1960~80년대의 고도성장으로 인한 경제적 자원의 확보가 있었기에 가능한 것이었다. 그러나 경제성장이 높은 수준을

그림 4-7 경제성장률의 변화(1954-2018)

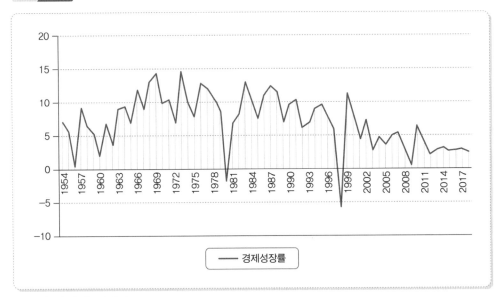

출처: 한국은행, 「국민계정」,
1) 경제성장률 = {(금년도 실질 GDP − 전년도 실질 GDP) ÷ 전년도 실질 GDP} × 100
2) 실질 GDP는 2010년 기준임.
3) 2017-2018년은 잠정치임. e 나라지표 http://www.index.go.kr/potal/stts/idxMain/selectPoSttsIdxSearch.do?idx_cd=4001&stts_cd=400101 (검색일: 2019.3.10.)

유지한다고 하여 반드시 복지지출도 높은 수준으로 되는 것은 아닌데 그것은 복지지출을 주장하는 정치세력이 얼마나 조직화되고 권력자원을 보유하고 있으며, 국민들로부터 복지국가를 위한 사회적 합의를 얻어 내어 조세를 통해 재원을 마련하고, 이를 집행할 관료제가 복지국가에 대한 합리적인 비전과 능력을 보유하고 있는지 여부에 달려 있다.

경제성장과 사회정책에 관한 지출과의 불일치는 전체 예산중에 보건복지 분야가 차지하는 예산의 비중을 통하여 확인할 수 있다. 경제성장이 우선하던 1960~70년대는 정부예산의 비중에도 불구하고 보건복지 예산은 점차 감소하는 것을 확인할 수 있다. 이는 경제발전을 저해하지 않는 범위 내에서 복지정책을 입안하려고 한 발전국가의 아이디어를 반영하는 것이다. 그러나 경제성장이 어느 정도 안정적 궤도에 접어든 1980년대 중반 이후에는 민주화의 요구와

그림 **4-8** 연도별 정부예산 대비 보건복지부 일반회계 예산의 변화

출처: 정부 일반회계 예산자료.

함께 보건복지에 대한 지출규모가 증가하였고, 1998년 이후 비약적으로 증가하고 있다.

서구의 복지국가는 1950~60년대 황금기를 지났으며, 1970년대 이후 재정적 압박으로 인하여 신자유주의적 개혁이 시도되었고, 제조업의 쇠퇴와 인구고령화 등으로 경제성장이 정체되면서도 2007년 금융위기를 극복하기 위하여 재정지출을 증가하게 되면서 본격적으로 재정의 한계를 인식하고 궁핍의 복지정치를 시작하게 되었다. 즉, 사회정책과 경제의 지속가능성을 조화하기 위한 국가적 노력이 시작되고 있는 것이다. 한국의 경우에는 아직 복지지출이 그다지 높지 않은 편이라 궁핍의 정치를 논의할 수준은 아니지만 인구고령화로 인하여 의무적으로 지출해야 할 복지지출이 급증할 것으로 예상되며, 이에 따라 국가채무를 비롯한 재정여건이 악화될 우려가 있으므로 사전적 예방조치로서 재정수지와 국가부채에 대한 관리가 필요하다. 재정의 건전성을 나타내는 지표로는 통합재정수지, 관리재정수지의 개념이 제시되고 있다.◇15 1970년 이후 한국의 GDP 대비 통합재정수지를 보면 1970~1985년까지 통합재정수지는 적자를 기록하였고 1985년 이후 통합재정수지가 흑자로 전환되기 시작하였으며, 1997년 외환위기가 발생하기 전까지 균형재정을 이루어왔다. 그러나 1997~1999년 외환위기의 극복을 위하여 적자재정이 운영되었고, 2009년 세계금융위기가 발생하기 전까지 흑자 기조를 유지하다가 2009년 적자가 되었으며, 2010년 이후에는 흑자를 유지하고 있다. 한편, 관리재정수지는 사회보장성 기금을 제외하고 보다 단기적인 관점에서 재정상황을 파악하기 위하여 1990년대 이후부터 작성되기 시작했는데, 통합재정수지와 전체적으로 유사한 패턴을 보이고 있으나 1997년 이후부터 2002~2003년과 2007년을 제외하고 관리재정수지가 적자로 운영되고 있음을 알 수 있다. 한국의 재정은 통합재정수지상으로는 흑자를 기록하고 있지만 사회보험이 아직 성숙되지 않은 단계에서 비롯된 재정착각이며, 실제 관리재정수지를 보면 지속적으로 적자가 나고 있다. 이러한 적자들이 누적되면 결국 국가채무의 증가로 이어지게 되며, 사회보장의 의무지출이 증가함에 따라 관리재정수지는 더욱 악화될 것으로 보인다.

그림 4-9 정부 재정수지의 변화(1970~2018)

(단위: %)

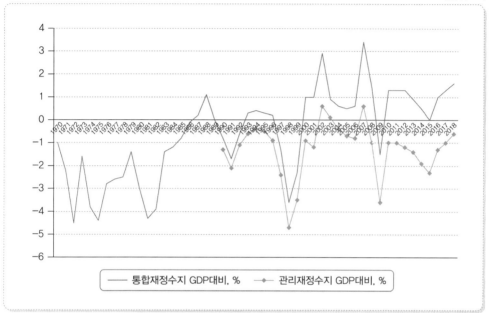

출처: 기획재정부(한국통합재정수지), 통계청 e나라지표(http://www.index.go.kr/potal/stts/idxMain/selectPoSt
tsIdxSearch.do?idx_cd=1104 검색일: 2020.2.24.)

    또한 한국은 사회복지지출이 점진적으로 확대되어 가는 추세이나 포괄적인
복지국가의 계획이 없이 단편적으로 복지제도를 도입하였기 때문에 유사하거나
중복된 사업들이 많고, 실제로 순총복지지출에서는 OECD 평균의 64% 수준이지
만 복지의 체감도는 높지 못하다. 향후 한국 복지국가의 방향에 대한 사회적 합
의와 정치적 리더십을 바탕으로 복지국가의 보편성과 지속성이 조화를 이루는
복지기획과 재원조달이 필요하다.

제3절	노동시장의 변화

　　서구 복지국가의 성장과정에서 자본주의의 발전에 따라 노동계급의 단결과 제도적 정치권력으로의 진입이 있었다는 사실을 확인할 수 있었다. 따라서 한국에서 노동시장의 구조변화와 이들을 대변하는 노조와 정치권력의 역학관계를 분석하는 것이 필요하다. 산업화 이전에는 한국의 노동시장은 1차 산업 중심이고, 남성위주의 가족노동에 기반하고 있었으나 1960년대 산업화가 진행되면서 제조업과 서비스업을 중심으로 고용이 확대되었으며, 1차 산업의 비중은 점차 축소되어 갔다. 산업화 시기의 노동은 평생고용과 기업단위의 복지가 중심이며, 남성 가장 중심의 생계보장이라는 보수주의적 노동구조를 띠고 있었다. 그러나 1980년대 이후 교육수준의 향상에 따라 여성의 사회참여가 증가하게 되었고, 1990년대 후반부터는 정보통신기술의 확산과 신자유주의적 노동개혁을 겪으면서 노동시장의 구조가 변화되었다. 여성에 대한 중등교육의 보편화에 따라 가사노동 대신에 전문직으로의 사회적 참여가 증가하였고, 정보통신기술의 발달은 보다 노동절약적인 기술개발을 촉진시켰으며, 외환위기과정에 신자유주의적 개혁에 따라 고용유연성의 확대로 비정규직의 증가와 위험의 외주화가 가능하게 되었다(한국경제60년사 편찬위원회, 2010: 573-574).◇16 실제로 1963년 이후 취업자의 고용형태의 변화를 살펴보면 총취업자수가 점진적으로 증가하였으며, 1997년 외환위기로 인하여 다소 감소하였지만 큰 폭의 변화로 보기는 어렵고, 총취업자수의 변화와 임금노동자의 변화와 유사한 패턴을 보인다는 점에서 취업자의 변화에는 임금근로자를 핵심적인 요소로 볼 수 있다. 한편 비임금근로자는 큰 폭의 변화가 없이 유지되고 있는데 1990년대 이후 임시근로자와 자영업자는 증가함에 비하여 무급 가족종사자는 감소하는 추세를 보이고 있다. 사회의 다수는 아니지만 임시근로자나 일용직 근로자들이 상대적으로 보호의 사각지대에 놓여 있다고 할 수 있다.

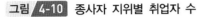 종사자 지위별 취업자 수

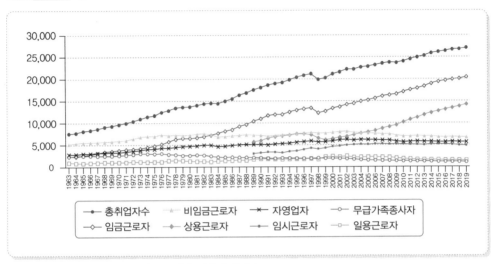

출처: 통계청, 「경제활동인구조사」, 종사자 지위별 취업자.

　　2006년 이후 한국의 노동시장에서 비정규직 노동자의 비율은 30% 초반 대
에 유지되고 있는데 핵심 생산노동인구인 30~40대의 비정규직 비율은 20%
대에 머무르고 있다. 특이한 점은 남성 노동자의 비정규직 비율은 다소 감소하
는데 비하여 여성 노동자의 비정규직 비율을 유지되고 있고, 연령대별로는 10
대와 60대 이상의 비정규직 비율이 높은 편이고 30대의 비정규직 비율이 가장
낮다.

표 4-2 성별 및 연령별 비정규직 근로자 비율

(단위: %)

		2006	2007	2008	2009	2010	2011	2012	2013	2014	2015	2016	2017	2018
	전체	35.4	35.8	33.8	34.8	33.2	34.2	33.2	32.5	32.2	32.4	32.8	32.9	33
성	남성	30.3	31.4	28.8	28.1	26.9	27.7	27	26.4	26.4	26.4	26.3	26.3	26.3
	여성	42.6	42	40.7	44	41.7	42.9	41.4	40.6	39.9	40.2	41.1	41.2	41.4

연령집단	15–19세	71.1	71	64.9	75	69.6	69.6	76.1	74.8	70	74.3	75.2	73.4	74
	20–29세	31.1	31.4	31	31.6	31.1	31.6	30.5	31.1	32	32.1	32.2	33.1	32.3
	30–39세	29.7	29.8	26.8	25.2	23.4	24.4	23.1	22.2	21.8	21.2	21.1	20.6	21
	40–49세	34	34	31.6	32.3	29.7	30.5	29.1	27.2	26.6	26	26.1	26	25.3
	50–59세	42.1	42.8	39.8	40.6	39.3	39.7	37.5	37.1	34.6	34.6	34.2	33.9	34
	60세 이상	69	66	65.7	72.6	69.7	70.6	70.4	67.3	68.5	67.2	67.9	67.3	67.9

출처: 통계청, 「경제활동인구조사」, 통계청, 「경제활동인구조사 근로형태별 부가조사」 각 연도 8월.
 * 비정규직근로자비율 = (비정규직근로자수 ÷ 전체 임금근로자수) × 100.
** 비정규직근로자는 한시적 근로자, 시간제근로자 비전형근로자 등을 포함. http://www.index.go.kr/unify/id
    x-info.do?idxCd=4214 검색일. 2019.7.11.

　　한국의 고용률(15세~64세)은 지난 20여 년간 1997년 IMF 외환위기를 제외
하고는 꾸준히 상승해 왔지만 OECD 평균 수준에는 미치지 못하는 상황이다.
특히 여성과 청년들의 고용률이 낮기 때문에 이들을 노동시장에 참여시키고 인
구고령화에 대비한 생산가능인구의 부족을 해소하기 위한 노력이 필요한 시점이
다. 한국 노동시장의 특징은 12개월 이상의 장기실업률이 0.9%로 매우 낮은데
이는 고용보험에 의한 실업수당이 충분하지 못하기 때문에 실업 발생시 가급적
빠르게 구직활동을 통하여 일자리를 찾거나 아예 구직활동을 포기함으로써 경제
비활동인구에 포함되어 버리기 때문이다. 실제로 한국의 경제비활동인구의 비율
은 31.3%로서 OECD 평균에 비하여 높다.

　　노동시장의 구조면에서 한국의 노동자들은 300인 이상의 대기업에 종사하는
사람들의 비율에 비하여 소규모 기업체에 종사하는 근로자의 비율이 높다. 2014
년 기준으로 전체 근로자 중 13.6% 만이 300인 이상의 사업장에 근무하고 있
는 반면, 41.3%의 근로자가 10인 미만의 사업장에 근무하고 있는데 이러한 소
규모 사업장은 저임금, 불안정한 고용, 사회보험 등 근로조건이 열악하다(OECD,
2018: 37-38).◇17 300인 이상 대기업은 1990년대 제조업 분야에서 더 많은 노
동력을 고용하였으나 수출시장에서 경쟁과 신자유주의적 구조개혁으로 인하여
저임금의 노동력을 아웃소싱하게 되었고, 그 결과 300인 이상 대기업의 고용

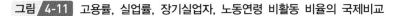

그림 **4-11** 고용률, 실업률, 장기실업자, 노동연령 비활동 비율의 국제비교

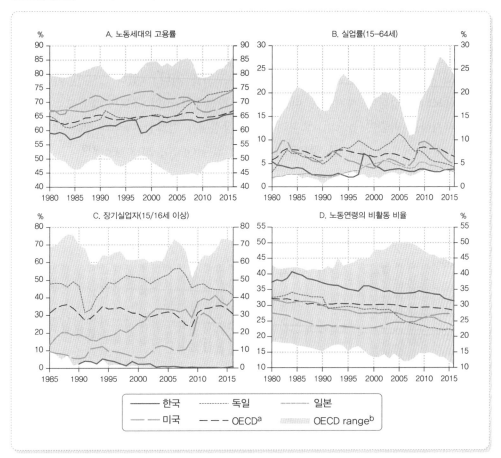

출처: OECD Employment Database, www.oecd.org/employment/database. OECD (2018), Towards Better Social and Employment Security in Korea, Connecting People with Jobs, OECD Publishing, Paris. http://dx.doi.org/10.1787/9789264288256-en p. 31.

비율은 1993년 22.6%에서 2000년 12.03%로 떨어졌고 2014년 13.06%로 약간 증가하였다. 이에 비하여 1~9인 및 10~19인 사업장은 1993년 각각 37.3%, 8.4%였다가 2014년 41.3%, 10.7%로 증가하였다. 이를 통해 대기업은 원가절감을 할 수 있었던 반면 중소규모의 기업체에 종사하는 노동자들은 납품원가를 맞추기 위하여 저임금을 감수해야만 했다. 재벌 기업들에는 노조가 조직화되어 여기에 저항할 수 있었지만 하청 자본과 노동은 대항력이 취약하여 노동시장의 분절화와 이중화가 심화되었다(박상인, 2017: 56).◇18 국제적으로 비교해 보더라도 한국의 노동시장은 매우 불평등적인 구조를 지니고 있다. 250인 이상의 큰 규모의 사업장이 차지하는 비중은 낮은 반면에 1~9인 규모의 소규모 사업장이 차지하는 비중이 높으며, 오히려 자유시장경제가 발달한 미국의 경우 대규모 사업장의 규모가 가장 큰 것으로 나타나고 있다(OECD, 2018: 33).◇19

그림 4-12 기업규모별 고용현황의 국제비교

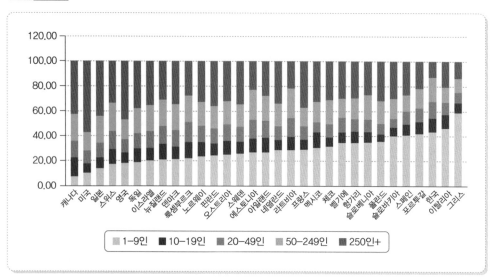

출처: OECD Structural and Demographic Business Statistics (SDBS) Database, http://dx.doi.org/10.1787/sdbs-data-en. OECD (2018), Towards Better Social and Employment Security in Korea, Connecting People with Jobs, OECD Publishing, Paris. http://dx.doi.org/10.1787/9789264288256-en p. 38.

임금수준면에서도 대기업과 중소기업 간의 격차가 상당한 수준이며, 점차 증가하고 있다. 1980년대에는 기업규모에 따른 임금격차가 적은 수준이었지만

1990년대 중반 이후 기업의 규모에 따른 임금격차가 증가하였으며, 대기업의 종사자와 중소기업의 종사자간의 임금격차가 더욱 크게 벌어지게 되었다. 기업 규모와 불안정한 고용상태가 결합되어 한국에서 저임금 노동을 증가시키게 되었고 대기업 종사자와 중소기업 종사자간의 임금격차를 통하여 사회적 분배도 악화시키게 되었다.

그림 4-13 기업규모별 임금 수준

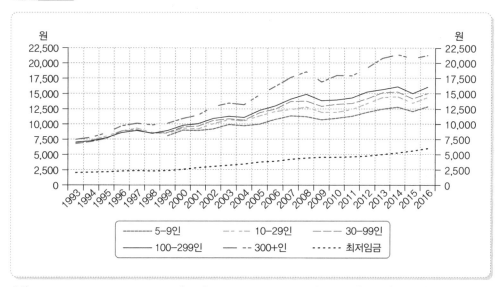

출처: OECD estimates using MOEL (2017), Survey Report on Labor Conditions by Employment Type, http://laborstat.molab.go.kr/newOut/renewal/menu05/menu05_search_popup.jsp, Table "Age, Days, Hours, Payments, Workers by Size, Education, Age". OECD (2018), Towards Better Social and Employment Security in Korea, Connecting People with Jobs, OECD Publishing, Paris. http://dx.doi.org/10.1787/9789264288256-en, p. 36.

한편, 여성의 노동시장에 참여에 있어서는 2016년 기준으로 56.%에 머무르고 있으며 남성의 고용률에 비하여 20% 정도 낮은 수준이다. 여성의 교육수준이 상승하고 있지만 결혼과 육아로 인하여 직장을 그만두게 되고 경력이 단절되는데 다른 OECD 국가의 생애주기별 여성 고용추이와 비교할 때 30~40대

사이의 여성 고용이 확실하게 감소하여 M자형의 그래프를 나타내고 있음을 알 수 있다.

그림 **4-14** 연령별 고용률

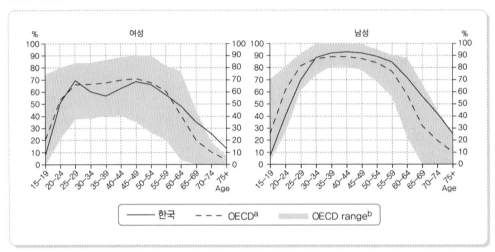

출처: OECD Employment Database, www.oecd.org/employment/database. OECD (2018), Towards Better Social and Employment Security in Korea, Connecting People with Jobs, OECD Publishing, Paris. http://dx.doi.org/10.1787/9789264288256-en, p. 42.

이러한 노동시장 환경의 악화에도 불구하고 노동조합의 조직화를 통한 권력 자원의 확보는 취약한 실정이다. 한국은 발전국가의 시기에 대기업 위주의 급속한 경제발전을 위하여 노동운동을 억압하였는데 그 당시에도 노동조합의 조직률은 20%를 넘었으나 민주화 이후 세계화와 IMF 외환위기를 겪으면서 노조 조직률은 10%대로 낮아졌다. 독일, 영국 등의 서구 복지국가가 복지국가의 발전기에 높은 노조 조직률을 바탕으로 노동계급의 이익을 반영하는 정당(영국의 노동당, 독일의 사민당)이 원내에 진출하여 정권을 장악한 반면에 한국의 정당은 노조 등의 노동계급에 기반한 정당이 취약할 뿐만 아니라 노조에 기반한 정당이 한번도 집권한 적이 없다. 특이한 점은 한국의 노조는 대기업과 공공부문에서는 거의 모두 조직화되어 있지만 노동운동이 전국적 수준 또는 산업별 수준에서 활성화되지 못하고, 기업 수준에서 임금인상이나 복지확대를 요구하는 것으로 제한적이다(양재진, 2018: 154).◇20 노동자 계급이 대기업과 중소기업으로 이원화되고 있고, 노조조직률이 낮아 전국적 규모의 노동운동이 어려운 상황에서는 노동계급의 권력자원 확보가 어렵고 그 결과로서 복지국가에 대한 노동자 계급의 요구가 상향식으로 정치권에 반영되기 어려운 것이 한국의 현실이다.

그림 **4-15** 각국의 노동조합 조직률

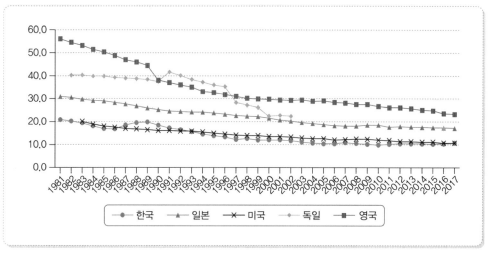

출처: 고용노동부, 「전국노동조합조직현황」, 각국의 노조조직률.
http://kosis.kr/statHtml/statHtml.do?orgId=118&tblId=TX_11824_A010&lang_mode=ko&vw_cd=MT_OTITLE&list_id=118_11824&conn_path=I4 검색일: 2019.7.11.

제 4 절 | 사회적 빈곤

사회적 불평등을 감소시키고 빈곤을 퇴치하는 것은 복지국가를 발전시키는 이상이 되어 왔다. 불평등과 빈곤의 정도는 사회정책을 입안하는 원인이기도 하지만 그것의 성공여부를 판단하는 기준이 된다(Saunders, 2010: 526).◇21 그러나 정책의 효과로서 불평등과 빈곤의 변화에 대한 인과관계를 입증하는 것이 쉬운 일은 아니다. 빈곤(poverty)을 어떻게 정의할 것인지는 시대나 국가에 따라 기준이 다르지만 주로 이를 어떻게 측정할 것인지와 관련된다. 빈곤은 절대적 빈곤과 상대적 빈곤으로 나눌 수 있는데, 절대적 빈곤(absolute poverty)은 생활에 필수불가결한 것이 없는 상태로서 물질적 빈곤이라고도 한다. 생활에 필수불가결한 것에 대한 물질적 수준을 찾아내고, 그 이하인 사람들의 수를 측정하는 것이 라운트리(Rowntree)에 의하여 영국 요크(York)시에서 행해진 빈곤 측정 방식이며, 처음에는 음식물 구입비를 기준으로 하였으나 점차 의복, 주거, 연료 등의 다른 요소들도 포함하게 되었다(Rowntree, 1901; Alcock, 2016: 236; 김태성·손병돈, 2002: 18-19).◇22 미국에서는 소득과 음식물에 대한 지출의 상관관계를 활용하여 엥겔계수의 역에다 1/3을 곱한 값을 빈곤선으로 활용하고 있다. 한편, 상대적 빈곤 개념은 시간과 장소에 따라 빈곤의 개념이 달라질 수 있음을 가정하고 사회 내에서 평균적인 생활수준에 따라 결정된다. 타운센드(Townsend)에 의하면 일반적인 소득수준과 사회보장의 정도가 향상되었음에도 영국 시민의 대다수가 통상적인 생활수준을 향유하지 못하기 때문에 기존의 물질적인 가치에 의하여 고정된 절대적인 빈곤 개념 대신에 상대적인 빈곤 개념을 고안하게 되었다. 지역사회의 통상적인 생활수준에 대한 60개 지표를 만들고 그 가운데 결여된 요소에 대한 박탈점수(deprivation score)를 통해 상대적인 빈곤의 정도를 판단하는 것이다(Townsend, 1979; 김태성·손병돈, 2002: 27).◇23 상대적 빈곤은 단순히 소득수준만으로 빈곤을 측정하지 않으며, 보건, 주거, 근로조건 등 인간의 삶의 수준에 영향을 미치는 다양한 요인에 대하여 결여의 정도를 측정하는 것으로 영국 정부에서 사회적 빈곤의 측정방법으로 활용되고 있다. 특히 상대적 빈곤의 개념을 적용하게 되면 빈곤이 단순히 경제적 소득에 국한된 것이 아니라 사회적 생활 상태와 사회적 배제(social exclusion)의 개념으로 확대된다. 영국의 런던정경대학교에서 실시된 사회적 배제의 분석센터(the Centre for the

Analysis of Social Exclusion)에서 개발한 사회적 배제의 개념을 살펴보면 재화와 서비스에 대한 소비, 경제적 및 사회적으로 가치 있는 행위에 대한 참여로서의 생산, 정치적 참여, 가족, 친구, 공동체 등과의 사회적 상호작용으로 사회적 배제의 정도를 측정하게 된다. 이러한 사회적 배제의 문제를 해결하기 위하여 1998년 영국의 노동당 정부에서 총리실에 사회적 배제에 대응하기 위한 조직을 설치하게 되었고, 길거리 노숙, 학교 배제, 10대 임신 등과 같은 사회적 문제에 대하여 우선순위를 두고 대응하도록 하였다(Alcock, 2016: 237-238).◇24 OECD 에서 일반적인 빈곤선(poverty line)은 중위소득(median income)의 50%로 측정하며, 한국의 경우는 공식적인 빈곤선은 정해지지 않았지만 기초생활보호대상자의 선정기준으로 기존의 최저생계비와 4인 가족 기준 중위소득의 30%에 해당하는 생계급여의 선정 기준 등은 빈곤선의 기준으로 활용될 수 있다.

한편, 빈곤의 문제와 불평등(inequality)의 문제는 관련되어 있지만 상호 다른 문제이다. 불평등의 문제는 부자와 가난한 사람들의 차이에 대한 관심을 의미하는 것으로 상대적 빈곤의 개념은 소득분포의 요소만을 포함하는 것으로 전체적인 형평의 문제를 모두 포괄할 수는 없다. 불평등을 측정하는 지표로는 지니계수(Gini coefficient), 십분위배율(P90/P10 percentile ratio), 앳킨슨 지수(Atkinson index) 등이 있다. 첫째, 지니계수는 모든 소득이 평등하게 분배되었을 경우와 실제 소득분배가 어떻게 차이가 나는지를 나타내 주는 지표로서 완전하게 균등하게 분배될 경우 0, 완전 불평등일 경우 1의 값을 지니게 된다. 그러나 평등하게 분배되는 소득의 정도는 주관적인 가치 판단의 문제로서 객관적으로 측정된 지표는 아니라는 한계가 있다(이준구·조명환, 2016: 236-238).◇25 둘째, 십분위배율은 하위소득 10%에 대한 상위소득 10%의 소득비율을 의미하는 것으로 숫자가 1일 경우 소득이 평등하고 숫자가 커질수록 소득분배가 악화됨을 의미한다. 셋째, 앳킨슨 지수는 1인당 평균소득(Y_i)하에서 W^a라는 사회후생수준이 달성되었다고 할 때 같은 사회후생수준에 이르도록 개인에게 균등하게 배분하는 소득을 $\overline{Y}$라고 할 때 다음과 같은 수식에 의하여 측정할 수 있다.

$$A = 1 - \left[\sum_{i=1}^{n}\left(\frac{Y_i}{\overleftrightarrow{Y}}\right)^{1-e} f_i\right]^{\frac{1}{1-e}}$$

평균소득과 균등분배대등소득 간의 차이를 통하여 계산된 지수가 0일 경우 완전 평등한 소득분포를 나타내고, 1일 경우 완전불평등한 소득분포를 뜻하며, f_i는 특정 소득집단에 속하는 사람들이 전체 인구에서 차지하는 비율을 의미하고, e값은 불평등에 대한 가치판단을 의미하는 것으로서 e값이 커질수록 불평등을 싫어하고 불평등에 대한 가중치가 높아지게 된다(Atkinson, 1970).[26] 위에서 언급한 소득불평등에 관한 지표 중 어떤 지표를 사용하는지에 따라 소득불평등에 대한 평가가 달라질 수 있다. [그림 4-16]에서와 같이 우리나라의 소득불평등의 정도를 살펴보면 지니계수의 경우 1980년대에서 1990년대 초반까지는 지

그림 4-16 한국의 지니계수의 연도별 변화(1982~2016)

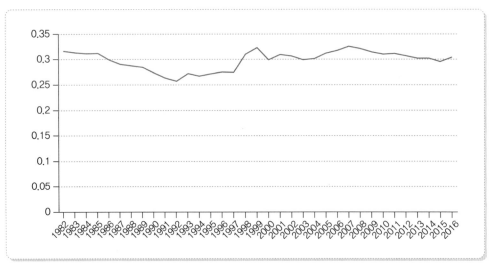

출처: 유경준. 2009. 우리나라 빈곤변화 추이와 요인 분석. KDI 정책포럼 제215호(2009-08), 통계청. e나라지표, 「가계동향조사」, 「농가경제조사」 참고
* 1982년에서 2008년까지는 유경준(2009)를 참고하여 총소득을 기준으로 하였고, 2009년부터는 통계청의 e나라지표 지니계수(처분가능소득 기준)를 참고하였음.

니계수가 낮아지고 있어 소득불평등도가 개선되었지만 1990년대 중반이후 신자유주의적 세계화와 IMF 외환위기를 겪으면서 소득불평등도가 악화되고 있음을 알 수 있다. 이는 앞에서 제시한 노동시장에서 대기업 종사자와 중소기업 종사자 간의 임금격차의 확대, 중소기업 종사자의 증가, 정규직과 비정규직으로 노동시장의 이원화 등의 현상과 연관되어 있는 문제이기도 하다. 2000년대 후반기 이후 지니계수가 다소 개선되는 것은 기초노령연금, 무상보육 등으로 복지급여의 증가에 기인하는 것으로 보인다.

한편, 연령별 지니계수를 비교하여 보면 근로연령층에 비하여 66세 이상의 노인 인구의 지니계수가 급격하게 악화되어 있는 것을 확인할 수 있다. 이는 한국의 노인 빈곤률이 매우 높으며, 연금제도를 통한 소득보장이 충분히 이루어지지 못하기 때문이라 할 수 있다. 이러한 결과는 OECD 국가의 연령별 소득불평등도의 비교를 통해서도 확인될 수 있는데([그림 4-18]) 한국의 경우 66세 이상 노인들의 소득불평등 수준이 특이하게 높게 나타나 한국의 노인에 대한 소득보장 제도가 확립되어 있지 못하며, 기초연금이나 국민연금을 통하여 보장되는 소득대체율 수준이 매우 낮아 노인복지를 위한 특단의 대책이 필요하다고 판단된다.

그림 **4-17** 근로연령 및 은퇴연령의 지니계수 비교

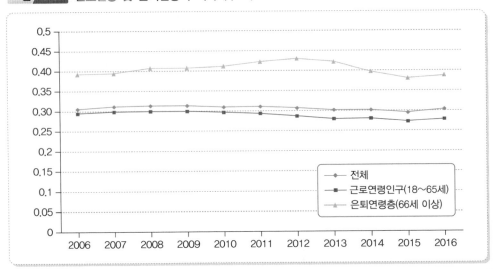

출처: 통계청, 지니계수(처분가능소득 기준). http://kosis.kr/statHtml/statHtml.do?orgId=101&tblId=DT_1L6
  E003&vw_cd=MT_ZTITLE&list_id=G_A3&seqNo=&lang_mode=ko&language=kor&obj_var_id=&
  itm_id=&conn_path=MT_ZTITLE (검색일: 2020.4.15.)

그림 **4-18** OECD 국가의 연령별 소득불평등도

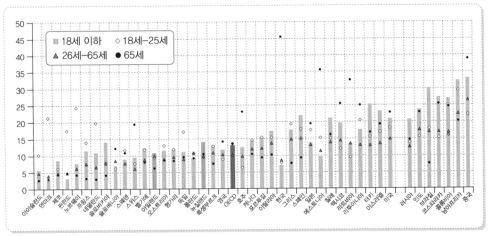

출처: OECD Income Distribution Database (http://oe.cd/idd). OECD(2019), Society at a Glance:
  Asia/Pacific 2019, OECD Publishing, Paris. p. 101.

또한 OECD 국가 간의 소득불평등도를 비교한 결과 한국은 지니계수에서는 중간정도의 소득불평등도를 나타내고 있지만 10분위소득배율로 비교하면 소득불평등도가 다소 높게 나타나고 있는데 이는 상위 소득 10%의 부자들에게 소득집중도가 높음을 의미하는 것이다.

그림 4-19 OECD 국가의 Gini 계수 및 10분위 소득비율

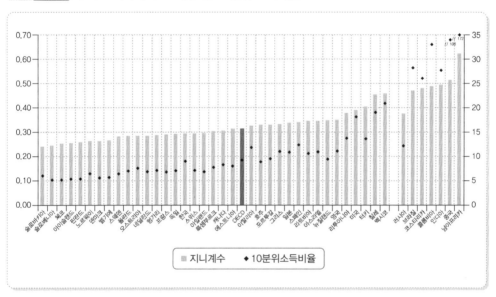

출처: OECD Income Distribution Database (http://oe.cd/idd). OECD (2019), Society at a Glance: Asia/Pacific 2019, OECD Publishing, Paris. p. 99.

끝으로 이러한 빈곤과 불평등의 문제를 해결하기 위하여 정부의 재분배정책이 효과가 있는지 여부를 확인할 필요가 있다. 정부가 기초연금이나 소득지원 등의 재분배정책을 통하여 빈곤층에게 소득이전을 하는 경우 빈곤선 이상으로 소득수준을 향상시킬 수 있었다. 2000년대 중반 이후 연금 등의 소득지원과 조세감면을 통하여 한국에서는 12% 정도의 빈곤개선의 효과가 있었고, 스웨덴 및 덴마크에서는 80% 정도의 빈곤개선 효과가 있었으나 흥미로운 점은 OECD 국

가들에 대하여 횡단적으로 분석한 결과 노인세대에 대한 재분배정책보다는 근로세대 및 아동들에 대한 재분배정책이 빈곤개선에 더 효과적이라는 사실이 확인되었다(OECD, 2008).◇27 한편 재분배정책과 불평등과의 관계에서는 현금급여를 통한 사회적 지출과 소득불평도 간에는 약한 상관관계가 있는 것으로 나타났다(Saunders, 2010: 532-534).◇28 특히 국제노동기구의 보고서에 의하면 사회적 이전지출과 소득불평등의 관계는 상대적으로 강한 부(-)의 관계를 나타내고 있다(ILO, 2008: 129).◇29 즉, 임금 불평등은 소득불평등과 밀접하게 연관되어 있지만 이것은 노동시장의 제도와 관련되어 있는 것이며, 오히려 고용률이 소득불평등과 밀접하게 연관되어 있는 것으로 나타났다. 또한 현금급여는 조세나 기여금을 통한 재정지원보다 더 재분배에 효과가 있었고, 근로세대에 대한 지원이 노인세대에 대한 지원보다 더 재분배에 효과적이었으며, 이러한 양상은 현금급여가 아닌 현물급여를 적용하였을 때에도 그다지 큰 변화가 없었다는 점이다.

제 5 절   환경문제와 복지

산업화의 결과로 지구온난화와 환경오염 등의 부작용이 발생하였고, 급기야 인류의 생존을 위협하는 상황에 이르게 되었다. 환경문제는 복지국가가 지속될 수 있는지 여부를 가늠하는 척도이며, 지속가능한 개발(sustainable development)의 문제로 논의되고 있다. 환경문제가 본격적으로 대두된 것은 1960년대부터이다. 산업화로 인한 수질과 공기오염이 심해지자 미국에서 국가환경정책법(National Environmental Policy Act of 1970), 맑은공기법(Clean Air Act of 1970), 수질오염통제법(the Water Pollution Control Act of 1972) 등을 제정하고, 1970년에 연방환경보호청(Environmental Protection Agency: EPA)를 설립하였다(Dryzek and Dunleavy, 2009: 245).◇30 1980년대 이후에는 이산화탄소(CO_2) 배출로 인한 지구온난화의 문제가 제기되었고, UN 등의 국제기구에서 우리의 공동된 미래(Our

Common Future)를 위한 지속가능한 성장(sustainable development)의 개념이 제시되기 시작하였다. 1990년대에는 교토의정서(Kyoto Protocol)를 제정하여 이산화탄소의 배출량을 2008년에서 2012년까지 1990년의 5.2% 줄이는 목표를 제시하였으나 미국과 호주 등의 국가가 협조적이지 않았다(Fitzpatrick, 2016: 200-201).◇31 특히 기후변화에 관한 정부 간 패널(the Intergovernmental Panel on Climate Change: IPCC)에서는 기후변화로 다음 세기에 지구의 평균기온이 2℃ 이상 상승한다면 인류에게 매우 위험할 것이며, 빙하의 수축과 해수면의 상승, 이산화탄소의 해양흡수로 인한 해양생태계의 파괴 등 과학적 증거를 제시하였다.

　환경문제는 정치적, 경제적, 문화적인 광범위한 사회변화를 의미하며, 복지국가와 사회정책에도 중요한 영향을 미칠 수 있다. 복지국가는 산업화로 인한 경제적 성장을 근간으로 복지지출을 증가시키는데 지속가능한 성장이 위협을 받는다면 복지지출에도 제약이 생길 수 있다. 복지는 인간다운 삶의 질과 관련이 있는 것이며, 깨끗한 공기와 물은 인간다운 삶의 유지와 직결되는 것이므로 환경문제는 보건, 교육, 문화, 안전 등 다른 사회정책적 지표와 함께 OECD의 더 좋은 삶(better life index)의 지표에 포함되어 있다. 홍수나 가뭄과 같은 환경적 재난과 불확실성에 빈곤층이 더 취약하게 노출되어 있으며, 제조업으로 인한 이산화탄소 배출을 줄이기 위하여 탄소세 등을 부과하는 경우 세금의 역진성으로 인하여 빈곤층이 더 어려움에 처할 수 있고, 환경오염을 줄이기 위하여 사회적 지출을 늘려야 하므로 기존의 사회지출과 통합적인 형태의 사회투자가 필요하다.

　환경문제의 해결하기 위하여 어떤 노력이 필요한 지에 대하여 환경정치(politics of environment)의 관점에 따라 다르다. 환경적 문제의 초국가적 성격과 심각성을 고려하여 지구정부의 차원에서 중앙집권적인 통제가 필요하다는 입장도 있고(Ophuls, 1977),◇32 시민사회의 행위자들이 연대하여 환경보호의 네트워크를 형성하고 환경보호에 대한 사회적 담론을 활성화해야 한다는 입장도 있으며, 경제발전과 환경문제의 조화를 모색하면서 생태적 근대화(ecological modernization)를 주장하는 입장도 있다(Dryzek and Dunleavy, 2009: 262-267).◇33 생태적 근대화는 정부, 기업, 온건한 환경론자, 과학자 등이 환경적으로 더 방어적인 방식으로 자본주의 정치경제를 재구조화하는데 협력하는 것을 의미하며, 영국의 사회민주주의의 변화로서 '제3의 길'에서도 제시된 개념이다(Giddens, 1998: 57-58).◇34 생태적 근대화에서는 사전주의의 원칙(precautionary principle)이 중요하며 과학적으로 입증이 되지 않았더라도 환경에 대하여 사후 복구가 어렵다면 사전적인 주의로서 예방조치가 필요하다는 것이다. 또한 생태적 근대화를 위하여 각 부처별로 환경적 목표를 정하고 정부업무의 평가에도 반영할 필요가 있다. 생태적 근대화의 구체적인 예로서 보다 건강한 생활습관과 예방적 보건의료를 강화하고, 친환경 재생에너지를 활용하여 에너지 효율을 높이며, 토지사용을 보다 효과적으로 하여 도시의 지속가능성을 높이고, 지속가능한 교통시스템

그림 4-20 **온실가스 배출규모**

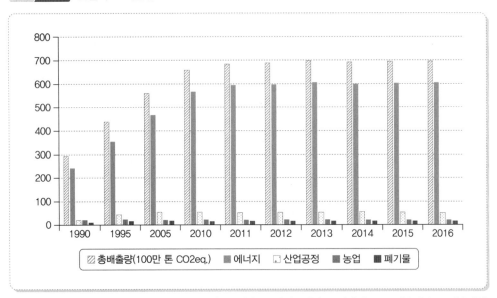

출처: 2018년 국가 온실가스 인벤토리 보고서, 온실가스종합정보센터, e나라지표, 국가온실가스 배출현황. http://www.index.go.kr/potal/main/EachDtlPageDetail.do?idx_cd=1464 검색일: 2019.7.12.
* CO₂ eq.: Carbon dioxide equivalent(이산화탄소 환산톤). 온실가스 종류별 지구온난화 기여도를 수치로 표현한 지구온난화지수(GWP, Global Warming Potential)에 따라 주요 직접온실가스 배출량을 이산화탄소로 환산한 단위
** 에너지 분야: 석유정제, 가정, 도로수송, 화학 등

의 도입, 환경오염세의 신설 등이 제시되고 있다(Fitzpatrick, 2016: 203).◇35 환경
문제는 사회적 웰빙과 직결되는 것이기 때문에 환경적 지표에 대한 목표설정과
체계적인 관리가 필요하다. 이와 관련하여 온실가스, 미세먼지 등의 공기 질, 수
질, 쓰레기 배출량 등의 지표를 살펴볼 필요가 있다. 첫째, 온실가스의 경우 한
국은 1990년 300만 톤이었으나 2005년에 600만톤 정도로 늘어났고 이후 증가
세가 둔화된 채로 유지되고 있다. 교토의정서에 목표치인 1990년 수준 이하인
5.3% 감축의 목표는 달성하고 있지 못하고 있다.

대기오염의 배출과 관련하여 국제적 비교를 보면 우리나라는 비교적 대기오
염 배출이 높은 지역에 속하며 오염지역 간의 편차도 큰 편이다. 특히 세계에서
오염이 심한 지역인 중국의 이웃나라이기 때문에 미세먼지 등 대기오염 배출의
영향을 받을 수도 있다(OECD, 2018: 65).◇36

대기오염 배출을 줄이기 위한 노력을 보면 수도권 등의 오염지역에서는 큰
효과가 없으나 전국 평균으로는 약 30% 정도의 대기오염 배출을 줄이기 위한
노력이 효과를 나타내고 있다. 앞으로 대기오염 물질의 배출을 줄이기 위한 사
회지출을 확대하고 예방적 보건지표와 대기오염에 대한 예방노력을 통합적으로
관리할 필요가 있다.

수질의 변화를 살펴보면 1990년대 낙동강 지역을 중심으로 수질이 악화되었
고, 1990년대 중반 이후 지속적인 노력으로 생물학적 산소요구량(BOD)이 3이
하로 떨어져 관리되고 있으나 더 개선될 여지는 남아 있다. 낙동강을 제외한 한
강, 금강, 영산강의 수질은 큰 변화가 없이 유지되고 있다.

그림 **4-21** 4대강 주요지점의 수질 현황

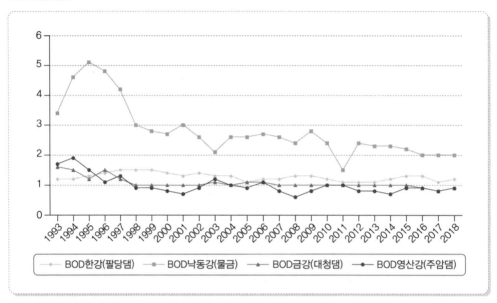

출처: 「전국수질평가보고서」, e나라지표, 4대강 주요지점의 수질 현황.
　　　http://www.index.go.kr/potal/main/EachDtlPageDetail.do?idx_cd=2788 (검색일: 2019.7.12.)
* BOD 1㎎/L 이하: 수질등급 "매우 좋음", BOD 2㎎/L 이하: 수질등급은 "좋음", BOD 3㎎/L 이하: 수질등급
　은 "약간 좋음"

　　　쓰레기 배출량을 살펴보면 1995년 이후 폐기물의 발생 및 처리량이 꾸준하
게 증가하고 있다. 건설폐기물이 가장 많고, 사업장 일반폐기물이 많은 비중을
차지하고 있으며, 생활폐기물은 안정적으로 유지되고 있다. 폐기물의 처리에서
는 처리 재활용이 가장 높고 처리매립, 처리소각, 해역배출 순으로 처리되고 있
다. 처리소각이 점차 증가하고 있으며 해마다 5만톤 이상의 폐기물이 재활용되
지 못하고 매립, 소각, 해양 배출되어 환경오염의 원인이 될 수 있다.

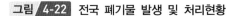

그림 **4-22** 전국 폐기물 발생 및 처리현황

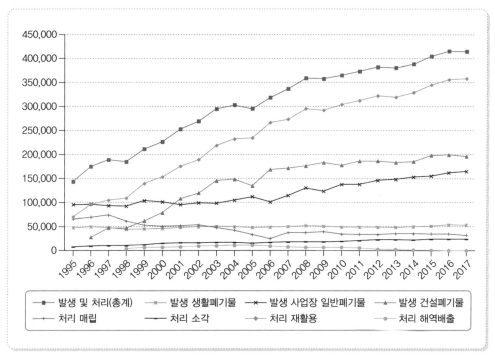

출처: 환경부 『전국 폐기물 발생 및 처리현황』, e나라지표. 생활, 사업장(일반, 건설) 폐기물 발생 및 처리현
황. http://www.index.go.kr/potal/stts/idxMain/selectPoSttsIdxSearch.do?idx_cd=1477 (검색일 2019.
7.12.)

향후 한국에서도 범정부적으로 환경적 목표치를 사회정책 영역별로 설정하
고 관리할 필요가 있으며, 깨끗한 공기와 수질의 확보를 위하여 사회적 투자를
확대하되, 국민보건에 대한 사회지출과 통합적으로 관리하여 사회적 삶의 질에
관한 지표에 반영할 필요가 있다. 또한 중국 등 주변국의 환경오염에 대하여 국
제적으로 문제를 제기하고 생태적 근대화를 위한 국제적 담론의 형성과 지구적
시민운동과 국내 환경운동 간의 연계를 지원할 필요도 있다.

보편적 복지국가의 이상을 실현하고자 하더라도 사회의 재원은 한정되어 있고 시장경제의 경쟁 속에서 개인별로 또는 계급과 계층 간의 삶의 질에서 차이가 존재할 수밖에 없다. 국가가 재정정책을 통하여 소득분배를 개선하는 역할을 할 수 있지만 일반적으로 여성이 남성보다 빈곤에 처할 가능성이 크고 전문직업의 종사자가 생산직 노동자에 비하여 소득과 생활수준이 높다. 경제적 수준의 차이로 인하여 생활수준과 교류하는 사람들의 차이가 발생할 수 있고 이는 사회적 분열을 야기하게 된다. 사회적 분열(social division)로 제시되는 대표적인 것으로 계급, 성, 인종을 들 수 있다. 서구에서는 역사적으로 자본주의의 발달에 따라 계급이 가장 먼저 사회적 문제가 되었고 1960년대 이후 신 사회운동이 일어나면서 성과 인종이 사회적 문제로 부각되었다(Wright, 2016).◇37 사회 내에 기존의 역사적 관습, 자본주의적 경쟁 등의 결과로서 사회적 분열이 존재할 수밖에 없지만 이렇게 형성된 분열된 집단들 간에 생활수준이나 가치관의 차이가 현저하여 인내할 수 있는 수준을 초과하게 되면 사회적 갈등을 야기하고 사회통합을 저해할 수 있다. 따라서 사회적 분열 아래서 각각의 집단들의 삶의 질에 있어 현실적으로 어떤 차이가 존재하고 사회정책을 통하여 완화할 수 있는 방법을 모색하는 것이 필요하다.

사회적 갈등은 사회 내에서 기관과 권력에 대한 투쟁이며, 계급, 인종, 젠더, 지역, 세대 등 다양한 유형이 존재할 수 있다. 첫째, 계급(class)은 칼 마르크스(Karl Marx)에 의하면 자본주의적 생산양식에서 발생한 것으로 생산수단의 소유 여부에 따라 결정되며, 자본가와 노동자 계급 간의 갈등으로 인하여 자본주의 체제가 붕괴할 것으로 보았지만 막스 베버(Max Weber)는 자본주의 체제 자체의 붕괴보다는 사회적 계급에 따라 직업이 달라지고 사회적 지위와 삶의 방식이 달라질 것으로 보았다. 막스 베버의 입장이 보다 현실적이라고 볼 수 있으며, 직업의 유형에 따라 다양한 사회경제적 유형이 존재할 수 있다. 영국 통계청의 사회경제적 분류에 관한 국가통계(National Statistics Socio-Economic Classification: NS-SEC)에 의하면 ① 대기업 고용주나 경영자 등 고위 관리적, 행정적, 전문적 직업, ② 낮은 수준의 관리적, 행정적 및 전문적 직업, ③ 중간매개적 직업, ④ 소규모 고용주 및 자영업자, ⑤ 낮은 수준의 관리직 및 기술직, ⑥ 약간 반복적인 직업, ⑦ 단순 반복적인 직업, ⑧ 무직자 및 장기실업자 등 8가지 사회경제적 계급이 존재하는 것으로 보고 있다(ONS, 2015).◇38 한국의 경우는 표준직업분류를 통하여 크게 관리자, 전문가 및 관련 종사자, 사무 종사자, 서비스 종사자, 판매 종사자, 농림어업 숙련 종사자, 기능원 및 관련 기능 종사자, 장치ㆍ기계조작 및 조립 종사자, 단순노무 종사자, 군인 등의 11개 직업군으로 분류하고 있다. 이들 직업군 간에는 임금수준 뿐만 아니라 문화나 가치관 등에서도 차이가 있을 수 있다. 같은 직업군 내에서도 신분이 안정적인 정규직과 비정규직 간에 갈등이 발생하고 있고, 사회적 통합을 저해하기도 한다.

둘째, 서구에서는 인종과 관련하여 갈등이 있었으나 한국은 단일민족 국가이기 때문에 인종적 갈등은 그다지 크지 않았다. 그러나 세계화에 따라 인구의 국제적 이동이 발생하고, 해외 혼인이 증가하여 한국 내에서도 개발도상국의 외국인 입국자와 다문화 가족에 대한 사회적 편견과 차별이 문제되기도 한다.

셋째, 젠더갈등으로서 한국은 전통적으로 가부장 중심적인 사회로서 남성 우위의 권위가 강조되었다. 그러나 여성의 교육수준의 향상에 따라 사회적 참여가 증가하게 되었고, 1990년대 이후 여성들이 양성평등 운동을 활발하게 전개하기 시작하였다. 그 결과 한국의 성불평등지수(Gender Inequality Index)는 2017년 기준으로 세계 10위권으로서 양호한 편이라 할 수 있다.◇39 다만, 여성의 정치참여나 경제활동 비율은 여전히 낮은 편이라 개선의 여지가 있다. 최근에는 탈산업화로 인하여 청년 실업 등의 문제가 발생하게 되자 남성과 여성 간에 일자리를 놓고 경쟁하게 되고 이로 인하여 인터넷 상에서 남녀 간의 상호 비방도 나타나고 있다. 남성은 여성들에게 군대에 가지 않는 대신에 사회적 약자로서 배려를 받고자 하는 것에 대하여 평등을 요구하기도 하고 여성은 남성들에게 군가산점 등에 대한 혜택을 폐지하고 공정한 경쟁을 요구하고 있다.

표 4-3 한국의 성불평등 지수(Gender Inequality Index) 현황

		2010	2011	2012	2013	2014	2015	2017
순위		20	11	27	17	23	10	10
대상 국가		138	146	148	152	155	188	189
점수		0.310	0.111	0.153	0.101	0.125	0.067	0.063
생식 건강	모성사망비	14.0	18.0	16.0	16.0	27.0	11.0	11.0
	청소년 출산율	5.5	2.3	5.8	2.2	2.2	1.6	1.6
여성 권한	여성의원비율	13.7	14.7	15.7	15.7	16.3	16.3	17.0
	중등교육 이상 받은 여성인구 비율(%)	79.4	79.4	79.4	77.0	77.0	88.8	89.8
	중등교육 이상 받은 남성인구 비율(%)	91.7	91.7	91.7	89.1	89.1	94.6	95.6
노동 참여	여성 경제활동참가율(%)	54.5	50.1	49.2	49.9	50.1	50.0	52.2
	남성 경제활동참가율(%)	75.6	72.0	71.4	72.0	72.1	71.8	73.2

출처: UNDP 「Human Development Report」, 통계청, e나라지표, 성불평등지수(GII) 현황, http://www.index.go.kr/potal/stts/idxMain/selectPoSttsIdxSearch.do?idx_cd=2842 (검색일: 2019.7.20.)
* 점수가 0이면 완전 평등(no inequality), 1이면 완전 불평등

넷째, 세대 간의 갈등을 들 수 있는데 인구고령화에 따라 노인인구가 증가하고 있고, 저출산 등으로 인하여 연금과 의료 등 청년세대들의 부담이 증가함에 따라 청년들이 노인들에 대한 존경심도 점차 감소하고 있다. 특히 복지확대를 위하여 국채를 발행하는 문제나 연금의 수급액과 연령의 결정은 미래세대에 대하여 어느 정도의 부담을 지울 것인 지의 문제와 관련되기 때문에 세대 간의 갈등의 문제로 비화되기도 한다.

다섯째, 지역 간의 갈등의 문제를 들 수 있다. 특히 지역주의 선거를 통하여 특정 지역이 특정 정당에 대하여 압도적 지지를 보내는 현상이 발생하고 집권한

정당은 해당 지역에 예산이나 고위관료 등의 임명에서 더 많은 배려를 하게 되고 이것이 지역적 갈등의 원인이 되기도 한다. 또한 혐오시설이나 위험시설 등을 자기 지역에 유치하는 것에는 반대하고 편의시설은 유치하려고 하는 지역 간 경쟁도 사회적 갈등을 유발할 수 있다.

이러한 사회적 갈등은 행위자들의 자제와 대화를 통하여 자연적으로 해소되기도 하지만 상호 합의를 이루지 못하고 대립이 격화되는 경우는 사회적 통합을 저해할 수 있으므로 국가에 의한 갈등의 조정이 필요하다. 우선 계급 간의 갈등은 정부의 사회정책에 의하여 소득분배를 개선하고 교육을 통하여 계층 간의 이동의 수단을 지원함으로써 사회적 통합을 어느 정도 달성할 수 있다. 인종 간의 갈등은 국민국가의 형성을 통하여 발전되어 온 시민권(citizenship)을 어디까지 인정할 것인지의 문제로서 정체성의 정치(politics of identity)를 불러일으키게 된다(Dryzek and Dunleavy, 2009: 191-198).◇40 시민권의 범위를 정하면서 과거에는 분리의 수단을 사용하였다면 최근의 자유민주주의 국가에서는 다원적 문화주의의 방식을 적용하여 다른 사회로부터 이민 온 소수의 민족이나 인종들이 자신들의 고유한 문화를 유지하도록 하고 사회 내의 다양성을 존중한다. 이와 함께 다민족 국가에서는 민족 집단 간에 대 연정(grand coalition), 분파적 자율성, 비례적 대표성, 소수의 거부권 등을 결합하여 협의민주주의의 방식을 적용하기도 하고(Lijphart, 2000),◇41 다양한 인종 집단들 간에 사회적 담론을 조직함으로써 적대적 관계가 아닌 논쟁(agonism)적 관계 속에서 상대방의 정체성을 인정하도록 하는 의사소통적 접근방식이 있다. 한국 사회에서 가장 문제되는 갈등은 동일한 가치의 노동임에도 직업적 신분의 차이로 인하여 발생하는 정규직과 비정규직 간의 차별, 저출산과 인구고령화로 인하여 발생할 수 있는 세대 간의 갈등, 환경문제나 사회간접자본 등의 유치와 관련된 지역 간의 갈등을 들 수 있다. 정부는 강력한 국가능력을 활용하여 이러한 갈등의 요인들을 사전에 사회적 담론과 참여적 정책과정을 통하여 적극적으로 포용함으로써 사회적 통합을 확보할 필요가 있다.

주 석

◇1 Alcock, Pete, Tina Haux, Margaret May and Sharon Wright (eds.), 2016. the Student's Companion to Social Policy. Wiley Blackwell Press. pp. 183-240.

◇2 한국경제 60년사 편찬위원회. 2010. 한국경제 60년사 V. 사회복지.

◇3 통계청. 2019. 장래인구특별추계: 2017~2067년, 인구를 추계하는 가정으로 고위, 중위, 저위 가정으로 나누어 볼 수 있다.

◇4 United Nations. 2019. World Population Prospect.

◇5 통계청. 2017. 장래인구특별추계: 2017~2067년.

◇6 부양비(dependency ratio)는 유소년부양비와 노년부양비의 합이며, 유소년부양비는 생산연령인구(15~64세)에 대한 유소년인구(0~14세)의 비율이고, 노년부양비는 생산연령인구(15~64세)에 대한 고령인구(65세이상)의 비율이며, 노령화 지수(aging index)는

$$\frac{고령인구(65세 \ 이상)}{유소년인구(0~14세)} \times 100 \ 로 \ 측정된다.$$

◇7 Meier, Volker and Martin Werding. 2010. Ageing and the Welfare State: Securing Sustainability. Oxford Review of Economic Policy, 26(4): 655-673.

◇8 국회 예산정책처. 2018. 2018 NABO 중기 재정전망: 2018~2027. 총수입 중 국세수입 전망을 위해 가정한 주요 정책변화는 근로장려금(EITC) 및 자녀장려금(CTC) 지급 확대, 종합부동산세 세율 인상 등 2018년 세법개정안에 포함된 항목이며, 총지출 전망에 포함된 주요 정책변화는 기초생활보장 확대, 건강보험 및 고용보험 보장성 강화, 기초연금의 기준연금액 인상, 장애인연금의 기초급여액 인상 등이 있다.

◇9 국회 예산정책처. 2018. 2018 NABO 중기 재정전망: 2018~2027. 예산정책처의 중기재정전망(2018-2027)은 2017년과 2018년 합계출산율은 1.05명, 2019~2027년의 합계출산율은 2015년 인구총조사를 바탕으로 통계청의 인구추계(2015~2027)의 저위가정을 반영한 인구수를 기준으로 작성한 것임.

◇10 김경수·허가형·김윤수·김상미. 2018. 우리나라 저출산의 원인과 경제적 영향. 국회 예산정책처 경제현안분석 94호. 이 연구는 통계청의 2015년 인구 총조사를 이용한 2016년 인구추계를 기반으로 작성하였으며, 출산율 1.05 시나리오에서 20세 이상 인구수는 2035년까지 기준시나리오와 동일하지만 GDP는 향후 인구 감소에 반응하여 0.6%가 감소한다. 2060년에는 20세 이상 인구수가 4.5%가 감소하지만, GDP는 5.0%가 줄어드는 것으로 나타났다.

◇11 増田寬也. 2014. 地方消滅 東京一極集中が招く人口急減. 中央公論新社; 이상호. 2018. 한국의 지방소멸 2018. 2013~2018년까지의 추이와 비수도권 인구이동을 중심으로. 고

용동향브리프 7월. 한국고용정보원. 어떤 지역 혹은 공동체의 '소멸위험지수' = (20-39세 여성인구 수 / 65세 이상 고령인구 수)로 측정할 수 있는데, 소멸위험지수 값이 1.0 이하(즉, 20-39세 여성인구가 65세 이상 고령인구 수 보다 적은 상황)로 하락하는 경우, 해당 지역은 인구학적으로 쇠퇴의 단계에 진입하게 되고, 지수가 0.5 이하(즉, 20-39세 여성인구가 65세 고령인구의 절반 미만)일 경우 특단의 조치가 마련되지 않는 한 소멸위험이 크다는 것을 의미한다. 소멸위험 지수로 볼 때 1.5이상이면 소멸위험이 매우 낮고, 1.0~1.5미만이면 보통, 0.5~1.0미만이면 주의, 0.2~0.5미만이면 소멸위험진입, 0.2미만이면 소멸고위험 지역으로 분류된다. 위 기준에 의할 경우 2018년 소멸고위험 지역으로 분류된 기초지방자치단체는 의성군, 고흥군, 군위군, 합천군, 남해군, 청송군, 영양군, 청도군, 봉화군, 영덕군, 신안군 등 11개이다.

◇12 지방자치법 시행령 제73조(부시장·부지사 등의 수와 직급 등), 동 규정에 의하면 특별시의 부시장은 3명, 광역시·특별자치시의 부시장과 도 및 특별자치도의 부지사는 2명(인구 800만 이상의 광역시 및 도는 3명)으로 하고(제1항), 행정부시장과 행정부지사의 경우 서울특별시는 정무직(차관급)으로 광역시·특별자치시·도와 특별자치도의 경우에는 「국가공무원법」 제2조의2에 따라 고위공무원단에 속하는 일반직공무원으로 보하되, 그 직무등급(가급 및 나급)은 행정안전부령으로 정하도록 하였다. 또한, 지방공무원으로 보하는 부시장·부지사(정무부시장 또는 정무부지사)는 특별시의 경우에는 정무직 지방공무원으로, 광역시·특별자치시·도와 특별자치도의 경우에는 별정직 1급 상당 지방공무원 또는 지방관리관(1급)으로 보하도록 하였다. 한편, 시·군과 자치구의 부시장·부군수 및 부구청상의 직급은 다음의 기준에 따르는데 1. 인구 10만 미만의 시·군 및 광역시의 자치구: 지방 서기관(4급), 2. 인구 50만 미만의 특별시의 자치구와 인구 10만 이상 50만 미만의 시·군 및 광역시의 자치구: 지방 부이사관(3급), 3. 인구 50만 이상의 시·군 및 자치구: 지방 이사관(2급)으로 보하도록 하였다.

◇13 McDonald, Peter. 2006. Low fertility and the state; the efficacy of policy. Population and Development Review, 32(3).

◇14 Farnsworth, Kevin and Zoë Irving. 2016. The Economic Context. in Pete Alcock, Tina Haux, Margaret May and Sharon Wright (eds.), the Student's Companion to Social Policy. Wiley Blackwell Press. p. 193.

◇15 통합재정수지란 당해 연도 통합재정수입에서 통합재정지출을 뺀 것으로 총수입-총지출과 같다. 구체적인 산출방식은 정부가 재정활동을 통하여 민간영역에 미치는 영향을 통합적으로 파악하기 위하여 민간과의 대출·상환 차액 및 공기업의 영업활동 수지 차액을 반영하며 중간 계산과정에서 수입과 지출은 서로 상계하지 않고 대출액과 영업지출은 총지출에 상환액과 영업수입은 총수입에 반영하고 있다. 한편 관리재정수지는 국민연금기금, 사립학교교직원연금기금, 고용보험기금, 산업재해보상보험및예방기금

등 사회보장성 기금의 수지를 제외한 수지를 말한다. 사회보장성 기금은 장기적인 관점에서 관리되므로 당해 연도의 재정활동으로 보기에는 어려움에 있으므로 이를 제외하고 단년도 재정활동의 내용을 판단한다. 한편 기초재정수지는 정부부채로 인한 이자지급액과 정부자산에서 발생한 이자수입을 차감한 수지로서 정부부채가 급격하게 증가하는 경우에 이에 대한 이자부담이 문제되기 때문에 이를 관리하기 위하여 도입된 개념이다.

◇16 한국경제60년사 편찬위원회. 2010. 한국경제60년사 V: 사회복지. pp. 537-574.

◇17 OECD. 2018. Towards Better Social and Employment Security in Korea, Connecting People with Jobs, OECD Publishing, Paris. http://dx.doi.org/10.1787/9789264288256-en pp. 37-38.

◇18 박상인. 2017. 왜 지금 재벌개혁인가: 박정희 개발체제에서 사회통합적 시장경제로. 미래를소유한사람들. p. 56. 대기업-중소기업 간의 임금격차 문제의 본질은 재벌의 경제력 집중과 약자의 재산권보호의 미비에 있기 때문에 재벌지배의 경제구조를 개혁하고 한국 경제를 혁신형 시장경제로 전환해야 한다는 주장을 제시하고 있다.

◇19 OECD. 2018. Towards Better Social and Employment Security in Korea, Connecting People with Jobs, OECD Publishing, Paris. http://dx.doi.org/10.1787/9789264288256-en p. 33.

◇20 양재진. 2018. 한국 복지국가의 어제와 오늘. 안병영외. 복지국가와 사회복지정책. 다산출판사. p. 154.

◇21 Saunders, Peter. 2010. Inequality and Poverty. in Francis G. Castles, Stephan Leibfried, Jane Lewis, Herbert Obinger and Christopher Pierson. (eds.), The Oxford Handbook of the Welfare State. Oxford University Press. p. 526.

◇22 Rowntree, B. S. 1901. Poverty: A Study of Town Life: London: MacMillan; Alcock, Pete. 2016. Poverty and Social Exclusion. in Pete Alcock, Tina Haux, Margaret May and Sharon Wright (eds.), the Student's Companion to Social Policy. Wiley Blackwell Press. p. 236; 김태성·손병돈. 2002. 빈곤과 사회복지정책. 청목출판사. pp. 18-19.

◇23 Townsend, Peter. 1979. Poverty in the United Kingdom. London: Allen Lane; 김태성·손병돈. 2002. 빈곤과 사회복지정책. 청목출판사. p. 27.

◇24 Alcock, Pete. 2016. Poverty and Social Exclusion. in Pete Alcock, Tina Haux, Margaret May and Sharon Wright (eds.), the Student's Companion to Social Policy. Wiley Blackwell Press. pp. 237-238.

◇25 이준구·조명환. 2016. 재정학. 문우사. pp. 236-238.

◇26 Atkinson, A.B. 1970. On the measurement of inequality. Journal of Economic Theory, 2(3): 244-263.

◇27 OECD. 2008. Growing Unequal? Income Distribution and Poverty in OECD Countries. Paris: OECD.

◇28 Sanders, Peter. 2010. Inequality and Poverty. in Francis G. Castles, Stephan Leibfried, Jane Lewis, Herbert Obinger and Christopher Pierson. (eds.), The Oxford Handbook of the Welfare State. Oxford University Press. pp. 532-534.

◇29 ILO. 2008. World of Work Report 2008 - Income inequalities in the age of financial globalization. Geneva: International Labour Office. https://www.ilo.org/global/publications/ilo-bookstore/order-online/books/WCMS_100354/lang-en/index.htm 검색일: 2019.7.20.

◇30 Dryzek, John S. and Patrick Dunleavy. 2009. Theories of the Democratic State. Palgrave macmillan. p. 245.

◇31 Fitzpatrick, Tony. 2016. The Sustainability Challenge. in Pete Alcock, Tina Haux, Margaret May and Sharon Wright (eds.), the Student's Companion to Social Policy. Wiley Blackwell Press. pp. 200-201.

◇32 Ophuls, Williams. 1977. Ecology and Politics of Scarcity. San Francisco: W.H. Freeman.

◇33 Dryzek, John S. and Patrick Dunleavy. 2009. Theories of the Democratic State. Palgrave macmillan. pp. 262-267.

◇34 Giddens, Anthony. 1998. The Third Way: The Renewal of Social Democracy. Polity Press. pp. 57-58.

◇35 Fitzpatrick, Tony. 2016. The Sustainability Challenge. in Pete Alcock, Tina Haux, Margaret May and Sharon Wright (eds.), the Student's Companion to Social Policy. Wiley Blackwell Press. p. 203.

◇36 OECD. 2018. OECD Regions and Cities at a Glance 2018. https://www.oecd-ilibrary.org/governance/oecd-regions-and-cities-at-a-glance-2018/environment_reg_cit_glance-2018-23-en. p. 65.

◇37 Wright, Sharon. 2016. Divisions and Difference. in Pete Alcock, Tina Haux, Margaret May and Sharon Wright (eds.), the Student's Companion to Social Policy. Wiley Blackwell Press. p. 220.

◇38 Office of National Statistics. 2015. UK National Statistics Socio-Economic Classification.

◇39 성불평등지수(Gender Inequality Index)는 유엔개발계획(UNDP)가 2010년부터 각 국의 성불평등성을 측정하기 위하여 새로 도입한 지수로서 출산 건강(Reproductive health), 권한(Empowerment), 노동 참여(Labour market) 3개 부문에서 모성 사망비, 청소년 출산율, 여성의원 비율, 중등 이상 교육받은 인구, 경제활동 참가율 등 5개 지표를 통해 측정한다.

◇40 Dryzek, John S. and Patrick Dunleavy. 2009. Theories of the Democratic State. Palgrave macmillan. pp. 191–198.

◇41 Lijphart, Arend. 2000. Varieties of Nonmajoritarian Democracy. In Markus M. L. Crepaz, Thomas A. Koelbe, and David Wilsford, (eds.), Democracy and Institutions: The Life Work of Arend Lijphart. Ann Arbor: University of Michigan Press, pp. 225–246.

생각해 볼 문제

① 인구구조의 변화는 복지국가에 어떤 영향을 미치는가? 한국 사회에서 심각한 저출산 현상이 발생하는 원인은 무엇이며, 이를 해결하기 위하여 정부가 시도한 대책들이 목표를 달성하지 못한 원인에 대하여 설명해 보시오. 저출산 문제의 해결을 위하여 기존 발전국가 체제의 접근 방식과는 다른 대안은 없는가?

② 경제성장은 복지국가의 발전에 필요조건이지만 충분조건은 아니라는 주장에 대하여 한국의 경제발전과 복지국가의 성장과의 관계에서 설명해 보시오.

③ 한국 노동시장의 구조가 어떻게 형성되어 있는지에 대하여 설명해 보시오. 대기업의 일자리가 줄어드는 대신에 중소기업의 일자리는 늘어나는 현상과 노동조합의 조직율이 감소하는 현상은 복지국가의 성장에 어떤 영향을 미치는가?

④ 현대사회에서 환경문제가 복지국가와 어떤 관계에 있으며, 환경문제에 대하여 국가가 사회정책적으로 대응해야 하는 이유에 대하여 설명해 보시오.

⑤ 빈곤의 개념과 측정방법은 무엇이며, 한국 사회의 빈곤은 어떤 특징을 지니고 있는가? 빈곤과 사회적 불평등은 어떤 관계에 있으며, 사회적 불평등을 측정하는 방법에 대하여 설명하시오.

읽을거리

영국 사회정책의 맥락과 도전과제에 대해서는 「Pete Alcock, Tina Haux, Margaret May and Sharon Wright (eds.), 2016. the Student's Companion to Social Policy. Wiley Blackwell Press.」의 Part V., 인구고령화의 영향에 대해서는 「Volker Meier and Martin Werding. 2010. Ageing and the Welfare State: Securing Sustainability. Oxford Review of Economic Policy, 26(4): 655-673.」, 저출산의 원인과 정책에 관해서는 「Peter McDonald. 2008. Very Low Fertility: Consequences, Causes and Policy Approaches. The Japanese Journal of Population, 6(1): 19-23.」, 최근 한국 노동시장의 분석에 대해서는 「OECD. 2018. Towards Better Social and Employment Security in Korea, Connecting People with Jobs, OECD Publishing, Paris. http://dx.doi.org/10.1787/9789264288256-en.」, 빈곤의 개념과 측정에 대해서는 「Rowntree, B. S. 1901. Poverty: A Study of Town Life: London: MacMillan.」, 「Townsend, Peter. 1979. Poverty in the United Kingdom. London: Allen Lane.」 「김태성 · 손병돈. 2002. 빈곤과 사회복지정책. 청목출판사.」 등이 있다.

복지국가의 정책과정

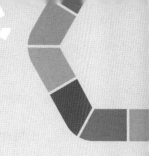

5 복지국가의 정책과정

복지국가에서는 사회의 다양한 계층에 대하여 합의되고 정의된 기준에 따라 재원을 배분하는 의사결정이 반복적으로 이루어진다. 아래에서는 정책과정모델에 따른 투입, 목표설정, 정책결정, 정책기획, 정책정당화, 정책집행, 정책평가 및 환류, 정책수단에 대하여 살펴보고자 한다.

제 1 절   정책과정모델

1. 정책과정의 의의

정책과정(policy process)이란 정책 아이디어가 집행되고 효과를 나타낼 수 있는 실제적 정책으로 전환되는 체계(system)를 의미하며(Birkland, 2015: 25),◇1 정책과정모델(policy process model)은 공공정책의 개발에 영향을 미치는 정책의 제형성, 정책결정, 정책집행, 정책평가 등 일련의 활동들의 논리적 순서를 말한다. 정책과정을 정적이고 분리된 과정으로 보는 입장도 있지만 각각의 단계별로 겹치면서 환경으로부터 동태적이고 연속적으로 영향을 받는 과정으로 보는 것이 타당하다(Bochel, 2016: 300).◇2 구체적으로 정책과정을 어떻게 설계할 것인지에 대해서는 다양한 견해들이 제시되고 있고, 국가에 따라 정책과정의 형태도 다르다. 대표적으로 민주주의와 시민참여가 활성화된 사회에서는 투입 측면이 강조되지만 시민사회의 발전이 낮은 사회에서는 정치행정체제에 의한 산출기능이 보다 강조된다. 예를 들어 미국의 정책과정 모델에서는 체계이론의 영향을 받아 시민사회로부터 사회문제에 대한 다양한 요구들이 반영되는 정책 사이클을 강조하며 ① 의제설정(agenda setting), ② 정책형성(policy formation), ③ 정책정당화(policy legitimation), ④ 정책집행(policy implementation), ⑤ 정책 및 사업평가(policy and program evaluation), ⑥ 정책변화(policy change)의 모델을 제시하거나(Kraft and Furlong, 2015: 86),◇3 ① 이슈등장, ② 의제설정, ③ 대안선택, ④ 입법화, ⑤ 집행, ⑥ 평가 등의 6단계 정책과정 모델을 제안하기도 한다(Birkland, 2015: 26).◇4 이러한 정책과정은 사회문제로부터 정책문제가 되는 정책의제설정이론, 합리적 대안을 선택하는 정책결정론과 정책분석론, 구체적인 정책을 집행하고 평가하는 정책집행론과 정책평가론을 포함하고 있다(정정길외, 2014: 14-15).◇5 정치행정체계의 산출기능이 강조되는 한국의 경우에는 국가의 목표설정 기능이 보다 중요하고 정치행정일원론에 따라 ① 목표설정, ② 정책결정, ③ 기획, ④ 조직화, ⑤ 동작화, ⑥ 평가, ⑦ 시정조치 등으로 이루어진 행정의 7대 과정론이 제안되기도 하였다(박동서, 1997: 31-66).◇6 한국행정의 7대 과정론은 순수하게 정책과정론은 아니며, 정책과정과 행정조직 및 행정관리 과정을 결합한 종합적인 모델이라 볼 수 있다. 한국 행정의 7대 과정 중에서 동작화는 정책과정의 측면보다는 인적자원관리의 측면이 강하므로 정책과정에서는 제외하고, 본서에서는 복지국가의 정책과정을 ① 투입, ② 목표설정, ③ 정책결정, ④ 정책기획, ⑤ 정책정당화, ⑥ 정책집행, ⑦ 정책평가 및 환류 등 7단계의 순수한 정책과정에 행정 관리적 측면의 조직화를 추가하여 고찰하고자 한다.◇7 이 모델에서는 기존의 국가주도의 목표설정에다 사회로부터 투입의 측면을 포함함으로써 민주적 의제설정 기능을 강조하고, 강한 국가능력을 활용하여 목표설정 및 정책결정 기능을 강조한다는 점에서 미국의 정책과정 모델과도 구별된다.

2. 정책과정의 행위자

정책과정에는 다양한 행위자들이 참여한다. 특히 국가에 의하여 직접적으로 서비스가 제공되던 시대에서 시장과 제3섹터 등으로 행위자가 확대됨에 따라 참여하는 행위자는 더욱 더 증가하였고, 복잡한 네트워크 형태로 변화하게 되었다. 앞에서 사회정책의 정책과정을 7단계로 나눌 때 각각의 단계에서 참여하는 행위자들이 다를 수 있다. 사회정책의 과정도 정치 행위의 본질인 사회적으로 가치를 권위적으로 배분하는 과정으로 볼 수 있고, 이러한 과정은 환경으로부터 투입에 대하여 일정한 과정과 절차를 거쳐 산출(output)이 이루어지는 체계 (system)로 볼 수 있다(Easton, 1965).◇8 사회정책과정에서 각각의 역할을 수행하는 행위자(actors)로는 행정수반과 정치적 집행부, 입법부, 관료제, 정당, 이익집단, 시민단체, 정책전문가집단과 지식인, 매스미디어, 일반 국민 등이 제시되고 있다(정무권, 2018: 183–201).◇9 그러나 정책과정을 단계적으로 분석할 경우에는 각각의 단계와 수준에 따라 참여하는 행위자의 유형이 달라질 수 있으므로 여기서는 정책의제설정, 정책결정, 정책집행, 정책평가로 나누어 참여하는 행위자를 살펴보고자 한다.

(1) 정책의제설정의 행위자

정책의제설정은 해결해야 될 사회문제를 찾아내어 정의하고 제도적 해결방안을 찾아내는 과정으로서 정치적 행위자와 언론의 역할이 중요하다. 선거를 통한 의제설정은 민주주의 국가에서 주기적으로 반복되는 과정이며 정치인과 국회, 정당, 전문가 집단과 싱크탱크, 언론이 중요한 행위자로 등장한다. 우선 정치인은 선거에서 승리하기 위하여 유권자에게 지지를 얻을 수 있는 공약을 준비한다. 특히 대통령 선거과정에서 제기된 집권 여당의 공약들은 선거 이후에 인수위원회를 통해 국정과제로 정리되며, 이는 행정부의 예산편성과 배분, 법안의 제정 등에 있어 중요한 목표가 되며, 5년의 임기 동안 자체적인 평가 및 국정평가 기관을 통하여 제대로 이행되고 있는지 여부를 점검하게 된다. 따라서 대통령 선거과정에서 참여한 정책참모들로 구성된 인수위원회는 대통령의 재임기간 동안 수행해야 할 중요한 목표를 결정하는 정책의제설정기능을 담당하고 있다고 할 수 있다. 또한 국회는 정치인이 유권자의 요구를 매개하여 법률과 예산으로 반영되도록 하는 장의 역할을 수행하는데 후보자와 정당이 제기한 문제에 대하여 구체적인 해결책을 마련하는 역할을 하며, 상임위원회, 예산특별위원회 등의 의사결정 조직이외에 예산정책처, 입법조사처, 법제실 등의 다양한 지원조직들이 의원들의 의뢰나 자체적인 이슈제기를 통하여 정책의제 설정 기능을 담당한다. 정당은 선거과정에서 정당의 정책과 공약을 제시하는 역할을 하는데 정당의 정책연구소에서 유권자의 관심을 유발시키는 정책들을 공약에 포함시키고 이를 선거과정에서 홍보함으로써 선거에서 승리하게 되면 정책의제로서 채택되도록 한다. 한편, 언론은 취재활동을 통하여 정치인이나 정당이 제기한 이슈들을 국민들에게 알리고 전문가들을 통하여 평가하여 국민들에게 제안하는 역할을 수행하는데, 언론에 노출되는 정도가 강할수록 국민들에게 쟁점의 집중(issue attention)이 발생하게 되고 정책의제로 될 가능성이 높아지게 된다(Baumgartner and Jones, 1993).◇10

(2) 정책결정과정의 행위자

사회정책의 정책결정과정의 행위자는 국가의 헌법과 법률에 의한 제도적 권한에 따라 주도적 행위자가 다를 수 있다. 대통령중심제를 채택하고 있는 우리나라에서는 행정수반으로서 대통령과 이를 보좌하는 관료제의 권한이 강하다. 특히, 헌법상 국회는 예산안에 대한 심의확정권, 법률안에 대한 제안, 심의의결권을 지니고 있을 뿐이고 예산안에 대한 편성과 법률안제안권은 행정부가 주도적으로 행사하고 있다. 국회에서의 예산심의, 법률안 심의 및 확정도 행정부가 제안한 안건을 중심으로 보완하는 차원에서 논의가 이루어지고 있기 때문에 정책결정의 중요한 행위자는 대통령과 청와대의 수석, 비서관 등의 참모, 국무총리실, 기획재정부, 행정안전부 등 중앙관리기구의 통제 하에 행정각부의 고위관료제로 볼 수 있고, 심의과정에서 국회 상임위원회의 위원장, 국회사무처 소속의 관료인 수석전문위원과 전문위원, 의안의 내용을 실질적으로 결정하는 소위원회에 참여하는 각 당의 간사 의원, 여당의 대표나 정책위원장 등이 영향을 미칠 수 있다. 신문과 방송 등의 언론은 정책결정과정 중에서 공개된 내용을 공론장에 소개하고 그에 대한 사회 내의 전문가의 의견을 전달하는 기능에 머무르므로 실질적으로 정책결정에는 영향을 미치고 있다고 보기는 어렵다. 한국의 정책결정과정은 이처럼 행정부와 국회의 소수의 엘리트의 관계망을 통해 이루어지므로 이를 핵심적 의사결정을 담당하는 핵심 행정부(core executive)로 볼 수 있고 행정부와 국회의 주요한 직위를 중심으로 연결망을 형성하고 있다(Rhodes and Dunleavy, 1995; 정용덕외, 2014: 215, 311).[11] 그러나 이외에도 실질적으로 국민의 권리 의무에 중요한 영향을 미칠 수 있음에도 법률에서 그 권한을 행정부에 위임한 결과 행정부가 사회적 전문가와 함께 의사결정을 담당하는 경우도 있다. 대표적으로 건강보험의 적용 대상과 수가를 결정하는 건강보험정책심의위원회와 국민연금에 관한 기본정책을 심의 의결하는 국민연금정책심의위원회를 들 수 있다. 건강보험정책심의위원회는 보건복지부 차관이 위원장으로 있으면서 건보공단과 의료계의 일차적 협상이 실패하는 경우 가입자, 공급자, 정부(공익) 대표 등과 함께 건강보험의 수가를 결정하고, 법률에서 위임된 범위 내에서 건강보험의 적용범위, 보험료율 등과 같은 중요한 사항을 결정하고 있다.

(3) 정책집행과정의 행위자

결정된 정책을 집행하는 과정에서는 중하위직 관료, 지방자치단체, 행정 각부의 산하기관으로서 공공기관, 민간의 비영리단체 등이 중요한 행위자로 등장한다. 정책결정과정을 통하여 국정과제가 결정되고, 이를 실행하기 위한 기본계획과 관련 법안들이 확정되면 이를 실행하는 것은 중앙부처의 중하위 관료들의 몫이 된다. 물론 고위관료 수준에서 큰 범위 내에서 예산배분에 대한 하향식 정책조정이 있지만 구체적으로 기획재정부와 예산협의를 하고 받아 낸 예산을 지방자치단체, 산하기관, 비영리 조직 등에 배분하는 것을 결정하는 것은 중앙부처의 국과장의 권한이다. 또한 사업 실행의 법적 근거를 마련하기 위하여 법안을 제개정하기 위하여 관련 부처와 협의하고 법제처 등의 심사를 거쳐 국회에 제출하거나 의원발의 입법을 통해 특정한 사안에 대하여 법안을 제안하는 것도 중앙부처의 실무 책임자들이 담당하는 역할이다.

이렇게 제도와 예산이 결정되고 나면 예산을 집행하는 것은 사업의 성격에 따라 지방자치단체, 산하기관, 민간단체에 대한 보조금으로 하거나, 중앙정부가 직접적으로 시범사업으로 운영하거나 「보조금관리에 관한 법률」에 의하여 보조 사업을 받은 기관이 다시 2차 보조사업자를 선정하여 시행하는 과정을 거치게 된다. 지방자치단체에게 보조금을 지급하는 경우에는 지방정부가 재정적 능력에 따라 일정 부분을 부담하게 되는 매칭(matching)제를 적용하는 것이 일반적이다. 예산집행과 관련된 제도로 「국가재정법」, 「보조금 관리에 관한 법률」과 보조금 의 집행과 관련된 기획재정부의 지침 등이 있다. 실제로 지역에 정책이 집행되 는 과정에서는 지방자치단체에 대한 전반적인 관리감독을 행정안전부가 담당하 고 기타 중앙정부 부처별로 산하기관인 공공기관이나 비영리민간단체가 별도의 경로를 통하여 예산지원을 받기 때문에 지역사회에서는 더욱 다양한 행위자들이 국민들에게 공공서비스를 제공하게 되며 통합적이고 조정적인 서비스를 제공하 기 위한 방법들로서 읍면동 주민센터의 기능개편, 공동기안 등 협업 행정의 확 대 등이 제안되고 있으나 중앙정부가 분절된 상태 하에서 주민들에게 서비스를 제공하는 일선 관료제들에게만 통합을 강조하기에는 한계가 있다고 할 수 있다.

제2절   투   입

투입은 환경으로부터 정치체계에 대하여 해결되기를 요구하거나 지지하는 것으로 정치체계를 계속 작동하게 하는 것이다(Easton, 1957: 385).[12] 투입은 환 경으로부터의 정치체계에 대한 요구(demand)와 정치체계 내에서의 지지 (support)로 나눌 수 있다. 요구는 사회적으로 충분히 만족하지 못한 사람들에게 의하여 제기되는 것으로 자원의 유한성 때문에 가치의 권위적 배분 역할을 하는 정치체계에 요구된다. 한편 지지(support)는 정치체계의 내부로부터 발생하는 것으로서 사회적 요구가 정치체계 내의 정책과정을 통하여 긍정적인 정책으로 전환되기 위하여 구성원들을 결속하게 하고, 정치체계의 정당성에 대한 교육, 처벌과 보상, 목표와 규범에 대한 의사소통 등의 정치화를 통하여 확보된다. 투입의 대표적인 예로서 선거결과, 공공여론, 선출직 또는 고위 공직자에 대한 의사소통, 이익집단의 활동, 언론매체 등을 들 수 있다(Birkland, 2015: 49-53).◇13 첫째, 선거결과는 민주국가에서 가장 보편적인 정치적 참여형태이며, 공약과 연계된 선거결과는 향후의 정책형성에 지침이 될 뿐만 아니라 선거과정에서 확실하게 논의가 이루어지고 구체적으로 확인할 수 있는 경우에는 특정 정책을 추진하도록 의무(mandate)를 부여한 것으로 볼 수 있다. 투입의 한 유형으로서 선거결과가 정책과정에 미치는 영향은 정체에 따라 다를 수 있는데 대통령제 국가에서는 의회선거 보다는 대통령선거의 결과가 보다 중요한 영향을 미치게 되고, 의원내각제 국가에서는 의원선거를 통하여 선택된 정당에 의하여 정부정책이 형성된다. 미국과 같이 대통령 선거와 상하원선거가 주기적으로 시행되는 국가에서는 선거에 의한 유권자의 투입기능이 더욱 강화될 수 있지만 4년 단위로 치러지는 의원내각제 국가에서는 집권 정당에 의한 책임성이 보다 강조된다. 그러나 유권자가 투표하는 것은 반드시 특정 정책이나 이슈에 대하여 투표하는 것이 아니라 후보자나 정당의 이념에 대하여 투표하므로 특정 정책과 선거결과의 직접적인 연관성은 입증하기가 어렵다. 둘째, 특정 정책에 대한 국민여론을 들 수 있는데 민감한 정책의 경우 국민의 지지도를 조사하고 그 결과에 따라 정책의 추진 여부를 결정할 수 있다. 이는 평상시에도 국민의 뜻을 정책에 반영할 수 있는 수단으로서의 의미를 지니고 있다. 한국의 경우 언론사, 전문 여론조사 기관 등에 대하여 주요 정책이나 대통령의 지지도에 대한 조사가 주기적으로 이루어지고 있고 그 결과를 참고하여 정책의 추진여부를 결정한다. 셋째, 이익집단이나 시민단체의 활동으로서 정부정책에 대한 비판, 의정활동 감시, 입법청원 등을 활용하여 자신들의 소망사항을 정책에 반영하도록 요구하거나 압력을 행사할 수 있다. 다원주의 국가에서는 이러한 이이집단의 활동이 활성화되어 있으나 한국의 경우는 기업과 노동 분야에서 소수의 조직화된 단체(전경련, 한국 노총, 민주노총)를 통하여 의견이 전달되고 있고, 공익적 시민단체의 경우는 비영리적인 성격을 지니고 있으며 특정 정책에 대하여 비판하거나 의정감시, 공명선거 및 정책 활동을 통하여 자신들의 의견을 투입하고 있다. 넷째, 정치체계에 의하여 산출된 정책에 대한 평가를 통하여 긍정적 또는 부정적 피이드백이 다시 정치체계로 투입됨으로써 정책과정에 영향을 미칠 수 있다.

　　사회적 요구가 있다고 하여 모두 정책의제로 되는 것은 아니며, 어떤 사회적 이슈가 정책의제가 되는지 여부는 사회 내에서 문제(problem), 정책(policy), 정치(politics)의 독립적인 활동의 흐름들(streams)이 상호 일치할 때 발생한다 (Kingdon, 1995).◇14 의회 중심의 정책관련 다양한 행위자와 언론 등을 매개한 정책의제의 형성은 미국의 현실을 이론화한 것이며 국회가 주도권을 지니고 있지 않은 한국에서는 대통령 선거에서 국민의 지지를 얻기 위하여 공약을 제안하고 집권한 정치 엘리트가 공약들을 정부의 국정과제로 선정하여 실행함으로써 이루어지는 것이 일반적이다. 평상시에는 언론 보도를 통한 여론의 변화에 따라 집권여당과 청와대 집권세력의 지시를 통해 관료제가 대안을 마련하고 법안이나 예산을 통해 국회에 승인을 받는 과정으로 전개된다. 예를 들자면 소득활동이 있어 기초생활수급자가 되지 못하고 갑자기 실직을 당하여 월세, 전기료 등을 내지 못하여 극단적 선택을 한 송파구 세모녀의 사례처럼 사각지대에 놓인 빈곤층은 사회적 문제나 의제설정이 되지 못하다가 언론의 집중적인 보도에 따라 정치권이 관심을 기울이게 되었다. 그 결과 기초생활수급자가 될 수 있는 자격요건을 기존의 통합적 판정에서 맞춤형 급여로 낮추고, 위기 상황에 처한 저소득층이 신속히 국가로부터 지원을 받을 수 있는 긴급복지지원 대상을 늘리며, 지역사회의 복지담당 공무원이 단전·단수 혹은 건강보험료 체납 정보를 근거로 복지 사각지대를 발굴하는 내용을 포함하는 '송파 세모녀 3법'으로 불리는 「국민기초생활 보장법」, 「긴급복지 지원법 개정안」, 「사회보장급여의 이용·제공 및 수급권자 발굴에 관한 법률 제정안」 등이 정부에 의하여 제안이 되어

2015년 7월 시행되었다. 그러나 시민단체에서는 이러한 제도가 여전히 잔여적 복지의 한계를 벗어나고 있지 못하여 2017년 상대적 빈곤률이 17.4%로 OECD 국가들 중에 높은 수준이고, 사각지대에 놓인 유사한 사례가 계속 발생하고 있어 빈곤해결을 위한 부양의무제 폐지, 근로능력의 판정 개선 등 제도개선을 요구하고 있다.[15]

제 3 절 목표설정

목표설정은 국정비전과 국정운영의 방향으로서 목표를 설정하는 것을 의미하고, 정책기획은 이를 집행하기 위한 하위적인 계획에 해당한다. 여기서 목표란 발전의 목표로서 통일, 민주화, 경제발전, 국민의 삶의 질 향상과 같은 거시적 목표를 말한다(박동서, 1997: 77-78).[16] 목표 설정의 단계로서 선거과정을 통하여 집권한 대통령과 여당이 국가운영의 비전과 목표를 제시하기도 하지만 관료제도 거시적 목표설정의 범위 내에서 하위적 목표를 설정할 수 있다. 목표설정과 정책기획이 어떻게 이루어지는지는 정치와 행정의 관계에 달려있다. 정치와 행정이 엄격하게 분리되고 정치발전이 충분히 이루어진 사회에서는 목표설정이라는 업무는 정치적 영역의 과업으로 분류된다(Svara, 1985; Frederickson and Smith, 2003).[17] 이에 대하여 행정은 설정된 목표달성을 위하여 할 수 있는 수단에 대한 조언, 환경적 조건에 대한 분석 등을 통하여 정치인들의 합리적 정책결정을 지원하는 것이다. 그러나 역사적으로 유기적인 국가행정 조직이 발달되고 정치와 행정이 혼합되어 있는 국가에서는 정치적 영역이 행정부의 대안을 활용하여 선거공약을 만드는데 활용할 수 있고, 그것이 다시 행정부로 넘어와 국정목표가 되기도 한다. 즉, 행정이 단순히 수단에 대한 조언이나 환경에 대한 통계나 정보제공을 넘어서 구체적인 목표와 실행방안까지 관여할 수 있게 된다. 국가별로 목표나 정부운영의 아이디어에 의제설정이 어떻게 이루어지는지를 살펴보면, 국가보다 개인의 자유를 우선시 하는 미국에서는 국가가 사회를 위한 목표를 제시하는 것을 인정하지 않고, 다원주의적 사회의 특성을 반영하여 정책 아이디어가 사회의 누구에게로부터도 나올 수 있고, 대통령이 속한 행정부뿐만 아니라 의회가 주도적인 역할을 하며, 언론, 정책 기업가, 분야별 전문가, 이익 집단 등의 상호작용을 통해 해결해야 할 문제(problems), 정책(policies), 정치 (politics)의 의견이 일치를 이루는 정책의 창(policy window)이 열릴 때 우연하 게 정책이 결정된다(Kingdon, 2001: 196- 205).◇18 영국의 경우는 미국과 마찬가 지로 시민사회가 발달되어 있어 국가가 적극적으로 발전 목표를 제시하지는 않 으며, 경쟁적 선거과정에서 정당의 대표가 직접 정책대안을 제시하고 선거에 승 리하면 이를 주도적으로 집행하게 된다(Kuhlmann and Wollmann, 2014: 117).◇19 선거 결과에 따라 정책변동이 많은 편이지만 반복되는 선거과정을 통하여 보수 당과 노동당 정부 중 어느 쪽에서도 시장경제와 사회적 평등, 복지국가의 기본 원칙을 포기하기는 어려운 방향으로 수렴되고 있다.

　이에 비하여 프랑스는 국가가 적극적인 목표설정 기능을 행사하고 있으며, 고위공무원단(Grand Corps)이 주로 내부적으로 의견조정을 통하여 행정중심적인 정책 토론이 이루어지고, 독일은 연방주의적 특성을 반영하여 다소 분권화된 형 태로 연방정부와 주정부의 협의를 통하여 정책논의가 이루어진다(Kuhlmann and Wollmann, 2014: 118-119).◇20 또한 스웨덴의 경우에는 정부의 운영이 개방적이 며, 사회적 기술자(social engineers)로 불리는 경제학 등 사회과학의 전문가들이 복지국가의 기본적 방향을 설계하고, 이를 정치행정체계가 수용하여 제도화하였으 며(Lundqvist and Peterson, 2010: 13-16),◇21 1930년대 뮈르달(G. Myrdal) 부부 의 연구, 1950~60년대 렌-마이트너(Rehn-Meidner) 모형으로 불리는 연대임금 제 등을 대표적으로 들 수 있다. 또한 '국민의 집'이라는 복지국가의 원칙을 정당 의 이념적 차이에도 불구하고 지키고 있으며, 국가적 재정 상황이 어려울 경우에 는 오히려 진보정당에서 복지국가의 지속성을 위하여 재정적 긴축을 도입하기도 하고, 보수정당에서도 조세로 운영되는 복지국가의 기본모델을 폐기하지 않았다.

　한국은 대통령을 중심으로 한 행정부의 권력이 강하기 때문에 사회 내에서의 의제설정보다는 대통령 선거를 통하여 당선된 정치권력에 의하여 국가 목표의 설정이 이루어지고 있다. 목표설정은 주로 대통령선거 과정을 통하여 공약으로 표현되며 정당이나 대통령 선거 캠프의 참모들이 마련한 대통령선거 공약들로 제시되다가 대통령으로 당선되면 인수위에서 국정목표와 국정과제의 형태로 정리되고 각 부처에 내려온다. 국정목표와 국정과제는 보통은 임기동안 변화하지 않으며 국정과제는 각각 과제번호가 부여되고, 통상적으로는 국무조정실에 의하여 점검되고 관리된다. 언론의 자유와 정치발전이 충분히 이루어진 국가에서는 이러한 사회적 의사결정 과정이 선거나 공론의 장을 통하여 이루어지지만 정치발전이 이루어지지 못하고, 선거과정에서 유권자에게 충분한 정보가 제공되지 않는 정보 환경에서는 정책적 요인 보다는 후보자의 이미지나 지역주의 등 다른 요인에 의하여 후보자에 대한 선택이 이루어지므로, 대통령에 당선되고 나면 선거과정에서 제시한 공약들 중에 이행하기 어려운 것도 존재하게 된다. 그렇기 때문에 선거과정에서 제안된 공약들을 대통령직 인수위를 통하여 재정리하고, 필요한 경우 수정을 하여 대통령의 국정과제로 확정하게 되고 임기동안 정부가 수행할 국정목표를 설정하게 된다. 그러나 인수위에 당선된 대통령의 정책 참모, 전문가, 관료들이 참여한다고 하더라도 그것이 완벽하게 국민에 뜻에 맞는 내용으로 확정된다는 보장은 없다. 왜냐하면 다수결에 의하여 당선된 선거의 구조 하에서 대통령의 참모들이 큰 틀에서 방향을 결정하고, 관료들은 실행할 수 있는 대안으로 국정과제를 선정하는데, 그 기간이 불과 몇 개월에 지나지 않고 국가 운영의 장기적 목표와 연계된 과제설정이 되기는 어렵다. 그리고 한번 설정된 국정목표는 국정과제로 관리되고, 정부의 자원배분의 우선순위가 부여되기 때문에 수정하기에 어려움이 있다.

또한 한국은 헌법상 행정부에 법률안 제안권(헌법 제52조), 광범한 행정입법권(헌법 제75조 및 제95조), 예산안편성권(헌법 제54조)을 부여함으로써 국민의 자유와 권리의 보호 및 국가적 문제의 해결을 국회와 행정부가 융합적으로 수행하도록 설계되었다(유현종, 2018: 336).[22] 목표설정 과정에서 행정이 일정 부분 정치적 역할을 수행하는 것이 정치와 행정을 구분하는 미국과는 다른 상황이지만 민주주의의 발전에 따라 정치가 행정권의 비대화와 권한 남용을 방지하는 정치의 역할이 강화되고 있다(박동서, 1997: 145).◊23 한국의 경우 정치가 행정에 개입하는 범위가 정책적 지도 수준에 머문다면 목표설정에 있어서 행정의 역할 범위는 더욱 넓어질 수 있다. 그러나 행정이 적극적 역할을 수행하는 것이 정당화되는 것은 행정이 직접적인 민주적 정당성은 부족하지만 전문가로서의 역량을 조직이나 사적 이익이 아니라 국민 전체를 위하여 발휘하기 때문이다. 프랑스는 역사적으로 국가(l'État)가 민주주의의 발전과는 별도로 형성되었으며, 고위관료들에게 집단정신이 형성되어 있어서 민주적 정당성 차원에서 정치적 통제 하에 행정주도의 목표설정도 가능하다. 그러나 국가행정 관료제에 전문가로서 직업정신과 공감대가 형성되어 있지 않다면 고위 행정공무원은 임명권을 가진 정치인에게만 봉사하고, 권한남용이나 정책실패에 대한 책임을 지지 않으며, 그 결과 국민에게 봉사할 유인을 가지지 못하고, 결국 조직의 이익이나 자신의 무사안일을 추구하게 되는 것이다. 이를 해결하기 위해서는 정치적 영역에서 국가발전을 위한 장기적인 비전과 목표를 상호 합의에 의하여 정하고 정권의 변동에도 불구하고 지키는 원칙을 확립하는 것이 필요하다. 특히, 이념과 진영의 구분 없이 시장경제, 시민적, 정치적, 사회권적 기본권의 존중, 사회적 약자의 기본적인 생활보장, 재정준칙 등을 헌법적 원칙으로 명시할 필요가 있다. 한국의 민주주의가 발전하여 정치가 주로 목표설정을 하게 되는 경우는 정치인의 역량이 향상되고, 국회가 상호존중의 문화 속에서 진지한 정책토론이 활성화되며, 공무원이 전문가와 함께 정책개발을 위하여 토론할 수 있는 기회가 보장될 때 가능하다. 그러한 조건이 충족되는 경우 정치인의 합리적 정책지도를 행정부가 정당하게 수용하게 될 것이다.

제 4 절 | 정책결정

정책결정(policy making)이란 정책목표의 달성을 위하여 무엇을 할 것인지를 결정하는 단계이며(박동서, 1997: 78),◇24 정책형성의 일부로서 대안과 전략을 결정하는 것으로서 이를 위한 정책분석(policy analysis)을 포함한다(Kraft and Furlong, 2015).◇25 정치의 의미에 대하여 "가치의 권위적 배분(authoritative distribution of value)"이라고 할 때 복지국가에서 정책결정은 복지 혜택의 권위적 배분에 관한 의사결정으로 볼 수 있다. 정책결정은 설정된 목표 하에서 합리적 대안을 선택하는 것으로 볼 수 있으며 의사결정에 관한 이론들이 활용될 수 있다. 정책분석을 통하여 정책대안들에 대한 경제적 타당성, 정치적 타당성, 집행의 효과성 등을 검증하게 된다. 미국에서는 이 과정에서 의회가 중심이 되고, 관료, 정책분석가, 학계 등이 참여하지만 한국의 경우에는 행정부가 보다 중심적인 위치에서 있고, 청와대와 교감을 가지면서 학계, 연구기관 등의 전문가와 대안들을 분석하고, 최종적으로 합리적 대안을 마련하게 된다. 저출산 고령사회에 대비하여 2007년 사회투자형 국가로의 국가비전을 제시한 「Vision 2030」도 기재부 등의 정부기획단이 민간 전문가와의 협업하여 정부가 종합하여 발표하도록 하였고, 법률에 명시되어 있는 각종 기본기획이나 대통령의 중요 공약을 이행하기 위한 국정과제의 대책들도 유사한 과정을 통해 입안되어 해당 부처의 보도 자료로 발표된다.

정책결정은 합리성(rationality)에 대하여 어떻게 정의하는지에 따라 다양한 견해로 나뉠 수 있다(정정길외, 2014: 438-443).◇26 합리성의 의미에 대하여 기술적, 경제적, 정치적, 사회적, 법적 합리성 등의 5가지 유형으로 구분하는데(Diesing, 1962),◇27 합리성의 가정에 따라 의사결정의 모델도 다르게 정의된다. 대표적으로 합리적 및 포괄적 의사결정(rational and comprehensive decision making), 제한된 합리성에 의한 의사결정(decision making by bounded rationality), 점증주의(incrementalism), 조직화된 무정부(organizcd anarchy)로시 쓰레기통 모형, Allison의 3가지 의사결정 모델(Model I, II, III) 등을 들 수 있다(Birkland, 2015: 254-259).◊28

첫째, 합리적 포괄적 의사결정 모델은 의사결정권자가 문제, 그의 원인, 해결방안에 대하여 거의 모든 정보를 지니고 있음을 가정하고 다수의 대안들에 대하여 검토한 후 최선의 대안을 선택하게 된다는 의사결정 모델이다. 이를 위하여 대안들의 편익과 비용을 분석하여 활용하기도 하며, 주로 기술적 및 경제적 합리성을 고려한다. 앨리슨(Allison)의 의사결정 모델 중 제1유형(Model I)의 합리적 행위자 모델이 이러한 유형의 의사결정에 해당한다(Allison, 1971).◊29 둘째, 제한된 합리성 모형은 자원과 사람의 정보처리 능력에 한계가 있기 때문에 가능한 범위 내에서 합리적으로 결정하게 되며, 관련된 사람들이 동의할 수 있는 수준에서 의사결정이 이루어지게 된다(March and Simon, 1958).◊30 이 모형에서는 인간의 인지적 한계를 인정하고 현실적인 의사결정의 대안을 제안하는 것으로 점증모형과 함께 인지모형이라고 하며, 합리적 의사결정 모델에서 적용되는 비용편익 분석이나 목적과 수단의 구분이 이루어질 수 없다고 가정한다. 셋째, 점증주의 모델에서는 제한된 합리성을 의사결정에 적용하여 정책변화는 성공과 실패로부터 학습하면서 정책을 조정할 수 있도록 적게 그리고 점진적으로 발생한다고 주장한다(Lindblom, 1959).◊31 이것은 보다 현실적인 의사결정 모형으로서 특히 정치적으로 결정되는 예산과정을 설명하는데 적용되었다.

넷째, 쓰레기통 모형은 조직화된 무정부(organized anarchy) 상태로 부르기도 하며, 개개의 구성원들이 자율성을 지니고 있으며 문제와 해결방안이 이미 존재하고 있고, 참여자가 달라짐에 따라 우연적으로 문제와 해결방안의 결합이 이루어지는 의사결정을 쓰레기통에 비유하여 묘사하고 있다(Cohen, March and Olsen, 1972).◊32 이러한 혼란된 의사결정 과정은 킹던(Kingdon)의 정책의제설정 이론에 응용되기도 하였다.

다섯째, 앨리슨의 의사결정이론 중 합리적 행위자 모형을 제외하고 조직과정(Organizational Process) 모형과 정부정치(Government Politics) 모형을 들 수 있다(Allison, 1971).◊33 조직과정 모형은 의사결정을 문제에 대한 표준운영절차 (Standard Operating Procedures)를 적용한 결과로 보는 입장으로서 절차가 상대적으로 단순하고 결과를 예측할 수 있다. 정부정치 모형은 정부 내의 정치적 갈등에 관한 모델로서 설득 능력에 따라 정부정책의 의사결정에 영향이 결정된다는 이론이다. 의사결정은 대통령, 고위 정부관료, 의원, 이해 당사자들이 경쟁과 협상을 통하여 결정되며 느리고 경쟁적인 과정을 거치게 된다.

복지국가의 정책결정에 대하여 이러한 의사결정 모형들을 적용하자면 정책분석기법의 발달로 대규모 예산이 소요되는 신규 사업에서는 비용 및 편익 분석에 의한 합리적 의사결정이 시도되고 있으나 현실적으로 복지예산이 결정되는 과정은 점증주의의 형태를 띠고 있다. 또한 사회 내에서 소외된 특정 집단에 대한 지원의 문제는 잠재되어 있다가 특정한 사건을 계기로 언론의 주목을 받게 되고 쓰레기통 모형에서와 같이 문제와 해결방안의 결합이 이루어져 일순간에 문제가 해결되기도 한다. 시민과 직접적으로 상대하는 일선 관료들의 경우는 법률과 중앙정부의 지침과 표준운영절차에 따라 복지행정 업무를 수행하기도 한다. 따라서 복지정책의 결정과정에서는 행위자의 수준별, 참여자의 유형에 따라 다양한 정책결정 방법들이 적용될 수 있다.

복지국가의 정책결정은 거시적 정책결정과 미시적 정책결정으로 나누어 볼 수 있다. 전자는 주로 정치적 영역에서 복지급여의 기준에 대한 거시적 정책결정을 말하며, 이는 지배엘리트의 권력자원과 복지국가의 이데올로기, 국민들의 요구와 기대수준에 따라 국가별로 다르게 나타난다. 이렇게 복지국가의 거시적인 급여수준이 결정되면 이를 입법으로 구체화하며, 일선관료제를 통하여 집행된다. 이와 관련하여 몇 가지 기준들이 제시되고 있는데 대표적으로 급여의 관대성(generosity)을 기준으로 보편주의(universalism)와 선별주의(selectivism)로 나누어 볼 수 있다. 영미 국가에서는 자조의 원칙에 따라 선별주의를 선호하고 북유럽의 국가에서는 공동체에 기반한 보편주의를 선호하는 정치적 의사결정이 이루어졌고 제도적 기반을 통하여 공고화되었다. 보편주의는 모든 사회의 구성원에게 기본권으로서 급여를 제공하는 것을 말하며, 선별주의는 개인적 필요에 따라 급여가 제공되는 것을 말한다. 보편주의자들은 사회적 효과성(social effectiveness)을 중시하고 개인의 존엄과 사회적 통합을 강조한다(Gilbert and Terrell, 2013: 93-95).◇34 이에 따라 광범위한 사람들에게 도움을 주는 포용성(inclusiveness)에 기초한 사회적 프로그램을 정치적으로 매우 유용하다고 본다. 한편 선별주의자들은 필요가 있는 가족과 개인들에게 우선적으로 도움을 주어야 한다고 보고, 자산조사(means-test)에 의하여 필요에 대한 수급자격을 제한하며, 정치적으로 강력한 중산층의 복지에 대한 의존성을 극복할 수 있다고 한다. 그러나 보편주의가 적용될 경우 빈부의 차이를 구별하지 않고 공평하게 급여가 제공되므로 선별주의보다 사회적 평등과 배분의 개선 목표를 달성하는데 더 적절하다고 보기 어려운 측면도 있다. 선별주의를 적용하는 경우에 제기되는 가장 큰 문제점은 자산조사를 거쳐 복지급여를 제공함으로써 발생하는 낙인 효과(stigma effects)이며 이는 인간의 존엄성을 침해할 수 있다. 낙인 없는 선별을 위하여 특정한 범주나 집단, 지역에 적용될 수 있는 필요 조사(needs test)를 도입하자는 주장도 있다(Titmuss, 1968: 122).◇35

　　보편주의와 선별주의는 각각 장단점이 있으므로 이분적으로 적용하기보다는 보다 세밀한 스펙트럼을 반영하여 복지자원의 배분기준을 정하는 것이 바람직하다. 선택의 연속선이라는 차원에서 간주된 필요(Attributed need), 보상(Compensation), 진단적 차이(Diagnostic Differentiation), 자산조사된 필요(Means-tested Need) 등 4가지 차원의 원칙이 제시되고 있다(Gilbert and Terell, 2013).◇36

　　첫째, 간주된 필요에 기초한 자격은 기존의 사회적 또는 경제적 제도에 의하여 충족되지 않는 공통된 필요를 가진 집단에 소속되어 있는지 여부로 결정한다. 육아나 노부모를 돌보기 위하여 노동자에게 휴직의 기회를 제공하거나 65세 이상의 노인들에게 복지서비스를 제공하는 사업 등은 특정한 집단지향적이고 필요의 규범적 기준에 의존한 재원배분 방법이다.

　　둘째, 자격에 기초한 보상은 참전용사나 사회보험 가입자와 같이 특정한 사회적 및 경제적 기여를 한 집단에 가입되어 있거나 인종주의 또는 성차별과 같이 사회에서 불공한 행위로 피해를 입은 사람들에게 부여되는 기준이다. 예를 들어 미국에서 흑인에게 부여되는 적극적 평등조치(affirmative action)는 사회적 형평이라는 규범적 기준에 기초한 집단지향적인 배분원칙이다. 셋째, 분석적 차이란 육체적 또는 정신적으로 상처를 입은 상황에서 특정한 재화나 서비스가 필요한 개인의 사례에 대하여 전문가적 판단에 의존하는 배분기준이다. 지체장애, 육체적, 정신적 장애를 지닌 아동에 대하여 특별한 교육서비스가 제공되는 것은 필요에 대한 기술적인 진단에 기초한 개인적 재원배분의 원칙이다. 넷째, 자산조사된 필요란 개인이 재화나 서비스를 구매할 수 없다는 증거에 기반하여 자격을 부여하는 기준이다. 이는 복지급여의 제공 여부를 개인의 경제적 능력에 따라 결정하는 것으로서 경제적 필요에 기초한 개인적 재원배분의 기준이다. 또한 이러한 네 가지 기준은 상호경쟁적인 제도적 사회복지(institutional social welfare)와 잔여적 사회복지(residual social welfare)의 개념과 밀접하게 연관되어 있다. 여기서 제도적 사회복지는 사회복지를 사회의 정상적인 일차적 기능으로 파악하는데 반하여, 잔여적 사회복지는 복지를 사회에서 필요를 충족시키는 정상적인 절차가 적절하게 작동하지 못할 때 필요한 일시적인 필요로 간주한다. 복지자원 배분의 4가지 원칙을 정리하면 다음 [그림 5-1]과 같다.

그림 5-1 복지자원 배분의 원칙

출처: Gilbert and Terell (2013) Dimensions of Social Welfare Policy, p. 112.

이러한 네 가지 기준을 적용하여 한국의 사회보장제도에서 복지재원의 배분에 관한 구체적인 예를 적용하면 다음과 같다. 첫째, 간주된 필요에 의한 재원배분으로는 65세 이상의 노인복지를 위한 노인복지법, 근로자인 부모는 「남녀고용평등과 일·가정 양립 지원에 관한 법률」에 따라 만 8세 이하 또는 초등학교 2학년 이하의 자녀(입양한 자녀를 포함)를 양육하기 위하여 육아휴직을 신청할 수 있고, 이 경우 고용보험법에 따라 육아휴직 급여를 받을 수 있다. 둘째, 보상에 의한 자원배분의 예로는 최소 10년 이상 국민연금에 가입하여 65세 이상부터 수령하는 국민연금, 공무원연금, 국가유공자에 대한 보훈서비스, 군복무자의 복무기간 동안 연금가입기간을 인정하는 군복무 연금크레딧 등이 있다. 셋째, 진단적 차이에 의한 자원배분의 예로는 장애인복지법에 의한 장애인 서비스, 정신건강복지법에 의한 심리치료 등의 정신건강서비스 등이 있다. 넷째, 자산조사된 필요에 의한 서비스로는 기초생활보장법에 의한 기초생활급여, 긴급복지지원법에 의하여 위기상황에 처한 가정에 대하여 긴급적 복지지원 등을 들 수 있다.

표 5-1 복지자원 배분의 예시

배분기준	주요내용	정책	대상
간주된 필요	기존의 사회적 또는 경제적 제도에 의하여 충족되지 않는 공통된 필요를 가진 집단에 소속되어 있는지 여부	노인복지법(65세 이상)상 노인복지정책, 남녀고용평등과 일·가정 양립 지원에 관한 법률(근로자 부모의 육아휴직)	노인, 근로자 부모, 영유아 등 생애주기별 복지 대상자
보상	사회적 및 경제적 기여를 한 집단의 구성원이거나 사회에서 불공정한 행위로 피해를 입은 사람들에게 부여	국민연금, 공무원 연금, 국가유공자에 대한 보훈서비스, 군복무 및 출산에 대한 연금크레딧	연금가입자, 국가유공자, 군복무자, 출산한 사람
진단적 차이	육체적 또는 정신적으로 상처를 입은 상황에서 특정한 재화나 서비스가 필요한 개인의 사례에 대하여 전문가적 판단에 의존하는 배분기준	장애인복지법에 의한 장애인 서비스, 정신건강보건법에 의한 심리치료 등	장애인, 정신질환자 등
자산조사된 필요	개인이 재화나 서비스를 구매할 능력이 없다는 증거에 기초하여 자격을 부여	기초생활급여, 긴급복지지원	극빈자, 곤궁한 사람, 위기 가정

제 5 절 정책기획

1. 의   의

정책기획(policy planning)은 "정책을 보다 효율적으로 구체화하기 위한 미래의 방법과 절차를 사전에 결정하는 것"을 말한다(박동서, 1997: 273).[37] 기획에는 ① 인간의 사고과정과 같이 문제해결을 위하여 결정을 내리는 과정으로 보는 입장, ② 정치행정 이분론에 입각한 POSDCORB와 같이 행정관리과정의 일부로 보는 입장, ③ 발전행정의 관점에서 사회변화나 국가발전을 위한 도구로 보는 입장이 있다(김신복, 1978).[38] 합리적 기획 모델에서는 목표를 달성하기 위하여 보다 나은 수단으로 장래의 행동에 관한 결정을 준비하는 과정(Dror, 1963)[39] 또는 기획자나 조직이 통제할 수 있는 것에 대하여 미래에 대한 합리적이고 적응적인 사고로서 미래에 대한 제안, 대안의 평가 및 관련된 방법으로 보고 있다(Simon, Smithburg, and Thompson, 1950: 423-424).[40] 그러나 발전행정적인 입장에서는 기획을 농태적인 변화를 또는 양적·질적으로 다른 상태를 조성·창조해 내는데 필요한 행위로 보며(박동서, 1997: 78-79),[41] 정책과 기획을 구분하면서 정책을 목표와 연관된 개념으로 보고 기획은 이를 구체화하는 수단으로서의 의미를 지니고 있다고 본다(박동서, 1997: 273).[42] 이와 같은 관점에서 정책기획을 정부활동에 관한 일반적 상황을 광범위하게 발전시키는 것으로서 법률 제·개정과 정부활동의 기본목표를 부여하는 가치판단을 포함하는 것으로 보는 입장(Millet, 1954: 56)[43]도 같은 취지로 볼 수 있다(정규서, 1983: 215).[44] 이밖에도 기획을 보다 통합적으로 정의하는 시도도 있는 바 여러 가지 정보를 종합하여 목표의 달성을 위한 여러 가지 대안을 모색하고 그 중에서 최적의 대안을 실행에 옮길 수 있도록 구체화하는 미래지향적이고 지속적이며 능동적인 과정으로 정의하기도 한다(최신융외, 2014).[45] 본서에서는 목표로서의 정책에 대한 기획이라는 의미에서 정책기획이라는 용어를 사용하고자 하며, 기존의 기획이라는 용어와 차이를 두지 않는다.

기획에 대한 접근방법은 국가와 사회의 역할과 개인의 자유에 대한 관점에 따라 다르다. 기획의 관리과정적 측면을 강조하는 것은 주로 영미 국가에서 기획을 바라보는 관점이며 목표는 이미 정치적 영역에서 설정되어 있고 이를 실현하는 방법에 초점을 맞추게 된다. 그러나 발전기획은 발전목표를 실현하는 중요한 기제로서 정책수립단계 뿐만 아니라 집행, 평가, 환류에 이르는 전 과정을 포괄하여 정책목표, 정책결정이 정책기획의 과정에 포함되게 된다(김신복, 1978: 141).◇46 국가의 능력이 강하고 사회발전을 위한 국가의 개입에 대하여 긍정적인 구 소련, 프랑스, 동시아시아의 발전국가 등에서는 국가기획에 대하여 보다 긍정적인 입장이지만 국가의 능력이 약하고 개인의 자유를 보다 중시하고 다원주의가 발달한 미국과 같은 국가에서는 국가중심적인 기획에 대하여 부정적인 입장이다.

정책기획은 정치행정 이분론이 발달한 정치체계에서는 정치가 의사결정을 주도하기 때문에 관료제적 기획은 결정된 정책을 실행하는 수준에 거쳐야 하지만 정치행정 일원론(혼합론)이 발달한 국가에서는 관료제적 정책기획이 실질적으로 국민들의 생활에 직접적인 영향력을 미치게 된다. 한국의 행정부에서 보통 수립하는 정책기획은 국정목표와 비전을 구체적인 정책의 형태로 실현하기 위하여 환경을 분석하고 필요한 정책수단을 발굴하고 향후 실행과정을 종합적으로 고려하여 작성하는 업무계획이다. 정책기획의 종류로는 시간의 장단을 고려하여 중장기적 기획 및 단기적 실행계획으로 나눌 수 있고, 법률에 명시된 법정 기획과 단순히 정책추진의 아이디어 차원에서 작성되는 재량적 기획으로 나눌 수 있다. 예를 들어 과거 발전국가에서 5년 단위의 경제발전기본계획을 수립하였고 국가재정법은 한 해 예산을 수립할 때 중장기적인 재정전망이 첨부된 국가재정운용계획, 국가조세운용계획 등을 첨부하도록 하며, 개별부처의 예산요구 이전에 200억 이상의 정부 사업에 대해서는 중기재정계획을 통하여 5년간의 장기적인 투자계획을 의무적으로 요구하고 있고, 예를 들어 향후 20~30년간의 국가의 방향과 사회정책의 비전을 제시한 「Vision 2030」과 같은 기획은 중장기적 기획의 예로 볼 수 있다. 그러나 기본계획의 실행을 위한 매년 단위의 시행계획은 단기적 계획으로 볼 수 있다. 한편 법령에 명시적으로 계획수립의 근거가 있는 계획은 법정 기획으로 국가나 지방자치단체가 관련 규정에 따라 수립하여야 의무가 있다. 예를 들자면 「저출산 고령사회 기본법」에 의한 '제1~3차 저출산·고령사회 기본계획', 「사회보장기본법」에 의한 '사회보장기본계획' 등은 법정 기획이며, 경제상황의 변동에 따라 관계부처가 합동 또는 개별부처가 발표하는 부동산 투기 대책, 미세먼지 대책 등 다양한 정부대책 등은 재량적 정책기획으로 볼 수 있다. 법정 기획의 경우는 법률에 근거를 두고 관계부처 간에 협의를 거치고 대통령이나 국무총리가 주재하는 법적 회의체를 통하여 결정되기 때문에 관계부처를 구속하는 효력이 있다. 그러나 재량적 기획은 단기적 문제를 해결하기 위하여 발표되는 것이기 때문에 구속적 효력을 인정하기는 어렵다. 정책기획은 행정부가 사회적 문제 해결을 위하여 행정부가 제안하는 아이디어와 지혜의 총합으로써 가장 전문적인 방법과 수단을 활용하여 최선의 대안들을 제시할 수 있어야 한다. 그렇기 때문에 이러한 정책기획을 위하여 다양한 이해관계자와 전문가의 의견을 청취하고 필요한 경우 연구용역을 실시하기도 한다. 무엇보다도 정책 관련 정보들을 이해하고 종합하여 국민의 입장에서 합리적 대안을 제시하는 관료제의 역량과 행정의 정신이 중요하다. 기존의 계획을 단순히 변경하여 재탕 삼탕으로 제안하거나 보여주기 식으로 하는 정책기획은 국민들에게 결국 피해로 돌아갈 것이기 때문에 정책실명제를 강화할 필요가 있다. 대안으로 최근에 국민들의 생활에 직접적인 영향을 미치는 정책들에 대해서 국민들이 직접 정책 수립과정에 참여하여 아이디어 제공, 정책수단의 실효성에 대한 평가 및 대안의 선정, 재원배분 등에 의견을 개진하는 참여형 정책결정(participatory policy making)이 제시되고 있다.

2. 기획제도의 변화

고대나 중세에도 소규모의 도시계획이 있었으나 대규모적인 국가기획의 시초는 공산주의 혁명에 성공한 이후 소련의 국가기획위원회에 의한 5개년계획의 추진에서 찾을 수 있다(최신용외, 2014: 15).◇47 1917년 공산혁명 이후 레닌은 사유재산에 대한 철폐와 모든 산업에 대한 국가통제를 선언하였으나 농민들의 반발과 부작용이 발생하자 1921년 이를 수정하여 소규모의 사유재산을 허용하고 주요 산업, 금융, 무역 등의 기간산업을 국유화하는 신경제정책을 실시하였고, 국가기획위원회를 설립하여 중화학공업을 육성하는 제1차 5개년계획(1928~1932)을 추진한 이래 지속적으로 국가중심의 경제발전계획을 수립하였고, 급속한 공업화를 이룩하였으나 경공업의 생산부족, 이윤동기의 부족으로 목표치가 계속 저하되었고 1960년대 이후 리베르만(Liberman) 방식에 의한 부분적 이윤추구 등이 도입되었으나(김신복, 1982)◇48 결국 1990년대 공산주의 체제가 붕괴되어 국가기획이 종언에 이르게 되었다. 소련의 기획 제도에 영향을 받아 독일은 나치스 정권이 1933년 제1차 4개년 계획을 수립하였고, 이후 터키(1934년), 인도(1938년) 등에서 국가기획 제도를 도입하게 되었다(최신용외, 2014: 16).◇49 20세기 초에 국가기획 제도가 발전되게 된 배경에는 공산주의와 파시즘과 같은 전체주의 국가체제의 대두와 대공황, 세계대전과 같은 위기상황에서 국가의 역할이 강화되었기 때문이다. 당시 국가중심의 기획과 개인의 자유의 관계에 관한 파이너(Finer)와 하이에크(Hayek) 간에 논쟁이 있었는데, 2차 세계대전의 전시배분체제를 유지할 것인지 또는 민주적 자유방임체제로 회귀할 것인지를 결정하는 것과 관련되었다(김신복, 1980: 73-74).◇50 기획의 옹호론자들은 기획이 개인의 자유를 침해하기 보다는 이성의 힘으로 사회를 발전시켜 개인의 자유를 확대하는 것으로 주장한 반면에(Finer, 1945)◇51 반대론자들은 국가기획이 획일주의를 강요하여 개인의 자유를 억압하고 노예의 길로 인도할 것이라고 주장하였다(Hayek, 1944).◇52 이러한 논의는 국가가 중립적이고 합리적인 역량을 보유하고 있는지 여부에 따라 기획을 활용하여 사회 전체적인 복지를 어떻게 하면 향상시키고 발전시킬 수 있는지에 대한 견해의 차이에서 비롯된 것이라 할 수 있다. 국가의 중립적이고 합리적인 역량에 대하여 회의적이라면 국가기획에 대하여 부정적인 견해를 나타낼 것이고, 국가능력에 대하여 긍정적이라면 보다 국가

기획에 대하여 긍정적인 입장을 제안하게 되는 것이다.

국가에 의한 총체적인 기획에 대하여 부정적인 미국에서는 전쟁이나 경제위기와 같은 상황이 아닌 경우에는 국가의 전면적인 개입을 자제하였다. 미국에서 1930년대 대공황을 타개하기 위하여 국가에 의한 혼합경제로서 뉴딜(New Deal) 정책을 시행하였을 때에도 기획이 소련 등 공산주의와 연관되어 있고, 국가행정권의 강화에 대한 반감 때문에 반대하는 입장이 강하였으나 소련의 전체주의적인 국가기획과는 다른 간접적으로 자본주의 체제의 약점을 보완하는 의미의 기획이 시행되었다(박동서, 1997: 278-279).◇53 즉, 연방정부에 의한 총체적 기획이 아닌 개별 부처나 조직, 지방정부별로 환경에 대응하기 위한 전략적 기획(strategic planning)이 발달하였다.

한편 소련과 같이 전체주의 체제는 아니지만 국가의 역할이 강한 프랑스나 일본 등 동아시아 국가에서도 국가기획 기능이 경제부흥과 개발 등에 활용되었다. 프랑스는 전후 경제복구를 위하여 기획원과 근대화위원회를 설치하고 정부, 고용주, 노동조합 간의 토론을 통하여 협조경제를 구현하고 1947년부터 4년 단위의 '현대화 및 설비계획(Plan de modernisation et d'équipment)'이라는 국가기획을 시도하였고, 이를 통하여 파괴된 산업시설을 복원하고 석탄, 전력, 철강 등의 기간산업을 확충하여 통제경제에서 시장경제로 전환하게 되었다(김신복, 1982: 75-76).◇54 또한 일본의 경우에도 1955년부터 무역진흥과 소비절약을 통하여 경제의 자립을 위한 5개년 계획을 작성하였고 공산주의의 국가기획과 달리 민간의 창의를 살리는 간접적 지원방식을 채택하였고, 경제성장의 단계에 따라 계획의 목표를 수정하였으며, 경제성장이 달성된 1960년대 이후에는 경제사회발전을 위한 계획으로 확대하였다(김신복, 1982: 77-79).◇55

우리나라의 경우에도 1948년 국무총리 소속의 기획처를 두었으나, 1955년 정부조직법 개정을 통하여 기획처를 폐지하고 계선기관인 부흥부를 신설하여 종합부흥계획, 국가부흥계획, 물가안정계획의 수립을 담당하도록 하였다. 이 당시 계획은 주로 외국원조를 활용한 국가발전 계획을 수립하는 것이었으나 1961년 부흥부를 폐지하고 경제기획원을 설립하여 제1차 경제개발5개년계획을 수립하였으며, 1981년부터 경제사회개발계획으로 명칭을 변경하여 1996년까지 제7차 경제사회개발5개년계획이 수립되었다(최신용외, 2014: 17-18).◇56 경제개발계획의 유용성을 인식하여 필리핀, 인도 등 55개 저개발국가에서 경제개발계획을 수립하였지만 성공한 국가는 한국과 일본이었으며, 다른 국가들은 목표달성에 실패하였다(Waterston, 1965).◇57 한국의 경제개발계획이 성공한 이유로 명확한 목표와 수단의 제시로 국민들의 힘을 결집할 수 있었고, 계획수립을 통하여 관료들의 능력이 향상되었으며, 민간 경제주체들의 행태를 일정한 방향으로 유도할 수 있었다는 점을 제시하고 있다(강광하외, 2008).◇58 한국의 경제개발계획은 민주화 이후 권위적 국가주의의 유산으로 청산의 대상이 되었으며 김영삼 정부에서 신경제 5개년 계획으로 변경된 이후 IMF 외환위기를 겪고 신자유주의와 정부규제 완화 등의 정책전환을 통하여 정부주도의 종합적인 경제개발계획은 중단되었다. 현재는 다년간의 경제개발계획은 수립되지 않고 5년 단위의 저출산 및 고령사회 계획, 사회보장계획 등 사회적 기획이 수립되고 있으며, 단기적인 문제 해결을 위한 대책들이 제시되고 있다.

3. 기획의 유형과 방법

기획의 유형으로는 첫째, 기간에 따라 단기계획(short-term plan), 중기기획 (mid-term plan), 장기계획(long-term plan) 등으로 나눌 수 있고, 대상 분야 별로 경제적 기획(economic plan), 사회적 기획(social plan), 물적 기획(physical plan), 방어기획(defence plan)으로, 강제성의 정도에 따라 중앙집권적 강제기획, 경쟁적 사회주의 기획, 민주적 경쟁기획, 유도기획, 예측계획으로, 변동가능성의 여부에 따라 고정기획(fixed plan), 연동계획(rolling plan)으로 나눌 수 있다 (Waterson, 1965; 최신용외, 2014).◇59 이외에도 하향식, 상향식, 혼합식 접근방법으로 나눌 수 있다. 하향식 접근방법은 중앙행정부에서 전략적 환경 분석을 통하여 목표와 전략을 정하고 하부의 집행기관에 대하여 실행하도록 하는 접근방법이며, 상향식 접근방법은 현장에서 실무자 및 국민의 의견을 수렴하면서 사회적 토론을 통하여 기획이 이루어지는 방법이며, 혼합식 접근방법은 기본적인 정책목표와 방향은 하향식으로 정하면서 구체적인 실현방안에서는 현장 실무자의 국민의 참여에 의한 상향식 접근이 혼합된 방법이다.

한편 현대사회에서 환경의 불확실성이 증가함에 따라 조직이 환경변화에 능동적으로 적응하기 위한 전략적 기획 기법이 제시되고 있다. 전략적 기획(strategic planning)이란 한 조직의 비전이 무엇이고, 무엇을 해야 하며, 왜 그것을 하여야 하는지에 대하여 기본적인 결정과 구성원의 행동을 도출하는 훈련된 노력을 의미하며(Bryson & Roering, 1988),◇60 조직의 바람직한 미래상을 개발하는 것에 중점을 두고 이를 실천하는 전략과 재원 등의 행동을 강조한다(최신용외, 2014: 294-295).◇61 20세기 이후 공산주의 국가에서 시작된 기획은 단기적 성과를 나타냄에 따라 서구 국가에서도 관심을 보이고 사회적 기획(social planning)이라는 용어로 사용되었다. 특히 만하임(Mannheim)은 전체주의적 기획에 대항하여 사회집단과 엘리트의 참여에 의하여 유도되는 민주적 사회적 기획(democratic social planning)을 강조하였다(Mannheim, 1940).◇62 서구에서 사회적 기획은 단순히 국가에 의한 통제 이상의 의미로서 목적과 수단의 수용, 수단에 대한 적정한 지식, 통제의 능력 등 기획의 특징이 사회구조의 변화에 적용되고, 목적 달성의 가능성을 높이는데 활용되며, 통제되지 않은 외부적 간섭을 배제하는 사회적 변화의 과정으로 파악할 수 있다(Wood, 1944).◇63

기획의 방법과 절차에 대하여 의사결정의 과정으로 보고 ① 목표설정, ② 상황분석, ③ 대안작성, ④ 최적안의 선택, ⑤ 실천·평가로 구분하기도 하고 (김신복, 1980),◇64 ① 문제의 확인, ② 정책형성 및 합법화, ③ 집행, ④ 평가, ⑤ 문제해결 및 변화로 구분하기도 하며(정규서, 1983),◇65 ① 문제의 진단, ② 목표의 설정, ③ 대안의 설계·탐색 및 비교·분석, ④ 최종안의 선택, ⑤ 기획의 집행, ⑥ 기획의 평가로 구분하는 입장도 있다(최신용외, 2014: 75-94).◇66 한편 전략적 기획은 주로 조직단위에서 작성되는 것으로서 ① SWOT 분석, ② 목표설정, ③ 전략적 대안 탐색 및 결정, ④ 집행, ⑤ 성과측정 및 평가의 순으로 이루어진다(Wernham, 1984).◇67 기존의 기획방법과 차이점은 환경에 대한 전략적 분석이 이루어진다는 점이며 환경에서 나타나는 기회(opportunities)와 위협 (threats)을 파악하고 조직의 강점(strengths)과 약점(weakness)을 인식하여 조직의 비전을 달성하기 위한 전략들을 도출해 내는 방법이다(Steiss, 2003: 73-75).◇68 국가가 일방적으로 목표를 설정하는 것은 저개발 국가 또는 전체주의 국가에서 시도되는 방법이며, 민주적으로 유도되는 기획은 환경 분석을 통하여 문제를 확인한 후 이를 해결하기 위한 목표설정, 대안의 제시, 최적안의 선택, 재원 및 정책수단의 제시, 평가 및 세부시행계획의 제시 순으로 작성되는 것이 바람직하다. 또한 기획에는 전문가로서의 윤리를 아무리 강조해도 지나치지 않다. 정확하지 않은 사실에 기초하여 목표와 전략을 잘못 제시할 경우 자원의 낭비와 사회에 악영향을 미치기 때문에 기획을 하지 않는 것만 못하기 때문이다. 그렇기 때문에 미국의 기획가기구에서는 기획가들이 준수해야 할 윤리적 지침으로서 「윤리 및 전문직 행위규약(Code of Ethics and Professional Conduct)」을 제시하고 있다(김신복, 2001: 265-269; 최신용외, 2014: 55-57).◇69 구체적으로 공중에 대한 책임, 고객 및 고용주에 대한 책임, 직업과 동료에 대한 책임, 기획가 자신에 대한 책임으로 나누어 윤리적 기준들을 제시하고 있다.

제 6 절　정책정당화

정책정당화(policy legitimation)는 정책결정에 대하여 법적 효력을 부여하거나 정책적 조치에 권한을 부여하고 합리화하는 것을 의미하며(Kraft and Furlong, 2015: 95-97),◇70 정책제안이 입법기관인 의회에서 법으로 전환되는 과정을 말한다(Rinfret and Pautz, 2019: 87).◇71 정책정당화는 보통 의회의 과반수의 지지로부터 나오지만 대통령을 포함한 행정부의 명령, 사법적 결정으로부터도 나올 수 있다(Jones, 1984).◇72 민주주의 국가에서 정책이 효과를 발휘하기 위해서는 국민의 대의기관에 의한 입법이 필요하며, 성문법 중심의 국가에서는 정책과정에서 입법이 중심이 되지만 불문법 국가에서도 정부의 정책 집행에 재원이 필요한 경우 예산법률과 이에 따른 정책 프로그램으로 이루어질 수 있다. 헌법에 따른 수권과 민주적인 대의기구의 위임에 따라 행정부도 정책정당화를 위한 조치를 취할 수 있다. 그러나 형식적으로 법률이 된다고 해서 해당 법안이 실질적으로 정당화된다고 볼 수 없는 경우도 있다. 의회가 국민들의 신뢰를 얻지 못하고 힘 있는 이익집단에 포획되어 법안을 마련하거나 합리적인 정책분석과 충분한 사회적 논의 없이 힘의 논리에 의하여 다수결로 법안을 통과시키게 되면 국민들로부터 정책 순응을 얻기 어렵고, 법안의 집행도 효과적으로 이루어지게 어렵다(Kraft and Furlong, 2019: 94-96).◇73 따라서 정책정당화의 과정은 의회에서 합리적 대안들을 놓고 상호 토론하고 정치적 타협과 이해관계자의 충분한 논의를 통하여 이루어지는 것이 바람직하다.

미국의 정책정당화 과정을 보면 사회문제에 대한 정책대안이 결정되면 이를 반영한 법안으로 의회에 제안된다(Rinfret and Pautz, 2019: 87-90).◇74 예산이 수반되는 법률은 하원에 제안되어야 하지만 하원과 상원에 모두 법안이 제안될 수 있다. 법안의 작성자는 반드시 의원일 필요가 없으며, 의회의 직원, 이익집단, 기타 해당 사안에 이해관계가 있는 사람들이 법안을 작성하여 의원에게 제안하면 의원은 스스로의 판단에 따라 해당 위원회에 제안하게 된다. 어느 위원회에 법안이 회부되는지 여부는 법안의 성질과 정치적 관계에 달려 있으며, 회부된 위원회에 따라 법안의 통과 여부도 달라질 수 있다. 법안이 위원회에 회부되고 나면 위원회 또는 소위원회에서 정책문제와 법안, 기타 대안에 대하여 연구하게 되며, 전문가를 초청하여 공청회를 개최하고 법안이 수정되기도 한다. 이후 법안은 위원회에 회부되어 투표에 부쳐지고, 위원회의 찬성을 받은 법안은 본회의의 투표에 앞서 본회의 의원들의 토론에 부쳐지고 본회의의 표결을 통해 통과된 법안은 다른 원(상원 또는 하원)에 넘겨져서 동일한 절차를 밟게 된다. 의회에서 법안이 통과되면 대통령에게 이송하게 되는데 그 전에 양원의 법안이 상호 다른 경우에는 전원위원회를 개최하여 차이점을 조정하고 단일한 법안을 마련한 후 대통령에게 이송하게 되며 대통령은 법안에 찬성하거나 거부권을 행사할 수 있다.

스웨덴의 경우 정책정당화 과정은 보다 개방적이면서도 전문가를 활용한다. 스웨덴은 개별 정책의 입법을 위하여 의회에서 의원, 전문가, 과학자, 이해관계자로 구성된 독립된 위원회에 조사(utredning) 절차를 위임하며, 행정부와 이해관계자의 의견이 모두 수렴되어 최종 보고서를 제출하면 국민들에게 공개하고, 이를 통하여 사회적 합의를 형성할 수 있다(Kuhlmann and Wollmann, 2014: 80).◇75

한국의 경우 정책정당화의 과정을 살펴보면 정부에서 정책기획을 통하여 보고서나 계획안을 작성하게 되면 사안의 경중에 따라 최소한 장관에서 총리, 대통령에 이르기까지 의사결정권자에게 보고를 한 후 보도 자료의 형태로 국민들에게 발표한다. 그러한 정책기획안을 구체적으로 실행하기 위해서는 법률의 제·개정이 필요한 경우도 있고 위임의 범위 안에서 하위 법령을 개정해야 할 경우도 있다. 정책기획안에 제시된 아이디어를 법률이나 법령의 형태로 구체화한 다음 국회에 정부 입법이나 의원입법의 형태로 제안할 수도 있다. 미국과 달리 행정부도 정부법안의 형태로 법률안을 제안할 수 있고, 정부 법률안은 행정부 내의 부처 간 협의와 국무회의를 거쳐 국회에 제안되기 때문에 완성도가 보다 높은 법안이 제출될 수 있다. 정부입법으로 제안된 안에 대해서는 국회 상임위원회가 보다 관심을 기울여 심사에 들어가게 되고, 소위원회에서 논의와 소관 상임위원회의 의안심의 및 의결, 법제사법위원회, 본회의 심의 및 의결을 통하여 정부로 이송되면 대통령이 결재하여 공포한 후 시행에 들어가게 된다. 이러한 과정에서 부수법안들도 함께 제안되며 중요법안과 함께 제·개정이 이루어진다. 한편, 법안이 통과되면 하위법령의 제·개정도 이루어지게 되는데 시급한 사안인 경우 법률과 함께 시행령과 시행규칙의 제·개정 작업이 이루어지다가 법률과 함께 시행될 수 있도록 준비할 수도 있다. 이러한 정책정당화는 국회의 입법권과 맞물려 있으므로 행정부의 정책안에 대하여 국회에서 여당이 다수당을 차지하고 있는 경우는 보다 통과가 용이할 것이지만 야당이 다수인 경우는 다양한 경로로 설득이 필요하며, 당시의 여론상황과 대통령의 지지도와 집권 시기 등이 중요한 영향요인이 될 수 있다(유현종, 2010).◇76

제 7 절	정책집행

정책집행(policy implementation)이란 정부에 의하여 입안된 정책이 관련 기관에 의하여 효과가 발생하는 과정으로서(Jones, 1984; Birkland, 2015: 263),◇77 정책의 내용을 실현시키는 과정을 말한다(정정길외, 2014: 511).◇78 정책집행에는 조직, 해석, 적용이라는 세 가지 행위가 특히 중요하다(Jones, 1984).◇79 조직이란 사업을 관리하는 자원, 사무실, 방법 등이 설립된 것이고, 해석이란 영향을 받는 사람들이 이해할 수 있도록 계획, 지침, 규제 등과 같은 사업의 언어를 해석하는 것이며, 적용이란 서비스의 일상적 제공, 비용, 사업의 목표 또는 수단에 관하여 동의된 사항을 의미한다. 즉, 정책집행의 성공은 정책목표를 달성하기 위한 사업의 세부사항을 개발하는 것에 달려있다. 정치행정 이분론과 같이 민주적으로 선출된 정치적 대리인의 뜻을 기계적으로 집행하는 관료제라면 정책집행은 이미 정해진 정책들을 효율적으로 집행하는 관리적 측면을 강조할 것이지만 정치행정일원론과 같이 관료들에게 일정 정도의 재량을 부여할 경우에는 정치인이 의도한 정책이 반드시 집행된다는 것이 불확실하며, 무엇이 정책목표를 구현하는데 바람직한 수단인지를 집행과정에서도 결정해야 한다. 특히, 복지국가를 통하여 행정의 기능이 확대되는 시기에는 정책집행의 중요성이 부각되었으며, 집행 단계에서 관련된 기관이 많을 경우 다양한 거부점이 발생하게 되고, 정책목표를 달성하는데 적합한 정책수단과 이를 집행하는 적합한 기관이 선정되지 않으면 효과적인 정책집행을 저해하게 된다(Pressman and Wildavsky, 1973).◇80

정책집행에 대한 접근방법으로는 세 가지가 있는데 하향식 접근법(top-down approach), 상향식 접근법(bottom-up approach), 종합적 접근방법(synthesis approach)이 있다(Birkland, 2015: 264-272).◇81 첫째, 하향식 접근방법은 정책 설계자가 제시한 목표를 고려하고 이것이 정책 집행자를 통해 어떻게 실현되는지를 추적하는 방법이다. 하향식 접근방법은 정책목표가 명확하게 제시되고 성과가 측정될 수 있음을 전제로 하고, 이러한 목표 달성을 위하여 명확하게 정의된 수단들을 포함하고 있으며, 정책에 대한 단일하고 권위적인 지침이 있고, 정책과정은 위로부터의 메시지로 이어지는 집행사슬(implementation chain)로 간주되며, 정책설계자는 정책집행자들의 능력과 의지에 대한 충분한 정보를 보유하고 있어야 한다(Carl E. Van Horn and Donald Van Meter, 1976; Mazmanian and Sabatier, 1989).◇82 하향식 접근방법은 상위의 정책결정이 합리적으로 이루어지고 이것이 중립적이고 효율적으로 집행될 수 있도록 적정한 구조와 통제 시스템을 마련하는데 초점을 두고 있다. 그러나 정책결정과 제시된 목표가 반드시 합리적이고 명확하다는 보장이 없으며, 집행자에 대한 완전한 정보를 보유하여 통제하는 데에도 시간과 비용의 제약이 따르게 된다. 이는 정치행정 이분론에 의한 과학적 관리기법을 정책과정에 응용한 것인데 조직의 기계화와 하급 관료들의 재량을 인정하지 않음으로써 형식주의와 현장 중심의 대응성의 상실과 같은 관료제의 병리를 초래할 우려도 있다.

둘째, 상향식 접근방법은 하향식 접근방법의 문제점에 대하여 비판하면서 등장한 이론으로서 일선 관료제(street-level bureaucrats)의 관점에서 정책집행을 접근한다. 현장의 정책집행자의 능력과 동기부여를 고려하면서 정책결정자들의 정책설계를 역으로 추적하는 방식으로서 후방적 발견(backward mapping)이라고도 한다(Elmore, 1979).◇83 상향적 접근방법은 목표가 불명확할 뿐만 아니라 같은 정책 영역에서 다른 목표 및 하위 정책집행자들의 규범 및 동기부여 방식과 충돌될 수 있고, 규정이나 지침의 형식으로 단일하게 정의된 정책이 존재하지 않을 수 있으며, 정책과정을 갈등과 타협의 연속으로 가정하고 있다. 하향식 접근방법은 정책과정을 다양한 행위자들의 네트워크로 보고 집행과정에서 다양한 행위자들의 참여를 강조한다. 그러나 실제로 집행 관료가 상위의 정책결정을 무시할 만큼 권한을 보유하고 있지 않으며 법규와 전문가적 지침을 준수하여야 하고 모든 정책이 반드시 이해관계자의 참여가 이루어지는 아니라는 비판이 제기된다.

셋째, 종합적 접근방법은 상향적 및 하향적 접근방법의 장점을 결합한 방법으로서 후방적 발견을 기초로 하여 전방적 발견으로서 상향적 접근방법의 요소를 결합하였다(Elmore, 1985).◇84 이를 통해 정책결정자들이 정책집행을 구조화하는데 필요한 도구와 수단을 선택할 수 있을 뿐만 아니라 하위 정책집행자들의 필요와 동기도 이해할 수 있게 된다. 대표적으로 옹호연합분석틀(Advocacy Coalition Framework: ACF)을 들 수 있는데 정책문제에 관여하는 다양한 공적 및 사적 행위자들을 신념과 정책문제에 대한 다양한 범주의 전략에 따라 2-4개의 옹호연합으로 나누어 그들의 상호작용을 파악하였다. 이를 통하여 상향적 접근의 장점인 복잡한 체계에 단순하고 추상적인 모델을 제공하고, 정책의 구조적 특징의 중요성을 인식함으로써 하향적 접근방식의 장점도 결합하였다(Sabatier, 1986).◇85 한편 정책집행의 성공에 영향을 줄 수 있는 갈등, 상징적 정책, 인과적 이론 등 정책형성 과정의 변수들과 조직 내 및 조직간 집행 행태, 일선 집행 관료의 행태, 대상 집단의 행태, 관리 등 정책집행 과정의 변수를 결합하여 정책집행의 일차적인 산출로서 행태에 영향을 미치고 다시 정책 결과에 영향을 미치는 과정을 설명한 윈터(Winter) 모형이 있다(Winter, 1990; 정정길외, 2014: 601-602).◇86 이 모형에 의하면 합리모형에서는 정책목표가 불분명하게 설정되고 선택 대안의 탐색이 불충분하게 이루어지면 정책실패의 가능성이 크게 되고, 상향적 접근방법에서는 정책결정과정에서 참여자간의 갈등이 높고 갈등의 타협으로 정책목표가 모호하게 될 경우 정책실패가 될 가능성이 크며, 쓰레기통 모형처럼 정책결정이 상징적 차원에서 이루어지거나 정책결정자의 관심이 부족한 상태에서 이루어지면 집행과정에서 지연과 왜곡이 발생할 수 있기 때문에 정책형성과 집행을 통합적으로 고찰할 필요성을 주장하는 것이다.

  사회정책에서 정책집행은 정책수요자가 체감할 수 있는 정책효과를 실현한다는 의미에서 중요한 의미를 지니고 있다. 예를 들어 하나의 단일한 프로그램으로 운영되는 사업이면서 정책목표가 명확한 사업의 경우에는 하향식 접근방식이 바람직하다. 대표적으로 미국에서는 부진 학생에 대한 교육(No Child Left Behind) 또는 국토안보법(the Homeland Security Act)의 경우는 중앙정부가 직접 관리하는 하향식 접근방식을 선택하였다. 그러나 하나의 단일한 프로그램이 존재하지 않고 지역별로 다양한 기준이 적용되는 사업의 경우에는 상향식 접근방법이 바람직하다. 예를 들어 미국과 같이 연방제 국가에서 주별로 교육이나 복지프로그램이 다르게 적용되는 경우에는 지역 책임자의 재량과 책임이 강조되며, 연방차원의 통일적인 기준을 적용하기도 어렵다.

정책결정과 집행과정을 연계하지 않을 경우 정책목표가 달성되지 못할 뿐만 아니라 기존의 정책이 의도하지 못한 결과가 발생할 수 있다. 따라서 정책을 디자인할 때 정책의 성격, 정책입안자의 정보 수준과 역량, 정책집행자의 능력과 상태, 정책참여자의 수와 종류 등을 종합적으로 검토하여 접근하여야 할 것이다. 일반적으로 통합적 접근방법이 타당하다고 할 수 있으나 중앙정부 차원에서 반드시 목표 달성이 필요한 정책에 대해서는 단일한 프로그램으로 명확한 목표와 지침을 제시하여 하향식으로 집행하고 성과를 점검할 필요가 있다. 대표적으로 아동이나 노인학대 및 권리보호와 같은 정책을 들 수 있다. 그러나 지방정부에 재량권이 부여되어 있고 다양한 행위자들을 통하여 집행되는 정책일 경우에는 정책집행 과정에 다양한 행위자들이 참여하여 협업을 촉진하고 중앙 단위에서는 최종적인 목표와 정책의 틀을 구조화하는 방식이 바람직할 것이다.

한국과 같이 중앙집권적 발전국가에서는 중앙정부가 다양한 규제 권한과 예산배정, 정책평가 등 하향식 정책집행의 효율적 자원을 보유하고 있다. 그러나 정책집행을 통하여 실질적으로 정책성과를 달성하였는지 여부를 판단하기에는 불합리한 점이 많다. 중앙정부의 관료제는 직접적으로 정책을 집행하기보다는 주로 지방자치단체, 산하기관, 민간단체 등에 보조금을 지원함으로서 정책을 집행하며, 이들의 사업계획서를 승인하고 사업성과를 평가함으로써 정책목표를 달성하려고 한다. 중앙정부의 재정사업은 지방자치단체 보조사업이나 민간단체 경상보조를 통해 사업을 수행하고 사전에 성과계획서에서 설정된 목표치를 달성했는지 여부에 따라 다음 연도의 예산의 삭감 여부가 결정된다. 그러나 이러한 금전적 가치 위주의 성과평가가 실질적으로 관료제의 공익을 지향하는 동기부여(public services motivation)로 연결되는지 여부에 대해서는 의문의 여지가 있다. 달성하기 쉬운 목표치를 설정하여 형식적 평가위주의 행정이 되기 쉽고, 지역의

실정에 대한 충분한 정보가 없는 경우 실질적으로 민간이나 지방자치단체가 국
민에게 전달되는 서비스를 책임지게 되고 중앙정부는 예산을 집행하는 것에만
관심을 기울일 뿐 사회적 영향이나 변동과 같은 장기적인 정책목표와는 거리가
멀게 될 수 있다. 지방자치단체가 수행하는 대부분의 보조 사업들이 다시 민간
에 위탁되고 있으며, 국고보조금의 집행이 예산집행의 실적치를 확보하는데 급
급해지고 있다. 집행과정에서도 국민의 의사가 반영되고 효과적인 집행이 이루
어질 수 있도록 하향식 집행과 상향식 의사전달이 조화를 이룰 수 있는 모델이
개발되어야 한다. 또 다른 측면에서 정책목표를 달성하기 위하여 행정수단을 조
직하는 것과 관련하여 개별 부처는 예산을 배분하는 것 이외에 조직관리에 있
어서 자율성이 취약하다. 우선 행정안전부의 조직실이 정부조직과 정원관리에
의한 통칙에 의하여 통제하고 있고, 개별 사업부처는 기획재정부와 행정안전부
의 협의를 통하여 조직의 신설이 가능하므로 환경적 변화에 따라 조직을 적응
시키고 설계할 수 있는 자율성이 부족하다. 이는 정부조직의 비효율적 증가를
막는데 취지가 있지만 전체적인 예산과 정원에 대한 통제를 통해서 하여야 하
고 기본원칙을 정해준 이후에 개별 부처의 조직관리는 해당부처가 자율적으로
하는 것이 정책집행의 효과성을 높이는데 더 도움이 될 수 있을 것이다.

제 8 절   정책평가 및 환류

　정책평가(policy and program evaluation)란 정책 및 프로그램의 효과를 측정
하고 평가하는 것을 의미한다(Kraft and Furlong, 2015: 99).◇87 정책평가는 정책
목표가 달성되었는지 여부에 대하여 확인을 하게 된다. 성과평가방법에는 투입
대비 산출(output)을 측정하거나 사회의 실질적인 변화와 관련된 결과(outcome)
나 장기적인 영향(impact)을 측정하기도 한다. 성과중심(performance-based) 행
정에서는 예산이나 업무수행에서 성과평가가 중요해지고, 이를 통해 사업예산

배분 및 개인적인 보상도 결정되고 있다. 그러나 평가자와 피평가자가 합의한 성과목표가 실제로 국민들이 바라는 문제해결이 아닐 수도 있고, 달성할 수 있는 목표만을 정하게 되어 실제로 국민들이 원하는 분야지만 달성하기 어려운 목표이거나 계량화가 어려운 분야는 행정 관료가 관심을 가지지 않게 되는 부작용도 있다. 한국의 경우 지난 20여 년간 신자유주의적 개혁과정을 거치면서 정책평가가 지나치게 늘어났고 옥상옥의 구조를 형성하고 있다. 정부의 정책에 대한 최종적인 평가는 선거를 통하여 국민들이 할 것이지만 다양한 상위 기관들이 정책평가를 담당하고 있다. 정치적 통제를 담당하는 선출된 권력으로 대통령과 국회가 있는데 대통령은 행정부의 최고 의사결정권자로서 통상적인 보고경로를 통하여 보고를 받고 중요한 사안에 대하여 의사결정을 한다. 각 부처의 대부분의 중요한 정책결정은 사전에 청와대에 보고되고 수석, 비서관들과 각 부처의 실무책임자들이 수시로 회의를 하고 조율을 하게 된다. 또한 매년 국회를 통해 이루어지는 국정감사와 상임위원회의 업무보고, 국회 내의 정책지원기관으로서 국회 예산정책처, 입법조사처 등을 통해서도 정책평가가 이루어진다. 이들 기관들이 제시한 의견들은 행정부 공무원들이 관심을 가지게 되고 제도개선안이나 예산확보, 해명자료 등을 마련하여 제시하게 된다. 행정부 내의 정책평가기관으로는 자체적으로 일년 단위로 하는 사업평가, 기획재정부의 재정사업과 관련된 재정사업자율평가, 국무조정실의 정부업무평가, 감사원의 감사활동을 들 수 있다. 이외에 지방자치단체는 행정안전부의 주관으로 지방자치단체 합동평가를 통하여 사업평가를 받으며 그 결과가 보조금의 지급에 영향을 미칠 수 있다. 한국의 정책평가는 정책평가기관이 너무 많이 존재하기 때문에 실제로 업무를 수행하는 부처로서는 고유의 정책개발보다는 이들 기관의 정책평가에 대응하는 조직이 발달하게 되며, 한번의 정책기획 후에 다양한 기관의 평가와 지적을 방어하는데 시간을 소진하고 있다. 이는 대통령과 국무총리로 구성된 이원적 구조와 함께 발전국가와 신자유주의의 개혁과정에서 중앙관리기구의 성장의 결과이기도 하지만 실제로 국민들에게 공공서비스를 제공하는 기관이 자율성을 가지고 정책개발과 집행에 매진할 수 있는 국정평가체계의 대대적인 정비가 필요하다.

　또한, 정책평가와 구분하여 환류 및 시정조치는 한번 시도한 것의 결과를 평가하여 잘못이 있으면 즉각 시정함으로써 같은 잘못을 반복하지 않고 계속 행정발전을 지속시키는 것을 말한다(박동서, 1997: 80).◇88 이를 정책 피드백(policy feedback)이라고 하는데 이전의 정책의 결과가 다시 정책의 원인이 되는 현상을 말하기도 한다. 환류 및 시정조치는 정책집행 과정에서 상황변화가 발생하거나 정책평가의 결과로 정책집행의 오류가 발생한 경우 이를 수정하거나 잘된 점이 있는 경우에는 이를 다른 영역으로 확대시키고 혁신에 반영하는 긍정적 정책 피드백(positive policy feedback)을 포함하는 것이다. 서구의 경우에는 정책집행의 결과에 대하여 상황이 변경되면 정책변화의 과정을 통하여 유연하게 대처하고 있다. 그러나 우리나라의 경우에는 대통령 중심제 하에서 단기적으로 제시한 국정목표를 달성해야 하는 부담감이 있기 때문에 정권 초기에 제안된 국정목표나 과제가 그 이후에 수정되는 경우는 매우 드물다. 또한 국회의 국정감사 등도 의원 개인들 수준에서 문제제기와 보여주기식 공방에 머물기 때문에 그 순간이 지나고 나면 행정부 정책에 전반적으로 변화를 주기에는 어려운 구조로 되어 있다. 기재부의 부처사업자율평가, 재정사업 심층평가, 국무조정실의 국정평가 등도 실제로 평가를 담당하는 기관들이 개별 부처와 순환근무나 실제 업무를 담당하지 않기 때문에 개별 부처의 정보를 정확하게 알지 못하는 경우가 많으며 예산을 삭감하기 위한 수단으로 활용되거나 대통령의 국정과제를 홍보하는 방식으로 활용되고 있어 큰 범위에서 긍정적 또는 부정적 정책 피이드백 기능을 행사하기에 한계가 있다. 사회변화는 매우 급속도로 이루어지고 있는 점을 감안한다면 보다 객관적인 기관의 정보를 활용하여 개별 부처가 자율적으로 국정과제나 정책기획을 조정하여 시행할 수 있는 유연한 구조를 만들어야 하고, 민주적 대표성을 지닌 국회의 성과통제를 강화하며, 독립적인 외부 민간기관에서 평가를 하거나 시민사회의 전문가와 다양한 이해관계자로서 국민의 의견을 수렴할 수 있는 포용적 정책결정(inclusive policy making) 절차를 마련할 필요가 있다.

제 9 절 정책도구

정책목표를 설정한 다음에는 이를 집행하기 위하여 정부는 적절한 정책도구 (policy tools) 또는 수단(instruments)을 선택해야 한다. 보통 정책수단들은 정책 기획 속에서 검토되며 사회문제의 해결을 위하여 정부의 개입이 필요하다고 판 단될 때 다양한 수단들 중에서 가장 합리적인 수단을 선택하려고 한다. 신공공 관리론이나 뉴거버넌스 이론이 등장하면서 정부 이외에 시장, 시민사회의 다양 한 행위자에 의한 서비스 전달 방식이 도입됨으로써 공공 전달체계 이외에 민 간 또는 공공과 민간을 결합한 다양한 정책도구의 논의가 활성화되고 있다. 여 기서 정책도구란 학자마다 다양하게 정의되고 있으나 "개인이나 집단들이 공공 정책에 순응하는 의사결정 또는 행동을 하도록 유도하는 정부의 개입수단 (means of intervention)"이라거나(Schneider and Ingram, 1990),◇89 "공적 조치 (public action)의 도구(tools) 또는 수단(instruments)은 공적 문제를 해결하기 위 하여 집합적 행동이 구조화되는 식별가능한 방법(identifiable method)"이라는 주 장도 있고(Salamon, 2002: 19),◇90 국가 권위의 활용 또는 의도적 제한을 수반하 는 거버넌스 기법이라는 주장도 있다(Howlett, 1991).◇91 국내에서는 정책목표 달성을 위하여 정부가 의도적으로 활용하는 수단이라고 정의하기도 한다(전영한, 2007).◇92 이상의 정의들을 종합할 때 정책수단의 행사 주체는 정부이고 목적은 공적인 문제를 해결하기 위한 것이며, 행사방법은 명시적으로 개인이나 집단들 에게 개입하는 것이고 형태는 개입방법으로서 구체적인 정책의 대안들이라고 할 수 있다. 따라서 정책수단은 정부가 공적인 문제의 해결을 위하여 명시적으로 개인이나 집단들에게 개입하는 방법들이라고 보는 것이 타당할 것이다.

정책수단의 유형으로는 정보제공(information), 재정적 수단(treasure), 권위 (authority), 조직(organization)을 제시하거나(Hood, 1986),◇93 정의된 특징에 따 라 직접적 정부(direct government), 사회적 규제(social regulation), 경제적 규제

표 **5-2** 정책수단의 유형

수단	실행행위	예시
규제	개인, 기업, 다른 정부기관이 어떤 행위를 하거나 하지 못하게 하는 정부의 법령	• 국회에서 통과된 법률 • 행정부의 하위 법령, 행정규칙
정부관리	시민들에게 직접적으로 서비스의 집행 또는 자원의 관리	• 교육, 국방, 외교, 공무원 채용 • 경찰과 소방과 같은 공동체 서비스
조세 및 지출	정책목표를 달성하기 위해 자금의 축적 또는 지출	• 금연을 위한 담배세 및 사업을 위한 수입 • 아동수당 및 은퇴 노인에 대한 연금
시장기제	공중에게 선택을 하거나 문제를 교정하도록 동기를 부여하는 시장기제의 활용	• SOC 건설에 민간자본을 활용 • 친환경 에너지에 대한 보조금의 지급 및 공해물질 배출에 대한 환경세 부과
교육, 정보, 설득	특정한 방향으로 시민이 행동하도록 설득하기 위한 시민교육	• 시민들에 대한 안전 및 보건교육 • 재난발생시 정보제공 및 대피안내 • 건강한 음식섭취를 위한 영양 표시

출처: Kraft Michael E. and Scott R. Furlong, 2015. p. 105.에서 수정.

(economic regulation), 계약(contracting), 보조금(grant), 직접 대출(direct loan), 대출 보증(loan guarantee), 보험(insurance), 조세지출(tax expenditure), 요금 및 부과금(fees and charges), 책임법(liability law), 정부기업(government corpora-tions), 바우처(vouchers)로 분류하기도 하며(Salamon, 2002: 21),◇94 규제(regula-tion), 정부관리(government management), 조세 및 지출(taxing and spending), 시장기제(market mechanisms), 교육, 정보 및 설득(education, information, and persuasion) 등을 제시할 수 있다(Kraft and Furlong, 2015: 101-106).◇95

정책도구를 선택함에 있어서 가장 중요한 것은 문제를 해결하는 효과성이지만 정치적 수용가능성, 경제적 영향, 장기적 효과 등도 고려할 필요가 있다. 또한 어떤 정책도구를 선택하는지에 따라 프로그램의 정치적 성패가 좌우될 수 있기 때문에 정책도구의 선택은 중요한 의미를 지니고 있다. 예를 들어 자유주의적 복지레짐의 국가에서는 복지급여 및 서비스의 제공에 있어서 정부가 직접 관리하는 것보다는 시장기제에 의한 방식을 더 선호하게 된다. 그러나 사민주의적 복지레짐의 국가에서는 정부의 직접 관리를 통하여 공공성을 확보하고자 한다. 정부의 이념적 성향에 따라서도 다양한 정책도구가 사용되는데 미국에서 1960년대 민주당 정부에서는 주로 역량함양의 수단(capacity-building tools)이 사용되었지만 보수 공화당인 레이건 행정부에서는 시장중심적인 유인지향적 정책들(incentive-driven policies)이 사용되었다(Schneider and Ingram, 1990).◇96 특히 바우처 제도는 시장친화적인 영미 국가에서 주로 사용되었으나 신자유주의적 복지개혁의 영향을 받아 독일, 프랑스 등의 유럽대륙의 보수주의 복지국가나 스웨덴 등의 사민주의 복지국가로 정책이전이 발생하고 있다. 또한 정책도구는 하나만 사용되는 것이 아니라 복수의 정책도구들이 상호 연관되어 있으며, 복수의 정책도구가 묶음을 형성하면서 정책변동을 가져오며, 경우에 따라 복수의 정책도구를 혼합하여 하나의 정책수단의 패키지로 활용하게 된다(정정길외, 2014: 69).◇97

주 석

◇1 Birkland, Thomas A. 2015. An Introduction to the Policy Process: Theories, Concepts, and Models of Public Policy Making(3rd edition). Routledge: Taylor and Francis Group. p. 25.

◇2 Bochel, Hugh. 2016. The Policy Process. in Pete Alcock, Tina Haux, Margaret May and Sharon Wright (eds.), the Student's Companion to Social Policy. Wiley Blackwell Press. p. 300.

◇3 Kraft, Michael E. and Scott R. Furlong, 2015. Public Policy: Politics, Analysis, and Alternatives(6th edition). Sage: CQ Press. p. 86.

◇4 Birkland, Thomas A. 2015. An Introduction to the Policy Process: Theories, Concepts, and Models of Public Policy Making(3rd edition). Routledge: Taylor and Francis Group. p. 26.

◇5 정정길·최종원·이시원·정준금·정광호. 2014. 정책학원론. 대명출판사. pp. 14-15.

◇6 박동서. 1997. 한국행정론(제4전정판). 법문사; 유현종. 2013. Woodrow Wilson, 박동서, 그리고 한국행정. 행정논총, 51(3): 31-66.

◇7 복지국가의 조직화에 대해서는 본서 제6장에서 구체적으로 고찰한다.

◇8 Easton, David. 1965. A Framework for the Analysis of Political Analysis. Englewood Cliffs: Prentice Hall.

◇9 정무권. 2018. 사회복지정책과 정책과정. 안병영·정무권·신동면·양재진.(편) 복지국가와 사회복지정책. 다산출판사. pp. 183-201.

◇10 Baumgartner, Frank R. and Bryan D. Jones. 1993. Agendas and Instability in American Politics. University of Chicago Press.

◇11 Rhodes, R.A.W. and P. Dunleavy. (ed.). 1995. Prime Minister, Cabinet, and Core Executive. London: St. Martin's Press; 정용덕외. 2014. 현대국가의 행정학(제2판). 법문사. p. 215, 311.

◇12 Easton, David. 1957. An Approach to the Analysis of Political Systems. World Politics, 9(3): 385.

◇13 Birkland, Thomas A. 2015. An Introduction to the Policy Process: Theories, Concepts, and Models of Public Policy Making(3rd edition). Routledge: Taylor and Francis Group. pp. 49-53.

◇14 Kingdon, John W. 1995. Agendas, Alternatives, and Public Policies. 2nd ed. New York: HarperCollins College.

◇15 경향신문 2019. 2. 29. 토요판(http://news.khan.co.kr/kh_news/khan_art_view.html?art id=201902190600035&code=940100)

◇16 박동서. 1997. 한국행정론(제4전정판). 법문사. pp. 77-78.

◇17 Svara, J. H. 1985. Dichotomy and Duality: Reconceptualizing the relationship between policy and administration in council-manager cities. Public Administration Review, 45: 221-232; Frederickson, H. G. and K. B. Smith. 2003. The Public Administration Primer. Boulder, CO: Westview Press.

◇18 Kingdon, John W. 2001. Agendas, Alternatives, and Public Policies. 2nd ed.(updated). Longman: Pearson. pp. 196-205.

◇19 Kuhlmann, Sabine and Hellmut Wollmann. 2014. Introduction to Comparative Public Admnistration: Administrative Systems and Reforms in Europe. Edward Elgar. p. 117.

◇20 Ibid. pp. 118-119.

◇21 Lundqvist, Å and Klaus Peterson. 2010. In Experts We Trust: Knowledge, Politics and Bureaucracy in Nordic Welfare States. University Press of Southern Denmark. pp. 13-16.

◇22 유현종. 2018. 정치-행정관계의 이론적 곤경과 해결방안. 한국행정학보, 52(4): 336.

◇23 박동서. 1997. 한국행정론(제4전정판). 법문사. p. 145.

◇24 상게서. p. 78.

◇25 Kraft, Michael E. and Scott R. Furlong, 2015. Public Policy: Politics, Analysis, and Alternatives. Sage: CQ Press.

◇26 정정길·최종원·이시원·정준금·정광호. 2014. 정책학원론. 대명출판사. pp. 438-443.

◇27 Diesing, Paul. 1962. Reason and Society. Urbana: University of Illinois Press.

◇28 Birkland, Thomas A. 2015. An Introduction to the Policy Process: Theories, Concepts, and Models of Public Policy Making(3rd edition). Routledge: Taylor and Francis Group. pp. 254-259.

◇29 Allison, Graham. 1971. The Essence of Decision: Explaining the Cuban Missile Crisis. Boston: Little, Brown.

◇30 March, James G. and Herbert A. Simon. 1958. Organizations. New York: John Wiley.

◇31 Lindblom, Charles E. 1959. The Science of Muddling Through. Public Administration Review, 19: 79-88.

◇32 Cohen, Michael D., James G. March and Johan P. Olsen. 1972. A Garbage Can Model of Organizational Choice. Administrative Science Quarterly, 17(1): 1-25.

◇33 Allison, Graham. 1971. The Essence of Decision: Explaining the Cuban missile crisis. Boston: Little, Brown.

◇34 Gilbert, Neil and Paul Terrell. 2013. Dimensions of Social Welfare Policy. Pearson. pp. 93-95.

◇35 Titmuss, R. M. 1968. Commitment to Welfare. London: George Allen and Unwin Ltd. p. 122.

◇36 Gilbert, Neil and Paul Terrell. 2013. Dimensions of Social Welfare Policy. Pearson.

◇37 박동서. 1997. 한국행정론(제4전정판). 법문사. p. 273.

◇38 김신복. 1978. 국가기획의 본질 및 접근방법의 변화. 행정논총, 16권 1호, pp. 139-156.

◇39 Dror, Yehezkel. 1963. The Planning Process: A Fact Design. International Review of Administrative Science. 29(1).

◇40 Simon, Herbert A., Donald W. Smithburg, and Victor A. Thompson. 1950. Public Administration. New York: Alfred A. Knopf, Inc. pp. 423-424.

◇41 박동서. 1997. 한국행정론(제4전정판). 법문사. p. 78-79.

◇42 상게서. p. 273.

◇43 Millet, John D. 1954. Management in the Public Service. New York: McGraw-Hill Book Co. p. 56.

◇44 정규서. 1983. 정책기획에 관한 일 고찰. 한국행정학보, 제17권. p. 215.

◇45 최신융·강제상·이병기·김선엽·임영제. 2014. 기획론. 학림.

◇46 김신복. 1978. 국가기획의 본질 및 접근방법의 변화. 행정논총, 16권 1호, p. 141.

◇47 최신융·강제상·이병기·김선엽·임영제. 2014. 기획론. 학림. p. 15.

◇48 김신복. 1982. 프랑스, 일본, 소련의 국가기획제도. 행정논총, 20권 2호. pp. 274-292.

◇49 소련은 1921년 제1차 5개년계획을 수립한 이후 1985년까지 제11차 5개년 계획을 수립한 바 있다. 초기에는 중화학 공업의 성과가 있었으나 경제가 성장한 이후에는 국가기획에 의한 경제목표 달성이 어렵게 되었다. 자세한 내용은 최신융외. 2014. 기획론. 학림. pp. 15-16.

◇50 김신복. 1980. 기획이론 서설. 행정논총, 18권 2호. pp. 63-81.

◇51 Finer, Herman. 1945. The Road to Reaction, Boston: Little Brown and Co.

◇52 Hayek, Friedrich A. 1944. The Road to Serfdom. Chicago: University of Chicago.

◇**53** 미국 대법원은 New Deal 정책의 내용 중 연방정부에게 산업이나 농업 부문에 대하여 최저임금이나 생산량, 가격 등의 결정권을 부여하는 법안(National Industrial Recovery Act, Agricultural Adjustment Act)에 대하여 의회의 입법권을 침해한다는 이유로 위헌으로 결정하였다[Schechter Poultry Corp. v. United States, 295 U.S. 495 (1935).].

◇**54** 김신복. 1982. 프랑스, 일본, 소련의 국가기획제도. 행정논총, 20권 2호. pp. 75-76.

◇**55** 상게논문. pp. 77-79.

◇**56** 최신융외. 2014. 기획론. 학림. pp. 17-18.

◇**57** Waterston, Albert. 1965. Development Planning: Lessons of Experience. Baltimore: The Johns Hopkins Press.

◇**58** 강광하·이영훈·최상오. 2008. 「한국 고도성장기의 정책결정체계: 경제기획원과 정책추진기구」. 한국개발연구원.

◇**59** Waterston, Albert. 1965. Development Planning: Lessons of Experience. Baltimore: The Johns Hopkins Press; 최신융외. 2014. 기획론. 학림.

◇**60** Bryson, J. & W. Roering. 1988. Initiation of Strategic Planning by Governments. Public Administration Review, 48(6): 995-1004.

◇**61** 최신융외. 2014. 기획론. 학림. pp. 294-295.

◇**62** Mannheim, Karl. 1940. Man and Society in an Age of Reconstruction. New York: Harcourt, Brace and Co.

◇**63** Wood, Arthur Lewis. 1944. The Structure of Social Planning. Social Forces, 22(4): 388-398.

◇**64** 김신복. 1980. 기획이론 서설. 행정논총, 18권2호. pp. 63-81.

◇**65** 정규서. 1983. 정책기획에 관한 일 고찰. 한국행정학보, 제17권. pp. 214-229.

◇**66** 최신융외. 2014. 기획론. 학림. pp. 75-94.

◇**67** Wernham, R. 1984. Bridging the Awful Gap between Strategy and Action. Long Range Planning, 17.

◇**68** Steiss, Alan W. 2003. Strategic Management for Public and Nonprofit Organizations. CRC Press. pp. 73-75.

◇**69** 김신복. 2001. 발전기획론. 서울: 박영사. pp. 265-269; 최신융외. 2014. 기획론. 학림. pp. 55-57.

◇**70** Kraft, Michael E. and Scott R. Furlong, 2015. Public Policy: Politics, Analysis, and Alternatives(6th edition). Sage: CQ Press. pp. 95-97.

◇**71** Rinfret, Sara R. and Michelle C. Pautz. 2019. US Environmental Policy in Action(2nd edition). Palgrave Macmillan. p. 87.

◇72 Jones, Charles O. 1984. An Introduction of the Study of Public Policy(3rd ed.). Montrey: California: Brooks.

◇73 Kraft, Michael E. and Scott R. Furlong, 2019. Public Policy: Politics, Analysis, and Alternatives(7th edition). Sage: CQ Press. pp. 94-96.

◇74 Rinfret, Sara R. and Michelle C. Pautz. 2019. US Environmental Policy in Action(2nd edition). Palgrave Macmillan. pp. 87-90.

◇75 Kuhlmann, Sabine and Hellmut Wollmann. 2014. Introduction to Comparative Public Administration: Administrative Systems and Reforms in Europe. Edward Elgar. p. 80.

◇76 유현종. 2010. 대통령의 입법의제로서 정부법안의 국회제출과 통과의 영향요인: 민주화 이후 역대 정부를 중심으로(1988-2007). 행정논총, 48(4): 263-293.

◇77 Jones, Charles O. 1984. An Introduction of the Study of Public Policy(3rd ed.). Montrey: California: Brooks/Cole; Birkland, Thomas A. 2015. An Introduction to the Policy Process: Theories, Concepts, and Models of Public Policy Making(3rd edition). Routledge: Taylor and Francis Group. p. 263.

◇78 정정길·최종원·이시원·정준금·정광호. 2014. 정책학원론. 대명출판사. p. 511.

◇79 Jones, Charles O. 1984. An Introduction of the Study of Public Policy(3rd ed.). Montrey: California: Brooks/Cole.

◇80 Pressman, Jeffery and Aaron Wildavsky. 1973, Implementation. Berkeley: University of California Press. 이 연구는 현대적 집행론의 시작으로 인정되는 것으로 미국 상무성 내에서 설치된 경제개발처의 Oakland 지역에 흑인들을 위한 일자리 창출을 위한 공공시설에 대한 투자 사업이 실패하게 된 이유에 대하여 분석하였다.

◇81 Birkland, Thomas A. 2015. An Introduction to the Policy Process: Theories, Concepts, and Models of Public Policy Making(3rd edition). Routledge: Taylor and Francis Group. pp. 264-272.

◇82 Carl E. Van Horn and Donald S. Van Meter. 1976. The Implementation of Intergovernmental Policy. in Charles O. Jones and Robert D. Thomas (ed.), Public Policy Making in a Federal System. Beverly Hills: Sage; Mazmanian, Daniel and Paul Sabatier. 1989. Implementation and Public Policy. Lanham, MD: University Press of America.

◇83 Elmore, Richard. 1979. Backward Mapping: Implementation Research and Policy Designs. Political Science Quarterly, 94(4): 601-616.

◇84 Elmore, Richard. 1985. Forward and Backward Mapping. in K. Hauf and T.

Toonen. (eds.) Policy Implementation in Federal and Unitary Systems. Dordrecht, Netherlands: Martinus Nijhoff. pp. 33-70.

◇85 Sabatier, Paul A. 1986. Top-down and Bottom-up Approaches in Implementation Research: A Critical Analysis and Suggested Synthesis. Journal of Public Policy, 6(1): 21-48.

◇86 Winter, Søren. 1990. Integrating Implementation Research. in Dennis J. Palumbo and Donald J. Castila (ed.). Implementation and the Public Policy Process. New York: Greenwood Press, pp. 19-38; 정정길・최종원・이시원・정준금・정광호. 2014. 정책학원론. 대명출판사. pp. 601-602.

◇87 Kraft, Michael E. and Scott R. Furlong. 2015. Public Policy: Politics, Analysis, and Alternatives(6th edition). Sage: CQ PRESS. p. 99. 정책평가의 자세한 내용에 대해서 는 제10장 정책평가 및 환류 참고

◇88 박동서. 1997. 한국행정론(제4전정판). 법문사. p. 80.

◇89 Schneider, Anne L. and Helen Ingram. 1990. Behavioral Assumptions of Policy Tools. Journal of Politics, 52(2): 510-529.

◇90 Salamon, Lester M. 2002. The New Governance and the Tools of Public Action: An Introduction. in Lester M. Salamon (ed.). The Tools of Government: A Guide to the New Governance. Oxford University Press. p. 19.

◇91 Howlett, M. 1991. Policy Instruments, Policy Styles, and Policy Implementation, Policy Studies Journal, 22(4): 631-651.

◇92 전영한・이경희. 2007. 정책수단연구: 기원, 전개, 그리고 미래. 행정논총, 48(2): 91-118.

◇93 Hood, Christopher C. 1986. The Tools of Government. Chatham, N.J.: Chatham House.

◇94 Salamon, Lester M. 2002. The New Governance and the Tools of Public Action: An Introduction. in Lester M. Salamon (ed.), The Tools of Government: A Guide to the New Governance. Oxford University Press. p. 21.

◇95 Kraft, Michael E. and Scott R. Furlong, 2015. Public Policy: Politics, Analysis, and Alternatives(6th edition). Sage: CQ Press. pp. 101-106.

◇96 Schneider, Anne L. and Helen Ingram. 1990. Behavioral Assumptions of Policy Tools. Journal of Politics, 52(2): 510-529.

◇97 정정길・최종원・이시원・정준금・정광호. 2014. 정책학원론. 대명출판사. p. 69.

생각해 볼 문제

(1) 복지국가에서 국가 또는 정부 운영의 목표를 설정하는 방법은 어떻게 다른가? 정치 주도의 목표설정 및 정책결정과 행정주도의 목표설정 및 정책결정의 차이는 무엇이며, 해당 국가의 특수성 하에서 민주주의의 원칙과 전문가의 합리성을 조화시키는 방법은 무엇인가?

(2) 사회정책의 집행방법으로 하향식 접근과 상향식 접근의 장단점을 비교하고, 양자를 통합적으로 고려하는 방법을 정책결정과 집행의 연계라는 관점에서 설명해 보자.

(3) 정부가 정책을 집행하는 수단 또는 도구에는 어떤 것들이 있는가? 국가주도의 복지국가에서 시장경쟁을 강조하는 신공공관리론과 시민사회의 협력과 네트워크를 강조하는 신거버넌스론에 따라 행정수단은 어떻게 변화되었는지를 복지혼합(welfare mix)의 관점에서 생각해 보자.

읽을거리

정책과정 일반에 대해서는 「Thomas A. Birkland. 2015. An Introduction to the Policy Process: Theories, Concepts, and Models of Public Policy Making(3rd edition). Routledge: Taylor and Francis Group.」, 정책의제설정과 관련해서는 「John W. Kingdon. 1995. Agendas, Alternatives, and Public Policies. 2nd ed. New York: HarperCollins College.」, 정책집행과 관련해서는 「Jeffery Pressman and Aaron Wildavsky. 1973. Implementation. Berkeley: University of California Press.」, 「Daniel Mazmanian and Paul Sabatier. 1989. Implementation and Public Policy. Lanham, MD: University Press of America.」, 정책도구와 관련해서는 「Lester M. Salamon (ed.), 2002. The Tools of Government: A Guide to the New Governance. Oxford University Press.」을 추천하고, 정책학 관련 교과서로 「Michael E. Kraft and Scott R. Furlong, 2015. Public Policy: Politics, Analysis, and Alternatives(6th edition). Sage: CQ Press.」, 「정정길 · 최종원 · 이시원 · 정준금 · 정광호. 2014. 정책학원론. 대명출판사.」, 기획이론과 관련하여 「김신복. 2001. 발전기획론. 서울: 박영사.」, 「최신융 · 강제상 · 이병기 · 김선엽 · 임영제. 2014. 기획론. 학림.」 등이 있다.

복지국가의 조직화

6 복지국가의 조직화

복지국가의 조직이론

1. 의의 및 분석틀

복지국가를 위한 정치행정체계의 목표설정과 정책기획이 이루어진 후 이를 실행하기 위하여 구체적인 인간의 협동체인 조직 또는 분업체제, 자원의 동원과 배분이 필요하게 된다(박동서, 1997: 79).[1] 복지국가의 행정조직 및 인사·예산의 대부분이 여기에 속하게 되지만 정보, 정치적 지원, 시간 등도 고려의 대상이 된다. 본서에서는 조직화의 개념을 복지국가의 정책과정에서 정치행정체계를 통하여 결정된 목표와 정책들을 집행하기 위한 중앙정부와 지방정부 등의 행정조직, 공공부문의 인력관리, 국민들에게 서비스가 제공되는 전달체계의 설계와 거버넌스 등으로 파악하고자 한다.[2] 보편적 복지국가를 지향하는 스웨덴에서는 복지국가의 제도를 '국민의 집'으로 표현하였고 복지정책을 구현하는 정치행정체계를 설계하는 것은 국민들이 지속가능하면서도 체감할 수 있는 복지를 누릴 수 있게 하는 중요한 요소이다. 여기서 정치행정체계(politics administration system)란 환경으로부터 투입을 받아 복지국가의 목표, 제도, 정책 등의 중요한 의사결정을 담당하는 정치적 영역과 이로부터 위임을 받아 세부적인 정책결정과 정책집행을 담당하는 행정조직을 포괄하는 개념으로서 이를 통하여 구체적인 사회정책들이 산출되게 된다. 이스턴(David Easton)의 투입-산출 모델에서는 투입을 산출로 전환하는 정치시스템에 대하여 검은 상자(black box)로 보아 어떻게 작동하는지에 대하여 설명을 생략하였다(Easton, 1965; Birkland, 2015: 27).[03] 그러나 정책결정과 정책집행의 원리를 이해하는데 한계가 있어서 신제도주의 학파에 의하여 제도적 제약과 행위자의 상호작용이라는 분석논리를 이용하여 시스템 자체의 변화에 대해서도 설명을 하려는 시도가 나타났다.

복지국가의 조직화를 이해하기 위해서는 목표설정과 정책결정을 주로 하는 정치행정시스템의 구조와 작동방식에 대하여 살펴볼 필요가 있다. 본서에서는 복지국가의 정치행정시스템을 구성하는 몇 가지 요소들을 찾아내고 복지국가의 유형별로 어떻게 변화되어 왔는지를 살펴보며 복지국가의 전달체계와 연계하여 고찰하고자 한다. 분석틀을 설계하기 위하여 변수들을 살펴보면 첫째, 복지국가의 정치행정시스템 내에서 정치와 행정의 역할 및 관계에 대하여 살펴볼 필요가 있다. 왜냐하면 목표설정과 중요한 정책결정을 담당하는 정치와 행정이 유기적으로 연계되어야 제대로 된 복지국가의 제도와 정책이 나올 수 있기 때문이다. 정치적 영역에서는 정치제도의 구성과 권한, 행정과의 관계, 통제 방식 등에 대하여 살펴볼 필요가 있다. 둘째, 복지국가 내에서 사회정책을 담당하는 행정조직의 구조와 역할에 대하여 살펴볼 필요가 있다. 특히 정치적 영역으로부터 위임을 받아 재정을 관리하고 통제하는 재정당국과 집행부처 간의 관계가 중요하고, 집행부처가 전문성에 기초하여 효율적으로 복지서비스를 전달할 수 있어야 한다. 복지국가는 연금, 생계지원 등의 소득보장과 보건의료, 교육, 보육, 장기요양 등의 사회서비스를 효율적으로 제공하는 수단으로서 행정조직과 전달체계를 필요로 한다. 아무리 복지재원이 많이 늘어난다고 하더라도 전달과정에서 비효율이 발생하거나 관료제의 사적 이익 추구가 발생하는 경우 밑 빠진 독에 물붓기가 될 뿐이다.

셋째, 복지국가의 조직화의 결과로서 사회정책 조직의 형태와 전달체계에 대하여 살펴볼 필요가 있다. 복지국가의 형성과 변화의 경우에도 역사적 맥락 속에서 진화론적으로 고찰할 수 있는데, 정치체계와 행정발전에 관한 대표적 연구에서도 역사적 단계이론에 기반하여 설명하고 있다(Mosher, 1968: 54-55; Rokkan,

1970: 61-62; Raadschelders, 2000: 72-80).[4] 이에 따르면 서구의 복지국가의 발전 단계는 형성기(19세기말~제2차 세계대전), 성장기(제2차 세계대전 후~1960년대), 조정기(1970년대 후반 이후)로 나누어 볼 수 있는데, 단계별로 행정의 조직화가 어떻게 이루어졌는지를 살펴볼 필요가 있다. 복지국가는 전문성을 갖춘 관료제가 합리적으로 재량을 행사하면서 정책결정을 하고, 이를 하부조직을 통하여 집행한다. 과거 야경 국가에는 외교, 국방, 경찰 등 최소한의 국가조직으로 국민의 안전을 보호하는 역할을 하였고, 국민의 삶과 관련된 복지서비스는 민간이 자조적으로 해결하였다. 그러나 산업화가 진행되고 도시에 거주하는 노동자, 노인, 유아 등 취약계층의 건강, 교육, 취업 등이 더 이상 개인에게만 맡겨진 문제가 아니라 사회권으로서 국가가 직접 챙겨야 할 사회문제로 대두되었다. 이를 위하여 보건, 노동, 교육 등의 조직이 설립되고 국민에게 행정서비스를 제공하게 되었다. 이러한 변수들을 반영하여 복지국가의 정치행정체계의 분석틀을 제시하면 다음과 같다.

그림 6-1 복지국가의 조직화의 분석틀

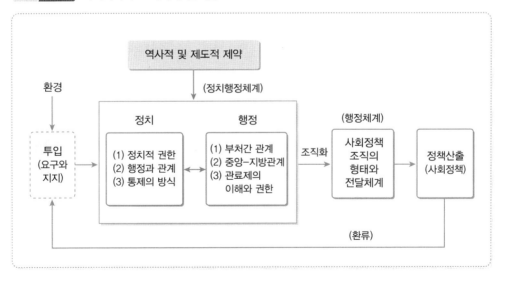

2. 복지국가의 조직 이론

복지국가의 발전은 자본주의, 민주주의, 관료제의 요소를 결합하면서 이루어진 근대화의 과정으로 볼 수 있다(Flora and Alber, 1982: 38-39).◇5 자본주의가 복지국가에 대한 생산적 기초를 제공하면서도 빈부격차와 같은 문제를 발생시킨다면 민주주의는 자본주의를 통하여 성장한 노동계급이 자신들의 권리를 주장할 수 있는 정치적 권력을 차지하도록 하였다. 그러나 관료제는 전문성과 합리성에 따라 예산과 조세, 법적 권한에 기초하여 사회정책과 프로그램을 집행하는 조직체로서 복지국가의 자체를 형성하는 제도가 된다. 복지국가의 발전에 상응하는 국가기구와 전달체계를 설계하는 것은 국민에게 전달되는 공공서비스의 체감도를 높이고 국가재정을 효과적으로 사용할 수 있다는 점에서 중요한 의의를 지니고 있다.

공공행정의 조직이론에 대하여 ① 의사결정에 영향을 미치는 구조를 중시하는 관점, ② 구조적 제약 하에 개인과 집단의 합리적이고 이익추구적인 행태를 분석하는 관점, ③ 조직의 가치 및 제도화와 같은 문화-제도적 관점, ④ 환경과 조직의 관계를 중시하는 관점으로 나누기도 하고(Christensen, 2012: 136-138),◇6 ① 구조적 접근, ② 인적자원적 접근, ③ 정치권력적 접근, ④ 문화상징적 접근으로 나누기도 한다(김병섭외, 2000).◇7 역사적으로 공공행정의 조직이론은 형식적 구조에 대한 연구에서 출발하여 조직 내의 행태, 조직의 제도와 문화, 기술적 및 제도적 환경과의 관계를 연구하는 것으로 발전해 왔다. 정부조직은 환경변화에 대응하여 공공의 이익과 국가목표를 달성하기 위하여 직무를 중심으로 짜여진 구조(structure)를 지니고 있다. 그러나 복지국가의 정부조직은 개별적 기능을 담당하는 부처조직들이 연결되어 있기 때문에 개별 부서 단위의 조직이론을 적용하기에는 한계가 있다. 미국에서 발달한 조직이론의 경우에는 개별 조직단위의 구조와 행태 분석에 초점을 두고 있었고, 복지국가 내의 정부조직의 형성과 변화에 대한 논의는 부진하였다. 이는 미국의 행정이 지닌 무국가적 특성에 기인하는 것으로 국가를 중심으로 한 기획이나 시민들의 경제적 행위에 대한 국가 개입에 대하여 반감이 존재하고 있었다(Stillman, Ⅱ, 1990; Higgs, 1987: 4; 정용덕, 1996).◇8 복지국가의 정부조직의 설명함에 있어서는 해당 국가에서 역사적으로 형성된 제도적 맥락에 따라 국가 또는 정부의 조직화가 어떻게 이루어지는지를 살펴볼 필요가 있다. 제도적 맥락은 행위자의 선택을 제약하는 요인으로서 정부조직의 변화와 행정개혁에 영향을 미칠 수 있다(Kuhlmann and Wollmann, 2014: 10-18).◇9 예를 들어 서구 국가의 행정전통은 크게 두 가지로 나눌 수 있는데, 유럽 대륙 국가와 같이 로마법적 전통에 기초한 법치국가의 전통과 앵글로 색슨(Anglo-Saxon) 계열의 보통법에 기초한 시민 문화적 전통으로 나눌 수 있다. 유럽대륙 국가의 법치주의는 다시 중앙집권적인 국가 중심의 수직적 행정체계와 성문법규에 의한 근거한 권한 배분을 강조하는 프랑스, 스페인, 이탈리아 등의 나폴레옹식 행정체계, 주 정부의 자율성이 강하고 연방정부의 보충적 개입을 강조하는 독일 게르만 행정체계, 행정의 개방을 통해 행정과 시민사회의 협력과 컨센서스를 강조하는 스칸디나비아 행정체계로 나눌 수 있다. 이러한 행정의 전통에 따라 복지국가의 행정체계의 조직화가 달라질 수 있다. 한편 앵글로 색슨 계열의 행정문화는 국가라는 권위적 요소를 강조하기 보다는 시민사회의 법과 동일한 체계에서 활동하는 정부를 강조한다는 점에서 영국과 미국의 법체계는 비슷하지만 영국은 잉글랜드 중심의 중앙정부의 역할이 강조되는 반면에 미국은 연방주의를 통하여 중앙정부의 역할이나 강도가 약하다는 점에서 차이가 있다. 또한 헌법의 규정이나 정부조직 구성의 경직성도 정부조직의 구성에 영향을 미칠 수 있는데, 영국이나 프랑스의 경우는 정부조직법이 존재하지 않으므로 상대적으로 쉽게 정부조직이 변화할 수 있지만 실제로 행정의 기능을 구성하는 하부단위의 조직은 상대적으로 안정적으로 유지하고 있다. 그러나 미국의 경우는 의회의 수권 법률을 통하여 행정부처가 설치되고 있으므로 상대적으로 행정조직의 변화가 적은 편이다. 우리나라의 경우에도 정부조직법을 통하여 행정각부가 설치되고 있지만 정부부처의 변화는 상대적으로 많은 편이었다.

　　현대 복지국가의 행정조직과 전달체계는 국가기능을 분업의 원리에 따라 수평적으로 나누고 중앙과 지방, 시민사회와의 관계에서 권한을 어떻게 배분할 것인지에 관한 수직적 계열화와 관련이 있다. 민주주의 국가에서는 행정조직도 주권자인 국민의 뜻에 따라 결정되는 것이 원칙이지만 복지국가의 태동기부터 행정조직의 발전을 보면 행정조직의 설계가 반드시 민주적 원칙에 의하여 결정된 것이 아니었다. 예를 들어 1870년대 독일의 비스마르크에 의한 보수주의적 사회보험의 도입은 독일 내무부의 관료제 중심으로 이루어졌고, 노동계급의 과격한 정치세력화를 방지하기 위한 시혜적이고 예방적인 수단이었다(Flora and Heidenheimer, 1982: 18).◇10 슈타인(Lorenz von Stein)의 행정 체계의 분류에 의하면 국가기능을 외교 및 국방, 재무, 내무행정으로 나눌 수 있고 내무행정은 인구, 보건, 경찰, 복지 등을 모두 포함하는 것으로 국민의 안전과 생활을 위하여 가장 중요한 기능으로 보았다(Stein, 1866; 박응격, 1995).◇11 따라서 복지국가의 행정체계의 발전은 내무부에서 관할하던 기능이 보다 수평적으로 분봉(hiving off)되는 과정이며, 행정조직의 기능적 범위를 결정하는 것과 관련이 있다. 이와 관련된 개념으로 수평적 전문화(horizontal specialization)는 어떻게 서로 다른 문제와 정책 영역들이 함께 연결되고 분리되는지를 의미하는데, 수평적으로 업무가 배분되는 방식으로 업무영역, 목적, 기능(과정), 고객 등의 4가지 요소를 제시할 수 있다(Egeberg, 2012: 145-146).◇12 목적을 중심으로 하는 경우 정책 영역에 따라 국방, 복지, 노동, 환경 등으로 정부부처를 구성하게 되고, 기능을 중심으로 편제를 하는 경우에는 기획, 예산, 인사, 조직 등 수행하는 기능에 따라 구분하게 되며, 고객을 대상으로 하는 경우 보훈, 여성, 청소년부 등으로 조직을 구성하게 된다. 한편 수직적 전문화(vertical specialization)는 조직 내 또는 조직 간 수직적 계층제 내에서 노동의 분업이 어떻게 이루어지는지를 말한다. 정부조직은 기본적으로 수직적 계층제의 형태를 지니고 있지만 위원회, 한시적인 태스크 포스, 프로젝트 조직이 등장함에 따라 보다 수평적 관계를 강조하기도 한다.

　　첫째, 전통적인 조직이론으로 구조적인 접근방법은 효율적인 조직 운영을 위하여 분업(division of labor), 행정의 범위(span of public administration), 부처화

(departmentation), 명령통일(unity of command)의 원리를 제시하였으며(Robbins, 1980: 196),◇13 이는 계층제에 의한 계선 행정조직의 형태를 나타낸다. 복지국가 초기의 정부조직의 업무는 분화되지 않은 형태로 있었고 사회와 경제가 발전함에 따라 행정수요가 증가하고 또한 전쟁을 경험하면서 정부 인력이 증가하게 되자 행정조직의 분업화와 전문화를 추구하게 되었다. 정부의 전통적인 업무로는 일반정부와 재정, 공공질서와 안전, 보건과 사회적 돌봄, 교육, 무역과 거래, 공공시설이나 사회간접자본을 들 수 있었다(Raadschelder, 2000: 89-90).◇14 독일의 경우에도 사회보험과 같은 복지정책은 내무행정의 일부로 간주되었고 복지국가의 행정조직의 분화는 이루어지지 않은 상태였다. 다만 19세기말부터 20세기초에 경영학에서 나타난 과학적 관리기법을 행정에 적용하여 인사, 조직, 예산 등의 행정의 관리기능을 수행하는 참모조직을 둠으로써 최고 의사결정권자의 업무수행을 지원하기 위한 과학적 관리이론이 등장하기도 하였다. 과학적 관리이론(Scientific Management Theory)은 막스 베버의 기계적 관료제를 가정하고, 페이욜(Fayol) 등의 경영이론의 영향을 받아 계층제 조직의 최고 의사결정권자가 조직을 효과적으로 관리하기 위한 방법 등을 구현한 것이며, 귤릭(Gulick)에 의하여 기획 – 조직 – 인사 – 지시 – 조정 – 보고 – 예산 모델(Planning – Organizing – Staffing – Directing – Coordinating – Reporting – Budgeting: POSDCORB) 모형으로 제안되었다(Gulick, 1937: 112).◇15 이 모형은 노동의 분업과 전문화를 통하여 조직의 효율성을 달성하기 위한 목적이었지만 루스벨트 대통령 시기에 브라운로 위원회 (Brownlow Committee)에서 추진된 미국의 정부조직 개편에도 적용되었다(Kaufman, 2007).◇16 특히, 대공황 등 경제위기를 극복하고 복잡한 사회문제를 해결하기 위한 행정의 역할이 강화됨에 따라 대통령이 정부부처를 효율적으로 관리하기 위한 명령 통일의 원리(unity of order), 통솔의 범위(span of control), 조정(coordination)의 원칙 등을 정하고 이를 보좌하기 위한 참모조직으로서 기획, 예산, 조직, 법제 등의 기능을 통합한 대통령부(the Executives of the President)를 설치한 것이다.

한국의 정부조직도 이러한 POSDCORB의 원칙을 도입하고 있지만 정치와 행정이 분리된 것이 아니라 행정이 적극적으로 정책결정을 담당한다는 점에서 차이가 있다. 헌법상 대통령제 국가이고 대통령이 국가원수이자 행정부의 장으로서 행사할 수 있는 권한이 크고 미국과 달리 국회의 권한은 제한적이기 때문에 대통령이 국정목표와 과제를 설정하면 통솔의 범위의 제약과 명령의 통일의 원칙에 의하여 대통령비서실, 국무총리실, 감사원, 기획재정부, 행정안전부, 법제처, 인사혁신처 등의 참모조직들이 대통령의 국정 목표와 과제를 수행하기 위하여 보좌를 하게 되고 실제 집행 부처인 보건복지부, 고용노동부, 교육부, 국토교통부 등을 평가하고 관리하는 구조로 되어 있다. 물론 개별 집행부처가 직접적으로 대통령에게 보고할 수 있지만 참모조직들 중 기획재정부와 예산과 관련하여 협의를 할 수밖에 없고, 이를 통하여 실질적인 영향을 미치게 되며, 행정안전부는 조직 관리를 담당하고 있고, 지방행정관리를 통해 업무의 중복이 있으므로 집행부처와 경쟁적인 관계에서 대통령에게 보고하게 된다. 이러한 사업 수행 부처와 대통령 참모부처의 업무 관여는 권한과 책임의 불일치의 문제를 발생시키게 된다. 즉, 사업의 수행은 집행부처에서 하는데 실질적인 영향력은 관리 부처가 행사할 수 있어 국민과 대통령에 대한 책임을 누가 어떻게 질 것인지에 대한 문제가 발생할 수 있는 것이다. 또한 대통령의 참모조직은 일반적으로 지원기능을 담당하는 부처로 소개되고 있으나 실질적으로 정부의 전 행정기관을 조직적 영토(organizational territory)로 하고 각자가 맡은 분야에서 타 부처의 업무에 간섭과 통제를 하게 된다(조석준·임도빈, 2010: 245~247).[17] 형식적으로는 이들 기구가 대통령의 의사결정을 지원하는 참모조직이지만 통제를 받는 집행부처와의 관계에서는 관료적 권력(bureaucratic power)을 행사하게 된다. 더우기 정부조직 개편을 통하여 참모조직이 사업부처와 통합됨에 따라(경제기획원과 재무부의 통합, 총무처와 내무부의 통합) 참모조직이 스스로 정책 사업을 수행함으로써 조직 자체의 이익을 추구할 수 있는 가능성이 생길 수 있게 되었다.

둘째, 수직적 계층제에 의한 정부조직의 과학적 관리는 베버의 관료제와 함께 일종의 합리적 접근으로 볼 수 있지만 1950년대 경험적 근거가 부족하다는 행태주의의 비판을 받은 후 거시적인 정부조직의 논의보다는 조직적 구조 하에서 의사결정과 조직구성원의 행태에 관한 연구에 초점을 맞추게 된다(Christensen, 2012: 136).◇18 그러나 행태주의는 미시적인 연구에 집중하기 때문에 한계가 있었고, 조직이 환경과 상호작용하는 과정에서 형식적 틀에 가치를 부여하게 되면서 이것이 제도로 발전하게 되었으며, 제도가 조직 내의 행위자에 영향을 미친다는 제도적-문화적 접근이 나타났다. 조직은 스스로의 활동에 가치를 부여하는 제도화의 과정을 통하여 어느 정도 자율적인 권력을 행사하게 되고 행정절차나 의식 등의 상징을 통하여 기득권을 보유하게 된다는 것이다(Selznick, 1957).◇19 이러한 조직의 제도적 측면을 강조하는 설명은 조직 내의 의사결정과 행태가 합리성(rationality)이 아닌 적절성(appropriateness)에 기초하여 이루어진다고 주장한다(March and Olsen, 1989).◇20 완전한 합리성이 아닌 적절성의 논리는 조직이 과거로부터 형성해 온 관행과 절차들이 통합의 중요한 원천이 되고 조직적 안정성을 제공한다는 것이다. 특히, 제한된 합리성(bounded rationality)을 가진 인간들로 구성된 행정조직 내에서 합리성의 논리에 따라 하향식으로 시도된 행정개혁들은 실제로 의도한 목표를 달성하지 못하는 경우가 많으며, 기존에 형성되어 있는 조직들의 절차와 관행들로 인하여 변화를 달성하기보다는 제도를 더욱 안정적으로 유지되도록 한다(Brunsson and Olsen, 1993).◇21 영미의 신자유주의적 행정개혁들이 유럽대륙의 국가에서는 국가기구의 시장화와 경쟁의 원리 도입이라는 성과를 달성하지 못했으며, 한국에서도 행정개혁과 조직개편을 통하여 행정발전을 이루고자 하였지만 정권이 바뀜에 따라 기존 조직으로 회귀하거나 수치위주의 행정성과 홍보 등으로 왜곡되고 있는 것이다.

셋째, 수직적 및 수평적 전문화의 원리에 따라 부처가 조직된다고 하더라도 조직의 결정과정과 하부조직의 설계 등 구체적인 내용은 정치적 투쟁을 통해서 결정된다(Whitfold, 2012; Dahlstörm, 2012).◇22 굴릭(Gulick)에 의하여 제시된 POSDCORB의 조직 원리는 정치-행정 이분론을 전제로 선출 또는 임명된 최고 관리자가 효율적으로 조직관리를 위한 수단이었다. 그러나 행정 관료의 자율성과 권한이 보장된 국가에서는 행정조직의 설계과정에 관료들의 영향력이 강하며, 구체적인 하부조직은 관료들 간의 협상과 설득에 의하여 이루어지게 된다. 정치와 행정에 대한 명확한 이분론은 약화되고 정치와 행정의 역할 구분이 모호해지면서 상호 긴장관계에 있으면서도 보완적인 관계에 놓이게 되었다. 행정의 구조로서 조직은 정치인, 관료, 이익집단 간의 정치적 투쟁의 산물이기 때문에 반드시 효율적으로 조직되는 것은 아니다(Moe, 1989: 267).◇23 특히, 20세기에 들어와 행정의 비약적 성장을 통하여 행정국가(administrative state)의 경향이 강화되기 시작하자 행정부 내의 관료제의 권력행사와 관료정치에 대한 연구가 나타나기 시작하였다. 대표적으로 다원화된 미국 사회에서도 관료제는 다양한 이익집단과 행정부처, 정치인들 간의 관계에서 누구를 보스(boss)로 할 것인지에 대한 생존적 노력을 한다는 관료제와 권력의 불가분성을 제시한 연구가 있고(Long, 1949),◇24 국가 안보와 같은 핵심적 정책 결정과정에서도 다양한 정부부처의 관계자가 참여하는 협상과 타협의 관료정치(bureaucratic politics)적 현상이 나타날 수 있다(Allison, 1971).◇25 공공선택론의 관점에서도 관료들은 정치인에 대한 정보의 비대칭성을 활용하여 효율성과는 관련 없이 자신 부서의 예산의 극대화(budget maximization)를 추구하거나(Niskanen, 1971)◇26 자신들이 권한 행사를 위한 영역(turf) 또는 관청(bureau)을 늘리는데 더 관심을 두게 된다(Dunleavy, 1991).◇27 그 결과 자신들의 조직과 관련된 정책이나 이해관계자에 대해서만 관심을 기울이게 되는 칸막이(silo) 현상이 발생하게 되며, 정책조정의 실패로 나타나게 된다. 정치의 행정에 대한 영향과 관료정치의 현상은 정부조직을 형성하는 과정에서도 영향을 미치게 되며 특히 정치권력과 가까운 위치에 있는 부처일수록 권력자원을 활용하여 자신들의 조직이익에 더 부합하는 방향으로 정책이 결정되도록 영향력을 미칠 수 있다.

넷째, 조직 환경의 불확실성에 따라 조직의 형태가 달라질 수 있다(Lawrence and Lorsh, 1967).◇28 조직 환경이 안정적일 경우는 조직목표가 일정하고 수직적 통제 위주의 계층제가 바람직할 수 있지만 조직 환경이 불확실하고 다양한 요인들에 의하여 영향을 받게 되는 경우는 보다 분권화되고 유연한 조직이 필요하게 된다. 과거 경제개발 시기에서는 경제발전이라는 하나의 목표를 향하여 모든 행정부처들이 위계적인 구조를 형성하였다면 경제성장이외에 민주화, 사회적 인권, 지속가능성 등 다양한 가치가 존재하는 사회에서는 중앙관리부처로 수직적인 통합보다는 분권화되면서 민주적 담론을 통하여 통합을 지향하는 유연한 정부조직 체계가 필요하다. 또한, 조직군 생태(Population Ecology of Organization)이론에서도 환경변화에 따라 개별조직은 변화에 적응이 어렵지만 조직의 종류에 따라 같은 성질의 조직의 집단인 조직군이 환경에 의하여 선택되어 생존하는 것을 주목한다(Hannan and Freeman, 1977).◇29 행정부처는 다른 부처의 지원업무나 행정관리를 담당하는 중앙관리조직과 실제 대민업무를 수행하는 사업부서로 나눌 수 있는데, 발전국가에서 목표달성을 위하여 수직적 통합을 이루는 상황에서는 본연의 관리기능에 충실하면서 중앙관리조직이 생존할 수 있었지만 민주화 이후 기존의 권위주의적인 중앙관리조직에 대하여 비판이 제기되는 상황에서는 관리조직의 생존 방법은 사업부처와 통합을 모색하고, 사업부서의 영역에 적극적으로 관여함으로써 사업부서와의 조직생존 경쟁에서 환경적 선택을 획득하고자 할 수 있다. 예를 들어 민주화 이후 권위주의적 발전국가 시기의 중앙관리부처인 경제기획원과 내무부에 대해서 비판의 목소리가 제기되자 이들은 사업부서로서 안정적인 재무부와 행정조직에 관한 권한을 보유한 총무처와 통합함으로써 중앙관리부처이면서 사업부서의 역할을 하게 되었고, 조직군의 생존가능성을 높인 것으로 볼 수 있다.

다섯째, 복지국가의 성장기를 통하여 정부조직이 증가하게 되고 관료제의 예산극대화, 관청형성 등 관료제의 비효율성에 대한 문제가 제기되자 1970년대부터 국민들에게 효과적인 사회정책을 실행하기 위하여 정치적 대리인의 관점에서 하향식으로 관료제를 통제하는 주인-대리인 이론(principal-agent theory)이 제시되었다. 이 이론은 수직적 전문화와 관련되며 정치와 행정의 이분론적 관점에서 정치가 명확한 목표를 제시하고 관료제가 이를 수행할 수 있는 자율성을 인정하며, 충분한 정보 하에서 사후적 평가를 통하여 보상과 처벌을 한다는 논리에 기반하고 있다. 또한 관료가 시장에서의 개인과 같이 사익을 극대화하기 때문에 주인에 대하여 비대칭적으로 정보를 보유하고 통제를 피하고자 한다고 가정한다

(Frederickson and Smith, 2003: 37).◇30 행정기구들을 자율적인 책임을 지는 집행기관(agency)으로 전환한 뒤에 사후적인 성과평가와 계약제를 통하여 행정의 효율성을 높이자는 취지이다. 주인인 정치인과 대리인인 관료 간에 공공서비스의 구매에 관한 계약이 존재하는 것으로 보며, 구매자인 정치인은 법률과 예산 등 우월적 권한을 활용하여 관료들로 하여금 국민의 대표로서 정치인의 선호에 맞게 서비스를 제공하도록 한다고 본다. 관료가 정치인에 대하여 대응하는 정도는 임기 초기이거나 여당이 다수당을 차지하거나 여야가 합의를 하고 있는 경우이고, 대통령의 정치적 임명, 의회의 권한과 입법지원 조직의 역량, 대통령의 직접적 관할 하에 있는 부처인지 여부, 대통령의 관심사항으로서 지시나 발언 등에 의하여 영향을 받는다(Wood and Waterman, 1994).◇31 주인 대리인 모델에서 중앙정부는 더욱 집권화되지만 중앙정부별로 수많은 독립적인 집행기관이 증가하게 되고 결국 서비스 전달자간에 통합과 조정의 문제를 발생시키게 된다.

　여섯째, 신자유주의적 개혁에 따라 행정조직이 소수의 정책결정기관과 다수의 집행기관으로 나누어지게 되자 이들 기관 간에 통합과 조정의 문제를 발생시키게 되었다. 수평적 전문화에 따라 기관간의 영역을 결정하게 되면 그 결과 상호작용의 형태와 정보의 교환이 감소하게 되며(Lægreid and Olsen, 1984),◇32 정부 부처 내에서도 정책의 관심과 선호를 자신들의 영역 내에 있는 대상에 보다 집중시키는 왜곡이 발생한다(Rhodes and Dunleavy, 1995).◇33 또한 행정의 기능의 변화는 기존의 정부 중심의 공공행정을 민간 영역의 다양한 행위자를 포함하여 확대시켰고 정책결정 뿐만 아니라 이들 행위자간의 관계를 어떻게 설정할 것인지에 관한 거버넌스(governance)의 문제가 제기된 것이다. 이러한 거버넌스는 다양한 행위자들이 참여하는 과정이므로 당연히 행위자들 간의 협업의 문제가 부각된다. 여기서 협업(collaboration)이란 자율적인 행위자들이 공식적 및 비공식적 협상을 통하여 상호작용하고, 그들의 관계에 관한 규칙과 구조, 공통된 문제들에 대하여 행동하고 결정하는 방식을 창출하는 과정이다(Thomson and Perry, 2006; Stillman Ⅱ, 2010: 289).◇34 협업의 과정은 시간이 지남에 따라 조직들이 반복적인 협상, 신념의 실현을 통하여 공식적 및 비공식적으로 상호작용하게 됨에 따라 발생한다(Ring and Van de Ven, 1994).◇35 협업의 과정에 참여하는 조직은 집합적 행동에 관한 작지만 적절한 기대를 가지는 협상을 할 수 있고, 실행과정에서 신념을 가지게 될 것이며(Stillman Ⅱ, 2010: 288),◇36 집합적 행동이 반복적으로 실행된다면 참여 기관들은 상호 신뢰를 유지하고 확대하게 된다. 만일 상호적인 신뢰가 이행되지 않을 경우에는 참여자들은 재협상을 통해 교정적 조치를 취하거나 상대방에 대한 신뢰를 축소시키게 된다. 협업에 계속 있거나 탈퇴하는지 여부는 협업에 대한 집합적이고 통합적인 인식을 얼마나 가지는지 여부에 따라 결정된다. 협업적 거버넌스는 기계적 관료제가 분업의 원리에 따라 문제를 해결하는 과정에서 발생하는 칸막이 현상과 복합적이고 어려운 사회적 문제를 다부처적으로 해결하기 위한 것이며, 문제해결을 위한 협상과 신뢰, 헌신 등의 가치를 중시하므로 수직적인 지시와 명령에 의하여 작동하는 조직과는 구별된다.

위에서 복지국가의 발전과정을 통해서 행정조직의 이론의 변천에 대하여 살펴보았다. 복지국가의 행정조직은 초기에는 단순한 형태로 분화되지 않고 있다가 복지행정 수요의 비약적 발전에 따라 수평적 및 수직적 분화를 거치게 되었다. 서구의 복지국가의 발전은 거의 100년 정도의 시간을 통하여 이루어졌으며 현재도 복지국가의 지속성을 높이기 위한 구조개혁이 이루어지고 있다. 그러나 한국은 이러한 서구의 정치경제의 발전과정을 따르지 않고 일제 강점기로부터 해방된 때에 이미 서구에서는 복지국가의 기초가 완성된 단계에 이르렀고 수직적 및 수평적 분화가 이루어진 서구의 행정조직 체계를 그대로 적용하여 정부조직을 구성하였다. 즉, 내무행정에서 분화되어 사회정책 부서가 발전된 것이 아니라 내무부와 별개로 보건사회, 교육 등의 행정조직이 분화된 형태로 출범하게 되었고, 그나마 경제발전이 낙후되어 복지국가로 나아가지 못하고 국가안보와 사회 안전, 경제성장을 우선시 하고 사회정책 및 복지행정은 이를 보충적으로 뒷받침하는 행정체계를 유지해 온 것이다. 여기서 제기되는 문제는 경제성장기의 행정체계로 민주화이후 분출된 다양한 사회적 요구, 저출산 및 고령화, 청년실업 등의 사회적 문제를 해결하기에 적절한 것인가이다. 이는 기존의 성장위주의 국가목표를 뒷받침하던 중앙관리조직과 사회정책을 직접 수행하는 부처 간의 관계를 어떻게 정립할 것인지, 그리고 주민들에게 행정서비스를 제공하는 지방조직과 중앙부처 간의 관계를 어떻게 설정할 것인지, 그리고 민주화에 따라 성장한 시민사회의 다양한 행위자와 지역사회에서 공공적 행정서비스의 전달기관 간의 관계를 어떻게 설정할 것인지의 문제와 관련된다. 우리나라는 인구구조의 변화에 대한 능동적 대응, 한 부처만으로 해결하기 어려운 과제에 대하여 부처간 관계의 재정립, 부처간 칸막이 현상 및 전달체계의 분절성, 조직 이익 우선의 관료정치의 극복이라는 정부조직의 오래된 해결과제를 안고 있는 것이다. 이러한 행정의 문제점을 해결하는 것은 한국 행정의 효율화를 넘어 근대화 (modernization)의 과제를 완성하는 의미도 지니고 있다.

제 2 절 │ 관료제 및 인적자원관리

1. 관료제 이론

인류의 문명은 원시적이고 신비스러운 것으로부터 합리적이고 복잡한 것으로 발전해왔다. 이러한 진보의 과정에서 인간에 대한 지배의 정당성은 ① 사회의 확립된 전통의 신성함에 의존하는 전통적 권위(traditional authority), ② 지도자의 개인적 자질과 매력에 의존하는 카리스마적 권위(charismatic authority), ③ 규범적인 정당성과 합법적 권한에 기초한 법적 권위(legal authority)로 나눌 수 있는데, 베버의 관료제(bureaucracy)는 특정한 국가의 구체적인 현상이라기보다는 세 번째 법적-합리적 권위로부터 고안된 이상적 개념이다(Weber, 1921).◇37 관료제는 법적-합리적 권위가 제도적으로 구현된 통상적인 방식으로서 다음과 같은 특징을 지니고 있다(Weber, 1922; Gerth and Mills, 1946; Stillman Ⅱ, 2010: 51-52).◇38 첫째, 관료조직의 목적에 필요한 통상적인 행위들은 공식적인 의무로서 명확하게 배분된다. 둘째, 의무에 따른 명령의 권위는 관료 개인의 자의가 아닌 강제적, 물리적, 정신적 수단에 관한 규칙에 의하여 정하여진다. 셋째, 의무의 계속적인 수행과 상응하는 권리의 실행을 위한 수단들이 제공되며, 일반적으로 직무수행을 위하여 적합하다고 정해진 자격이 있는 사람만이 관료로 고용되어 봉사할 수 있다.

관료제의 작동원칙으로는 첫째, 계층제와 계급적 권위의 원칙에 따라 상급자가 하급자에게 명령하고 하급자는 복종하는 명령적 시스템이 적용되고, 둘째, 문서주의에 의하여 업무가 이루어지며, 셋째, 업무의 관리는 전문가적 교육을 통하여 이루어지고, 넷째, 공직에서는 관료가 직업(vocation)으로서 근무시간 내에서 완전한 직무능력으로 근무하여야 하며, 다섯째, 업무는 다소 안정적이고 포괄적이며 학습할 수 있는 규칙에 의하여 처리된다. 공직에 있는 개인의 지위는 훈련된 전문가로서 사회적으로 우대를 받고, 선출직 공직자와 달리 직무전문성에 근거하여 상급자에 의하여 임명되며, 정년까지 안정적으로 근무하는 것이 보장되고, 고정적인 봉급과 연금이 제공되며, 계층제 내에서 승진을 통해 경력을 형성한다.

이러한 관료제는 제대로 작동될 경우 정확성, 신속성, 명확성, 지식축적, 계속성, 재량, 통일성, 엄격한 복종, 마찰과 비용의 축소 등 기술적 장점을 지니고 있다. 특히 예측가능한 규범에 의하여 이루어지는 관료제는 정실이나 연고주의를 배제함으로서 공정한 시장경쟁에 의한 자본주의의 발전에 기여할 수 있다. 그러나 관료제는 완전하게 정착된 경우 권력관계가 형성되므로 영속되는 특성을 지니고 있으며, 개인적인 관료는 그가 속한 기계적 관료제 내에 통합된 기능을 수행하는 부분으로 편입된다. 따라서 관료제는 경제적 또는 정치적으로 활용될 수 있는 기계(machine)이며, 민주주의와 갈등관계에 놓일 수 있다. 관료제의 개혁을 시도하더라도 한번 교육된 절차가 확립되고 이를 따르는 훈련된 부속품으로서 다수의 관료들이 추종하는 한 근본적인 개혁은 매우 어려운 것이다. 관료제의 이러한 권력적 속성으로 인하여 비인간화를 초래할 수 있고 악화될 경우 합리적 관료제가 아닌 관료제의 병리현상을 발생시킬 수 있다.

제1, 2차 세계대전과 산업화, 복지국가를 경험하면서 국가의 기능은 확대되었고, 이에 따라 정부 관료제도 급격하게 성장하였다. 관료제가 개인의 자유를 억압하는 기제가 될 수 있다는 비판이 제기되었고 합리적 관료제의 장점으로 제시되던 것들이 목적을 따지지 않고 규칙만을 지키는 형식주의와 동조과잉, 전문적인 것만 할 줄 아는 훈련된 무능(trained incapacity), 계층제로 인한 의사소통의 왜곡, 안정된 직위로부터 발생하는 무사안일, 관료들의 사익추구 등 관료제의 병리현상이 제기되었다(Merton, 1968; 박천오, 2012).◇39 막스 베버가 제시한 이상적 관료제가 현실에 적용되기 위해서는 관료제를 구성하는 인간의 개인적 특성이 배제되고 업무가 이루어지는 과정들이 합리적으로 설계되어야 하지만 권위적인 관료제 하에서는 상위 계급에 있는 관료들이 권력을 추구하고 개인적 욕구들이 하급자의 업무에 지대하게 영향을 미치게 되며, 하급 관료는 이를 회피하기 위하여 다양한 규정과 절차를 마련하게 되고, 이러한 불필요한 행정규제들이 국민들에게는 고스란히 피해로 전가되는 것이다.

그동안 관료제의 병리를 해결하기 위하여 다양한 대안들이 제시되었다. 첫째, 신제도주의적 방법론을 조직에 접목하여 수직적 계층제 대신에 다중심적이고 분절된 행정조직이 더 적합하다는 주장도 있고(Ostrom, Schroeder, and Wayne, 1993),◇40 티부 가설(Tiebout Hypothesis)에 따라 대도시 지역에서 다양한 작은 규모의 공공서비스의 관할권을 만들고 발에 의한 투표(voting by feet)로서 개인의 선택과 경쟁 기제를 통하여 효율적 자원배분이 가능하게 한다는 주장도 있다(Ostrom, Tiebout, and Warren, 1961).◇41 한편, 관료조직의 합리성에 대한 비판으로 쓰레기통 모델(garbage can model)에 의하면 공공조직은 문제에 대한 정의와 그 문제에 대한 해결수단의 결합이 제대로 이루어지지 못하기 때문에 우연성(simultaneity)에 의하여 문제와 해결대안과의 관계가 결정되며 가장 합리적이지는 않더라도 적합한 수준에서 대안을 찾게 된다고 한다(March and Olsen, 1989).◇42

둘째, 수직적 계층제로부터 발생하는 관료제 권력의 부작용을 해결하는 것이다. 베버의 관료제 이론에서는 상급자의 명령에 복종하면서 관료제 조직이 효율적이고 신속하게 작동하는 것으로 설명하지만 실제로는 관료조직 내에 다양한 하부시스템(sub system)이 존재하며 이들 간에 자리와 재원, 정책결정에 대한 영향력을 놓고 관료정치가 발생한다는 것이다(Stillman Ⅱ, 2010: 172-173).◇43 미국 정부의 경우 하부시스템으로 정치적 임용직(political appointee), 전문경력직(professional careerist), 일반 공무원(general civil service), 노동조합 근로자(unionized workers), 계약직 고용(contract employment)의 5가지 시스템이 있다. 특히, 헌법상 행정에 명시적인 권한을 부여하지 않거나 공무원의 정치적 중립성을 명시하지 않은 미국과 같은 국가에서는 관료제가 상부의 명령에만 의존하는 것이 아니라 스스로의 재량에 의하여 정치적 지지를 확보하기 위하여 노력하게 된다(Long, 1949).◇44 그러나 중앙집권적 통치체제가 강한 한국에서는 시민의식의 향상과 정치참여, 관료제 권력에 대한 통제 및 행정 내부의 민주화 등을 통하여 공무원이 국민에게 소신껏 봉사할 수 있도록 하는 것이 중요하다(박동서, 1994; 1998).◇45 관료제 권력의 민주화의 핵심은 정치적 대응성은 확보하면서도 정치적 중립성과 직업공무원제에 기초하여 정책적 합리성을 최대한 발휘할 수 있도록 업무절차와 행정 관료의 직업적 정신을 보호하는 것이다. 관료제의 직업정신과 관련하여 정책 수혜자들을 직접적으로 상대하는 일선관료제(street level bureaucracy)의 역할이 중요하다. 일선관료제란 정책을 최종적으로 사람들에게 집행하는 관료를 의미하며(Lipsky, 1980),◇46 현장에서 상당한 재량을 행사할 수 있는 경찰, 소방, 교사, 사회복지공무원 등을 예로 들 수 있다. 일선관료제는 관료제의 일부이면서도 눈으로 확인할 수 있는 범위 내에서 감시와 통제를 받지 않기 때문에 스스로의 판단과 재량에 따라 시민들에게 공공서비스를 제공하거나 규제를 집행하게 된다. 따라서 이들의 공익에 대한 가치관과 실무적 역량에 따라 실제 국민들이 체감하는 서비스가 달라진다.

셋째, 조직이론에서는 수직적 관료제에서 상의하달식의 집행만이 있는 것이 아니라 조직 내에서 비공식적 인간관계가 중요하다는 것을 호오손 실험(Hawthorne experimentation)을 통하여 확인하였다. 또한 조직관리의 기법으로 인간은 일하는 것을 싫어하고 피하려고 하기 때문에 명령과 지시에 의한 통제가 필요하다는 X 이론적 접근방법과 인간은 놀이와 휴식처럼 업무에서도 육체적 및 정신적으로 노력하며, 목표를 달성하기 위하여 스스로 지시하고 통제를 하기 때문에 외부적인 통제가 아니라 목표에 대한 집착과 자아실현의 욕구를 충족시켜 주는 것이 필요하다는 Y이론적 접근방법이 제시되었다(McGregor, 1957).◇47 X 이론에 기반한 조직관리 기법이 수직적 계층제에 따른 감시와 통제라면 Y 이론적 접근방법은 보다 인간의 자율성을 존중하며, 조직의 목표가 명확하게 제시되고 목표에 대한 헌신은 자아실현 욕구에 대한 보상이 된다.

넷째, 1970년대 후반 이후 거대한 정부조직의 비효율성의 문제가 제기되고 이를 해결하기 위한 방법으로 시장자유주의에 의한 경쟁의 원리가 도입되었다. 우선 관료제의 관리적 측면의 문제를 해결하기 위하여 시장자유주의에 기초한 개인화, 경쟁, 효율성을 강조하는 신공공관리론(New Public Management)이 제안되기도 하였다. 그러나 신공공관리론도 관료제 내에 있는 권력적 지배와 인간의 소외 문제를 해결하지 못하기 때문에 형식적인 성과에 집착하고 금전적 보상에 치우치게 됨으로써 인간화된 조직을 구현하는 데는 한계를 나타내었다. 신공공관리론은 단기적으로는 선택으로 인한 효율성이 향상될 수 있지만 공정성, 형평, 정의의 가치에는 부정적인 영향을 미칠 수 있고, 장기적으로 비용을 축소하지는 못했기 때문에 공적 목적을 달성하기 위하여 다른 다양한 방법들이 제시되고 있다(Dilulio, Garvey and Kettl, 1993; Frederickson and Smith, 2003).◇48

다섯째, 관료제의 대안으로 민간화 및 시장화를 시도하는 과정에서 다양한 정부의 기능들이 민간에 이양되었고 이는 국가의 공동화(hollowing out state) 현상을 가져왔다. 정부는 직접적인 생산대신에 공공서비스를 비영리조직의 네트워크를 통하여 공급하게 되었고, 행위자들을 조정하고 방향을 제시하는 기능이 중요하게 되었다(Milwald and Provan, 2000; Lynn, Heinrich, and Hill, 2001).◇49 뉴거버넌스는 네트워크의 지배, 직접적 통제에 대한 국가능력의 감소, 공공 및 사적 자원의 혼합, 다양한 정책수단의 활용 등의 특징이 있다(Peters and Pierre, 1998).◇50 시장자유주의에 기초한 신공공관리론에 비하여 민간의 다양한 행위자가 참여하고 네트워크를 통한 공공 서비스의 공급이 이루어진다는 점에서 수직적 관료제의 경직성을 극복할 수 있지만 다양한 행위자가 참여하기 때문에 서비스가 제대로 공급되지 않을 경우 책임성이 문제될 수 있다. 이와 관련하여 정신건강서비스 제공의 네트워크 효과성은 수평적 조정보다는 중앙집권적이고 단일한 유형이 효과성이 더 크다는 연구도 있다(Provan and Milward, 1995).◇51

여섯째, 베버의 관료제에 대한 시장자유주의적 비판에 대한 반작용으로서 관료제를 옹호하는 입장도 있다. 관료제의 병리에 대한 접근 방식에 있어 영미 국가에서는 시장주의적 개혁을 추구하지만 유럽 국가들은 법치주의와 합리성을 제고하여 관료제를 현대화하려는 태도를 취하고 있고 이를 신베버주의적 국가(neo-Weberian state)로 부르기도 한다(Pollitt and Bouckaert, 2004; Lynn, 2008).◇52 신 베버주의 국가의 관료제의 특징으로는 국가(state)에 대하여 세계화, 기술변화, 인구 및 환경변화의 문제를 해결하는데 적극적 역할을 부여하고, 행정의 정당성의 근거로 대의민주주의, 기본권의 보호와 사회적 형평을 위한 행정법규의 현대화, 명확한 자격과 조건을 갖춘 공공서비스의 보호 등을 강조한다. 이는 베버의 합리적 관료제의 핵심가치를 반영하는 것이며, 기존의 베버주의와 다른 점은 관료조직이 시민들의 필요와 요구를 충족시키기 위하여 외부지향적으로 되고, 직접적인 시민참여와 협의를 통하여 대의민주주의를 보완하며, 단순히 법규를 지키는 것보다 결과 중심적으로 행정관리를 하고, 관료들이 자신의 업무에 단순히 법규를 집행하는 역할에 머무는 것이 아니라 시민들의 요구를 충족시키는 전문가적 관리자로서의 역할을 수행한다는 점이다. 이러한 신베버주의적 입장은 OECD를 통하여 정부현대화(Modernizing Government)의 과제로 반영되었다. 한편, 영미국가에서도 기존 관료제 자체를 개혁하려는 노력으로 행정의 사회적 형평성을 제고하기 위한 행정가의 직업윤리와 책임성을 강조하는 신행정론(New Public Administration)을 주장하거나(Frederickson, 1980),◇53 정치-행정 이분론에 의하여 관료제를 통제하는 정치에 문제를 제기하고 목표설정을 명확하게 하는 대신에 관료제에게 전문성에 입각한 재량을 부여하고, 행정 내부의 민주적 거버넌스를 강조하는 입장도 있다(Meier and O'Tool, 2006).◇54

2. 인적자원관리

행정조직이라는 구조가 결정되면 그 속에서 활동하는 행정인을 충원하고 보직을 부여하며 능력향상을 위하여 교육훈련을 하고, 업무실적에 따라 보상을 제공하며 비위에 대하여 처벌을 하는 등의 인적자원관리가 필요하다. 인적자원의 관리기준으로 인사권자와의 혈연, 지연, 학연, 정당관계에 따라 하는 정실주의(patronage)와 기회균등의 원칙하에 개인이 지니고 있는 능력, 자격, 실적에 따라 인사를 하는 실적주의(merit system)로 나눌 수 있다(박동서, 1997: 383-389).◇55 특히 선거에서 승리한 정당에서 선거승리의 기여도에 따라 전리품처럼 관직을 나누어 가지는 것을 엽관제도(spoils system)라고 한다. 서구에서 공무원제도의 발전과정은 민족국가의 형성, 공적 및 사적 영역의 구분, 법적 지위를 지닌 분리된 공무원 제도의 창설, 정부업무의 확대, 행정서비스에서 전문성의 증가 등의 요인에 의하여 영향을 받았으며 ① 권력자의 개인적 봉사자로서 공무원(civil servants as personal servants), ② 국가의 봉사자로서 공무원(civil servants as state servants), ③ 공공봉사자로서 공무원(civil servants as public servants), ④ 보호된 서비스로서 공무원(civil servants as protected services), ⑤ 전문적 서비스로서 공무원(civil servants as professional service)으로 발전되어 왔다(Bekke and Meer, 2000: 6-7).◇56 공무원제도의 발전은 민족국가의 형성과 국가 간 전쟁, 그리고 복지국가의 발전과 밀접한 관련이 있으며, 구체적인 발전과정은 국가별로 차이가 있다. 영미 국가에서는 사적 영역과 공적 영역의 구별이 없다가 국가기능이 확대됨에 따라 전문성을 확보하기 위하여 실적주의가 도입되는 과정을 거치게 되었다. 영국의 경우는 국왕의 대신별로 정실에 따라 공무원을 채용하다가 1855년 노스코트(Stafford Northcote)와 재무상을 지낸 트레벨얀(Charles Trevelyan)에 의하여 능력에 따라 임용되고 경력직으로 근무하는 공무원제도를 마련하게 되었다(Fry, 2000).◇57 이 당시 영국의 상황은 빅토리아 시대의 자유주의 사조가 지배하고 있었지만 빈민구제와 관련된 생활비의 보상과 같은 공리주의적 사회변혁 운동에 대응하기 위하여 정부에서 사회 변혁적 운동가들을 제외하고 국가와 납세자에게 충성하는 일반 행정가들을 충원하기 위해서 공무원 제도 개혁이 이루어졌다(Cronin, 1991: 23).◊58 이러한 개혁이 즉각적인 효과를 가져오지 못했지만 정부의 고위직들을 상층계급으로부터 충원하게 하였고, 급진적 사회세력이나 하층민이 공직을 차지하는 것을 억제하였다. 한편 미국은 이것과 조금 다른 과정을 통하여 공무원제도가 성립되었다. 왕권을 부정하는 시민혁명으로 건국한 미국은 민주주의 원칙에 가장 충실하게 선거의 결과에 따라 관직이 결정되는 엽관주의 제도를 채택한다. 엽관주의는 민주주의의 원칙에는 충실할 수 있으나 19세기 후반 산업화와 도시화 등으로 사회문제가 증가하게 되자 전문적이고 효율적인 행정이 필요하게 되었고, 정치적 부패에 저항하는 진보주의 운동의 일환으로 지방정부에서부터 실적주의에 기초한 행정의 효율화를 위한 개혁이 진행되었다. 또한 1883년 펜들튼법(the Pendelton Act)을 제정하여 정치적 중립이 요구되는 공직의 범위를 정하였고 점차 적용범위를 확대하였다(Knott and Miller, 1987: 43-44).◊59 영국의 실적주의가 급진주의자들의 관직 진입을 막는 의미에서 상류층의 일반 행정가를 공직에 충원하기 위한 것이라면 미국의 경우는 민주주의의 경쟁으로 인하여 발생한 부작용을 치유하기 위하여 지방정부를 중심으로 진보운동이 일어났고, 이후 정당 간의 합의에 의하여 실적제에 기초한 공무원법을 제정하였으며, 정치적 중립이 요구되는 공직은 보다 해당 직무에 필요한 기술을 가진 사람으로 임용하는데 초점을 맞추었다. 따라서 영국은 보다 사람 중심의 계급제가 발전되는데 비하여 미국의 경우는 직위를 중심의 실적제도인 직위분류제가 발전하게 된다.

 한편 유럽 대륙의 경우에는 절대왕정을 지원하는 관료조직으로서 상비군과 관방제가 형성되어 있었다. 국왕의 대신이 개별적으로 채용하기 보다는 훈련된 전문가로서 직업적 관료제가 형성될 수 있는 토양이 마련되어 있었다. 독일의 관료제는 통일 이전의 프러시아의 관료제로부터 시작되었는데 부르주아 계급들이 관료제로 편입되어 군주권의 확립을 위해서 봉사하다가 민주주의가 발전함에 따라 군주권을 제약한 결과 타협으로 시민사회의 법률과는 구별되면서 특별권력을 인정하면서도 법치주의의 적용을 받는 공법 체계를 마련하게 된다. 따라서 독일은 초기부터 관료제가 직업으로서 정착되었으며 1871년 독일통일과 선도적인 사회보험의 입법에서도 관료제의 영향력이 컸고, 영국과 프랑스의 자유주의 체제와 러시아의 전제군주제 사이의 대안적 모델로서 제시되었다(Beck, 1995: 238-239).◇60 프랑스의 경우는 독일의 가부장적 군주제와 달리 1789년 시민혁명에 의하여 왕정을 철폐하고 중앙집권적이고 강력한 국가를 뒷받침하는 공무원제도를 구축하게 된다. 이를 통해 비밀주의와 행정의 통일성 등의 구체제(Ancien Regime)적 요소, 계층제, 법규에 입각한 훈련, 중앙집권적 국가의 사회에 대한 개입 등 혁명정부와 나폴레옹의 집권 시기의 개혁 조치들이 혼합되면서 공법과 사법의 구분, 법규에 입각한 행정, 고위 관료들의 엘리트화 및 공공 서비스 정신(sens du service public)이라는 프랑스 공무원제도의 특징이 형성되었다(Meiniger, 2000: 189-190).◇61 프랑스 혁명을 거치면서 계층제와 직무에 따라 봉급을 받는 직업공무원제가 도입되었고, 부르주아 계급들이 진출할 수 있는 기반이 마련되었지만 능력과 시험에 의한 채용, 정치적 중립성, 파업권, 의견 개진권 등의 일반공무원법(statut general de la fonction publique)은 1946년에야 제정되었다. 프랑스 고위 관료들의 특권성에 대해 비판이 제기되고 1995년 성과 중심의 행정개혁이 시도되었지만 국가의 역할, 법규에 의한 공직 인사, 공적 가치 등의 프랑스 행정의 기본원칙은 유지되었다.

이처럼 직업공무원제는 유럽대륙의 국가에서 유능한 젊은 인력을 공직에 장기간 근무하게 함으로써 행정의 발전에 기여할 수 있도록 발전된 제도이며, 미국 및 캐나다 등의 실적주의를 확립한 국가에서는 직업공무원제도가 그다지 지지를 받지 못하고 있다(박동서, 1997: 391).◇62 그러나 직업공무원제의 인사제도가 강한 유럽에서도 계약직 및 개방형 인사제도와 직위분류제를 도입하는가 하면 실적주의를 수립한 미국에서도 승진 및 전보 면에서 폐쇄적인 직업공무원제도를 가미하고 있는 추세를 보이고 있다(Mosher, 1963: 50; 박동서, 1997: 392).◇63 신공공관리에 기초한 공공개혁의 경우에도 법치주의와 이해관계자들의 협의를 중시하는 독일에서는 전통적인 공무원제도가 근본적으로 변화되지는 못했으며 성과

급이나 성과목표 협상과 같은 도구적 정책수단들이 기존 제도에 부가되었을 뿐
이다(Kuhlmann and Wollmann, 2014: 257).[64]

이러한 공무원제도의 역사적 배경 하에서 복지국가를 행정인력의 성장을 이
해할 수 있다. 영국의 경우는 국왕의 공직자로서 정규직 공무원의 수를 최소한
으로 하는 한편 지방정부와 공공기관의 인력을 증원하는 방식으로 인력 증가가
이루어졌고, 미국의 경우는 직업공무원보다는 직위분류제에 따른 전문직 인력의
채용이 증가하였으며, 독일의 경우는 연방정부의 공무원은 법학적 지식 위주의
정규공무원을 채용하는 반면, 집행은 주정부의 주관 하에 시민사회의 다양한 조
합들을 활용하여 인력을 확보하였으며, 프랑스의 경우는 중앙집권적 국가의 전
통 하에서 중앙-지방간의 수직적 관계를 정립하고 법적 지위에 따른 정규직 공
무원의 채용을 중심으로 인력보강이 이루어졌다고 할 수 있다. 〈표 6-1〉에서
보는 바와 같이 정규 공무원의 비율에서 영국은 10%, 독일은 37%, 프랑스는
73%에 해당된다.

표 6-1 유럽국가의 정규직 공무원 및 계약직 공무원 비율

국가	정규 공무원(civil servants)	계약직(contracts)
영국	10%	90%
독일	37%	59%(4% 군인)
프랑스	73%	15%(12% 기타)
스웨덴	1%	99%

출처: Demmke(2011: 323), Kuhlmann and Wollmann(2014: 31)에서 발췌.

또한 수직적 단계에 따른 공직 인력의 배분을 보면 중앙집권제 국가이더라
도 영국은 지방정부에 인력이 많은 반면 프랑스는 중앙정부에 소속된 인력이
많은데 영국은 재정을 통한 간접적 통제방식을 택하는 반면에 프랑스는 직접적
인 통제 체제를 구축하고 있음을 알 수 있다. 한편 연방제를 채택한 독일은 권
한과 인력 모두 주와 기초지방자치단체에 이관하고 있고 스웨덴의 경우는 공공

기관이 없는 반면에 지방정부에 집행책임을 부과하고 있음을 알 수 있다.

표 6-2 정부의 수준별 인력현황(%)

국가	중앙/연방정부			지역/주정부			기초지방정부			특수분야(공공기관)*		
	1985	1994	2005	1985	1994	2005	1985	1994	2005	1985	1994	2005
영국	21.9	21.4	16.8				55.0	53.0	56.0	17.6	20.8	26.0
프랑스	54.9	48.7	51.0				27.1	30.7	30.0	18.0	20.8	26.0
독일	9.9	11.6	12.0	55.6	51.0	53.0	34.5	38.1	35.0			
스웨덴	−	17.3	17.0				−	84.7	83.0			

출처: Wollmann(2010), Kuhlmann and Wollmann(2014: 31)에서 발췌.
* 영국의 NHS, 프랑스의 공공병원(hopitaux publics)의 인력을 포함.

복지국가의 인력정책의 다른 문제로서 사회정책은 효율성보다는 사회적 평등을 중시하고 사회적 약자를 대상으로 하는 정책들이 많기 때문에 사회정책부서에 근무하는 인력의 공적인 동기부여(public service motivation)가 무엇보다 중요하다. 즉, 남들이 알아주지 않는 업무에서 힘들게 묵묵히 일하는 공직자들의 사기와 공익정신을 고취시키는 것이 복지국가의 인적자원관리의 핵심이 된다. 공적 동기부여는 사기(士氣)라고도 표현할 수 있으며, 근무하는 조직의 목표달성에 대한 태도로서 행정과정에서 조직화와는 별도로 동기부여(motivation)의 핵심요소로 다루어져 왔다(박동서, 1997: 513).◇65 조직 내에서 인간의 행태의 근원으로는 동기부여의 문제가 있는데 일찍이 매슬로우(A. H. Maslow)는 ① 생리적 필요(physiological needs), ② 안전의 필요(safety needs), ③ 애정의 필요(love needs), ④ 존경의 필요(esteem needs), ⑤ 자기실현의 필요(need for self-actualization)를 제시하고, 이러한 욕구는 순차적으로 충족되며 필요들이 충족된 사람들에게 창의성이 나오게 된다고 주장하였다(Maslow, 1943).◇66

또한 기존의 수직적 계층제에 의한 관리방식은 인간의 본성이 게으르고 일하기를 싫어한다는 가정 하에 권위의 행사에 의한 명령과 통제의 방식으로 조직을 관리하였지만(X 이론) 조직과 인적자원 관리에 대한 다른 관점(Y 이론)은 인간에게 여가만큼이나 일에 대한 노력도 중요하고, 조직 목표를 위하여 외부적 통제만이 유일한 방식은 아니며, 목표에 대한 헌신은 단순히 보상의 함수가 아니라 그들의 성취와 관련된다고 본다. 또한, 평균적 인간은 책임을 감수할 수 있고, 조직적 문제를 해결하기 위한 상상력과 창의성은 소수에 독점된 것이 아니며, 현대 산업사회에서 인간의 지적 잠재력은 단지 부분적으로만 이용되는 것으로 가정한다. 이러한 Y이론적 인간관에 의하면 조직과 개인의 목표가 통합적으로 인식되어야 하고, 조직의 구성원들은 조직의 목표에 헌신하는 정도에 따라 자발적으로 노력하고 통제를 하게 되며, 조직 목표에 대한 헌신도가 낮은 경우에는 그만큼 외적 통제가 필요하다(McGregor, 1957).◇67 즉, 조직 구성원의 조직 목표에 대한 헌신 정도에 따라 지시와 통제 또는 자율적인 재량과 책임이라는 관리방식이 다르게 적용되어야 한다고 본다.

인간의 행태에 대한 기초적 연구를 반영하여 인적자원 관리의 핵심은 근무 역량의 향상 뿐만 아니라 조직의 목표를 위하여 노력하는 근무의욕을 높이기 위한 것에 초점을 두고 있다(박동서, 1997: 514-515).◇68 근무의욕을 높이기 위한 방법으로 보상의 크기와 기대가능성에 의하여 설명하는 방법(Vroom, 1964),◇69 조직 구성원의 욕구의 충족으로 설명하는 방법(Maslow, 1943),◇70 개인의 필요를 보수, 인간관계, 작업환경과 같이 부정적 요소가 제거되는 것이 필요한 위생요인과 개인의 성취 및 자아실현과 같은 동기부여 요인으로 나누어 이원적으로 접근하는 방법으로 나눌 수 있다(Herzberg, 1968).◇71

앞에서 제시한 위생요인에 대해서는 부정적 요소를 제거함으로써 관리할 수 있지만 보다 적극적으로 개인이 공공조직의 성과와 공익을 위하여 노력할 수 있도록 하기 위해서는 공공서비스에 대한 동기부여(public service motivation: PSM)가 필요하다. 이것은 개인이 공익을 지향하는 성향과 타인을 돕는 바람을 의미하는 것으로 공공조직의 성과와 긍정적인 관계가 있다(Perry and Wise, 1990).◇72 사회정책에 종사하는 인적자원에 대하여 요구되는 역량(competence)도 전문적인 능력뿐만 아니라 사회적 약자에 대한 배려와 정직성, 사회적 봉사

정신 등이 매우 필요하다. 그러나 한국의 사회정책의 현실은 복지수요의 증가에도 불구하고 인력부족에 시달리고 있으며 행정관리를 담당하는 인력에 비하여 사회적 처우나 인식이 낮은 편이고, 일선에서 민원업무를 담당하는 직원에 대한 배려나 존경심도 높지 않다. 따라서 공공기관의 인사정책에서도 PSM이 충실한 사람들을 채용하여 교육하며, PSM을 반영한 성과평가 체계를 마련하고, 직무에서 사회적 가치와 의미에 대하여 알리며, 조직의 책임자로 하여금 PSM을 고취하도록 하여야 한다. 사회정책에서는 보건, 복지, 노동, 교육, 문화, 주거 등 각각의 분야에서 전문성을 갖출 뿐만 아니라 국민 전체에 대한 봉사자로서 타인에 대한 이타심과 공익 정신이 충실한 사람들을 채용하여 근무하게 하고, PSM이 반영된 정책성과를 달성하는 경우 정부의 일반적 관리를 담당하는 재정, 인사, 조직 등의 부처로 전보되어 근무할 수 있게 함으로써 정부 전체가 공공서비스에 충실한 인적자원으로 변화될 수 있도록 할 필요가 있다.

사회정책의 인적자원관리에서 또 다른 중요한 요인은 고위직의 리더십의 문제이다. 여기서 고위직은 장차관을 포함한 정무직과 중간관리의 역할을 담당하는 국장급 공무원의 자질과 리더십의 문제이다. 리더십의 이론을 보면 자질론과 상황론으로 나눌 수 있는데 지도자의 자질로서 활력과 인내(vitality and endurance), 결단성(decisiveness), 설득력(persuasiveness), 책임성(responsibility), 지적 능력(intellectual capacity)이 제시될 수 있으며(Barnard, 1949),[73] 이러한 자질은 고정된 것이 아니라 그가 소속된 집단이나 조직의 목표, 구조, 임무, 기대를 충족시킬 수 있어야 한다는 상황론(situational approach)이 제기되었고, 지도자의 자질과 상황을 모두 고려하는 통합적 리더십이 제시되고 있다(Hollander, 1971; 박동서, 1997: 604-605).[74] 한편 변혁적 리더십(transformational leadership)은 직원들에게 조직의 목표와 가치를 고취시키고 혁신을 유도하는 리더십을 말한다. 공공조직에서 변혁적 리더십은 공공기관 구성원의 성과정보의 활용에 직접적인 영향을 미치는 않지만 목표 명확성과 발전적 문화를 향상시킴으로써 간접적으로 조직 구성원들의 성과정보 활용에 영향을 미친다(Moynihan, Wright and Pandey, 2012).[75]

사회정책 부서에서 고위직의 리더십으로서 장차관은 대내외의 의견을 수렴하여 조직의 목표와 정책을 설정하고, 이를 집행하기 위한 자원을 동원하며, 기관 간에 의견이 대립하는 경우 통제·조정·통합하는 역할을 수행한다(박동서, 1997: 610-611).◇76 장관의 경우 목표설정 및 정책결정, 자원동원의 역할에 비중이 있고, 차관의 경우는 주로 내부 승진자가 임명되는데 조직관리와 통제·조정의 역할을 담당한다. 사회정책 부서의 장차관은 자신의 정책분야에서 전문성을 겸비함과 함께 사회적 약자의 이익을 고려하고 필요하다면 재정당국과의 관계에서 사회정책적 관점에서 논리적으로 설득하며 민주적 대표성이 있는 국가의 최고의사결정권자에게 의견을 개진할 수 있어야 한다. 한편, 조직의 성과목표별로 분장된 업무를 담당하는 국장은 위임전결된 범위 내에서 자신이 스스로 결정하는 것과 장차관에게 조언과 새로운 아이디어에 대한 정보를 제공하는 역할을 수행한다. 장차관은 정권이 교체됨에 따라 변동되지만 국장은 정권이 바뀌더라도 기존의 정책을 실질적으로 수립하였고, 충분한 정보를 보유하고 있으며, 실질적으로 직원들을 대면접촉하면서 영향력을 행사한다는 점에서 경력직 고위공무원들의 공익지향적 정신은 무엇보다도 중요하다고 할 수 있다. 고위공무원들이 공익지향적 정신이 중요한 이유는 정권의 변동에 따라 이들은 정무직에 비하여 자신들의 지위를 유지하고 자신이 소속한 조직의 이익에 충실하게 되며 이를 통해 공직을 통하여 누리는 편익을 극대화하는데 관심을 두기 때문이다.

신공공관리론은 중앙정부를 소수 정예로 집권화하고 성과평가를 강조하기 때문에 고위공무원단(senior executive services)의 역할을 강조한다. 고위공무원단에 대한 접근방식은 앞에서 분류한 바와 같이 법치국가(Rechtstaats)의 원리에 따라 공법과 사법의 이원적 법체계를 유지하는 유럽대륙의 국가들은 대체로 고위공무원의 자율성을 많이 인정하는 편이지만 시민법 체계에 따라 공법과 사법을 구분하지 않는 영미 국가에서는 고위공무원에 대하여 정치적 통제를 강조하고 보다 직무중심적인 관리를 하게 된다(OECD, 2003; Halligan, 2012: 102).◇77 프랑스의 경우는 고위공무원이 상호 네트워크를 통한 대집단(Grand corps)을 형성하며 공공행정의 정신에 따라 상호 협력을 하고 있으며, 직위분류제를 채택한 미국의 경우도 경력직 공무원은 원칙적으로 조직의 수장으로 승진할 수 없으나 고위공무원단(Senior Executive Service)을 두어 계급제의 적용을 받는 일반 행정가들을 직렬 및 부처 간의 구속을 받지 않고 인사권자가 임명할 수 있도록 하였다(박동서, 1997: 416).◇78 한국의 경우는 유럽대륙계의 법적 전통을 지니고 있고 계급제를 위주로 직위분류제를 가미하고 있었으나 2006년 직위분류제의 전통이 강한 미국에서 계급제의 장점으로 채택한 고위공무원단 제도를 도입하였고, 실제 운영에서는 부처 간의 칸막이 현상으로 인하여 권력이 강한 부서의 공직자를 제외하고는 다른 부처와 국장간의 인사교류가 활성화되고 있지 못하며, 인사권자가 공통적으로 고위공무원을 활용하여 임명하는 것은 거의 이루어지지 못하고 있다. 사회정책은 경제정책뿐만 아니라 사회정책 내의 다른 정책과 밀접한 관련이 있으면서 통합적이고 조정된 형태로 제공되어야 하므로 경제정책과 일반 행정을 담당하는 부처뿐만 아니라 사회정책 내의 고위공무원간에서도 활발한 인사교류와 인사권자에 의한 발탁인사 등이 이루어질 수 있어야 한다.

끝으로 사회정책은 실제로 현장에서 정책을 집행하는 공무원의 사기와 태도가 중요하다. 업무량에 비하여 충분한 인력이 제공되지 않는 경우 사회복지 업무를 담당하는 공무원들은 과중한 업무량 때문에 공직 봉사정신이 생길 수 없으며 육체적 및 정신적 피로 등의 탈진(burnout) 현상이 발생할 수 있다. 대민업무에 종사하는 경찰의 경우에도 규정에 따른 역할 갈등, 역할의 모호성, 과다한 업무, 집권화와 공식화, 낮은 사회적 평가 등이 심리적 탈진을 유발하며(김병섭, 1995),◇79 조직몰입도를 낮추고 복지부동으로 이르는 원인이 되기도 한다. 이처럼 업무수행에서 시민들과 접촉하면서 실질적인 재량을 지니고 있는 공무원을 일선 관료제(street level bureaucracy)라고 한다(Lipsky, 1980).◇80 교사, 사회복지, 경찰 등의 일선관료제는 공공분야 종사자의 대부분을 차지하고 있을 뿐만 아니라 대부분의 재정자금이 이들을 통하여 서비스 또는 현금급여의 형태로 국민들에게 제공된다. 미국의 경우 시민들과 접촉하는 일선 관료들은 시민들의 생활에 직접적인 영향을 미치는 많은 재량을 보유하고 있고, 사람들의 생활에 직접적인 영향을 미치는 결정을 하고 있다. 일선 관료제는 국가의 사회정책을 실제로 체험하는 접점이 되기 때문에 시민들의 요구에 대하여 긍정적으로 대응할 수 있게 되며, 지역공동체에서도 고객의 특성에 따른 서비스를 제공할 수 있다. 시민들에게 복지급여를 제공하기도 하지만 그러한 수급조건으로 시민들의 생활방식을 보다 건전하게 바꾸게 하는 사회적 통제(social control)의 역할도 수행할 수 있다. 그러나 한국의 경우에는 법령과 중앙정부에 의한 지침 등 행정규칙의 제약 때문에 일선관료의 재량이 높다고 할 수 없고, 오히려 지나친 업무량으로 인하여 단순 반복적 업무처리와 법령의 엄격한 적용으로 책임을 회피하려는 경향이 강하다. 일선관료제가 실제로 한국 복지국가의 체험하는 실제적 배경이 된다는 점에서는 미국의 경우와 같으며, 일선관료제에 대하여 보다 많은 재량을 부여하는 행정개혁이 이루어지면서 이들에게 개인의 필요에 대한 상담과 문제해결을 위한 사례관리 역할을 부여하고 지역사회의 전문가들과 협력하여 맞춤형 서비스를 제공할 수 있도록 하는 것이 필요하다.

3. 한국 복지국가의 관료제

관료제에 관한 이론적 논의를 바탕으로 한국의 복지국가 관료제는 어떤 모습인지에 대하여 살펴볼 필요가 있다. 첫째, 한국은 발전국가의 유산이 남아있고, 군대와 같은 수직적 명령체계에 의하여 작동하는 기계적 관료제의 원리에 입각하고 있다. 모든 권한은 최상위의 의사결정권자로부터 나오며 상명하복의 위계질서와 피라미드 구조를 형성하고 있다. 베버의 관료제는 수직적 권한의 집중을 보완하기 위하여 최고 의사결정권자의 합리적 의사결정을 지원하는 참모들을 두고 이들은 전문성에 입각하여 최고 의사결정권자에게만 조언을 하지만 한국의 경우 정책보좌기능이 취약하고 기획조정실의 담당관들도 관료조직으로서 예산편성, 기획보고, 법령검토 등의 업무를 하면서 계선조직처럼 되어 있다. 베버의 이상적 관료제는 합리적으로 설계된 업무분장에 따라 직위를 부여받고 상급자의 지휘를 받지만 우리나라의 복지 관료제는 전문성에 따른 보직 부여보다는 일반적인 경력에 따라 직위가 부여된다.

둘째, 1990년대 이후 신자유주의적 행정개혁으로 인하여 하향식(top down)의 성과주의가 도입되었고, 수직적인 성과관리와 재원의 전략적 배분이 강조되고 있다. 이는 기존의 기계 관료제에 대하여 성과측정과 평가를 위한 수직적 보고와 하향식 통제를 더욱 강화시키는 요인으로 작용하고 있다. 재정사업 평가의 형태로 다양한 사회정책들을 평가하고 결과에 따라 재원배분의 정도가 달라진다. 이를 위하여 사업의 정보와 성과에 대한 보고기능이 더욱 강화되고 있다. 시장자유주의적 성과관리가 도입되었지만 초기의 복지제도의 설계 자체가 공공기관에 의한 공급을 채택한 것이 아니라 민간시설에 의존하는 구조로 되어 있기 때문에 공공기관의 역할을 축소시키고 전달체계를 더욱 분절시켜 서비스의 품질도 약화되는 결과를 초래하였다. 이러한 한국의 복지 관료제는 사람중심의 공공서비스를 제공해야 하는 사명을 지니고 있음에도 정작 행정을 수행하는 기구와 절차는 수직적 명령과 하향식 집행체제에 의하여 이루어지고 있고, 보고나 평가 등 정치적 대리인에 대하여 방어하는 업무에 집중하고 있어 조직구성원의 좌절과 소외현상이 발생하게 된다.

셋째, 대통령, 국회, 국무총리 등을 보좌하는 중앙관리기구와 국정평가 기능이 비대하게 성장해 있다(임도빈, 2004).◇81 예를 들자면 대통령 비서실, 국회사무처, 위원회, 예산정책처, 입법조사처, 국회의원 보좌진 등의 입법지원조직, 국무총리를 보좌하는 국무조정실, 기획, 예산, 조직, 인사, 법제 등의 중앙관리기구로서 기획재정부, 행정안전부, 인사혁신처, 법제처, 감사원 등을 들 수 있다. 대통령제 국가에서는 행정부 소속의 대통령 보좌기구를 제도적 대통령부서(institutional presidency)라고 하며, 의원내각제 국가에서는 핵심 행정부(core executives)로 표현하기도 한다(정용덕외, 2014: 215-220).◇82 중앙관리기구는 참모조직으로서 행정부의 수장인 대통령의 합리적 의사결정을 지원하는 역할을 수행하지만 행정부의 다른 집행부처에 대해서는 일정한 권력과 영향력을 행사할 수 있다. 이는 관료제 내부의 권력구조의 문제로서 행정의 민주화를 위하여 상위 관료제의 권력구조와 행태에 대하여 분석할 필요가 있다. 조석준・임도빈(2010)은 기획, 예산, 조직, 인사, 법제 등의 기구를 행정지원 조직으로 분류하고 있으나◇83 실제로는 이러한 조직들이 보건복지부, 고용노동부, 교육부 등 사회정책의 집행부처에서 마련한 정책과 예산, 법령안들을 검토하여 수정할 수 있고, 조직심사, 성과평가를 통하여 사업수행을 통제할 수 있기 때문에 단순한 행정지원 기능을 넘어 행정부 내의 권력관계를 형성하고 있는 것으로 보아야 한다.

넷째, 부처별로 보조기관들의 숫자가 너무 많은 편이다. 보조기관이란 계선 기관장의 밑에서 업무를 도와 집행하는 하급 집행기관으로서 차관·차장·실 장·국장·과장 등을 말한다. 보조기관이 많아지면 부서 간에 칸막이 현상이 발생하고 조정의 문제가 발생하지만 보조기관을 줄이면 관료들의 승진의 기회는 줄어든다. 그렇기 때문에 관료들은 보조기관의 숫자를 늘리려고 노력하며 이를 관청형성전략(bureau shaping strategy)라 한다(Dunleavy, 1985; 정용덕외, 2014: 372-376).◇84 경험적 연구에 의하면 한국에서 2007년 이후 중앙정부의 일반회 계 세출 자료를 분석한 결과 인건비, 물건비, 자산취득비와 같은 핵심 예산의 점증성이 이전지출이나 출자금 등 순사업예산이나 순관청예산에 비하여 강하게 나타났다(최태현·임정욱, 2015).◇85 이러한 문제를 해결하기 위하여 일본은 2001 년 성청개혁을 통하여 관료제의 계층을 국 및 과로 단순화하고 보조기관들을 통합하여 대국대과주의로 전환한 바 있다. 그러나 한국의 경우는 일반 중앙부처 의 경우 차관, 실장, 국장(정책관), 단장, 과장(담당관) 등의 직위를 두고 있으며, 하나의 국에 4~5개의 과를 두고 있고, 국장급으로 정책관이라는 직위를 두어 3~4개 정도의 과를 통할하도록 하고 있다. 또한 3~4개 정도의 국을 묶어 실장 (고위공무원 가급, 과거의 1급)이 통할하도록 하고 있다. 그러나 실장은 신분보장 이 되지 않는 관료로서 정치적 대리인의 지시에 대하여 민감하게 대응할 수밖 에 없어 정치적 대리인의 지시를 하향식으로 전달하는 접점의 역할을 한다. 신 분보장이 되지 않는 직업 관료를 수직적 계층제의 상층부에 배치함으로써 관료 적 전문성에 입각한 합리적 조언을 할 수 있는 제도적 지위는 취약한 편이다.

다섯째, 거버넌스를 통하여 행정에 시민들의 참여를 모색하고 있으나 시민사 회 행위자들을 직접적인 정책형성의 동반자로서 참여시켜 정책의 공동생산을 추구하기보다는 관료제 내부에서 마련된 계획안을 통과시키기 위한 의례적 절차로 활용되고 있다. 정보와 예산, 규제권까지 정부가 가지고 있는 상태에서 시민사회의 행위자들은 정부의 자료에 의존할 수밖에 없고, 위원회의 구성도 관료가 하기 때문에 자신들에게 유리한 의견을 제시할 사람들이 선정될 수 있게 한다.

전체적으로 현재의 한국 복지국가의 관료제는 수직적 계층제에 기초한 하향식 의사전달과 효율적인 정책집행을 위한 도구로서의 성격이 강하다. 또한 시장자유주의에 의한 성과중심 행정과 업무 전산화를 통하여 상위 관료들의 행정통제 권한은 더욱 강화되고 있는 모습이다. 이러한 행정의 수직화, 서열화, 경쟁의 심화는 관료들의 소외와 국민을 위한 정책기획과 소통이 아닌 정치인의 추궁에 대한 책임회피와 업무의 편리성을 추구하는 행태를 초래하게 된다. 특히 사회정책의 영역에서는 국민들에게 공공서비스를 제공하는 역할을 수행하기 때문에 공공봉사의 정신을 가지고 책임 있는 행정을 수행하는 따뜻한 마음을 지닌 관료들이 필요하다. 형식적으로 법을 집행하는 것은 기본이고 그 과정에서 국민들을 우선하고 봉사하는 정신을 가지는 사람들이 업무를 수행하고 그러한 사람들이 우대받는 제도가 필요한 것이다.

이를 해결하기 위한 대안으로 첫째, 신베버주의(Neo-Weberian)의 처방과 같이 관료제의 합리성을 제고하고 전문성에 기초한 법치주의 행정이 구현되도록 보장하는 것도 하나의 방법이다. 고위 관료들의 정치화를 방지하고 자신들의 업무에 집중하여 전문성을 발휘할 수 있도록 근무환경을 조성하고 시민들의 참여와 공동생산에 의한 합리적 규제를 정립함으로써 법치주의에 기초한 행정이 이루어지도록 하는 것이다. 둘째, 행정개혁을 통하여 중앙관리기구를 통합하고, 강력한 정치적 통제 하에 두어 국민에게 봉사하는 현장중심의 행정을 구현하는 것이다. 관료제의 내부 권력을 통제함으로써 실제적인 대민행정을 담당하는 관료가 보다 더 국민과 접촉하고, 현실성 있는 정책을 기획하고 집행할 가능성을 높일 수 있다. 업무수행을 통한 자아성취보다는 승진이나 자리를 차지하여 명예와 사익추구를 얻으려는 의도를 방지하기 위하여 보조기관을 대폭 정리하여 대국대과주의로 전환하고 최고의사결정권자의 정책보좌를 담당하는 전문가적 참모들을 실질적으로 증원하여야 한다. 셋째, 시민사회와의 협업적 거버넌스를 강화할 필요가 있다. 형식적으로 국민을 참여시켜 일방적으로 정책을 발표하고 이를 통하여 사회적 합의를 도출한 것으로 포장하는 것이 아니라 정책수립의 시작 단계부터 정보를 공개하고 일반시민, 이해관계자, 전문가들의 자유로운 토론에 의하여 대안을 도출하고 정책을 기획하는 포용적인 정책결정 절차와 시민사회와 파트너십을 형성하고 정책을 공동 생산하는 협업적 거버넌스를 구축한다.

넷째, 현재의 성과주의 행정체제는 성과측정을 위한 사업단위를 지나치게 세분화하였고, 국민들의 실질적인 삶의 변화를 의미하는 결과(outcome)보다는 측정이 용이한 산출(output) 중심으로 되어 있고, 그나마도 달성할 수 있는 목표에 치중하고 있어 목표를 달성했다고 하더라도 사회전체적인 삶의 질에는 크게 영향을 미치지 못한다. 오히려 성과주의를 위한 보고와 문서작성 업무를 늘려서 대민행정에 집중할 수 있는 기회를 줄일 수 있다. 성과주의 체제에 대하여 전반적으로 검토하고 국민의 삶의 질과 관련된 실질적 지표를 설정하고, 부서 간 협업을 통하여 달성할 수 있는 지표에 대해서는 공동으로 평가받고 보상받을 수 있도록 개편할 필요가 있다. 또한 성과주의 행정을 금전적 보상과 연계시키기보다는 동료들로부터 평가를 통해 조직학습 및 보식관리와 연계하는 것이 보다 효과적일 것이다.

제 3 절　복지혼합과 거버넌스

앞에서 살펴본 바와 같이 복지국가의 시작 이전에는 복지서비스가 가족과 이웃이라는 공동체, 교회나 종교단체, 노조나 상호조합 등을 통하여 비공식적으로 제공되었으나 복지국가의 도래로 국가가 복지급여 및 서비스 제공의 책임을 맡게 되었다. 복지국가의 재정 위기가 도래한 1980년대 이후에는 국가마다 차이가 있으나 시장 기구를 활용한 복지국가의 재편이 시도되었고, 2000년대 이후에는 제3섹터를 경제적 관점에서 활용하거나 민간과의 파트너십을 형성하는 방향으로 발전되어 왔다. 국가 및 시대별로 어느 것이 더 역할이 큰 지에 대하여 차이가 있었지만 최근에는 다양한 공급 주체 등이 각자의 장점을 발휘하면서 상호 보완 및 경쟁관계 속에서 국민들에게 복지서비스를 제공하는 복지혼합(welfare mix)이 주목을 받고 있다. 이는 사회정책을 집행하는 방법의 문제로서 다양한 공급주체들을 결합하여 의도된 정책효과를 달성할 필요가 있다. 사회적 구성원의 필요를 충족시키는 사회적 기관은 친척이나 친구, 종교, 직장, 시장, 시민사회, 정부 등으로 나누어 볼 수 있다(Gilbert and Terrell, 2013).◇86 또한 국가별 또는 정치권력의 이념에 따라 선택되는 정책도구의 유형도 다르기 때문에 복지혼합에서 각각 요소들이 강조되는 비중도 달라질 수 있다.

표 6-3 복지의 전달 주체와 방식

사회적 기관	주요 조직형태	일차적 기능	사회복지적 기능
친지	가족	출산, 사회화, 보호, 친밀감, 정서적 지원	의존적 돌봄, 가족간 재정지원
종교	교회	정신적 성장	신뢰 기반의 보건, 교육, 사회서비스
직장	회사, 공장, 농장	재화와 용역의 생산	실업급여
시장	생산자와 소비자	재화와 용역의 거래	상업적 사회복지 재화 및 서비스
시민사회	자발적 단체, 재단, 노조, 사회적 기관	시민적 및 정치적 참여, 민주주의의 강화	사회서비스, 상호지원
정부	연방, 주, 지방정부	공공목적을 위한 재원조달 및 배분	빈곤퇴치, 경제적 보장, 건강, 교육, 사회서비스

출처: Neil Gilbert and Paul Terrell. 2013. Dimensions of Social Welfare Policy. Pearson. p. 3.

앞에서 논의한 정책결정 및 집행이론을 적용하여 보면 정책설계자는 정책목표와 사회집단의 특성, 정책 및 행위자의 수와 특성에 따라 다양한 정책조합을 선택할 수 있다. 국가가 반드시 통일적 기준에 따라 달성해야 할 정책목표가 있는 영역에서는 국가 중심의 전달체계를 마련하여 하향식 접근방법을 선택하는 것이 바람직하지만 그 외의 일반적인 사회서비스는 시장, 시민사회(제3섹터), 정부, 가족 등의 다양한 전달방식을 혼합하여 서비스 연계망을 촘촘하게 설계하는 것이 필요하다. 이를 위하여 현장 관리자의 역량을 향상시키고 재량과 책임성을 부여하는 상향식 접근과 중앙정부에서는 큰 범위에서의 정책목표와 정책의 집행체계를 설계하고 성과를 평가하는 하향식 접근방식을 결합하는 것이 바람직할 것이다. 아래에서는 복지서비스 전달의 주체별로 서비스 방식에 대하여 구체적으로 살펴본다.

1. 국가복지

20세기 복지국가가 형성되는 초기에는 국가가 복지서비스의 생산과 제공에 있어 중요한 역할을 수행하였으나 국가의 개입 범위에 대해서는 논란이 있었다. 사민주의나 사회주의적 관점에서는 사회서비스의 공공성을 확보하기 위하여 국가의 역할이 확대되어야 한다고 본다. 그러나 시장자유주의나 다원주의적 입장에서는 국가의 직접적인 서비스 제공은 비효율을 발생시킬 수 있기 때문에 국가이외의 시장기제나 비영리 민간단체인 제3섹터의 행위자를 적극적으로 활용할 것을 강조한다. 이처럼 복지서비스에 대한 국가의 역할에 논란이 있을 수 있기 때문에 국가가 필수적으로 수행해야 할 영역과 국가가 민간이 함께 제공할 수 있는 영역을 구분하여 민간이 보다 효율적으로 서비스를 제공할 수 있다면 국가의 개입을 자제하는 것이 보다 바람직하다. 복지에서 국가의 기능은 여러 가지가 있지만 대체로 정책결정 및 입법, 재정지원, 서비스전달, 권한부여, 조정 및 협업, 규제와 지시 기능 등으로 나누어 볼 수 있다(Bochel, 2016: 246).◇87 첫째, 정책결정과 입법 기능은 국가가 수행하는 본연의 기능으로서 권한의 위임 정도에 따라 국가가 중요한 정책기획과 입법을 담당하고 하부 지방조직을 통해 집행된다. 이러한 정책기획과 입법 기능은 복지서비스 전달의 기초적인 틀을 제공하며 다른 서비스 제공 주체들이 대체할 수 없는 기능이기도 하다. 둘째, 재정지원 기능으로서 중앙정부는 예산 및 기금을 통해 복지서비스를 제공하는 공공기관, 지방자치단체, 민간기관에게 보조금을 지급하거나 연금이나 수당 등 개인에게 이전지출을 통해 재원을 배분한다. 재정지원도 복지서비스 제공에서 국가가 수행하는 핵심적인 기능 중의 하나이다. 셋째, 국가가 복지서비스를 직접 제공하는 경우로서 국민건강서비스, 재취업 교육 등이 이에 해당하지만 보건 및 보육, 장기 요양 등 사회서비스에서는 국가이외에 민간에 의한 서비스 제공이 오히려 더 보편적이다. 따라서 서비스 전달에서는 국가가 시장과 제3섹터의 행위자에게 보조금을 교부하여 간접적으로 수행하는 경향이 강하다. 넷째, 권한부여(enabling)의 기능은 국가가 시장이나 제3섹터에게 재원을 지원하여 서비스 제공의 역할을 위탁하는 경우 이들 기관들이 제대로 서비스를 제공할 수 있도록 권한을 부여하거나 서비스 전달을 감시하도록 하는 것을 말한다. 다섯째, 조정 및 협업기능은 정부 및 복지서비스 제공과 관련된 기관들이 독립적이고 경쟁적으로 업무를 수행하는 대신에 특정한 서비스 영역의 관련기관들이 통합적이고 유연하게 서비스를 제공할 수 있도록 하는 기능을 말한다. 여섯째, 사회정책의 영역에서도 서비스의 품질 및 유효성, 안전성 등을 보장하기 위하여 정부의 규제적 기능이 강화되고 있다. 대표적으로 보건, 장기요양, 보육 등의 사회서비스의 품질을 평가하고, 식품 및 의약품에 대하여 안전성 및 유효성을 검사하여 공표하거나 사회복지시설 등의 인권보호 실태를 조사하고 감독하는 기능을 들 수 있다. 이러한 기능은 정부가 직접 수행할 수도 있고 민간의 기관에 위탁하거나 인증제를 통하여 국민의 서비스 선택에 유용한 정보를 제공할 수도 있다.

서구의 경우 복지국가의 형성초기에는 국가의 기능이 확대되었으나 1970년대 후반 이후 신자유주의로 불리는 복지개혁이 진행되어 국가가 제공하던 서비스에 시장경쟁의 원리가 도입되고 있다. 이러한 현상은 영미 국가에서 더욱 두드러졌는바, 신공공관리(New Public Management) 개혁의 원리에 따라 정부가 운영하던 기관의 민영화가 이루어졌고, 개인에게 서비스 제공기관의 선택권을 부여하는 바우처(Voucher) 제도, 공공 서비스 제공기관의 독립과 책임운영기관화, 의무적 경쟁 입찰제 등이 도입되었다. 그러나 시장에 의한 경쟁이 효율성을 제고하는 데 기여하는 측면이 있으나 공공서비스의 품질과 공공성을 제고하는 데는 한계가 있으므로 시장형 기제 이외에 비영리단체를 활용하여 공공적 가치와 효율성을 동시에 달성하려는 시도도 나타나고 있다. 신공공서비스(new public service)로 불리는 새로운 개혁방안은 시장경쟁보다는 정부와 민간간의 협업과 거버넌스를 강조한다. 이러한 국가기능의 변화는 종전에 국가가 직접 수행하던 방식에서 국가의 권한부여 기능을 강조함으로써 복지서비스 제공에서 국가의 핵심적 역할을 보존하는 대신에 다양한 행위자가 참여하여 서비스 전달에서 수요자의 필요를 충족시키려는 맞춤형 서비스로 변화하는 것으로 볼 수 있다. 그러나 국가가 어느 기능을 직접 수행하여야 하는지, 서비스의 효율성(efficiency)과 공공성(publicness)을 동시에 충족하기 위하여 국가, 시장, 제3섹터, 기업, 가족 등의 적정한 조합은 무엇인지에 대하여 여전히 논란이 남아 있다.

2. 시장복지

시장자유주의에 입각한 복지개혁의 결과로 다양한 영리형 기관이 복지서비스 제공에 참여하게 되었다. 역설적이게도 국가복지의 범위 설정이 시장복지의 영역을 결정하는 중요한 기준이 되었고, 국가복지의 분권화 현상은 공공과 민간의 경계를 허물고 있으며 서비스의 품질과 안전성을 확보하기 위하여 정부의 합리적인 규제기능이 더욱 중요해졌다. 영리형 복지서비스에서 정부는 복지서비스 제공기관을 선택하여 비용을 지불하거나 복지서비스 제공을 책임지도록 위탁을 하고 서비스 전달을 관리하도록 할 수 있다. 미국과 같이 상업적 복지서비스가 발달한 국가에서는 복지서비스의 접근에서 불평등이 큰 편이며, 사회적 약자들에게는 국가가 직접 메디케이드(Medicaid)를 통해 서비스를 제공하고 있다. 한편 영국에서는 2차 세계대전 이후 국가에 의하여 보건의료와 같은 사회서비스가 제공되었으나 1980년대부터 개인이 사적 연금을 통해 자신들의 필요에 대한 책임을 지도록 하고 국가가 직접 서비스를 제공하는 대신에 서비스 제공 기업에 대하여 국가가 비용을 지불하는 방식을 확대하였다. 또 다른 변화는 기존의 국민건강서비스(NHS)에 준 시장 기제를 도입한 것인데, 서비스 공급자와 구매자를 구분하고 병원과 기타 서비스 제공기관들을 독립적인 신탁(trusts)으로 전환하여 보건당국 및 자금보유 일반개업의들(General Practitioners: GP)이 서비스 구매자가 되도록 하였다(Holden, 2016: 252).◇88

영미에서 시작된 시장주의적 복지개혁은 다른 국가에도 전파되었는데 주로 보육이나 장기요양 서비스 등에서 영리형 서비스 제공기관을 늘리고 서비스 수요자인 국민들이 바우처를 통해 구매하는 방식을 채택하였다. 이는 소비자의 선택 가능성을 높여서 사회적 효용을 증가시킬 수 있는 장점이 있으나 소비자가 선택할 수 있는 충분한 서비스 제공기관이 존재하고, 소비자에게 서비스에 품질에 대한 충분한 정보가 제공되지 않는 경우 영세한 기관들이 난립하게 되어 서비스 품질이 저하되는 의도하지 않은 결과가 발생할 수 있다. 이를 방지하기 위하여 사적 이익을 추구하더라도 사회적으로 최적의 결과를 유도할 수 있는 인센티브 구조를 설계할 필요가 있다. 한국의 경우 보육이나 장기요양 서비스 제공기관들은 주로 국가나 지방자치단체의 보조금을 받는 영리형 제공기관들이 다수였다. 그러나 영리형 서비스 기관에도 정부보조금이 배분되기 때문에 보건복지부령으로 정하는 재무회계 규칙을 적용하게 되자 제공기관들이 집단적으로 반발하는 사례가 발생하였다. 이와 관련하여 헌법재판소는 「영리형 장기요양기관에 국가가 정하는 재무회계규칙을 적용하는 것은 장기요양보험의 공공성에 비추어 장기요양기관의 재무·회계에 관한 국가의 관리·감독이 불가피하고, 자기자본으로 설치·운영되는 재가장기요양기관은 보다 완화된 기준이 적용될 수 있어 기준조항을 적용하더라도 운영의 자율성이 완전히 박탈되는 것은 아니므로 직업수행의 자유 등 기본권을 과도하게 침해하는 것은 아니라」고 한다(헌재 2017. 6. 29. 2016헌마719, 판례집 29-1, 328). 같은 취지로 국고보조금이 투입되는 보육이나 유치원 교육 등의 분야에도 국가가 정한 회계기준이 적용되고 있다. 국가 보조금이 투명하게 사용되는 것은 원칙적으로 타당하다고 하더라도 서비스 제공기관은 소유권의 의미가 있으므로 국가나 공공자금이 투입된 부분에 대해서는 보다 엄격한 회계적 투명성을 확보하고, 기타 사적인 영역에 대해서는 소유권의 자유를 인정하는 것이 바람직하다.

3. 제3섹터(시민사회)

제3섹터에 의한 서비스 제공은 주로 비영리형 서비스 제공기관을 통해서 이루어지는데 자원봉사적 복지(voluntary welfare)라고도 불리어 진다. 자원봉사 조직 또는 제3섹터의 정당성에 대하여 몇 가지 이론적 논의가 있다(Kendall, 2016: 265–266).◇89 첫째 시장실패 이론으로서 한 사람의 소비가 다른 사람의 소비를 배제할 수 없는 공공재의 경우는 국가 또는 시장의 실패가 발생하게 되고 비영리기관에 의한 서비스 제공이 이루어져야 한다는 것이고, 둘째, 계약실패 이론으로서 정보의 제약으로 구매자가 서비스의 품질에 관한 정보를 알 수 없는 경우 서비스 제공자가 영리추구의 의도가 없다면 서비스 구매자가 정보가 부족하더라도 피해를 보지 않을 수 있다는 주장이며, 셋째, 자원봉사조직에서 이념적 기업가로서의 역할이 중요하다는 주장이 있다. 그러나 이러한 자원봉사 조직은 기존의 국가 및 시장과 배타적인 것이 아니라 상호보완적으로 발전해 왔다. 이를 뒷받침하는 것이 바로 사회적 자본(Social Capital)이론이다. 푸트남(Robert Putnam)에 의하면 사회적 자본이란 개인들 간의 연결, 사회적 관계망(social networks) 그리고 그들로부터 발생하는 상호성과 신뢰성의 규범을 의미한다(Putnam, 2001: 19).◇90 다원주의적 전통에 따라 이익집단과 단체가 발달한 미국에서는 사회적 자본이 민주주의 기초가 되었으나 최근에는 사회적 자본이 감소하는 추세라고 한다.

자원봉사적 복지는 국가와 시장의 스펙트럼 사이에 다양한 서비스 제공기관들이 존재할 수 있는데, 자원봉사적 기관 또는 제3섹터 기관을 어떻게 정의할 것인 지에 대하여 논란이 있다(유현종·정무권, 2018: 37–38).◇91 미국에서의 제3섹터는 주로 비영리성에 초점을 맞추는 입장이고(Salamon & Sokolowski, 2016),◇92 유럽에서의 제3섹터는 비영리성의 여부보다는 사회적 목적의 실현과 민주적 절차를 강조한다(Defourny, Grønbjerg, Meijs, et al., 2016).◇93 자원봉사기관에 대하여 국가와 시장으로부터 독립되고 소유자에게 이익의 잉여분을 배분할수 없으며, 자원봉사의 정도에 따라 일정한 혜택을 누리는 것을 인정하는 것은비영리성에 초점을 둔 정의이지만 제3섹터에 사회적 목적을 실현하는 영리형기관도 포함하는 것은 후자의 입장이다. 이러한 차이는 국가와 시장 사이의 영역에서 순수하게 비영리적인 기관을 중심으로 할 것인지 아니면 협동조합이나사회적 기업과 같은 영리형 기관도 사회적경제(social economy)로서 서비스 제공의 주체로 인정할 것인지에 대하여 논란이 있는 것이다. 최근 살라몬(Lester M. Salamon) 등에 의하여 UN에서 시도한 제3섹터에 대한 개념 정의는 이러한논의들을 절충하여 ① 제도적 단위(institutional units), ② 이해관계자 및 주주에대한 이익배분의 금지, ③ 자치성(self-governing), ④ 정부로부터의 비통제, ⑤자유로운 선택에 기초한 참여 등의 조건을 제3섹터(the Third Sector)의 개념으로 제시하고 있다(UN Statistics Division, 2003).◇94 이러한 주장에 대하여 드푸르니(Defourny)와 같은 유럽의 사회적 경제학자들은 비영리성을 충족하는 자산 배분 금지 기준(Asset lock)을 50% 이내로 하는 것은 지나치며, 추구하는 목적이공익적이라면 제3섹터 내지 사회적 경제의 범위를 더 확대할 수 있다는 입장이다. 국가, 시장, 제3섹터의 영역에서 사회적 목적뿐만 아니라 경제적 효율성을함께 추구할 수 있는 사회적 기업(social enterprise)이 등장할 수 있으며, 이것은협동조합이나 비영리기관과 별개의 것이 아니라 그 조직이 추구하는 목적이 이윤뿐만 아니라 공적인 목적과 민주적 거버넌스를 함께 추구한다면 제3섹터 또는 사회적경제의 주체로 볼 수 있다는 것이다. 결론적으로 사회적경제와 제3섹터의 개념 정의에 대하여 국가나 학자별로 차이가 있지만 논쟁을 통하여 컨센서스를 형성하는 과정에 있다. 제3섹터의 비영리성에 초점을 두거나 공적인 목적을 추구하되, 경제적 효율성을 활용하는 정도는 국가별로 차이가 있다. 한편,길버트와 테렐(Gibert and Terrell)에 의하면 비영리자원봉사 조직과 사회적 목적의 영리기관에 의한 서비스를 포함하여 사회적 경제(제3섹터)로 정의하고 있다.

그림 **6-2** 서비스 전달체계의 분류

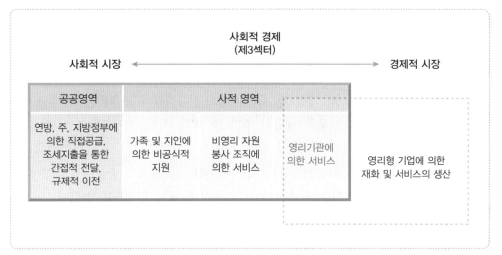

출처: Neil Gilbert, and Paul Terrell. 2013. Dimensions of Social Welfare Policy. Pearson. p. 62.

　　국가에 의한 강제나 시장에서의 자금 제공 없이 스스로 사회적 가치를 위해 봉사하는 자원봉사는 긴전한 공동체를 지탱히는 중요한 요소였으나 시장자유주의에 의한 개혁의 결과로 자원봉사가 금전에 의한 서비스로 대체되고 있다. 또한 사회적 금융의 형태로 사회적 목적을 달성하기 위한 재단들이 설립됨에 따라 영리와 비영리의 경계가 허물어지는 현상도 발생하고 있다.

4. 직업복지

　　기업 또는 직업복지는 고용을 통한 강제적 또는 자발적인 혜택을 포함하고 있다. 국가나 시장을 대신하여 인간들이 직장 속에서 일하면서 제공되는 각종 혜택을 누리게 되는데 이는 직업적 봉사에 대한 대가의 의미도 지니고 있다. 직업복지(occupational welfare)는 부가 급여(fringe benefits)로 불리기도 하는데 이를 과소평가해서는 안 되며 미국의 경우 노동자에 대한 전체 보상의 1/4 정도를 차지하고 있다고 한다(Gilbert and Terrell, 2013: 7).◇95 좁은 의미에서 직업복지란 국가복지와 비슷한 필요를 충족시키는 목적으로 고용주에 의하여 제공되는 복지를 말한다. 이와 대조적으로 광의의 개념으로는 피용자에게 제공되는 모든 강제적이고 자발적인 비 임금적 급여를 포함한다. 직업복지는 기업, 노조, 정부 영역별로 조금씩 차이가 있으나 연금, 사회보장 기여금, 기업저축 등과 같은 재정적 지원, 의무적 휴가, 유연 및 재택근무 등과 같은 사회적 돌봄, 의무적 안전조치, 자발적 사회보험, 예방 및 재활서비스, 신규직원의 교육훈련, 안식 휴가와 같은 교육프로그램, 고용주 제공의 주거 및 임대 지원, 여가프로그램, 식사 및 다과 서비스, 지역사회 참여활동 지원 등을 들 수 있다.

산업화시기에 한국의 기업들은 국가에 의한 공공복지가 충분하지 않은 상황에서 다양한 기업복지를 통해 사원들의 조직에 대한 헌신도를 높였다. 이러한 사내 복지는 국가복지가 확충되기 전에 노동자에게 일자리뿐만 아니라 다양한 복지 프로그램을 제공함으로써 국가복지를 보완하는 역할을 수행하였다. 그러나 1998년 IMF 외환위기와 신자유주의적 개혁을 겪으면서 기업도 국제적인 경쟁과 자금 압박에 노출되게 되었고, 점차 사내 복지를 축소하는 방향으로 가고 있으며, 이를 국가나 시장복지의 확대를 통해 보완하고 있다. 사내 복지의 합리적 조정은 민간 기업이 보다 적극적이며, 공공영역은 비용절감의 압력이 덜하기 때문에 인간다운 직장 문화 조성과 일과 삶의 균형을 위해 사내 복지프로그램을 유지하고 있다.

5. 비공식적 복지

비공식적 복지는 육체적 또는 정신적으로 장기간 요양이 필요한 가족 구성원이나 친구를 위하여 친지들이 무보수로 돌봄을 제공하는 것을 말한다. 과거에는 다른 공식적인 돌봄보다 더 많은 비중을 차지하고 있었으나 돌봄의 사회화가 진행됨에 따라 점차 국가, 시장, 공동체 등의 제도적 기관에 의한 서비스로 대체되는 추세에 있다. 가족이나 친지에 대한 돌봄은 인간의 자연스러운 감정으로서 사회의 안정과 통합을 도모하는 측면이 있다. 역사적으로 볼 때 가족은 나

이든 부모님, 자식들에게 돌봄 서비스를 제공하는 중요한 원천이었으며, 국가에 따라서는 성인 자식이 자신의 부모를 돌보아야 하는 책임을 부과하는 경우도 있다. 그러나 사회의 지원이 없이 개인에게만 책임을 부과하는 경우 돌봄을 제공하는 사람은 엄청난 정신적 및 육체적 부담을 느끼게 된다. 이러한 문제를 해결하기 위하여 무보수 비공식 돌봄 종사자들의 건강과 휴식을 보장함으로써 지속적인 가족 돌봄이 가능하도록 하고, 직장을 가지고 있는 경우 자신이 직접 가족을 돌보는 것과 직장생활이 양립할 수 있도록 시간제로 제도적 돌봄 서비스를 이용할 수 있어야 한다. 가족들의 돌봄을 위하여 돌봄자 수당(carer's allowance)과 필요한 경우 돌봄으로부터 휴식을 취할 수 있도록 사회서비스가 보장되어야 한다. 무보수 돌봄의 정책모델로는 자원으로서의 돌봄자(carers as resources), 동료로서의 돌봄자(carers as co-workers), 공동고객으로서 돌봄자(carers as co-clients), 대체 돌봄자(superseded carers) 등이 있다(Pickard, 2016: 272).◇96 첫째, 자원으로서 돌봄자 모델은 비공식 돌봄자를 국가에 의하여 당연한 것으로 여기고 무료의 자원으로 간주하는 것이며, 둘째, 동료로서 돌봄자 모델은 돌봄 종사자를 파트너로 간주하고 정부가 돌봄의 계속성을 위하여 돌봄자를 지원하기 위하여 개입한다. 셋째, 고객으로서 돌봄자 모델은 돌봄자를 권리적 측면에서 도움을 필요로 하는 고객으로 간주한다. 돌봄자의 이익과 건강은 그 자체로 가치 있는 결과이며 돌봄이 지속될 수 있도록 지원이 이루어진다. 넷째, 대체 돌봄자 모델은 돌봄 제공의 관계를 지원하는 것을 넘어 이를 대체하기 위한 것이다. 돌봄자와 피돌봄자를 모두 주목하며 돌봄을 받는 사람이 더 이상 비공식 돌봄자에 의존하지 않도록 대체적 돌봄을 모색한다.

비공식 돌봄은 인류의 역사와 함께 공존해온 윤리적 기초로서 사회의 안전망 역할을 해왔다. 산업화에 따라 돌봄의 탈상품화가 진행되고 있지만 가족이나 친지관계에서 자연스럽게 돌봄 서비스를 제공하려는 감정은 존중되어야 하고 이를 국가가 지원할 수 있어야 한다. 독일의 경우 장기요양 서비스를 가족이 제공하는 경우 국가가 재정지원을 하고 있고, 가족 돌봄을 보완할 수 있는 대체적 서비스도 제공된다. 우리나라의 경우에도 치매노인에 대한 가족돌봄자의 휴양서비스, 단기가사서비스 등의 사회서비스가 제공되고 있으나 그 요건이 저소득층 위주이고 보편적 서비스로 나아가지 못하고 있다. 가족에 의한 돌봄 서비스의 지속가능성을 높일 수 있도록 동료 또는 고객으로서의 돌봄, 대체 돌봄 모델 등 다양한 지원방식들이 모색될 필요가 있다.

6. 사회정책의 거버넌스

복지혼합에서 살펴본 바와 같이 최근의 복지서비스 제공은 국가뿐만 아니라 다양한 행위자의 참여를 통하여 이루어지므로 이들 간의 협업과 조정이 중요하다. 또한 정책과정은 다층적인 단계를 통하여 다양한 행위자들이 참여하며, 상호연결망으로서 거버넌스(governance)를 형성하고 있다. 거버넌스는 사회의 다양성이 증가하고 복잡해짐에 따라 더 이상 정부만으로는 통제할 수 없기 때문에 발생한 것이며, 공동적인 문제해결과 네트워크, 공공과 민간의 파트너십을 강조한다.

1980년대 이후 복지국가가 재정적 위기에 봉착하게 되자 시장원리를 활용한 신자유주의적인 개혁이 진행되었고, 기존의 국가기관들을 독립된 집행기관으로 분리하여 자율성을 부여하되 경쟁과 성과에 따라 보상을 제공하다 보니 공동적인 문제해결이 어렵게 되었고, 조정과 통합의 문제가 발생하게 되었다. 이러한 신자유주의적 개혁에 대한 비판과 대안으로 1990년대 후반부터 제시된 것이 신거버넌스이며, 지시와 통제보다는 다양한 행위자들의 참여와 조정을 강조한 것이다. 거버넌스란 학자에 따라 다양하게 되는데 근본적인 조정(steering)으로 이해하는 학자도 있고(Pierre and Peters, 2000: 7),[97] 정책과정에서 다양한 조직 및 이해관계자가 참여(Goldsmith and Eggers, 2004),[98] 통치의 과정에서 사회의 관여(Rhodes, 2000)[99]로 보기도 한다. 또한 공공 거버넌스(public governance)는 다양한 이해관계자의 관계와 상호작용을 중시하기 때문에 공공 및 시장, 시민사회적인 것도 아닌 혼합적 조직의 형태를 지닌다(Mayntz, 1993; Sørenson and Torfing, 2007).[100] 결국 신거버넌스는 정부 이외의 행위자가 광범위하게 포함되

고, 정부와 민간 사이의 경계와 책임 소재가 불분명해지며, 집합적 행동과 관련
된 상호의존적 관계가 존재하고, 자율적인 네트워크를 형성하며, 정부의 공권력
에 의존하지 않는 문제해결을 특징으로 하고, 사회적 조정 기제로 관료제, 민주
주의, 시장 등 3가지 요소 중 신거버넌스는 민주주의의 요소에 해당한다고 볼
수 있다(Stoker, 1998; 이명석, 2001).◇101 거버넌스의 또 다른 이론적 배경으로
포스트모더니즘(post-modernism)을 들 수 있는데 국가 이외의 다양한 사회적
행위자를 전제로 이들의 네트워크와 관계를 통해 총체적으로 사회문제를 해결하
는 정부 이외에 통치성(governmentality)이라는 사회적 조직을 어떻게 이해할 것
인지와 관련된다(Foucault, 1982; Dryzek and Dunleavy, 2009: 294-295).◇102 이러
한 전문가들을 중심으로 연결된 인식공동체로서 담론 네트워크는 행위자들에게
행동적 통일성과 전통적 정부 기제에 의존하는 것을 낮추는 것으로 해석할 수
있다.

　　한편 정책과정의 단계별로 다양한 거버넌스의 유형이 존재할 수 있다. 개방
된 국가 간의 관계까지 포함하는 경우는 글로벌 거버넌스(global governance),
정책의제 설정 및 사회적 의사결정과 관련된 정치적 담론의 거버넌스(political
deliberation governance), 정책결정과정과 관련해서는 핵심 정책결정 거버넌스
(core policy making governance), 결정된 정책의 집행과 관련해서는 정책집행의
지역 거버넌스(local governance)가 문제될 수 있다. 또한 협업적 거버넌스
(collaborative governance)는 다양한 조직적 장치 하에서 하나의 기관만으로는
해결하기 어렵거나 해결할 수 없는 문제들을 해결하는 과정이다(Agranoff and
McGuire, 2003: 4).◇103 그러나 네트워크가 중시된다고 하더라도 기존의 계층제
와 시장을 완전히 대체하기는 어려우며, 여전히 행정 관리자들은 계층제 내에서
활동하고, 네트워크는 상호학습과 조정에 있으며 새로운 지식을 공유하고 전파
하는데 유용한 역할을 수행한다. 협업적 거버넌스의 과정은 조직 내에서는 다수
의 부처와 담당자간의 협업행정으로 나타날 수 있고, 조직 외부에서는 주로 지
역적 환경 하에서 민간전달자, 수요자, 전문가 등의 협조적 상호작용으로 나타
난다. 사회정책의 집행에서 지역 거버넌스는 매우 중요한 부분인데 일선관료제

에 의하여 국민들에게 체감할 수 있는 서비스가 전달될 수 있기 때문이다. 한국은 매우 중앙집권적인 국가로서 국가와 지방정부의 재원의 비율은 8 : 2 정도로서 중앙정부가 결정한 정책을 지방정부가 집행하는 수준에 머무르고 있다. 우리와 비슷하게 중앙집권적 행정을 나타내고 있는 영국의 경우에도 제2차 세계대전 이후에 사회적 주거, 교육, 아동과 노인에 대한 돌봄서비스, 지역사회 기반 보건의료서비스, 공공보건, 경찰과 소방 등의 안전 등의 분야에서 지방정부의 서비스 제공책임을 부여하였다(Daly and Davis, 2016: 321).◇104 그러나 지방정부를 통한 국가복지 서비스의 효율성에 대하여 의문을 제기하고 1979년 대처 (Thatcher) 정부 이후로 지방정부의 지출을 통제하기 시작하였고, 대 런던의회 (the Greater London Council)와 대 도시구의회를 폐지하여 권한을 지명직인 준정부조직(quangos)에 이관하였으며, 지방정부 서비스에 대한 민영화, 서비스에 대한 시민헌장과 평가를 강화하였다. 1997년 이후의 노동당 정부에서는 웨일즈와 스코틀랜드에 대한 지방정부의 자치권을 강화하고, 시장화 대신에 중앙정부와 지방정부의 파트너십, 지방정부 내의 집행권과 의회간의 권력관계 개선, 중요한 공공서비스의 중앙정부의 책임 및 평가를 강화하였다. 2010년 이후의 보수-자유 연립정부에서는 보다 많은 권한을 민간과 지역에 이양하면서 지방정부의 재정적자를 축소하고 제3섹터에게 서비스 제공의 책임을 위탁하는 개혁이 이루어졌다.

프랑스의 경우에도 1980년대 이후 헌법 개정까지 포함하여 중앙정부의 권한을 지방조직인 데빠흐뜨멍(département) 의회에 실질적으로 이양하는 정치적 분권화와 동시에 중앙부처의 조직을 지방으로 이전하는 행정 분권화를 동시에 진행하였다(Kuhlmann and Wollmann, 2014: 222-224).◇105 그리고 기초지역 단위에서 행정서비스를 통합적으로 제공받을 수 있는 공공서비스센터(la maison des services publique)를 구축하고 중앙 및 지방정부, 조합, 공공기업 등의 서비스를 포괄하는 원스톱 창구를 마련하였다. 독일은 원래부터 연방주의 국가였지만 광역자치단체(Länder)에 인사권까지 포함한 실질적인 행정권한을 부여하고 기초자치단체를 통합하도록 하는 지역화를 시도하였으며, 전국적으로 기초자치단체에

시민청(Bürgerämter)이라는 기구를 설치하여 통합적 행정서비스가 제공되도록
하고 있다. 미국의 경우도 연방주의에 따라 교육, 복지에 관한을 지방정부에 이
양하였으며 주정부가 규제권한을 가지는 대신에 연방정부는 의회의 법안을 통해
지방정부가 준수해야 할 의무사항(mandates)을 부가하고 전국적으로 지역사회
단위에서 통합적이고 조정된 서비스가 전달될 수 있는 네트워크를 구축하도록
하고 있다. 그러나 이러한 서구의 지역 거버넌스의 변화는 국가복지를 충분히
경험한 이후에 시장화와 파트너십, 지방이양이라는 개혁이 진행되었음에 비하여
우리나라는 충분한 국가복지를 경험하지도 않고 시장화를 통한 개혁이 이루어졌
고, 개별 부처별로 서비스전달조직을 남발하여 지역사회 내에서 분절된 서비스
가 문제되고 있는 상황이다. 중앙정부의 예산지원과 감독 하에서 지방정부, 산
하기관, 비영리민간조직이 상호 협력할 수 있는 통합적 서비스 전달체계를 마련
하는 것이 한국 사회정책의 지역 거버넌스의 현안이라 할 수 있다.

7. 사회정책의 책임성

사회정책의 책임성(responsibility)은 국가, 영리 및 비영리 서비스 제공기관
들, 서비스 사용자와 시민들 간의 상호작용과 관련된 관계적 개념으로서 목적
(what), 주체(who), 대상(to whom), 책무성(accountability)의 확보기제 등 4가지
차원에서 문제될 수 있다(Gulland, 2016: 313-318).◇106 책임성에 대해서는 다양
한 의미가 있을 수 있는데(Finer, 1941: 335-337; 유현종, 2016),◇107 우선 어떤
문제(Y)에 수임자(X)가 위임자(Z)에 대하여 해명할 책임(accountable)을 진다는
의미로서 위임자는 수임자에 대하여 의무의 범위 및 계속 여부를 정하는 권한
이 있다. 둘째로 내적으로 도덕적인 의무감(sense of moral obligation)을 의미하
는 경우가 있고, 행위자의 양심을 강조한다. 책임성(responsibility)과 구별되는
것으로 책무성(accountability)을 들 수 있는데, 책무성이란 책임성보다는 협의의
개념으로서 계층제적 구조 하에서 의무를 이행하는 것을 의미하며, 상명하복의
관계에서 목표를 달성하기 위한 업무의 흐름을 유지하기 위하여 권위를 하향식

으로 행사하는 것을 내포하고 있다(Cooper, 2006: 82).◇108

　　사회정책의 책임성과 관련된 쟁점으로서 첫째, 책임성의 목적과 관련하여 주로 무엇에 대하여 책임을 져야 하는지에 관한 문제가 있다. 사회정책에서 책임의 대상은 한정된 재원을 효율적으로 사용했는지 또는 부정한 용도로 사용하지 않았는지에 대한 재정적 책임성을 기본으로 하고 정책목표를 달성하였는지 여부에 대한 효과성에 대한 책임, 최악의 결과나 위험을 회피하기 위하여 최선을 다했는지 여부에 대한 책임성이 문제될 수 있다. 둘째, 책임성의 주체에 관한 문제로서 누가 책임을 져야 하는지를 고려해야 한다. 계층제의 경우는 상급자에 대하여 책임을 지고 최종적으로 대통령과 국회의원 등의 정치인은 국민에게 책임을 진다. 그러나 행정서비스의 분권화와 민간위탁 등으로 국가의 공동화 (hollowing out) 현상이 나타나고 다양한 행위자가 참여하는 거버넌스가 확산됨에 따라 분권적이고 복잡한 네트워크에서 최종적으로 국민에게 제공되는 공공서비스에 대하여 누가 책임을 져야 하는지가 문제된다. 여기에 관하여 각각 거버넌스의 단계와 과정에서 자신의 역할에 따른 책임이 문제될 수 있을 것이며 서비스의 사용자도 공동체의 일원으로서 책임이 문제될 수 있다. 셋째, 누구에게 책임을 져야 하는지에 관한 문제로서 정치인, 언론, 사법부, 이익집단, 전문가와 동료, 서비스 사용자, 유권자 등 감시자 많기 때문에 발생하는 문제이다. 정치인과 언론, 사법부에 대한 책임은 주로 상위의 지위에 있는 사람들에 대한 책임이고 객관적 책임성이 문제될 수 있다. 그러나 이익집단과 전문가들에 대한 책임은 주로 동료로서의 책임, 전문적 직업인으로서의 책임성이 문제될 수 있다. 한편 유권자와 서비스 사용자에 대한 책임은 일반 대중에 대한 책임으로서 계약관계에 따라 법적 책임을 질 수 있고, 유권자의 대표자인 정치인에 의하여 책임을 추궁당할 수도 있다. 이러한 책임성은 상호적인 관계이기 때문에 개별 행위자가 어느 위치에 있는지에 따라 달라질 수 있다. 정치인의 경우에는 정치적 책임이 문제될 수 있겠지만 행정공무원의 경우는 법적인 객관적 책임 또는 전문가로서의 기능적 책임도 문제될 수 있다. 넷째, 책임성을 확보하는 메커니즘의 문제로서 사회정책의 수행자가 행위에 대한 책임을 인식할 수 있어야 하고, 서비스 이용자에게 책임을 평가할 수 있는 충분한 정보가 제공되어야 하며, 책임을 추궁할 수 있는 다양한 절차가 마련되어야 한다. 책임성을 확보하는 절차로는 선거 등의 민주적 절차, 재판 등의 사법절차, 민원을 감시하는 옴브즈만, 정보의 공개와 자유, 규제와 감사, 전문가적인 상호검증, 서비스의 품질을 평가하는 시장, 사용자의 책임 확보 절차 등이 있을 수 있다.

　또한 책임성을 확보하는 방법으로 수직적 계층제를 활용하는 합리적 기계 모형(rational machine model), 전문가로서의 기능적 책임을 강조하는 창조적 리더십 모형(creative leadership model), 이익집단간의 경쟁과 조정을 강조하는 이해 조정 모형(muddling through model)으로 설명하기도 하고(Stillman II, 2010: 438-441),◇109 공인이자 시민의 입장에서 사회적 담론을 적극 활용하는 탈근대적 행정윤리를 강조하는 입장도 있다(Cooper, 2006).◇110 따라서 책임성 확보방안은 합리모형, 창조적 리더십 모형, 이해조정모형, 탈근대 행정윤리 모형으로 정리할 수 있다(유현종, 2016).◇111 첫째, 합리적 도구 모형은 주로 객관적 책임성(objective responsibility) 또는 책무성(accountability)과 관련되며 정치인과 상급 관리자들이 충분한 정보를 지니고 있다는 전제 하에 일선에서 사회정책을 수행하는 사람들을 감시하고 평가하는데 초점을 둔다. 이 모형의 책임성은 기존의 수직적 관료제 또는 신공공관리론적인 성과평가에 기초한 행정서비스의 제공에 적합하다. 둘째, 창조적 리더십 모형(creative leadership model)은 사회정책의 수행자에게 공익을 증진시키는 창조적인 리더십의 역할을 부여하고 동료들로부터 검증을 받는다는 점에서 기능적 책임성(functional responsibility)이 문제된다(Friedrich, 1940: 3-24).◇112 사회정책의 수행자에게 수직적 감시와 통제 보다는 직업윤리에 대한 교육, 공직동기부여를 강화함으로써 스스로 인격의 실현으로서 윤리적 변화에 이르게 할 수 있다. 기능적 책임성은 사회정책에 관한 전문가 집단이 형성되어 있어야 하고 직업적 윤리규약이 마련되어 평가될 수 있을 때 효과를 발휘할 수 있다. 셋째, 이해조정모형(muddling through model)은 제도에 근거한 이익집단간의 경쟁에 의하여 사회정책이 결정된다고 보는 견해로서 결국 사회 내에서 집합적 행동을 효과적으로 하는 집단의 이익에 따라 사회정책이 결정된다. 그러나 정책과정에서 단순히 수동적 이익반영에 머무를 경우 사회정책의 책임성을 어떻게 확보하고 집단정치의 결과로서 이익집단의 힘이 편중되어 있을 때 사회 전체의 이익을 충분히 반영하지 못하는 한계가 있을 수 있다. 넷째, 탈근대 행정윤리모형(post-modern public ethics model)은 공적 업무와 사적 업무의 혼합 및 조화, 다양한 행위자가 참여하는 네트워크에 의한 문제의 해결을 강조한다(Fox and Cochran, 1990; Cooper, 2006: 47-53).◇113 탈근대 행정윤리모형에서 계층제에 의한 획일적이고 수직적인 통제보다 공무원인 동시에 사회에 속한 시민으로서 성찰적 윤리를 발휘할 수 있는 환경을 강조한다. 시민의 입장에 받아들일 수 없는 경우에는 내부고발이나 사회적 공론장에서 문제를 제기할 수 있다. 결국 사회정책에서 책임성을 확보하기 위해서는 책임성이 개념과 범위가 다차원적임을 확인하고 책임성의 유형에 따라 이를 실현할 수 있는 절차를 완비하여야 할 것이다. 정보가 충분하지 않은 상황에서 시장경쟁을 통해서만 접근하면 오히려 서비스의 품질만 저하되고 책임성을 확보하지 못할 수 있으며, 정치인과 상급관리자에 의한 수직적 통제와 일선에서 사회정책을 집행하는 사람들의 직업인으로서 윤리와 시민으로서의 책임성이 함께 확보될 수 있어야 할 것이다.

제 4 절 전달체계

1. 개념 및 원리

일선관료제 이론에서 논의한 바와 같이 사회복지 급여 및 서비스가 국민의 필요를 충족시킬 수 있도록 효율적으로 전달되는 것이 중요하다. 그러기 위해서는 복지서비스 공급자로서 국가, 시장, 제3섹터 간에 칸막이를 피하고 조정되고 통합된(coordinated and integrated) 형태로 시민들에게 서비스가 제공되도록 설계하는 것이 필요하다. 복지급여나 서비스의 제공도 본질적으로 어떤 재원을 배분하는 문제라고 본다면 ① 복지급여의 본질과 양에 관련된 문제, ② 수혜자격과 보장될 위험의 범위의 문제, ③ 재정지원의 수단과 관련된 문제, ④ 복지 행정의 구조와 속성의 선택의 문제 등에 직면하게 된다. 여기에서 누구에게 무엇을 제공할 것인 지의 문제와 구별되는 어떻게 제공할 것인지의 문제가 바로 전달체계의 문제인 것이다. 또한 사회정책이 시장 밖에 존재하는 급여 배분의 체계로 간주한다면 재정지원의 원천 및 방식에 대한 선택이 있어야 하고 재정지원과 서비스 전달을 구분한다는 전제 하에 연속적인 정책과정 속에서 재정지원이 끝나는 지점에서 시작되는 전달체계를 어떻게 합리적으로 설계할 것인지에 대한 논의가 필요하다(Gilbert and Terrell, 2013: 66~67).◊114

　　미국의 복지정책에서 논의되는 전달체계(delivery system)의 개념은 "지역사회의 맥락에서 서비스 공급자간 그리고 서비스 공급자 및 수요자 간에 존재하는 조직적 배열(organizational arrangements)"로 본다(Gilbert and Terrell, 2013: 154).◊115 이는 전달체계를 좁게 정의하는 것으로 재정적 선택과 조직적 선택을 분리하여 자금의 원천과 제공지점까지를 자금의 흐름의 문제로 보고, 전달체계는 공급자에서 소비자로 이어지는 사회적 공급의 조직적 배열을 의미하는 것으로 구분한다. 이와 유사한 입장으로 복지급여 및 서비스의 공급자와 소비자를 연결하는 조직적 체계(최성재·남기민, 2008),◊116 사회문제와 이를 해결하기 위한 프로그램간의 간격을 연결하고 급여와 서비스를 제공하는데 필요한 어떤 종류의 조직적 체계로 보는 입장(Chambers and Bonk, 2013: 114~119)◊117도 유사한 관점들이라 할 수 있다. 그러나 전달체계를 급여의 제공방식이라는 점에 주목하고 재정지원까지 포함하여 넓게 정의할 수도 있다. 즉, 복지전달체계는 사회적으로 해결되어야 할 문제에 대하여 서비스 공급자가 서비스 수요자에 대하여 국가(공공), 시장, 공동체(제3섹터), 비공식복지(가족) 등의 문제해결의 원리와 조직, 네트워크, 인력 등을 활용하여 급여 또는 서비스가 필요한 사람에게 전달되도록 하는 구조 또는 체계를 의미하기도 한다(Daly and Lewis, 2000; 유현종, 2014).◊118 이에 따르면 전달체계는 해결해야 할 사회문제에 대하여 정부가 정책목표를 달성하기 위하여 현금급여나 서비스가 제공되는 조직, 인력, 배분방식

등의 체계라 할 수 있다.

　이처럼 전달체계를 광의로 보는 경우 앞에서 살펴본 행정조직 이론에서 살펴본 바와 같이 수평적 및 수직적 전문화의 관점을 적용할 수 있다. 수평적 전문화와 관련해서는 다양한 사회정책 관련 부서들 간의 통합과 조정을 통하여 시민들에게 맞춤형 서비스를 제공할 것인지에 관한 문제이며, 수직적 전문화는 중앙정부와 지방정부 그리고 지역사회 간의 역할배분의 문제이다. 복지서비스의 전달은 국가, 시장, 공동체 중에서 어느 하나의 원리에만 의존하기보다는 각자의 장점을 발휘할 수 있도록 하고 시민들에게 선택권을 맡기는 복지혼합(Welfare Mix)이 강조되고 있다. 복지혼합을 구성하는 요소로는 국가복지(state welfare), 시장복지(market welfare), 자원봉사 복지(voluntary welfare), 비공식 복지(informal welfare)로 구분한다(Powell, 2007).◇119 국가복지는 초기 복지국가의 사고를 반영하는 것으로 복지서비스의 공공성을 강조하는 입장이며, 시장복지는 정부실패를 강조하며 복지서비스의 민영화와 바우처를 통한 수요자의 선택을 강조하는 입장이고, 자발적 복지(voluntary welfare)는 제3섹터 또는 사회적경제라고도 불리며, 독립적이고 비영리적인 시민단체나 사회적 협동조합, 사회적 기업 등에 의하여 경제적인 효율성뿐만 아니라 공동체의 이익의 관점에서 복지서비스의 제공이 이루어지는 전달체계의 유형이다. 끝으로 비공식적 복지는 전통적으로 가족이나 친지 등에 의하여 제공되어지는 서비스의 방식을 의미한다. 따라서 복지혼합(welfare mix)은 국가, 시장, 자발적 복지(제3섹터), 비공식적 복지 등 각각의 전달체계가 다른 전달체계에 지니는 문제점을 보완해주는 역할을 수행하지만 어느 범위에서 혼합이 이루어져야 바람직한 것인지에 대한 최적 대안을 발견하는 것은 매우 어렵다. 복지전달체계를 구성하는 국가, 시장, 자발적 복지, 비공식적 복지의 비중이 어느 정도로 차지하는지에 따라 전체적인 복지전달체계의 특징이 달라질 수 있으며, 어떤 구성원리가 더 강하게 작용하여 전체적인 복지전달체계의 특징이 달라지는지 여부는 해당 국가의 역사적 전통 등에 달려있다고 할 수 있다.

2. 전달체계의 설계

전달체계는 해당 국가의 역사적 전통과 제도적 맥락, 복지국가를 바라보는 시각에 따라 개혁의 아이디어와 설계방식이 달라질 수 있다. 영미의 경우 공공서비스의 조직과 관리에 관하여 구 행정이론(Old Public Administration), 신공공관리론(New Public Management), 신공공서비스론(New Public Service)으로 나누고 있다. 구 행정(OPA)이론은 공공기관에 직접 공공서비스를 제공하는 역할을 부여하고 정치적 및 법적으로 정의한 공익을 합리적으로 실현하기 위한 행정인의 역할을 강조한다. 그러나 행정인의 권한은 법적으로 제한된 재량이며, 정치적 대표인에 대하여 책임을 진다. 이러한 구 행정이론은 복지국가 초기의 국가복지가 확대될 때의 이론적 기반인데, 수직적 관료제는 조직의 X 비효율을 발생시킬 수 있고 정부개입의 확대로 재정적 한계에 직면하게 되어 시장 효율성에 의존한 새로운 행정관리 이론이 나타나게 되었다. 1970년대 이후 경제위기와 재정적자에 직면한 서구 국가에서는 비대해진 정부의 규모를 축소하고 시장에 의존한 신공공관리(New Public Management)이론을 제기하게 된다. 이는 정치이론이기 보다는 개인의 공공선택(public choice)를 강조하는 경제이론이며, 서비스 전달에 있어 사적 및 비영리 조직의 자발적인 활동과 그 결과로서 실현되는 시장적 효율성에 의존한다. 여기서 정부의 역할은 직접 노젓기(rowing) 방식이 아니라 시장의 행위자가 합리적인 행위를 하도록 인센티브 구조를 설계하고 조정하는(steering) 역할을 수행한다. 그러나 신공공관리론은 사회를 개인의 단위로 분해하여 경쟁을 촉진하기 때문에 사회적 약자에 대한 배려에 대하여 소홀할 수 있고, 원자화된 경쟁 사회에서 공동체적 가치가 위축될 수 있으며, 도덕적 가치가 전제되지 않은 사적 이윤추구의 결과로 서비스의 품질이 악화될 수 있는 한계가 있다. 이러한 문제점을 인식하고 제기된 것이 신공공서비스(New Public Service)이론인데 공익의 개념에 대하여 다양성을 인정하고 실증적 과학이론 뿐만 아니라 신사회운동과 탈근대주의적 방법론을 수용한 민주주의 이론으로 볼 수 있다. 추구해야 할 공익은 이해관계자들이 공유된 가치에 대한 대화의 결과이며, 정부의 역할은 시장에 대한 조정자로서의 소극적인 범위에서 벗어나 시민에 대하여 봉사하는(serving for citizens) 것이다. 신공공서비스론은 시민참여

표 6-4 복지서비스의 전달과 관리에 관한 3가지 이론

	구 행정(Old Public Administration)	신공공관리(New Public Management)	신공공서비스(New Public Service)
이론적 기초	사회과학에 도움을 받은 사회적 및 정치적 견해로서 정치이론	실증적 사회과학에 기초한 보다 정교한 대화로서의 경제이론	실증적, 해석적, 비판적, 탈근대적 방법을 포함하는 민주적 이론
인간행태의 모델	개론적인 합리성, 행정인	기술적 및 경제적 합리성, 이기적 의사결정자	전략적 합리성, 합리성의 다양한 측정
공익	정치적 및 법적 개념	개인적 이익의 합	공유된 가치에 대한 대화의 결과
대응성	고객과 구성원	소비자	시민
정부역할	노젓기	조정자	봉사자
정책목표의 달성	정부기관을 통한 행정프로그램	사적 및 비영리 조직에 대한 인센티브 구조 창출	상호 동의된 필요의 충족을 위한 공공, 비영리, 사적 기관들의 연합형성
책임성	관료제의 정치인에 대한 책임	시장주도, 자기 이익이 대다수 고객들이 원하는 결과 창출	다양함. 법, 공동체 가치, 정치적 규범, 전문가적 표준, 시민의 이해를 충족해야 함.
행정재량	제한적	기업가적 목적 달성을 위한 광범한 재량	재량이 필요하지만 제약되고 책임성이 있음.
조직구조	계층제적 관료조직	중요한 통제권은 유보한 분권화된 공공 기관	내외적으로 리더십을 공유한 협업적 구조
동기부여	보수와 혜택, 공직 보호	기업가적 정신, 정부축소의 이념적 소망	사회에 기여하는 공적 서비스 정신

출처: Robert B. Denhardt and Janet V. Denhardt. 2000. The New Public Service: Serving Rather Than Steering. Public Administration Review, 60(6): 549-559.

와 협업적 거버넌스를 특징으로 한다는 점에서 신거버넌스(new governance)이론과 공통점이 있으며, 가치를 공유하는 리더십에 의하여 공적, 사적, 비영리기관이 협업을 통하여 시민들에게 서비스를 제공한다. 국가와 시장을 넘어 제3섹터의 역할을 강조하는 사회적경제(Social Economy) 또는 큰 사회(Big Society) 정책도 이러한 신공공서비스론과 맥락을 같이 하고 있다고 볼 수 있다.

전달체계의 종류로는 ① 중앙집권적 서비스 전달체계, ② 고객중심적 관리체계, ③ 서비스 전달기관의 연합, ④ 사례관리형 서비스 전달체계로 구분하는 입장이 있다(Rapp and Chamberlin, 1985: 16-22; 유현종, 2016).◇120 첫째, 중앙집권적 제공체계는 구 행정이론이 제시하는 바와 같이 계층제적 질서에 따라 최고 정점으로 권위가 집중되며 자료수집, 법률적 및 회계적 자문 등의 책임을 지니는 참모조직을 두고 하위 기관에 권한을 위임하는 구조를 지니고 있다. 우리나라에서 국가 및 지방자치단체의 각종 보조금에 의하여 민간위탁으로 전달되는 서비스의 체계는 중앙집권적 전달체계의 특성을 지닌다고 할 수 있다. 둘째, 고객중심적 관리는 신공공관리론에서 제시하는 전달체계로서 중앙집권적 전달체계의 단점인 고객접점에 종사하는 직원들이 적은 보수에 과도한 부담을 지게 되고, 고객보다는 조직의 생존이나 논리에 집착하는 한계를 극복하기 위하여 시장중심적 원리를 강조하며, 계층제 대신에 역 피라미드 형태의 조직으로서 고객접점에서 종사하는 사람들을 우선시 하며, 조직관리자의 역할은 이러한 고객접점의 종사자들이 보다 현장 업무에 충실할 수 있도록 도와주는 것으로 본다(Rapp, 1998: 170).◇121 셋째, 연합적 서비스 제공의 원리는 신공공서비스론에서 제공하는 바와 같이 공동의 신념하에 협업을 강조하며 특정한 방식으로 서비스를 제공하는 것에 동의하는 기관들이 직원, 업무 공간의 공동 활용, 공동적 서비스 제공, 서비스의 결합, 컨설팅 등을 의뢰하는 형태로 구현된다(Tucker, 1980).◇122 넷째, 사례관리형 서비스 제공은 각 개인에게 맞춤형으로 통합된 형태로 서비스를 제공하는 원리로서 단순히 서비스를 묶어서 제공하는 것뿐만 아니라 적절한 시간과 장소에서 제공하기 위하여 지속적인 품질을 관리하는 것을 포함하며 복지혼합 차원에서 각각의 전문적 분야의 서비스 제공의 원리가 결합된 형태로 나타난다. 사례관리의 형태로는 단순한 서비스 연계자, 병리적 현상에 대한 처방사적 역할, 고객 및 고객 간의 관계의 장점의 평가에 초점을 둔 자원의 조정자로의 역할로 나누어 볼 수 있다.

한국의 복지전달체계는 영미나 일본의 영향을 많이 받았고, 국가규제에 의한 비영리 민간전달체계의 한계를 극복하기 위하여 시장원리에 의한 바우처의 도입 가능성을 중심으로 이루어져 왔다(정광호, 2007).◇123 정부에서도 국가 중심의 일방적인 전달체계를 개혁하고자 수요자 선택을 강조하는 '사회서비스 이용 및 이용권 관리에 관한 법률(2011.8.4.)'을 제정하여 시장원리에 입각한 바우처 제도를 도입한 바 있다. 그러나 실증적인 연구를 보면 한국의 복지서비스 전달체계는 진입장벽과 제한적인 경쟁으로 실질적인 경쟁체제가 형성되어 있지 못하며(김인, 2010),◇124 보육이나 장기요양 등에서도 예산을 배분하고 민간시설을 활용하는 방안을 채택함으로써 서비스 종사자의 처우나 서비스 품질에서 문제를 발생시키고 있다(이현주·장익중, 2012).◇125 무엇보다도 시장원리에 의한 선택을 위해서는 소비자에게 충분한 정보를 제공하고 실질적인 선택가능성이 존재하여야 하지만 이러한 조건이 성숙되지 않는 경우 오히려 효과적이지 못하다는 연구결과도 제시되고 있다(금현섭, 김민영, 백승주, 2011).◇126

3. 중앙과 지방의 관계

사회정책의 전달체계는 중앙부처의 정책영역에서 조율과 통합적 서비스 제공뿐만 아니라 중앙과 지방의 관계에서 수직적 분업도 중요하다. 이는 의사결정권이 정부조직의 어느 계층 또는 중앙과 지방간에 어디에 있는지에 관한 문제로서 집권과 분권에 관한 문제이다(박동서, 1997: 365-366).◇127 집권화는 건국 초기의 국가형성과 경제개발 등에서 효율성을 높일 수 있고 분권화는 주민참여를 통한 민의반영이 용이하고 지방 실정에 맞는 행정이 가능해진다는 장점이 있지만 구체적으로 중앙집권화 또는 지방분권화를 택할 것인지는 해당 국가의 역사적 전통과 국가의 역할 등에 따라 달라질 수 있다. 중앙과 지방간의 관계를 설정하는 방식도 앵글로 색슨 계열의 국가에서는 주민자치를 바탕으로 지방자치가 실시되고 있었으므로 지방정부는 고유한 업무 외에 중앙정부의 업무를 수행할 수 없다고 생각했기 때문에 중앙정부는 직속기관으로 일선기관을 신설할 수밖에 없었던 반면에, 대륙법계 국가에서는 지방정부의 이원성을 가정하고 자치사무 이외에 중앙정부에서 위임을 받아 사무를 처리할 수 있도록 하였다(박동서, 1997: 374-375).◇128

사회정책과 관련된 중앙의 업무를 지방을 통해 집행하는 경우에 지방자치단체와 중앙정부의 특별행정기관 및 공공기관 간의 관계를 어떻게 설정할 것인지가 문제된다. 중앙과 지방정부의 관계에서 이원적 사무 모델(dual task model)을 채택하고 있는 독일이나 프랑스 같은 국가에서는 국가사무를 지방자치단체를 통해서 수행하지만 지방정부의 고유사무를 정하고 그 이외의 업무에 대해서는 중앙정부가 지방자치단체를 통하지 않고 업무를 수행할 수 있는 단일적 사무 모델(monistic task model)을 채택하고 있는 영국의 경우는 지방정부 이외의 다른 공공기관들이 설립되어 중앙정부의 업무를 수행하게 되는 것이다(Kuhlmann and Wollmann, 2014: 133-138; 140-144).◇129 중앙정부에서 위임된 사무에 대해서는 지방의회가 전혀 권한을 가지지 못하고 중앙정부의 지시와 감독을 받는다는 의미에서 허위의 지방자치로 평가하지만 해당 업무 자체가 지방정부의 업무로 인정되는 경우에는 지방의회에 의한 감독을 받게 되며 정치적 분권화의 의미를 지니게 된다. 스웨덴의 경우는 보건, 보육, 노인요양 등의 복지사무가 지방에 이양되어 정치적 분권화가 가장 진전되어 있고, 프랑스의 경우는 1982년 입법을 통하여 중앙정부의 하부기관으로 지방관(prefect)이 수행하던 업무를 지방자치단체인 데빠흐뜨망(département) 의회의 장에게 이관하기 시작했고, 2003년 헌법개정을 통하여 지방분권화를 명문화하였다. 그 결과 사회복지, 교육, 도로관리, 주거, 문화여가 등의 업무가 예산과 함께 지방정부로 이관되어 실질적인 정치적 분권화가 진행되었다. 그러나 지방자치단체의 장이 중앙정부의 위임업무를 국가의 기관으로 수행하는 경우가 남아 있고, 기존의 중앙정부의 기관들이 지역사무소를 유지하면서 중앙부처의 지방사무소로 행정의 이관도 진행되었다. 또한 지방자치단체 내에 중앙정부 행정관(prefect)의 재정적 감사와 통제를 강화하여 정치적 분권화와 함께 중앙집권적 국가행정이라는 이원적 체계를 유지하고 있다. 한편 대륙법계 국가이지만 독일의 경우는 연방제를 채택하고 있기 때문에 주정부(Länder)가 입법권을 지니고 있고, 기초지방자치단체를 통제하며, 국가위임 사무를 하위 집행기관인 기초지방자치단체(Kommune)에 위임한 것이기 때문에 실질적으로 정치적 분권화가 아니라 행정적 분권화에 지나지 않고 그나마 주 정부별로 상당한 차이가 존재하고 있다.

미국에서는 연방정부가 규제의 정립과 보조금의 배분을 통하여 지방정부에 영향을 미치고 있고, 주정부(state government)와 기초 지방정부(local government)가 실질적인 기획과 집행권을 행사한다. 연방주의 헌법체제 하에서 정부 간의 관계(intergovernmental relations)로 이 문제를 접근하는데 1887년 주간통상법(the Interstate Commerce Act)을 제정하여 연방정부와 주정부의 권한 범위를 정하였으며 분쟁이 발생하는 경우 사법적 기구를 통해 해결하였다(Wright, 1974).◇130 1930년대 뉴딜정책의 시기를 거치면서 정책기획, 보조금, 세제감면을 통해 연방정부와 지방정부의 협력관계가 형성되었고, 제2차 세계대전 이후에는 공항, 도로, 병원 등의 사회간접자본 건설, 도시계획, 환경관리 등에 범주적 보조금(categorical grants)이 도입되어 교육, 복지, 도로 등 특정한 정책분야에 중앙정부의 자금이 수도꼭지처럼 주정부, 기초 지방정부로 흘러들어가게 되었고, 1960년대 '위대한 사회(Great Society)' 건설이라는 복지확대를 위하여 프로그램 기획과 보조금, 시민참여 등이 활성화되었으며, 1960년대 후반부터는 보조금 사업이 증가하게 되자 성과에 대한 검증, 참여자 간에 갈등이 발생하였고, 이를 해결하기 위하여 1968년 정부간 협력법(the Intergovernmental Cooperation Act), 1970년 정부간 인사법(Intergovernmental Personnel Act)을 제정하여 상호 조정과 협력을 모색하였으나 공공주택, 직업훈련, 농업, 도시재생, 공항, 도서관, 고등교육, 정신건강, 병원, 초중등교육, 복지, 고속도로 등 각각의 정책별로 연방, 주정부, 기초지방정부의 단계별로 다양한 이해관계자가 분리된 칸막이를 형성하고 있고, 상호 독립적이면서도 경쟁관계에 놓여 있다. 연방정부와 주정부의 권한에 있어서 초기에는 연방정부는 헌법에서 명시적으로 부여받은 권한으로 한정되고 나머지는 주정부의 고유한 권한으로 해석하는 입장도 있었으나 최근에는 의회가 입법이나 보조금 지급의 의무조건(mandate)을 통하여 주의 권한에 제약을 가하고 있고, 연방 대법원도 적법 절차(due process of law)와 기본권의 적용을 통하여 연방정부의 권한을 확대하는데 유리한 판결을 하였다(Derthick, 1987).◇131 한편 정책 분야에서 연방정부, 주정부, 기초지방정부의 다양한 행위자의 경쟁으로 인한 분절성의 문제를 해결하기 위하여 연방정부, 주정부, 기초지방정부의 공무원과 민간 전문가, 학계 등이 참여하는 협업적 네트워크가 구축되고 있으며, 지식의 공유, 문제의 공동 해결을 모색하고 있다(Agranoff, 2006).◇132

앵글로 색슨 계열의 국가이지만 영국에서 중앙정부와 지방정부의 관계는 미국과는 매우 다른 특징을 나타내고 있다. 영국은 주민자치를 바탕으로 지방정부의 독자성이 인정되기 때문에 중앙정부의 사무를 국가의 기관으로 처리하는 것이 아니고 의회의 법률에 의하여 부과된 사무를 묵시적 권한(ultra vires)의 원칙에 따라 수행할 수 있다. 따라서 강력한 중앙정부가 예산이나 지침을 통하여 지방정부의 행위를 통제할 뿐만 아니라 신공공관리론에 따른 국가 기능의 공동화(hollowing out state)로 인하여 중앙정부 소속의 집행기관(agency)과 준비정부조직(quasi non-governmental organizations)이 신설되고 이를 통하여 지방정부의 권한이 약화되는 중앙정부의 재집권화(re-centralization)가 이루어졌다(Kuhlmann and Wollmann, 2014: 143-144).◇133 이것은 보수당 정부 하에서 노동당 소속의 지방정부를 제약하려는 정치적 의도를 포함하고 있었으며 지방화라는 세계적인 추세에는 부합하지 않는 것이었다. 2011년 보수당-자유당 연합정부에서 지방주의법(the Localism Act)을 제정하여 지방정부의 일반적 권한과 구체적 사무목록을 제시하는 입법을 하였지만 중앙정부가 보건, 일자리, 연금 등의 영역에서 우회적으로 설립한 공공기관 때문에 지방정부의 역할이 많이 위축되어 있는 상황이다.

한국의 경우는 대륙법계 국가에 속하기 때문에 일반 지방관청인 시도, 구시군에 여러 위임사무를 맡기고 있으나 이와 동시에 다수의 중앙부처가 특별지방관청을 직속으로 설치하려고 하고 있어 권한과 기능을 둘러싼 갈등이 있다(박동서, 1997: 375).◇134 물론 대륙법계 국가라고 하더라도 독일은 이원적 사무체계 하에서 연방주의에 따라 주정부를 중심으로 사회정책을 추진하고 있고, 프랑스도 중앙정부의 권한을 대폭 지방자치단체에 이관하는 개혁을 시도하였지만 우리나라는 총무처와 통합된 내무부가 행정안전부로 되면서 지방정부 뿐만 아니라 중앙정부의 조직 관리까지 담당하고 있어 지방정부로의 실질적인 정치적 분권화가 이루어지지 못하고 있을 뿐만 아니라 프랑스에서 시도하고 있는 바와 같이 중앙행정기관의 하부기관으로서 특별지방관청의 설치와 국가기능의 통일된 체계라는 강력한 국가모델도 마련하지 못하고 있다. 물론 개별 부처가 지방행정관청을 두게 되면 관료제의 비대화와 직위의 신설을 통해 승진 수요를 충족시키려는 동기가 없지는 않다. 그러나 이러한 폐해보다 중앙과 지방정부의 조직 관리 부처를 두고 정치적 분권화뿐만 아니라 개별 정책영역별로 국가기구의 수직적 체계화를 저해함으로써 국가기능의 일체성을 방해하는 폐해가 더 크다고 할 수 있다. 대표적으로 보건 영역만 하더라도 국가의 수직적 질서구조로 기능을 정립한다면 보건소와 공공병원 등은 모두 보건정책을 담당하는 부처의 직속으로 관리되어야 하지만 보건소가 지방자치단체에 소속되어 인력이나 예산은 행정안전부에 의하여 통제를 받게 되고 감염병과 같은 보건위기 상황이 발생하는 경우 일사불란한 국가행정체계의 운영이 어렵다. 이와는 별도로 건강보험은 공단으로 하여 보건복지부의 산하 기관으로 되어 있으며 대부분의 사회정책의 영역에서 이러한 분절성을 발견할 수 있다. 대안으로 지방자치의 기능을 강화하고자 할 경우는 지방정부에 실질적인 권한과 예산을 부여하여 주민들의 통제를 받도록 하는 정치적 분권과 기관위임사무에서는 중앙 부처의 예산과 업무를 이관 받는 대신에 중앙정부의 사후적 통제를 받는 행정 분권화를 함께 이루고, 지방정부의 역량을 초과하는 전국적 과제에 대해서 대 기능별로 특별행정기관을 신설하여 국가기능의 수직적 계열화와 통합적 관리체계를 마련하여야 할 것이다.

위에서 살펴본 복지국가의 조직화와 관련된 이론들을 참고하여 아래에서는 복지국가의 정치행정 및 전달체계가 어떻게 형성되고 변화되었는지를 복지국가의 유형별로 분석하고자 한다.◇135

1. 자유주의 복지레짐의 정치행정 및 전달체계

(1) 미 국

미국의 사회정책 관련 행정 및 전달체계의 변화를 분석하기 위하여 첫째, 제도적 및 역사적 맥락을 살펴보면 미국은 왕정에 반대하여 이주한 청교도와 이민자들이 건국한 국가로서 민주주의가 발전하였고 개인의 자유의 보장을 위하여 국가기구의 성장과 중앙집권적 개입에 대하여 반대하는 전통이 있다(Stillman, 1990; Skocpol, 1987: 349-350).◇136 미국은 개인의 자유와 권리를 중시하고 사회 내에서 균형된 제도적 상치 하에 나양한 이해세력들 긴의 경쟁의 결과로서 영향력의 크기에 따라 정부의 정책이 결정되는 다원주의(pluralism) 정치문화이므로 정부는 사회의 다양한 세력들의 경쟁의 결과로서 의회의 위원회나 대통령을 통해서 결정된 사항을 반영하는 소극적 역할에 머무른다(Dryzek and Dunleavy, 2009: 36, 46-50).◇137 또한 청교도적 전통에 따라 개인의 자조와 민간의 역할이 강하여, 공적 부조의 시작인 빈민구호의 경우에도 연방정부보다는 지방정부와 자선단체를 통하여 자율적으로 이루어져 왔다(Eldersveld, 2007: 74-75; Béland, 2010: 72).◇138 공공부분의 구빈사업은 하나의 징벌적인 낙인으로 인식되었지만 민간부분의 자선사업은 보호받을 가치가 있는 빈민들을 징벌적인 공적 서비스 체계로부터 구출하는 안전장치로 인식되었다(Kamerman and Kahn, 1990; 이봉주 외, 2007).◇139 따라서 미국의 복지레짐은 시장의 역할이 중심적인 반면에 가족과 국가의 역할은 한계적이며, 복지국가의 중심이 개인에 있고, 탈상품화(decommodification) 정도가 낮은 자유주의적 복지레짐(Liberal Welfare regime)으로 분류된다(Esping-Andersen, 1990: 85).◇140 경제적으로는 자유시장경제에 대한 의존도가 강하며, 기업의 자금이 주식시장을 통하여 조달되는 비중이 높기 때문에 단기적인 이익에 집중하는 경향이 강하고, 노사관계에서 기업주와 노동자 개인별로 계약관계를 형성하고 있어 노동의 유연성이 확보되어 있으며, 기업 간의 관계는 표준적인 시장과 강제력이 있는 형식적인 계약에 의하여 이루어지고 있다(Hall and Soskice, 2001).◇141 국가의 사회에 대한 개입이 약한 대신에 개인들의 자조적인 거래가 활성화되어 있으며, 공정한 시장거래 질서를 확립하기 위한 반 트러스트법(Anti-Trust Act) 등의 제도적 규율이 강하였다. 또한 연방주의(federalism)를 통하여 주정부의 자체적인 주 헌법과 삼권분립을 포함한 자율성이 보장되지만 연방정부는 의회의 입법권과 정부 부처의 재정지원을 통하여 주정부를 제약할 수 있다(Derthick, 1987: 66-67).◇142 한편 노동자들의 정치적 자원의 측면에서 미국은 노동조합의 조직화 수준이 높지 못하고 노동계급을 바탕으로 한 이념적 정당이 존재하지 않는다. 개인의 자유와 충돌하는 사회주의에 대하여 배격하며, 국가중심의 일방적 복지 확대에 대하여 보수적인 공화당과 남부의 민주당 세력이 연합을 형성하기도 하였다(Skocpol and Amenta, 1988).◇143

둘째, 투입 면을 보면 미국 사회의 지배적 세력인 반국가주의적이고 개인적 자유와 시장경쟁을 중시하는 기업가, 의사, 교회의 의견이 정부에 반영되어 공공복지 중심의 전달체계는 잘 발달되지 못하게 된다. 그 대신에 민간중심의 종교조직이나 지방자치단체를 중심으로 최소한의 복지를 제공하고, 기업에 소속됨으로써 복지혜택을 누리는 직업복지가 발달하게 되었다. 또한 노동자 세력을 대변하는 계급정당이 형성되지 못하였기 때문에 보편적인 기본권에 입각한 공공복지의 설계는 어려웠고, 위기적 상황이 아닌 한 국가를 통한 공공복지의 요구를 억제할 수 있었다. 미국에서 보편적 의료보험제도가 도입되지 못한 것은 전문가 집단으로서 로비력이 강한 미국의사협회의 영향력에 의한 것이라는 것은 잘 알려진 사실이다.

셋째, 정치행정체계 내에서 정치와 행정의 역할과 관계를 살펴보면 미국은

관료제에 비하여 민주주의가 우선적으로 발전되어 건국 초기부터 정치의 우위가
확립되었고 초기에는 민주주의의 원칙에 따라 엽관주의를 채택하였지만 19세
기 후반부터 진보주의에 의한 행정개혁운동이 진행되면서 정치와 행정을 분리
하여 행정은 정치적 지시를 이행하는 중립적인 도구로 간주하였다(Wilson, 1887;
Goodnow, 1900).◇144 정치적 권한이 강한 반면에 권력의 독점을 방지하기 위하
여 대통령과 의회의 권력을 분리하여 상호 견제할 수 있게 하였고, 대통령은 행
정 관료를 임명하고, 집행부의 수장이 되지만 행정부가 예산편성과 입법에 관한
권한이 없기 때문에 대통령의 교서와 메시지의 형태로 의회에 의견을 제시하고
설득할 뿐이다. 이마저도 건국 초의 대통령의 권한은 외교와 국방에 한정되어
매우 제한적이었고, 1930년대 대공황으로 인한 위기극복을 위하여 뉴딜정책을
펴고 대통령부를 설치하기 시작하면서 의회에 대한 대통령의 권한이 강화되기
시작한 것이다(Brownlow, Merriam, and Gulick, 1937).◇145 한편 의회는 예산권
과 입법권을 지니고 있으며, 중요 행정부의 직위에 대한 인준권 등을 행사할 수
있기 때문에 대통령을 포함한 행정부의 권한을 통제할 수 있는 실질적인 권한
을 보유하고 있다. 정부조직을 설치할 경우에도 개별 법률적 근거가 필요하므로
의회의 입법이 필수적이다.

넷째, 행정부 내에서 미국의 예산부처인 관리예산처(Office of Management
and Budget)와 행정부처의 관계는 대통령의 예산편성지침 하달, 예산요구서 작
성제출, 관리예산처의 1차 분석 통보(passback), 각 부처의 재심청구, 대통령의
최종적인 조정안 확정이라는 절차를 거치며, 관리예산처의 재량으로 예산편성
액을 정하는 구조가 아니다(황혜신·이정희, 2010).◇146 특히 1차 심사 후 통보과
정은 관리예산처의 전문가 집단의 분석과 대통령과 수석보과관의 협의를 거치기
때문에 전문가의 판단과 정치적 선택이 함께 작용하는 것으로 볼 수 있다. 또한
예산의 편성결정권은 의회의 권한에 속하기 때문에 중앙정부, 지방정부, 다양한
이익집단의 활동의 정치적 결과에 따라 예산의 배분이 결정된다. 따라서 미국의
사회정책에 있어서는 보건인적서비스부, 교육부, 노동부 등의 사회부처가 관리
예산처에 종속적인 관계에 있지는 않으며, 정치적 판단과 전문가적 분석에 기초

하여 복지예산지출이 결정된다고 볼 수 있다. 또한 각 부처의 조직인원을 심사하여 정원을 감시하는 조직을 두고 있지 않으며, 예산의 범위 내에서 부처가 자율적으로 조직을 설치할 수 있으나 전략적 기획과 성과평가를 통하여 의회와 관리예산처의 감시를 받게 된다.

다섯째, 중앙과 지방정부의 관계에서 초기에는 헌법에 따라 연방정부의 역할이 제약된다고 보았고, 국유지와 재원을 제공할 뿐 실제적인 정책집행은 주정부가 맡았으나 남북전쟁 이후 국가건설, 교통과 통신의 발달로 주 간 통상의 증가, 보건, 환경, 사회보장 등 전국적인 정책수요의 증가 등으로 점차 연방의 역할이 확대되어 왔다. 사회정책의 영역에서 막대한 재정지원을 조건으로 하여 지방정부가 연방정부의 정책을 수행하도록 인센티브를 제공하는데 이를 연방재정주의(federal fiscalism)라고 한다(Johnson, 2014: 55-61).◊147 연방정부의 지방정부에 대한 재정지원을 보조금지원(grant-in-aid)라고 하는데, 보조금을 지원받는 주나 기초지방정부는 그 목적이나 조건을 따라야 한다. 보조금 지원의 종류로는 재량이 거의 없고 특정한 목적을 위해서 지출해야 하는 범주적 보조금(categorical grants)과 재량에 따라 다양한 사업에 적용될 수 있는 보조금으로 지역의 실정에 맞게 지출의 조합을 결정할 수 있는 포괄보조금(block grants)으로 나눌 수 있다. 범주적 보조금은 사전에 결정된 틀과 일정한 공식(formulas)에 따라 배분되는 공식 보조금(formula grants)과 전국적으로 균등하지 않게 배분되는 사업(project) 보조금으로 나눌 수 있다. 공식 보조금은 형식적인 지표로 인구나 빈곤율 등에 따라 보조금을 배분하고 주 정부는 일정한 보조금을 받게 되지만 사업보조금은 보조금을 지급하는 중앙정부 또는 주정부가 보조금 수급 자격을 평가하여 경쟁자들 중에서 사업별로 보조금을 지급하게 된다.

예를 들어 1996년 이전에는 편부모 가정, 장애 등의 의존적인 아동을 둔 가정에 대하여 지원하는 의존아동가정지원(Aid to Families with Dependent Children: AFDC) 제도가 범주적 보조금에 의하여 운영되었으나 1996년 '개인적 책임과 노동 기회의 상호 조화 법(the Personal Responsibility and Work Opportunity Reconciliation Act)'을 제정하고 기존의 제도를 포괄보조금 형태의 필요가정 한시지원(the Temporary Assistance to Needy Families: TANF)로 바꾸었고, 지역실정에 따른 정책적 유연성이 필요한 지역개발이나 사회서비스 제공사업 등에 포괄보조금이 많이 활용되고 있다. 그 결과 보건, 교육, 교통 등에 대한 연방정부의 보조금은 증가하는 것에 비하여 소득보전 등의 사회보장에 대한 연방정부의 지원은 억제되고 있다(Congressional Budget Office, 2013: 26).◇148 2011년을 기준으로 연방정부의 지방정부 지원 보조금 중 메디케이드를 포함한 보건 분야는 2,930억 달러, 소득보전 1,140억 달러, 교육 및 고용 890억 달러, 교통 분야 610억 달러, 기타 분야가 500억 달러를 차지하고 있다. 그러나 주나 기초 지방정부의 재량이 증가하고, 많은 자금이 이를 통해 전달된다고 하더라도 사회서비스에 대한 연방자금의 증가와 지원조건에 의한 통제는 결국 재정의 중앙 집권성을 강화하는 효과를 낳고 있다(Steuerle and Mermin, 1997; Henriksen et al. 2012).◇149 연방 의회는 재정지원과 함께 연방정부 의무(federal government mandates)를 부가함으로써 모든 수준의 정부에 대하여 행정을 통제하는 비재정적 수단을 활용하기도 한다. 대표적으로 1972년 '평등고용 기회 법(Equal Employment Opportunity Act)'을 통해 인종, 종교, 성별, 국적에 따른 차별을 금지하는 입법을 하였고, 근로조건, 보건, 환경보호에서 이러한 전국적 강제 기준을 제시하는 입법이 이루어졌다. 한편 주정부 및 기초지방정부는 연방정부와 주정부의 관계에 비하여 더 긴밀한 관계가 유지되고 있다. 주 정부와 기초지방자치단체인 시(city), 군(county)과의 관계는 주 정부 내의 부처를 통하여 이루어지며, 기초지방자치단체는 재산세 이외에는 세원이 부족하므로 연방정부로부터의 보조금, 판매세 등을 주 정부를 통해 기초지방자치단체에 배분한다(Johnson, 2014: 65-66).◇150

여섯째, 관료제의 이해와 권한의 관계에서는 미국의 행정 관료는 정치적으로 임용되는 직위를 포함한 고위공무원단과 직위분류제가 적용되는 일반경력직 공무원으로 구분할 수 있으나 전문가가 중심인 일반경력직 공무원은 정권의 변화와 관계없이 근무하고 정치적 중립성이 요구된다(박동서, 1997: 413-416).◇151 정부 부처 단위의 조직변화는 적고 정치적 통제가 확립되어 있기 때문에 관료들이 조직적으로 부처의 이익을 위하여 행동하는 것은 상대적으로 약하다고 할 수 있다. 그러나 하부 단위의 행정조직에서 예산이나 조직을 극대화하기 위한 관료정치가 발생할 수 있고(Niskanen, 1971; Dunleavy, 1991),◇152 정책 영역별로 정치인, 이익집단, 중앙정부 및 지방정부 관계자, 전문가 등이 참여하는 수직적 칸막이가 형성되어 이러한 구조 하에서 관료들이 생존을 위한 노력을 하게 된다.

일곱째, 정부조직의 형태와 전달체계의 변화를 살펴보면 대통령과 의회 권력 간에 합의가 성립되어야 사회부처가 신설될 수 있고, 행정부뿐만 아니라 의회의 입법을 통하여 구체적인 예산과 전달체계를 통제할 수 있게 된다. 그 결과 사회 정책 관련 행정부처가 신설되었다가 자주 폐지되지 않으며, 그 수도 많지 않은 데 이는 정치적 견제와 균형의 역학관계에서 법안을 통하여 부처가 설치되므로 상당히 안정적인 형태를 유지할 수 있었기 때문이다.◇153 또한 연방주의에 따라 중앙정부는 사회정책에서 입법과 재정지원을 담당하고 대부분의 사업은 주와 하부 지방정부의 재정지원과 감독 하에 다양한 민간단체가 사회서비스의 제공을 담당한다. 이는 지방정부와 민간간의 파트너십에 의한 공동생산, 공동제공의 형태를 띠게 되고, 영리형 단체뿐만 아니라 비영리 단체들이 상호협력하면서 서비스 제공에 관여하게 된다. 그리고 이러한 서비스의 제공은 위탁이나 보조금의 지급이 아닌 이용자에게 바우처를 제공하여 선택권을 행사하게 하거나 서비스 제공자에게 서비스의 구체적 조건을 명시하게 하는 서비스 구매계약(Purchase of Service Contract)의 방식이 주로 사용된다. 미국 노인복지법(the Older American Act)에서는 이러한 네트워크형 전달체계를 노화 네트워크(Aging Network)로 개념화하고, 조정되고 통합된(coordinated and integrated) 서비스 제공을 강조하고 있다.

마지막으로 이러한 행정 및 전달체계 하에서 산출된 사회정책의 특징을 살펴보면 첫째, 다른 유럽국가에 비해서 공공사회지출이 GDP에서 차지하는 비중이 낮고, 조세부담의 불평등성과 사회복지에 대한 민간지출이 높게 나타나고 있다(Castles, 2010: 641-642).◇154 미국은 반국가적 특성 때문에 국가에 의한 복지는 성장하지 못했지만 민간 복지지출까지 포함한 총사회지출은 공적 복지에 치중하는 유럽의 복지국가에 비하여 낮은 수준이 아니다(Adema and Ladaque, 2009).◇155 둘째, 보편적인 복지국가의 계획 하에서 복지프로그램이 확대된 것이 아니라 위기 상황에서 점진적으로 복지프로그램이 도입되어 단편적 프로그램들이 복잡하게 얽혀 있고, 단일한 사회보험제도는 도입되지 못하였다. 이는 복지국가로 전환하는데 중요한 역할을 수행하는 노동계급이 정치 세력화되지 못하였고, 정치 우위의 정치행정 이분론에 입각한 행정체계이므로 관료제가 주도적으로 복지제도를 입안할 수 있는 자율성이 약하였기 때문이다. 셋째, 청교도적인 전통에 따라 무노동의 공공부조는 선별성의 원칙에 따라 최소한으로 하고 일과 복지의 결합에 적극적이었으며, 일하는 사람에게는 주로 조세감면제도를 통하여 인센티브를 제공하는 방식을 채택하였고, 1974년 근로장려세제(Earned Income Tax Credit)를 채택한 이후에 이를 확대해 왔다. 이러한 퇴직연금, 주택저당, 사회적 기부 등에 대한 조세감면과 근로장려를 통하여 제공되는 복지혜택 등을 숨겨진 복지국가(hidden welfare state)로 부르기도 한다(Howard, 1997).◇156 넷째, 미국은 다원주의적 사회체제의 특성 때문에 전문가들이 이익집단을 형성하여 영향력을 행사하였으며 그러한 경쟁의 결과로서 사회여론을 국가는 수동적으로 반영하는 도구에 지나지 않으므로 건강보험이나 보편적 연금제도와 같은 공적 복지는 성장하지 못하였고, 향후에도 이익집단들 간의 경쟁과 로비에 의하여 점진적 전환의 과정을 거치게 될 것으로 보인다. 보건의료제도에서는 보편적 제도를 마련하고 있지 못해서 연방정부가 이를 점진적으로 확대해 나가고 있다. 1997년에는 주 정부 책임 하에 의료보험의 혜택을 받지 못하는 '주 아동 의료보험 법(State Children's Health Insurance Act)'을 도입하였고, 2003년에는 처방약에 대한 비용을 의료보험에 포함시켰으며, 2010년에는 오바마 케어라고 불리는 '환자보호 및 가능한 돌봄 법(the Patient Protection and Affordable Care Act)'을 제정하여 의료보험의 사각지대를 줄이려고 노력하였다. 이 법에 의하면 개인들은 주 정부가 저소득층에 대하여 의료보호(Medicaid)의 대상이 되도록 확대할 수 있는 선택권을 주고, 연방정부가 온라인 시장을 통하여 가능한 의료보험을 구입할 수 있는 보조금을 개인에게 지급할 수 있으며, 메디케이드나 보조금의 대상이 아닌 개인에 대해서는 개별적으로 민간보험을 구입하거나 세금을 내도록 하였다. 이 법은 최대한 민간 시장을 활용하여 건강보험 제도의 운영을 하게 하는 것으로 건강유지조직(Health Maintenance Organization) 등의 민간 보건의료 관리조직에 의하여 환자와 의료기관과의 매개가 이루어지고 이들 민간의료 관리조직의 경영방식에 따라 의료서비스의 품질을 확보하고자 하였다. 그러나 이 법의 제정에도 불구하고 여전히 보편적인 의료서비스가 제공되지 못하며 지나치게 시장과 민간전달체계에 의존하는 한계를 지니고 있다(Singer and Greer, 2016: 476).◇157

(2) 영 국

첫째, 역사적 및 제도적 맥락의 측면에서 영국은 자유주의와 다원주의적 전통을 지니고 있고, 시민혁명을 통하여 민주주의가 먼저 발전된 후 이를 뒷받침하는 근대적 관료제가 도입되었으며, 시민사회의 보통법(common law)과 행정법(administrative law)을 구분하지 않는 일원적 법체계의 전통을 지니고 있다(Painter and Peters, 2010: 20-21).◇158 따라서 공직과 민간의 교류가 자유로우며 시장친화적인 관리방식에 익숙하고, 실제로 서비스 전달과정에서는 경쟁과 같은 시장기제가 많이 활용할 수 있다. 제한된 정부라는 다원주의적 전통은 미국과 같지만 영국은 중앙집권적인 행정 체제를 유지하고 있다는 점에서 차이가 있다. 잉글랜드, 웨일즈, 스코틀랜드, 북아일랜드의 4개의 자치적인 지방으로 나뉘어져 있어 사실상 연방제와 비슷하지만 재정이 중앙에 집중되어 있으며, 재무부(Treasury)의 권한이 강하고 지방정부의 역할은 약한 편이다. 또한 민주주의가 발달되어 주민들이 스스로 지방의회를 중심으로 주민자치를 실시하고 지방정부를 운영하고 있어 중앙뿐만 아니라 지방정부도 작은 규모의 정치적 역할을 수행하고 있다(Sharpe, 1993: 248).◇159 영국의 의회는 중앙정부 직속 기관으로서 특별지방기관을 설치하는 것을 허용하지 않는 반면에 중앙정부는 단일한 목적을 지닌 별도의 공공기관(public authority)을 설치하고 있으며(Kuhlmann and Wollmann, 2014: 84-85),◇160 이들은 지방정부와는 별개로 운영하고 있다. 이러한 측면에서 영국은 중앙정부와 지방자치단체와의 관계에서 일원적 사무모델 (monistic task model)을 유지하고 있으며 지방자치단체 장은 국가로부터 사무를 위임받아 처리하는 기관이 아니라 주민들을 대표하여 고유한 사무를 처리하는 기관으로 보고 있다. 또한 제도적으로 영국은 엘리자베스(Elizabeth I) 여왕 이래 구빈법(the Poor Law)의 전통 하에서 무노동과 빈곤을 죄악시하여 일정한 교화 소에서 부역을 강제하였고, 19세기 자유주의의 사조 하에서는 개인적 책임과 자 조를 강조하고 일할 수 있는 노동자에 대하여 수용대신에 보건, 교육, 주거 등 의 최소한의 복지와 함께 노동에 종사하게 하였다(Flora and Alber, 1982: 48-51; Harris, 2016: 114-115).◇161 또한 산업화가 일찍 이루어져 노동계급을 중심으로 한 노동당(labor party)이 설립되었고, 제1, 2차 세계대전을 거치면서 노동계급 의 참전과 정치적 역할의 강화를 통해 보수당과 경쟁하면서 집권세력이 되었 다. 이처럼 영국의 역사적 전통과 제도적 맥락은 자유주의와 다원주의의 특성 을 지니면서 중앙과 지방정부가 각각 민주주의의 정치적 기능을 실질적으로 수 행하고 있고, 국가체제는 중앙 집권성을 유지하고 있으며, 노동자 계급이 정치 세력화되어 제도권 내에서 복지국가의 정치적 요구를 할 수 있는 토대가 마련 되어 있다.

둘째, 투입 면에서 책임정치에 입각한 선거 결과에 따라 정책의 방향이 결정 된다. 내각의 구성이 다수당의 수상에게 위임되어 있기 때문에 실질적으로 수상 중심의 책임정치가 이루어지고 있다. 즉, 주기적인 선거결과를 통하여 이루어지 는 투입은 베버리지형 복지국가, 신공공관리론에 의한 복지개혁 등 사회정책의 큰 방향을 결정하는 중요한 역할을 수행해 왔다. 이외에도 다원주의적 정치체제 의 특성 때문에 시민사회의 행위자가 공직에 참여할 수 있고, 비영리 민간단체, 기업, 자선단체, 연구기관, 학계 등 전문가들의 의견이 정책과정에 투입될 수 있 다. 특히 제2차 세계대전 중에 보수당과 노동당의 통합정부를 구성하였고, 종전 후 노동당 정부가 복지국가를 적극적으로 확대하자 보수당 정부에서도 선거에서 승리하기 위하여 복지국가의 방향에 대한 대안을 제시하고 하나의 국가(One Nation)라는 원칙하에 재정 건전성, 효율성, 낮은 세금, 검약과 자기 책임, 자원봉사 등 전통적인 가치와 복지국가를 위한 정부개입의 조화를 모색하였다. 이후에도 진보와 보수 간의 정권의 교체가 있었지만 1945년 이후에 도입된 복지국가의 틀 자체에 대하여 변동은 없이 미세적인 조정이 있었을 뿐이고, 복지국가의 정당성에 대한 암묵적 합의가 형성되었다고 볼 수 있다.

셋째, 정치행정 체계의 과정을 보면 정치적 영역은 단순 다수결에 의하여 과반수이상을 차지하는 정치세력이 내각을 구성하고 정부를 이끄는 의원내각제가 시행되고 있다. 성문 헌법이 존재하지 않지만 1689년 권리장전(the Bill of Rights) 이래 의회의 우위가 보장되고 있으며, 소위 웨스트민스터 모델(West-minster model)의 실제 운영에서는 수상이 내각을 조직하고 장관들을 임명하기 때문에 선출된 독재체제로 불리기도 한다. 또한 임기 중에 야당 이외에 헌법재판소와 같은 견제 기구나 연방제와 같은 권력 제한적 장치가 없기 때문에 급진적 개혁이 가능할 수 있다(Kuhlmann and Wollmann, 2014: 83).◇162 수상에 의하여 임명된 장관은 각 부처를 통합하며 정치적 중립이 보장된 공무원들은 오직 장관에 대하여 책임을 지며, 장관은 의회에 대하여 책임을 진다. 공무원들은 공공 서비스 거래(public service bargain)를 통하여 높은 수준의 정책결정에 참여하고 연금을 포함한 안정적 지위를 보장받는 대신에 외부에 자신의 정치적 견해를 표명할 수 없고 정치인에 대하여 정책적 조언을 하게 된다(Lodge, 2010: 100).◇163 보통은 내각장관(cabinet secretary)과 각 부처의 경력직 장관(permanent secretary)이 직업 공무원들의 최상위의 직위이며, 선출직 공무원이 아닌 국왕의 공무원들로서 공직 집단을 대표하게 되며 부처의 일상적인 재정과 관리 업무를 담당하고 선출직 장관들에게 정책적 조언을 하게 된다.◇164 내각장관과 경력직 장관은 정권변동에도 불구하고 자리를 유지하고 내각장관은 국왕의 내무 공무원단(the Home Civil Service)과 내각 사무처의 최상위 책임자로서 각 부처 경력직 장관들로 구성된 경력직 장관 관리 그룹(Permanent Secretary Management Group)을 주재하며 보수에 있어서는 수상보다 더 많은 처우를 받는다(Lodge, 2010: 102).◇165 영국의 관료제는 소위 국왕의 공직자로 분류되는 집단(home civil services)과 군인, 경찰, 보건, 지방자치단체에 근무하는 공무원을 구분하고 있으며 전자의 공직에 대해서는 계급제 하에서 경력직 중심의 엘리트 관료를 육성하여 행정의 연속성을 확보하는 반면, 후자의 경우에는 독자적인 책임운영 기관으로 하여 주로 계약관계에 기초한 성과와 보상이라는 기제를 활용하고 있다. 이는 정치적 리더십에 의한 하향식 통제방식으로 볼 수 있고, 핵심 공무원 집단은 단일체계로 유지하면서 집행적 업무는 개별화하여 관리하는 방식으로 보인다.

넷째, 중앙정부 내에서 중앙관리부서와 사회정책 부처 간의 역학관계를 살펴보면 영국에서 정부의 조직과 예산을 담당하는 부처는 재무부(HM Treasury)이며, 19세기 이래로 국가의 사회에 대한 역할 확대에 대하여 소극적인 입장을 지니고 있었다(Cronin, 1991: 5-11).◇166 또한 복지국가를 위한 정부조직의 팽창에는 관료제의 구조나 크기의 변화를 수반하는데 그 결과 기존의 재무부의 통제(Treasury control)라는 기득권에 변화를 가져오게 되므로 반발하게 되었다. 따라서 복지국가의 확대에서도 핵심은 재무부 우위의 통제구조를 어떻게 개혁하는지에 관한 것이었다. 특히 제1,2차 세계대전을 치르면서 재무부 위주의 통제 체제로는 위기 상황을 효과적으로 수습할 수 없었기 때문에 전시 내각 하에서 정부 부처들이 신설되었고, 제2차 세계대전 중에는 보수와 진보 세력이 연립한 정부에서 재무부를 대신하여 노동부에서 인력에 관한 전시 예산을 편성하였고, 전후에도 별도의 위원회를 설립하여 부처 간 경제기획 기능을 담당하기도 하였다(Cronin, 1991: 14-17).◇167 전쟁 등의 위기 상황 속에서 노동당과 노조의 세력이 결합하여 재무부 통제 대신에 고용부나 별도 위원회 조직을 통하여 친 노동적 사회정책을 추진하고자 하였으나 보수당이 집권하는 경우 다시 재무부의 입지가 강화되어 재정안정화와 감세정책을 추진하게 되어 국가구조의 근본적인 변화는 가져 오지 못한 채 1970년대 인구고령화와 재정위기, 국제 유가 위기 등에 직면하게 되자 보수당에 의한 신자유주의적 개혁을 통하여 재무부 중심의 통제 체제가 지속될 수 있게 된 것이다. 현재에도 재무부의 우위가 유지되고 있지만 정부조직법이 없기 때문에 부처의 수, 기능, 명칭 등이 신축적으로 변경될 수 있다(양현모외, 2010).◇168 그러나 세계대전 이전에는 재무부가 보수적으로 부처의 예산 확대를 제약하였지만 복지국가의 과정을 거치면서 케인스주의를 포함한 적극적 재정정책이 활용되고 있으며, 예산과정은 부처의 예산요구서 제출, 재무부와의 협상, 조정과정의 3단계 지출심사(spending review)를 거치는데 공공지출위원회(Public Expenditure Committee), 다부처간의 예산을 다루는 경력직 장관 그룹(Permanent Secretaries Spending Review Group), 공무원, 지방, 금융, 시민사회를 대표하는 독립적 이의 심사(Independent Challenge Group) 등을 거치기 때문에 재무부가 일방적으로 부처의 예산을 결정하는 구조는 아니다(House of Commons Committee of Public Accounts, 2013; OECD, 2005).◇169 특히 정부 부처의 조직은 재무부와 세출심사과정에서 공공서비스협약(Public Service Agreements)을 통하여 정하여지기 때문에 예산제약 내에서 부처 운영의 자율성이 인정되고 있다. 또한 사회부처의 권한행사에 제동을 걸 수 있는 중앙관리부처가 재무부 이외에는 없기 때문에 사회부처가 지방행정체제에 대하여 각자의 영역에서 보다 권위적인 지침을 내리고, 효과적인 전달체계를 설계할 수 있다.

다섯째, 중앙정부와 지방정부의 관계를 살펴보면 중앙정부는 의회의 입법, 중앙정부의 재정적 지원에 따른 지침 등을 통하여 지방정부에 개입할 수 있다. 지방정부는 중앙정부의 업무를 수행하는 하부기관이 아니기 때문에 중앙정부는 특별행정기관이 아닌 별도의 공공기관을 통하여 수직적 전달체계를 마련할 수 있다. 대표적으로 고용, 연금, 보건의료서비스의 업무는 중앙정부의 역할이 강하고 지역사회 내에서 돌봄 및 사회서비스는 지방정부의 역할이 강하다. 연금, 수당 등의 소득보장과 고용 등의 영역은 고용연금부의 소관이며 지역별 전달체계로 실업수당은 고용플러스센터, 연금은 연금서비스, 장애인 수당은 장애급여센터 등의 책임운영기관(agency)이 있고, 지방정부는 지방세 감액, 무상급식 등의 빈곤과 관련된 한정된 정책을 수행하고 있다(김보영, 2018: 74).◇170 보건의료의 경우는 잉글랜드, 웨일즈, 스코틀랜드, 북아일랜드 등 지역에 따라 다르기는 하지만 보건부의 정책적 지도와 관리 책임하에 국민건강서비스(National Health Service: NHS)가 실제적인 집행과 감독을 담당하고 있으며, 1차의료는 2012년부터는 1차의료 트러스트를 대체하여 설립된 212개의 지역 임상위탁그룹(Clinical

Commissioning Groups)에 인두제에 따른 예산을 배정하고, 이 기관이 지역단위로 일반 개업의(General Practitioners)의 1차의료, 전문의 및 병원 등과 협상을 통한 1년 단위 계약을 체결하여 관리하고 있다(Bodenheimer and Grumbach, 2016: 178-179).◇171 한편 아동과 노인에 대한 돌봄 등 사회서비스의 영역은 전통적으로 지방정부가 적극적인 역할을 담당하고 있는데 1970년 '지방정부 사회서비스법(Local Authority Social Service Act)'을 제정하여 아동국과 복지국을 통합한 사회서비스국(Social Service Department: SSD)을 의무적으로 설치하도록 하였으며(이영찬, 2000),◇172 중앙정부는 국가적인 정책수립과 지침을 마련하고 지방정부가 서비스계획 및 재정까지 실질적인 서비스 전달의 책임을 지도록 하였다. 그 후 사회서비스 조직은 1998년 그리피스 보고서(The Griffiths Report)를 기초로 하여 '국민건강서비스와 지역사회 돌봄 법(National Health Service and Community Care Act of 1990)'을 제정하여 복지 및 돌봄 서비스의 기획, 급여지급이 지방정부의 사회서비스국으로 일원화되었고, 이와 함께 돌봄 관리(care management) 체계를 도입하여 개인의 욕구를 사정하고, 경쟁적인 관계에 있는 서비스 공급자들 간에 예산이 할당되도록 하였다(김용득, 2007).◇173 아동에 대한 서비스는 2004년에 '아동법(Children Act of 2004)'을 제정하여 지방정부의 교육국과 사회서비스국을 통합하여 아동서비스국(Children's Service Department)을 신설하고, 교육과의 연계를 통하여 아동서비스의 통합과 조기 개입이 이루어지도록 하였다. 아동서비스의 공급주체를 지방정부로 정하고 민간과 공공이 제공하는 서비스 중에서 국가최소표준(National Minimum Standards)에 해당하는 서비스를 수요자가 선택할 수 있도록 하였다(손병덕, 2012: 50-52).◇174 보건과 돌봄에 있어서 책임주체가 상호 다르기 때문에 지역사회에서 통합 및 조정할 수 있는 기구로서 NHS, 지역임상그룹 등의 보건관계자와 돌봄 등 사회서비스에 관한 지방정부의 관계자들이 참여하는 보건복지위원회를 설치하여 상호협업과 재원의 공동 활용 방안 등을 모색하고 있다(Baggott, 2016: 361-362).◇175

여섯째, 정부조직의 형태와 전달체계를 살펴보면 영국은 정년과 연금이 보장되는 정규 공무원의 규모는 최소한으로 유지하고 실제 집행을 담당하는 기구는 책임운영기관(executive agency)으로 하여 정부조직의 성장을 억제하고 있으며, 신공공관리적 개혁으로 정책결정과 집행을 분리하였다. 또한 정부조직법이 없기 때문에 재무부 등의 핵심부처를 제외하고는 탄력적으로 변화해 왔다. 특히 보건 정책 부서는 20세기 초에 내무부로부터 독립하였고, 고용부의 경우에도 20세기 초에 노동세력의 성장과 산업화, 세계 대전의 과정을 거치면서 확대되다가 1970 년대 후반 이후 신자유주의적 개혁으로 위축되었으나 1998년 노동당 정부 이후 일자리와 복지의 연계를 통한 생산적 복지의 경향을 나타내고 있다. 서비스 전 달의 형태를 살펴보면 소득보장과 연금에서는 고용과 복지의 연계를 위한 고용 연금부와 산하의 책임운영기관이, 보건에서는 보건부와 NHS가, 돌봄 등의 사회 서비스의 영역에서는 지방정부가 중요한 역할을 수행하고 있다. 특히 영국의 사 회적 돌봄 서비스는 적어도 1970년대까지는 국가와 지방자치단체 등 공적 영역 을 통하여 제공되었으나 1980년대 이후 시장자유주의적인 복지개혁으로 인하여 민영화 등 시장경쟁의 원리가 도입되었으며, 1997년 이후에는 제3의 길(the Third Way)을 선택하여 국가가 정하는 최소한의 기준을 충족시키며 경쟁과 시 민의 선택에 의하여 복지서비스가 제공될 수 있도록 변화하고 있다.

마지막으로 정책 산출(policy output)로서 사회정책의 특징을 보면 영국은 구 빈법의 발전과정에서 나타난 선별주의적 특성과 19세기 자유주의적 사조의 특 징인 자조와 개인 책임의 원칙을 반영하여 현금을 제공하는 소득보전에서는 소 득기준과 연령, 가족 등을 고려하여 제한적인 모습을 나타내고 있다. 연금지급 연령 이상의 노인에게 제공되는 소득지원(Income Support), 실업자에 대한 구직 수당(Job Seeker's Allowance), 근로소득공제(Working Tax Credit), 주거급여 (Housing Benefits) 등에서는 소득과 연령 등의 기준을 고려하고 있다(McKay and Rowlingson, 2016: 338-339).◇176 한편, 산업화로 인한 노동계급의 성장과 정치세력화로 노동당이 선거에서 승리한 경우 보편주의적 사회정책에 대한 시도 가 있었고, 복지국가의 황금기인 1950~60년대 노동친화적인 복지혜택은 이러한 경향을 나타내었다. 예를 들어 보건의료는 건강한 노동력의 확보를 위하여 조세 를 재원으로 보편주의를 지향하였고, 제2차 세계대전 후 복지국가 발전기에 사회적 주택과 같은 경우를 예로 들 수 있다. 그러나 선거에서 보수당이 승리하는 경우 기존의 보편주의적 복지제도를 축소하거나 변화시키려는 시도가 나타났는데 정치행정체제의 역동성과 이를 뒷받침하는 중립적이고 안정적인 관료제가 있었기에 가능했다. 정부조직 내에서는 재무부의 통제와 이를 변혁하려는 시도 간에 대립이 있었고 정치적 변동에 따라 부침을 거듭하였다. 이러한 이념적 투쟁 속에서 상호 변증법적으로 중도적 대안을 찾게 되었고, 개인주의와 자유주의가 결합한 특유의 문화로 인하여 일과 복지를 결합하는 것에 대하여 반대가 적었고, 고용과 연금을 결합하거나 근로장려세제(earned income tax credit)의 도입, 개인예산제를 통한 서비스 선택권을 보장 등의 노력이 이루어지고 있는 것이다.

2. 보수주의 복지레짐의 정치행정 및 전달체계

(1) 독 일

첫째, 독일은 역사적 및 제도적 맥락의 측면에서 19세기 후반까지 민족이 통일되지 못하고 봉건 토지귀족이 지배세력을 형성하고 있었으며 민간경제를 중심으로 산업화가 진행된 영국과 달리 국가주도로 산업화를 추진하게 된다(안병영, 1984: 431-433).◇177 자유주의적 시민계급 대신에 보수적인 토지귀족들이 산업화를 주도하게 되자 이들은 노동자 세력의 성장을 사전에 차단하기 위하여 가부장적 사회사상과 기독교 윤리에 기초하여 국가가 노동자에게 시혜적인 의미에서 사회보험을 제공하는 복지제도를 실시하였다. 즉, 프랑스와 같이 시민혁명을 통하여 강력한 중앙집권적 국가를 건설한 것이 아니라 왕정을 통하여 국가통일을 이루었고, 노동자계급의 성장을 억제하려고 하였기 때문에 중앙집권적 국가가 아닌 지방의 이해관계를 인정하고 다양한 지배계급의 이해관계를 반영하는 조합에 의하여 자율적으로 관리되는 체제를 구축하게 된 것이다. 그 결과 가부장적 지위를 인정하는 보수성과 각자의 사회적 지위에 따라 분화된 조합주의적 사회보험, 가족에 의한 보호기능이 실패했을 경우에만 국가가 개입하는 보충성의 원칙(principle of subsidiarity), 지방자치단체에 복지제공의 책임을 부과하는 것이다(박병현, 2017: 253-260).◇178 또한 독일은 영미의 시민법 체계와 달리 공법과 사법을 구분하며 군주권을 중심으로 형성된 행정법의 영역은 민간의 사법과는 구별되는 별도의 규율체계를 유지하고 있었다. 이러한 행정법 체계 하에서 행정은 법치국가(Rechtsstaat)의 원리에 따라 법률가 중심의 행정이 구현될 수 있었다. 한편 경제적 측면에서는 장기적인 수익의 관점에서 투자를 하는 인내적 자본이 발달되어 있고, 기업의 내부적 의사결정에서 노사가 함께 참여하는 컨센서스를 강조하며, 자율성을 지닌 숙련된 노동력에 의존하고, 산업이나 기업체에 특화된 교육과 숙련형성을 도모하는 조정적 시장경제(Coordinated Market Economies)에 해당된다(Hall and Soskice, 2001: 21-27).◇179 독일은 연방주의를 채택하고 있어 주(Länder)가 실질적인 권한을 보유하고 있고, 연방정부 세입의 70%가 지방정부와 공유되며, 수상과 주지사로 구성되는 연방이사회(Federal Council)를 통해 각 주는 거부권을 행사할 수 있는 분권적 체제이다(Kuhlmann and Wollmann, 2014: 72-73).◇180 또한 주나 기초지방정부는 자체 고유 사무를 지니면서도 연방정부에서 위임한 사무를 처리할 수도 있고, 연방헌법에 따라 연방정부에서 지방관청을 설치할 수 있도록 인정하는 경우를 제외하고는 특별지방관청을 설치할 수 없다. 한편, 독일은 유럽에서 최초로 공산주의의 대안으로 사민당을 구성하여 노동계급의 정치세력화가 이루어졌고 사민당이 선거에서 승리하면 보다 적극적으로 복지정책을 추진할 수 있는 정치적 환경에 놓여 있었다.

둘째, 정치체제에 대한 투입 면을 살펴보면 정당중심의 비례대표제이기 때문에 단순 다수의 과반을 차지하는 정당이 나오기 어려우며 정당간의 연합을 통하여 내각을 구성하게 되고 진보와 보수의 합의에 의한 통합적이고 안정적인 정책 투입이 가능하다. 또한 정당명부식 비례대표제를 채택하고 있기 때문에 노동계급의 이익은 노조와 연계된 정당을 통하여 제도 정치권으로 반영되고, 기업 내에서도 생산자와 노조 간에 협의가 이루어 질 수 있다. 그러나 연방주의의 제약을 받기 때문에 국가의 역할이 수동적이고 보수적인 가부장 중심의 사회문화로 인하여 사회적인 요구가 반영되는 경로가 제약적일 수 있다. 사회 내에 개인과 단체가 자유롭게 경쟁하는 것이 아니라 자신이 소속한 단체와 조합을 통하여 의견을 표명하고 단체 간의 협상을 통하여 사회적 문제가 논의되고 해결된다.

셋째, 정치행정 체계의 과정을 살펴보면 독일은 군주권을 제약하는 외견적 민주주의에 따라 관료제가 먼저 발전을 하고 민주주의가 점차 확대되어 갔다. 18세기 부르주아 계급이 프러시아의 관료제로 편입되었고, 나폴레옹 전쟁에서 패배 이후 군주제를 제약하기 시작했으며, 19세기 말에 프러시아왕국을 중심으로 국가통일을 이루는 과정에서도 관료제가 이를 뒷받침하였고, 군주제가 폐지된 바이마르 공화국 이래로 선거경쟁에 의한 민주주의가 발전되었으나 관료제가 정치에 일방적으로 종속되는 것이 아니라 전문성에 기초하여 법의 집행과 해석에 일정한 자율성을 지니고 있는 것으로 보고 있다(Seibel, 1996).◇181 독일 관료제의 기반이 된 프러시아 관료제는 다수의 대중과는 거리가 있는 안정적인 부르주아 계급이었으며, 사회적 보수주의(social conservatism)의 성향을 지니고 있었다. 프랑스 혁명과 나폴레옹 전쟁에도 불구하고 독일의 사회 사상가들은 국가의 개입과 조직화된 자본주의라는 독일 특유의 발전모델을 제시하였고, 강력하면서 자애로운 군주권, 효율적이고 공정한 관료제, 사회보험에 기초한 사회입법을 발전모델로 제시한 것이다(Beck, 1995: 237-245).◇182 이러한 보수적 관료제에 의한 사회개혁은 이후 독일 국가행정의 특징과 전통을 형성하였다. 따라서 독일의 관료제는 영미에서와 같이 민주적으로 선출된 정치권력의 통제 하에 중립적 역량(neutral competence)을 발휘하는 도구의 의미를 넘어 공익을 실현하는 공무원(Beamte)으로서의 의미를 지니고 있다.◇183 민주주의가 실현되어 정당정치의 영역에서 국가정책의 결정 기능을 담당하지만 독일의 공무원들은 정당 가입도 가능하다. 정치적 영역에서 행정에 대한 통제 방식도 하향식의 통제가 아니라 일정한 자율성을 보장하면서 집권세력의 정강정책을 구현하기 위하여 직업적 전문성에 따른 지원을 요구하고 있는 것으로 볼 수 있다. 정치와 행정의 관계에서 정치가 우위에 있지만 영국과 달리 수상에게 전권이 집중된 것이 아니라 기본법(Basic Law)에 이를 견제하는 사법기구로 헌법재판소의 설치, 내각의 운영과 의사결정에 관한 원칙을 규정하고 있다. 수상은 각료를 선임하고 내각을 통합하며, 일반적 정책 지침(policy guidelines)을 제시하여 각료들이 이를 따르도록 할 수 있다. 그러나 정치적으로 중요한 사안에서 내각이 공동 의사결정(joint cabinet decision-making)을 하도록 되어 있는데, 수상은 의견 차이를 조정할 수 있으나 의사결정은 다수결의 원칙에 입각해서 이루어진다. 한편 내각의 각료들은 자신의 업무 범위에서 부처의 자율성(ministerial autonomy)을 지니며 수상은 정책지침에 위반되지 않는 한 각료의 업무에 개입할 수 없다. 이러한 정치체계 하에서는 권한이 수직적으로 집중된 것이 아니라 업무별로 분산되어 있고 상호 조정과 협의에 의하여 집행이 이루어지게 된다.

다섯째, 행정체계 내에서 중앙관리부서와 사회부처 간의 관계를 살펴보면 독일에서도 중앙관리부서의 역할을 수행하는 부처로 재무부와 내무부를 들 수 있다. 중앙관리부처와 사회정책을 담당하는 부처의 관계가 사회정책의 전달체계에 영향을 미칠 수 있지만 그 양태는 다르게 나타날 수 있다. 1871년 독일 통일을 이룬 비스마르크 재상 때 총리실 내에 재무, 내무, 외교, 국방, 법무 등의 기본적 국가기능을 담당하는 부처들(departments)이 설치되었으나 모두 총리의 통할 하에 있는 조직이었다. 독일의 복지국가는 슈타인(Lorenz von Stein)이 제시한 국민 복리적인 포괄적 내무행정을 중심으로 발전되었고, 1878년 총리령으로 제국 총리부(Reich Chancellery) 내에서 산업안전, 사회보험 등의 사회정책도 수행하도록 하였고, 이후 제국 내무실(Reich Office of the Interior)로 이름을 바꾸었다(Federal Ministry of Labor and Social Affairs, 2010: 45-50).◇184 한편 재무부는 1919년 바이마르 공화국에서 전쟁보상과 재정정책을 위하여 별도의 부처(ministry)로 독립하기 시작하였고, 제2차 세계대전 이후 1949년에 연방 재무부(Bundesministerium der Finanzen)가 되었으며, 현재 예산 및 조세 등의 재정정책 뿐만 연방정부의 조직, 기획과 조정, 지방행정과의 관계 등의 업무도 수행하고 있다. 사회정책은 제국 내무수상실 내의 무역 및 상무부서(Department of Trade and Commerce)에서 담당하다가 제1차 세계대전 중 사민당이 의회의 다수를 차지하게 되었고, 이들이 독립된 사회부서의 설치를 요구함에 따라 1918년 노동부(Department of Labor)가 설치되었다. 독일에서는 재정기능을 담당하는 부처와 사회행정을 담당하는 부처가 달랐으나 사회정책이 오히려 권한이 더 강력한 내무수상실에서 시작되었고 여기서 분봉되어 노동부가 되고 이로부터 사회행정이 발전하게 된 것으로 볼 수 있다.

독일 제국 수립 시부터 내무수상실이 직접 사회정책을 담당하였을 뿐 다른 부처에 대한 행정 조직권은 보유하고 있지 않았다. 또한 영국처럼 재무부 우위의 통제 체제를 확립하여 복지국가의 성장에 소극적인 제동 장치의 역할을 수행한 것은 아니다. 사민주의 정당이 다수당을 차지하는 경우는 물론 보수와 진보가 대연정을 구성한 경우에도 수상 이외의 재무장관은 사민당 등의 진보정당이 차지할 수 있는데 이 경우 오히려 재무부가 적극적인 복지확대에 찬성할 수도 있다. 또한 복지재원의 배분과 관련된 연방정부(Bundesregierung)의 예산결정과정에서도 재무부가 독자적으로 결정하는 것이 아니라 중립적인 전문가적 기구의 조언과 감사기구의 참여, 과, 국, 장관급으로 이어지는 협상의 과정을 거치고 이견이 있는 경우 최종적인 수상의 조정 등의 단계를 밟아 법안의 형태로 예산이 의회에 제출되기 때문에 재무부의 재량적 판단에 의하여 예산이 결정되어지는 구조는 아니다(Bundesministerium der Finanzen, 2008).◇[185] 이러한 협의적 과정으로 인하여 예산은 점진적으로 증가하였다. 그러나 2009년 유럽의 재정위기가 발생하자 2012년에 하향식 예산한도의 설정을 도입하였고, 헌법 개정을 통하여 주정부의 순차입증가한도(0.35%)를 엄격하게 제한하였다(Federal Ministry of Finance, 2013). 또한 사회서비스 가격과 재원도 각종 사회보험, 기초자치단체, 서비스 공급자 등과 같이 재정적으로 관련된 기관들의 협상과정을 통하여 결정된다(Henriksen et al., 2012: 479).◇[186]

여섯째, 중앙정부와 지방자치단체의 관계를 살펴보면 연방정부는 조합주의적인 방식에 의하여 복지재원의 배분과 입법 및 규제를 담당하고 있다. 그러나 복지서비스 전달의 주된 역할은 주와 기초지방정부가 담당하고 있다. 독일은 연방재정의 편성에서 주(länder)의 자율성을 인정하는 대신에 연방정부의 보조금에 대해서는 주의 자체적인 노력을 전제로 하는 보충성의 원칙을 적용함으로써 복지를 위한 재원조달도 주정부 차원에서 이루어지도록 하고 있다. 예를 들어 연

방정부는 보육에서 3세 이상의 아동에게 유치원에서 돌봄을 받을 수 있는 사회
적 권리를 부여하였으나 실제로 집행은 주정부가 책임을 지도록 하였다(Stöbe-
Blossey, 2010).◇187 전체 공공부문의 인력 중에 12%만이 연방정부 소속이고,
53%는 주 정부에 고용되어 있으며, 35%는 기초지방정부에 소속되어 있다
(Kuhlmann and Wollmann, 2014: 73).◇188 또한 주정부와 기초자치단체의 인사를
별도로 관리하던 것을 주정부가 통합적으로 관리하도록 하여 주정부의 행정관리
권한을 확대하였다. 또한 2006년 연방제도 개혁으로 주정부의 승인을 전제로
한 연방정부의 입법과정으로 분류되던 것을 연방정부 수준의 입법과 주 정부
수준의 입법으로 구분하여 주 정부의 입법적 권한을 확대하였다.

일곱째, 정부조직의 형태와 전달체계를 살펴보면 내무부와 재무부 등의 단순
한 행정조직으로 시작되었으나 노동 계급의 성장과 복지국가의 발전으로 노동,
보건, 교육 등 정부영역의 범위는 점차 확대되었다. 정부조직에 관한 별도 법률
은 존재하지 않기 때문에 수상이 대통령의 승인 하에 정하는 연방 부처의 절차
규칙(Joint Rules of Procedure of the Federal Ministries)과 연립정부의 경우 정당
간의 합의에 따라 정부조직을 구성하게 된다. 이 때 중요한 원칙은 정부조직의
억제가 아니라 환경변화에 유기적으로 대응할 수 있고, 정부의 활동을 잘 반영
할 수 있는지 여부이다. 사회정책 관련 부처의 변동을 보면 사회경제적 환경의
변화에 따라 다소 변화가 많았는데 노동을 경제적 관점에서 볼 것인지 아니면
복지적 관점에서 볼 것인지에 관한 시각의 차이에 있었다. 독자적인 사회정책
부처로 1919년 연방 내무수상실로부터 노동부가 독립되어 근로자 중심의 산업
재해와 사회보험을 담당하였으며 이후 사회정책의 중추 부처가 되었다. 이는 당
시 노동세력을 대변하는 사민당의 적극적인 요구에 의한 것이다. 이후에도 계속
유지되다가 1949년 아데나워 내각에서 서독의 연방 노동부로 되었다가 2002년
슈뢰더 정부의 하르츠(Hartz) 개혁으로 노동부는 해체되어 연방 경제노동부(the
Federal Ministry for Economics and Labour)와 보건사회보장부(the Federal
Ministry of Health and Social Security)로 분리되었다. 그러나 2005년 메르켈 정
부가 들어서면서 다시 노동정책이 강화되어 연방 노동사회부(Bundesministerium

für Arbeit und Soziales)로 전환되었다. 독일에서 사회정책 관련 정부조직의 또 다른 특징은 가족정책 기능을 강조한다는 것이다. 이는 보수적이고 가부장적인 독일 사회보장 시스템의 특징을 반영하는 것이기도 한데 1953년 연방가족부 (Bundesministerium für Familienfragen)를 신설하였고 1957년 청소년 기능을 추 가하여 연방가족청소년부로 바뀌었으며(Bundesministerium für Familien und Jugendfragen), 1969년에는 1961년에 신설된 연방 보건부와 통합하여 연방 청소 년, 가족, 보건부(Bundesministerium für Jugend, Familie, Frauen und Gesundheit) 가 되었고 1991년에는 보건부가 다시 독립되었고, 1991년에는 연방 여성청소 년부(Bundesministerium für Frauen und Jugend)와 연방 가족 노인부 (Bundesministerium für Familie und Senioren)로 나뉘었다가 1994년 다시 이들 부처를 통합하여 연방 가족, 노인, 여성, 청소년부(Bundesministerium für Familie, Senioren, Frauen und Jugend)가 되었다.◇189 사회정책의 영역에서 노동과 기타 복지 분야와 통합과 분리가 반복되었지만 결국 일과 복지를 결합하는 세계적 추세를 반영하여 노동과 복지를 결합하고 보건은 독립하며, 가족기능을 강조하 는 형태로 사회정책의 기능이 안정화되었다고 볼 수 있다.

공공정책의 실제적인 집행은 연방정부, 주정부 및 기초지방정부, 사회경제적 집단과 기능을 대표하고 조직할 수 있도록 법적 지위를 인정받은 비국가적 조 합들 간의 협력을 통하여 이루어진다(Painter and Peters, 2010: 22-23).◇190 미국 과 달리 역사적으로 형성된 유기적 지방조직을 기초로 연방제를 구축하였기 때 문에 주 정부가 실질적으로 사회정책에서 입법권을 행사하고 있다. 그러나 주에 대해서는 자치적 분권화가 이루어지고 있지만 기초지방정부가 고유한 자치사무 이외에 중앙정부의 기관으로 위임받은 사무를 처리하는 이원적 지위를 지니고 있기 때문에 정치적 분권화가 아닌 행정적 분권화의 수준에 머무르고 있다 (Kuhnmann and Wollmann, 2014: 140).◇191 또한 주 정부가 기초지방정부의 조 직과 인사를 관할하고 있기 때문에 구체적인 지방정부의 조직은 주마다 다르다. 공적 부조의 경우에도 연방사회부조법에 따라 주 정부가 주관하여 독일사회부조 협회와의 협력을 통하여 급여를 제공하며, 지역사회 돌봄 서비스의 경우에도 주정부의 통할 하에 기초지방정부(Kommune, Gemeinde) 등이 실시 책임을 지지만 실제 서비스 제공은 다양한 비영리 사회복지기관에 위탁하여 이루어지고 있다. 독일의 사회서비스 전달체계는 사회서비스의 공급주체들로 구성된 조합(Verband, Association)과 이와 연결된 비영리단체가 중심적인 역할을 담당하고 국가는 보충성의 원칙에 따라 재정지원이나 규제 등의 업무를 담당하고 있다.◇192 자발적인 비영리기관들은 이러한 우산 조직(umbrella organization)을 매개로 하여 연합하고 있으며, 조합들은 연방과 주 정부 수준에서 활동하며 사회서비스에 대한 정책결정, 로비활동, 정부, 공급단체들 간에 사회서비스 가격에 대한 협상과정을 수행하며, 기초단위의 회원 조직들인 비영리단체는 사회서비스의 전달과 통합에 관한 집행의 업무를 담당하고 있다(Henriksen et al., 2012: 474).◇193 연방주의의 제약 때문에 영국처럼 지방정부를 우회하여 중앙정부가 집행기구(agency)를 설치할 수 없지만 주정부의 통할 하에 지역 단위에서 원스톱으로 행정서비스를 제공하는 창구의 설치는 상대적으로 쉽게 이루어졌다. 대부분의 행정서비스 기능은 지방으로 이양되어 지역별로 시민가게(Bürgerämter)라는 기구를 통하여 통합된 행정서비스를 제공받을 수 있다(Kuhnmann and Wollmann, 2014: 222–223).◇194

끝으로 정책 산출로서 사회정책의 특징을 살펴보면 독일은 산업화에 따라 국가주도의 사회보험 제도가 마련되었고, 노동계급이 정치적 자원을 획득하고 경제가 발전함에 따라 보다 복지급여를 확대하여 왔으나 인구고령화와 경제성장의 둔화를 경험하면서 사민주의 내에서도 시장자유주의의 장점을 수용하여 일과 복지의 통합, 복지재정의 지속가능성을 높이는 개혁을 시도하였고, 통일 이후 보수와 진보의 연립정부를 구성하여 정치적 대타협 하에 이를 집행하고 있다. 이러한 독일 복지제도의 특징을 반영하여 사회예산의 구성을 보면 2014년을 기준으로 연금, 건강, 장기요양, 실업 등 사회보험이 61.2%, 빈곤층에 대한 복지지원으로서 아동수당, 구직수당, 주택수당, 복지지원 등이 18.1%, 공무원 등 공공부문의 사회보장이 7.7%, 임금계속 지급, 기업연금 등 고용주 지원시스템이 9.2%로 전형적인 사회보험 중심의 제도적 형태를 나타내고 있다(BMAS, 2015;

유근춘, 2018: 75).◇195 고용사회부 산하에 사회보험청을 두고 실제 전달은 사회에서 유기적인 관계를 가진 공법인과 조합을 통하여 이루어지고 있다. 공공부조나 사회서비스의 경우는 주정부에 권한이 위임되어 있고, 기초지방자치단체를 통하여 전달이 이루어지고 있다. 또한 복지서비스의 제공은 비영리기관들에게 위탁되고 있는데 상업적 경쟁으로부터 법적으로 보호되며 공공기관과의 배타적인 협력관계 하에 업무를 수행하며, 공공재원의 배분은 공공 또는 비영리기관의 필요에 따라 배분되고, 보충성의 원칙에 의하여 사회서비스를 제공하는 비영리기관이 서비스 공급의 우선적인 권한을 보유하고, 국가는 이를 간접적으로 지원하고 있다(Henriksen et al., 2012: 472).◇196

(2) 프랑스

첫째, 역사적 및 제도적 맥락을 살펴보면 프랑스는 가톨릭교를 중심으로 교회와 가족중심의 복지제도를 구축해 왔으며, 영국과 달리 국가가 공동체에 기초하여 형성된 복지조직들을 지원해 왔고, 단순한 자선(charité)을 넘어 사회적 연대(solidarité sociale)에 기반한 복지제도를 형성하고 있다. 국가와 시민사회의 관계에서 프랑스는 사회에 대한 국가의 자율성과 개입, 업무로 구분된 합리적 규제, 시민혁명이전부터 형성된 관료제의 권위를 수용하는 문화를 지니고 있다. 국가가 사회에 대하여 우위에 있기 때문에 일반 시민들의 사법과는 구별되는 공법이 발달하였으며(Chevallier, 1996: 67),◇197 1789년 시민혁명이 일어나기 전에 절대 왕정에 봉사하는 관료제가 발달하였고, 이들이 민주주의 하에서 직업관료제로 전환되었다. 그러나 19세기말에는 자유주의 사조가 풍미하고 있었기 때문에 강력한 중앙집권적인 국가에도 불구하고 기존의 교회를 중심으로 하는 자선단체나 사회집단들이 자율적으로 상호 조합을 형성하였고, 국가는 적극적으로 개입하기 보다는 사회적으로 형성된 자조집단들에게 법적인 정당성을 부여하는 역할을 수행했다. 프랑스도 영미의 시민법 체계와 달리 공법과 사법을 구분하고 있으며, 국가 행정 조직은 법의 위계구조에 따라 조직화되어 있고 행정행위는 일반법원과는 다른 국가참사원(Conseil d'Etat)라는 행정부 내의 별도 사법적 기관에 의하여 판단된다. 상위직 공무원들은 엘리트 교육을 통하여 선발되며, 정치, 행정, 민간의 영역을 교류하면서 대집단(Grand Corps)을 형성하고 있다(Painter and Peters, 2010: 21-22).◇198 한편, 경제적으로 프랑스는 자유시장경제(Liberal Market Economy)나 조정시장경제(Coordinated Market Economy)의 어느 쪽에도 속하지 않는 것으로 분류되는데, 기업에 대한 국가의 개입이 강하며, 기업의 경영자들은 대부분 공직의 경험이 있거나 정부로부터의 지원에 의존하는 경향이 강하며, 노사관계는 조정시장경제에 비하여 노조의 힘이 약하고 자유주의적인 경향이 강하다(Hall and Soskice, 2001: 20-21).◇199 프랑스의 초기 사회정책은 자유주의에 기초한 연대정신에 기반을 두고 있었고 진보주의 정당들이 분열되어 독일이나 스웨덴처럼 사민주의적 정당이 장기간 집권을 하지 못했다. 1930년대 중도 사회주의 정당이 연합하여 정권을 차지하기는 하였으나 제2차 세계대전으로 중단되고 말았다. 프랑스는 1884년 Waldeck-Rousseau법에 따라 노조를 합법화한 이후 노조활동이 이루어져 왔는데 전국적으로 4개의 노조로 분열되어 있고 2016년 기준 노조가입률도 11%에 머무르고 있다(The Local fr, 2019.9.20.).◇200 프랑스는 카톨릭의 영향으로 가족을 중시하며, 고용주와 노동자의 관계에서도 가부장적인 보호를 강조하였다. 1920년대부터 독일의 비스마르크 사회보험의 영향을 받아 사회보험제도를 도입하기도 하였지만 가족의 생계유지자로서 남성 노동자의 소득을 보장하고, 조합주의적 전통에 의하여 사회보험에 가입한 개인의 기여에 따라 각각 다른 수준의 복지가 제공되며, 탈상품화의 정도는 중간 수준으로 보수주의 복지레짐에 속한다(Esping-Andersen, 1990).◇201

둘째, 정치행정 체계에 대한 투입 면에서 선거를 통한 국민의사의 반영이 가능하지만 이원집정부제적 권력구조이기 때문에 의회 선거보다는 대통령 선거를 통한 정책변경의 가능성이 더 크다. 제3, 4공화국 시기에는 의원내각제를 채택하고 있었지만 정당의 분열과 이합집산으로 획기적인 정책변화가 어려웠고, 드골 집권이후 제5공화국에서 대통령의 권한을 강화하는 헌법 개정이 이루어졌다. 그러나 대통령과 의회의 다수가 같은 정당인 경우는 대통령의 의지대로 강력한 정책 추진이 가능하지만 대통령과 의회의 다수가 다른 경우에는 대통령은 의회의 다수파를 대표하면서 행정을 통할하는 수상과 국정을 협의해야 하는 동거정부(la gouvernement de cohabitation)가 되는 것이다. 즉, 프랑스의 정치행정 체계는 민주적인 경쟁과 협의제적 정치제도가 혼합적으로 구성되어 있다(Schmidt, 2000).◇202 한편, 중앙집권적인 강력한 국가구조를 지니고 있으므로 대집단(Grand Corps)로 불리는 엘리트 관료집단을 통하여 정보공유와 정책투입이 있을 수 있는데 현상유지적 성향이 강하므로 관료주도로 근본적인 변화를 기대하기는 어렵다. 사회의 다양한 집단들로부터 정책투입이 있을 수 있는데 좌파세력의 분열로 인하여 독일의 사민당과 같은 조직화를 이루기 어려웠다.

셋째, 정치행정 체계의 특징을 살펴보면 프랑스는 1789년 시민혁명에 따라 군주제를 폐지하고 시민계급 중심의 민주 공화정을 이룩하였고, 구 체제(Ancien Regime)로의 회귀를 방지하기 위하여 쟈코방(Jacobin) 혁명정부에서 강력한 중앙집권적 관료제를 구축하였으며 정치체제는 왕정, 공화정, 권위주의(Bonapartism), 의회정부 등으로 변동했음에도 불구하고 이러한 관료제적 특징은 지속되고 있다(Meiniger, 2000).◇203 프랑스의 강한 국가성은 전국적으로 통일된 구조, 국가에 의하여 결정되는 조직, 규칙, 예산, 수도인 파리로의 집중, 부처 내에서 권한의 집중성, 국가와 지방정부 간에 불균형을 특징으로 한다(Braibant, 1998).◇204 이는 구 체제를 극복하고 시민중심의 민주공화국을 구축한 이후 관료제를 통한 수직적 관리체제를 마련함으로써 민주국가를 지속하기 위한 것이었다. 프랑스에서 복지국가의 형성기인 20세기 초에는 의원내각제를 채택하고 있었으나 자유주의에 따라 정당구조가 취약하고 소수 정당이 난립하여 체계적인 복지국가의 정책을 제시하지 못했다. 단순 다수결에 의하여 승리하는 정당이 수상을 중심으로 책임정치를 구현하는 영국과 달리 프랑스는 다수의 정당이 연립정부를 구성하였기 때문에 중앙집권적인 관료제를 보유하고 있었음에도 정치적 리더십을 발휘하기 어려웠다. 그러나 제2차 세계대전 이후 드골(Charles de Gaulle)이 의회제도의 합리화(rationalization of parliament)를 통하여 내치에서 의회의 주권을 인정하면서도 위기상황에 대응하기 위하여 직선으로 선출되는 대통령과 의회에서 선출되는 총리간의 이원적 정부시스템을 구축하게 된 것이다. 정치가 행정에 대하여 우위에 있기는 하지만 정치와 행정이 단절되는 것은 아니라는 점에서 미국의 정치행정 이분론(politics and administration dichotomy)과는 구별된다. 프랑스의 관료제는 프러시아의 단일한 관료제와 달리 세습 귀족, 국왕이 고용한 사람, 행정사무를 보는 서기 등이 섞여 있었으나 프랑스 혁명을 통하여 관료제가 팽창함과 동시에 중산층의 시민계급이 대폭 관료제로 편입되었다가 다시 왕정을 경험하면서 정실주의로 후퇴한 다음 19세기 제3공화국에서 능력과 전문성에 기초한 공무원 제도가 추진되었으며, 1946년에는 능력과 전문성에 기초한 공무원 체계와 함께 공무원의 의견개진권, 단결권 등의 권리를 포함한 공무원법을 제정하였다(Meiniger, 2000: 193-196).◇205 프랑스의 관료제도 시민법과 구별되는 별도의 공법체계에 따른 법적 권한을 행사하며, 개별적인 이익을 넘어 사회통합과 일반적 이익을 실현하는 역할을 수행하게 된다. 19세기 말에서 20세기 초에 자유주의 사조에 의하여 행정법에 따라 행정의 권한이 제약되기는 했지만 프랑스 관료제는 경제적 규제와 사회적 재분배의 일련의 발전과정을 통하여 사회의 이익을 보호하기 위하여 개입하여 왔다(Chevallier, 1996: 67).◇206 정치와의 관계에서 행정 공무원은 사임하지 않고 입법기관에 정치적 직위를 가질 수 있고, 부처의 경력을 활용하여 선거에 출마할 수도 있다. 프랑스의 공무원은 법적으로 보호를 받으며 채용집단별로 경력의 관리를 받기 때문에 영미와 같이 하향식의 정치적 통제는 상대적으로 어렵다. 그러나 각료와 같은 행정조직의 상층부는 정치적 재량에 의하여 임명되고, 재량에 의하여 임명되는 상급 직위, 각료회의의 명령(Décret)에 의하여 임명되는 지방관(prefect), 대학총장(rector), 중앙정부의 국장 등은 정치적 영향을 받는다(Meiniger, 2000: 207).◇207

넷째, 행정 체계 내에서 중앙관리부서와 사회부처 간의 관계를 살펴보면 프랑스에서도 복지국가의 초기에 사회정책을 관할하는 중앙관리부서로 내무부(Ministère de l'Intérieur)와 경제금융부(Ministère de l'Économie et des Finances)가 있었다. 프랑스의 내무부는 경제금융부와 함께 가장 오랜 역사를 가진 부처로서 왕정 체제 하에서는 왕실업무를 담당하는 부처였으나 프랑스 혁명 이후 1790년 내무부로 설립되었고, 국내정책에 관한 모든 업무를 관장하였다. 프랑스의 복지제도도 영국과 마찬가지로 구빈제도부터 시작되었는데 민간의 자선에 의존하기보다는 국가에 의하여 감독되는 지역단위의 복지(bienfaisance) 전달체계를 구축하기 시작하였다. 1797년에 설치된 기초자치단체(commune) 단위의 독립된 법인격을 지닌 복지사무소(bureaux de beinfaisance)를 활용하여 모금과 복지사업을 위한 재산의 관리를 담당하도록 하였고, 시장을 대표로 하여 5인의 전문가가 참여하는 위원회의 통제를 받도록 하였다. 그리고 빈곤구제와 보건의료에 대한 지원과 감독은 내무부에서 관장하도록 하였다(Weiss, 1983: 47-48).◇208 19세기에 문화부, 상공업부, 경찰부(1796~1818) 등이 독립한 것을 제외하고는 내무부가 중앙과 지방의 관계, 선거, 위생, 노동, 복지 관련 업무를 모두 포괄하고 있었다. 프랑스의 복지제도의 기원은 19세기말에 외부와 큰 규모의 전쟁이 없이 산업화가 진전되고 도시의 노동자들이 스스로 자조모임을 결성하여 사회적 연대가 나타나는 제3공화국의 시기(1871~1944)로 보는데, 이에 따라 내무부에서 실시하던 사회정책들이 독립된 부처로 이관되었다. 19세기말 프랑스를 풍미하던 자유주의 사상에 따라 정부는 민간의 자발적 연대에 기초한 보건과 복지사업에 규제를 하지 않았지만 도시화와 산업화로 인하여 노동사회복지부(Ministère du Travail et de la Prévoyance sociale)가 신설됨에 따라 협동조합이나 의료 및 복지조합 등에 대한 관리 기능을 이관하였고, 1920년에는 보건, 공공부조, 사회복지 부처(Ministère de l'Hygiène, de l'Assistance Publique et de la Prévoyance Sociale)의 신설에 따라 보건, 공공부조 기능을 이관하였다.◇209 프랑스 제3공화국(1875~1944)에서 도입된 사회보장 입법들로 아동보호법(1889), 무료진료(1893), 고아원아동보호법(1904), 노인, 병약자, 불치병 환자를 위한 법안(1905), 임산부를 위한 법안(1913), 다자녀 빈민가정을 위한 법안(1913) 등 사회부조를 위한 법안이 제정되었는데 모두 내무부에서 관할하는 법안이었다. 프랑스 행정체계의 수직적 계열화라는 특성상 기존 부처로부터 분봉이 되는 경우 이전에 관할하던 지방기관까지 함께 신설된 기관으로 이관되며 이를 통해 보건행정과 노동행정의 수직적이고 통합된 행정체계가 형성될 수 있었다. 한편, 프랑스의 경제금융부는

1661년 왕정시대부터 재정 감독관(Comptroller General of Finance)으로 설치되었고, 공공재정, 조세, 지출 감시 등의 업무를 수행하였고, 19세기에 예산편성 기능이 추가되었으며, 20세기부터 경제 및 산업정책을 담당하기 시작하였다. 제5공화국 이래 재무부 내에 이를 총괄하는 재정금융장관 이외에 예산과 조세를 담당하는 장관을 두고 있지만 영국의 재무부처럼 우월적 지위에서 통제하는 위치에 있지는 않다. 프랑스에서도 중앙관리 부처와 사회행정을 담당하는 부처가 달랐으나 사회정책이 중앙과 지방을 포함하여 내치를 전담하는 내무부에서 분리되어 노동사회복지부가 시작되었고 이로부터 사회행정이 발전하게 된 것으로 볼 수 있다.

한편, 20세기 초에 프랑스에서는 자유주의뿐만 아니라 자유주의를 추구하는 개인 간의 연대(solidarity)의 아이디어가 나타나고 있었다. 이것은 한 개인이 소속된 사회의 구성원에 대하여 준 계약적 관계로서 일종의 책임과 의무를 지고 있다고 가정하며, 협동조합이나 상호회사 등으로 구현되었다.◇210 프랑스의 대표적인 사회보장제도로 가족수당(caisses d'allocations familiales)은 금속 등 대규모 제조업체에서 고용주의 관리책임 하에 자녀의 수에 따라 노동자들에게 수당을 제공하는 것으로부터 시작되었는데 국가의 개입 대신에 가부장적 보호와 출산 제고 등을 위하여 자유주의적 정당인 급진당과 사회적 가톨릭 집단으로부터 지지를 얻어 1932년 가족수당법이 제정되었다. 한편, 연대성에 기초한 조합운동가들은 각각의 직업과 지위에 따라 의료와 연금 조합을 설립하여 운영하였는데, 그 규모가 점차 확대되자 정부는 1928년 사회보험법을 제정하면서 국유화나 강제보험으로 하지 않고 도시 조합의 경우에는 자율적 운영을 보장하되 국가감독위원회에 감시를 받도록 했고, 기금이 부족한 농촌에는 보조금을 지급하여 국가적 통제 하에 두었다(Dutton, 2002).◇211 이는 사회보험의 영역에서 자유주의 대신에 국가의 개입을 강화한 것으로 직역별로 분화된 프랑스 사회보장체제를 형성하는 제도적 기원이 되었고, 제2차 세계대전 이후 라로크(Laroque) 계획에 따라 현재의 프랑스 복지국가 체제를 형성하는 기초가 되었다.

다섯째, 중앙정부와 지방자치단체의 관계를 살펴보면 프랑스는 중앙집권적인 국가로서 국가와 지방자치단체를 업무 영역에 따라 국가(état) - 지방(région) - 도(département) - 기초단체(municipalities)로 연결되는 단일한 수직적 체제를 구축하였다(Hoffmann-Martinot, 2006; Kuhlmann and Wollmann, 2014: 59-61).◇212 프랑스의 지방자치단체의 자치 수준은 낮았는데 자체적인 인력이 없거나 실제적인 집행을 중앙에 임명된 지방관(prefects)과 중앙정부의 특별지방행정기관들이 담당하였고, 국가사무와 지방사무가 별도로 구분되지 않았다. 지방자치단체장은 지자체를 대표하여 의회에 대하여 집행책임을 지는 동시에 국가의 지방기관으로 간주된다. 그러나 1980년의 분권화를 위한 법(Acte I) 개정으로 도의 지방관의 권한을 도의회 의장에게 이양하고 지방관은 재정 감독 기능을 담당하도록 하였고, 2003년 헌법 개정(Acte II)을 통하여 다수의 중앙정부의 규제권한을 도에 이관하여 정치적 분권화를 모색하였다. 그러나 국가의 지역사무소(Services Extérieurs de l'État)가 유지되고 일련의 중앙정부의 행정정부의 분권화를 위한 노력으로 중앙정부의 인력이 지방으로 재배치됨으로써 중앙정부의 행정 분권화가 동시에 진행되었다.

여섯째, 이러한 정치행정체계 속에서 프랑스의 사회정책부서의 형태와 전달체계를 살펴보면 프랑스의 중앙행정부처는 정권의 변동에 따라 수시로 변동되는데 정치적 이념과 공약을 실현하기 위하여 대통령의 행정명령(Décret)으로 조직을 변경할 수 있다. 프랑스의 대표적인 사회정책 부처로 내무부로부터 사회보험 기능과 상공부로부터 노동기능을 이관 받아 설립한 노동사회복지부는 프랑스 복지국가의 발전에 중요한 기능을 수행하였다. 1906년 프랑스 전국노동자연맹(Confédération Générale du Travail, CGT)를 중심으로 대규모 노동자 파업이 일어나자 사회주의자인 르네 비비아니(Rene Viviani)를 장관으로 임명하였다.◇213 노동부가 설립된 이후 1909년 고용주에게 법적으로 노동자에게 정규임금을 주도록 입법화가 되었고, 1910년 노동자 및 농민 연금법과 노동법(Code du Travail)이 제정되었다. 1936년에는 급진당(Radical Party) 내각 하에서 노동계급과의 마띠뇽 협약(Accords de Matignon)을 체결하고, 노동정책에 부가하여 프랑스 혁명정신 중 자유, 평등, 연대의 정신 중 연대를 의미하는 사회복지와 사회

통합의 기능을 추가하고, 사회복지 기능을 보건부에 이관하기도 하였다. 한편 보건부는 1920년 내무부로부터 보건위생 정책과 노동부로부터 사회복지기능을 이관받아 위생, 부조, 사회복지부(Ministère de l'Hygiène, de l'Assistance et de la Prévoyance Sociale)로 설립되었다가 1930년 공공보건부(Ministère de la Santé Publique)로 독립하기도 하였으며, 제2차 대전 이후에는 인구정책과 통합되었다. 고용부와의 관계에서 사회복지기능을 주거니 받거니 하면서 변화해 왔으며 주로 완전한 독립부처의 형태를 유지해 왔으나 사회복지나 연대의 기능 속에 포함되어 운영되기도 하였다. 교육기능은 초중등교육과 고등 및 과학기술로 나뉘어 있는데 1832년 공공교육장관(Minister of Public Instruction)이 신설된 이후 1932년 국립교육장관으로 바뀌었다. 교육기능은 체육과 청소년 기능과 결합하여 운영되고 있고, 스포츠 기능을 강조하여 1936년 설립된 이후 청소년 업무와 결합되어 운영되고 있다.

이러한 제약 하에서 사회정책의 전달체계를 살펴보면 19세기부터 역사적으로 형성된 자조적인 사회적 연대조합과 중앙집권적 국가의 개입이 혼합되어 있는 형태로 나타난다. 질병, 연금, 산업재해, 가족수당 등의 사회보험은 역사적으로 직업 및 계층에 따라 형성된 레짐(régimes)으로 구성되는데, 일반 임금 근로자, 학생, 실업자 등이 가입된 일반 레짐, 공무원 및 공사 직원 등 공공부문 종사자들이 가입하는 특수레짐, 농업 종사자 레짐, 자영업자, 예술인, 자영 상공인들이 가입하는 비임금 및 비농업 종사자 레짐 등의 4가지 레짐으로 구성되며, 일반레짐의 경우 다시 사회정책의 영역별로 질병보험 전국공단(la Caisse Nationale de l'Assurance Maladie: CNAM), 가족수당 전국공단(la Caisse Nationale des Allocations Familiales: CNAF), 노령보험 전국공단(La Caisse Nationale d'Assurance Vieillesse: CNAV), 사회보험료의 통합징수를 담당하는 사회보장 중앙기구(L'Agence Centrale des Organismes de Sécurité Sociale: ACOSS)의 4개 전국 공단과 각각 자체적인 수직적 하부조직을 두고 있다. 1945년 사회보장 조직 법령에 따라 이들 공단의 운영이 노사의 공동적 참여를 통하여 자율적으로 이루어졌으나 레짐들 간의 형평을 위하여 국가의 재정적 개입이 증가하게 되었고, 1996년에는 별도의 사회보장재정법을 제정하여 사회 보험료의 부담과 지출을 국회의 의결사항으로 하고, 전국 공단의 장을 국무회의를 통하여 임명하는 대신에 국가와 성과목표에 관한 계약을 맺도록 하여 국가의 통제를 강화하였다. 다른 레짐의 경우에도 일반레짐과 유사하게 사회정책의 영역별로 조직을 두고 있으며 국가의 재정적 통제를 받고 있다. 자율적인 운영을 하면서도 국가가 정책적으로 개입하는 공단(Caisse)은 공역무의 제공의무를 지니는 사적인 법인으로서의 지위를 지니고 있다(Saint-Jours, 1980: 372; 나병균, 2018: 65).◇214 한편, 공적 부조와 사회서비스의 경우는 국가가 조세에 의하여 제공되는 것으로 1983년 사회당 정부에서 지방자치단체인 도(département)의 주관 하에 제공되도록 하였다. 그러나 2007년 사르코지(Nicolas Sarkozy)의 공공서비스 현대화 계획에 따라 도 수준의 복지서비스를 국가와 지역 수준으로 재편하고 지방정부의 인력을 감축하고자 하였다(나병균, 2018: 78-79).◇215 그리고 지역 수준에서 의료자원의 상호조정, 다양한 보건 및 사회서비스 조직의 통합적 서비스 제공을 위하여 2010년에 지역보건청(Les Agences Régionales de Santé: ARS)을 설립하였다. 보건정책의 영역에서는 도 보다 광역 단위인 지역에서 기획과 자원의 통합적 활용이 이루어지도록 한 것이다. 또한 기초자치단체인 꼬뮌(commune)에서는 사회복지센터와 지역 내의 사회복지시설을 통하여 공공부조와 사회복지서비스를 제공한다.

　끝으로 사회정책의 특징을 보면 프랑스의 공공사회지출의 수준은 1980년 이전까지는 비하여 공공사회지출 비중이 높지 않았으나 이후 공공사회지출이 급격하게 증가하여 현재는 OECD 국가 중 가장 높은 공공사회지출의 수준을 나타내고 있다. 특이한 점은 사회보험에 기초한 보수주의 복지레짐이면서도 공공부문에 의존도가 높은 특징을 나타내고 있다는 것이다. 프랑스는 제2차 세계대전 후에 기존의 비스마르크식의 사회보장체계 하에 영국의 베버리지식 복지국가를 절충하여 공무원 출신인 라로크(Pierre Laroque)에 의하여 프랑스 사회보장계획인 라로크 계획(Plan Laroque)이 마련되었다(Dutton, 2002; 박창렬, 2012: 15-17).◇216 국가와의 관계 설정에서는 사회보장의 재원을 국가의 조세에 의존하지 않고 사회부담금으로만 충당한다는 원칙에서 출발하였는데, 이는 국가 개입주의에 의하여 인간의 존엄성과 자유가 침해되는 것을 방지하기 위한 것이라는 주장도 있지만(Laroque, 1993: 198-199; 박창렬, 2012: 18).◇217 국가주의에 의한 보편적 복지제도를 수립하려고 하더라도 그 이전에 자유주의와 연대의 원칙에 따라 형성된 사회보험제도가 존재하고 있었고 이들 이해관계자들의 저항 때문에 국가주의에 의한 복지체제로 나갈 수 없었다(Dutton, 2002).◇218 즉, 라로크 계획은 보편적 복지국가라는 베버리지 보고서의 이상을 국가의 개입 배제라는 비스마르크식의 조합주의에 적용하는 특징을 지니고 있었다. 그러나 자치관리의 원칙이 제대로 적용되지 못하고 조합별로 재정적자가 발생하게 되자 국가의 개입이 필요하게 되었다. 1995년 쥐페 계획(Plan Juppé)을 통하여 근로빈곤층에게 최저소득을 보장함과 동시에 일반사회보장부담금(Contribution Sociale Généralisée: CSG)이라는 조세를 신설하고 저임금 및 비숙련 노동자의 사회 부담금을 보충하도록 하였다(박창렬, 2012: 30).◇219 프랑스의 복지제도는 국가의 사회에 대한 우위라는 행정체제의 특성에도 불구하고 제도 도입의 초기에 공제조합을 통하여 자발적으로 사회보험에 발달하게 되었고, 포괄적인 사회보장계획인 라로크 계획에서도 기존 제도의 지속성을 고려하여 자율관리의 원칙을 강조하게 된 것이나 인구고령화로 인하여 기존의 사회보험이 재정지속성과 세대 간의 형평성이 문제가 되자 사회에 대하여 우위에 있는 국가의 개입과 책임이 강화되고 있는 것이다.

3. 사민주의 복지레짐의 정치행정 및 전달체계

스웨덴은 사회민주주의에 기초하여 보편적인 복지제도를 구축하고 있는 대표적인 국가이다. 첫째, 역사적 및 제도적 맥락을 살펴보면 스웨덴은 가족에 의한 일차적 보호보다는 돌봄을 사회화하고 적극적 노동시장정책을 통하여 개인의 사회참여를 극대화하는 특징을 지니고 있다. 역사적으로 스웨덴은 자유농민들로 구성된 농업 국가였으며, 빈민구제 등의 문제는 교회를 통하여 해결되고 있었으나 19세기 중반 이후 산업화의 결과로 나타난 도시 노동자의 건강과 주거 문제를 해결하기 위하여 사회보장제도가 도입되었다(최연혁, 2012: 12-13).◇220 경제발전과 복지제도를 함께 유지하고 있는 스웨덴 모델은 다른 국가들로 연구의 대상이기도 하지만 스웨덴은 다른 국가와 구별되는 독특한 특징을 지니고 있다. 전달기제에 있어 국가와 정부의 역할이 보다 강하다. 이는 시장을 중심으로 하는 자유주의적 복지레짐과 사회를 중심으로 하는 보수주의 레짐과 구별되는 특징이라 할 수 있다. 스웨덴의 복지정책에서 국가의 역할은 다양한 이해관계를 국가영역으로 끌어들여 해결방안을 제시하는 적극적이면서도 포함적(actively inclusive) 국가로서의 역할을 수행하는 것으로 볼 수 있다. 경제적으로는 주식시장을 통한 자금조달보다는 고용보호를 중시하며, 정규직과 대등한 고용을 통하여 소득분배의 정도도 높고, 노사 간의 협상을 통하여 임금수준을 결정하고 산업별로 고용안정성을 보장하는 조정시장경제(coordinated market economy)에 해당한다(Hall and Soskice, 2001: 18-23).◇221 또한 중앙과 지방의 관계에서 스웨덴은 연방제 국가는 아니지만 정치적 분권화를 통해 지방자치가 실시되어 왔고, 대부분의 사회정책들이 지방자치단체에 이양되어 시도되었다(Kuhlmann and Wollmann, 2014).◇222 세계에서 가장 높은 수준의 노동조합 조직률을 지니고 있어 노동조합과 사회 민주적 정치세력과 협력관계를 통하여 사회민주당이 장기집권을 할 수 있었고(박승희외, 2007: 16),◇223 여성의 사회참여율도 높으며, 높은 조세부담률에도 불구하고 국가에 의한 사회복지서비스의 제공에 국민들이 동의하고 있다. 복지레짐(welfare regime)의 유형에서는 사회복지급여 및 서비스의 탈상품화 정도가 높고 국가에 의하여 보편적 서비스가 제공되는 사회민주주의 복지레짐에 해당된다(Esping-Andersen, 1990; 박병현, 2017: 345-346).◇224

둘째, 투입 면에서 보면 스웨덴도 입헌군주의 의원내각제 국가이므로 정기적으로 실시되는 의회선거를 통하여 국민들의 요구가 반영될 수 있다. 그러나 단순 다수결이 아닌 비례대표제를 채택하고 있으므로 과반수를 얻지 못하는 경우 정당간의 연정을 통하여 정권을 구성하게 되며 이를 통해 상호합의적인 정치문화가 형성되고 있다. 농업 국가였던 스웨덴이 선진 복지국가가 될 수 있었던 것은 산업화로 인하여 등장한 노동세력과 농민세력이 연합하여 온건한 사민주의 정부를 수립할 수 있었기 때문이다. 1889년 스웨덴에서 사회민주노동당이 창설되었고, 1898년에는 노동자의 중앙노동조합으로서 LO(Landsorganisationen)가 설립되어 노동자의 처우개선을 체계적으로 요구하기 시작한 이래 1920년 사민당 연립정부가 출범하였고, 1932년에는 사민당이 단독정부를 구성하여 '국민의 집'이라는 기치 아래 적극적인 복지국가에 정책들을 추진하였다. 선거 이외에 다양한 이해관계자의 의견이 정책에 반영되는 경로로 조사(utredning)제도를 활용하는데, 정부가 법안을 제출하기 전에 의원, 전문가, 과학자, 이해관계자가 참여하는 독립된 위원회에서 법안이나 정책을 준비하고 정부의 공식 보고서(Statens Offentliga Utredningar: SOU)로 제출되며 공개된다.◇225 법안이나 중요 정책의 입안 전에 정치인, 공무원뿐만 아니라 전문가와 과학자 등이 참여하는 것이 특징이며, 스웨덴의 복지제도의 형성에는 뮈르달(G. Myrdal), 렌(Gösta Rehn). 마이트너(Rudolf Meidner) 등 사회과학자의 영향력이 크고 복지제도의 변화 시에 전문가들 간의 논쟁이 치열하다(Lundqvist and Peterson, 2010: 26).◇226 또한 옴브즈만 제도가 있어 행정부에 대한 민원을 감사하고 있고, 정부의 투명성 제고를 위하여 노력하고 있다. 이러한 스웨덴의 정치제도는 합의제적 문화에 기초를 두고 있고, 선거뿐만 아니라 평상시에도 국가 내로 다양한 이해관계자들을 포용하는 적극적인 역할을 수행하고 있다.

셋째, 스웨덴의 정치행정체계를 보면 의회는 비례대표제에 의하여 선출되며, 행정과의 관계에서 우위를 지니고 있다. 수상은 의회에 의하여 선출되고, 내각의 구성원은 수상에 의하여 임명되며, 이들이 부처의 장관 또는 특수한 정책영역을 책임지는 장관에 임명된다. 스웨덴의 중앙부처는 산하의 기관에 대하여 직접적 지시를 내리는 권한이 인정되지 않고 정책적인 업무를 담당하고 있다(Kuhlmann and Wollmann, 2014: 80).◇227 한편 정치와 행정의 관계에서 정치가 우위를 지니고 있는데 행정은 단순히 서비스를 제공하는 역할을 수행하고 있다. 직업공무원제로서 공무원의 비중은 1% 정도로 낮으며 대부분 계약직으로 운영되고 있고 직위에 대한 전문성에 따라 채용이 이루어지고 있다.

넷째, 국가 내의 중앙관리부서와 사회부처간의 역학관계를 살펴보면 스웨덴의 재무부는 일방적으로 예산을 결정하여 사회부처에 배정하는 상급부처가 아니다. 중앙정부의 예산결정과정은 회계연도 일 년 전부터 시작되는데 재무부가 추계한 재정전망을 기초로 각료회의의 토론과정을 거쳐 3월경에 전체지출수준과 각 분야별 지출수준에 관한 예산안이 결정되어 4월경에 의회에 제출되고, 의회는 정부예산을 수정하여 정부에 보내면 정부가 최종예산안에 대하여 동의를 하고 다시 최종예산법안이 국회에 제출된다(Blöndel, 2001; Government Offices of Sweden, 2013).◇228 의회의 심사 중에 중앙정부는 하부 집행기관들에 대한 세출지침을 작성한다. 따라서 예산담당부처가 사회부처의 예산을 좌지우지하는 현상은 발생하지 않고, 정치적 통제와 각료들의 토론과 협의과정에서 예산이 결정되고 있다. 스웨덴도 복지국가의 초기에 노동 및 사회문제를 내무부가 관장하였으나 1920년 사민당이 연립정부를 구성한 후 사회부를 신설하였고, 1932년 사민당이 단독으로 집권한 이후에는 사회부, 가정지원부, 내무부 등이 사회정책을 분담하기 시작했고, 사회부가 사회복지와 사회보험을 총괄하고 중앙정부에서 예산을 가장 많이 배정받는 부처로 역할을 확대하기 시작했다(Olofsson, 2011: 153; 최원혁, 2018: 48).◇229 이후 사회부는 사회정책의 주무부처로 자리매김을 하였으며, 1976년에는 사회부에서 보건부가 분리되고 주택부, 노동부, 지방자치부, 보건부가 협력 체제를 구축하도록 하였고, 1994년에는 사회부 내에 사회보험장관, 아동가족장관, 건강 및 사회서비스장관을 두어 업무를 분장하도록 하였으나 현재는 보건사회부에 보건사회장관과 사회보험장관 체제로 축소되어 운영되고 있다.

다섯째, 중앙과 지방의 관계를 살펴보면 스웨덴은 사회정책의 실현에서 지방정부가 중요한 역할을 담당하고 있다. 스웨덴의 지방체계는 도(Landsting Kommuner)와 기초지방자치단체(Kommuner)의 2단계로 되어 있는데 조세권을 포함한 복지사무가 지방자치단체에 이관되어 있고, 공공부문 인력의 83%가 전체 지방정부에 소속되어 있고, 이중에서 2/3는 기초지방자치단체에 1/3은 도에 소속되어 있다(Kuhlmann and Wollmann, 2014: 81).◇230 스웨덴은 지방의회가 고유의 지방 사무에 책임을 지는 단일 사무 모델을 채택하고 있으며, 1970년대 이래로 지방자치를 확대하고 있다. 1991년 지방정부법을 개정하여 지방정부의 내부조직에 대한 자율성을 확대하고 초중등교육, 노동시장정책 등을 적극적으로 지방정부로 이양하고 있다. 이와 별도로 중앙부처의 산하에 중앙집행기관으로 청(agency, myndigheter, ämbetsverk)를 두고 있는데 중앙부처는 매년 세입 지침을 내리고, 활동의 목표와 재원을 결정하지만 특정한 사안이나 집행방법에 대하여 직접적으로 개입하지는 않는 것을 원칙으로 하고 있다. 따라서 행정집행기관인 청은 중앙부처로부터 조직구성과 목표달성의 수단에 관하여 완전한 재량권을 부여받고 있다. 스웨덴은 중앙정부가 정책수립에 집중하고 실제적인 집행과 관리는 상당히 분권화된 구조 속에서 이루어지고 있다고 할 수 있다.

여섯째, 사회정책에 관한 정부조직의 규모와 형태, 전달체계의 변화를 살펴보면 스웨덴은 안정된 정치적 리더십을 바탕으로 사회부를 중심으로 장기간 복지국가의 제도를 구축해 왔다. 독일, 프랑스 등의 유럽 대륙 국가와 달리 노동부가 아닌 보건, 사회보험, 복지 등의 사회부를 통해 보편적 복지국가의 제도적 틀을 마련하였다는 특징이 있다. 스웨덴의 노동부는 1974년에 와서야 내무부로부터 분리되어 신설되었고, 내무부는 1970년대 이후 실질적 지방자치의 확대로 중앙집권적인 국가기능을 상실하고 공공주택부로 전환하였다. 1940~60년대 사민당 정부가 장기집권하면서 완전고용과 물가안정이라는 두 가지 정책목표를 충족시킬 수 있는 연대임금과 적극적 노동시장 정책으로 구성된 렌-마이트너(Rehn-Meidner) 모델에 따라 경제정책을 추구함으로써 복지국가의 황금기를 맞이하게 되었다. 스웨덴의 복지국가는 경제정책과 사회정책이 밀접하게 연관되어 있으며 완전고용을 달성하기 위한 케인즈주의적 경제정책을 추구하였다(C. Pierson, 2007: 126-127).◇231 구체적으로 보면 1955년 전 국민 대상 건강보험제를 실시하였고, 1961년 국가보험청 설립, 1963년 노동자에 대한 4주 휴가제 도입, 1968년 아동가정 주택보조비 지급, 1971년 주 40시간 5일 근무제 도입, 1974년에는 부모보험제를 통하여 180일을 유급출산 휴가로 정하고, 노동자보호법을 제정하여 일방적 해고금지 및 3년이상 비정규직 근무자에 대하여 의무적으로 정규적으로 전환하는 법을 시행하였으며, 1977년에는 노동자의 경영참여권을 보장하기 위한 공동결정권을 법으로 명문화하였다. 이를 통하여 노동환경개선, 노동자의 실질적 경영참여, 주 5일 근무, 유급휴가 등을 구성요소로 하는 스웨덴의 복지모델의 기초가 완성되었다(최연혁, 2012: 21-27).◇232 사민당 정부의 장기집권의 배경에는 스웨덴 국민의 관료제에 대한 신뢰와 여기에 부응하는 관료제의 포용적이면서도 합리적인 정책설계능력이 있기 때문에 가능했다. 중앙정부는 철저하게 정책수립 중심으로 운영되기 때문에 최소한의 인력으로 하고, 대부분의 집행 업무는 국가기관인 집행기구나 지방자치단체에 이양하는 분권화 전략을 선택했다. 스웨덴도 내무부로부터 사회부가 독립하였지만 복지국가의 발전기에는 사회부가 사회 예산의 배분 및 행정자원의 관리를 하면서 안정된 전달체계를 제도화할 수 있었다.

중앙정부의 소속으로 1961년 사회부 산하에 사회보험을 관리하는 사회보험청(Försäkringskassan)을 설립하였고, 2009년에는 연금관리를 별도 분리하여 연금청을, 보건업무의 관리 및 감독을 담당하는 보건복지청(Socialstyrelsen), 보건 및 돌봄서비스관리청을 설립하였으며, 사회보험의 감독을 위한 사회보험감독청과 보건 및 사회서비스의 품질과 제공을 감독하는 보건 및 사회서비스감독청을 별도로 설립하였다. 또한 사회보장급부는 지역의 사회보장사무소에서 담당하고, 사회보험료에 대한 징세업무는 국세청이 담당하고 있다(유모토 켄지·사토 요시히로, 2011: 272-273).◇233 한편, 사회서비스의 집행은 광역자치단체인 란드스팅(landsting) 그리고 기초자치단체인 꼬뮌(kommune)의 2단계로 나뉘어져 있다. 란드스팅은 사회서비스 중 보건의료, 문화, 교통 등의 업무를 담당하며, 꼬뮌은 보육, 학교교육, 고령자 복지, 장애인 복지 등의 직접적인 돌봄 서비스를 담당한다. 실질적인 세원까지 지방자치단체로 이관되어 있기 때문에 보육이나 노인에 대한 돌봄 서비스는 꼬뮌세를 재원으로 하여 꼬뮌에 의하여 제공되고 있다. 보육예산의 재원은 5/6이상이 코뮌세로 충당하고 있고, 보육원의 이용료는 코뮌에 따라 일정수준의 상한을 두고, 소득수준에 따라 자기부담액을 정하고 있지만 자기 부담율이 그다지 크지는 않다.

끝으로 산출된 사회정책을 특징을 보면 보편주의의 원칙에 따라 복지급여나 사회서비스의 탈상품화 정도가 높고 공공재정과 공공기관에 의한 대량 공급이 이루어져 왔다. 2018년 정부예산의 27개 지출 항목 중에서 지방자치단체에 대한 보조금 11.2%, 질병 및 장애인에 대한 현금지원 10.0%, 가족과 아동에 대한 현금지원 9.6%, 노동시장 및 직업 7.9%, 보건 및 사회서비스 7.9%, 교육 및 연구 분야가 7.7%를 차지하고 있으며,◇234 OECD 국가 중 공공사회지출이 높은 국가에 속한다. 1946년 자산조사 없이 보편적 기초연금을 도입하였고, 1960년대 소득기여에 따른 부가연금을 도입하였으며, 기존 소득의 80%에 해당하는 실업급여와 연대임금과 적극적 노동시장 정책을 결합하여 완전고용을 달성하고자 하였고, 여성노동자의 적극적 노동 참여를 위한 보육서비스의 확충, 인구감소에 대한 대응으로 아동수당 등 적극적 가족정책의 시행 등이 '국민의 집'으로서 스웨덴 복지 모델의 핵심적 사회정책이었다. 그러나 1970년대 중반 이후 오일쇼크 등으로 스웨덴의 경제가 타격을 입고 1976년 장기집권의 사민당이 보수정권에 패배한 이후에는 복지정책의 전환이 시작되었다. 1980년대 다시 복귀한 사민당은 소외계층에 대한 생계지원법을 제정하고 광역지방자치단체인 란드스팅(Landsting)에 주된 역할을 부여하였고, 출산율 강화를 위하여 기초지방자치단체인 코뮌(Kommun)에 공공보육과 방과 후 교실에 대한 운영 책임을 부여하였다(최연혁, 2012: 28-29).◇235 1976년 보수당에 정권을 내주고 1982년 다시 집권한 사민당 정부는 당시 영국에서 부상하고 있던 시장자유주의적 가치를 수용하여 국유기업의 민영화, 사회서비스의 탈중앙집권화, 탈규제, 감세정책을 추진하였으나 이는 기존의 노사 간의 협력을 통한 렌-마이트너 모델과는 다른 것으로 산업구조조정의 실패, 임금 및 물가인상 등의 부정적 결과를 초래하였다(박병현, 2017: 334-336).◇236 이후 다시 보수당 정부가 집권하였으나 감세에 따른 국가재정의 불균형, 경기침체로 인한 실업 증가 등으로 1996년 사민당 정부가 재집권하였는데, 복지확대 대신에 재정건전성의 확보를 우선과제로 내세우고 사회복지서비스의 축소, 각종 보조금의 축소 등 긴축정책과 안정적 금융정책이 시행되었다. 스웨덴은 정치권력을 차지한 노동계급과 자본가 간의 대타협에 의하여 복지국가의 방향에 대한 합의를 형성하였고, 케인즈주의 경제학을 가장 합리적으로 적용한 사회정책의 모델을 정립함으로써 복지국가의 황금기를 맞이하였으며,

1980년대 복지국가의 재정위기의 국면에서는 신자유주의적 처방을 도입하였으나 실패를 경험하였고, 다시 사민주의적 관점에서 재정적자를 축소하고 경제발전과 복지를 동시에 추구하는 정책을 추진하고 있다.

4. 동아시아(일본) 복지레짐의 정치행정 및 전달체계

일본은 아시아에서 가장 먼저 서양식 근대화를 이룩한 국가로서 유교적 왕권국가의 시혜적 복지에서 산업화에 따라 서양의 근대적 복지제도를 수입하면서 발전하였다. 첫째, 역사적 및 제도적 맥락을 살펴보면 일본은 수백 년 동안 무인집단의 막부가 실권을 가지고 통치하다가 19세기 후반에 서양의 침략에 위기의식을 느낀 소수의 무사와 엘리트 세력이 국왕을 옹립하여 명치유신을 일으키고 중앙집권적 국가체제를 정립했다. 현재는 입헌군주제로 변화되었지만 2차 세계대전 전까지 일왕이 행정에 개입하는 것이 법적으로 보장되었고, 국가 관료제는 민주주의가 발전된 영국 보다는 독일과 프랑스 등 대륙법계의 행정체계를 수입하고자 하였다(大霞会, 1980: 897-947).◇237 경제적 측면에서는 일본은 독일과 같이 조정시장경제에 속하는데, 중요한 기업을 중심으로 계열이라는 기업집단을 통하여 조정이 이루어지고, 같은 산업 내의 기업 간에는 경쟁관계가 성립하며, 노동자의 숙련형성도 계열사라는 기업집단 내의 수직적 관계 속에서 이루어진다(Hall and Soskice, 2001: 34-35).◇238 한편, 일본은 19세기말부터 산업화를 시도하였고, 20세기 초에 노동문제가 부각되기 시작했지만 치안유지법을 통해 근로자의 단체행동을 억압하였고, 1920년대 다시 자조적으로 노동조합이 설립되었지만 이념에 따라 노조세력이 분열되어 있었기 때문에(Weathers, 2009)◇239 사민당과 같은 노동세력에 기반을 둔 정당이 설립되지 못하였다. 또한, 일본은 봉건무사 귀족들에 의하여 다스려지는 분권적 통치였으나 독일, 프랑스의 내무성(Ministry of the Interior) 모델을 참고하여 내무성(內務省)을 설치하고 지방행정까지 담당하면서 중앙집권적 국가행정 체계를 구축하게 되었다. 내무성은 대장성(大藏省)을 제외한 다른 부처의 업무에 관여할 뿐만 아니라 경찰을 관할하고 지방행정기관을 감독함으로써 상위부처의 지위에 있었으며 군국주의 일본의 중추기관의 역할을 하다가 미군정에 의하여 폐지되었다(中野晃一, 2013).◇240 이러한 맥락 하에서 일본의 복지레짐은 교육 중시, 권위의 존중, 가부장제와 같은 유교주의적 가치를 존중하고, 강한 정치적 좌파의 부재로 인하여 자본주의적인 특성을 나타내며, 노동생산이나 인적자본에 대한 투자에 비하여 보건, 돌봄, 실업훈련 등의 사회정책은 열등한 지위에 놓이는 생산적 복지레짐의 특성을 나타내고 있다(Jones, 1993; Peng and Wong, 2010).◇241

둘째, 정치행정 체제의 투입 면을 보면 민주적 선거가 실시되고 있지만 정당 경쟁의 구조를 보면 보수 쪽으로 치우쳐있다. 제2차 세계대전 전에는 치안유지법을 통하여 노동운동과 진보세력의 성장을 억압하였고, 1955년에는 자유당과 민주당이 보수대통합을 하여 1993년까지 장기집권을 하였다. 자민당의 세력은 보수 정치인, 관료, 기업가 세력이 연합한 것이며, 기업친화적인 보수적 복지제도를 추구하였다. 1994년 이후 중도정당인 민주당이 사회당을 포함한 다양한 정당과 연립하여 반 자민당 정부를 구성하였지만 연립정부 내에 이념적 친화성이 낮았기 때문에 오래 지속되지 못하였다. 좌파세력은 오랫동안 분열되어 있었고 관료제를 중심으로 복지제도의 기본적 틀을 갖추고 있기 때문에 좌파 중심의 정당이 집권하더라도 근본적인 개혁은 어려운 상황이며, 오히려 2000년대 초반 보수세력이 집권했을 때 신자유주의적 개혁이 적극적으로 추진될 수 있었다. 정책형성 과정은 정부주도로 이루어지는데 정부부처별로 민간의 전문가와 이해관계자를 포함하는 자문기구로 심의회(審議會)를 설치하고 주요 정책의 문제점과 개선방안이 개진하도록 하였다. 또한, 집권 여당인 자유민주당 내에 정책조사심의회를 설치하고 있는데 이익집단들이 정부 내에 자신들의 의견을 전달하는 통로로서의 역할을 수행하고 있다. 일본의 투입과정은 정당구조의 보수성으로 인하여 선거를 통한 진보적 제도변혁은 어렵고, 집권 여당과 국가 관료제의 자문적 의견 수렴경로를 통하여 투입이 이루어지고 있다고 볼 수 있다.

셋째, 정치행정의 체계 면에서 일본은 의원내각제이며, 의회에서 지명된 수상을 일왕이 임명하며, 수상은 각료들을 임명하여 내각을 구성한다. 정치가 행정에 대하여 우위를 점하고 있고, 집권 여당은 의원 출신의 장관과 정무관들을 부처에 배치하여 행정공무원들을 감독한다. 행정공무원들은 시험에 의하여 선발되며 직업공무원으로서 정치적 중립성이 보장되고, 경력직 공무원으로서 사무차관과 국장, 심의관 등이 장관, 정무관을 보좌하고 있다. 일본은 의회(Diet)가 입법권과 예산권을 지니고 있으나 의원내각제로 권력의 융합과 책임정치를 추구하고 있기 때문에 의회의 예산 및 법안 심의권은 제한적이다. 실제로 위임입법이나 행정규칙을 통하여 관료들이 실질적 권한을 행사할 수 있고, 정치적 통제가 확립되지 못하는 경우 관료들 중심으로 정책결정이 이루어질 수도 있다. 특히 관료출신들이 의회에 진출하여 각료로 임명되기도 하므로 정치와 행정이 완전히 분리된 것으로 볼 수 없다. 관료주도의 국가운영이 과거 자민당 정부의 경제성장에 일정한 기여를 하였으나 자본시장 개방, 부동산 정책실패, 신자유주의적 국제경쟁, 인구고령화 등의 난제를 해결하기에 부족한 점이 있어 성청개혁을 통하여 정부기구의 수와 직위를 줄이고, 집행기관들을 특수법인화하여 공무원 수를 억제하는 하향식 개혁을 시도하였다.

넷째, 국가 내에서 중앙관리기구와 사회부처간의 관계를 살펴보면 예산을 담당하는 재무성(대장성)과 정부 조직 관리를 담당하는 총무성이 존재한다. 총무성은 과거 군국주의의 상징인 내무성이 미군정에 의하여 폐지된 이후 지방자치청과 자치성을 거쳐 총무성이 되었으며 과거 내무성의 관방 및 지방행정 기능이 부활하였다고 볼 수 있다. 총무성은 내무성의 지방행정 기능과 중앙정부의 공무원 및 조직관리 기능을 추가하였으며, 2014년 이후에는 수상실 산하 내각인사국으로 기능을 이관하였다. 다만, 정원관리는 국가전체적인 경제재정개혁의 기본방침과 각의의 결정에 따라 진행되며, 각 부처의 정원요구와 심사결과 및 사유 등이 모두 각의에 보고되고 토론이 이루어지며 그 결과가 공개되는 점이 특징이다.

다섯째, 국가와 지방자치단체의 관계에서는 과거 군국주의 시대에는 도도부현의 지사를 내무성의 관료로 임명하는 등 중앙이 직접 통제하였고, 1947년 지방자치제가 실시되었으나 여전히 중앙정부의 개입이 강하였으며 대부분의 복지서비스 전달이 중앙정부의 기관위임사무로 집행되었다. 그러나 2000년 지방분권 일괄법을 제정하여 지방분권형 복지행정 체제로 전환하였다. 광역행정단위의 도도부현에서는 생활보호, 아동복지, 여성복지 등의 업무를 담당하고, 기초자치단체인 시정촌에서는 개호보험법에 따라 재택복지서비스의 제공, 노인진료, 보건사업 등을 담당하고 있다. 또한 지방자치단체의 독립기관으로서 복지사무소를 설치하고 있는데 사회복지사업법에 따라 도도부현과 시에는 의무적으로 설치하여야 하며, 정촌에서는 임의적으로 설치할 수 있도록 하였다. 복지사무의 지방 이양에 따라 지방정부의 재원도 국세에서 지방세로 전환되기 시작하였다.

여섯째, 사회정책과 관련된 정부조직의 형태와 규모, 전달체계를 살펴보면 19세기말 일본의 근대화 당시 대장성이 먼저 설치되고 조세와 재정의 업무를 담당하였으나 정한론을 계기로 내정을 전담하기 위한 기구로서 내무성을 설치하게 되었다. 내무성의 업무는 지방관계, 호적, 경찰, 토목 및 건축, 농업 등을 포괄하는 그야말로 내정을 총괄하는 조직이었다. 내무부는 전체주의 일본을 지탱하는 중심기구 역할을 수행했는데 경보국을 통하여 시민활동과 조선의 독립운동을 사찰하였으며, 전체주의 체제로 전환하는 1930년대 국민총동원운동을 주도하였고, 전국적으로 도도부현의 지사를 임명하여 지방조직을 통제하였으며, 중앙집권적인 경찰조직을 운영하였다. 제2차 세계대전 후 연합군사령부는 내무성과 같은 중앙집권적인 통제조직으로 일본의 전체주의 체제가 유지될 수 있었다고 판단하여 1947년 지방자치제를 실시하고 경찰조직을 독립시켰으며, 내무성을 해체하기로 결정한다. 20세기 초에 일본의 자본주의가 성장함에 따라 노동운동과 농민운동이 발생하게 되자 1920년 내무성에 사회국을 신설하였으며, 1938년에는 위생국과 사회국을 분리하여 후생성을 신설하였고, 1947년 연합군총사령부(GHQ)에 의하여 해체되면서 노동활동에 대한 통제기능은 신설되는 노동성으로 이관하였다.◇242 후생성과 노동성은 2001년 성청개혁으로 후생노동성이 되어 현재에 이르고 있다. 일본의 사회정책 부서는 전체주의 체제 하에서 형성되었으며 국민의 자유를 억압하는 대신에 보상차원에서 국가가 선별적으로 복지제도를 실시한 것이다. 내무성의 사회국이 분리되면서 기존에 사회국이 수직적으로 관할하던 조직들도 이관되는데 프랑스와 같이 정책영역별로 수직적 관리체계가 형성 된 것이다. 사회보험을 집행하는 하부기관으로 1962년 후생성 산하에 사회보험 청을 설치하였으며, 2000년 도도부현에 사회보험사무국과 지방사무소를 설치하 였으나 2009년 특수법인으로 전환하였다. 또한 후생노동성의 지방분국으로 북해 도(北海道), 동북(東北), 관동신월(関東信越), 동해북육(東海北陸), 근기(近畿), 중국 사국(中国四国), 구주(九州) 후생국(厚生局)을 설치하고 있으며(후생노동성 설치 법 률 제152조), 도도부현에는 근로기준의 감독과 직업안정을 위한 노동국(労働局)과 일선기관으로 노동기준감독서와 공공직업안정소를 설치하고 있다. 이는 지방자 치단체의 소속 기관이 아닌 후생노동성 특별지방행정기관으로 볼 수 있다.

한편 지방자치단체는 사회적 돌봄 서비스의 업무를 담당하고 있는데 2000 년 사회복지사업법의 개정과 개호보험이 도입되기 이전에는 국가와 지방자치단 체가 주도하에 사회복지시설 등에 대상자를 위탁하고, 대상자에 대하여 비용을 징수하여 수탁사업자인 사회복지시설등에 비용을 지급하는 조치제도가 시행되 었다. 그러나, 개호보험이 실시된 이후에는 이용자의 분담에 의한 사회보험 (50%)과 국가 및 지방자치단체의 재원분담(국고보조 20%, 조정교부금, 5%, 도도부 현부담 12.5%, 시정촌 부담 12.5%)으로 하여 일반적인 돌봄서비스가 가능하도록 개편하고, 돌봄의 사회화, 이용자 선택권의 강조, 정부의 직접공급, 비영리조직 에 의한 공급, 영리조직에 의한 공급 등 서비스 공급의 다원화가 이루어졌다(이 원식, 2006; 조추용, 2012: 139).◇243

끝으로 산출된 사회정책의 특징을 살펴보면 입헌 군주제에 입각한 비스마르 크의 사회보험 모델을 도입하되 시민사회에서 자발적으로 형성된 조합들을 양성 화하는 것이 아니라 국가주도로 국가가 관리하는 사회보험 조합을 설치하여 국 민들에게 강제 가입하도록 한 특징이 있다. 공적 부조의 영역은 1923년 관동대 지진과 1929년 세계대공황 등이 발생하게 되자 내무성에 사회사업조사회를 설 치하고 1929년 내무성 사회국에서 구호법안을 마련하여 국회를 통과하게 되었 다(조추용, 2012: 15-16).◇244 현재는 선별주의와 자활의 원칙이 적용되고 있으 며, 시정촌의 사회복지사무소를 통하여 전달이 이루어지고 있다. 또한 사회보험은 제1차 세계대전 이후 노동지의 권리에 대한 관심이 증가하게 되자 우선 노동자를 대상으로 노사가 절반씩 보험료를 부담하는 건강보험법이 제정되었으며, 1938년에는 농촌 지역에서 빈곤과 질병의 문제를 해결하기 위하여 내무성 관료들이 주도하여 지역가입자를 위한 국민건강보험법이 제정되었다. 연금은 1941년 근로자연금제도를 시작하였고 1944년 후생연금으로 발전하였으며, 1959년에는 국민연금법을 제정하여 1961년부터 전 국민을 대상으로 시행하고 있다. 현재는 보편주의 원칙이 적용되는 기초연금과 소득비례 기여의 원칙이 적용되는 후생연금이 중심을 이루고 있다. 군국주의 시대에 치안유지법에 의한 노동운동의 탄압으로 산업재해보상법은 서구에 비하여 다소 늦게 제도화되었는데 1947년 노동기준법에 따라 사업주가 업무상 재해에 대하여 보상책임을 지도록 하였고 실업보험제도는 1920년 대공황 당시에 도입하려고 하였으나 재계의 반대로 퇴직연금제도로 운영되다가 1947년 영국 베버리지 보고서의 영향을 받아 실업보험법이 제정되었고, 1974년 고용보험법으로 승계되었다(조추용, 2012: 30-33).◇245 일본은 1950~70년대 고도 성장기를 겪으면서 경제적 자원을 기반으로 하여 사회복지와 관련된 법제의 정비가 이루어졌다. 우선 1947년에 아동복지법, 1949년 신체장애자복지법, 1950년 신생활보호법 등 복지3법이 제정되었고, 1951년 사회복지사업법이 제정되어 사회복지사무소의 설치, 사회복지법인, 사회복지협의회 등의 사회복지의 조직을 정비하였다. 또한 1960년대에는 기존의 복지3법에 더하여 정신박약자복지법(1960), 노인복지법(1963), 모자복지법(1964)을 제정하여 복지6법의 시대를 열었다. 특히, 1973년을 일본의 '복지원년'으로 명명하고 있는데, 주요정책으로는 생활보호에서 생활부조의 인상, 노령복지연금의 43% 증가, 가족 및 아동수당 도입, 70세 이상 노인의 의료비 무료화, 건강보험을 중심으로 한 의료보험의 개정, 후생연금을 중심으로 한 연금보험의 개선, 실업보험에 대신한 고용보험의 실시, 노인복지의 확대 등을 들 수 있다(현외성외, 1992: 270-271).◇246 이러한 복지의 대폭 확대에도 불구하고 1970년대 오일쇼크로 인한 세계 경제위기와 서구에서 복지국가의 개혁의 바람은 일본에도 영향을 미치기 시작했으며 1980년대 노인보건법을 제정하여 일부 자기부담의 도입과 40대부터 예방 의료의 도입 등 인구고령화에 따른 노인의료비 증가에 대응하고자 하였으며, 사회복지사무의 지방이양이 이루어졌고, 생활보호 수급기준을 강화하였다(藤村正之. 2006: 80-85).◇247 1997년에는 노인에게 장기요양서비스를 제공하는 개호보험법의 제정, 국가로부터 일방적 복지 조치에서 개인의 다양한 수요에 대응하는 계약형 복지로의 구조전환이 이루어졌다.

5. 한국 복지레짐의 정치행정 및 전달체계

앞에서 살펴본 바와 같이 서구의 복지국가는 산업화, 도시화로 빈곤의 빈부격차의 문제가 제기되고 민주화에 따라 노동계급이 성장하여 정치권력을 차지하고 국가 관료제를 활용하여 사회보험과 사회서비스 등의 복지제도를 확대하는 과정을 밟아왔다. 그러나 우리나라의 경우는 19세기말 제국주의 열강의 경쟁에서 뒤져서 일제의 침략을 받는 바람에 이러한 경로를 밟을 수 없었고, 해방 이후에도 6·25 전쟁으로 사회기반시설이 파괴되어 있다가 1960~80년 사이에 급속한 경제성장을 바탕으로 중산층이 형성되고 민주주의가 뿌리내리게 되는 압축적 발전의 과정을 겪었다.◇248 국가와 시민사회의 관계에서 한국은 강한 국가성을 특징으로 하며, 국가의 산업육성을 위한 경제기획과 시장친화적인 개입으로 단기간에 발전을 이룩할 수 있었다. 행정체계도 공법과 사법을 구분하는 이원적 법체계라는 점에서 독일이나 프랑스와 유사한 대륙법 체계이다. 한편 해방 이후에는 미국의 행정체계의 영향을 많이 받았으며 각종 행정위원회와 행정절차법의 제도화가 이루어지고 있다. 그러나 미국의 대통령제와는 달리 대통령으로의 권한 집중과 행정부 중심으로 국정이 운영되었다.

첫째, 한국은 1960~80년대 발전국가의 시기에 국가의 경제발전 계획에 따라 산업별로 민간 기업이 설립되었고, 재벌이라는 기업집단을 형성하여 수출주도형 경제발전 전략을 추진하였다. 이러한 시스템은 기업집단 내에서 사업장별로 숙련형성이 이루어진다는 점에서 조정시장경제(coordinated market economy)와 비슷하지만 국가의 시장에 대한 전략적 개입이라는 측면에서 구별되었다. 그러나 1997년대 외환위기를 경험하고 난 이후에는 기업의 구조조성이 진행되고 주주의 이익에 따라 기업 경영이 이루어지는 자유시장경제(liberal market economy) 체제로 전환되기 시작하였다. 이에 따라 노동유연성이 강화되고 보다 경쟁적인 구조 하에 복지서비스의 시장화 등이 시도되었다.

자본주의의 발달에 따라 1970년대부터 노동계급의 저항이 발생한 것은 서양과 비슷하지만 한국은 노동계급을 기반으로 하는 이념정당이 발달하지 못했고 경제발전을 주도한 강한 국가권력에 의하여 공공부조, 의료보험, 국민연금, 실업보험 등의 복지제도의 기초가 놓여졌다. 한국의 노조 조직률은 10% 정도로 OECD 국가 중 낮은 편이며, 노동조합도 한국노총과 민주노총으로 나뉘어져 있고 주로 사업장별로 노조가 형성되어 있어 사민주의적 정당의 기초가 되는 서구의 노동조합과는 구별된다.

중앙과 지방의 관계에서는 한국은 일제의 악명 높은 내무성과 총독부의 통제 체제 하에 있었으며, 해방 이후에도 내무부(內務部)를 설치하여 지방자치단체장을 관선으로 임명하였고, 4·19 민주 혁명으로 잠시 지방자치제가 실시되었으나 발전국가 시기의 권위주의 정부에서 다시 내무부 중심의 통제와 시도 및 시군구 지방자치단체장의 관선제가 시행되어 지방정부는 중앙정부의 지침과 위임사무를 처리하는 하부기관에 지나지 않았다. 1994년 지방자치제 이후 지방선거가 정기적으로 실시되고 있으나 지방행정을 관리하는 중앙정부가 예산, 조직 등에 대한 감독권을 지니고 있기 때문에 실질적인 정치적 분권화는 취약하다.

한국은 발전국가의 부산물로서 국가주도의 생산적 복지레짐의 제도적 특성이 지속되고 있으며, 국가의 강한 통제 하에 서비스 전달에서는 민간부문에 대한 의존도가 높고, 선별주의에 의한 현금급여 중심으로 되어 저출산, 고령화, 청장년 실업 등 새로운 사회위험 구조에 대응하는 것이 취약하다. 즉, 국가가 직접 수행하기 보다는 보다 비용 절약적이고 유연한 준정부조직이나 국가나 지방자치단체의 감독과 통제를 받은 민간법인에 의한 서비스 전달이 많이 이루어지고 있다.◇249

둘째, 정치행정 체제에 대한 투입 면을 살펴보면 민주적 경쟁에 의한 선거가 실시되고 있어 사회적 요구가 반영되는 중요한 통로가 되는데, 그 중에서도 대통령 선거의 영향력이 강하다. 왜냐하면 권력이 대통령을 중심으로 한 행정부에 집중되어 있기 때문에 대통령과 그 참모조직의 아이디어가 정책변동에 중요한 영향을 미치고, 국회는 여당이 다수당일 경우 대통령을 지원하고, 야당이 다수인 경우는 견제기능에 초점을 두게 된다. 개별적인 국회의원이 지역구 민원을 위하여 행정부에 영향력을 행사할 수 있으나 실제로 정책변화로 이어지는 경우는 거의 없는 편이다. 선거와 별도로 정당 활동을 통한 투입이 있을 수 있는데 한국이 정당은 정책정당으로서의 역할보다는 선거에 승리하기 위하여 이합 집산하는 측면이 강하고 상향식 의사결정을 통한 공약의 제시보다는 일부 전문가에 의존하여 선거를 위한 공약 생산에 머물고 있다. 이러한 정당의 정책활동은 선거의 연장선에서 고려될 수 있는 것이다. 또한 선거 이외에 사회의 제 세력들을 보면 과거 대기업 집단을 대표하는 전국경제인연합(전경련)의 의견이 사회보장제도의 수립에 영향을 미쳤으나 진보정권이 집권함에 따라 참여연대와 같은 시민단체와 민주노총 등 노동자 관련 단체의 영향력도 증가하고 있다. 행정부 내에 정책수렴 통로로 법적 근거를 지닌 위원회와 자문회의 등이 운영되고 있고, 기본계획이나 중요한 정책을 입안하는 경우 위원회에 보고하고 심의를 얻도록 하고 있다. 한국의 투입 경로는 대통령 선거를 중심으로 한 집권세력의 교체를 통하여 이루어지며 대통령과 그 참모진, 장관을 통해 하향식으로 관료제에 투입이 이루어지고 있다고 볼 수 있다.

셋째, 한국의 정치행정체계의 작동방식을 살펴보면 과거 발전국가 시대에는 행정이 정치를 압도하여 행정부 중심의 국정운영이 이루어졌으나 민주화 이후에는 정치가 우위에 있고 하향식으로 행정부를 통제하고 있다. 다만 정치적 영역의 전문성이 부족하기 때문에 정치권력의 투쟁을 제외하고 일반 정책문제에 대한 의사결정에서는 행정부의 공무원의 지원을 많이 받으며, 세부적인 사항의 결정에서는 행정부 공무원의 영향력이 많이 작용할 수 있다. 헌법상 대통령은 행정부의 수반으로서 국장급 이상의 행정부의 고위관료를 임명하고, 국무회의를 주재함으로써 행정부의 중요한 정책과 법안, 예산안에 대하여 실질적인 의사결정을 할 수 있고, 직제라는 대통령령을 통하여 정부조직의 정원과 부서 등을 결정할 수 있으며, 비상시에는 법률과 같은 효력이 있는 명령을 발할 수 있다. 이러한 강력한 권한을 바탕으로 행정부는 대통령을 정점으로 하는 수직적 체계로 운영되며, 대통령 주변에 많은 지원조직과 관리기구가 펼쳐져 있다. 정치적 영역에서는 대통령과 의회 권력이 견제와 균형을 이루기보다는 대통령으로의 쏠림 현상이 많았고, 국회는 권위주의적 방식으로 행정부를 통제하는 역할을 하며, 법안과 예산안 등은 행정부가 제출한 안을 중심으로 논의되는 경우가 많다. 즉, 법안에 있어서는 국회의원이 제안권이 있지만 정부가 제출한 안을 중심으로 논의되고, 예산안은 정부가 편성하여 제출하고 국회는 예산안에 대한 편성권한이 없으며, 정부 예산을 삭감만 할 수 있고, 증액하는 경우에는 정부의 동의를 필요로 한다. 한국의 정치과정의 다른 특징은 권력기관의 주변부서들의 권한과 개입이 강하다는 점이다. 예를 들어 국회의 경우에는 국민으로부터 선출되는 국회의원들을 행정적으로 보좌하고 지원하는 조직이 있는데 국회의원이 직접 선발하는 보좌관, 비서관 이외에 시험에 의하여 선발된 국회 사무처의 관료들이 위원회, 예산정책처, 입법조사처 등에서 예결산안 및 법안 검토, 행정부에 대한 통제 등 정책기능을 수행하고 있고, 개별 국회의원과는 별도로 국회사무처를 통해 행정부에 대하여 자료 제출을 요구하고 검토보고서나 정책자료를 통하여 행정부의 정책을 비판하고 개선방향도 제시할 수 있다.

넷째, 국가내의 중앙관리기구와 사회부처간의 역학관계를 살펴보면 한국은 기획재정부와 행정안전부 등 중앙관리기구에 대한 사회부처의 종속성의 정도가 강한 편이다. 기획재정부는 부총리급으로 국가예산을 편성하는 과정에서 강력한 재량권을 보유하고 있다.◇250 기재부의 심의과정에서 각 사업의 심사를 맡은 담당자(사무관 또는 주무관)의 판단이 중요한데 이들은 내부적인 토론과 경쟁 속에서 기재부 내의 담당 국장을 설득할 수 있어야 자신이 맡은 사업예산이 살아남게 된다. 미국, 독일의 경우처럼 부처 간의 이견이나 예산당국과 일반부처간의 이견을 최종적으로 행정수반(대통령 또는 수상)이 정치적으로 조정하기 보다는 관료적 조정방식에 더 치중하고 있다. 서구의 국가와 구별되는 점은 한국은 재정과 조직관리 기능을 분리하여 행정안전부에서 정부조직의 심사와 관리 권한을 지니고 있다. 이는 '행정기관의 조직과 정원에 관한 통칙(대통령령 1977. 3. 26. 제정, 이하 통칙이라 함)'에 근거한 것으로 행정안전부 장관은 매년 3월말까지 국무총리의 승인을 얻어 정부조직관리지침을 중앙행정기관의 장에게 시달하고 각 부처는 조직 정원 안을 작성하여 행정안전부 조직실로 보내면 심사하여 증원될 인원을 정해주고, 행정안전부의 안에 대하여 다시 기획재정부로 가서 예산협의를 하게 되는데 기재부는 행안부의 조직정원안을 증가시키지는 못하지만 삭감시킬 수는 있다.◇251 행정부 내에 별도의 조직관리 기능을 두고 있는 국가는 일본과 한국인데 일본의 경우 과거 내무성이 다른 행정부처를 관리하기 위한 수단으로 활용했고, 제2차 세계대전 후 일본 군국주의 행정의 대표 산실로서 내무성이 폐지된 이후 점차 회복하기 시작하여 총무성이 되었고, 총무성 행정관리국에서 정부의 조직 및 정원관리를 담당하다가 2014년 수상실 산하 내각인사국으로 기능을 이관하였다. 일본의 조직관리는 조직관리방침을 각의에 보고하고 각의의 방침에 따라 부처별 조직요구의 심사 및 조정 결과를 공개한다는 점에서 한국 행정안전부의 조직관리 방식과는 차이가 있다.◇252 그밖에 중앙관리기구로 대통령 비서실 이외에 대통령의 명령에 따라 행성부를 통할하는 국무총리를 보좌하는 기구로 국무조정실을 두고, 행정에 대한 평가, 중요한 정책 사안에 대한 조정이 이루어지고 있으며, 감사원도 각 부처에 대한 일반적 감사 또는 특정한 사업에 대한 특별감사를 통하여 행정부처의 사업에 대하여 위법 및 부당여부, 정책적 타당성에 대하여 감사를 하고 개선조치를 취할 수 있다.

　　다섯째, 중앙정부와 지방자치단체의 관계를 살펴보면 한국도 독일 및 프랑스에서의 국가와 지방의 관계와 유사하게 국가 사무와 지방 사무를 구별하는 이원적 모델을 채택하고 있다. 이러한 행정체제는 유럽 대륙의 제도를 일제가 수용하였고, 식민지배를 통하여 조선에도 적용되었다. 일본은 제2차 세계대전 이후 연합군사령부에 의하여 전체주의적 행정체제로 내무성이 해체되었으나 한국은 1948년 정부조직 출범 시부터 내무부가 존재하였으며, 시도의 장을 내무관료로 임명하고, 시군까지의 행정기관을 통제하였다. 독일이나 프랑스처럼 행정이 분화되지 않은 상태에서 내정의 총괄기관으로 내무성이 설치되고 점차 노동, 보건, 사회보험의 기관이 분화된 것과 달리 정부 수립부터 내무부와 문교부, 사회부 등의 사회 부처를 분리하여 설치했으며, 내무부는 치안·지방행정·의원선거, 토목과 소방에 관한 사무를 담당하고, 지방자치단체를 감독하며, 사회부는 노동·보건·후생과 부녀문제에 관한 사무를 담당하고, 문교부는 교육·과학·기술·예술·체육 기타 문화 등에 관한 사무를 담당하도록 하였다.◇253 여기서 흥미로운 점은 프랑스 및 일본의 내무성은 사회정책 기능을 분리하면서 관련 분야의 지방행정 기능을 별도로 분리하여 이관함으로써 일관된 수직적 관리체계를 형성하였는데 비하여 한국의 경우는 보건 및 복지 기능을 지방자치단체에 소속된 보건복지국과 보건소를 통하여 행사하도록 하고, 지방자치단체는 내무부가 총괄적으로 감독하게 하였다. 이처럼 행정감독과 실제 전달기관이 분리된 이원체제로 되어 있기 때문에 지방자치단체의 업무 중 복지업무의 비중이 높음에도 불구하고 복지업무가 본연의 업무가 되지 못하고, 행정감독기구인 행정안전부를 제외한 중앙부처는 행정감독체계를 회피하여 별도의 공급체계를 마련하고 있으며, 이는 행정 부처별로 각종 센터의 난립현상으로 나타나고 있다.◇254 또한, 복지재원의 조달과 집행을 지방에 이양하는 문제도 부진하다. 국가예산대비 지방예산의 비율(지방교육예산 제외)은 지방자치 실시 초기인 1997년 35.1%였으며 1999년과 2000년 30%대로 떨어졌다가 2018년에는 38.9%로 지방자치 실시 초와 비슷한 수준이다. 지방자치단체의 재정능력을 의미하는 재정자립도

$[\frac{(지방세+세외수입-지방채)}{일반회계\ 세입} \times 100]$는 1997년 63%였으나 2018년에는 53.4%로 오히려 축소하고 있다.◇255

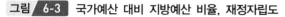

그림 **6-3** 국가예산 대비 지방예산 비율, 재정자립도

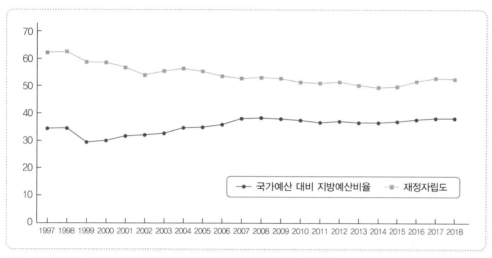

출처: 행정안전부. 연도별 지방자치단체 통합재정 개요를 참고하여 재작성.

　　또한 사회정책의 재정 수입의 근간이 되는 국세와 지방세 비율도 2018년 기준 77.5 : 22.5로 국세가 지방세에 비하여 압도적으로 많은 비중을 차지하고 있어 중앙집권적인 재정체계의 특징을 반영하고 있다. 지방정부의 분야별 재원을 보면 사회복지 분야가 27.1%로 가장 많고 인력운영비 13.3%, 환경보호 9.9%로 나타나고 있으며, 일반 공공행정이 차지하는 비중은 6.0%이다. 〈표 6-5〉에서 보는 바와 같이 지방자치단체가 추진하는 사업 중 사회복지를 제외한 문화 및 관광, 환경보호, 산업 및 중소기업, 수송 및 교통, 국토 및 지역개발 등은 모두 시도 및 시군구의 재원이 더 많다. 사회복지분야의 경우는 국비가 37조 435억 원이고, 시도비가 17조 5,452억 원, 시군구비가 13조 479억 원으로 중앙정부의 이전 재원이 더 많다. 서구 복지국가의 경우 재원 자체를 지방정부로 이전하여 실질적인 지방분권화가 이루어지고 있는 것과는 다른 특징이라고 할 수 있으며, 복지행정에서 여전히 중앙집권화의 경향이 강함을 의미한다.

표 **6-5** 지방자치단체의 사업 분야 및 재원별 예산 비교

(단위: 억 원)

분야	계	비중(%)	국비	시도비	시군구비	기타
계	2,527,319	100.0	540.042	898.123	1,028,667	60,487
일반공공행정	231,639	9.2	1,765	124,892	104,979	3
공공질서 및 안전	65,046	2.6	9,655	32,865	22,526	
교육	135,790	5.4	35	111,954	23,442	9
문화 및 관광	112,662	4.5	15,832	37,082	59,651	97
환경보호	230,310	9.1	31,756	61,716	136,828	11
사회복지	676,794	26.8	370,435	175,452	130,479	428
보건	39,005	1.5	12,339	10,758	15,903	5
농림해양수산	151,097	6.0	48,994	30,910	71,154	39
산업중소기업	72,873	2.9	8,584	42,807	21,458	24
수송 및 교통	188,481	7.5	13,739	90,766	83,954	23
국토지역개발	174,783	6.9	23,284	54,556	96,754	188
과학기술	5,640	0.2	497	4,966	177	
예비비	55,756	2.2	349	12,479	42,927	
인력운영비	298,946	11.8	2374	96,191	200,380	
기본경비 등	88,496	3.5	53	10,729	18,052	59,662

출처: 2019년도 지방자치단체 통합재정 개요(상). p. 171.
* 인력운영비: 보수, 기타직보수, 무기계약직보수, 직급보조비, 성과상여금, 연금지급금, 국민건강보험금

여섯째, 정치행정체계를 통하여 조직화된 행정조직의 구조와 전달체계의 특징을 살펴보면 상당히 중앙집권적이며, 서비스 중심이라기보다는 관리 지향적이다. 2018년 기준 중앙과 지방의 공무원 정원을 보면 국가공무원이 648,642명이고 지방공무원은 399,571명이다(인사혁신처, 2019: 1).◇256 국가공무원 중 정무직이 126명, 일반직은 167,639명이며, 국가공무원 중 특정직으로 분류되는 경찰이

129,734명, 교사 등 교육공무원이 366,498명으로서 경찰과 교육 등 지방자치와 밀접하게 관련된 행정서비스를 제공하는 인력이 국가직으로 되어 있다. 건국 초기에 내무부와 사회부가 분리된 채로 출범하였으며, 지방행정 조직은 전체적으로 내무부의 소관 하에 있었기 때문에 사회부가 지방정부에 대하여 직접적인 감독을 할 수 없었다. 사회부는 교육을 제외한 보건, 복지, 노동을 포괄하는 사회정책 전반을 담당하고 있었으나 스웨덴과 달리 사회예산의 편성기능은 총리 소속의 예산처가 담당하고 있었고, 그나마 재원이 부족하므로 선별적이고 한정된 복지정책만을 수행하였다. 발전국가의 시기인 1961년 기획과 예산을 합쳐서 경제기획원을 설립하고 경제발전 우선의 정책을 수행하면서 사회정책은 우선순위에서 밀리게 되었으며 경제발전에 장애가 되지 않는 범위 내에서 보완적으로 추진하였다. 1948년 사회부가 신설되고 보건과 노동정책을 함께 수행하다가 1949년 보건부가 신설되어 보건기능이 분리되었다가 1955년 사회부와 보건부가 통합하여 보건사회부가 되었다.◇257 보건사회부는 1994년 보건복지부로 명칭을 변경할 때까지 지속되었는데 그 사이에 다른 사회정책 관련 기관들이 보건사회부로부터 분리되었다. 1961년 상이군경의 원호기능이 군사원호청으로 이관되었고, 1963년 노동청을 외청으로 설치하고, 1980년에는 환경청을 설치하였으며 1981년에는 노동청이 노동부로 승격되었고, 1990년에는 환경청이 환경처로 승격되었다. 2008년에는 국가청소년위원회와 통합하여 보건복지가족부를 설치하였으나 2010년 청소년 및 가족에 관한 사무를 여성가족부로 이관하여 다시 보건복지부로 명칭을 변경하였다. 인구정책의 중요한 구성요소인 보육과 가족정책이 보건복지부와 여성가족부를 오가며 혼선을 초래하게 되었고 현재도 보육정책은 보건복지부에 있고 가족정책은 여성가족부에 있어 가족정책에 관한 통합적 추진 체계는 마련되지 못하고 있다. 노동기능은 산업재해나 근로감독 등이 중심이었고, 적극적 노동시장 정책은 2010년에 고용노동부가 되면서 시도되었다. 한국의 경우에는 사회부가 먼저 설립되고 노동부가 이로부터 분리되었는데 영국, 프랑스, 독일 등 서구에서는 노동운동에 대한 대응으로 노동성이 내무성으로부터 먼저 분리되고 사회정책 부처로 발전한 것과 차이가 있다.

사회정책의 수혜 대상별로 볼 때 한국은 여성정책이 보다 강화되어 있다. 2001년 여성부가 설립되고 2005년 여성정책에 가족정책을 더하여 여성가족부가 되었다가 2008년 가족기능을 보건복지부로 넘기면서 여성부가 되었다가 2010년에는 다시 가족기능을 합쳐서 여성가족부가 되었다.◇258 청소년과 노인은 별도의 책임 장관이 없으며, 청소년위원회로 있다가 보건복지부에 흡수되었다. 한편 교육기능은 정부수립 당시부터 문교부로 출범했으며 1990년 교육부로 명칭을 바꾸고 2001년 교육인적자원부로 다시 명칭을 변경하면서 교육부총리로 지위가 격상되었다.◇259 2013년부터는 사회부총리가 되어 사회관계장관회의를 주재하며 사회정책의 주무부처가 되었다. 서구의 복지국가와 비교할 때 한국은 교육부의 위상이 상대적으로 높고, 사회정책을 총괄하는 사회부총리의 역할을 수행하는 예외적 경우에 해당한다.

한국에서는 예산과 조직을 담당하는 중앙관리기구가 사회정책의 전달체계의 형성에 많은 영향을 미친다. 예산편성권을 지닌 기획재정부는 상위부처로서 권한을 행사하며 대통령의 공약이행과 국가재정계획을 통해 예산지출 목표와 방향을 제시한다. 또한 부처별로 총액범위 내에서 편성해 온 사업예산을 평가하여 내역사업을 조정하거나 사업 자체를 폐지시킬 수도 있다. 이러한 기획재정부의 재정적 통제 기능은 영국 재무부의 통제(Treasury Control)와 유사하며, 과거 경제발전을 우선하는 발전국가의 시기에는 사회정책의 확대를 제어하는 역할을 수행해왔다. 나름대로 설정한 재정준칙인 국가채무 비율이 GDP의 40% 이내로 유지한다는 기준은 기획재정부가 국가재정을 지킨다는 부처의 임무가 반영된 기준이었다. 영국의 재무부의 통제기능과 달리 기획재정부는 경제기획과 조정 기능을 가지고 있어 다른 부처의 자율적인 영역에 까지 의견을 개진하기 때문에 실질적으로 사회정책을 막후에서 조정하는 역할도 수행하고 있다. 이는 과거 발전국가 시기에 경제발전을 위하여 한정된 자원을 효과적으로 활용하기 위한 수직적 통제 장치의 유산이 사회정책을 수립하는데도 여전히 남아서 영향을 미치고 있는 것으로 보인다. 한편, 정부부처의 신설과 하부조직의 변화에 대해서는 행정안전부의 조직심사를 받아야 하는데 이 과정은 관료 정치적 과정을 통하여 결정되며, 심의결과도 공개되지 않는다. 관료정치의 특성은 자신들의 지위를 유지하는 조직문제에 대하여 민감하게 대응하며, 자신들의 조직에 유리한 방향으로 결정하게 된다. 감염병 대확산(pandemic)과 같은 보건위기 사태에 초동적 대처가 어려운 것은 공공보건의 하부조직이 취약한 것도 하나의 원인이 될 수 있었다. 또한 지방조직과 정원에 대한 통제권을 가지고 있으므로 분권화나 지역화 등을 추진하더라도 지방정부에 대한 핵심적인 통제권인 예산, 조직과 관련된 권한은 잃지 않도록 노력하게 된다.

이러한 제도적 제약 하에서 사회부처는 권력기구들의 거부점을 회피하여 법적 근거를 지니는 정부형 부처보다 보다 유연한 공공기관이나 예산사업을 통하여 법적 근거가 없는 센터들을 육성하게 되며, 부처별로 자신들의 고유한 전달체계를 구축하고자 한다. 중앙집권적 통제 위주의 전달체계는 각각의 중앙부처가 법령에 근거한 사업을 수행하기 위하여 민간시설들에 보조금을 주고 감독하는 체계로 고착되었고, 낮은 시민사회의 성숙도와 민간의 보조금에 대한 의존, 강력한 규제권한으로 인하여 민간영역에서 자체적으로 복지제도가 성장할 수 없도록 하였다. 이는 발전국가적 복지제도의 의도하지 않은 결과(unintended consequences)로 볼 수 있다.

중앙과 지방간의 전달체계를 보면 사회보험의 경우는 주로 준정부조직인 공단을 통하여 제공되고 있고, 공공부조나 사회서비스는 중앙 → 시도 → 시군구(읍면동)로 이어지는 전달체계와 중앙 → 특별행정기관(교육청, 고용센터, 보훈지청 등)으로 연결되는 전달체계로 나뉘어져 있다. 첫째, 사회보험의 전달체계로서 건강보험, 국민연금, 고용보험, 산재보험의 경우는 각각 준공공조직인 국민건강보험공단, 국민연금공단, 근로복지공단, 근로복지공단을 통하여 제공되는데 건강보험의 경우는 건강보험의 적용을 받는 병원 또는 요양기관을 통하여 소비자에게 전달되고, 국민연금의 경우는 국민연금공단과 연금공단지사를 통하여 제공되며, 고용보험의 경우는 근로복지공단이 최초 전달의 책임을 지고 국민에게는 구시군단위로 존재하는 고용센터를 통하여 전달되고, 산업재해보험의 경우는 근로복지공단의 지역본부를 통하여 전달되고 있다. 영유아, 노인, 장애인을 대상으로 하는 사회서비스는 복지부, 보훈처, 여성가족부 등이 기획재정부와의 예산협의를 통해 예산을 배정받아 사업을 수행하는데, 시도, 구시군 단위에서 각각 사업에 따라 중앙, 광역센터, 지역센터를 설립하기도 하고, 사회복지사업법에 따라 사회복지법인이나 민간비영리기관에 위탁하여 사업을 수행하기도 한다. 주거급여는 국토교통부가 담당하는데 산하기관인 LH공사라는 공공기관을 통하여 전달되며, 교육서비스는 교육부가 주관하되 초중등 교육의 경우는 시도교육청-시군구 교육지원청을 거쳐 각급 학교를 통하여 서비스가 전달되고 대학이상의 교육은 교육부를 통해 해당 학교를 통하여 전달된다. 고용서비스의 경우는 고용노동부가 담당하며 시도 단위의 고용청과 시군구 단위의 고용센터를 통하여 전달된다. 문화서비스의 경우는 문화체육관광부를 통하여 국공립 또는 민간 박물관, 도서관, 미술관, 음악예술관 등을 통하여 시민에게 서비스가 전달된다.

한편 지방자치단체를 통한 사회복지서비스 전달체계를 보면 행정안전부가 시도에 국가직을 파견하고, 교부세 및 기타 지방재정 지원, 총액인건비를 통한 정원조정 등을 통하여 일반적인 행정감독 업무를 수행하고 있으나 실제 복지사업을 담당하는 중앙 행정부처는 행정감독체제가 아닌 국고보조나 사업 지침을 통하여 지방자치단체에 위임할 뿐이다.◇260 이러한 상황에서 지방자치단체는 다수의 중앙정부의 관리감독자를 상대해야 하고 복지행정체계의 개편은 지방자치단체의 가장 취약한 부분인 읍면동을 중심으로 이루어졌다.◇261 그러나 복지사무의 폭증에도 불구하고 복지업무의 효율화의 논리에 따라 지자체로 복지업무를 통합함으로써 위계적인 조직구조에 따라 늘어난 사회복지업무가 읍면동 주민센터의 사회복지 공무원에게 집중되는 '깔때기 현상'으로 나타났다.

끝으로 정책 산출로서 제공되는 사회정책들의 특징을 살펴보면 한국의 사회정책은 저소득층의 공공부조와 자활을 위한 국가복지로부터 출발하였고, 경제성장을 앞세운 발전국가의 특성으로 인하여 복지제도는 경제적 효율성을 해치지 않는 범위 내에서 경제부처인 예산당국의 통제 하에서 결정되었다. 공공부조의 경우에는 선별주의에 따라 소득과 근로능력을 심사하며, 여기에 더하여 부양의무자로서 가족이 있는지 여부도 따지고, 공공부조에 더하여 65세 이상의 노인에 대하여 기초연금을 제공하고 있으나 급여수준이 낮고 기초생활보장 수급자인 경우에는 중복 수령이 되지 않는다. 또한 근로장려세제(EITC)를 도입하여 복지급여의 의존성 보다는 자활을 중시하고 있다. 사회보험에서는 자발적인 연대를 통한 조합들이 활성화되고 이것을 국가가 수용한 것이 아니라 국가가 사회보험제도를 기획하여 시민사회를 통제하는 국가 조합주의적 특성을 지니고 있다. 사회보험을 도입하기 위해서는 경제발전 등의 물적 요건이 구비되어야 하므로 산업과 연관성이 있는 산재보험을 제외한 다른 사회보험은 1960년대 초에 제도적 청사진으로만 미리 제시되고 1980년대에 경제발전이 되고 나자 의료보험과 국민연금 등의 중요한 제도가 도입되었다. 한국은 후발 개도국의 입장에서 서구의 사례를 참고할 수 있었으나 의료보험이나 국민연금 등이 사회보험을 관리하는 기구로 정부부처 형태의 청(agency)을 둔 것이 아니라 공단이라는 공공기관을 활용하였다. 경제발전이 총체적인 기획에 따라 이루어진 반면에 복지국가에 대한 총체적인 국가 기획은 없었으며, 시대적 상황에 따라 점증적으로 도입되었기 때문에 부처별로 사회보험이 분산되어 있다. 한편, 사회서비스의 경우는 중앙부처와 지방자치단체별로 역할과 책임이 불분명하기 때문에 다양한 서비스가 난립되어 있고, 유사중복의 우려가 발생하고 있다. 또한 공공전달체계가 부실하기 때문에 예산사업으로 민간에 위탁하여 운영되고 있으며, 2000년대 이후에 도입된 장기요양이나 보육서비스는 신자유주의에 영향을 받아 시장경쟁과 영리형 서비스가 주를 이루고 이는 서비스의 품질을 저하시키는 원인이 되고 있다.

제6절 | 한국 복지국가의 조직화

이상에서 주요 국가별로 복지국가의 조직화와 관련된 제도 변화를 분석한 결과 다음과 같은 시사점을 제시할 수 있다. 첫째, 복지제도의 기원은 구빈복지에 시작되었으나 근대적인 의미에서 복지제도의 발전은 자본주의의 발전과 관련이 있으며, 산업화로 인하여 도시에 거주하는 노동자 계급의 빈곤과 건강 문제에 대응하기 위하여 사회적 부조 또는 사회보험의 방식에 의하여 시작되었다. 둘째, 복지제도의 비약적 발전은 케인즈주의적 경제정책을 통하여 정부의 재정지출을 증가시키면서 이루어졌고, 이 과정에서 영국과 같이 보수와 진보 간의 암묵적 합의에 의하여 복지국가에 대한 컨센서스를 형성하거나 스웨덴과 같이 사민주의 정부의 장기집권으로 복지국가에 관한 일관된 정책이 추진되거나 프랑스와 같이 복지제도에 관한 중장기적 기획(라로크 계획)이 제시되었다. 또한 복지국가의 발전과 더불어 국가 관료제의 성장이 이루어졌고, 내무행정의 일부로 시작된 사회정책과 관련된 행정기능이 점차 고용, 보건, 사회보험 등으로 세분화되어 갔다. 셋째, 노동계급이 조직화되어 정치권력으로 변화한 사회민주주의 국가에서는 보다 보편주의적인 복지를 지향하는 반면에, 자유주의 복지레짐의 국가에서는 선별적인 복지에 머무르고 있다. 넷째, 서구의 복지국가는 모두 1970년대 중반 이후 오일쇼크로 인한 경기침체, 인구고령화, 실업 등으로 복지국가의 구조조정을 경험하였으나 그 방식에 있어서 영미 국가에서는 보다 급진적인 시장자유주의적 개혁을 추진한 반면에, 보수주의 복지레짐의 국가에서는 점진적인 구조조정의 방식을 선택하였다. 다섯째, 사회복지 전달체계에서 다음과 같은 차이점을 확인할 수 있었다. 자유주의 복지레짐은 복지서비스는 잔여적 성격을 지니며, 국가나 가족에 비하여 시장이 중심적인 역할을 수행하고 있고, 보수주의 복지레짐에서는 역사적으로 형성된 조합주의적인 사회보험의 성격이 강하기 때문에 직역별 지역별 조합이 서비스 전달의 주체가 되고 국가는 보충적인 역할을 수행하였으며, 노르딕 사민주의 모델에서는 이해관계를 적극적으로 조정하기 위한 국가의 역할이 중시되며 국가에 의한 조세추출과 보편적 서비스 제공이 강조되었다. 동아시아의 생산적 복지레짐은 경제적 발전에 보다 가치를 둔 국가 관료제가 발달되어 있고, 유교적 사고에 의하여 가족에 의한 돌봄이 이루어지기 때문에 사회서비스의 탈가족화 정도는 높지 않았다.

복지국가 내의 정치행정 및 전달체계에서는 노동계급을 기반으로 하는 사회민주주의적 정당이 정권을 잡은 경우 노동, 사회부처에 힘을 실어주고, 복지국

가의 제도적 확대에 기여했다. 이를 통하여 국가복지의 확대로 이어졌으나 1970
년대 재정위기 이후에는 행정의 분권화와 지방의 역할이 강화되고 있다. 그러나
중앙과 지방의 전달체계를 어떻게 설정하는지 여부는 역사적으로 형성된 중앙행
정과 지방정부의 관계, 연방주의의 채택 여부 등에 따라 다양한 형태로 나타나
고 있다. 스웨덴의 경우 실질적인 정치적 분권화가 가장 발전되어 있고, 복지서
비스의 재원이 지방세로 충당되지만 영국의 경우에는 실질적인 지방자치로서 주
민자치가 실시되고 있지만 고용과 연금, 보건의 영역에서는 중앙정부를 통해 전
달체계를 구축하고 있으며, 독일의 경우는 연방제에 따라 주의 역할이 강하고,
프랑스와 일본은 수직적 중앙집권체제 하에서 지방분권화를 진행하고 있다. 미
국의 경우는 특수한 경우로서 주정부의 자치권한이 강하지만 연방정부의 재정적
통제와 입법적 권한을 통하여 준수할 기준을 제시하고 있다. 사회정책의 재원
배분과 관련해서는 중앙정부 내의 예산당국과 사회부처간에 협의절차를 제도화
하며, 이견이 있는 경우 행정수반에 의한 정치적 해결을 모색하고 있다. 또한,
저출산 및 고령화라는 신 사회위험에 대응하기 위하여 전달체계의 혁신과 통합
적 서비스 제공에 관심을 가지고 행정 및 재정개혁을 진행하고 있다.

이러한 맥락 하에서 한국 정치행정 및 전달체계의 문제점을 살펴보면 청년
실업 및 노동시장의 양극화, 성장잠재력의 저하 및 서비스 산업의 경쟁력 미비,
저출산 및 고령 사회의 심화와 같은 사회의 구조적 문제점에 직면하고 있음에
도 불구하고, 복지국가로의 전환과 사회구조 개혁을 위한 총체적인 방안을 제시
하고 있지 못하며, 중앙관리부처의 난립으로 인하여 행정효율성이 저하되고 부
처 간에는 칸막이 현상으로 인해 시민들에게 전달되는 행정서비스에 분절성이
증가하고 있으며, 조직이기주의에 따른 관료주의가 팽배해 있다. 이러한 상황으
로는 한국에 닥친 거대한 전환의 위기를 극복할 수 없을 뿐만 아니라 제대로
된 복지국가를 구현하기도 힘든 상황이다.

기존의 정부조직 개편은 경제발전에 따른 국가목표의 실현을 위한 효율적
도구로서 정부조직의 정비, 시장화에 따른 관료조직의 축소, 민주화에 따른 권위
주의 해체라는 정치적 의도에 따라 수시로 조직개편이 이루어졌고, 그 결과 공직

사회의 비효율과 혼란을 초래하였다는 비판이 있다(한국행정연구원, 2017: 466-467).◇262 그러면서 구조변화에 치중한 조직개편은 지양하고 기능조정과 업무혁신 등 소프트웨어 개편 차원의 접근과 정부조직관리 법령 체계에 부합하는 조직개편을 주장한다. 기존의 정부조직 개편이 정치적으로 이루어지고 토론이 없이 전격적으로 집행됨으로 인하여 부작용이 많았다는 점은 맞지만 복지국가로서의 사회적 전환을 앞두고 이에 부합하는 행정시스템을 구축하기 위한 정부조직 개편은 그동안 시도되지 않았고, 기존 행정조직이 잘못된 것이라면 이러한 제도적 제약 하에서 조직구성원들의 소프트웨어적인 기능변화로 비효율에 대한 시정이 가능할 것인지도 의문이 있다. 한편, 정치적이고 규모 논쟁적인 조직 개편 대신에 환경변화에 따라 필요한 행정수요에 따라 합의기능, 생산기능, 통합기능, 집행기능에 따라 기능재조정, 조직개편, 인력 재설계 등이 이루어져야 한다는 주장도 있다(김윤권, 2013).◇263

　　현행 정부조직의 체계는 권위주의적일 뿐만 아니라 귤릭(Gulick)이 제시한 부성조직화의 원리에도 맞지 않는데 최상층의 합리적 의사결정을 위하여 명령통일의 원리(unity of order), 통솔의 범위(span of control), 조정의 원칙(principle of coordination)에 따라 참모조직은 단일하면서도 정치적 통제가 가능하도록 설계되어야 하지만 한국의 기획, 예산, 조직, 인사, 법제 등은 행정개혁의 미명 하에 분리와 통합을 거듭한 결과 일반 행정부처의 형태로 분리되어 존재하게 되었고, 대통령실이 있음에도 국무총리실, 기획재정부, 행정안전부, 인사혁신처, 법제처 등 중앙관리조직이 많고 분산되어 행정의 권위주의화 및 공공서비스 정신의 쇠퇴 등의 부작용이 발생하고 있다.

　　여기에 대하여 실질적으로 1990년대 초에 행정쇄신위원회의 활동을 통하여 행정개혁에 영향을 미쳤던 박동서 교수는 다음과 같이 기술하고 있다.

　　"행정수반에게는 발전정책의 구상·결정에 필요한 정보·연구·기획·통제조직이 이에 직결되어야 하며, 미국의 대통령실의 강화, 일본 총리부의 확대 개편안 등이 이러한 경향을 시사하고 있다... 우리의 경우를 보면... 기획·통제기능은 재정경제원과 국무총리실에 있을 뿐만 아니라, 행정관리는 총무처에서 담당하고 있어 통합이라는 점에서 문제시 되고 있다. 이러한 기능이 통합되어 행정수반 직속으로 개편하는 것이 행정관리 상 바람직할 것이다. 그러나 우리의 경우 법제상은 물론 권위주의적 문화로 인하여 이미 강한 대통령의 권한을 더욱 강화한다는 비판을 심하게 받게 된다는 점에서 통합하는 것이 정치적으로 바람직하지 못하며, 당분간 현행대로 지속될 것으로 생각된다(『박동서. 1997. 한국행정론(제4전정판). 법문사. pp. 343-344.』)."

이는 결국 참모적 기능을 수행하는 조직은 통합되어야 하지만 제왕적 대통령제로 권한 집중을 방지하기 위하여 행정부 내의 중앙관리기관을 분산시키고 상호통제하자는 의견으로 보인다. 그러나 이들의 조직을 확대시켜 놓으면 오히려 대통령 권력에는 충성하면서 지시하고 통제하는 부처를 증가시킴으로써 다른 행정서비스 관련 부처들을 사기를 저하시키고 행정부 내의 효율성을 저해하며 관료조직 간의 서열화와 권위주의를 초래할 수 있다. 제왕적 대통령제는 결국 헌법상의 통제 장치로서 국회, 사법부, 헌법재판소 등이 각각의 기능을 제대로 수행할 수 있도록 제도개혁을 하고, 행정부 내의 권위주의 방지와 대민 서비스 중심의 행정을 위해서는 이러한 조직들이 통합되어 민주적으로 선출된 권력의 정치적 통제 하에 두는 것이 바람직하다.

또한 행정조직의 효율적 관리를 위하여 또한 서구의 복지국가의 발전에서 보는 바와 같이 내무성(Ministry of Interior)이라는 포괄행정 조직으로부터 노동, 복지, 보건, 청소년, 여성, 환경 등의 부처가 분리되어 나온 것이 아니라 제한된 사회부처로부터 분리되었기 때문에 보건, 복지, 사회보험, 청소년 등의 영역에서는 하위의 공공전달체계가 제대로 구축되지 못한 채로 파편화되어 있다. 민주화 이후 발전국가의 해체에 급급했던 행정개혁은 장기적으로 국가운영의 방향과 복지국가라는 국가 비전에 따라 설계된 것이 아니었다. 장기적인 국가의 발전방향을 고려하여 합리적인 정부조직이 설계되고 그것이 지속될 수 있는 토대를 만들 필요가 있는 것이다. 향후 정치인, 관료, 전문가, 국민들로 구성된 정부조직 개편 위원회를 구성하여 장기적으로 소통하면서 사회적 합의를 할 수 있는 정부조직의 개편이 있어야 할 것이며, 그 방향은 저출산·고령화 문제의 해결, 세 조업의 쇠퇴와 안정적 일자리의 감소 문제의 해결, 지속가능한 성장과 사회 통 합을 동시 달성하고 국민들에게 생애주기별로 공공서비스를 효과적으로 제공하 기 위하여 정부조직이 재설계되어야 할 것이다.

한국형 복지레짐과 행정체계는 반드시 영미의 시장주의만을 따를 필요가 없 으며, 강한 국가성을 이용하여 시장, 공동체, 가족 등의 사회제도가 각자의 역할 을 수행하고, 사회적 약자에 대하여 인간다운 삶을 보장하며, 노동 세대에 대해 서는 일자리와 복지를 함께 제공함으로써 세대 간의 지속가능성이 보장될 수 있어야 한다. 그러기 위해서는 정치행정체계의 전체적인 구조와 운영에 관한 국 가개혁, 관료제의 행태변화를 위한 인식개선, 지방분권화를 위한 행정개혁 등의 과제가 필요하다. 행위자의 행태는 일정한 구조적 제약 하에서 결정되는 것이므 로 정치와 행정의 관계에 관한 헌법적 제도, 행정부 내의 조직구조, 지방분권화 를 위한 제도개혁 등이 일체적으로 이루어지면서 중장기적으로 행정인의 행태 변화를 유도하여야 할 것이다.

첫째, 대통령으로의 과도한 권한집중과 중앙집권화의 문제는 국회와 사법부 의 견제 권한을 강화함으로써 이루어질 수 있고, 책임총리제를 통한 민주적 정 당성의 강화 또는 국무총리제의 폐지를 통한 중앙관리기구의 통폐합 등 통치구 조의 개혁이 모색되어야 한다. 정당내부의 민주화와 국민의 정치참여 확대를 전 제로 국회를 상설화하고 감사원을 국회로 이관하여 민주적 통제와 정책기능을 강화하여야 한다. 특히, 행정부 내에 있는 기획, 예산, 법제, 인사, 조직 기능은 통폐합하여 대통령의 강력한 정치적 통제 하에 두되, 국회에 의하여 견제가 가 능하도록 제도적 보완책을 마련한다.

둘째, 복지지출을 최대한 억제하고 정부업무의 효율화에만 중점을 두는 현 행 정부조직관리 체제에 대한 재검토가 필요하다. 행정환경의 변화에 따라 실 질적으로 수요가 필요한 부분으로 행정조직과 인원이 재배치될 수 있도록 행정 개혁이 필요하다. 정부의 조직과 정원관리에 대하여 대통령이 중립적이고 공정 한 전문가 집단의 조언을 받아 국가재정전략회의와 국무회의를 통하여 부처의 통합과 재배치에 대하여 방침을 정하고, 정부조직법의 개정 또는 조직 관리지침을 제시할 필요가 있다. 또한 보건복지, 가족·여성·청소년, 일자리, 문화, 주거, 보육돌봄, 유공자 지원 등 각 부처별로 산재되어 있는 복지업무를 크게 사회적 돌봄과 사회적 급여형태로 나누어 통합적 서비스가 제공될 수 있도록 재편하는 것이 바람직하다. 특히, 사회정책과 관련하여 상호 관련성이 고용, 보건, 복지, 가족, 지방행정 등의 기능은 스웨덴과 같이 큰 범위에서 사회정책이라는 포괄조직(umbrella organization)으로서 정부영역을 설정하고 이 영역에서 책임장관제를 시행함으로써 통합적이고 효과적인 행정이 구현될 수 있도록 하여야 할 것이다.◇264 또한 효율성에만 중점을 두는 행정부 주도의 예산편성을 개선하기 위하여 부처간 이견이 있는 경우 최종 단계에서 대통령의 조정에 의한 정치적 해결을 제도화하여야 한다.

셋째, 중앙과 지방의 관계에서는 복지사무와 재원을 대폭 지방에 이양하고, 중앙정부의 보조금도 지방정부의 재량권을 대폭 인정하는 포괄보조금의 형태로 전환될 필요가 있다. 그러나 국가가 직접적 규제할 필요가 있는 부분은 기존의 특별행정기관을 전환하거나 지방자치단체의 인력을 흡수함으로써 광역단위의 사회서비스 전달을 기획조정하고, 시민들의 필요에 따라 적절한 서비스를 매개해 주는 통합적인 기관이 필요하다. 이는 서구 복지국가의 제도적 발전과정에서 내무행정으로부터 사회정책 부처가 분화되는 과정을 통한 행정기능의 기능적 분화와 같은 국가기능의 수직적 통합(vertical integration) 구조를 만들어 주는 것을 의미한다. 이를 위하여 국가와 지방자치단체, 국가 특별행정기관 간에 적절한 업무의 분장이 필요하다. 시도는 교육과 일반적 복지, 시군구는 돌봄과 문화체육, 환경청소 등의 업무에 주력하고 지방자치단체와 별도로 국민들의 사회적 수요가 큰 정책영역으로서 고용복지가족, 보건, 교육, 보훈, 국토환경 등의 정책영역은 광역 단위의 특별행정기관을 통하여 기획과 예산배분 및 조정이 가능하도록 하고, 시민들과 접점에서 서비스를 제공하는 기관으로 원스톱 행정서비스센터를 설치하여 공공서비스와 관련된 업무를 통합적으로 제공받을 수 있도록 하는 것이 바람직하다. 특히 보건과 안전 영역에서는 반복되는 전염병 등 국가적 재난에 대응하기 위하여 시도 단위의 광역 조지과 기초 지방자치딘체의 조직을 연결하는 수직적 통합체계가 필요하다.

주 석

◇1 박동서. 1997. 한국행정론(제4전정판). 법문사. p. 79.

◇2 복지국가의 조직화 중에 재원에 대해서는 제7장 복지국가의 재원을 통하여 별도로 고찰하고자 한다.

◇3 Easton, David. 1965. A Framework for the Analysis of Political Analysis. Englewood Cliffs: Prentice Hall; Birkland, Thomas A. 2015. An Introduction to the Policy Process: Theories, Concepts, and Models of Public Policy Making(3rd edition). Routledge: Taylor and Francis Group. p. 27.

◇4 Mosher, Frederick C. 1968. The Evolution of American Civil Service Concepts. In Democracy and the Public Service, London: Oxford University Press. pp. 53-98. Mosher는 미국의 행정서비스의 발전과정을 ① 신사에 의한 정부(government by gentleman: 1789~1829), ② 보통사람에 의한 정부(government by the common man: 1829~1883), ③ 선에 의한 정부(government by the good: 1883~1906), ④ 효율성에 의한 정부(government by the efficient: 1906~1937), ⑤ 행정가에 의한 정부(government by the administrators: 1937~1955), ⑥ 전문가에 의한 정부(government by the professional: 1955~)로 구분한 바 있다. 한편 정치사회학자인 로칸(Stein Rokkan)은 국가의 형성과정을 침투(penetration), 통합(integration), 참여(participation), 정체성(identity), 정당성(legitimacy), 배분(distribution)의 6가지 위기 단계로 구분하였다. Rokkan, Stein. 1970. Citizens, Elections, Parties: Approaches to the Comparative Study of the Processes of Development. New York: David McKay. pp. 61-62; Raadschelders, Jos C.N. 2000. Handbook of Administrative History. Transaction Publishers. pp. 80-82.

◇5 Flora, Peter and Jens Alber. 1982. Modernization, Democratization and the Development of Welfare States in Western Europe in. Peter Flora and Arnold J. Heidenheimer. (eds.) The Development of Welfare States in Europe and America. Transaction Publishers. pp. 38-39.

◇6 Christensen, Tom, 2012. Organization Theory and Public Administration. in B. Guy Peters and Jon Pierre (ed.). The Sage Handbook of Public Administration(concise second edition). Sage reference. pp. 136-138.

◇7 김병섭·박광국·조경호. 2000. 조직의 이해과 관리. 대영문화사.

◇8 Stillman Ⅱ, Richard J. 1990. The Peculiar Stateless Origins of American Public Administration and the Consequences for Government Today. Public

Administration Review, 50: 156-167; Higgs, Robert. 1987. Crisis and Leviathan: Critical Episodes in the American Government. The Independent Institute. p. 4. 미국의 건국 초기의 경우는 지방의 보안관, 판사 등이 혼자 근무하는 경우가 많았으며 전쟁이나 경제위기 등 불가피한 사정으로 미국의 정부 규모가 증가하게 된 것으로 설명하고 있다. 정용덕. 1996. 미국 행정(학)의 무(無)국가성이 한국 행정(학) 발전에 미친 영향. 행정논총, 34(1): 33-50.

◇9 Kuhlmann, Sabine and Hellmut Wollmann. 2014. Introduction to Comparative Public Administration: Administrative Systems and Reforms in Europe. Edward Elgar. pp. 10-18.

◇10 Flora, Peter and Arnold J, Heidenheimer. 1982. The Historical Core and Changing Boundaries of the Welfare State. in Peter Flora and Arnold J. Heidenheimer. (eds.) The Development of Welfare States in Europe and America. Transaction Publishers. p. 18.

◇11 Stein, Lorenz von. 1865~1884. Verwaltungslehre. Stuttgart. 8 volumes; 박응격. 1995. Lorenz von Stein의 학문적 생애와 행정사상. 한국행정학보, 29(4): 401-412.

◇12 Egeberg, Morten. 2012. How Bureaucratic Structure Matters: An Organizational Perspective. in B. Guy Peters and Jon Pierre (ed.), The Sage Handbook of Public Administration(concise second edition). Sage reference. pp. 145-146.

◇13 Robbins, Stephen P. 1980. The Administrative Process, 2nd ed. Englewood Cliffs, NJ: Prentice-Hall, Inc. p. 196.

◇14 Raadschelders, Jos C.N. 2000. Handbook of Administrative History. Transaction Publishers. pp. 89-90.

◇15 Gulick, L. H. 1937. Notes on the Theory of Organization. In L. Gulick & L. Urwick (Eds.), Papers on the Science of Administration (pp. 3-45). New York: Institute of Public Administration. p. 112.

◇16 Kaufman, Herbert. 2007. "Administrative Management: Does Its Strong Executive Thesis Still Merit Our Attention?". Public Administration Review. 67(6): 1041-1048.

◇17 조석준·임도빈. 2010. 한국행정조직론. 법문사. pp. 245-247.

◇18 Christensen, Tom. 2012. Organization Theory and Public Administration. in B. Guy Peters and Jon Pierre. (eds.), The SAGE Handbook of Public Administration. London: Sage. p. 136.

◇19 Selznick, P. 1957. Leadership in Administration. New York: Harper and Row.

◇20 March, J.G. and J. P. Olsen. 1989. Rediscovering Institutions: The Organizational

Basis of Politics. New York: Free Press.

◇21 Brunsson, N. and J. P. Olsen. 1993. Organizing Organizations. Bergen: Fagbokforlaget.

◇22 Whitfold, Andrew B. 2012. Strategy, Structure and Policy Dynamics. in B. Guy Peters and Jon Pierre (eds.) The Sage Handbook of Public Administration. London: Sage; Dahlstörm, Carl. 2012. Politics and Administration. in B. Guy Peters and Jon Pierre (eds.) The Sage Handbook of Public Administration. London: Sage.

◇23 Moe, Terry. 1989. The Politics of Bureaucratic Structure. in John E. Chubb and Paul E. Peterson. (eds.) Can the Government Govern? Washington, DC: Brookings Institution. p. 267.

◇24 Long, Norton E. 1949. Power and Administration. Public Administration Review, 9(4): 257-264.

◇25 Allison, G.T. 1971. Essence of Decision: Explaining the Cuban Missile Crisis. Boston, MA: Little, Brown.

◇26 Niskanen, W. 1971. Bureaucracy and Representative Government. Chicago, IL: Aldine-Atherton.

◇27 Dunleavy, Patrick. 1991. Democracy, Bureaucracy and Public Choice. Harlow: Prentice Hall.

◇28 Lawrence, P. R. and L. W. Lorsh. 1967. Organization and Environment: Managing Differentiation and Integration. Boston, MA: Graduate School of Business Administration, Harvard University.

◇29 Hannan, M. & J. Freeman. 1977. The population ecology of organizations. American Journal of Sociology, 82(5): 929-964.

◇30 Frederickson, George H. and Kevin B. Smith. 2003. The Public Administration Theory Primer. Westview Press. p. 37.

◇31 Wood, Dan and Richard Waterman. 1994. Bureaucratic Dynamics: The Role of Bureaucracy in a Democracy. Boulder: Westview Press.

◇32 Lægreid, P. and J. P. Olsen. 1984. Top Civil Servants in Norway: key players-on different teams? in E.N. Suleiman (ed.), Bureaucrats and Policy-Making. New York; Holmes and Meier.

◇33 Rhodes, R.A.W. and P. Dunleavy (eds.), 1995. Prime Minister, Cabinet and Core Executive. London: Macmillan.

◇34 Thomson, A. & J. Perry. 2006. Collaboration Processes: Inside the Black Box.

Public Administration Review, 66: 20-32; Stillman Ⅱ, Richard J. 2010. Public Administration: Concepts and Cases(9th edition). Wadsworth CENGAGE Learning. p. 289.

◇35 Ring, Peter Smith and Andrew H. Van de Ven. 1994. Development Process of Cooperative Inter-organizational Relationships. Academy of Management Review, 19(1): 90-118.

◇36 Stillman Ⅱ, Richard J. 2010. Public Administration: Concepts and Cases(9th edition). Wadsworth CENGAGE Learning. p. 288

◇37 Weber, Max. 1921. "Politik als Beruf," Gesammelte Politische Schriften (Muenchen, 1921), pp. 396-450; H.H. Gerth and C. Wright Mills. 1946. (Translated and edited), From Max Weber: Essays in Sociology, pp. 77-128, New York: Oxford University Press.

◇38 Weber, Max. 1922. Wirtschaft und Gesellschaft, part Ⅲ, chap. 6, pp. 650-78. H.H. Gerth and C. Wright Mills. 1946. (Translated and edited), From Max Weber: Essays in Sociology, pp. 77-128, New York: Oxford University Press; Stillman Ⅱ, Richard J. 2010. Public Administration: Concepts and Cases(9th edition). Wadsworth CENGAGE Learning. pp. 51-52.

◇39 Merton, Robert K. 1968. Social Theory and Social Structure. New York: Free Press; 박천오. 2012. 한국 정부관료제. 법문사.

◇40 Ostrom, Elinor, Larry Schroeder and Susan Wayne. 1993. Analyzing the Performance of Alternative Institutional Arrangements for Sustaining Rural Infrastructure in Developing Countries. Journal of Public Communication Research and Theory, 1: 11-45.

◇41 Ostrom, Vincent, Charles M. Tiebout and Robert Warren. 1961. The Organization Government in Metropolitan Areas: A Theoretical Inquiry, American Political Science Review, 55(4): 831-842.

◇42 March, James and Johan Olsen. 1989. Rediscovering Institutions. New York: The Free Press.

◇43 Stillman Ⅱ, Richard J. 2010. Public Administration: Concepts and Cases(9th edition). Wadsworth CENGAGE Learning. pp. 172-173.

◇44 Long, Norton E. 1949. Power and Administration. Public Administration Review, 9(4): 257-264.

◇45 박동서. 1994. 한국에서의 행정이론의 변천. 행정논총, 32(2): 1-123; 박동서. 1998. 한

국행정의 연구와 개혁 ― 궤도수정. 한국행정학보, 32(1): 1-10.

◇46 Lipsky, Michael. 1980. Street-Level Bureaucracy: The Critical Role of Street-Level Bureaucrats. in Jay M. Shafritz and Albert C. Hyde. (eds.) Classics of Public Administration(8th edition). Cengage Learning. pp. 402-409.

◇47 McGregor, Douglas. 1957. Theory Y: Integration of Individual and Organizational Goal in The Human Side of Enterprise. McGraw-Hill. pp. 45-64.

◇48 Dilulio, John, Jr., Gerald Garvey, and Donald Kettl. 1993. Improving Government Performance: An Owner's Manual, Washington D.C.: Brookings Institution; Frederickson, H. George and Kevin B. Smith. 2003. The Public Administration Theory Primer. Westview Press.

◇49 Milward, H. Brinton and Keith Provan. 2000. Governing the Hollow State. Journal of Public Administration Research and Theory, 10: 358-379; Lynn, Laurence E. Jr., Carolyn Heinrich and Carolyn Hill. 2001. Improving Governance: A New Logic for Empirical Research. Washington, D.C. Georgetown University Press.

◇50 Peters, B. Guy and John Pierre. 1998. Governance Without Government? Rethinking Public Administration. Journal of Public Administration Research and Theory, 8: 223-244.

◇51 Provan, Keith and H. Brinton Milward. 1995. A Preliminary Theory of Network Effectiveness. A Comparative Study of Four Community Mental Health Systems, Administrative Science Quarterly, 40: 1-33.

◇52 Pollitt, Christopher, and Geert Bouckaert. 2004. Public Management Reform: A Comparative Analysis. 2nd ed. Oxford: Oxford University Press; Lynn, Laurence E. Jr. 2008. What Is a Neo-Weberian State? Reflections on a Concept and its Implications. The NISPAcee Journal of Public Administration and Policy Special Issue: A Distinctive European Model? The Neo-Weberian State.

◇53 Frederickson, H. George. 1980. New Public Administration. Tuscaloosa, Ala.: University of Alabama Press.

◇54 Meier, Kenneth J. and Lawrence J. O'Tool. 2006. Bureaucracy in a Democratic State: A Governance Perspective. Johns Hopkins University Press.

◇55 박동서. 1997. 한국행정론(제4전정판). 법문사. pp. 383-389.

◇56 Bekke, A.J.G.M. and Frits M. Meer. 2000. Civil Service Systems in Western Europe: An Introduction. in A.J.G.M. Bekke and Frits M. Meer. (eds.), Civil Service Systems in Western Europe. Edward Elgar Publishing. pp. 6-7.

◇**57** Fry, Geoffrey K. 2000. The British Civil Service System. in Bekke, A. J. G. M. and Frits M. Meer. (eds), Civil Service Systems in Western Europe. Edward Elgar Publishing. pp. 12-35.

◇**58** Cronin, James E. 1991. The Politics of State Expansion: War, State and Society in Twentieth-Century Britain. Routledge. p. 23.

◇**59** Knott, Jack H. and Gary J. Miller. 1987. Reforming Bureaucracy: The Politics of Institutional Choice. Prentice-Hall, Inc. pp. 43-44.

◇**60** Beck, Herman. 1995. The Origins of the Authoritarian Welfare State in Prussia. The University of Michigan Press: Ann Arbor. pp. 238-239.

◇**61** Meiniger, Marie-Christine. 2000. The Development and Current Features of the French Civil Service System. in A.J.G.M. Bekke and Frits M. Meer. (eds.), Civil Service Systems in Western Europe. Edward Elgar Publishing. pp. 189-190

◇**62** 박동서. 1997. 한국행정론(제4전정판). 법문사. p. 391.

◇**63** Mosher, Frederick C. 1963. Careers and Career Service in the Public Service. Public Personnel Review, 24(1): 50; 박동서. 1997. 한국행정론(제4전정판). 법문사. p. 392.

◇**64** Kuhlmann, Sabine and Hellmut Wollmann. 2014. Introduction to Comparative Public Administration: Administrative Systems and Reforms in Europe. Edward Elgar. p. 257.

◇**65** 박동서. 1997. 한국행정론(제4전정판). 법문사. p. 513.

◇**66** Maslow, A.H. 1943. A Theory of Human Motivation. Psychological Review 50: 370-396.

◇**67** McGregor, Douglas. 1957. Theory Y: Integration of Individual and Organizational Goal in the Human Side of Enterprise. McGraw-Hill. pp. 45-64.

◇**68** 박동서. 1997. 한국행정론(제4전정판). 법문사. pp. 514-515.

◇**69** Vroom, Victor H. 1964. Work and Motivation. N. Y.: John Wiley and Sons.

◇**70** Maslow, A.H. 1943. A Theory of Human Motivation. Psychological Review 50: 370-396.

◇**71** Herzberg, Frederick. 1968. One time more do we motivate employees? Harvard Business Review(Jan.-Feb.). pp. 53-62.

◇**72** Perry, James and Lois Recascino Wise. 1990. The Motivational Bases of Public Service. Public Administration Review, 50: 367-373.

◇**73** Barnard, Chester I. 1949. Organizations and Management. Cambridge: Harvard

University Press.

◇74 Hollander, Edwin. 1971. Style, Structure and Setting in Organizational Leadership. American Science Quarterly, 16(1): 1-2; 박동서. 1997. 한국행정론(제4전정판). 법문사. pp. 604-605.

◇75 Monihan, D.P., B.E. Wright and S.K. Pandey. 2012. Setting the table: How transformational leadership fosters performance information use. Journal of Public Administration Research and Theory, 22(1): 143-164.

◇76 박동서. 1997. 한국행정론(제4전정판). 법문사. pp. 610-611.

◇77 OECD. 2003. Managing Senior Management: Senior Civil Service Reform in OECD Member Countries. Background Note, 28th Session of the Public Management Committee, 13-14 November, Paris; Halligan, John. 2012. Leadership and the Senior Service from a Comparative Perspective. in B. Guy Peters and Jon Pierre.(ed.). The Sage Handbook of Public Administration. Sage reference. p. 102.

◇78 박동서. 1997. 한국행정론(제4전정판). 법문사. p. 416.

◇79 김병섭. 1995. 경찰공무원의 심리적 탈진 원인 분석. 한국행정학보, 29(2): 449-467.

◇80 Lipsky, Michael. 1980. Street-Level Bureaucracy: The Critical Role of Street-Level Bureaucrats. in Jay M. Shafritz and Albert C. Hyde. (eds.). Classics of Public Administration(8th edition). Cengage Learning. pp. 402-409.

◇81 임도빈. 2004. 정부조직의 새설계: 최고 조정체계를 중심으로. 행정논총, 42(3): 1-25.

◇82 정용덕외. 2014. 현대국가의 행정학(제2판). 법문사. pp. 215-220.

◇83 조석준·임도빈. 2010. 한국행정조직론. 법문사.

◇84 Dunleavy, Patrick. 1985. Bureaucrats, Budgets and the Growth of the State: Reconstructing an Instrumental Model. British Journal of Political Science, 15(3): 299-328; 정용덕외. 2014. 현대국가의 행정학(제2판). 법문사. pp. 372-376.

◇85 최태현·임정욱. 2015. 관청형성모형에 기반한 중앙정부 예산점증성 분석. 한국행정학보, 51(2): 389-420.

◇86 Gilbert, Neil and Paul Terrell. 2013. Dimensions of Social Welfare Policy. Pearson.

◇87 Bochel, Catherine. 2016. State Welfare. in Pete Alcock, Tina Haux, Margaret May and Sharon Wright (eds.), the Student's Companion to Social Policy. Wiley Blackwell Press. p. 246

◇88 Holden, Chris. 2016. Commercial Welfare. in Pete Alcock, Tina Haux, Margaret May and Sharon Wright (eds.), the Student's Companion to Social Policy. Wiley Blackwell Press. p. 252.

◇89 Kendall, Jeremy. 2016. Voluntary Welfare. in Pete Alcock, Tina Haux, Margaret May and Sharon Wright (eds.), the Student's Companion to Social Policy. Wiley Blackwell Press. pp. 265-266.

◇90 Putnam, Robert D. 2001. Bowling Alone: The Collapse and Revival of American Community. Simon and Schuster. p. 19.

◇91 유현종·정무권. 2018. 한국 사회적경제 거버넌스와 지역발전. 지역발전연구, 27(2): 37-38.

◇92 Salamon, L. M. and W. Sokolowski. 2016. Beyond nonprofits: Reconceptualizing the third sector. Voluntas. 27: 1515-1545.

◇93 Defourny, J., K. Grønbjerg, L. Meijs, et al. 2016. "Voluntas Symposium: Comments on Salamon and Sokolowski's Re-conceptualization of the Third Sector." Voluntas. 27: 1546-1561.

◇94 UN Statistics Division. 2003. Handbook on nonprofit institutions in the system of national accounts. New York: UN Statistics Division.

◇95 Gilbert, Neil and Paul Terrell. 2013. Dimensions of Social Welfare Policy. Pearson. p. 7.

◇96 Pickard, Linda. 2016. Informal Welfare. in Pete Alcock, Tina Haux, Margaret May and Sharon Wright (eds.), the Student's Companion to Social Policy. Wiley Blackwell Press. p. 272.

◇97 Pierre, Jon and Guy P. Peters. 2000. Governance, Politics and the State. Basingstoke: Macmillan. p. 7.

◇98 Goldsmith, S. and W. D. Eggers. 2004. Governing by Network. The New Shape of the Public Sector. Washington, DC: Brookings Institution Press.

◇99 Rhodes, R.A.W. 2000. 'Governance and Public Administration' in J. Pierre (ed.), Debating Governance. Oxford: Oxford University Press.

◇100 Mayntz, R. 1993. 'Governing Failures and the Problem of Governability: Some Comments on a Theoretical Paradigm' in J. Kooiman (ed.), Modern Governance: New Government-Society Interactions. London: Sage; Sørensen, E. and J. Torfing (eds). 2007. Theories of Democratic Network Governance. Basingstoke: Palgrave.

◇101 Stoker, G. 1998. Governance as Theory: Five Propositions. International Social Science Journal. 50(1): 17-28; 이명석. 2001. 거버넌스의 개념화: 사회적 조정으로서의 거버넌스. 한국행정학보 제36권 제4호, pp. 321-338.

◇102 Foucault, Michel. 1982. The Subject and Power. In Michel Foucault. Beyond

Structuralism and Hermeneutics. Chicago: Chicago University Press; Dryzek, John S. and Patrick Dunleavy. 2009. Theories of the Democratic State. NY: Palgrave Macmillan.

◇103 Agranoff, Robert and Michael McGuire. 2003. Collaborative Public Management: New Strategies for Local Governments. Washington, D.C.: Georgetown University Press. p. 4.

◇104 Daly, Guy and Howard Davis. 2016. Local Governance. in Pete Alcock, Tina Haux, Margaret May and Sharon Wright (eds.), the Student's Companion to Social Policy. Wiley Blackwell Press. p. 321.

◇105 Kuhlmann, Sabine and Hellmut Wollmann. 2014. Introduction to Comparative Public Administration: Administrative Systems and Reforms in Europe. Edward Elgar. pp. 222-224.

◇106 Gulland, Jackie. 2016. Accountability for Welfare in Pete Alcock, Tina Haux, Margaret May and Sharon Wright (eds.), the Student's Companion to Social Policy. Wiley Blackwell Press. pp. 313-318.

◇107 Finer, Herman. 1941. Administrative Responsibility in Democratic Government. Public Administration Review, 1(4): 335-350; 유현종. 2015. 국가적 재난관리의 책임성과 확보방안. 한국행정학보, 49(4): 419-450. 사전적인 의미로서 책임을 진다는 것은 그 자신의 행위에 대하여 다른 사람이나 기관에 대하여 설명을 해야 한다는 것을 의미한다(Oxford English Dictionary, Friedrich, 1940). 책임성(responsibility)은 이러한 법적인 의미의 객관적 책임성뿐만 아니라 양심이나 도덕적 의무로서 주관적 책임성도 포함하고 있다.

◇108 Cooper, Terry L. 2006. The Responsible Administrator: An Approach to Ethics for the Administrative Role. Jossey-Bass[행정사상과 방법론 연구회 옮김. 2013. 공직윤리. 조명문화사]. p. 82. 정치와 행정의 관계에서 책임성의 성질과 확보방법에 관한 외적 통제를 강조하는 입장(Herman Finer)과 내적 통제를 강조하는 입장(Carl J. Friedrich)간의 논쟁이 있다. 파이너(Finer)는 책임 있는 행정을 구현하기 위해서는 정치적 통제가 가장 중요하며, 법과 제도를 이용한 외적 통제를 통한 객관적 책임성을 확보하고자 하였다(Finer, Herman. 1941. Administrative Responsibility in Democratic Government. Public Administration Review, 1(4): 335-350.). 이에 대하여 프리드리히(Friedrich)는 정치적 통제만으로는 행정인의 창의적 행동을 유발하기에 부족하며 행정적 책임성에 영향을 미치는 두 가지 요소로 기술적 지식(technical knowledge)의 내면화, 대중적 감정(popular sentiment)을 제시하고 이를 통한 내적 통제를 강조하였다(Friedrich, Carl J. 1935. Responsible Government Service Under the American

Constitution. in C. J. Friedrich and others (eds.), Problems of American Public Service. New York: McGraw-Hill; Friedrich, Carl J. 1940. Public Policy and the Nature of Administrative Responsibility in Carl J. Friedrich and Edward S. Mason, (ed.). Public Policy. Cambridge, Mass.:Harvard University Press.). 외적 통제를 강조하는 입장은 Weber의 계층제적 관료제에 초점을 두고 있으며 합리적 도구모형의 이론적 기반이 되었다. 내적 통제를 강조하는 입장은 공직에 앞서 시민적 의무를 강조하는 입장으로 발전하여 신행정학(new public administration)의 기초가 되었다.

◇109 Stillman, Richard J. II. 2010. Public Administration: Concepts and Cases. Wadsworth, Cengage Learning. pp. 438-441.

◇110 Cooper, Terry L. 2006. The Responsible Administrator: An Approach to Ethics for the Administrative Role. Jossey-Bass[행정사상과 방법론 연구회 옮김. 2013. 공직윤리. 조명문화사].

◇111 유현종. 2015. 국가적 재난관리의 책임성과 확보방안. 한국행정학보, 49(4): 419-450.

◇112 Friedrich, Carl J. 1940. Public Policy and the Nature of Administrative Responsibility in Carl J. Friedrich and Edward S. Mason. (ed.). Public Policy. Cambridge, Mass.:Harvard University Press. pp. 3-24.

◇113 Fox, Charles J. and Clarke E. Cochran. 1990. Discretion Advocacy in Public Administration Theory: Toward a Platonic Guardian Class? Administration and Society, 22: 249-271.; Cooper, Terry L. 2006. The Responsible Administrator: An Approach to Ethics for the Administrative Role. Jossey-Bass. p. 47-53.[행정사상과 방법론 연구회 옮김. 2013. 공직윤리. 조명문화사].

◇114 Gilbert, Neil and Paul Terrell. 2013. Dimensions of Social Welfare Policy (8th edition). Person. pp. 66-67.

◇115 Ibid. p. 154.

◇116 최성재·남기민. 2008. 사회복지행정론. 나남.

◇117 Chambers, Donald. E. and Jane Frances Bonk. 2013. Social Policy and Social Programs: A Method for the Practical and Social Programs. Pearson. pp. 114-119.

◇118 Daly, Mary and Jane Lewis. 2000. The Concept of Socal Care and the Analysis of Contemporary Welfare States. British Journal of Sociology, 51(2): 281-298; 유현종. 2014. 사회서비스 전달체계의 비교복지국가론적 분석: 사회적 돌봄 서비스의 5가지 복지레짐 비교를 중심으로. 한국행정연구, 23(1): 1-38.

◇119 Powell, M. (ed.) 2007. Understanding the Mixed Economy of Welfare, Bristol: Policy Press.

◇120 Rapp, C. A. and R. Chamberlain. 1985. Case Management Services to the Chronically Mentally Ill. Social Work, 28. pp. 16-22; 유현종. 2016. 한국 복지전달체계의 제도적 변화와 지속성. 한국행정학회 동계학술대회 발표논문에서 재인용.

◇121 Rapp. C. A. 1998. The Strength Model. Oxford: Oxford University Press. p. 170.

◇122 Tucker, D. J. 1980. Coordination and Citizen Participation. Social Service Review, 54(1).

◇123 정광호. 2007. 바우처 분석: 한국과 미국을 중심으로. 행정논총, 45(1): 61-109.

◇124 김 인. 2010. 사회복지 서비스 전달에 있어서 바우처 제도의 시장경쟁성과 수급자 선택권이 서비스 질에 미치는 영향, 한국행정논집, 22(2): 397-425.

◇125 이현주·정익중. 2012. 아동복지서비스 전달체계의 복지혼합과 공공의 역할 재구축. 한국사회정책, 19(1): 65-94.

◇126 금현섭·김민영·백승주. 2011. 기관경쟁과 이용자선택이 사회서비스만족도에 미치는 영향: 아동대상 대인서비스를 중심으로. 지방정부연구, 15(4): 153-176.

◇127 박동서. 1997. 한국행정론(제4전정판). 법문사. pp. 365-366.

◇128 상게서. pp. 374-375.

◇129 Kuhlmann, Sabine and Hellmut Wollmann. 2014. Introduction to Comparative Public Administration: Administrative Systems and Reforms in Europe. Edward Elgar. pp. 133-138, 140-144.

◇130 Wright, Deil S. 1974. Intergovernmental Relations: An Analytical Overview. Annals of the American Academy of Political Science. Vol.416: 1-16.

◇131 Derthick, Martha. 1987. American Federalism: Madison's Middle Ground in the 1980s. Public Administration Review, 47(1): 66-74.

◇132 Agranoff, Robert. 2006, "Inside Collaborative Networks: Ten Lessons for Public Managers." Public Administration Review, 66: 56-65.

◇133 Kuhlmann, Sabine and Hellmut Wollmann. 2014. Introduction to Comparative Public Administration: Administrative Systems and Reforms in Europe. Edward Elgar. pp. 143-144

◇134 박동서. 1997. 한국행정론(제4전정판). 법문사. p. 375.

◇135 이 부분은 유현종. 2014. 사회서비스 전달체계의 비교복지국가론적 분석. 한국행정연구, 23(1): 1-38. 의 내용을 대폭 보완하고 새로운 내용을 추가하여 작성하였다.

◇136 Stillman II, Richard J. 1990. The Peculiar Stateless Origins of American Public Administration and the Consequences for Government Today. Public Administration Review, 50: 156-167; Skocpol, Theda. 1987. "A Society without a

'State'? Political Organization, Social Conflict, and Welfare Provision in the United States." Journal of Public Policy 7(4): 349-371.

◇137 Dryzek, John S. and Patrick Dunleavy. 2009. Theories of the Democratic State. NY: Palgrave Macmillan. p. 36, 46-50.

◇138 Elderveld, Samuel J. 2007. Poor America: A comparative historical study of poverty in the United States and Western Europe. Lanham, MD: Lexington Books. p. 74-75; Daniel Béland. 2010. What is Social Policy?: Understanding Welfare State. Polity. p. 72.

◇139 Kamerman, S.B. & A. J. Kahn. 1990. Social services for children, youth and families in the United States. Special Issue of Children and Youth Services Review, Vol. 12, Nos. 1/2, pp. 1-179; 이봉주 · 김용득 · 김문근. 2007. 사회복지서비스와 공급체계: 쟁점과 대안. 커뮤니티.

◇140 Esping-Andersen, Gøsta. 1990. The Three Worlds of Welfare Capitalism. Cambridge and Princeton, NJ: Princeton University Press. p. 85.

◇141 Hall, Peter A. and David Soskice. 2001. An Introduction to Varieties of Capitalism, in Peter A. Hall and David Soskice (eds.), Varieties of Capitalism: The Institutional Foundations of Comparative Advantage, Chapter 1, Oxford: Oxford University Press: 1-68.

◇142 Derthick, M. 1987. American Federalism: Madison's Middle Ground in the 1980s. Public Administration Review, 47(1), 66-67.

◇143 Skocpol, Theda and Dewin Amenta. 1988. Redefining the New Deal: World War II and the development of social policy in the United States. In Margaret Weir, Ann Shola Orloff and Theda Skocpol. (eds.) The politics of social policy in the United States. Princeton: Princeton University Press. p. 81-122.

◇144 Wilson, Woodrow, 1887. The Study of Administration. Political Science Quarterly, 2: 197-222; Goodnow, Frank J. 1900. Politics and Administration: A Study in Government. New York: Russell & Russell. pp. 17-26; Knott, Jack H. and Gary J. Miller. 1987. Reforming Bureaucracy: The Politics of Institutional Change. Prentice-Hall, Inc. pp. 15-36.

◇145 Brownlow, Louis, Charles E. Merriam, and Luther Gulick. 1937. Report of the President's Committee on Administrative Management. Washington D.C.: U.S. Government Printing Office. pp. 1-16.

◇146 이정희 · 황혜신. 2010. 행정부의 예산편성 선진화를 위한 제도개선 연구. 한국행정연

구원.

◇147 Johnson, William C. 2014. Public Administration: Partnership in Public Service. Waveland Press, Inc. pp. 55-61. 연방재정주의의 기원은 1913년 6차 수정헌법을 통하여 재무부에 적자예산을 편성할 수 있는 권한을 부여하였고, 연방대법원은 연방정부의 재정지원에 대하여 일정한 조건을 붙이고 주 정부가 조건을 따르든지 또는 보조금을 거부할 수 있는 선택권을 부여하는 것에 대하여 합헌으로 선언하여(Massachusetts v. Mellon 262 U.S. 447, 1923) 연방정부가 재정을 통하여 주정부나 지방정부의 정책에 개입할 수 있는 여지를 부여하였다.

◇148 Congressional Budget Office. 2013. Federal Grants to State and Local Governments. p. 26.

◇149 Steuerle, C.E. and G. Mermin. 1997. Devolution as seen from the budget. Series A, No. A-2. Washington DC: The Urban Institute; Henriksen, Lars Skov, Steven Rathgeb Smith, Annette Zimmer. 2012. At the Eve of Convergence? Transformations of Social Service Provision in Denmark, Germany, and the United States. Voluntas, 23: 458-501.

◇150 Johnson, William C. 2014. Public Administration: Partnership in Public Service. Waveland Press, Inc. pp. 65-66. 주정부가 기초지방정부로 내려 보내는 지원보조금의 약 1/3 정도가 연방정부로부터 나온다.

◇151 박동서. 1997. 한국행정론(제4진정판). 법문사. pp. 413-416.

◇152 Niskanen, W. 1971. Bureaucracy and Representative Government. Chicago, IL: Aldine-Atherton; Dunleavy, Patrick. 1991. Democracy, Bureaucracy and Public Choice. Harlow: Prentice Hall.

◇153 미국 연방정부의 경우 건국 초기에 국무부(1789년), 재무부(1789년), 전쟁부(1789년), 우편부(1792년), 해군부(1798년)로 간소하게 출발하였다가 그 이후 내무부(1849년), 농무부(1862년), 법무부(1870년), 상무부(1903년) 등이 설립되었고, 세계대전과 행정국가로 발전하는 과정에서 상무부로부터 분리된 노동부(1913년)를 시작으로 보훈처(1930년), 국방부(1947년), 보건복지부(1953년), 주택도시개발부(1965년), 교통부(1967년), 에너지부(1977년), 교육부(1979년) 등이 설립이 되었고 911테러 이후 국토안보부(2002년)가 신설되었다. 그리고 전쟁부와 육군, 공군, 해군부는 국방부가 신설되면서 통합되었고, 우편부는 1971년 우편서비스청(postal service)으로 개편되었다. https://en.wikipedia.org/wiki/United_States_federal_executive_departments (검색일: 2019.8.25.

◇154 Castles, Francis G. 2010. The English-Speaking Countries. in Francis G. Castles, Stephan Leibfried, Jane Lewis, Herbert Obinger and Christopher Pierson (eds.) The

Oxford Handbook of the Welfare State. Oxford University Press.

◇155 Adema, Willem and Maxime Ladaque, 2009. How expensive is the welfare state? Gross and net indicators in the OECD Social Expenditure Database(SOCX) (OECD Social Employment and Migration Working Papers, 92). Paris: OECD.

◇156 Howard, Christopher. 1997. The Hidden Welfare State: Tax Expenditures and Social Policy in the United States. Princeton: Princeton University Press.

◇157 Singer, Philip and Scott L. Greer, 2016. Social Policy in the United States. in Pete Alcock, Tina Haux, Margaret May amd Sharon Wright. 2016. The Student's Companion to Social Policy. Wiley Blackwell. p. 476.

◇158 Painter, Martin and B. Guy Peters. 2010. Administrative Traditions in Comparative Perspective: Families, Groups and Hybrids. in Martin Painter and B. Guy Peters. eds. Tradition and Public Administration. Palgrave macmillan, pp. 20-21.

◇159 Sharpe, L.J. 2000. 'The United Kingdom: the disjointed meso' in L.J. Sharpe (ed.), The Rise of Meso Government in Europe, London: Sage, pp. 248.

◇160 Kuhlmann, Sabine and Hellmut Wollmann. 2014. Introduction to Comparative Public Administration: Administrative Systems and Reforms in Europe. Edward Elgar. p. 84-85.

◇161 Flora, Peter and Jens Alber. 1982. Modernization, Democratization and the Development of Welfare States in Western Europe. in Peter Flora and Arnold J. Heidenheimer. (eds.) The Development of Welfare States in Europe and America. Transaction Publishers. pp. 48-51; Harris, Bernard. 2016. Nineteenth-Century Beginnings. in Pete Alcock, Tina Haux, Margaret May and Sharon Wright. The Student's Companion to Social Policy. Wiley Blackwell. pp. 114-115.

◇162 Kuhlmann, Sabine and Hellmut Wollmann. 2014. Introduction to Comparative Public Administration: Administrative Systems and Reforms in Europe. Edward Elgar. p. 83.

◇163 Lodge, Martin. 2010. Public Service Bargains in British Central Government: Multiplication, Diversification and Reassertion? in Martin Painter and B. Guy Peters. eds. Tradition and Public Administration. Palgrave macmillan, p. 100.

◇164 영국에서 공무원(civil servants)은 모든 공공 영역의 종사자(public employees)를 포함하는 것이 아니라 공민의 역량으로 근무하는 국왕의 공무원에는 장관을 포함하는 정치적 또는 사법적 공직, 군인, 경찰, 지방정부 공무원, 준비정부기구(quangos), 국민건강서비스(the National Health Service: NHS), 왕실 직원 등은 포함되지 않는다.

2018년 기준으로 430,075명의 내무 공무원(the Home Civil Service)으로서의 공무원(civil servants)이 있다(Civil Service Statistics of UK, 2018. https://www.gov.uk/government/collections/civil-service-statistics).

◇165 Lodge, Martin. 2010. Public Service Bargains in British Central Government: Multiplication, Diversification and Reassertion? Martin Painter and B. Guy Peters. eds. Tradition and Public Administration. Palgrave macmillan, p. 102.

◇166 Cronin, James E. 1991. The Politics of State Expansion: War, State and Society in Twentieth-Century Britain. Routledge: London and New York. p. 5-11.

◇167 Ibid. pp. 14-17.

◇168 양현모·조태준·서용석. 2010. 영국의 행정과 공공정책. 한국행정연구원.

◇169 House of Commons Committee of Public Accounts. 2013. Managing budgeting in government; OECD. 2005. Modernizing Government: The Way Forward.

◇170 김보영. 2018. 사회보장제도의 기본구조. 한국보건사회연구원(편), 주요국 사회보장제도 6: 영국의 사회보장제도. p. 74.

◇171 Bodenheimer, Thomas and Kevin Grumbach. 2016. Understanding Health Policy: A Clinical Approach. McGraw Hill Education: Lange. pp. 178-179.

◇172 이영찬. 2000. 영국의 복지정책. 나남출판사.

◇173 김용득. 2007. 영국 사회복지서비스의 구조와 서비스 질 관리체계. 보건복지포럼, pp. 76-91.

◇174 손병덕. 2012. 사회보장 관리체계. 한국보건사회연구원(편). 주요국의 사회보장제도: 영국. pp. 50-52.

◇175 Baggott, Rob. 2016. Public Health. in Pete Alcock, Tina Haux, Margaret May and Sharon Wright (eds.), the Student's Companion to Social Policy. Wiley Blackwell Press. pp. 361-362.

◇176 McKay, Stephen and Karen Rowlingson, 2016. Income Maintenance and Social Security. in Pete Alcock, Tina Haux, Margaret May and Sharon Wright. 2016. The Student's Companion to Social Policy. Wiley Blackwell. pp. 338-339.

◇177 안병영. 1984. 복지국가의 태동과정의 비교연구. 한국행정학보 제18권제2호. pp. 431-433.

◇178 박병현. 2017. 복지국가의 비교: 영국, 미국, 독일, 스웨덴의 사회복지의 역사와 변천. 공동체. pp. 253-260.

◇179 Hall, Peter A. and David Soskice. 2001. An Introduction to Varieties of Capitalism, in Peter A. Hall and David Soskice (eds.), Varieties of Capitalism: The Institutional

Foundations of Comparative Advantage, Chapter 1, Oxford: Oxford University Press. pp. 21-27.

◇180 Kuhlmann, Sabine and Hellmut Wollmann. 2014. Introduction to Comparative Public Administration: Administrative Systems and Reforms in Europe. Edward Elgar. pp. 72-73.

◇181 Seibel, Wolfgang. 1996. Administrative Science as Reform: German Public Administration. Public Administration Review, 56(1): 74-81; 행정부 내에서 법률 전문가들에 의하여 법의 해석과 집행은 의회의 입법과는 구별되는 영역으로서 이를 법의 운용(Rechtswendung)이라고 보고 있으며, 19세기말 행정법 중심의 국가체제가 형성되면서 이러한 전통이 자리 잡게 되었다.

◇182 Beck, Hermann. 1995. The Origins of the Authoritarian Welfare State in Prussia: Conservatives, Bureaucracy, and the Social Question, 1815-70. Ann Arbor: The University of Michigan Press. pp. 237-245.

◇183 한편, 공공부문 종사자(Angestellte, public employees)는 주로 계약관계에 따라 채용되며 공권력의 행사와 관련된 업무가 아닌 집행적 업무를 담당하며 파업권이 인정된다.

◇184 Federal Ministry of Labor and Social Affairs. 2010. Wilhelmstraße 49, A building in Berlin with a history. pp. 45-50. https://www.bmas.de/SharedDocs/Downloads/EN/PDF-Publikationen/a139a-hausbroschuere-englisch.pdf?__blob=publicationFile&v=2 검색일: 2020.4.2.

◇185 Bundesministerium der Finanzen. 2008. The Federal Budget System of the Federal Republic of Germany(www.bundesfinanzministerium.de/Content/DE/Standardartikel/Themen/Oeffentliche_Finanzen/Bundeshaushalt/Haushaltsrecht_und_Haushaltssystematik/das-system-der-oeffentlichen-haushalte-anl-engl.pdf?__blob=publicationFile&v=2. 검색일 2013.11.30.)

◇186 Henriksen, Lars Skov, Steven Rathgeb Smith, Annette Zimmer. 2012. At the Eve of Convergence? Transformations of Social Service Provision in Denmark, Germany, and the United States. Voluntas, 23: 479.

◇187 Stöbe-Blossey, S. 2010. Soziale Dienste zur frühkindlichen Bildung und Betreuung. In A. Evers, R. Heinz, and T. H. Olk (eds.) Handbuch der Sozial Dienste. Wiesbaden:VS-Verlag.

◇188 Kuhlmann, Sabine and Hellmut Wollman. 2014. Introduction to Comparative Public Administration: Administrative Systems and Reforms in Europe. Edward Elgar. p. 73.

◇189 https://en.wikipedia.org/wiki/Federal_Ministry_of_Family_Affairs,_Senior_Citizens,_W omen_and_Youth 검색일: 2019.12.6.

◇190 Painter, Martin and B. Guy Peters. 2010. Administrative Traditions in Comparative Perspective: Families, Groups and Hybrids. in Martin Painter and B. Guy Peters. eds. Tradition and Public Administration. Palgrave macmillan, p. 22-23.

◇191 Kuhlmann, Sabine and Hellmut Wollman. 2014. Introduction to Comparative Public Administration: Administrative Systems and Reforms in Europe. Edward Elgar. p. 140.

◇192 대표적인 사회서비스 공급조합으로서 독일 복지협회(the German Welfare Asso-ciations)를 들 수 있다. 협회들은 사회정책의 영역에서 중심적인 위치를 차지하고 있으며 독일 카리타스 연합(the German Caritas Association; catholic), 독일 신교도 복지서비스(the Welfare Services of the Protestant Church in Germany; protestant), 노동자 복지서비스(the Worker's Welfare Service: AWO/social democratic), 비연합자선협회(the Association of Non-Affiliated Charities; Parity), 독일적십자회(the German Red Cross; Red Cross), 독일유대인중앙복지기구(the Central Welfare Agency of Jews in Germany) 등의 대표적인 6개 조직이 있다(Boeßenecker, K.-H. 2005. Spitzenverbände der Freien Wohlfahrtspflege. Eine Einführung in die Organizationsstruckturen und Handlungsfelder der Deutschen Wohlfahrtsverbände. Weinheim/München: Juventus.).

◇193 Henriksen, Lars Skov, Steven Rathgeb Smith, Annette Zimmer. 2012. At the Eve of Convergence? Transformations of Social Service Provision in Denmark, Germany, and the United States. Voluntas, 23: 474.

◇194 Kuhlmann, Sabine and Hellmut Wollman. 2014. Introduction to Comparative Public Admnistration: Administrative Systems and Reforms in Europe. Edward Elgar. pp. 222-223.

◇195 BMAS(Bundesministerium für Arbeit und Soziales). 2015. Sozialbudet 2014; 유근춘. 2018. 사회보장제도의 기본구조. 한국보건사회연구원(편). 주요국 사회보장제도 2: 독일의 사회보장제도. 나남. p. 75.

◇196 Henriksen, Lars Skov, Steven Rathgeb Smith, Annette Zimmer. 2012. At the Eve of Convergence? Transformations of Social Service Provision in Denmark, Germany, and the United States. Voluntas, 23: 472. 보충성의 원칙의 이론적 근거는 좀 더 작은 삶의 단위는 좀 더 큰 삶의 단위가 강제할 수 있는 전체주의적 욕구로부터 보호받아야 하기 때문에 작은 삶의 단위가 스스로 해결할 수 있는 문제에 대하여 국가라는 큰 단위가 개입을 자제해야 한다는 원칙을 말한다(Achinger, Hans u.a.(Hg.). 1952.

Reicht der Lohn für Kinder?, Selbstverlag des Deutschen Vereins für öffentliche und private Fürsorge. 정재훈. 2007. 독일 복지국가와 사회복지서비스. 집문당. p. 58. 에서 재인용).

◇197 Chevallier, Jacques. 1996. Public Administration in Statist France. Public Administration Review, 56(1): 67.

◇198 Painter, Martin and B. Guy Peters. 2010. Administrative Traditions in Comparative Perspective: Families, Groups and Hybrids. in Martin Painter and B. Guy Peters. eds. Tradition and Public Administration. Palgrave macmillan, pp. 21-22.

◇199 Hall, Peter A. and David Soskice. 2001. An Introduction to Varieties of Capitalism, in Peter A. Hall and David Soskice (eds.), Varieties of Capitalism: The Institutional Foundations of Comparative Advantage, Chapter 1, Oxford: Oxford University Press: 20-21.

◇200 ttps://www.thelocal.fr/20190920/five-things-you-need-to-know-about-trade-unions-in-france 검색일: 2019.12.7.

◇201 Esping-Andersen, Gøsta. 1990. The Three Worlds of Welfare Capitalism. Princeton University Press.

◇202 Schmidt, M.G. 2000. Demokratietheorien[Democratic Theories]. 3rd edition, Wiesbaden: VS Verlag für Sozialwissenschaften.

◇203 Meiniger, Marie-Christine. 2000. The Development and Current Features of the French Civil Service System. in A.J.G.M. Bekke and Frits M. Meer. Civil Service Systems in Western Europe. Edward Elgar Publishing.

◇204 Braibant, G. 1998. An Overview of the French administration in F. Gallouedec-Genuys' (ed.), About French Administration, Paris: La Documentation Francaise.

◇205 Meiniger, Marie-Christine. 2000. The Development and Current Features of the French Civil Service System. in A.J.G.M. Bekke and Frits M. Meer. (eds.), Civil Service Systems in Western Europe. Edward Elgar Publishing. pp. 193-196.

◇206 Chevallier, Jacques. 1996. Public Administration in Statist France. Public Administration Review, 56(1): 67.

◇207 Meiniger, Marie-Christine. 2000. The Development and Current Features of the French Civil Service System. in A.J.G.M. Bekke and Frits M. Meer. Civil Service Systems in Western Europe. Edward Elgar Publishing. p. 207.

◇208 Weiss, John H. 1983. Origins of the French Welfare state: Poor Relief in the Third Republic, 1871-1914. French Historical Studies, 13(1): 47-78.

◇209 https://fr.wikipedia.org/wiki/Minist%C3%A8re_de_l%27Int%C3%A9rieur_(France) 검색일: 2019.12.7.

◇210 이러한 상호연대성에 기반한 경제적 조직은 후일 사회적 경제로 발전하게 되는데, 프랑스는 연대성에 기반한 협동조합을 중심으로 사회적 경제가 발전하였다.

◇211 Dutton, Paul V. 2002. Origins of the French Welfare State: The Struggle for Social Reform in France, 1914-1947. New York, Cambridge University Press.

◇212 Hoffmann-Martinot, V. 2006. Reform and modernization of urban government in France. in V. Hoffmann-Martinot and H. Wollmann (eds.), State and Local Government Reform in France and Germany. Divergence and Convergence, Wiesbaden: Springer, pp. 231-251; Kuhlmann, Sabine and Hellmut Wollman. 2014. Introduction to Comparative Public Administration: Administrative Systems and Reforms in Europe. Edward Elgar. pp. 59-61.

◇213 Alternatives économiques, n° 250, septembre 2006, pp. 87‐88; https://fr.wikipedia.org/wiki/Minist%C3%A8re_du_Travail_(France) 검색일: 2019.12.7.

◇214 Saint-Jour, Y. 1980. Le Droit de la Sécurité Sociale. Paris: LGDJ. p. 372; 나병균. 2018. 사회보장제도의 기본구조. 한국보건사회연구원(편). 주요국 사회보장제도 10: 프랑스의 사회보장제도. 나남. p. 65.

◇215 나병균. 상계서. pp. 78-79.

◇216 Dutton, Paul V. 2002. Origins of the French Welfare State: The Struggle for Social Reform in France, 1914~1947. New York, Cambridge University Press; 박창렬. 2012. 주요국의 사회보장제도: 프랑스. 한국보건사회연구원. pp. 15-17. 라로크 계획은 국가의 개입은 최소한으로 하고 국민연대를 통하여 사회보험 위주의 사회보장체계를 설계한 것이며, 단일성, 보편성, 형평성 등의 3대 원칙에 입각하고 있다. 우선 단일성의 원칙이란 업종별, 직종별로 다양한 사회보험을 단일체계로 통일하는 것이고, 보편성의 원칙은 전 국민을 대상으로 사회적 위험을 보호하는 것이며, 형평성의 원칙이란 모든 가입자에게 동일한 급여를 제공하는 것이다. 그러나 실제로 실현된 결과를 놓고 보면 단일성의 원칙은 공무원 등 특수직역 노동자의 반대로 실현되지 못하고 특별레짐, 자율레짐, 농업 및 자영업자 레짐으로 다원적 구조를 지니게 되었고, 보편성의 원칙은 가족, 노령, 건강 부문에서 보편적인 급여가 제공되지 못하고 1978년 가족수당, 1993년 노령연대기금(Fonds de solidarité vieillesse: FSV), 2000년 보편의료보장제도(Couverture maladie universelle: CMU)가 시행되었으며, 형평성의 원칙은 당초 레짐의 설계가 직역별 업종별로 재정 수준이 다르기 때문에 현재까지도 형평성의 논란이 지속되고 있다(Julien Damon. 2010. l'État-providence: des populations inégalement protégées, Cahiers Français, n° 358.).

◇217 Laroque, P. 1993. Au Service de l'homme et du droit, Suvenirs et réfléxions. Comité de l'histoire de la sécurité sociale et Association pour l'étude, pp. 198-199.; 박창렬. 2012. 주요국의 사회보장제도: 프랑스. 한국보건사회연구원. p. 18.

◇218 Dutton, Paul V. 2002. Origins of the French Welfare State: The Struggle for Social Reform in France, 1914-1947. New York, Cambridge University Press.

◇219 박창렬. 2012. 주요국의 사회보장제도: 프랑스. 한국보건사회연구원. p. 30.

◇220 최연혁. 2012. 역사적 전개과정. 한국보건사회연구원(편). 주요국의 사회보장제도: 스웨덴. pp. 12-13.

◇221 Hall, Peter A. and David Soskice. 2001. An Introduction to Varieties of Capitalism, in Peter A. Hall and David Soskice (eds.), Varieties of Capitalism: The Institutional Foundations of Comparative Advantage, Chapter 1, Oxford: Oxford University Press: 18-23.

◇222 Kuhlmann, Sabine and Hellmut Wollman. 2014. Introduction to Comparative Public Administration: Administrative Systems and Reforms in Europe. Edward Elgar.

◇223 박승희·채구묵·김철주·홍세영 외. 2007. 스웨덴 사회복지의 실제. 양서원. p. 16.

◇224 Esping-Andersen, Gøsta. 1990. The Three Worlds of Welfare Capitalism. Princeton University Press; 박병현. 2017. 복지국가의 비교: 영국, 미국, 독일, 스웨덴 사회복지의 역사와 변천. 공동체. pp. 345-346.

◇225 ttps://www.government.se/how-sweden-is-governed/swedish-legislation---how-laws-are-made/ 검색일: 2019.12.8.

◇226 Lundqvist, Asa and Klaus Peterson. 2010. In Experts We Trust: Knowledge, Politics and Bureaucracy in Nordic Welfare States. University Press of Southern Denmark. p. 26.

◇227 Kuhlmann, Sabine and Hellmut Wollman. 2014. Introduction to Comparative Public Administration: Administrative Systems and Reforms in Europe. Edward Elgar. p. 80.

◇228 Blöndel. 2001. Budgeting in Sweden. OECD Journal on Budgeting; Government Office of Sweden. 2013. How Sweden is governed? https://www.government.se/information-material/2013/10/how-sweden-is-governed/ 검색일 2020.4.3.

◇229 Olofsson, J. 2011. Socialpolitik: Vaför, Hur och Till Vilken Nytta? Stokholm: SNS Förlag. p. 153; 최연혁. 2018. 사회보장제도의 기본구조. 한국보건사회연구원(편). 주요국의 사회보장제도 5: 스웨덴의 사회보장제도. 나남. p. 48.

◇230 Kuhlmann, Sabine and Hellmut Wollman. 2014. Introduction to Comparative Public

Admnistration: Administrative Systems and Reforms in Europe. Edward Elgar. p. 81.

◇231 Pierson, Christopher. 2007. Beyond the Welfare State?: The New Political Economy of Welfare. Pennsylvania State University Press. pp. 126-127.

◇232 최연혁. 2012. 역사적 전개과정. 한국보건사회연구원(편). 주요국의 사회보장제도: 스웨덴. pp. 21-27.

◇233 유모토 켄지·사토 요시히로. 2011. 스웨덴 패러독스. 김영사. pp. 272-273.

◇234 https://www.government.se/articles/2019/09/central-government-budget-in-figures/ 검색일 2020.4.2.

◇235 최연혁. 2012. 역사적 전개과정. 한국보건사회연구원(편). 주요국의 사회보장제도: 스웨덴. pp. 28-29.

◇236 박병현. 2017. 복지국가의 비교: 영국, 미국, 독일, 스웨덴의 사회복지의 역사와 변천. 공동체. pp. 334-336.

◇237 大霞会. 1980.『内務省史』第三卷. 原書房. pp. 897-947.

◇238 Hall, Peter A. and David Soskice. 2001. An Introduction to Varieties of Capitalism, in Peter A. Hall and David Soskice (eds.), Varieties of Capitalism: The Institutional Foundations of Comparative Advantage, Chapter 1, Oxford: Oxford University Press. pp. 34-35.

◇239 Weathers, C. 2009. Business and Labor. In William M. Tsutsui, ed., A Companion to Japanese History. pp. 493-510.

◇240 中野晃一. 2013.『戦後日本の国家保守主義 内務·自治官僚の軌跡』. 岩波書店. p. 9.

◇241 Jones, Catherine(ed.). 1993. New Perspectives on the Welfare State in Europe. London: Routledge; Peng, Ito and Joseph Wong. 2010. East Asia. in Francis G. Castles, Stephan Leibfried, Jane Lewis, Herbert Obinger, and Christopher Pierson. (eds.) The Oxford Handbook of The Welfare State. Oxford University Press.

◇242 https://ja.wikipedia.org/wiki/%E5%86%85%E5%8B%99%E7%9C%81_(%E6%97%A5%E 6%9C%AC) 검색일: 2019.12.10.

◇243 이원식. 2006. 일본의 노인개호서비스 공급의 다원화, 시장화에 관한 연구. 한국사회복지정책학회. 사회복지정책, Vol. 27; 조추용. 2012. 최근 사회보장 개혁동향. 한국보건사회연구원(편). 주요국의 사회보장제도: 일본. p. 139

◇244 조추용. 2012. 역사적 전개과정. 한국보건사회연구원(편). 주요국의 사회보장제도: 일본. pp. 15-16.

◇245 상게서. pp. 30-33.

◇246 현외성외. 1992. 복지국가의 위기와 신보수주의의 재편. 대학출판사. pp. 270-271.

◇247 후지무라 마사유키(藤村正之). 2006. 현대 일본 사회보장의 역사: 중앙집권적인 사회복지와 분립형 사회보험의 전개. 이혜경·다케가와 소고(편). 한국과 일본의 복지국가레짐 비교연구: 사회보장·젠더·노동시장을 중심으로. 연세대학교출판부. pp. 80-85.

◇248 한국의 복지국가의 성격에 대해서는 본서 제3장 복지국가의 역사적 전개 제2절 한국 복지국가의 역사적 전개 부분을 참고하기 바람.

◇249 1990년대 이후 복지수요가 확대됨에 따라 지역 자체의 복지전달체계로서 복지사무소를 설치하고자 하였으나 지방 조직권을 행사하고 있는 행정자치부의 강력한 견제로 인하여 실패하였고 2006년 행정자치부의 주도로 주민생활국과 주민복지센터 위주로 조직개편이 이루어졌다(인경석. 2008. 복지국가로 가는 길. 북코리아.).

◇250 먼저 기재부 주관으로 중기재정계획과 국가재정전략회의를 개최하여 Top-down 방식으로 각 부처별로 배정되는 예산액의 한도를 정한 후 각 부처에서는 배정된 한도 내에서 기재부의 예산편성지침에 따라 예산요구서를 기재부에 제출하게 되고, 기획재정부는 각 부처의 예산요구안을 자체세부기준에 따라 1차 조정을 하고 문제 사업에 대하여 2차 심의를 한 후 관계 장관협의회와 당정협의를 거쳐 국회에 제출하게 된다.

◇251 구체적인 조직정원의 결정과정은 공개되지 않으며 각 부처의 담당자가 찾아가서 적극적으로 설득하는 노력정도에 비례하여 규모가 달라진다.

◇252 일본 내각인사국, http://www.cas.go.jp/jp/gaiyou/jimu/jinjikyoku/satei_03.html 검색일: 2019.12.12.

◇253 정부조직법 [시행 1948.7.17.] [법률 제1호, 1948.7.17., 제정]

◇254 중앙부처에 의하여 설치된 각종 센터는 사업의 형태로 이루어지며 별도의 인건비 예산이 편성되는 것이 아니므로 대부분 고용이 불안정한 비정규직이다.

◇255 재정자립도에 대하여 특별회계 세입을 포함하지 않고 지출 부분을 제외하여 지방자치단체의 정확한 재정수준을 파악하기에 부족하다는 비판도 있다. 지방자치단체의 재정자립도는 1999년부터 급격하게 악화되기 시작했으며 2019년 기준 특별·광역시 62.7%, 시도 31.1%, 구시군 18.3%, 자치구 29.8%의 재정자립도를 나타내고 있다(행정안전부. 2019. 지방자치단체 통합재정 개요)

◇256 인사혁신처. 2019. 인사혁신통계연보. p. 1.

◇257 https://ko.wikipedia.org/wiki/%EB%8C%80%ED%95%9C%EB%AF%BC%EA%B5%AD_%EB%B3%B4%EA%B1%B4%EC%82%AC%ED%9A%8C%EB%B6%80 검색일: 2019.12.12. 정부조직의 변천과 관련해서는 행정자치부. 1998. 「정부조직변천사」를 참고하기 바람.

◇258 https://ko.wikipedia.org/wiki/%EB%8C%80%ED%95%9C%EB%AF%BC%EA%B5%AD_%EC%97%AC%EC%84%B1%EA%B0%80%EC%A1%B1%EB%B6%80 검색일: 2019.12.12.

◇259 https://ko.wikipedia.org/wiki/%EB%8C%80%ED%95%9C%EB%AF%BC%EA%B5%AD
_%EA%B5%90%EC%9C%A1%EB%B6%80 검색일: 2019.12.12.

◇260 행정안전부는 지방자치법 제112조 제5항과 지방자치단체에 두는 국가공무원의 정원에
관한 법률에 따라 지방자치단체에 두는 국가공무원의 정원을 관리하고 있으며, 시도의
행정부시장 또는 부지사, 기획관리실장(서울특별시는 제외)은 행정안전부에서 보낸 고
위공무원들이 담당하고 있다.

◇261 그동안 사회복지전달체계 개편을 위하여 1995년 보건과 복지의 연계를 통하여 보건복
지사무소를 시범운영하였고, 2004년~2006년 사회복지사무소를 시범운영하였으나 통합
서비스 및 사례관리를 위한 인력부족과 정치적 관심의 부족으로 중단되었고, 2006년
이후 부터는 전국 시군구를 주민생활지원서비스 전달체계로 개편하면서 보건복지 뿐
만 아니라 고용, 교육, 문화 등 8대 서비스의 연계를 추진하게 되었다. 2009년 6월 이
후에는 관계부처 합동으로 사회복지 전달체계 개선 종합대책을 통하여 '행복e음'이라
는 전산망을 기반으로 읍면동의 주민센터를 통한 서비스 지원연계 체제를 구축하였다
(보건복지부. 2011. 보건복지백서. p. 296).

◇262 한국행정연구원. 2017. 대한민국 정부 조직개편 성찰. 대영문화사. pp. 466-467.

◇263 김윤권. 2013. 정부 조직개편의 조직과 기능별 개편전략. 한국행정학보, 47(3): 49-74.

◇264 이 경우 복지국가의 발전기의 스웨덴의 경우처럼 사회정책 예산이 차지하는 비중과
전문성을 고려할 필요가 있고, 행정안전부는 중립적이고 객관적인 입장에서 사회정책
행정체계를 설계하고 운영하는 것을 지원하는 역할을 하는 것이 바람직하다. 한국의
경우 교육정책의 위상이 높은 편이지만 인구구조의 변화를 고려할 때 교육정책의 전
환도 필요하다.

생각해 볼 문제

① 정치행정체계의 제도적 특징에 따라 복지국가의 행정조직은 어떻게 달라지는가? 19
세기 후반 서구의 복지국가의 시작기에 내무행정으로부터 출발하여 고용, 보건, 복
지, 청소년, 여성 등의 부처가 분화되는 과정을 살펴보고, 각국의 역사적 및 제도적
맥락 하에서 정치행정체계의 제도적 특징이 복지국가의 행정조직과 전달체계에 어떤
영향을 미쳤는지를 알아보자.

② 복지급여의 전달방식으로 국가, 시장, 제3섹터, 직업복지, 비공식복지의 내용과 장단
점은 무엇인가? 복지혼합(welfare mix)이란 무엇이며, 전달체계와 관련하여 복지혼
합이 왜 등장하였는가? 복지혼합적 사회정책 전달체계에서 국가의 역할은 무엇인가?

③ 대통령을 보좌하기 위한 중앙관리기구의 조직화의 원리로서 POSDCORB에 따라 설
치된 미국의 관리예산처(OMB)와 한국의 대통령을 지원하는 참모조직으로 기획재정
부, 행정안전부, 인사혁신처, 법제처 등은 어떻게 다른가? 정치행정 이분론에 입각하
여 대통령을 보좌하는 기구의 역할과 정치행정일원론에 따라 대통령을 지원하는 참
모조직의 역할의 차이에 대하여 조직에 관한 관료정치(bureaucratic politics)의 관점
에서 생각해보고, 정치적 통제 방안에 대해 논의해보자.

읽을거리

사회정책의 조직화와 관련된 조직이론으로 「B. Guy Peters and Jon Pierre. (eds.), The SAGE Handbook of Public Administration. London: Sage.」, 공무원제도의 비교 연구로 「A. J. G. M. Bekke and Frits M. Meer. (eds), Civil Service Systems in Western Europe. Edward Elgar Publishing.」, 행정의 역사적 변화에 대해서는 「Jos C.N. Raadschelders. 2000. Handbook of Administrative History. Transaction Publishers.」, 유럽국가의 지방분권화와 전달체계의 개혁에 관한해서는 「Sabine Kuhlmann and Hellmut Wollman. 2014. Introduction to Comparative Public Administration: Administrative Systems and Reforms in Europe. Edward Elgar.」을 참고하고, 한국의 공무원제도와 조직에 관해서는 「박동서. 1997. 한국행정론(제4전정판). 법문사.」, 「조석준・임도빈. 2010. 한국행정조직론. 법문사.」, 「김병섭・박광국・조경호. 2000. 조직의 이해과 관리. 대영문화사.」 등이 있고, 주요국의 사회보장제도의 비교연구로는 「한국보건사회연구원(편), 2012. 2018. 주요국 사회보장제도」 등이 있다.

사회정책의 재원

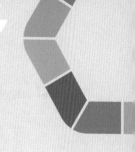

7 사회정책의 재원

---

1. 사회정책과 경제이론

사회정책에는 막대한 재원을 필요하기 때문에 장기적으로 재정적 한계에 직면할 수 있다. 그렇기 때문에 사회정책은 경제정책과 불가분의 관계에 있다. 아래에서는 경제 이론적 측면에서 사회정책을 어떻게 파악하고 있는지를 살펴보고자 한다. 첫째, 신고전파 경제학은 완전경쟁 시장에서 수요와 공급의 균형을 동해서 문제를 해결한다. 여기서 완전경쟁(complete competition)이란 다수의 수요자와 공급자가 있어서 각각의 경제주체들은 시장가격에 대하여 거의 영향을 미치지 않는 시장을 말한다. 그러나 교육, 보건 등의 공공서비스는 시장에만 맡겨두는 경우 서비스를 생산하는데 비용이 많이 들어서 모든 사람에게 충분한 서비스가 제공되기 어려울 수 있고, 소비자가 서비스의 품질에 관한 충분한 정보를 얻을 수 없다면 가격의 신호에 따라 소비자가 선택을 할 수 없는 상황이 초래될 수도 있다. 전자의 경우에는 수요에 비하여 충분한 공급이 발생하지 않게 되고, 후자의 경우에는 불확실성으로 수요가 형성되지 않아서 시장이 제대로 작동하지 않는 시장실패가 발생하게 된다.

둘째, 케인즈주의 경제학(Keynesian Economics)에서는 불균형 시장에서 발생하는 문제를 해결하기 위한 정부의 적극적으로 개입하여야 한다고 주장한다. 예를 들어 교육과 보건 분야에서 외부성으로 인하여 시장에 비하여 충분한 공급이 이루어지지 못하고 있다면 정부가 재정을 투입하여 직접 생산을 하거나 민간에 보조금을 지급함으로써 충분한 공급이 이루어지게 할 수 있다. 케인즈 경제학에서 공공서비스의 생산을 위한 정부의 적극적 역할은 복지국가의 사상과 부합하며, 정부의 규모와 재정의 확대로 큰 정부를 지향하게 된다. 20세기 초중반에 복지국가의 발전은 케인즈 경제학의 아이디어를 활용한 것이라 할 수 있다. 대표적으로 미국에서는 대공황이 도래하자 뉴딜(New Deal) 정책을 통하여 공공일자리와 실업자의 사회보장에 관한 정부의 재정지출을 확대하여 경제위기를 극복한 바 있다. 또한 영국에서도 제2차 세계대전 이후 베버리지 복지국가의 경제정책에 케인즈주의 경제학의 이념들이 제도화되었고, 시장경제의 미시경제학에 초점을 둔 고전파 경제이론과 결합하여 신고전파 통합론(neoclassical synthesis)을 형성하였다(Hall, 1993).[1] 스웨덴에서도 복지국가의 확장기에 스톡홀름(Stockholm) 학파로 불리는 린달(Erik Lindahl), 뮈르달(G. Myrdal) 등이 국가의 적극적인 개입을 통한 공공복지의 지출을 통해 사회보장체계의 틀을 구축하였다(최연혁, 2012: 127-130).[2] 또한 케인즈의 경제이론에 의한 인위적인 개입은 완정고용 상태에서는 작동하지 않고 인플레이션을 제어할 수 없는 한계가 있기 때문에 이를 극복하기 위하여 억제적 재정정책, 완전고용, 물가안정, 국가의 중재 하에 대기업 노조와 중소기업 노조 간의 연대임금제를 통하여 경제성장과 사회복지가 동시에 가능하도록 하는 렌-마이트너(Rehn-Meidner) 경제 모델을 제시하기도 하였다. 스웨덴의 렌-마이트너 모델은 정치적 안정과 정부의 신뢰를 바탕으로 경제정책과 정치를 결합한 것이며, 사회정책이 경제정책과 결합된 것으로 볼 수 있다.

셋째, 국가주도적인 케인즈주의 경제학은 1970년대 후반 국제 석유 가격 상승으로 인하여 인플레이션과 실업을 동시에 유발시키는 스태그플레이션을 가져왔고, 미국의 고정환율제 폐지에 따른 국제적 자본의 이동으로 개방경제에 직면하게 됨에 따라 정부의 국내 경제정책의 자율성이 제한되기 시작하였다. 각국의 정부는 인플레이션 문제를 해결하는 것을 가장 우선적인 과제로 선정하게 되었고, 실업을 해결하기 위한 재정지출 보다는 정부지출을 억제하면서 조세를 감면하고, 장기적으로 화폐 발행의 목표를 고정하면서 단기적인 금융정책을 정책수단으로 활용하는 금융주의(monetarism) 경제학이 각광을 받게 되었다(Alt, 1987: 217).◇3 영국의 대처 정부에서는 실업률의 개선을 위한 재정정책을 줄이는 대신에 물가를 잡기 위한 금융정책에 집중함으로써 소비자 물가를 잡고, 민간의 자율적인 거래를 위한 규제를 철폐하며, 정부의 규모를 축소하기 위한 노력을 시도하였고, 1980년대 미국의 레이건 행정부에서는 정부가 문제의 근원으로 보고 대대적인 감세정책과 함께 정부업무를 민영화하려고 하였다. 금융주의 경제학의 입장에서 사회정책은 국가의 직접적인 서비스 제공을 축소하는 대신에 개인의 근로의욕을 고취하기 위한 복지서비스가 보완적 역할을 수행하고, 실제적 생활에 소비되는 재화에 대한 물가를 안정시킴으로써 가계의 소득을 보완하는 정책수단이었다고 볼 수 있다.

넷째, 케인즈주의적 경제정책에 대한 비판과 대안으로서 금융주의 경제학과 함께 공급중심 경제학도 등장하였다. 1970년대 아서 래퍼(Arthur Laffer)는 조세수입과 세율 간에는 일정 수준의 조세수준을 넘어서면 오히려 세율을 올릴수록 조세수입이 줄어든다는 가설을 제안하였다. 왜냐하면 조세의 증가로 인하여 사중손실(deadweight)이 발생하고 경제주체들의 경제활동을 통한 소득 증가 의욕을 감퇴시키기 때문이다. 이러한 래퍼가설은 레이건 행정부에서 채택되어 대대적인 감세정책과 근로의욕을 고취시키는 근로 장려 세제(EITC)의 도입으로 이어지게 되었다. 즉, 정부의 조세정책을 활용하여 민간의 생산을 늘리려는 경제정책이기 때문에 공급중심 경제학(supply-side economics)이라고 한다. 사회정책적으로는 조세를 통한 국가개입을 축소하는 대신에 개인과 기업 등 민간 경제주체의 활동을 활성화하여 사회적 후생을 증가시키는 등 복지국가의 축소로 나타나게 된다.

위에서 간략하게 살펴본 바와 같이 복지국가는 전쟁과 경제위기라는 자본주의의 위기의 국면에서 대안으로 등장하였고, 국가의 주도적 역할 하에 성장해왔다. 신고전파 경제학이 시장가격의 신축성을 전제로 공급을 중시하는데 비하여 복지국가의 경제이론은 시장경제의 불완전성과 국가의 역할을 강조하므로 케인즈주의 경제학과 밀접한 관련이 있다. 아래에서는 복지국가의 발전기에 케인즈 경제학으로부터 시작하여 복지국가와 관련된 경제이론이 어떻게 변화해 왔는지를 보다 구체적으로 살펴보고자 한다.

2. 복지국가와 케인즈 경제학

케인즈주의 경제학은 대공황과 같은 경제위기 상황에서 정부가 고용을 증가시키기 위하여 사회간접자본에 대한 투자나 사회보장제도의 시행과 같이 적극적인 재정정책을 활용할 것을 강조하였고, 그가 의도하든 하지 않았든 복지국가가 발전하는데 이론적 기초를 제공하였다. 복지국가는 완전고용 하에서 다수의 국민들로부터 세금을 거두어 정부의 사회지출로 사용하기 때문에 케인즈 경제학과 관련성이 매우 크다. 케인즈(John Maynard Keynes)의 「화폐, 재정정책, 경기변동에 관한 일반이론」을 활용하여 사회보험에 관한 연구가 이루어졌고(Harris, 1941),[4] 사회보험이나 사회적 이전을 통하여 총수요를 증가시키는 것은 거시경제의 자동적 안정에 기여하였다(Atkinson, 1996: 9).[5] 케인즈주의 패러다임의 핵심적인 요소는 첫째, 고전파 경제학에서 제시하는 세이의 법칙(Say's Law)과 같이 공급이 수요를 결정하는 것이 아니라 수요가 공급을 창출한다는 것이고, 둘째, 고용주와 노동자 간의 계약이 비교적 장기적으로 체결되며, 노동자들이 명목 임금의 감소에 저항하고 명목임금이 신축적이지 않기 때문에 비자발적인 실업이 발생할 수 있고, 셋째, 가격이 신축적이지 못하므로 화폐 금융정책이 실물경제에도 영향을 미칠 수 있으며, 넷째, 민간 소비와 투자 등 총수요가 부족한 경우 정부가 재정지출을 통하여 생산을 촉진할 수 있다는 것이고, 다섯째, 대외 환율이 고정되어 있기 때문에 국가의 경제정책이 외부 경제로부터 독립적으로 운영될 수 있다는 것이다(Keynes, 1936).[6]

특히 케인즈는 개인적으로 1930년대 미국의 루즈벨트 대통령이 금본위 환율정책을 포기하고, 공공사업을 통한 정부개입, 금융 및 발전시설에 대한 규제, 사회보장 제도 도입 등 뉴딜정책을 시행하는데 중요한 영향을 미쳤고(Thorne, 2010),◇7 영국 재무부는 기존의 고전파 경제학과 케인즈 경제학을 통합하여 신고전파 통합체계를 형성하였고 1970~80년대 통화주의로 정책패러다임이 바뀔 때까지 영국의 거시경제정책의 지침이 되었다(Hall, 1993).◇8 한편 스웨덴의 경우에도 렌-마이트너와 같은 경제학자들이 연대임금을 통하여 완전고용을 보장하고, 여성의 노동참여를 통하여 넓은 조세 기반을 마련하여 정부에 의한 복지지출 그 중에서도 사회서비스에 대한 지출을 확대함으로써 보편적 복지국가의 기초를 형성하였다. 케인즈 경제학은 자본주의 경제 체제의 위기로서 대공황과 세계대전이 발생하게 되자 재발을 방지하기 위하여 정부의 경제정책의 중요성을 강조하였다. 경제를 관리하기 위하여 정부의 개입이 확대되자 정부의 공공지출에 관한 경제이론(theory of public expenditure)도 등장하게 되었고(Samuelson, 1956),◇9 완전고용이라는 정책목표를 달성하기 위하여 예산과 조세 등이 독립변수로 활용되게 되었으며, 이에 따라 정부의 예산도 더 이상 관리의 수단이 아니라 계획과 목표 지향적으로 변화하게 되었다(Schick, 1966).◇10 케인즈주의 경제학은 1960년대에 노동생산성의 증가로 실질임금이 증가하고 완전고용이 달성되어 노동자와 기업이 모두 만족하면서도 친 노동적이고 임금주도의 성장이 이루어지는 복지국가의 황금기를 구가하는 경제이론이 되었다.

3. 복지국가와 공공재 이론

(1) 정부개입의 근거

복지국가를 실현하기 위해서는 재원이 필요하며, 복지, 노동, 교육 등 공공서비스에 대한 지출은 정부지출 중 가장 많은 비중을 차지하고 있는 분야이기도 하다. 시장에 의한 서비스 제공은 정부 실패(government failure)를 해결하기 위한 것으로서 개인적 비용부담이 재원이 되고, 제3섹터에 의한 서비스 제공은 정부재정, 개인적 비용, 기타 자선기부금이 재원이 되며, 비공식적 복지는 민간의 호혜적인 상호부조가 재원이 된다. 이처럼 누가 얼마나 부담할 것인지를 결정하는 것은 사회정책에서 중심적인 과제로 부각되고 있다. 국가에 의한 서비스 제공은 주로 시장실패(market failure)를 해결하기 위한 것으로 정부재정이 재원이 된다. 시장실패의 종류로는 불완전 경쟁, 외부효과, 규모의 경제, 공공재, 정보의 비대칭성, 시장의 불균형, 소득의 외부성 등을 들 수 있다(Barr, 1992).◇11 시장실패를 해결하기 위한 정부개입의 방식은 각각의 시장실패의 유형에 따라 다르다. 불완전 경쟁, 외부성, 규모의 경제의 경우는 규제나 보조금을 활용하여 시장실패를 해결하게 되고, 공공재의 경우에는 공공생산이 효율적인 경우 공공기관을 통한 공급이 이루어지게 된다. 소득외부성의 경우에는 부유한 사람으로부터 가난한 사람으로 소득이 이전되는 경우 보통은 가난한 사람의 효용이 더 많이 증가하고 사회전체의 효용이 감소하지 않는다면 준 파레토 최적의 상태에 이를 수 있다. 물론 소득이전이 부유한 사람들의 자선에 의존할 수도 있지만 여의치 않을 수 있기 때문에 국가에 의한 강제적인 재분배 정책을 통해 소득을 이전할 수도 있다.

　　시장실패 중 정보의 비대칭성의 문제가 있는데, 중고차 거래시장에서 판매자에 비하여 소비자의 정보가 부족한 경우 성능이 좋지 않은 자동차를 구입할 가능성이 있기 때문에 거래가 성립하지 않을 수 있는 레몬시장의 문제가 발생할 수 있다(Akerlof, 1970).◇12 의료보험에서도 보험자가 피보험자에 대한 정보가 부족하고, 피보험자가 의료보험의 보장을 받기 위한 검사 등에 시간이나 비용이 많이 들 수 있기 때문에 의료보험이 제대로 활성화되지 않을 수 있으며, 연금의 경우에도 장래의 불확실성과 독립성의 문제가 제기되는데 돌발적인 인플레이션으로 인하여 연금의 수혜액이 폭락하는 경우 연금제도 자체의 존립이 위태로울 수도 있다. 이 경우 시장 대신에 공공기관에 의한 보험이나 비경쟁적인 배분 방식을 취하는 민간 기관에 의하여 서비스를 제공할 수 있다면 불확실성의 문제를 완화할 수 있다(Arrow, 1963).◇13 사람들은 현재의 소득과 소비에 더 선호를 두기 때문에 연금 같은 장기적 저축에 대해서는 선호도가 낮다. 연금과 의료 등의 사회보험을 시장 기능에만 맡겨두게 되면 행동의 실패(behavioral failure)가 발생하게 되고 사회적 최적 수준의 공급이 이루어지기 어렵다. 이를 해결하는 방법은 정부가 조세나 사회보험의 형태로 재원을 마련한 후 직접 공급하거나 서비스 제공의 품질을 보장할 수 있는 공급자에게 위탁하고 감독을 함으로써 공공재를 공급하는 것이 바람직할 것이다. 복지국가에서 정부는 거대한 저축은행과 같이 행동하게 되며, 사람들의 생애주기별로 발생하는 다양한 필요에 대하여 급여와 서비스를 제공함으로써 인간다운 삶을 누리게 하는 적극적인 역할을 수행하는 것이다.

(2) 공공재 이론

정부개입의 근거로서 모든 사람이 함께 소비하는 깨끗한 공기와 물처럼 비용을 지불하지 않는 특정 개인을 배제할 수 없는 비배제성(non-excludability)이 있는 공공재의 경우 누구도 먼저 자신의 부담으로 공기와 물을 깨끗하게 하기보다는 다른 사람의 행위에 편승하여 혜택을 누리려고 할 것이고 실제로는 자원의 보존이 이루어지기 어려운 무임승차(free-rider)와 집합적 행동(collective action)의 문제가 발생한다(Olson, 1982).◦14 집합적 행동의 실패로 공공재가 제대로 공급되지 않는 문제를 해결하기 위하여 정부가 공공재를 공급하고 무임승차자에게 제재를 가할 수 있다. 여기서 공공새(public goods)란 사적 재화와 달리 특정인을 재화의 소비로부터 배제할 수 없고(non-excludable) 다른 사람의 소비와 경합하지 않는(non-rivalry) 재화나 서비스를 말한다. 한편, 사적 재화(private goods)란 특정인의 소비를 배제할 수 있고, 다른 사람의 소비와 경합하는 재화와 서비스를 말하며, 시장에서의 가격에 따라 생산과 소비가 균형을 이룰 수 있다. 또한 공유재(common goods)란 소비가 경합가능하기 때문에 한 사람의 소비가 다른 사람의 소비를 감소시킬 수 있지만 특정인의 소비를 배제할 수 없는 재화나 서비스를 말한다. 예를 들자면 바다에서의 수산자원이나 깨끗한 환경을 들 수 있다. 클럽재(club goods)란 특정인을 소비에서 배제가능 하지만 다른 사람의 소비와는 경합하지 않는 재화를 말한다. 대표적으로 영화, 헬스장 등과 같이 회원자격이 있는 경우 누구나 함께 이용할 수 있는 재화나 서비스를 말한다. 도로의 경우를 예로 들면 혼잡한 유료도로는 혼잡성으로 인해 한 사람의 소비가 다른 사람의 소비와 경합하고 비용 징수를 통해 소비로부터 배제가 가능하므로 사적 재화이고, 혼잡하지 않은 유료도로는 비용징수를 통해 소비로 부터 배제가 가능하지만 비 혼잡으로 인하여 다른 사람의 소비와 경합하지 않 으므로 클럽재에 해당하며, 복잡한 무료도로는 복잡성으로 인하여 다른 사람의 소비와 경합하지만 무료라는 특성상 배제할 수 없는 재화이므로 공유자원에 해 당하고, 혼잡하지 않은 무료도로는 비 혼잡성으로 인하여 다른 사람의 소비와 경합가능성도 낮고, 무료로서 비배제성도 충족되기 때문에 공공재에 해당한다고 볼 수 있다.

그림 7-1 경합성과 배제가능성에 의한 재화의 분류

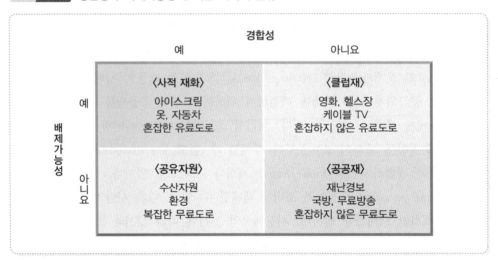

출처: N. Gregory Mankiw. (2016). Principles of Economics, p. 213에서 수정.

시장실패로 인하여 공공재의 적절한 공급이 이루어지지 못하는 경우 정부가 조세나 공공요금을 통하여 재원을 확보한 다음 공공재를 생산하여 시민들에게 제공할 수 있다. 정부가 직접 공공재를 생산하는 경우는 민간에 의해서는 제대 로 공급이 이루어지지 않는 경우이지만 민간과 경합할 수 있는 부분에서는 보

다 효율적으로 생산할 수 있는 주체가 제공하는 것이 바람직하다. 정부가 재정지출을 통하여 공공재를 생산하더라도 최대한 편익/비용 분석(Benefits/Costs Analysis)이나 효과/비용 분석(Effectiveness/Cost analysis)을 거치도록 하는 이유는 이를 통하여 정부지출의 합리성을 제고하기 위한 것이다. 만일 정부가 방만한 재정운용을 하는 경우 사회적으로 필요한 재화나 서비스에 비하여 과대생산될 수 있고, 자원배분의 왜곡을 초래하게 되며, 불필요한 정부조직의 성장으로 인한 X 비효율성, 민간의 창의적인 경제활동의 제약으로 인한 혁신성의 상실 등 정부실패(government failure)를 초래할 수 있으므로 적절한 범위 내에서 정부개입의 규모를 통제할 필요성이 있다.

한편, 정부개입의 근거로서 공공재의 최적공급에 대하여 여러 가지 이론들이 제시되고 있다. 대표적으로 린달(Lindahl) 모형을 들 수 있는데, 케인즈 경제학이 등장하기 전에 공공재를 어떻게 최적 공급할 것인지에 대한 이론적 연구가 이루어졌다. 린달 모형에서는 개인들이 자신들의 한계 편익에 따라 공공재의 가격을 지불하게 되는데 이를 린달세(Lindahl tax)라고 한다(Lindahl, 1958[1919], Johansen, 1963).◇15 따라서 공공재의 최적 공급 수준은 개인의 공공재에 대한 지불의사를 전체적으로 합한 후 개인이 공공재를 한 단위 더 소비하고자 할 때의 지불의사와 공공재를 한 단위 공급하는데 드는 비용이 만나는 지점에서 공공재의 최적 공급이 결정된다. 여기서 린달세는 공공재의 최적 공급량과 개인이 한 단위 더 소비하고자 할 때 지불하고자 하는 금액을 곱하여 결정한다.

아래의 [그림 7-2]를 보면 공공재에 대한 수요자 a, b가 있다고 할 때 B 수준의 공공재 공급량에서는 a는 BC만큼의 비용을 지불할 의사가 있고, b는 BD만큼을 지불할 의사가 있다. 공공재에 대한 사회적 수요곡선은 이를 수직으로 합한 DS인데 사회적 한계편익이 사회적 한계비용 보다 크고 정부가 공급을 담당하므로 사회적 한계편익과 한계비용이 같아지는 J점에서 린달 균형을 이루게 된다. 이 때 공공재의 가격은 a에게는 IE*, b에게는 GE*만큼을 부과하게 된다. 린달 균형은 개인에 의하여 지불되는 단위당 가격이 공공재 공급의 단위당 비용과 일치하는 지점이다. 이는 개인별로 다른 공공재의 가격을 부과함으로써 전체적으로 효율저인 자원배분이 이루어질 수 있음을 제시하고 있다. 이론직으로 린달 모형은 자발적 합의에 의한 효율적 자원배분이 가능하지만 개인들의 진정한 선호를 확인하기 어렵고, 무임승차를 하려고 개인의 진정한 선호를 허위로 표시할 수도 있다. 또한 공공재의 수요자 많은 경우 개별적인 선호를 집계하는 것이 어렵다는 단점도 있다.

그림 7-2 린달 모형에서 공공재의 최적 공급

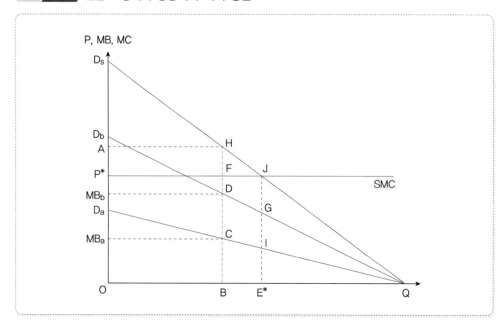

한편, 새뮤엘슨(Paul A. Samuelson)은 개인의 한계효용에 따른 공공재의 공급이라는 린달 모형을 발전시켜 공공지출에 관한 순수이론(pure theory of public expenditure)을 제시하였다(Samuelson, 1954: 386-389).[16] 한 사회를 구성하는 개인들이 공공재와 사적 재화에 간에 선택을 할 때 공공재의 효율적 공급조건은 공공재를 한 단위 더 소비할 때 개인의 효용의 한계 대체율(marginal rate of substitution)과 공공재와 사적 재화를 생산하는데 드는 비용의 한계 전환율

그림 7-3 새뮤엘슨의 공공지출 이론

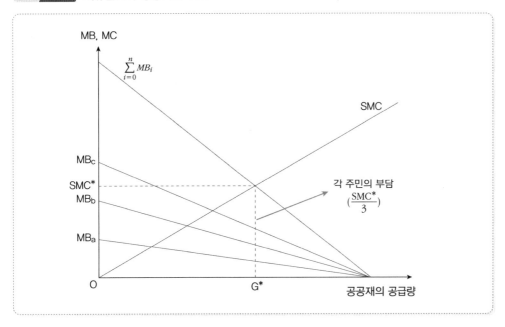

(marginal rate of transformation)이 일치하도록 생산과 소비를 하는 것이며 이는 공공재의 한계효용과 한계비용이 일치하도록 소비하는 것이다. 즉, 사회를 구성하는 각 개인의 공공재의 소비에 대한 한계효용의 합(개인의 공공재에 대한 지불의사)으로서 사회적 한계효용(SMB)과 사회적 한계비용(SMC)이 같아지는 수준에서 공공재의 최적공급량이 결정되며(G*) 이 경우 각 주민은 $\frac{SMC^*}{3}$ 만큼의 비용을 부담하게 된다.

$$\sum_{i=0}^{n} MB_i = SMC$$

새뮤엘슨의 공공지출 모델은 린달 모형과 달리 개인별 한계효용에 따라 공공재의 가격을 차별적으로 부과하는 것이 아니라 개인의 한계효용을 수직적으로 합하여 사회적 한계효용을 도출한 후 공공재의 최적 공급 수준을 결정하고 각각의 개인에 대한 비용을 균등하게 나눈나는 점에서 차이가 있다. 린달 모형에서 제시된 바와 같이 개인들은 자신들의 진정한 선호를 감추고 무임승차를 할 가능성이 크므로 시장기제에 의하여 자발적 교환은 어렵고 정부가 사회적 한계편익과 비용을 추정하여 개인들에게 조세를 부과하는 방식을 택하게 된다. 복지국가의 다양한 서비스도 개인별로 선호가 다르지만 정확한 선호의 표출과 집계가 어렵기 때문에 정부가 사회적 한계편익과 한계효용을 집계하여 공공재의 최적 공급량을 정하고 여기에 필요한 재원을 개인들에게 조세로 부과하게 되는 것이다.

4. 신자유주의적 비판과 대안

1960년대까지는 서구 선진국에서 완전고용을 목표로 하는 케인즈주의 경제학을 통하여 경제성장과 복지국가를 동시에 달성할 수 있었다. 그러나 이것의 전제 조건은 개방 경제 하에서 환율이 고정되거나 국가가 환율을 관리할 수 있고 국내적으로 금융 및 재정정책에서 정부가 자율성을 지닐 수 있다는 것이다. 그런데 1970년대 국제금융시장이 고정환율제에서 변동환율제로 이행됨에 따라 각국의 정부는 국내적으로 경제정책의 자율성을 상실하게 되었고, 오일쇼크와 같은 외부적 위기가 발생하여 정부가 완전고용을 위하여 적극적으로 재정 및 금융정책을 행사할 수 없게 되었으며, 정부의 개입이 오히려 실업과 물가를 동시에 악화시키는 스태그플레이션(stagflation) 현상이 발생하였다.

이러한 상황에서 케인즈주의 경제학과 복지국가는 시장자유주의를 옹호하는 금융론자들에 의하여 비판을 받게 되었다. 이전에도 하이에크(Friedrich A. von Hayek)와 같은 사상가는 케인즈주의적 복지국가에 대하여 정부 관료가 누가 얼마를 지불하고 급여를 받을 지를 결정하기 때문에 권력을 정부 관료제로 이전시키고 시민의 자유와 권리를 억압하는 노예의 길(the Road to Serfdom)이라고 비판한 바가 있다(Hayek, 1944).◇17 이에 영향을 받은 프리드만(Milton Friedman)을 위시한 금융주의자들을 시카고학파(Chicago School)로 부르는데, 케인즈주의

경제학을 비판하면서 정부는 단지 화폐공급을 엄격하게 통제하면서 경제를 관리
해야 한다고 보았다(Friedman amd Friedman, 1979).◇18 1920년대 대공황이 일어
난 원인도 총수요의 부족에 있는 것이 아니라 각국의 정부가 자유 무역을 제한
했기 때문으로 설명한다. 케인즈주의 경제학이 민간 경제를 불안정하고 간헐적
인 재정적 조정이 필요한 것으로 보는데 비하여 금융주의는 민간경제는 안정적
이며, 정부의 재량적 정책이 효율적인 경제활동에 방해가 된다고 본다. 또한 케
인즈 경제학이 주장하는 것처럼 경기변동이 실물경제의 주기나 과도한 임금, 가
격 압력 때문에 발생하는 것이 아니라 화폐 공급의 과도한 변화 때문에 발생하
는 것으로 본다.

이러한 경제적 가정 하에 금융론자들은 정부의 적극적 재정정책과 완전고용
을 위한 정부의 개입이 오히려 시장의 자유롭고 창의적인 경제활동을 저해하므
로 정부가 해야 할 업무의 범위를 정하고 규제를 완화할 것을 제안한다. 정부의
재정적 개입이 줄어들기 때문에 조세를 통한 복지정책 보다는 감세를 통하여
보다 넓은 세원을 확보하고 민간의 경제활동 참여를 촉진하는 공급 중심적 정
책도 주장한다. 그리고 복지국가의 시기에 국가가 직접 제공하던 공공재적 서비
스를 민영화(privatization)하여 시장의 경쟁과 소비자의 선택에 맡기도록 한다. 이
렇게 하여 1970년대에 등장한 이론이 공공선택이론(public choice theory)이다. 그
러나 공공선택이론은 하이에크의 자유주의적 인간관과는 다르게 행위자를 금전
적 이익에 주로 연관된 사적 이익에 따라 합리적으로 행동하는 개인으로 가정
한다(Dryzek and Dunleavy, 2009: 105).◇19 시장에서는 이러한 사적 이익을 추구
하더라고 보이지 않는 손에 의하여 효율적인 자원배분에 이르게 되지만 정부
영역에서는 공익과는 무관하게 관료제의 사적 이익 추구로 자원의 효율적 배분
을 저해하고 부패를 유발한다고 한다고 분석한다.

예를 들자면, 정치적 영역에서 발생할 수 있는 왜곡으로 정부가 시장실패의
결과로서 소득불평등을 개선하기 위하여 개입하더라도 선거에서 중위투표자의
영향력이 크기 때문에 상위층의 부가 가장 빈곤한 사람에게 이전하는 것이 아
니라 중산층에게 이전될 뿐이라고 비판하고(Buchanan and Tullock, 1962),◇20 대

의 민주주의의 의회에서도 이익집단의 활동으로 인하여 보다 조직화된 집단인 기업에게 유리한 규제가 이루어지는 포획(capture) 현상이 발생할 수 있다고 한다(Stigler, 1971).[21] 관료제 내에서는 관료제 스스로의 권한 확대를 위하여 예산을 극대화(budget maximization)하는 전략을 취하는데 정치인들이 이를 감시할 수 있는 정보가 부족할 뿐만 아니라 부처의 예산의 축소는 관련된 기득권을 침해할 수 있기 때문에 필요 이상으로 예산을 증가시키게 된다고 본다(Niskanen, 1971).[22] 아래 [그림 7-4]에서 보는 바와 같이 시장에서 효율적인 자원배분이 일어난다면 공공서비스의 제공에서 한계수익과 한계비용이 일치하는 e점에서 균형이 이루어지고 정부규모는 OQ*만큼 될 것이지만 관료제 내에서 시장에서의 한계비용과 수익과는 다른 수익체계를 지니고 있기 때문에 시장 균형보다 더 많은 OQ₂까지 정부규모를 늘리게 되며 이를 통하여 △P₁P*e의 소비자잉여

그림 7-4 관료제의 예산 극대화 전략

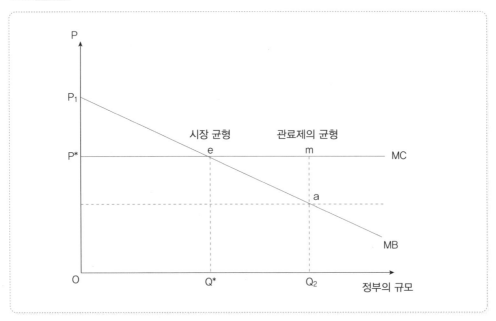

출처: Dunleavy and Dryzek .2009. Theories of the Democratic State. p. 117에서 수정.

가 사라지고 △eam만큼의 낭비가 발생하게 된다. 결국 시장균형에서는 비용을 제외하더라도 △P₁P*e만큼의 소비자 잉여가 발생하여 전체적으로 사회의 편익이 증가하였으나 관료제가 예산극대화 전략을 추구하게 되는 경우 사회적 편익에 비하여 사회적 손실이 더욱 크게 되는 것이다. 또한 사적 이익을 추구하는 관료제는 최고 관리자가 자신들의 편의를 위하여 사용할 수 있는 재량 예산(discretionary budget)에 보다 관심을 가지고 전체 예산은 적게 증가하더라도 재량 예산을 크게 증가시키고자 한다. 특히 자신들의 승진과 지위 유지를 위하여 새로운 자리를 증가시키는 관청형성 전략(bureau shaping strategy)을 택하기도 한다(Dunleavy, 1991).◇23 따라서 정치와 관료제의 지대추구와 부패를 해결하기 위해서는 공공기관을 민영화하고, 공공서비스를 민간 계약자에게 개방하여 경쟁하게 하며, 경제에 대한 규제를 완화하여야 한다는 것이다.

정부 부문의 비효율성에 대해서 시민들이 발에 의한 투표(voting with one's feet)에 의하여 지방정부를 선택할 수 있도록 하자는 제안도 있다(Tiebout, 1956).◇24 티부 모형은 소비자가 쇼핑을 하듯이 서로 다른 공공서비스의 묶음을 다른 요금(세금)에 따라 제공하는 복수의 지방정부를 주민이 이사를 함으로써 선택할 수 있다는 것이다. 이 모형의 기본 가정은 시민들이 자신들의 주거지를 선택할 수 있고, 이사비용이 거의 없으며, 지방정부의 서비스와 세금에 대하여 완전한 정보를 가지고 있고, 선택할 수 있는 충분한 수의 지방정부가 존재하고 있어야 하며, 하나의 지방정부에서 다른 지방정부로 외부성이나 전이효과가 없어야 한다는 것이다. 이러한 가정 하에서 지방정부는 더 많은 주민을 유치하려고 하는데 지방정부 간에 카르텔을 형성하여 동일한 세금을 부과하거나 지방정부간의 조세경쟁을 통하여 평균적인 세금으로 수렴하게 되는 두 가지 행태가 나타날 것으로 보았다. 티부는 카르텔을 형성하는 것은 개인들의 선택권을 제안하는 것으로 바람직하지 못하고 지방정부간의 경쟁을 통하여 더 좋은 공공서비스를 낮은 세금으로 제공하는 것이 완전경쟁의 시장균형처럼 바람직한 상태로 보았다. 그러나 티부 모형은 지방정부의 서비스와 세금에 대한 완전한 정보와 이사비용이 거의 없다는 비현실적인 가정에 기반하고 있고, 주민들로부터의 서비스 사용료로 세금을 부과한다고 되어 있지만 재산세가 지방정부의 세입으로 상당한 비중을 차지하고 있으며, 모든 주민들에게 동등한 세금을 부과한다는 것도 소득분배적인 측면에서는 바람직하지 못하다.

시장경제와 개인의 자유를 중시하는 신자유주의(시장자유주의)는 1980년대 이후 약 20여 년간 서구사회를 풍미하였고, 시장의 효율성에 대한 믿음과 경제 주체의 합리적 기대에 관한 연구로 정부 정책의 효과성에 대한 한계를 주장하였다. 합리적 기대를 가진 경제주체는 정부의 재정 확대를 미래의 조세부담의 증가로 기대하기 때문에 소비를 줄이고 저축을 늘려서 재정정책은 효과가 없을 것으로 보았고, 금융정책은 단기간에 있어 효과가 있지만 장기에 있어서는 효과가 없을 것으로 보았다(Lucas, 1972, Barro, 1977).◇25 합리적 기대이론은 미시적 기초와 거시적 변수를 결합한 경기변동이론에 반영되어 행위자의 미시적 선택과 거시경제의 변동을 연결하는 실물적 경기변동(Real Business Cycle) 이론과 동태적 확률 일반균형(Dynamic Stochastic General Equilibrium)으로 발전하게 된다. 이러한 경제모형은 1990년대 이후 정보통신기술과 행위자와 구조를 결합하는 사회과학의 발전으로 이루어진 것이다. 실물적 경기변동 이론은 기술적 충격이나 생산성의 불완전한 지표와 같은 실물적 원인에 대응하여 경기변동이 발생하므로 정부는 장기적인 구조적 정책에 집중해야 하고, 단기적으로 경제에 개입하는 금융 및 재정정책은 효과가 없다고 주장한다(Kydland and Prescott, 1982).◇26 실물적 경기변동 이론은 이후 합리적 기대를 가진 행위자로서 가계, 기업, 정부의 행위 주체를 포함하고 시장에서의 완전경쟁, 가격의 신축적 조정, 정보의 비대칭성의 부존재, 파레토 최적으로서 완전경쟁을 가정하여 구조로서의 정부정책과 경제주체의 행태 변화를 모두 설명할 수 있는 일반균형 모델로 발전한다(Sbordone et al. 2010).◇27 이 모델은 경제주체의 의사결정에 관한 단순한 가정과 불확실성의 요소를 반영하지 않음으로써 개인들의 비합리적 행위와 도덕적 해이로 인한 경제위기와 위기의 국제적 확산과 같은 경제 시스템 자체의 문제에 대해서는 해결방안을 제시하고 있지 못하다.

5. 신자유주의 이후의 대안들

신자유주의 경제학의 시장의 자율조정과 경제적 효율성에 대한 신념은 금융 규제 완화와 금융기관과 개인의 무분별한 부동산 금융 대출과 투자로 인하여 2008년 미국에서 발생한 금융위기로 근본적으로 흔들리기 시작했다. 은행과 투자회사 등 금융기관이 도산하고 실업과 불황이 다시 오게 되자 정부가 금융기관을 국유화하고 재정정책을 통해 경제에 대한 개입을 강화하기 시작하였다. 그러나 정부의 역할이 강화된다고 하더라도 케인즈주의 경제학이 주류를 이루던 1960년대의 황금기로 돌아가기는 어려웠고, 인구 고령화와 산업구조의 변화라는 구조적 전환에 직면하여 복지국가의 지속 가능성을 높이기 위한 궁핍의 정치 (politics of austerity)가 필요하게 되었다. 복지국가의 보편성의 확대와 재정적 한계라는 모순적 가치간의 충돌로 인하여 영원한 궁핍(permanent austerity)을 어떻게 관리할 것인지가 향후 서구 복지국가의 중요한 과제가 되고 있다(P. Pierson, 2002).◊28

복지국가의 궁핍에 대한 경제학적 접근은 이미 1970년대 후반 신자유주의 경제학을 통하여 시도되었다. 정부 개입의 축소와 준칙에 의한 통화관리를 주장한 통화주의는 1990년대 이후 등장한 금융혁신과 세계적인 금융자유화로 인하여 금융시장이 민간 금융기관의 수익의 장으로 변화되자 실패하게 되었다 (Boyer, 2012).◊29 또한 1990년대는 대 조절(Great Moderation)의 시기로 불리는데 경기불황이 해결되었고, 금융시장의 혁신과 국제적 이동이 증가할 수 있도록 규제를 완화했으며, 이를 통해 금융기관들은 다양한 파생상품을 개발하였는데, 특히 부동산 대출과 관련된 금융상품은 2008년 금융위기의 원인이 되었다 (Konzelmann, 2014).◊30 금융위기를 해결하는 방안으로 확장적 재정 및 금융정책, 은행의 준 국유화, 금융규제의 강화, 불법적 금융거래에 대한 처벌 등 케인즈주의적인 경제정책 등이 시도되었다. 부의 편중의 문제에 대해서도 국제노동기구(International Labour Office)를 중심으로 임금주도 성장(wage-led growth)에 관한 이론과 정책들이 제안되었디(Lavoie and Stockhammer, 2012: 3-13).◇31 저소비의 문제는 케인즈 경제학에서도 경기침체의 중요한 원인으로 제시되었다. 만일 경제구조의 특징이 노동에 대한 분배의 개선이 경제에 유리한 영향을 미치는 임금주도의 사회라면 정부가 노동자의 임금을 상승시키는 정책을 펴는 것이 소비 촉진과 경제성장에 유리하다는 것이다. 임금주도 성장은 우리나라에 소득주도 성장으로 번역되어 소개되었다. 그러나 임금주도 성장의 기본 논리는 임금을 상승시킨다고 무조건 경제성장이 되는 것이 아니라 다소 동어 반복적이기는 하지만 해당 국가의 경제체제가 임금주도 사회이여야 한다는 것이며, 그 조건은 임금이 생산성에 기초하여 결정되어야 하고, 생산의 한계비용이 일정하면서도 단위 비용이 체감하는 미시적 조건 하에서 실질임금의 증가를 통해 소비를 증가시키는 효과가 투자를 위축시키는 효과보다 커야한다는 것이다.

한편, 재정적 제약에 직면하게 되자 정부를 통한 재원조달 대신에 민간의 자금을 복지재원으로 활용하고자 하는 시도도 나타났다. 미국에서는 제3섹터의 경제적 이용이라는 관점에서 비영리조직에 인센티브와 재정지원을 통하여 사회복지 서비스를 제공하도록 하였고, 유럽에서는 사회적 경제라는 측면에서 기존의 협동조합과 사회적 기업을 지역사회 개발과 사회서비스 제공에 활용하는 방안들이 모색되었다(Defourny, 2001).◇32 사회적 성과를 높이기 위한 다양한 금융 수단들이 마련되었고, 민간재원을 활용하여 사회적 경제조직의 활동을 지원하게 되었다. 이러한 사회적 경제의 방식은 시장 자본주의 문제점을 해결하기 위하여 국가와 시장이 아닌 공동체를 활용하여 지역단위 수준에서 공공재를 공급하는 것으로 자본주의와 사회주의와의 관계에서 제3의 대안을 의미하는 것이다(Polanyi, 2001[1944]).◇33

정부재정의 한계에 직면함에 따라 정부재원의 추가적인 투입 없이 사회적으로 바람직한 결과를 유도할 수 있는 행태경제학(behavioral economics)도 주목을 받게 되었다. 특히 사람들의 비합리적인 심리를 활용하여 복지재정의 주요 지출의 원인이 되는 보건의료, 교육, 공동체의 안전 등의 문제에서 시민들의 바람직한 행동을 유도하는 넛지(nudge)전략이 활용되었다(Thaler and Sunstein, 2008).◇34

위에서 살펴본 바와 같이 자본과 노동의 관계에서 국가의 역할이 시대에 따라 변화해 왔으며, 경제위기를 극복하는 과정에서 등장한 케인즈 경제학이 경제위기나 전쟁이 종료한 다음에도 복지국가의 구축에 중요한 역할을 하였고, 복지국가의 위기가 오자 다시 시장주의에 의한 개혁의 물결이 왔다가 제어되지 않는 금융자본으로 경제 위기에 직면하게 되자 다시 정부의 역할이 강조되는 부침을 거듭하고 있는 것이다. 인구고령화와 재정적 제약 하에 적정한 국가채무를 관리하면서 지속적 경제성장의 달성이라는 역설적 상황 속에서 복지국가의 재정적 활동이 전개될 것으로 보인다.

제 2 절 　복지국가의 재정제도

1. 분석틀

복지국가를 실현하기 위해서 많은 재원이 필요하다. 복지국가의 성장을 통하여 국가기구의 팽창도 이루어져 왔고, 재정제도는 복지국가가 작동하기 위한 연료를 공급하는 중요한 역할을 수행한다. 복지국가의 재원은 수입 측면과 지출 측면으로 나누어 볼 수 있다. 정부의 규모가 작을 경우에는 이미 모여진 재원을 어떻게 배분할 것인지에 대한 세출에 더 관심을 두게 되지만 복지국가를 지향하면서 정부의 사업이 증가하는 경우에는 오히려 재원을 어떻게 동원할 것인지에 관한 세입에 대한 관심이 커지게 되었다. 첫째, 정부의 재원 조달 방법을 살펴보면 국가, 시장, 제3섹터(공동체), 비공식적 복지 등에 따라 서비스의 비용을 부담하는 주체 및 방식이 달라지는데 조세, 신용, 외국원조, 적자재정, 관업수입(전매, 수도, 철도, 전기), 교부금(정부기관 간), 민간자본(민자 유치, 수익자부담), 재단 등을 제시할 수 있다(박동서, 1997: 435-445).◇35 사회정책에서 재원은 일반세입 또는 사회보장의 목적으로 징수되는 조세, 고용주나 근로자에 의하여 지불되는 사회보장 기여금, 정부의 재정수입 등이 있다(Morel and Palme, 2013: 403).◇36

첫째, 세입 중에서 조세제도는 복지국가의 재원을 확보하는 중요한 수단이다. 조세(tax)란 국가나 지방자치단체 등 정부활동에 소요되는 경비를 충당하기 위하여 민간으로부터 강제적으로 징수되는 재원을 의미한다. 조세제도의 목적은 공공서비스 지출과 사회보장급여의 정부지출에 대한 재원으로서 세입을 확보하고, 사회의 다양한 계층이 얼마를 부담할 것인지를 결정함으로써 빈부격차를 시정하는 등 재분배정책의 수단이 되며, 정부가 바람직한 방향으로 사람들의 행태를 변화시키는 수단으로서 사용될 수 있다(Adam and Roantree, 2016: 290-291).◇37 한편, 근로 장려를 위한 조세감면은 재정복지(fiscal welfare)로 일컬어지며 국가에 의한 적극적인 공공사회지출 대신에 민간의 경제활동을 간접적으로 지원하는 것으로서 숨겨진 복지국가(hidden welfare state)로 부르기도 한다(Howard, 1997).◇38

둘째, 조세와 유사하지만 조세법률주의의 원칙에 따라 세법에 근거를 둔 것이 아니거나 법적 근거가 없이 부담금이나 공공서비스에 대한 부과금의 형태로 징수되는 부담금이나 수수료 등을 준조세로 칭하는 경우가 있다. 그러나 사회보장기여금도 법적인 근거에 의하여 국가나 지방자치단체에 의하여 강제로 징수된다는 점에서 조세와 같지만 일반 조세와 달리 사회보장기여금은 기여의 원칙이 적용되며 정부의 세입이 아니라 별도로 관리되고 징수기관과 집행기관이 정부와 다른 공공기관이며, 정해진 목적을 위하여 지출되는 점에서 일반적 조세와는 차이가 있다. 셋째, 정부 신용(credit)은 정부가 공공기관의 신용을 근거로 재정 자금을 국내외에서 빌리거나 공채를 발행하여 민간부문으로부터 자금을 조달하는 것을 말한다. 우리나라는 1960년대 경제개발 시기에 재원의 부족 때문에 외채를 빌려 수출주도형 경제발전의 재원으로 활용한 적은 있으나 국내의 사회정책을 위해서 외채를 빌리는 것은 합리적이지 않다. 넷째, 적자재정은 경기불황의 시기에 정부가 재정정책을 통하여 완전고용, 복지정책의 시행을 위하여 정부가 수입보다 지출을 많이 편성하는 것이며, 적자재정을 보완하기 위하여 국채를 발행하고 국가채무가 증가하게 된다. 다섯째, 정부가 직접 사업을 수행하기 보다는 일정한 재정적 인센티브를 제공하고 민간자본을 동원하여 사회적으로 바람직한 사업의 수행에 활용할 수 있다. 특히 복지다원주의에서 시장이나 제3섹터에 재정적 지원을 통하여 사회서비스를 제공하는 경우를 예로 들 수 있다.

　이러한 사회정책의 재원을 조달방식 중에 어느 것을 택할 것인지 여부는 해당 국가의 역사적 전통과 정치 제도적 맥락, 급여의 특징 등에 달려 있다(Morel and Palme, 2013: 403).◇39 첫째, 보편적 급여제도를 채택하고 있는 스웨덴 등의 사민주의 국가에서는 저소득층과 실업자 등도 포함해서 강제적으로 징수되며, 일반 세입으로 지출된다. 둘째, 자산조사(means-test)가 이루어지는 선별적 급여제도를 채택하고 있는 영국과 같은 국가에서는 저 소득자는 징수 대상에서 제외되며, 일반 세입에서 일정 소득 이하의 사람들에게 급여가 제공되고, 셋째, 사회보험 제도가 활용되는 독일이나 프랑스 등의 국가에서는 고용주와 노동자의 기여금으로 재원이 마련되며, 정부가 보충적으로 재정지원을 하고 있다. 재원조달 방식에서 조세기반 제도는 재정제약에 우선순위를 두며, 재정 상황에 따라 탄력적으로 집행이 가능하지만 기여 기반(contribution based) 제도에서는 일반적으로 자발적인 연대를 통하여 형성되었으며, 사회적 지위를 반영하며 보수적인 특징을 나타낸다. 그러나 사회보험 국가에서도 재정적 제약이 있기 때문에 대부분의 국가에서는 PAYG(Pay As You Go)방식을 결합하여 사용하고 있다. 사회적 지출의 결정요인을 살펴보면 사회권(social rights)의 확대를 통해 복지 급여를 받을 수 있는 수급 대상자와 범위가 증가하고 고령화 등으로 사회적 보호에 의존하는 인구 비율이 증가하기 때문에 공공 사회지출이 확대된다(Morel and Palme, 2013: 402).◇40 지출을 통제하고 관리하는 방안으로 법적인 은퇴 연령의 증가, 급여의 축소, 기여기간의 증가는 복지재원의 지출을 감소시킬 수 있고, 중장기적 관점에서 경제성장을 통한 고용의 확대는 고용수준을 증가시키고 이를 통해 조세와 사회보험의 재원을 증가시킬 수 있으며, 가족에 대한 지원확대를 통하여 출산율을 높이고 노인인구에 대한 부양비율을 낮춤으로써 복지급여에 대한 수요를 줄일 수 있다.

　이러한 맥락에서 아래에서 복지국가의 재정의 두 가지 흐름인 수입과 지출과 관련된 제도가 어떻게 변화했는지를 분석할 필요가 있다. 첫째, 사회정책의 재정 제도를 제약하는 요인으로서 국가의 역사적 전통, 사회경제적 배경, 재정

적 제약이 영향을 미칠 수 있다. 둘째, 이러한 제약 하에서 환경으로부터 요구
와 지지가 있게 되며 이는 해당 국가의 정치행정체계 내에서 복지정치의 과정
을 통하여 결정될 것이다. 정치제도 내에서 복지국가의 주요 행위자의 상호작용
의 결과로 복지국가의 수입과 지출에 관한 제도적 특징이 형성될 것이다. 셋째,
복지국가의 비용 측면으로서 국가에 의한 적극적인 예산지출과 소극적인 조세감
면, 지출관리 등의 제도가 어떻게 변화했는지를 분석할 필요가 있고, 복지국가
의 수입 측면으로서 조세, 사회보험 기여금, 민간재원 활용 등의 제도가 어떻게
도입되고 변화했는지를 분석할 필요가 있다. 넷째, 정치행정체계의 제도적 선택
의 결과로서 재정제도를 통하여 사회정책이 산출되며,◇41 다섯째, 국민들은 정
책 산출의 결과로서 다양한 사회정책을 경험하고 그 결과를 다시 정치행정체계
에 투입하는 환류의 과정을 거치게 될 것이다.◇42 이를 종합하여 분석틀을 제시
하면 [그림 7-5]와 같다. 본서에서는 복지국가의 재정수입의 중요한 제도로서
조세제도가 어떻게 형성되고 발전되었는지를 역사적으로 분석하고, 수입의 다른

그림 7-5 사회정책 재정의 분석틀

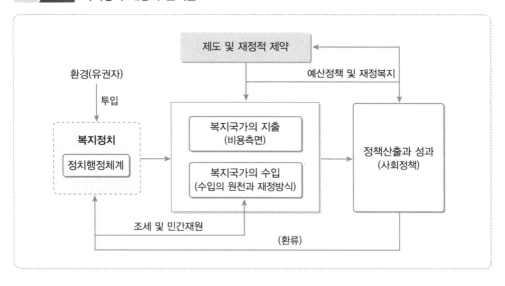

중요한 측면으로 주요 복지국가에서 사회보험의 기여금이 어떻게 도입되고 변화했는지를 확인하고자 한다.

2. 예산제도

(1) 의의

　정부 예산(government budget)은 정부가 특정한 기간 동안의 지출과 수입에 대하여 예측한 안을 의미하며, 보통은 일 년 단위로 작성되는데, 일반적인 연주기와 일치할 수도 있고 아닐 수도 있다.◇43 그러나 학자에 따라 예산의 의미에 대하여 다양한 견해가 있는데, 20세기 초의 미국 진보주의 시대에 뉴욕 등 지방정부의 예산개혁과 관련하여 예산을 행정부의 활동에 대하여 국민의 대표자가 감시할 수 있게 하는 민주주의의 도구, 입법부와 행정부의 활동을 연결하는 도구, 행정과 경제의 효율성을 확보하는 도구로 규정한 바 있다(Willoughby, 1918).◇44 예산의 정치적 측면을 강조하는 입장에서는 예산을 '정부의 혈액'이며, 정부가 하는 것과 하고자 하는 것에 대한 재정적 반영이라고 정의하기도 하고 (Wildavsky, 1961: 184),◇45 합리적 측면을 강조하는 입장에서는 예산을 자금의 지출을 계획된 목표의 달성과 체계적으로 연관시키는 과정으로 제시하기도 한다 (Schick, 1966: 244).◇46 결국 예산이란 정치적 속성을 지니고 있으면서도 그 본질은 부족한 재원을 배분하는 것이며, 지출의 잠재적인 목적들 간의 선택을 의미하는 것이다(Rubin, 1990).◇47 우리나라에서는 예산을 일정기간에 있어서의 세출입의 재정적 계획으로 정의하고 있다(박동서, 1997: 434).◇48 이 견해에 따르면 예산제도는 정부의 수입과 지출을 포괄하는 재정계획이며, 세출뿐만 아니라 세입의 중요성을 강조하고 있다. 그러나 한국의 국가재정법에서는 학술적인 예산의 정의와 달리 정부의 지출과 수입을 모두 예산으로 보는 것이 아니라 기금을 제외한 일반회계와 특별회계의 수입과 지출을 예산으로 정의하고 있다(국회예산정책처, 2019: 26).◇49

(2) 복지국가의 예산이론

복지국가와 예산제도의 발전은 밀접한 관련이 있는데 사회정책을 구현하기 위하여 정부의 개입이 필요하고 이를 뒷받침하는 재정계획으로 예산이 필요하기 때문이다. 대공황을 극복하기 위하여 정부가 대규모 공공사업을 시행할 때 키 (V. O. Key)는 예산이론의 부재(lack of a budgetary theory)를 비판하면서 지출 측면에서 예산이론이란 "무슨 근거로 X달러를 B사업 대신에 A사업에 배분할 것인가?"에 관한 이론으로 제안한 바 있다(Key, 1940).◇50 이후 예산이론은 한편 으로는 한정된 재원으로 합리적 재원배분을 위한 비용/편익 분석이나 정책기획 을 강조하는 합리적 접근 방법(Schick, 1966)◇51과 합리주의적 접근의 한계를 지 적하면서 예산과정이 한정된 재원을 놓고 벌어지는 정치적 투쟁과 점진적 변화 라는 정치적 접근 이론이 대립하게 되었다(Wildavsky, 1961).◇52 전자는 보다 당 위적이며 현실성이 부족하다는 비판을 받고 있는 반면에, 후자에 대해서는 정교함 이 부족하고 점증주의라는 결정론에 빠져 있다는 비판을 받는다(Neuby, 1997).◇53 합리적 접근방식은 가능한 최대한 정보를 활용하여 중앙집권적인 기획에 따라 재원을 배분하므로 하향식 접근방식이라면 정치적 접근방법은 행위자들의 협상 의 결과가 합쳐져서 예산이 되므로 보다 상향식 접근방식이라 할 수 있다. 현재 로서는 예산이론에서 당위적인 것과 현실적인 것이 섞여 있고, 합리적인 동시에 정치적이라는 것을 인정하지 않을 수 없는 상황이다(Rubin, 1990).◇54

한편, 국가마다 예산제도에서 차이가 있고, 미국은 예외적인 경우에 해당하 는 것이 많지만 미국의 재정과 예산제도는 다른 국가로 전파되어 많이 활용되 고 있기 때문에(Premchand, 1999: 84; Guess and LeLoup, 2010)◇55 예산제도의 변천과 관련하여 미국의 예산제도의 변화를 중심으로 살펴볼 필요가 있다. 미국 에서 예산제도는 크게 나누어 통제, 관리, 계획, 결과중심의 성과주의로 발전해 왔다(Schick, 1966: Denhardt and Denhardt, 2009: 257-261).◇56 첫째, 통제중심의 예산제도는 품목별 예산제도(line-item budget)로 불리며, 의회가 행정부의 조직 단위의 급여, 여비, 운영비, 시설 구매 등 각각의 예산 지출항목에 대하여 합법성과 타당성을 심사하는 예산제도이다. 1907년 미국의 뉴욕시에서 채택되어 다른 지방정부와 연방정부로 확산된 것으로 정치우위의 민주적 통제에 중심을 두고 있었다(박동서, 1997: 447).◇57 미국의 진보주의 운동에 따라 설치된 태프트 위원회(Taft Commission)에서는 지출 목적 중심의 예산과 기능 중심의 예산 간의 다양한 연구와 시도가 있었으나 당시 엽관제에 따른 부패가 심각한 상황에서 우선적으로 통제중심의 예산제도를 채택한 것이다(Schick, 1966).◇58 이 예산제도는 부패한 행정에 대한 불신에 근거한 것으로 지출목적에 대한 통제에 관심이 있을 뿐 행정부가 실제로 수행하는 사업의 성과에 대해서는 파악하기 어려웠다. 그러나 품목별 예산제도는 의회가 행정부의 활동 분야를 들여다봄으로써 불필요하거나 공무원의 편익을 위한 지출을 통제하는 기능이 있으며, 복지국가의 예산제도와는 거리가 있지만 예산 낭비를 통제하는 순기능도 있다.

둘째, 관리중심적인 예산으로 1920~30년대 성과예산제도는 행정부의 조직보다는 사업에 초점을 두고 실제로 행해진 과업으로서의 산출(output)과 투입된 비용(cost)과의 관계로 성과를 측정하는 예산제도이다(Schick, 1966: 209; Denhardt and Denhardt, 2009: 258).◇59 성과주의 예산은 지출목적이 아니라 사업이 중심이 되므로 조직과 사업을 일치시킬 필요가 있고, 성과를 측정한 후에 예산의 배분이 성과와 연결되도록 해야 할 필요가 있다(Rosenbloom, Kravchuk, and Clerkin, 2009: 288).◇60 행정능률이 강조되던 1912년 태프트(Taft) 위원회의 보고서에 처음으로 강조되었고 연방정부 차원에서는 채택되지 못하고 뉴욕시 등 지방자치단체의 예산에 적용되다가 제2차 세계대전 이후에 본격적으로 확대되었다(박동서, 1997: 448).◇61 성과예산제도의 도입 이유는 행정부의 업무상 부정행위를 감시하고 통제하기 위한 품목별 예산제도로 행정부패의 가능성은 어느 정도 차단했으나 대공황을 해결하기 위하여 막대한 재원으로 공공사업을 진행하는데 지출항목으로 사업목표의 타당성을 평가할 수 없었기 때문이었다. 그러나 성과예산제도는 모든 공공사업이 산출로서의 성과를 측정하기 쉬운 것이 아니며, 업무의 질적 측면과 사회적 영향 보다는 양적인 업무에만 집중하기 때문에 실제적으로 사회적 성과와는 무관할 수 있다는 한계가 있다. 성과주의 예산제도는 미국식 사회정책이 뉴딜정책의 도입과 함께 발전되었으며 비록 산출량으로 성과를 측정하는 것이지만 기존의 통제위주의 소극적 회계 관리에서 복지국가의 재정정책을 뒷받침하는 예산제도로서 도입되었다고 볼 수 있다. 이러한 관리와 성과지향적인 관점은 이후 형태를 바꾸어가며 미국 예산제도의 변화를 관통하는 이념이 되었다.

셋째, 계획중심의 예산제도는 계획 – 사업 – 예산제도(Planing - Programing - Budgeting System: PPBS)를 의미하는데, 개별 조직 단위로 성과측정과 예산을 배분할 때 발생할 수 있는 우선순위의 설정, 부서 간의 조정, 중장기적 기획과의 연계 문제를 해결하기 위하여 기획과 사업에 대한 정책분석 및 체제분석, 그리고 예산을 연계함으로써 합리적인 의사결정을 지원하는 예산제도이다(Denhardt and Denhardt, 2009: 259).◇62 구체적인 과정은 행정의 각 분야에 주요 사업과 목표를 규정하고, 다년간의 목표를 달성하는데 필요한 투입과 산출 가치를 계산한 이후 이를 종합하여 대안간의 비교를 통해 가장 합리적인 대안을 선택한다는 것이다(박동서, 1997: 451).◇63 계획–사업–예산제도는 미국이 본격적으로 위대한 사회를 건설하기 위하여 사회사업에 대한 재정지출을 확대하던 1960년대에 국방부에서 먼저 시작되었고, 1965년 존슨(Lyndon Johnson) 대통령에 의하여 모든 연방부처에 의무적으로 도입하도록 확대되었지만 1971년 강제적 적용이 중단되었다(Rosenbloom, Kravchuk, and Clerkin, 2009: 290).◇64 이 제도는 경제분석과 의사결정 기법의 발달로 인하여 사업의 효율성과 효과성에 대한 분석이 가능해지고, 기획과 예산이 점진적으로 수렴되는 과정에서 도입된 것이다(Schick, 1966).◇65 케인즈주의적 재정정책이 본격화되고 반드시 균형재정이 아닌 조세정책과 재정지출 정책에서 정부의 재량이 증가함에 따라 가장 합리적인 대안을 찾아내는 것이 필요하였다. 복지국가를 향한 국가개입이 증가함에 따라 정책목표를 달성하기 위한 합리적 기획과 사업과의 연계, 합리적 대안의 선택을 강조하게 되었다. 당시 미국 보건교육복지부에서도 복지 및 재활서비스에 대하여 부처 내에 기관들을 포괄하여 5년 기간 동안 사업에 소요되는 비용과 각각의 요소들에 대하여 PPBS를 적용하여 서류작업을 하도록 하였으나 집행과정에서 혼란이 발생하였고 결국 1971년 중단되고 말았다. PPBS는 정책의 목적에 보다 관심을 가지고 예산을 전체적이고 중장기적인 관점에서 합리적으로 설계한 다는 장점이 있으나, 우선순위의 결정을 위하여 정확한 통계가 필요하며, 목표-사업-예산의 연계를 위하여 지나치게 많은 서류작업이 요구되고, 최고 의사결 정권자를 지원하는 시스템이므로 행정의 집권화를 가중시킬 우려가 있다(박동서, 1997: 453-454).◇66 결국 PPBS는 소수의 전문가들에 의하여 고안된 것으로 이 를 집행할 관료들의 능력, 대통령과 의회 등 정치인들의 정책분석에 대한 선호 와 관심을 고려할 때 현실과는 괴리가 있는 제도로서 실패할 수밖에 없다는 것 이다(Wildavsky, 1969).◇67 그러나 PPBS가 중단되었다고 하더라도 계획과 예산 을 연계시키고 중장기적인 관점에서 예산을 운영하려는 정책의도는 영국 등의 국가에서 중기재정계획으로 발전하게 되었다.

넷째, PPBS가 관료조직의 반발과 비현실성을 이유로 중단된 이후 이를 보완 하기 위하여 마련된 예산제도가 목표관리(Management by Objectives: MBO)와 영기준예산(Zero-Base Budgeting: ZBB) 제도이다(박동서, 1997: 457-459).◇68 목 표에 의한 관리는 PPBS의 계량적이고 하향식 접근방식에 대한 보완으로 기획을 부분적으로 활용하고 하부 구성원의 참여에 의하여 목표를 설정하고 정기적으로 성과를 평가하므로 행정 관료의 관심을 유발할 수 있다. 이와 함께 영기준 예산 제도는 기존 사업을 행정적 효과성과 정치적 타당성이라는 관점에서 전면적으로 검토하고 의사결정권자에게 새롭고 다양한 시각을 제공할 수 있다는 점에서 PPBS의 합리적 접근방식의 장점을 수용한 것으로 볼 수 있다. 영기준 예산제도 의 주요 요소를 살펴보면 첫째, 예산이 준비되는 최하위 수준의 조직적 및 사업 적 단위가 필요하고 둘째, 각각의 의사결정 단위의 목적과 기능에 대한 포괄적 검토를 통하여 의사결정 패키지를 형성하며, 셋째, 최상의 의사결정권자에 의하 여 의사결정 패키지에 대한 우선순위를 결정하여 전체 행정조직의 예산을 결정 한다는 것이다(Rosenbloom, Kravchuk, and Clerkin, 2009: 292).◇69 영기준 예산 제도는 1년 단위로 사업을 평가하지만 적용범위는 재량적 예산에 한정되고, 의 사결정의 패키지와 조직단위가 반드시 일치되는 것이 아니며, PPBS와 마찬가지로 비용과 편익에 대한 추정이 쉬운 것은 아니라는 한계가 있다. 이 제도는 1970년대 후반 미국의 카터 행정부에서 적용되었다가 1990년대 실질적인 성과를 요구하는 예산개혁으로 대체되었다.

다섯째, 사업의 성과와 예산지출을 연계함으로써 행정의 효율성과 시민에 대한 대응성을 높이려는 시도는 20세기 초 이래로 다양하게 이루어졌지만 행정에 대하여 기업가적 역량과 재량을 부여함으로써 보다 실질적인 결과중심(outcome-based)의 예산제도를 구축하려는 새로운 성과중심의 예산제도가 등장하였다. 이 제도도 미국의 지방자치단체에서 시도되던 것을 1993년 연방정부에서 수용한 것으로 정부성과 및 결과법(the Government Performance and Results Act of 1993)을 제정하였고, 의회의 지지와 국가성과평가(National Performance Review)를 거쳐 2000년부터는 다년도 예산으로 적용되었다(Rosenbloom, Kravchuk, and Clerkin, 2009: 294).◇70 이 제도는 기존의 성과 지향적 예산제도가 실패한 이유를 성과 개념의 측정에 있다고 보고, 결과중심의 성과측정 방법을 제시하게 된다(U.S. Congressional Budget Office, 1993).◇71 첫 단계로서 조직이 달성해야 할 객관적 목표(objectives)를 명확하게 제시하고, 둘째, 구체적인 성과측정과 관련하여 조직의 목표를 달성했는지에 대한 판단의 근거로서 전통적으로 투입(inputs)과 산출(outputs)이 제시되었지만 새로운 성과측정의 개념으로서 결과(outcomes)를 제시한다. 산출은 조직의 즉각적인 활동의 산물(results)이지만 결과(outcomes)는 조직의 광범위한 목표를 반영하는 것이며, 조직의 활동(산출)이 실제로 의도된 효과를 나타냈는지 여부로 판단한다. 산출과 결과를 통하여 성과를 측정하는 예시를 살펴보면 다음 〈표 7-1〉와 같다.

표　**7-1**　정부성과 측정방법(미국 의회예산처)

산출(outputs) 측정	결과(outcomes) 측정
초중등 교육	
출석일 졸업생수 중도포기율	시험성적 결과 졸업생의 취업률
병원	
질병일수 병원입원일 입원	사망률 환자 만족도조사 결과 재입원
대중교통	
차량운행거리 승객수	서비스 인구비율 운행지체율
경찰	
순찰시간 조사범죄수 체포건수	사건해결율 대응시간 시민만족도
공공복지프로그램	
요청건수 지원건수	45일 내에 처리된 신청건수 지불 오류율
도로유지	
재포장된 거리	개선된 차선의 거리

출처: U.S. Congressional Budget Office. 1993. Using Performance Measures in the Federal Budget
　　Process. pp. 1-9.

3. 수입측면

(1) 조세제도

1) 의의

조세제도는 국가의 안정적 유지와 국민 복리를 위하여 필수적인 것이며, 아담 스미스의 국부론(The Wealth of Nations)을 비롯한 경제학자들의 관심사가 되어 왔다. 케인즈는 조세에 대하여 소득세와 같은 직접세의 도입에 따라 소득재분배에는 긍정적인 효과가 있으나 조세의 증가로 조세회피의 유인이 증가하고, 투자를 위한 위험감수를 줄일 수 있다는 조세의 역설적 효과를 지적한 바 있다(Keynes, 1936: 372).◇72 또한 바람직한 조세제도의 요건으로는 조세부담의 공평한 분배, 경제적 효율성, 행정적 단순성, 경제적 여건 변화에 신축적 대응, 정치적 책임성, 법적인 예측가능성 등이 제시되고 있다(이준구·조명한, 2016: 392-397).◇73 공평한 조세의 원칙으로는 사적 재화나 서비스처럼 공공재의 경우에도 사람들이 공공서비스에서 얻는 편익에 비례하여 조세를 부과해야 한다는 편익과세의 원칙(benefits principle)과 납세자의 소득과 재산 등 경제적 능력에 따라 과세하여야 한다는 능력과세 원칙(capability principle)이 대립하고 있다. 후자가 전자에 비하여 소득분배의 공평성 측면에서는 재분배적 성격이 강하기 때문에 대부분의 국가에서 소득세, 재산세 등 능력에 상응하는 과세를 기초로 하고 소비세 등 편익에 상응한 과세는 보완적으로 사용되어야 한다고 주장한다. 그러나 조세제도는 국가별로 차이가 클 뿐만 아니라 보편적으로 적용될 수 있는 원칙을 찾을 수 없다는 실증연구도 있다(Rose, 1985).◇74 소득에 비례한 조세의 공평성의 원칙이 중요한 기준이기는 하지만 정부 활동이 증가함에 따라 조세수입을 확대할 수 있는 세원을 확보하는 것도 중요한 문제로 부각되고 있다(Steinmo, 1993: 17).◇75 조세정책에서 또 다른 역설적인 문제는 시민들이 조세를 납부하기를 싫어하지만 조세를 통하여 제공되는 정부의 서비스에 대해서는 요구가 증가하고 있다는 것이다. 따라서 현대 국가의 조세정책에서 당면하고 있는 공통적 현상은 넓은 세원(tax base)과 이를 기반으로 하여 자동적으로 세입이 늘어나는 조세구조를 설계하는 것이다.

사회 정책적 차원에서는 누가 얼마만큼 부담하여야 할 것인지에 관한 조세의 귀착(incidence)은 매우 중요한 문제이다. 조세당국은 행정적으로 보다 효율적인 귀착점을 선택할 수 있고 대체로 형식적으로는 기업이나 임금 소득자, 재산권 소유자 등이 조세의 귀착이 된다. 그러나 장기적인 조세 귀착은 달라질 수 있는데 과다한 부담으로 인하여 기업의 경영실적이 나빠지면 수익이 적어지고 주주나 피용자가 피해를 볼 수 있다. 즉, 정부가 조세를 통한 재원을 마련하여 복지급여와 서비스 등 재분배정책을 실행한다고 하더라도 기업이 이러한 부담을 소비자나 피용자에게 전가하거나 해외로 사업장을 옮기는 등 일자리를 줄이는 상황이 온다면 실질적으로 조세의 귀착은 소비자나 근로자가 더 많이 부담하는 것이 되고 재분배정책으로서 사회정책의 실효성이 떨어질 수 있다.

또한 조세는 경제주체의 근로와 소비행태를 특정한 방향으로 유도하는 동기부여(incentive)의 기능도 수행한다. 소득세를 증가시키거나 실업급여에서 자산조사를 폐지하는 것은 근로동기에 부정적 영향을 미친다. 이처럼 조세를 어떻게 설계할 것인지는 정치적 신념에 따라 영향을 받는데 우파 쪽에서는 가급적 법인세나 소득세를 인하함으로써 경제주체의 자유로운 활동을 보장하고 성장을 촉진하는 쪽을 관심을 두는 반면, 좌파 쪽에서는 조세를 통해 빈곤층에 대한 재분배와 사회적 형평의 실현에 관심을 가지게 된다. 한편, 정부의 적극적인 조세부과 뿐만 아니라 조세감면과 면제 등 소극적 조세도 상당한 비중을 차지하고 있다. 이는 작은 정부의 아이디어를 반영하는 것으로 정부가 공공부조나 직접적인 고용 장려금을 주는 대신에 근로활동에 대한 인센티브로 세금을 환급하거나 각종 사회 보험료를 감면하는 등의 부의 조세를 통해 개인들의 행태 변화를 유도한다. 개인적 조세의 면제는 사회보장 급여 또는 공공서비스에 대한 정부지출과 비슷한 기능을 수행하는데 이를 재정복지(fiscal welfare)라고도 한다(Titmiss, 1958).◇76

복지국가의 수입측면에서 재원확보를 위한 수단으로 조세나 사회보장 기여금 등이 고려될 수 있다. 복지국가의 발전은 현대 국가에서 사회로부터 조세를 추출할 수 있는 국가능력에 달려 있다고 해도 과언이 아니다. 복지정책의 취지는 좋다고 하더라도 지나치게 많은 세금을 국민들에게 부담시킬 경우 저항이 발생할 수 있고, 때로는 선거에서 패배할 수 있다. 그렇다고 국민들에게 세금인상 없이 복지서비스를 제공하겠다고 하더라도 단기적인 미봉책일 뿐이고 이를 믿는 국민도 없을 것이다. 따라서 복지국가의 청사진을 국민들에게 제시하고 정치인을 비롯한 다양한 계층의 국민들의 참여와 토론을 통하여 합의를 형성하는 것이 중요하고, 이렇게 형성된 사회적 합의를 기반으로 정권이 변동하더라도 지속적으로 집행될 수 있는 조세제도의 기본적 틀을 마련하는 것이 필요한 것이다. 아래에서는 복지국가의 재원의 기반으로서 조세제도가 어떻게 도입되고 변화했는지에 대하여 분석하고자 한다.

2) 복지국가의 조세제도의 변화

조세제도는 동서양의 고대 국가에서 전제 왕권을 유지하는 도구로 활용되었고, 로마 시대에도 징수관이 존재하고 있었으나 이들을 천한 지위로 보았다. 서구 국가에서 조세제도의 변화에 대하여 ① 개인의 정부에 대한 선물(donum; gift), ② 정부에 대한 지원의 겸손한 요구, ③ 국가에 대한 지원, ④ 국가에 대한 개인적 희생, ⑤ 시민적 의무, ⑥ 강제에 기초한 부과, ⑦ 개인의 의지와 무관한 정부에 의한 부과라는 개념으로 발전해 왔다(Seligman, 1895).◇77 근대적인 의미의 조세제도는 중세시대의 영주 권력으로부터 왕권을 강화하면서 왕의 개인적 업무와 분리하여 국가기능에 소요되는 비용을 부유한 상인들로부터 충당하기 시작했고, 17세기에는 네덜란드의 암스테르담 은행을 시초로 유럽에 중앙은행들이 설립되어 왕의 재정을 지원하였다. 또한 19세기 초에는 균형예산 제도와 함께 단일한 징세조직이 설립되기 시작했고, 19세기 후반에는 개인 소득세가 신설되어 정부수입이 확대되었으며, 20세기 초에는 사회보험을 설치하면서 사회보장세가 신설되었다. 이러한 개인소득세와 사회보장세는 서구 사회가 복지국가로 발전하는데 중요한 재원이 되었다(Raadschelders, 2000: 102-103).◇78

그러나 복지국가는 19세기 후반부터 시작되는 것으로 조세제도의 변화도 19세기 후반의 사회경제적 맥락을 분석하는 것으로부터 시작하여 살펴볼 필요가 있다. 이 당시 유럽에서 영국은 산업화가 상당히 이루어졌고 농촌에서 거주하던 사람들이 도시의 공업지역으로 이주하여 노동자가 되었다. 또한 독일 등의 후발 산업국가에서도 국가통일을 이룬 후 국가주도의 산업화를 추진하고 있던 시기이다. 도시 노동자들이 증가하고 참정권이 확대됨에 따라 부의 불평등과 삶의 질 개선에 대한 요구가 높아지게 되었다. 산업화와 도시화로 인하여 산업재해와 같은 노동조건, 자유주의 아래서 아동 노동이나 긴 근로시간과 같은 착취적인 노동계약, 질병과 장애 등으로 인한 소득의 불안전성, 교육, 보건, 주거와 같은 공공재의 공급 등이 대표적인 문제들로 대두되었다(Flora and Alber, 1984: 41).◇79 또한 노동계급의 성장으로 부르주아 중심의 정치체제가 위협받게 되자 국가의 기능도 기존의 국방과 치안유지에서 산업, 노동, 보건, 교육 등 사회정책적인 문제로까지 확대되기 시작하였고 이를 위해서는 재원이 필요하였다. 정부는 이러한 재원을 시민사회로부터 추출해 내기 위하여 재정제도에 대한 개혁을 시도하였고, 기존의 간접적인 조세를 넘어 보다 직접적인 조세와 징수기관의 통합과 체계적인 재정 관리가 요구된 것이다.

그러나 이러한 시대적인 환경 변화에도 불구하고 각국의 정부가 사회정책을 위한 재원의 조달방식을 마련하는 것은 해당 국가의 제도적 맥락과 정치적 상황에 따라 다르게 전개되었다. 재원조달 방식으로 크게 조세기반(tax-based)의 방식과 기여기반(contribution-based)의 방식으로 나눌 수 있다(Morel and Palme, 2013: 404).◇80 첫째, 조세기반의 방식은 보다 보편적인 급여를 제공하는데 적합한 방식이지만 사회인구구조의 변화 및 경제상황의 악화에 따라 재정적 한계와 지속가능성이 중요한 문제로 등장하고 있다. 조세기반의 방식을 채택하고 있는 대표적인 국가로는 영국과 스웨덴을 들 수 있다. 영국은 민간경제에 대한 국가 개입을 우려하여 조세율이 높지 않은 반면 스웨덴은 보다 보편적인 급여를 위하여 높은 조세율을 유지하고 있다. 한편, 기여기반의 방식은 사회보험과 같이 개인과 기업주의 기여금을 적립하여 정부로부터 독립적인 기구에 의하여 관리하는 방식이다. 개인의 기여를 권리로 볼 수 있으므로 조세기반 방식에 비하여 삭감될 우려가 적고 보다 관대하다고 할 수 있다. 기여기반 방식을 채택하고 있는 대표적인 국가로 독일과 프랑스를 들 수 있으며, 국가가 보충성의 원칙하에 기업과 노동을 대표하는 양자 및 삼자 기구를 통하여 관리하고 있다. 우선 조세기반의 방식을 채택하고 있는 국가로서 영국과 스웨덴의 조세정책이 어떻게 제도화되었는지를 보다 구체적으로 살펴볼 필요가 있다. 영국은 산업혁명을 통하여 자본주의가 발달하였기 때문에 산업화에 따른 노동계급의 성장, 도시화와 빈곤의 문제를 다른 국가보다 먼저 경험하였다. 또한 민주주의가 발달하여 동의 없는 과세 금지라는 조세원칙도 다른 나라 보다 먼저 확립되었으나 귀족으로 구성된 상원의 존재와 투표권의 제약 등으로 부자에 대한 증세는 실현되지 못하고 있었다. 그러나 참정권의 확대에 따라 선거제도가 인구를 기준으로 바뀌게 되자 보수당은 적은 득표율로도 의석을 차지할 수 있는 단일 선거구 단순 다수 대표제를 선호하였다. 이는 전체적으로 약간의 지지율의 변화로 과반 이상의 의석 획득이 가능하였으나, 경쟁적 선거를 통해 집권당에게 권한을 주어 영국의 정부정책을 정권의 변동에 따라 급변하게 하였다.

영국의 보수적인 사회경제적 배경 하에서 1799년 가장 먼저 개인소득세를 도입하게 된 계기는 당시 나폴레옹 전쟁을 위한 자금을 마련하기 위해서였다. 전후에 소득세는 일시적으로 폐지되었으나, 1842년 교육과 보건 등에서 정부의 사업이 시작되자 다시 개인소득세가 부활되었고, 정부 영역이 확대됨에 따라 개인 소득세의 중요성은 점점 더 부각되었다(Steinmo, 1993: 54).[81] 한번 도입된 개인소득세는 지속적으로 확대되었으며, 20세기 초 자유당 정부의 로이드 조지(David Lloyd George)는 소득비례적인 소득세를 주장하면서 그 재원으로 연금과 건강보험에 필요한 재원을 확보하도록 1909년 빈곤에 대한 국민 예산안(people's budget on poverty)을 제안하였다. 그러나 당시 사회보험 제도는 의회에서 논의된 것이 아니라 처칠(Winston Curchill)과 조지(David Llyod George)와 같은 소수의 정치인이 주도하고 전문가와 관료들을 통하여 안을 만든 것이었다(Heclo, 1974: 89; Steinmo, 1993: 58).[82] 이는 점차 세력을 확대하는 노동자 계급과 노동당이라는 정치세력을 견제하기 위한 자유주의의 선제적 개입이었다. 1911년 자유당 정부에서는 건강과 연금 등 사회보험 제도가 도입되었는데, 독일의 사회보험제도와 구분되는 것은 일반적인 조세로 운영되는 최초의 의무적 사회보험이었다는 것이다. 사회보험이면서도 재원은 일반조세에 기초한 것으로 자발적인 사회보장 기여금과는 다른 성격이며 이후 영국 복지국가의 제도적 발전의 방향에 영향을 미쳤다.

제1차 세계대전은 조세제도를 더욱 확대시키는 계기가 되었으나 실제로 선거에서 승리하기 위하여 중산층에 대한 세원을 확보하지는 못했고, 부자들에 대한 증세로 충당하였으나 전쟁이 끝난 이후 막대한 재정적자에 직면하게 되었다. 세력이 확대된 노동당에서는 보다 급진적인 조세제도의 도입을 주장하였고 보수당과 자유당의 연립정부에서도 세금 축소를 주장하는 지지층의 요구에도 불구하고 재정적자를 줄이기 위하여 전쟁 중에 도입된 조세를 유지하게 되었다. 그러나 1929년 노동당이 다수당이 되었을 때 사회주의적 조세제도가 강화될 것이라는 우려와는 달리 기존의 금본위제와 균형예산이라는 보수주의 정부의 정책기조를 급격하게 바꾸지는 못했다(Heclo, 1974).◇83 경기침체에서도 적자재정과 정부재정의 확대라는 케인즈주의적 사고를 받아들이지 않았으며 기존의 전통적인 경제정책을 고수함으로써 노동당은 분열되고 선거에서 참패하고 만다. 제2차 세계대전이 발발하자 다시 전시 예산체제를 구축하고 모든 영역에서 희생을 감내하도록 하였다. 소득세율이 인상되었을 뿐만 아니라 더 많은 노동자들이 과세대상이 되었고, 초과 이윤세(excess profit tax)와 간접세로서 구매세(purchase tax) 등의 새로운 조세도 도입되었으며, 아동에 대한 수당을 제외한 각종 수당들도 축소되었다(Steinmo, 1993: 116).◇84 영국에서는 1941년 부가세율이 97.5%에 이르렀으며, 자본과 노동 간의 암묵적인 합의에 의하여 국가에 의한 조세확대를 수용하게 되었다. 제2차 세계대전이 끝난 후에 소득세를 축소하고 균형예산으로 돌아가야 한다는 요구가 있었지만 영국의 재무부가 재정정책을 관리하면서 기존의 균형예산 보다는 케인즈주의적 관점에서 재정을 적극적으로 활용하는 방향으로 정책 패러다임의 전환이 이루어졌다(Hall, 1993).◇85 전쟁 중에 형성된 보수와 진보 간의 연합과 합의에 따라 제2차 세계대전 이후 전쟁의 방지라는 목적하에 복지국가를 제창하게 되었고, 균형예산으로 복귀하는 대신에 기존에 도입된 조세를 복지국가를 구축하는 재원을 마련하기 위하여 활용하게 되었다. 이후 영국의 조세정책은 정권의 변동에 따라 변화하였으나 1970년대 후반 시장자유주의에 입각한 보수당 정부가 나타나기 전까지는 세계 대전 때 형성된 합의가 존중되었다고 볼 수 있다. 1980년대 영국의 대처 정부에서는 영국이 경제성장을 저해하는 급진적 조세정책에 대하여 비판이 이루어졌고 부자들에 대한 감세정책을 시행하게 되었다.

한편, 영국과 같이 조세 기반적 재원구조를 지니고 있지만 보편적 복지국가를 지향하는 스웨덴은 가장 평등한 조세구조를 지니고 있을 것으로 생각하기 쉬우나 오히려 미국보다 소득세의 누진적인 수준이 낮을 뿐만 아니라 상위 소득층에 대하여 무거운 세금부담을 안기지도 않는다. 대신에 스웨덴은 넓은 세원과 조세 수입의 안정성이라는 특징을 지니고 있다(Steinmo, 1993: 41).◇86 이러한 스웨덴의 조세제도가 형성된 과정을 설명하자면 19세기 중반 이후부터 봉건적인 영주제도가 양원제에 의한 의회시스템으로 전환되기 시작하였고, 독일과 유사하게 토지 귀족들이 관료제로 편입되기 시작하였다. 스웨덴은 다른 유럽 국가들에 비하여 공업화가 더 뒤처져 있었으나 유럽 열강들이 군비경쟁에 나섬에 따라 국방비와 경제개발에 필요한 자금이 필요하였고 이를 위하여 엘리트 관료제에 의하여 누진적 소득세가 도입되었다.

스웨덴은 산업화가 늦게 진행되어 노동계급과 이를 대표하는 노동당이 성장하지 못했으나 지배 계급인 관료제 내부에서 노동계급의 성장을 우려하였고 1912년 린드스테드(Anders Lindsted) 수상이 공무원 주도 하에 사회의 다양한 이익 세력들을 포괄하는 사회보험위원회를 설치하도록 하고 독일과 기타 국가의 연금제도를 연구하면서 조세를 기반으로 한 사회보험을 설치하기로 하였다(Steinmo, 1993: 64-66).◇87 영국의 사회보험 제도가 정당 간의 경쟁의 산물로서 자유주의 정당이 주도한 것이라면, 스웨덴은 독일과 유사하게 관료제가 외국의 사례를 연구하여 도입한 것이며, 자신들의 실정에 맞게 재정동원 방식을 설계한 것으로 볼 수 있다.

스웨덴은 제1차 세계대전에 참전하지 않으면서 주변 국가들에 대하여 물자를 수출함으로써 공업국으로 전환되었다. 산업화에 따라 노동계급이 성장하고 이에 기초한 사회민주당이 집권하게 되었다. 스웨덴의 사회민주당은 노동계급에만 국한된 정책이 아니었고, 자유시장경제를 유지하되 한계를 법률에 의하여 정하는 것이며, 시장경제의 부정적인 효과를 사회 및 재정정책에 의하여 완화하는 것이었다(Meidner, 1980).◇88 1932년 사민당이 집권했을 때 보다 부유층에 대한 소득세 인상을 추진한 것이 아니라 린달(Erik Lindahl), 뮈르달(G. Myrdal) 등 스톡홀름 경제학파의 영향을 받아 소비세의 인상을 추진하였다(Steinmo, 1993: 86).◇89 이에 따라 스웨덴의 조세체제는 부유층에 대하여 급진적 조세보다는 완화된 형태로 넓은 세원을 확보하는데 주력하게 되었다. 또한 1936년에는 스웨덴고용자연맹(Swedish Employers Federation)과 주요 노동조합 총회(LO)의 대표들이 정부의 중재 하에 잘츠요바덴(Saltsjöbaden)에서 만나 노사분규를 해결하는 기구를 제도화하는 대신에 노동자들의 전면적인 파업을 유보하고 자본가들의 시장경제에 의한 의사결정을 존중하는 협약에 이르게 되었다. 이후 정부는 성공적인 대기업에 대하여 보다 조세혜택을 부여하는 법인세를 채택하게 되었다. 이는 노사분규를 조합주의적 방식에 의하여 해결하려는 시도로 볼 수 있고, 스웨덴의 사회적 합의에 기초한 복지국가의 발전에 영향을 미쳤다. 중앙집권적인 사회집단 간의 협약에 의하여 노사관계와 경제정책과 관련된 문제를 해결함에 따라 집단 내에서 연구와 기획을 담당하는 기술 관료들의 역할이 중요하게 부각되었으며, 이들의 의견을 반영하여 조세를 포함한 정부정책들이 수립되게 되었다.

스웨덴은 중립국으로 세계대전에 참전하지 않음으로써 상대적으로 정치체제의 안정과 연속성을 유지할 수 있었고, 사민당 정부가 장기집권 하였으나 비례대표제라는 정치제도의 특성 상 연립정부를 구성하는 경우가 많았기 때문에 급진적인 조세정책을 채택하기는 어려웠고, 타협에 의하여 보다 온건한 형태의 정책이 채택되었다. 다른 국가들과 마찬가지로 스웨덴도 제2차 세계대전 이후 완전고용 하에 복지국가를 수립하려는 케인즈주의적 경제정책의 영향을 받았다. 이를 위하여 더 많은 재원이 요구되었으나 스웨덴의 사민당과 관료 엘리트들은 복지국가의 사회프로그램을 실행하기 위하여 좌파들이 반대에도 불구하고 판매세(sales tax)라는 간접세를 재도입하였고, 1969년에는 부가가치세로 전환하게 된다(Steinmo, 1993: 126-128).◇90 이는 소득세 인상으로 인한 중산층의 반대와 법인세 인상에 따른 경제의 성장잠재력의 저하를 방지하는 대신에 넓은 세원을 발굴하기 위한 목적이었다. 이를 통하여 스웨덴의 조세수입은 다른 OECD 국가에 비하여 급격하게 증가하였고, 복지국가의 다양한 재원으로 활용할 수 있게 되었다.

다음으로 기여기반 방식의 국가인 독일과 프랑스의 조세제도의 변화를 살펴보면 두 국가는 사회보험을 중심으로 재원을 마련한 점에서 공통되지만 재원이 도입되는 과정은 다르다. 독일은 각 주가 분열되어 있었고, 조세제도도 주마다 달랐으나 그 중에서도 가장 강한 프러시아 왕국에 의한 독일 통일과정에 따라 다른 주의 조세제도가 통합되었다. 후발 산업 국가이지만 기존의 토지를 기반으로 한 귀족계급이 관료제로 전환되었으며, 독일 통일을 달성한 이후 산업화가 진행되고 노동계급이 성장함에 따라 비스마르크의 결단과 독일 관료제의 주도 하에 질병, 산업재해, 노인 연금 등의 사회보험을 도입하였다. 사회보험의 운영 방식에서도 역사적으로 형성된 길드조직을 바탕으로 상호부조적인 조직이 형성되어 있었기 때문에 각각의 직업과 신분에 따른 단체에 귀속하게 하고 이 단체를 중심으로 사회보험이 실시되도록 하였다. 이를 통하여 독일은 기존의 신분질서를 바탕으로 국가가 후견적으로 개입하는 보수적인 사회보장 체제를 구축하게 된 것이다.

독일의 관료제 내에서 초기에는 자유주의와 보수주의적 사상들이 대립하였으나 19세기 중반 사회주의 지식인들의 저항 운동이 일어나게 되자 보수적 사상이 지배하게 되었고, 독일의 특수성을 강조함에 따라 점진적이고 사회개혁적인 보수적인 독일 관료제로 발전하게 된다(Beck, 1995).◇91 이에 따라 개인 소득세에서도 기존의 사회 계급과 지위를 반영하는 계급세의 형태로 도입되었다가 1891년에는 단일한 소득비례세로 변경되었다.

사회적으로 형성된 조합에 기초한 사회보험은 국가의 일방적인 조세를 통하지 않고 소속 집단을 통하여 개인들을 통제할 수 있는 방식이었다. 이를 통해 독일은 일반 조세제도라는 강압적 수단에 의존하지 않고 개인들의 자금을 사회 목적을 위하여 활용할 수 있게 되었다. 1929년을 기준으로 독일은 영국이나 미국에 비하여 더 높은 세율을 유지하였을 뿐만 아니라 사회보장세를 포함하는 경우 가장 높은 수준의 국민 부담률을 유지하고 있었다(Colm, 1934).◇92 또한 서구 복지국가의 황금기인 1950~60년대에 다양한 사회정책 프로그램을 실행하기 위하여 막대한 재원이 필요하였고, 넓은 세원의 발굴을 위하여 간접세인 부가가치세와 소비세를 확대하고자 하였다. 독일에서도 부가가치세를 신설하여 소득세와 더불어 가장 중요한 세입의 원천이 되었다(김상철, 2018: 176-181).◇93 2014년 소득세의 비중은 전체 세입의 43.7%이고, 부가가치세는 31.2%는 차지하고 있다. 독일의 조세제도의 또 다른 특징은 사회보험 기여금이 상당한 비중을 차지하고 있기 때문에 국민들의 조세부담율은 1960년대 이래로 큰 변화가 없다는 것이다. 2013년 조세부담률은 23.5로 1965년에 대비하여 오히려 감소하였으나 인구고령화와 독일통일, 장기요양 급여 등으로 사회보장 기여금은 오히려 증가하여 전체 국민 부담률은 1965년 24.8%에서 2013년 34.2%로 증가하였다. 또한 2000년 이후 기업의 국제경쟁력 강화를 위하여 법인세 부담은 낮추면서 부유층에 대한 소득세와 부가가치세 등의 간접세를 늘리고 있으며, 소득세와 사회보장 기여금 등 노동자들의 총조세부담은 매우 높게 나타나고 있다. 그리고 가족 중심의 보수주의적 경향을 인하여 소득세제에 있어서도 자녀가 있는 가구에 비하여 단독 가구의 소득세 부담이 더 크게 나타나고 있다.

프랑스는 독일과 유사하게 개인의 사회보험 기여금이 사회정책의 재원 중 많은 비중을 차지하고 자유주의에 영향을 받아 개인들의 자조적인 결사와 조합의 자율적인 운영을 존중하여 국가의 개입을 자제하여 왔으며 제2차 세계대전 이후에야 라로크(Laroque) 계획에 의하여 국가적인 사회보험 체계를 구축하였다. 프랑스는 절대왕정 시기에 국가, 교회, 영주들에 의하여 서민들에게 무거운 조세를 부과하다가 1789년 시민혁명을 통하여 왕정을 폐지하고 효율적인 공공서비스를 제공하기 위한 공평한 재원으로 조세제도를 새롭게 마련하였다. 근대적인 조세제도로서 재산세, 사업세와 부동산 거래세 등의 간접세가 존재하다가 1909년에 소득세가 도입되었다. 영국이나 독일에 비하여 프랑스의 개인 소득세 도입은 다소 늦었으며, 이는 당시 프랑스에서 풍미하던 자유주의적 사고에 따라 국가가 사회에 대한 간섭을 자제해 왔기 때문이었다.

제1차 세계대전과 같은 위기 상황은 프랑스에서도 국가가 소득세를 중심으로 조세체제를 강화하는 중요한 계기가 되었다. 프랑스의 사회보장제도는 가족 수당과 사회보험이라는 두 가지 제도를 중심으로 발전해 왔는데 1914년부터 1947년 사이의 정치적 변동이 현재의 복잡하고 자율적인 프랑스의 사회보장체계가 형성되는데 영향을 미쳤다. 그러나 이러한 점진적이고 복잡한 사회보장 구조로 발전함에 따라 프랑스의 사회보장제도는 다른 국가에 비하여 더 관대하고 공공부담을 증가시키게 되었다(Dutton, 2002: 2-3).◇94 가족 수당의 경우에는 처음부터 국가가 개입한 것이 아니라 고용주의 책임 하에 운영되었다가 1932년 자유주의적 정당인 급진당이 집권함에 따라 정부가 관여하기 시작하였고, 1930년 사회보험법과 1938년 가족수당법 등이 제정되었으나 기존의 기득권 집단인 고용주, 상호조합의 운영자, 의사 등 전문가 집단들의 이해 갈등으로 인해 집행에 어려움이 많았다. 이러한 분열적이고 이해관계가 대립된 복잡한 제도의 경로의존성으로 인하여 프랑스 망명정부가 영국의 베버리지 계획에 의하여 영향을 받았지만 조세중심의 단일한 사회보장제도를 설계하지 못하고 기존의 사회보험을 인정하면서 강제가입을 확대하는 형태로 모자이크식 사회보험제도로 나가게 되었다. 또한 복지국가의 확대에 따라 필요한 재원을 발굴하기 위하여 1954년 세계 최초로 부가가치세를 도입하였고, 사회정책의 재원으로 활용하였다.

프랑스는 일반 조세 이외에 사회보장재정법이라는 별도의 법률을 통하여 강제적인 사회보장 기여금을 징수하고 질병, 노령, 실업, 가족 등 각종 사회적 수요에 충당하게 된다. 사회보장의 주요 재원은 사회적 기여금, 사회보장세, 국가의 공공기여금으로 이루어져 있다. 사회보장 재원은 주로 고용주와 근로자가 납부하는 사회적 기여금으로 충당하였으나 복지사업의 증가와 고령화로 인한 사회보장 재정이 악화되자 1990년대 사회보장세라는 명목의 다양한 세원을 신설하게 되었다(김은경, 2018: 162).◇95 이를 통하여 개인적 기여금 이외에 사회보장을 위한 목적세들을 사회보장 시스템의 재원으로 투입하였다. 한편, 재정적 한계에 직면하게 되자 복잡하게 얽혀 있는 사회보험 조직들을 어떻게 관리할 것인지가 중요한 과제로 되었고, 최근 마크롱 정부에서는 공적인 사회보험 조직을 통합하고 사회보장 재정을 개혁하고자 하였다.

　　위에서 논의한 바와 같이 서구의 조세제도는 복지국가의 발전과 밀접한 관계를 지니고 있다. 특히 후발 산업국인 독일과 프랑스의 경우 개인소득세의 도입과 사회보험 제도의 형성이 거의 비슷한 시기에 이루어졌다. 각국마다 사회보장의 재원을 마련하기 위하여 다양한 노력을 기울였던 점에서는 공통되지만 구체적인 구현방안은 국가들마다 차이가 있었다. 특히 복지국가를 구현하기 위해서는 다소 역진적이더라도 보다 넓은 세원(tax base)을 마련하는 것이 필요했다. 스웨덴의 복지국가에서도 다소 역진적이지만 고소득층에 대한 조세를 더 많이 부과하기 보다는 중산층을 중심으로 전 소득계층에 광범위하게 세원을 확보하는데 정책적 노력을 하였다(Steinmo, 1993: 2).◇96 또한 부가가치세(Value-Added Tax: VAT)는 일반적으로 저소득층에서 더 부담을 지우는 역진적 과세로서의 성격이 있지만 다수의 국민에게 징수할 수 있었다.

표　7-2　서구 주요 국가의 개인소득세와 사회보험제도의 도입 시기

	영국	스웨덴	미국	독일	프랑스
소득세	1799		1862	1891	1909
산재보험	1906	1901(1916)	1930	1883	1898(1946)
질병보험	1911	1891(1910)	−	1884	1930
실업보험	1911	1934	1935	1927	1914
공적연금	1908	1913	1935	1889	1910

출처: Flora and Alber(1984: 59) 및 Raadschelders(2000: 103)를 참고하여 작성.
주: (　　　)는 의무적 적용 연도임.

이러한 과정을 통하여 형성된 복지국가의 수입구조를 살펴보면 다음 [그림 7-6]과 같다. 미국은 소득세의 비중이 압도적으로 높고 사회보장기여금은 상대적으로 적은 편이며, 기타 소비세의 비중이 높다. 특히 소득세에서는 고소득층에 고율의 세금을 부과함으로써 누진적인 과세구조를 지니고 있지만 복지국가를 위한 충분한 재원은 되지 못하므로 미국의 공공사회지출 수준은 그다지 높지 못하다. 한편 영국은 소득세의 비중이 가장 높기는 하지만 미국처럼 많은 비중은 아니고 사회보장기여금의 비중이 낮은 반면 재산세와 부가가치세의 비중이

그림 7-6 OECD 주요 국가의 조세구조

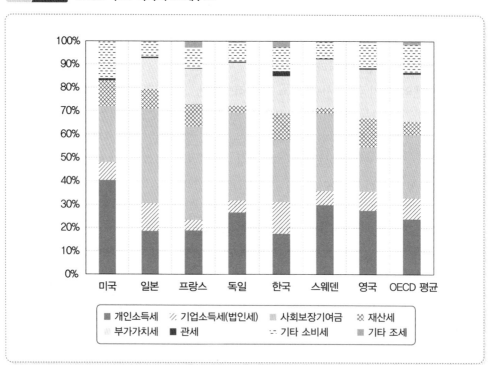

출처: OECD (2018), "Special feature: Convergence of tax levels and tax structures in OECD countries", in Revenue Statistics 2018, OECD Publishing, Paris. DOI: https://doi.org/10.1787/rev_stats-2018-5-en Tax structures in the OECD ordered by proximity to the OECD average, 2016

높은 편이다. 같은 조세기반의 수입구조를 지니고 있지만 스웨덴은 소득세와 사회보장기여금의 비중을 비슷하게 유지하면서 재산세와 법인세의 비중은 줄이고 부가가치세와 소비세의 비중을 늘렸다. 이는 보다 조세저항을 극복하면서 보다 넓은 세원을 확보하기 위한 노력으로 보인다. 기여기반의 재정수입 구조를 지니고 있는 독일의 경우는 사회보장기여금의 비중이 압도적으로 높고 소득세뿐만 아니라 부가가치세나 소비세 등의 간접세 비중도 높은 편이다. 특히 재산세와 법인세의 비중을 최소화함으로써 기업 활동의 규제완화와 국제경쟁력을 고려하고 있다. 한편, 프랑스의 경우는 사회보험 기여금의 비중이 압도적으로 높지만 소득세의 비중은 상대적으로 낮고 재산세, 부가가치세, 소비세, 기타 조세의 비중이 높은 편이고 독일과 같이 법인세의 비중은 낮다.

한국의 경우는 사회보장기여금의 비중이 크다는 측면에서 기여기반의 원칙을 도입하고는 있으나 압도적으로 많은 편은 아니며, 소득세의 비중은 낮고 기업소득세(법인세)나 재산세의 비중이 크다는 점에서 독일, 프랑스 등의 사회기여기반 국가와 구별되며, 영국과 스웨덴 등의 조세기반 국가와도 구별된다. 세원 확보의 편리성을 고려하여 기업에 대한 세금을 추징하여 재원을 마련하고 있으나 장기적인 국가경쟁력에는 장애를 초래할 수 있고, 기타 조세도 많은 비중을 차지하여 복잡한 조세구조를 지니고 있다. 향후 복지국가로 발전하기 위해서는 사회보장기여금과 소득세, 부가가치세를 강화하고 법인세와 재산세의 비중은 축소할 필요가 있다.

OECD 주요 국가들의 조세부담률을 살펴보면 한국은 미국, 일본과 유사하게 상대적으로 낮은 조세부담률을 유지해 왔다. 2017년 기준 우리나라의 조세부담률◇[97]은 20.0%이며, OECD 평균(25.1%)보다 낮은 수준이고, 가장 높은 조세부담률을 보이고 있는 덴마크(45.9%)의 절반에도 미치지 못하고 있다.

표 **7-3** OECD 주요국가의 조세부담률

(단위: %)

연 도	한국	일본	미국	영국	프랑스	독일	덴마크	OECD평균
2008	19.3	16.8	19.4	26.1	26.6	22.5	44.7	24.3
2009	18.2	15.3	16.8	25.1	25.3	22.2	44.9	23.3
2010	17.9	15.6	17.4	26.2	26.0	21.3	44.7	23.5
2011	18.4	16.1	18.4	27.0	27.1	21.9	44.7	23.7
2012	18.7	16.5	18.6	26.2	27.9	22.5	45.4	24.1
2013	17.9	17.1	19.5	26.2	28.6	22.9	45.8	24.3
2014	18.0	18.3	19.8	25.9	28.5	22.8	48.5	24.6
2015	18.5	18.6	20.0	26.1	28.6	23.1	46.1	24.7
2016	19.4	18.2	19.7	26.5	28.8	23.4	46.1	25.1
2017	20.0	n.a.	20.9	26.9	29.4	23.3	45.9	25.0

출처: 국회예산정책처(2019b). 대한민국 재정 2019. OECD(2018.8.), Revenue Statistics Database.
* 2017년 OECD 평균값은 예상치.

한편, 조세에 사회보장기여금을 포함한 총조세부담률(또는 국민부담률[98])을
살펴보면 복지국가로 일컬어지는 서구 국가들은 대부분 30~50% 사이의 국민부
담률을 유지하고 있다. 조세부담률만을 놓고 볼 때 자유주의 복지레짐에 속하는
영국이나 독일, 프랑스 등의 보수주의 복지레짐에 속하는 국가가 크게 차이가
나지 않지만 사회보험기여금을 포함하는 경우 프랑스가 가장 높은 수준의 총조
세지출(국민부담률)을 나타내고 있다. 기여의 원리가 적용되지 않는 조세를 중심
으로 복지재원을 활용하는 경우 보다 평등주의적인 급여를 제공하게 되지만 사
회보험 기여에 따른 급여를 적용할 경우 복지혜택에 있어 직업과 계층에 따라
차이가 발생하게 된다.

그림 7-7 OECD 주요 국가의 GDP 대비 총 조세수입(국민부담률)의 비중(1965~2017)

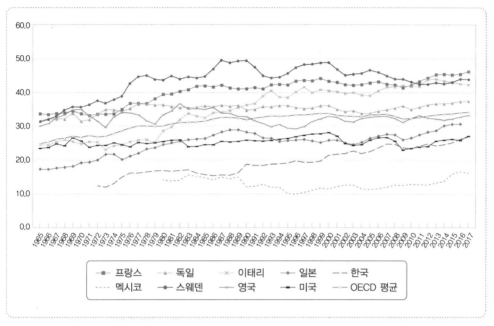

출처: OECD, i-library, tax statistics, GDP 대비 총 조세 수입(total tax revenue)의 비중(%)

(2) 사회보장 기여금

1) 의의

사회보장 기여금(Social security contributions)은 미래의 사회적 급여를 받기 위한 자격을 부여하는 일반적인 정부에 대하여 지불되는 강제적인 비용이다 (OECD, 2020).[99] 대표적으로 산업재해, 질병, 노령 및 장애 연금, 가족수당, 실업급여 등을 들 수 있는데, 나라마다 기여의 원칙이 보다 강하기도 하고, 조세에 따른 평등의 원칙이 강하기도 하다. 사회보장 기여금은 협의의 조세(tax)와는 구별되는 개념이지만 정부 전체의 수입(revenue)으로는 잡히고 법률에 따라 정부에 의하여 강제적으로 징수된다는 점에서 조세로서의 성격이 강하다. 사회보장기여금이라도 국가에 따라서는 법률에 의하여 국세징수 기관에 의하여 징수되는 경우도 있기 때문에 사회보장세(social security tax)라고 불리기도 한다.◇100 다만, 국가나 지방자치단체의 일반 재원으로 사용되는 것이 아니라 편익의 원칙에 따라 자신이 기여한 금액을 권리로 인식한다는 점에서 차이가 있다. 사회보장 기여금은 국가가 징수한다고 하더라도 법적으로 사용 용도가 엄격하게 정해져 있고, 의무지출에 해당하기 때문에 정책수단으로서 한계가 있다. 또한 국가가 직접적으로 관리하는 대신에 기존의 사회질서를 반영하는 조합이나 단체를 통하여 관리하게 함으로써 국가의 직접적인 개입이 없이도 공공재의 공급이 가능하게 된다. 사회보장 기여금의 기원인 독일의 경우 건강보험기금, 연금기관, 직업적 협회 등 약 550개의 사회보험 기관이 있으며 연방정부의 공무원을 대상으로 하는 기관을 제외하고 연방 및 주정부의 감독 하에 독립적으로 운영된다.◇101

2) 사회보험제도의 변화

아래에서는 소득세 및 부가가치세와 함께 복지국가의 중요한 재원이 되는 사회보험제도의 기원과 변화에 대하여 살펴본다. 사회보험 제도로는 산업재해, 질병, 연금, 실업보험 등이 있지만 이 중에서 비중이 큰 연금과 건강보험제도의 변화에 대하여 구체적으로 살펴보고자 한다. 공적 연금제도는 19세기말부터 20세기 초에 산업화로 인한 노동자들의 사회적 위험에 대응하기 위하여 도입되기 시작하였다. 초기의 연금제도는 공무원 또는 퇴역군인과 같은 공공영역, 광업, 철도노동자, 장기고용의 사무직 노동자들에 한정적으로 적용되었으나 1889년 독일에서 노동자까지 포함한 강제적 연금이 실시되었다. 이것은 노동계급의 불만을 해결함으로써 자본주의 체제를 유지하려는 의도뿐만 아니라 독일이라는 국가를 형성하는 과정의 일부였다(Hinrichs and Lynch, 2010: 353-354).◇102 독일의 사회보장 기여금은 고용과 소득의 수준에 따라 결정되는데 건강보험(1883), 산재보험(1883), 연금(1889), 실업보험(1927), 장기요양(1995) 등의 5가지 사회보험이 있다. 사회보장기여금에는 상한액이 있으며, 주별로 차이가 있지만 2019년 기준으로 연금은 노동자와 고용주가 각각 9.30%, 실업보험은 각각 2.5%, 장기요양은 1.525%, 건강보험은 7.3%를 부담하고 있다.◇103 독일의 공적 연금제도는 직업적 신분에 따라 다양한 연금제도가 조직되어 있지만 퇴직 후에는 이전

소득의 70%까지 보장을 받도록 되어 있었고, 안정된 직장이 없는 사람들에게도 군복무, 교육, 가정 보육 등의 노동을 인정하였으며, 미망인에게는 60%의 연금을 지급하였다. 그러나 독일 통일과 인구고령화로 인하여 연금재정의 위기에 처하게 되자 2001년 연금개혁을 통하여 연금 기여율을 22% 이하로 낮추고, 연금 소득대체율은 최대 64%까지로 낮추는 개혁을 진행하였다(Anderson and Meyer, 2003).◇104 그 대신 노동자의 선택에 따라 임금에서 자동적으로 사적 연금에 투자하는 방식이 도입되었으며, 여기에 다양한 세제 혜택을 부여하였다. 이는 국가중심의 연금체제에서 국가와 시장에 의한 연금체제의 혼합이라는 체제변화를 의미하는 것이다. 한편, 독일과 같이 대표적인 사회보험에 기반한 복지국가이지만 프랑스는 사회보장 재정법을 별도로 제정하여 관리하고 있으며, 사회보험을 담당하는 기관이 국가에 종속되어 있다. 원래 프랑스의 사회보험은 19세기 이래 자유주의와 연대성의 원칙에 따라 자율적으로 성장해 온 사회보험제도를 국가가 인정하는 수준에서 시작하였고 제2차 세계대전 후 영국의 베버리지 보고서의 영향을 받아 보편주의적 원칙에 의한 단일한 보험체제로 보편적 시스템을 구축하고자 하였으나 기존의 기득권을 지닌 자율적인 사회보험 조합들의 반대로 무산되고 개별적 조합체제를 인정하면서 전체적으로 국가가 관리하는 모자이크식 체제가 되고 말았다(Dutton, 2002).◇105 이러한 개별적 조합의 자율성의 존중때문에 조합간의 급여 수준에서 차이가 발생하고 특정 조합은 급여제공이 어려울 정도로 재정 파탄에 직면하기도 하였다. 이를 극복하기 위하여 1990년 사회보장세를 신설하여 직역 간 조정을 위하여 국가가 개입하였으나 여전히 직종간의 차이와 사회보장제도의 재정적 지속성은 문제가 되고 있다. 이처럼 난립된 사회보험 체제에서 개인별 기여금의 규모도 증가하고 조세를 통한 국가의 개입도 함께 증가하고 있기 때문에 프랑스의 조세부담률과 국민부담률은 지속적으로 상승하고 있는 것이다. 최근에는 이를 통합하여 국가기관에 의하여 단일하게 관리하고 직역 간 급여 차이를 시정하려는 노력이 이루어지고 있다.

다음으로 연금과 함께 사회보험의 중요한 요소로서 건강보험 제도의 변화를 살펴보면 국가가 시민들에게 보건의료서비스를 제공하는 방식은 개인 책임 하에 사적인 보험에 의존하는 방식, 국가의 관리 히에 사회보험을 활용하는 방식, 조세와 같은 순수한 공적 자금을 이용하는 방식으로 나누어 볼 수 있다(Blank, Burau, and Kuhlmann, 2018: 73).◇106 미국은 개인과 기업의 책임 하에 민간의료보험 회사를 통하여 의료서비스 제공에 대한 자금 공급이 이루어지고, 공적인 의료보험은 노인을 대상으로 하는 메디케어와 빈곤층을 대상으로 하는 메디케이드로서 사적인 의료보험에 비하여 열세에 놓여 있다. 미국에서도 보편적인 공적 의료보험을 도입하기 위한 시도가 여러 번 있었으나 자유를 중시하는 정치문화와 미국의사협회, 민간 보험회사의 반대로 좌절하고 공적 의료보험 이외에 사적 의료보험에 대하여 보조금을 지급하는 형태의 점진적이고 절충적인 제도변화가 되고 말았다. 사적 의료보험 조합에 대하여 국가가 개입하는 초기의 방식은 국가가 기존의 제도를 활용하여 후견적으로 관리하는 사회보험 제도였다. 대표적으로 독일에서는 비스마르크의 개혁 당시 이미 자발적으로 상호조합을 설립하여 의사들이 노동자들에게 의료서비스를 제공하도록 하고 대가로 의사들에게 비용을 지불하던 제도가 있었다. 그러나 점점 더 증가하는 도시 노동자들의 충성을 확보하기 위하여 독일의 군주제 정부는 1883년 상호조합에 의한 급여 제공을 질병보험으로 전환하여 공적 기관의 관리 하에 노동자와 기업주로부터 강제적으로 기여금을 징수하여 특정한 집단의 노동자들에게 의료서비스를 제공하도록 한 것이다(Freeman and Rothgang, 2010: 369).◇107 영국의 경우에도 독일의 질병보험제도의 영향을 받아 20세기 초 자유당 정부에서 기여금 형태의 사회보험으로서 의료보험제도를 도입한 바 있다. 그러나 점차 노동자 계급이 정치적으로 성장하고 사회민주주의 계열의 정당이 집권함에 따라 의료보험의 범위는 확대되었으며, 1940년대 영국이나 1960년대 스웨덴과 같이 노동계급의 정치적 권력이 강화되고, 평등주의적 원칙에 따라 의료보험 제도를 조세를 기반으로 국민건강서비스(national health services)로 전환하기도 하였다. 각각의 보건의료 제도를 대표하는 국가의 보건의료에 대한 재원을 비교하면 다음 〈표 7-4〉와 같다. 사회보험 국가인 독일의 경우는 사회보험 기여금이 압도적으로 많고(63.4%) 정부세입에서 이전과 가계 지출을 통하여 충당하고 있는 반면, 조세기반 국가인 스웨덴과 영국에서는 정부세입에서 이전이 압도적으로 많고(각각 83.7%, 79.4%), 사회보험이나 강제적인 사적보험을 허용되지 않는다. 사적보험에 의존하고 있다고 일컬어지는 미국의 경우는 사실 사적 보험에 의한 강제적 사전지출이 압도적으로 많은 것은 아니며(34.4%) 정부세입에서 이전되는 금액이 이보다 많고 (39.3%) 사회보험 기여금으로부터도 자금을 충당하고 있다. 한국의 경우는 사회보험 기여금이 많은 편이어서 사회보험의 성격이 강하다고 할 수 있으나 가계에서 직접 지출하는 의료비 비중이 높기 때문에 공적 또는 사적 보건의료제도에 의하여 보장되지 않는 사각지대가 많은 편이다. 향후 건강보험 기여금을 인상하여 사회보험 국가로의 확고한 경로를 마련하거나 영국이나 스웨덴처럼 사회보험을 조세 기반의 국민건강서비스로 대체하는 제도적 전환이 놓여 있는데 경로의존성과 전환비용을 고려할 때 전자가 더 가능성이 커 보인다.

표 7-4 OECD 주요 국가별 보건의료 재정구조

	정부세입에서 이전	사회보험 기여금	강제적 사전지출	자발적 사전지출	기타 가계지출
독일	14.2	63.4	6.8	1.4	14.1
한국	16.9	40.5	1.5	6.8	34.4
스웨덴	83.7			0.6	15.7
영국	79.4			3.1	17.5
미국	39.3	10.3	34.4	4.5	11.0

출처: OECD (2020), "Health expenditure and financing: Revenues of health care financing schemes", OECD Health Statistics (database), https://doi.org/10.1787/16f5d17b-en (accessed on 19 1월 2020).

1) 강제적 사전지출(compulsory prepayment)은 강제적으로 가입된 사적 의료보험에 대하여 지출하는 금액이며,
2) 자발적 사전지출(voluntary prepayment)은 자발적으로 사적 의료보험에 가입하여 보험금을 지출하는 것이다.

국가별로 사회보장기여금이 전체 국내총생산(GDP)에서 차지하는 비중의 변화를 보면 서구의 복지국가들은 5~20% 사이에서 변화하고 있다. 대표적인 사회보험 국가인 독일은 1965년 이래 점진적으로 증가하고 있으며 15%는 넘지 않고 있다. 그러나 프랑스는 미테랑의 사회당 정부에서 급격하게 증가했다가 다시 축소되고 있으나 높은 수준을 유지하고 있다. 스웨덴은 조세기반 국가이면서도 사회보험 기여금의 비중을 증가시켰다가 다시 축소하고 있으며, 영국과 미국은 사회보험 기여금의 큰 변화가 없이 5% 수준을 유지하고 있다. 한국은 사회보험 기여금이 GDP에서 차지하는 비중은 1989년 이후 지속적으로 증가하고 있고, 2017년 기준으로 영국과 미국의 수준을 넘어서고 있다. 현재의 추세대로 간다면 사회보험 국가의 재정 형태로 나갈 것으로 예상된다.

그림 7-8 사회보장 기여금의 GDP 비중(1965~2018)

(단위: %)

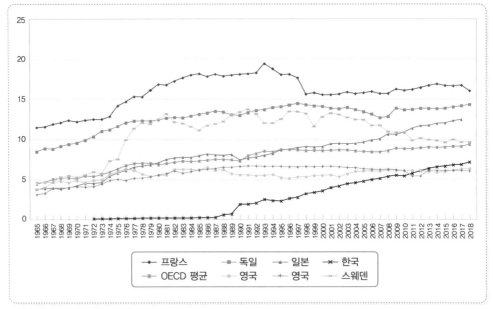

출처: OECD (2020), Social security contributions (indicator). doi: 10.1787/3ebfe901-en (Accessed on 17 January 2020)

4. 지출측면

(1) 재정지출

재정지출은 국가가 일정한 기간 동안 수입을 바탕으로 정책 목표를 달성하기 위하여 공적인 사업에 대하여 지출하는 것이다. 수입과 지출이 균형을 이루는 것이 바람직하지만 경우에 따라서는 지출이 수입을 초과하는 적자예산이 편성되기도 한다. 중앙정부의 경우는 예산지출(세출)을 먼저 결정하고 여기에 소요되는 세입을 결정하지만 지방정부의 경우는 세입이 먼저 결정되고 이에 따른 예산지출을 결정하게 된다(박동서, 1997: 434).◇108 국가 예산의 지출은 국가의 규모가 증가함에 따라 증가하게 된다. 따라서 재정지출의 일반적인 요인은 정부의 성장과 관련된 가설적 설명과 관련된다. 이와 관련하여 근대화의 결과, 공공재의 제공, 복지국가의 발전, 정치적 재분배, 이데올로기, 전쟁, 경제적 공황과 같은 위기 상황 등이 이유로 제시되고 있다(Higgs, 2012: 6-18).◇109 첫째, 근대화 가설(modernization hypothesis)에서는 도시화와 산업화로 인하여 해결해야 할 복잡한 문제가 증가하기 때문에 정부가 확대되어야 한다고 보며, 둘째, 비배제성을 지닌 공공재의 공급을 위하여 정부가 필요하다는 공공재 가설이 있고, 셋째, 경제적 성장에 따라 기존의 가족과 종교 집단이 행해오던 복지서비스 제공 기능이 쇠퇴하였기 때문에 국가를 이를 대신하여 복지서비스를 제공해야 한다는 복지국가 가설이 있으며, 넷째, 국가가 중위 투표자에 반응하여 사회적으로 부를 재분배하는 기능이 증가했다고 보는 견해가 있고, 다섯째, 좋은 사회를 구현하기 위한 국가이념이 등장함에 따라 국가기능이 확대되었다고 보는 이데올로기 가설이 있으며, 여섯째, 세계대전이나 경제공황 같은 위기 상황에서 국가가 시장에 대체하여 통제기능을 수행하게 되었다는 위기 가설 등이 있다. 한편 경제성장과 인구구조 변화와 같은 사회경제적 요인, 평등과 국가의 역할에 대한 사회 구성원의 인식변화, 자본주의 체제 유지의 기능적 필요성 등 사회 중심적 설명과 관료들의 예산극대화와 점증적 예산 확대와 같은 행위자의 선택, 국가의 자율성과 관료제의 제도적 특성과 같은 국가 중심적 설명 방식도 있다(정용덕외, 2014: 150-161).◇110

이렇게 볼 때 근대화, 공공재 공급, 복지국가, 좋은 사회를 구현하기 위한 국가주의적 이데올로기 등은 사회정책 분야에서 예산지출을 증가시키는 공통적인 요인이 될 수 있다. 공공사회지출의 증가요인이 모두 정부 규모의 증가요인과 일치하는 것은 아니지만 경제성장과 인구증가에 따라 사회지출이 증가한다고 보는 기능주의적 설명은 근대화 가설과 맥락이 같다.◇111 그러나 사회정책 분야에서 지출의 확대에는 사민주의나 사회주의 등 좌파 정당이 정치적 자원을 확보함에 따라 공공사회지출을 증가한다는 권력자원(power resource) 이론이 추가된다. 이 이론은 복지국가의 황금기에 공공사회지출의 확대를 설명하는데 적합하지만 모든 정당이 선거에서 승리하기 위하여 포괄정당의 길을 가게 됨에 따라 복지국가의 확대와 정당의 이념간의 관계가 약화되고 있다(Huber and Stephans, 2001). 오히려 인구고령화, 저성장과 실업과 같은 후기 산업사회의 수요가 사회지출의 확대를 설명하는 요인이 되고 있다(Castles, 2004; Obinger and Wagschal. 2010: 342).◇112

복지국가 이후 인구고령화와 탈산업화 등으로 인한 사회지출의 증가는 지출요인을 관리하도록 하는 동기가 되고 있다. 예산지출은 통제에서 새로운 사회정책의 기획으로 전환되었고, 큰 정부에 대한 비판으로 다시 감축관리로 갔다가 정책의 사회적 성과를 강조하게 되었다. 복지국가의 황금기를 지나 인구고령화와 탈산업화라는 새로운 환경변화에 직면하여 지출수요에 영향을 미치는 연금개시 연령의 조정, 급여 축소, 기여금의 납부 기간의 증가 등 복지재정의 수요를 줄이려고 하였고, 보다 구조적인 측면에서 고용률을 높여 세원을 넓히고 조세나 사회보험 기여금을 인상하며, 보다 장기적인 관점에서 출산율에 영향을 미치는 가족급여와 노인들의 복지 의존도를 개선함으로써 사회정책 재정의 건전성과 지속가능성을 높이기 위한 노력을 하고 있다(Morel and Palme, 2013: 402).◇113 결국 복지국가 이전에는 민주주의의 원칙에 따라 정부 예산에 대한 통제를 중심에 두었다. 그러나 복지국가의 도래에 따라 다양한 정부의 재정사업들이 증가하게 되자 사업의 성과를 강조하게 되었고, 합리적 정책분석의 영향으로 하향식의 계획예산이 도입되었으며, 궁극적으로 사회적으로 바람직한 결과를 초래하였는지에 대한 성과를 강조하는 방향으로 예산지출 제도가 변화하고 있다. 아래에서는 예산지출과 관련된 제도변화에 대하여 구체적으로 살펴보고자 한다.

(2) 재정지출 제도의 변화

재정지출로서 예산제도는 국가의 경제적 수준, 정부규모, 공적 부채와 사회적 계약, 정치적 제도와 문화 등에 의하여 영향을 받는다(Guess and LeLoup, 2010).◇114 제2차 세계대전 이후 예산지출의 큰 경향은 완전고용의 목표를 우선시 하고 이를 위해서 균형재정은 아니더라도 경제성장과 고용을 늘리는데 초점을 두는 적극적 재정정책이 우세하였다(Schick, 2006).◇115 적극적 재정정책으로 국가채무가 늘어나더라도 일정한 수준의 성장을 유지한다면 이를 충분히 감내할 수 있었지만 1970년대 이후에는 실업과 인플레이션이 동시에 발생하는 현상으로 인해 재정정책이 경제성장을 위한 효과적인 수단이 될 수 없었고 국가부채를 누적시키는 결과를 초래하였다. 이를 극복하기 위하여 재정지출을 억제하는 논의와 함께 재정운용의 준칙주의기 도입되었고, 예산지출익 성과를 더욱 강조하게 되었다. 그러나 예산지출의 성과를 향상시키기 위한 제도적 변화가 어떻게 변화했는지는 국가별로 차이가 있다.

첫째, 앞에서 논의한 미국의 개인적 자유를 중시하는 반 국가주의적 특성, 연방주의, 자조의 중시, 민간경제의 발달 등의 역사적 특성은 예산제도에도 영향을 미쳤다(Guess and LeLoup, 2010: 36-42).◇116 첫째, 특수한 경우를 제외하고는 예산지출에 있어서 수입과 지출의 균형을 맞추는 전통이 있다. 대통령과 의회가 상호 견제하는 미국의 정치시스템은 양당이 합의를 한다면 행정부의 예산이 적자에서 흑자로 전환하는 것이 쉽게 이루어질 수 있는 특징이 있다. 둘째, 대통령과 의회가 견제와 균형을 이루고 있기 때문에 행정부 예산안은 단순한 행정부의 의견일 뿐이고 의회 예산과정을 통하여 편성 및 확정된다. 셋째, 연방주의적 특성으로 인하여 지방정부에 실질적인 권한이 위임되어 있고, 일선

관료의 재량이 크므로 의회나 서비스 수령자인 시민들이 수긍하는 결과에 대하여 책임질 뿐 상부에 보고를 하고 허가를 받아 지출하는 구조는 아니다. 이처럼 미국은 특유한 역사적 경험과 정치 제도적 특수성으로 인하여 다른 국가에 대해서는 예외적인 경우에 해당되지만 지출예산제도의 혁신성으로 인하여 앵글로색슨 계열의 국가뿐만 아니라 미국의 원조를 받는 신생국의 예산제도에 많은 영향을 미쳤으며, 1990년대 이후 도입된 성과주의는 OECD 등의 국제기구를 통하여 다른 나라의 예산제도에도 영향을 미쳤다.

또한 한정된 재원 하에서 예산지출의 성과를 높이는 재정적 이념이 지배하는 국가로서 최근의 성과주의 예산의 흐름을 선도하였다. 미국은 정치가 행정보다 우위에 있었기 때문에 20세기 초 통제위주의 예산을 통해 행정의 합법성을 확립한 이후에 곧바로 예산지출의 성과를 확보하기 위한 일련의 예산개혁들이 지속적으로 진행되었다. 이는 미국식 복지국가의 시작으로 보는 뉴딜정책에서 비롯되었으며 협의의 성과, 계획, 영기준(zero-base)과 목표관리, 결과중심의 성과주의로 발전해 왔다. 또한 연방주의에 따라 지방정부의 자율성이 강하기 때문에 새로운 예산개혁의 시도는 지방정부로부터 시작되었고 성과가 있으면 연방전체로 확산되는 경향을 나타내고 있다(Hilton and Joyce, 2012: 420).◇117 정부성과 및 결과법이 1993년 통과되었지만 주정부에서 우선적으로 적용되었고, 행정부에 본격적으로 확대된 것은 2000년대 이후 부시 행정부부터이다. 행정부의 사업의 진행과 성과달성을 신호등을 통해 사전적으로 알려주고, 사업목적과 설계, 전략적 기획, 사업관리, 사업결과 등의 네 가지 영역에서 PART라는 설문을 통하여 조사한 것이다. 그러나 실제 예산권은 의회가 지니고 있으므로 성과지표를 활용할지 여부는 의회의 정치적 의석분포와 관련이 있으며 분점정부일 경우에는 정부의 성과보고를 그대로 받아들이지는 않으며, 국가부채의 축소 등을 위하여 기존 사업을 축소하기도 한다.

둘째, 영국과 영연방의 국가들은 보통법의 전통을 지니고 있으며, 자유민주주의적 선거경쟁을 통하여 다수당에 강력한 권한이 부여되며, 중앙집권적인 전통이 강하다. 정치 문화적으로는 개인의 자유와 책임의 원칙을 기반으로 국가의 전체적인 통제는 억제하되, 보건과 교육 등 필요한 영역에만 한정적으로 국가의 개입을 인정하고 있다. 또한 법제도적으로 책임성을 강조하고, 내각의 장관들이 예산편성의 권한을 지니며, 의원내각제에 따라 권력의 융합을 추구하기 때문에 의회의 권한은 제한적이고, 예산집행은 개별부처로 분권화되어 있으며, 회계담당 공무원은 의회의 해당위원회에 책임을 진다(Lienert, 2007: 37).◇118 이러한 역사적 맥락과 제도적 제약 하에서 예산 제도의 특징은 행정부 내에 재무부(ministry of treasure)의 총괄조정 하에 강력한 다년도 예산지출계획을 수립하고, 의회의 권한이 약하고 각 부처 장관에게 자율성이 부여되기 때문에 예산집행상의 회계책임이 강하고 돈의 가치(value of money)에 대한 사후적 감사가 주로 이루어지고 있다(Guess and LeLoup, 2010: 67-68).◇119 대통령과 의회 간의 견제와 균형의 원리에 입각한 미국과 달리 영국의 웨스트민스터 예산 모델(Westminister budget model)은 제도적 협업과 관리적인 유연성, 중앙집권적 통제를 특징으로 하고 있다. 그중에서도 재무부의 수호자(guardian)로서의 기능이 중요한데 예산 편성할 때 각 부처에 지침을 내려보낼 뿐만 아니라 경제예측과 재정상황을 반영한 다년도 지출계획(multi-year spending plan)과 공공부문 채무 요구에 따라 각 부처의 예산을 조정할 수 있으며, 예산을 집행하는 과정에서도 다년도 지출계획과 일치하는지 여부를 감시하고 지출상한액을 설정할 수도 있다. 또 다른 특징은 각 부처 내에 재무회계관이 존재하는데 재무부와 연락기능을 수행하면서 각 부처의 지출이 계획대로 이루어지고 있는지를 점검하며, 부처의 지출에 문제가 있는 경우 감사원장에게 통보할 수 있다. 감사원(Office of Audit)은 독립된 기관으로서 의회에 대하여 결산과 회계감사의 결과를 통보한다.

복지국가로의 전환과정에서 영국의 예산지출제도는 제2차 세계대전 전에는 재무부가 재정의 균형을 맞추는 소극적 역할을 수행하였으나 양차 세계대전을 거치면서 조세국가로 변모하였고, 제2차 세계대전 이후 노동당 정부가 출범함에 따라 재무부의 소극적인 태도에 대응하여 별도의 경제계획위원회를 설립하고 고용확대와 미국의 마샬 계획(Marshall plan)에 의한 경제원조의 집행을 위한 케인즈주의적 재정정책을 추진하였다(Cronin, 1991).◇120 이후 보수당 정부로 정권이 바뀌었지만 기존의 정책을 되돌리기는 어려웠고, 재무부의 경제정책도 점차 케인즈주의적인 개입정책으로 변화하게 된 것이다. 복지국가의 과정에서 나타난 예산제도의 특징으로는 1960년대 미국의 PPBS의 영향을 받아 예산과 계획을 연계하려는 시도가 나타났고, 예산을 보다 효율적으로 사용하기 위하여 금년 예산과 향후 3년간의 예산지출과 수입을 포함하는 중기재정계획(Mid-Term Expenditure Framework: MTEM)을 개발하게 되었다. 예산지출의 통제와 효율적인 지출의 인센티브를 강화하기 위하여 1980년대부터는 신자유주의적 재정개혁을 통하여 부서의 관리자에게 관리상의 재량을 부여하는 대신 결과에 대한 책임성을 부과하고 절약한 예산에 대하여 다음 연도로 이월을 가능하게 하며, 회계정보와 성과 정보에 대한 보고와 통계의 투명성을 강화하였다(Guess and LeLoup, 2010).◇121

셋째, 프랑스는 대통령제와 의원내각제를 혼합한 중앙집권적인 정치체제이고, 의회는 다당제로 분산되어 있지만 행정부는 엘리트인 직업 관료제로 구성되어 있다. 프랑스는 중앙정부의 권한이 강하고 제3, 4공화국의 의원내각제 하에서 국정의 혼란을 경험하였기 때문에 국가의 통일성과 행정부의 우위의 정치제도를 구축하게 되었다. 예산은 법률의 형태로 의회에 제출되는데 의회의 예산에 대한 권한은 약한 편이다. 프랑스의 예산제도는 예산조직법이라는 강한 법적 근거를 지니고 있으며, 국가의 모든 수입과 지출은 하나의 문서에 포함되어야 한다는 통일성의 원칙, 각각의 세입은 예산서에 나타난 목적으로 사용되어야 한다는 특정성의 원칙, 시기상의 제한으로 예산 일 년의 원칙, 모든 국가 수입으로 모든 지출에 사용되어야 한다는 보편성의 원칙으로 구성되어 있다(Moretti and Kraan, 2018: 19-20).◇122 또한 중앙집권적인 국가의 특성을 반영하여 부처 감사관, 공공회계 감사관을 통하여 재정적 통제를 강화하고, 재무부는 회계와 자금결제 기능을 담당하며, 재무통제의 기능이 지방단위로 분봉이 되어 수직적으로 연결되어 있다(Premchand, 1983: 133).◇123 예산은 재무부가 각 부처에 예산편성에 대한 기준을 제시하고 각 부처가 재무부와 협의하여 예산을 편성한다는 점에서는 영국과 같지만 재무부와 부처 간의 이견에 대해서는 대통령이 아닌 수상이 내각을 통하여 조정한다. 또한 회계지출의 근거가 법과 지침으로 정해져 있고 하부 단위의 집행에서 자율성이 영미에 비하여 크지 않고 법적인 책임을 강조한다.

프랑스는 제2차 세계대전 이후 본격적으로 복지국가를 추진하였는데 초기에는 사회적 지출 뿐만 아니라 사회간접자본에 대해서도 많은 지출을 하였으나 1980년대 이후 사회당 정부가 집권하고 퇴직연령의 축소와 근로시간 단축 등이 이루어져 국가부채가 기하급수적으로 증가하게 되었다. 재정적자를 발생시키는 요인으로 개인에 대한 연금이나 수당 등 현금급여가 가장 큰 비중을 차지하였다(나병균, 2018: 41-42).◇124 따라서 1990년대 재정적 한계에 직면하게 되자 예산지출의 성과를 강조하는 경향이 나타나게 되었다. 이러한 예산개혁은 1990년대 행정의 현대화의 일환으로 이루어지게 되는데, 이른 바 쥐페(Juppe) 개혁이라고 불리는 재정개혁은 재정적 투명성을 강화하고, 중앙집권적인 예산지출을 분권화하여 지방정부에 자율성을 부여하며, 영국의 신공공관리론과 같이 집행기구에 자율성과 재정적 책임성을 강화하는 방향으로 진행되었다. 2001년에는 미국의 성과주의 예산과 영국의 신공공관리론에 영향을 받아 기존의 투입 통제 대신에 성과를 중심으로 사후적으로 통제하는 재정조직법(Loi Organique relative aux Lois de Finances: LOLF)을 통과시키고 사업관리자에게 재량을 부과하는 대신에 성과에 대한 충분한 정보를 의회에 제공하도록 하고 결과에 대하여 책임을 지도록 하였다(Moretti and Kraan, 2018: 19-20).◇125 또한 사회보장 재정이 차지하는 비중을 고려하여 2005년에는 사회보장의 재정에 관한 조직법(Loi Organique de Loi de financement de la sécurité sociale: LOLFSS)을 개정하여 사회보장 예산도 국가예산과 유사하게 재정적 상황과 성과를 제시하도록 하고 연간 사업계획과 자금승인 방안에 대하여 의회에 제출하도록 하였다. 또한, 2001년 재정조직법에는 영국의 다년도 예산안처럼 예산지출의 중장기적 계획을 도입하였고, 2006년부터 사회보장 예산에 최소 3년간의 재정계획을 포함하도록 하여 재정의 건전화를 유도하고 있다. 1996년부터는 재량지출의 통제에 관한 준칙을 도입하기 시작하였고, 1997년에는 건강보험에 관한 재정준칙을 도입하였으며, 2014년에는 지방자치단체의 운영비는 자체적인 수입의 범위 내에서만 사용하도록 하였다.

넷째, 독일은 연방주의적 헌법구조를 지니고 있으며, 기본법에 따라 주정부의 연방예산결정 과정에서 협의와 참여권을 보장하고 있다. 또한 로마법적 전통에 따른 성문법 체계와 법치주의적 전통이 강하며, 프러시아 이래로 형성된 전문적 집단으로서 관료제가 발달되어 있고, 정당명부식 비례대표제를 채택하고 있어 다양한 정당간이 연립정부를 통한 협의적 정치문화가 발달되어 있다. 재정과 예산제도를 규율하는 다양한 법률들이 존재하는데 기본법에 재정연방주의와 재정준칙을 규정하고 있으며, 법률로서 재정원칙법(Haushaltsgrundsätzegesetz), 경제안정 및 성장촉진법(Gesetz zur Förderung der Stabilität und des Wachstums der Wirtschaft), 연방감사법원법(Federal Court of Auditors Act), 재정건전성지원법(the Consolidation Assistance Act) 등을 통하여 재정운영의 원칙과 절차를 정하며, 이를 집행하고 감독하기 위한 거버넌스 구조를 체계적으로 조직하였다(OECD, 2015).◇126

독일은 비스마르크의 보수적 사회개혁에 따라 사회보험 위주로 복지국가를 건설하였기 때문에 이를 안정적으로 관리하는 것이 중요한 과제였다. 제2차 세계대전 이전에 어느 정도 복지국가가 구축되어 있었기 때문에 영국 등에서 추진한 케인즈주의에 기초한 재량적 재정정책 보다는 안정과 성장이 균형을 이루는 재정정책을 모색하였다. 대표적으로 1969년에 제정된 '경제안정 및 성장 촉진법'에서는 연방 및 주정부는 경제안정의 교란요인을 피하기 위하여 중기재정계획을 도입하고 경제상황에 대하여 경제전문가의 분석을 포함하도록 하고, 경제안정의 교란요인에 대응하기 위한 공공자금 또는 반경기적 기금 운용의 법적 근거를 마련하였다. 이 법에 따라 재정흑자를 기록한 경우에는 경기과열에 대응하는 자금으로 사용하도록 하였으며, 재정정책의 수립 및 집행은 연방과 주정부의 협의를 통하여 이루어지도록 하였다(Lübke, 2006).◇127

이러한 연방과 주정부간의 재정적 기율(fiscal discipline)은 독일의 경제정책에 중요한 영향을 미치는 계기마다 나타났다. 예를 들어 1997년 유럽 경제 및

통화 통합(European Economic and Monetary Union)에 따라 회원국은 연간 부채
비율을 GDP의 3%, 전체 부채 비율은 GDP의 60% 이내로 유지하도록 의무를
부과하는 연장 및 성장에 관한 협약을 채택하였는데, 독일 내에서 집행하는 과
정도 연방과 주정부가 협의 하에 2002년 국가안정화협약을 체결하여 이행하였
다. 또한 2008년 금융위기가 발생함에 따라 국가부채가 증가하게 되자 2009년
에 기본법을 개정하여 원칙적으로 수입과 지출이 균형을 이루도록 편성해야 하
며, 예외적인 신규 채무의 경우에도 명목 GDP의 0.35%를 넘지 않도록 하였고,
국가채무의 감축의무를 연방과 주정부에 부과하였다(김정미·이강구, 2013; 김상
철, 2018: 198).◇128 특히 재정의 자동안정화 기능이 제대로 작동하기 위하여 경
기하강 시에는 재정적자를 허용하고, 다시 경기상승 시에 재정흑자를 이루도록
하는 재정안정화 기능이 가능하도록 하였다. 이와 함께 독립적인 헌법적 기구로
서 재정안정화위원회에서는 재정장관과 주지사협의회 의장이 공동으로 위원장을
맡으며, 연방정부의 재정안정화를 위한 주요 사항을 결정하고, 정부의 회계감사
를 위한 독립적인 기구로 연방회계법원(Bundesrechnungshof)을 설립하였다. 보
수주의 복지레짐의 특징을 지니고 있는 독일은 케인즈주의적 복지국가의 재량적
재정정책 보다는 재정안정화를 위한 제도적 설계와 연방주의에 의한 합의형성을
강조하고 있는 것이다.

　다섯째, 스웨덴은 입헌군주국으로서 의원내각제를 채택하고 있으며, 국가능
력이 강하며 이해집단과 전문가들이 정책과정에 참여하는 의사결정이 제도화되
어 있다. 사회정책과 관련된 재원과 권한은 지방에 분권화되어 자체적인 재원에
의하여 사회서비스를 제공하고 있다. 또한 사민주의 정당이 장기간 집권하면서
경제정책에서는 시장경쟁과 혁신성을 중시하고 사회정책에서는 완전고용에 기초
한 보편적 복지정책을 지향하고 있으며 높은 조세 부담률을 통하여 넓은 재원
을 확보하고, 이를 통하여 높은 수준의 공공사회지출을 유지하고 있었다. 스웨
덴의 예산제도는 일 년 전체를 예산과정으로 운영하고 있으며, 의회의 통제도
전체적인 경제의 예측과 우선순위 등 예산편성의 방향을 정하는 춘계예산심의와
구체적으로 예산을 심사하고 확정하는 추계예산과정의 2단계로 이루어지고 있

다. 또한 재무부가 예산의 우선순위를 설정하는 역할을 하지만 각 부처가 예산집행에 책임을 지고 독립된 집행기관에 대하여 더 많은 자율성을 부여한다(Downes, Moretti and Shaw, 2017).◇129 그리고 감사원(National Audit Office: NAO), 재정정책위원회(Fiscal Policy Council), 국립경제연구소(National Institute for Economic Research), 국립재정관리기구(National Financial Management Authority), 국가부채실(National Debt Office) 등을 두어 국가재정의 건전성 확보를 위하여 회계감사, 경제정책 결정과 연구, 성과평가, 부채관리 등 다양한 기구들을 설립하여 운영하고 있다.

스웨덴의 예산지출제도의 변화를 살펴보면 스톡홀름 학파라고 불리는 경제학자들에 의하여 복지국가의 모델이 설계되었으며, 제2차 세계대전 이후에는 케인즈주의적 반경기적 재정정책과 통화정책이 사용되었으나 1950년대에 연대임금으로 산업간 성별 간 임금차별을 줄이고 기업의 과도한 이윤을 제한함으로써 완전고용 하에서 인플레이션을 억제하는 렌-마이트너 모델을 적용하여 복지국가의 황금기를 이룩하였다. 그러나 제조업 등 산업의 국제경쟁력이 저하되고, 복지지출 등으로 인하여 재정적자가 늘어나는 등 경제위기가 오게 되자 1996년 재정개혁을 시도하였다(신정환, 2018: 73).◇130 대표적으로 예산편성에 하향식(top down) 접근 방법을 도입하여 의회의 춘계 재정정책 법안(Spring Fiscal Policy Bill)에서는 예산총액을 지출영역별로 결정하고, 구체적인 예산액은 하반기 예산법(Budget Bill)을 통하여 결정하도록 하였다. 또한, 재정의 건전성을 확보하기 위하여 중기재정계획과 GDP의 1%에 해당하는 재정흑자를 달성하도록 재정준칙을 도입하였으며, 재정 관리의 효율성과 책임을 명확하게 하기 위해 재정지출 분야를 27개로 분류하고 분야별로 지출한도액을 정하고 재정지출의 성과에 대하여 의회에 보고하도록 하였다(Blöndal, 2001: 30-31; Downes, Moretti and Shaw, 2017).◇131

위에서 살펴본 바와 같이 서구의 복지국가들은 한정된 재원 하에서 사회정책의 성과를 거두려는 노력을 기울이고 있다. 이러한 노력은 상대적으로 복지국가의 수준이 높지 못한 미국의 예산개혁을 통하여 시작되었으며 다른 국가로도

전파되고 있다. 영연방 국가들은 중장기적 재정기획 하에 회계투명성, 자율성과 결과에 대한 책임성을 강화하는 방향으로 재정개혁이 이루어지고 있으며, 프랑스는 일반 예산뿐만 아니라 사회보장 예산지출에 대해서도 별도의 근거법을 만들어 지출통제와 재정성과를 강화하고 있다. 독일은 사회보험의 장기적 재정건전성을 확보하기 위하여 재정준칙을 헌법에 명문화하고 재정의 장기적 안정을 위한 반경기적 자동안정화장치를 도입하였고, 이를 감시하는 거버넌스 구조를 구축하였다. 또한 조세기반 국가이지만 스웨덴도 복지국가의 위기를 극복하기 위하여 하향식 총액예산제와 재정건전성 확보를 위한 예산지출 분야의 체계화와 지출한도액을 설정하고 있다.

5. 민간재원의 활용

제조업의 쇠퇴와 고령화 현상이 진행되면서 서구의 복지국가는 재정위기에 직면하고 있는데 2000년대부터는 기존의 정부의 재정에만 의존하던 방식에서 보다 민간의 재원과 역량을 활용하여 사회문제를 해결하려는 시도들이 나타나고 있다. 1990년대에는 신자유주의적 사고에 의하여 국가에 의하여 제공되던 복지서비스의 시장화가 나타났고 기존의 공공서비스를 수익적인 민간자본에 위탁하는 입장도 있지만 영리 추구뿐만 아니라 사회적 목적을 추구하는 제3섹터를 활용하여 문제를 해결하고자 하는 복지 다원주의적 노력들이 등장한 것이다. 대표적으로 사회적경제(social economy) 또는 연대 경제(solidarity economy), 비영리섹터(Non-profit sector)의 경제적 활용이라는 형태로 진행되고 있다.

사회적경제는 국가별로 차이가 있으며, 미국은 비영리성에 초점을 맞추는 반면, 유럽은 민주적 참여를 포함한 과정을 중시한다(보건복지부, 2018).◇[132] 미국에서는 사회적경제 대신에 제3섹터(The Third Sector)로 접근하고 비영리성을 그 요건으로 명확하게 제시한다(Salamon & Sokolowski, 2016).◇[133] 그러나 유럽 대륙 국가에서는 반드시 비영리성을 요건으로 하지 않으며, 주된 목적이 사회적 가치를 추구한다면 시장이나 국가의 영역에서도 사회적경제(또는 사회적 기업)를 인정할 수 있다(Defourny, Grønbjerg, Meijs, et al. 2016).◇134 사회적경제와 제3 섹터의 개념 정의에 대하여 국가나 학자별로 차이가 있지만 논쟁을 통하여 컨센서스를 형성하는 과정에 있다. 제3섹터의 비영리성에 초점을 두거나 공적인 목적을 추구하되, 경제적 효율성을 활용하는 정도는 국가별로 차이가 있다고 볼 수 있다. 우리나라의 경우 사회적 기업을 고용노동부에서 관리하는 특정한 유형의 사회적 경제조직으로만 보는데 이것은 이론 및 정책적 측면에서 오해의 소지가 있다. 왜냐하면 사회적 기업은 시장, 제3섹터(비영리), 국가의 영역에서 공적인 목적을 추구하면서도 경제적 효율성을 추구하는 새로운 혼합적 시도를 지칭한 것으로 사회적 기업은 협동조합, 비영리조직, 공공기관까지도 모두 가능한 사회적 목적과 경제적 목적을 동시에 추구하는 사회혁신의 한 형태로 이해된다.

사회적경제 모델을 분석함에 있어 국가, 시장, 제3섹터의 전달기제와 자원의 활용 정도에 따라 다양한 모델을 제시할 수 있다(Defourny and Nyssens, 2016).◇135 경제를 작동하는 3가지 이익의 원리로 일반적 이익(general interest: GI), 상호 이익(mutual interest: MI), 자본 이익(capital interest: CI)이 제시되고 있다. 이 중 일반적 이익은 사회 전체의 일반 이익을 대변하는 것으로 국가의 영역에 해당하고, 상호 이익은 조직 구성원 간의 이익을 대변하는 것으로 제3섹터의 영역에 해당하며, 자본 이익은 시장에서의 경제적 이해관계를 대변하는 것으로 시장의 영역에 해당되는 것이다. 이러한 원리를 활용하여 기업적 비영리 모델(entrepreneurial non-profit model: ENP), 사회적 협동조합 모델(social cooperative model: SC), 사회적 사업 모델(social business model: SB), 공공 사회적 기업 모델(public-sector social enterprise model: PSE) 등의 4가지 사회적경제 모델을 설정할 수 있다.

이러한 모델 중에 어떤 모델이 선택되는지 여부는 국가와 시장의 관계에 대한 사회적 및 역사적 맥락, 제도적 제약, 행위자의 의도 등이 영향을 미치게 될 것이다. 예를 들어, 국가성이 강하고 시장경제가 발달한 영국에서는 공공 사회적 기업이나 기업의 사회적 사업 모델이 보다 발달할 것이지만 국가능력이 약하고 협동조합적인 전통이 강한 이탈리아의 경우에는 사회적 협동조합 모델이나 기업적 비영리 모델이 우세할 것이며, 국가의 개입이 약하고 개인주의적인 자원 봉사와 기업적 문화가 발달한 미국에서는 기업적 비영리 모델이나 사회적 사업 모델이 발달하게 될 것이다. 한국의 경우는 국가성이 강하고 시장중심적인 경쟁이 정착되었으며, 시민사회의 성장은 지체되어 있으므로 공공 사회적 기업이나 사회적 사업 모델이 보다 적합하지만 사회적 기업 모델뿐만 아니라 사회적 협동조합 모델도 도입되어 있어 다양한 모델이 경쟁관계에 있으며, 기업적 비영리 모델은 사회복지사업법 등에서 사회복지사업에 대한 비영리성의 제한 및 사회적 금융의 미성숙 등으로 발전되지 못하고 있다.

　사회적 목적과 경제적 효율성을 동시에 추구하는 사회적경제를 활성화하기 위한 자금 마련의 수단으로 사회적 금융(social finance)이라는 개념으로 제시되고 있다(Nichols and Emerson, 2015: 3-5; 유현종, 2016).◇136 사회적 금융의 개념 정의는 다양하게 제시되는데, 첫째, 재정적 이익뿐만 아니라 원칙적으로 사회적 및 환경적 이익을 고려하여 재원을 배분하는 방식으로 정의하는 입장으로서 유럽위원회(European Commission)에 의하면 투자 결정이 가치에 기초하고 이익뿐만 아니라 지구와 인간 등 전체적인 관점에서 평가가 이루어지는 금융의 새로운 패러다임으로 정의하고 있고(European Union, 2016: 11),◇137 사회적 금융을 3차원적 자본으로 부르며 전통적, 금융적, 위험 및 이윤의 기준에 더하여 주어진 사회적 또는 환경적 이익을 최적화하는 기준에 따라 자본을 배분하는 것을 의미하며, 혼합적 가치 투자(blended value investing)으로 부르는 입장도 있다(World Economic Forum, 2006).◇138 한편 사회적 금융의 일종으로 사회적 성과 보상사업(Social Impact Bond: SIB)은 사회적 성과(outcomes)를 향상시키기 위한 기금 체계를 의미한다(Mulgan, Reeder, Aylott and Bo'sher, 2010: 7).◇139 SIB는 지방정부, 상업적 투자자, 자선단체 등의 금전적 투자, 사업대상 집단의 전망을 향상시키는 행동으로서의 프로그램, 대상 집단의 향상된 성과와 연계된 중앙 및 지방정부, 기금 등의 약속(commitments) 등으로 구성되어 있다. SIB는 성공보수 계약(a Pay for Success Bond) 또는 사회적 편익 계약(a Social Benefit Bond)이라고도 하며, 공공영역이 향상된 사회적 비용을 절약하는 사회적 성과에 대하여 비용을 지급하는 약속에 기초한다.

| 제 3 절 | 한국 사회정책의 재정 |

1. 개   관

　앞에서 논의한 내용들을 바탕으로 한국 복지국가의 재정을 분석하고자 한다. 이를 우선 일반적으로 정부의 재정이 어떻게 조직되고 있는지를 살펴볼 필요가 있는데 2019년을 기준으로 중앙정부의 재정은 일반회계(1개), 특별회계(19개), 기금(67개)로 구성되어 있다. 일반회계는 소득세·법인세·부가가치세 등 국세 수입과 정부출자기업의 배당·지분 매각 등 세외수입을 주요 재원으로 구성되고 부족할 경우 국채를 발행하며 일반회계 세출은 보건/복지/고용, 교육, 문화/체육/관광, 환경, R&D, 산업/중소기업, 에너지, SOC, 농림/수산/식품, 국방, 외교/통일, 공공질서/안전, 일반/지방행정으로 구성되어 있다. 특별회계는 예산사업상 기업적 성격을 띠거나 특정한 세입으로 특정한 세출에 충당하는 등 세입과 세출을 묶어서 관리하는 것과 같이 예산사업의 성격상 일반회계와 별도로 관리할 필요가 있을 때 개별법적 근거를 두고 설치할 수 있다(이준구·조명환, 2016: 34; 국회예산정책처, 2019b: 29-31).◇140 그중 기업특별회계는 정부의 공기업 활동과 관련된 회계로서 「정부기업예산법」에 따른 우편사업특별회계·우체국예금특별회계·양곡관리특별회계·조달특별회계 및 「책임운영기관의 설치·운영에 관한 법률」에 따른 책임운영기관특별회계가 있다. 특별회계는 수입과 지출이 묶어서 관리되고 관리상 재량이 부여되기 때문에 개별 부처로서는 특별회계의 설치를 바라는데, 법률에 세입에 관한 구체적 근거를 두어 안정적 재원을 확보할 수 있을 뿐만 아니라 당해 재원으로 해당 부처의 사업에 사용할 수 있어서 지방자치단체나 산하기관에 실질적인 영향력을 행사할 수 있게 된다. 그러나 예산통일성의 관점에서 보면 특별회계는 적을수록 좋고 많아지면 국회의 예산통제가 어려워질 수 있다. 2019년 현재 기타 특별회계로는 교도작업, 지역발전, 농어촌구조개선, 등기, 행정중심복합도시건설, 아시아문화중심도시조성, 에너지 및 지원사업, 우체국보험, 주한미군기지이전, 환경개선, 국방·군사시설이전, 혁신도시 건설, 교통시설, 유아교육지원 등의 특별회계가 설치되어 있다. 세출예산의 규모가 큰 순으로 보면 교통시설(국토교통부, 해양수산부) 157,898억 원, 농어촌구조개선(농림축산식품부) 119,030억 원, 국가균형발전(기획재정부, 각 소관부처) 107,485억 원, 에너지 및 지원사업(산업통상자원부) 60,206억 원, 우편사업(과학기술정보통신부) 49,198억 원으로 나타나고 있다(국회예산정책처, 2019b: 30).◇141

   기금은 특별한 목적을 위하여 특정한 자금을 예산과 독립적으로 운영할 필요가 있을 때 별도의 법률적 근거를 두고 설치할 수 있다. 특별한 목적을 위하여 설치된다는 점에서 특별회계와 유사하지만 특별회계는 원칙적으로 단년도 예산회계의 원칙을 취하고 있고, 기금은 다년도 회계의 원칙을 취한다는 점에서 차이가 있다. 그러나 기금은 계획변경이나 집행절차에 있어서 일반회계나 특별회계에 비해 탄력성이 인정된다는 측면에서 예산과는 구별되지만 기금의 편성과정에서 기금관리 부처가 기금운용계획안을 수립하고 기획재정부 장관과 협의 및 조정과정을 거치고 기금운용계획의 확정 및 결산도 예산과 마찬가지로 국회의 심의·의결을 거친다는 점에서 예산통제의 방식에서는 큰 차이가 없다. 흔히들 기금이 보다 부처에게 자율성이 부여되기 때문에 방만한 운영을 비판하지만 기금과 달리 특별회계의 경우가 소관부처가 보다 명확하고 사용목적이 부처의 업무 위주로 명문화되어 있기 때문에 기금에 비하여 소관 부처에 예산확보와 집행의 권한이 부여된다. 예를 들어 복권기금과 같은 경우에는 기금관리주체는 기획재정부이지만 사용목적을 광범하게 규정하여 보건복지부의 아동복지 사업에도 기금이 활용되지만 농어촌구조개선 특별회계는 농림축산식품부에 관리책임이 있다. 기금은 2019년 현재 23개 부처에서 67개를 설치·운용 중이며, 운용규모 총계는 633.2조 원으로 일반회계 총계(331.8조 원)의 약 2배이다. 기금의 소관별로 보면 농림축산식품부가 7개로 가장 많고, 기획재정부, 금융위원회, 문화관광

체육부가 각각 6개의 기금을, 고용노동부, 환경부가 5개의 기금을 가지고 있다. 기금은 성질에 따라 ① 사업성기금, ② 사회보험성기금, ③ 금융성기금, ④ 계정성기금으로 분류할 수 있다. 첫째, 사업성기금은 특정한 정부 사업을 수행하는 데 필요한 재정 자금을 관리·운영하는 기금으로서 일반 사업 부처가 관리하며 2018년 기준으로 48개의 기금이 설치·운용되고 있다. 둘째, 사회보험성기금은 비교적 장기적으로 자금이 운용될 수 있는 연금, 고용보험 등에서 자금을 운용하는 기금으로 국민연금기금, 공무원연금기금, 군인연금기금, 사립학교교직원연금기금, 고용보험기금, 산업재해보상보험 및 예방기금 등 6개의 기금이 있다. 건강보험은 피보험자의 보험료로 단기적으로 운영되므로 기금이 아닌 자체적인 재정체계를 두고 있으며 정부예산과 건강증진기금으로부터 특정한 목적을 위하여 지원을 받고 있다. 셋째, 금융성기금은 특정사업을 수행하기 보다는 보증·보험 등을 제공함으로써 금융활동의 역할을 하는 기금으로 신용보증기금, 예금보험기금, 채권상환기금 등 8개가 설치되어 있다. 넷째, 계정성기금은 특정자금을 적립하여 실제 사업을 수행하는 주체에게 전달하는 기금으로 공적자금상환기금, 공공자금 관리기금, 외국환평형기금, 복권기금, 양곡증권정리기금 등 5개가 설치되어 있다. 이중에서 주로 고용, 복지, 보건, 교육 등 사회정책 분야 활용될 수 있는 기금은 사업성기금 중 사회정책 소관분야, 사회보험성 기금, 계정성 기금 중 복권기금 등을 들 수 있다.

　　지방재정은 일반 행정에 대한 지방자치를 관할하는 일반재정과 교육에 대한 자치를 관할하는 교육재정으로 구분되고, 일반재정은 다시 일반회계, 특별회계, 기금으로 구성되며, 국가재정과 유사한 구조를 갖는다. 일반회계는 각 지방자치단체가 기본적인 행정활동을 수행하기 위하여 설치·운영되는 회계이며, 지방공기업특별회계는 상·하수도 사업 등의 수행을 위해 일반회계와 별도로 법률 또는 조례에 의해 설치되는 회계이다. 기타특별회계는 특별자금이나 특정사업 운영을 위해 지방공기업특별회계와는 별도로 설치되어 있다. 지방 재정의 교육재정은 「지방교육 자치에 관한 법률」에 따라 17개 광역시·도의 교육·학예에 관한 경비를 별도로 경리하기 위하여 일반재정과 구분하여 교육비특별회계로 운영된다. 한국의 재정체계를 전체적으로 나타내면 [그림 7-9]와 같다.

그림 7-9 한국의 재정체계

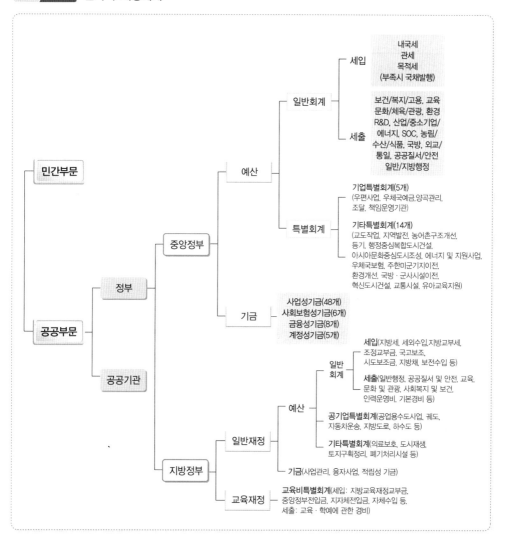

　　서구의 복지국가와 비교할 때 한국의 재정구조는 예산이라는 용어를 일반회계와 특별회계만을 포함하는 협소한 의미로 사용하고 있고, 다양한 특별회계와 기금 등을 설치하고 있어 예산의 단일성과 포괄성의 원칙 면에서 개선의 여지가 있다. 이렇게 복잡한 예산체계로는 재정성과에 대하여 의회의 통제가 어렵게 되고, 성과주의 예산도 제대로 효과를 나타내기 어렵다.

　　이러한 문제점을 해결하기 위하여 정부는 자체적으로 통합재정수지를 도입하여 정부 전체의 수입과 지출을 파악함으로써 재정건전성을 평가하는데 활용하고 있지만 법제도적으로 도입된 개념은 아니며, 국회의 예산 심의도 통합재정수지를 중심으로 이루어지고 있지도 못하다. 앞에서 분석한 바와 같이 프랑스의 경우에는 모든 예산을 하나의 문서로 포함하여야 한다는 예산 단일성의 원칙을 적용하고 사회보험의 경우에도 국가예산과 동일한 회계와 성과관리를 적용받도록 하였고, 영국의 경우도 NHS가 조세를 통하여 운영되기 때문에 당연히 예산에 포함되어 있으며, 스웨덴은 예산지출항목을 29개로 단순화하여 지출한도를 설정하고 있는 것을 참고할 만하다.

2. 한국의 재정제도

　　아래에서는 한국의 재정제도를 수입과 지출의 측면에서 분석하고자 한다. 수입으로는 조세와 사회보장기여금의 제도 변화를 살펴보고, 지출과 관련해서는 기금을 포함한 광의의 예산제도의 변화를 살펴보고자 한다.

(1) 수입측면

　　앞에서 살펴본 바와 같이 정부의 재원조달 방법은 다양하지만 복지국가의 주요한 재원조달 방법은 조세를 통한 일반세입 또는 사회보장의 목적으로 징수되는 조세, 고용주나 근로자에 의하여 지불되는 사회보장 기여금, 정부의 재정수입 등을 고려할 수 있다(Morel and Palme, 2013: 403).◇142 먼저 조세는 국가의 살림살이의 세입을 구성하는 것으로 복지국가의 주요 재원이다.◇143 조세는 부과주체에 따라 중앙정부가 부과하는 국세, 지방정부가 부과하는 지방세로 구분할 수 있다. 국세는 국가의 재정수입을 위하여 국가가 부과·징수하는 조세로, 중앙정부 일반회계와 특별회계의 재원은 국세수입을 중심으로 구성된다. 국세는 그 부과에 통관절차를 필요로 하는 가를 기준으로 내국세와 관세로 구분된다. 내국세는 관세를 제외한 국세이고, 관세는 「관세법」이 정하는 바에 의하여 통관절차를 거치는 물품에 부과하는 조세이다. 내국세는 법률상의 납세의무자와 경제상의 조세부담자가 일치하는지 여부에 따라 직접세와 간접세로 나누어진다. 직접세는 납세의무자와 조세부담자가 일치하는 조세로 소득세, 법인세, 상속세, 증여세, 종합부동산세 등이 이에 속한다. 간접세는 경제활동을 통하여 타인에게 조세 부담의 전부 또는 일부가 전가되는 조세로 부가가치세, 개별소비세, 주세, 인지세, 증권거래세 등이 이에 속한다. 국세 세입의 회계현황을 살펴보면, 농림축산식품부 소관 농어촌구조개선특별회계의 세입항목인 농어촌특별세, 기획재정부 소관 지역발전특별회계의 세입항목인 주세를 제외한 나머지 12개의 국세는 모두 기획재정부 소관 일반회계의 세입으로 계상된다. 한편, 지방세는 지방자치단체에 의하여 부과·징수되며, 당해 지방자치단체의 재정수요에 충당된다는 점에서 국세와 다르다. 어떠한 조세를 국세 또는 지방세로 할 것인가에 대하여는 명확한 기준이 없으며, 세원의 규모와 분포, 재정의 여건, 행정의 편의 등을 다각적으로 고려하여 결정된다. 지방자치단체는 「지방세기본법」이 정하는 바에 의하여 지방세를 부과·징수할 수 있으며, 지방세는 재정수요의 용도에 따라 보통세와 목적세로 나뉜다. 보통세는 취득세, 등록면허세, 레저세, 담배소비세, 지방소비세, 주민세, 지방소득세, 재산세, 자동차세 등 9개의 세목으로 구성되며, 목적세는 지역자원시설세, 지방교육세 등 2개의 세목으로 이루어져 있다.

일반적인 조세의 발달과정에서 보면 20세기 이전에는 재산과세가 중심으로 되어 있었지만 20세기에 근대국가의 확대에 따라 개인소득세와 법인세가 도입되었고, 양차 세계대전을 경험하면서 부가세율이 90%까지 확대되었으며, 세계대전 이후 복지국가의 재원을 마련하기 위하여 부가가치세와 같은 소비세제도의 도입이 이루어졌고, 최근에는 세계화로 인한 국가 간의 기업경쟁력의 확보를 위하여 법인세를 감면하면서 넓은 세원을 확보하는데 주력하고 있다. 그러나 한국의 조세제도는 조선시대까지의 조세제도가 일본이 서구에서 차용한 제도에 의하여 대체되었으며, 본토와는 달리 총독부령에 의하여 식민지를 수탈하기 위한 수단으로 활용되었다. 또한 해방 이후에 조세체계의 개정이 있었지만 6·25 전쟁의 결과로 산업기반이 모두 파괴되고, 1960년대 이후에도 경제발전을 위한 자금 마련이 우선시 되었으므로 서구와 달리 조세제도는 국가의 경제발전을 위한 수단이었지 복지국가의 사회정책을 위한 수단은 되지 못했다. 그러나 경제성장이 어느 정도 이루어진 후 민주화가 진행되고 복지국가를 위한 건강보험과 국민연금의 도입, 기타 사회복지관련 지출이 증가하는 1980년대부터는 조세제도와 사회보장기여금 등의 정부 수입이 사회정책의 중요한 재원으로 부각되기 시작하였다. 서구와 달리 한국의 조세제도는 경제발전을 위한 재원마련을 위한 수단으로 활용되었고, 그 결과 복지국가의 재원으로서 전체적인 조세제도의 개혁이라는 접근 대신에 임시적이고 조정되지 않는 단편적인 조세제도의 변화가 이루어져 왔다(Dalsgaard, 2000).◇144 이러한 경제발전 우위의 성장정책과 사회정책의 저발전으로 인하여 한국의 조세제도는 가구에 대한 소득과세의 비율이 낮고, 사회보험 기여금에 의존하면서도 복잡하고 난립된 조세체계를 지니게 된 것이다. 아래에서는 한국의 조세제도의 변화를 경제발전 이전(1948~1961), 경제발전기(1960~70년대), 민주화와 복지국가의 시도기(1980년대 이후)로 나누어 고찰하고자 한다.

첫째, 해방이후부터 경제발전 이전의 시기는 일제의 조세제도를 개혁하여 한국의 조세제도의 기초를 놓은 시기였다. 세제개혁(1948년~1950년)을 통하여 소득세, 법인세, 상속세 등 조세제도의 근간을 형성하였으나 세입 확보를 위하여 국세 20개, 지방세 25개 등 다양한 명목의 조세를 설치함으로써 복잡한 조세체계를 지니게 되었다(국회예산정책처, 2018: 32-35).◇145 이 당시는 북한과의 전쟁과 대립 상황에서 국가의 존립 자체가 위협을 받았기 때문에 국방, 치안과 질서유지 등 국가의 기본적 작용을 수행하기 위한 재원을 마련하는 것이 급선무였다. 더구나 6·25 전쟁으로 인하여 산업화의 기반이 무너지고, 외국의 원조에 의존하는 상황에서는 소득세라는 단일한 조세를 통하여 재원을 확보하기 어려웠기 때문에 1950년대 중반 UN 조세전문가인 발드(H. P. Wald)의 「한국세제에 관한 보고와 건의」를 참고하여 소득세, 법인세, 영업세, 토지수득세, 주세 등 주요 세목을 정비하고 조세의 역진성을 완화하는 제도 개편을 추진하였다. 그러나 시행하는 과정에서 소득세와 법인세의 부담은 줄이고 물품세와 주세 등이 간접세의 비중을 높였다. 서구의 조세제도의 발전이 전쟁을 치르면서 국가 동원에 의하여 소득세가 먼저 도입되고 전후에 확대된 국가기능을 통해 복지정책을 추진하면서 기존의 조세가 유지되었고, 이후 복지국가의 황금기에 재원 확보를 위하여 물품세, 부가가치세 등의 간접세가 확대된 것에 비하여 한국은 6·25 전쟁을 겪었으나 경제발전이 이루어지지 못했기 때문에 소득세를 통한 재원을 확보하지 못했고, 간접세가 높은 비중을 차지하면서 출발하게 된 것이다. 이는 산업화가 이루어지지 못하여 소득확보가 어려웠을 뿐만 아니라 국세행정의 초점이 보다 손쉽게 세입을 확보할 수 있는 세원을 발굴하는데 있었기 때문이다. 또한 이 당시에는 국세의 비중이 90%를 넘었고, 중앙집권적 재정체제의 기원이 되었다.

둘째, 1960년대 이후 경제 발전기는 조세가 경제발전의 도구로 활용되던 시기이다. 복잡한 조세체계를 정비하면서 소득세를 점진적으로 확대하였고, 1972년 8·3조치에 따라 경제발전에 필요한 중화학 공업 등 기업 활동을 지원하기 위하여 조세감면과 같은 세제혜택이 주어졌다. 획기적인 것은 1977년 부가가치세의 도입으로 영업세, 물품세, 직물류세, 석유류세, 전기가스세, 통행세, 입장세, 유흥음식세 등 8가지 세목이 폐지되었고, 부가가치세의 역진성 문제를 보완하기 위해 고급품·사치품 등에 대한 특별소비세를 신설한 것이다(국회예산정책처, 2018: 48-50).◇146 또한 국세의 지방세로의 전환을 통하여 지방세의 비중이 확대되었으나 그 수준은 그다지 크지 않았다. 서구의 부가가치세가 복지국가의 재원을 확보하기 위한 수단으로서 도입된 것임에 비하여 이 당시 한국의 조세제도는 경제발전을 위한 수단으로서 내자를 동원하고 불필요한 소비의 억제와 저축을 증진하는데 초점이 있었으며, 사회정책을 위한 재원은 아니었다.

셋째, 1980년대 이후 민주화와 복지정책의 강화의 시기로 국민연금과 건강보험 등 사회보험이 도입되었으며, 세원확보의 노력과 조세정의의 차원에서 소득세에 대한 세원확보 노력이 이루어졌다. 특히 1980년대 초·중반에는 경제안정을 위한 재정긴축으로 조세제도에는 그다지 변화가 없었고, 경제발전에 따라 사회정책의 수요는 사회보험을 통하여 충당하고자 하였다. 사회정책과 관련해서는 1981년 교육세를 신설하였는데 이를 통하여 교육재정을 확충할 수 있는 수단이 되었다. 또한 1990년대에는 금융실명제의 도입을 통하여 지하경제에 대한 과세를 강화하기 시작하였고, 부동산 투기를 억제하기 위하여 토지초과이득세와 금융소득에 대한 종합과세도 도입되었으며, 경제발전기에 주어졌던 조세감면을 축소하여 경제정의에 보다 관심을 가지게 되었다(국회예산정책처, 2018: 62-65).◇147 2000년대 이후는 일과 복지의 결합을 통한 지속가능한 복지의 수단으로서 근로장려세제(Earned Income Tax Credit: EITC)를 도입하였고, 부동산 가격 급등을 억제하기 위한 종합부동산세를 신설하였다. 그러나 사회정책의 재원이 되는 조세제도의 개혁에 대한 정책적 논의는 부족하였다. 서구의 복지국가는 양차 세계대전을 통하여 국가의 세입이 대폭 증가하였고, 전후 사민당 정부가 집권함에 따라 복지국가의 청사진을 제시하고 국민적 합의를 형성함으로써 조세저항을 극복하고 복지국가로 나갈 수 있었지만 한국은 사회정책에 대한 국민들의 요구는 증가함에도 조세저항과 정치적 비난을 회피하기 위하여 조세문제는 뜨거운 감자와 같은 문제였기 때문에 선거에서 누구도 이를 적극적으로 주장하지 않았다. 그 대신에 증세를 대체할 수 있는 수단으로 사회보험기여금의 증가를 통하여 건강보험의 문제를 어느 정도 해결하였고, 주류와 담배세 등의 소비세와 교육세를 통한 재원으로 교육정책 등에 대한 수요에 충당할 수 있었던 것이다. 한편 1994년 지방자치제가 실시되었지만 지방분권이 제대로 이루어지지 않았고, 지방정부의 행정역량도 취약했기 때문에 지방세제에 큰 변화는 없었고, 국세와 지방세의 비중도 80% : 20%로 비슷하게 유지되고 있다.

국가건설과 산업화가 이루어지지 못한 상황에서 한국의 조세제도는 서구와는 다른 제도적 변화의 경로를 밟았다. 근대화를 위한 재원이 부족하기 때문에 쉽게 세입을 확보하기 세목을 마련하다 보니 조세체계가 복잡해졌고, 경제발전을 위하여 조세제도가 활용되었기 때문에 소득세의 엄격한 징수보다는 조세감면

등의 수단을 활용하였으며, 경제발전을 위한 저축증대와 정부세입 확보를 위하
여 간접세의 비중을 높였던 것이다. 또한 민주화 이후 경제정의 차원에서 조세
형평이 개선되고, 정보통신기술을 활용한 소득세의 징수가 늘어났지만 선거 때
국민들의 여론을 고려하여 각 정당은 조세문제는 언급을 회피하였기 때문에 현
재와 같은 사회보험기여금이 높은 비중을 차지하고, 소득세는 상대적 비중이 낮
은 반면 소비세, 재산세의 비중이 높은 조세구조가 형성된 것이다.

　　2017년 기준 우리나라의 조세수입은 총 345.8조 원이며, 국세는 전체 조세
수입 가운데 약 76.7%(265.4조 원)을 차지하고 있는 반면 상대적으로 비중이 낮
은 지방세 (잠정치)는 약 23.3%(80.4조 원)을 차치하고 있다. 조세수입 규모자체
만으로 비교한다면 1970년 총 조세수입 3,980억 원에 비해 비약적으로 증가한
것을 알 수 있다. 2017년 기준 우리나라의 조세부담률은 20.0%로 2008년 이후

그림 7-10 **총 조세 대비 국세와 지방세의 규모 추이(1970~2019)**

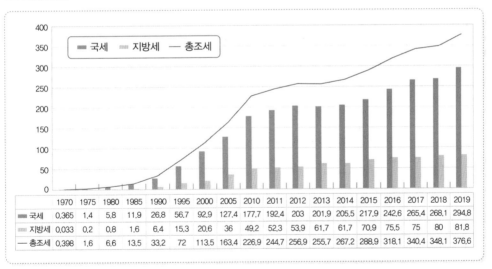

	1970	1975	1980	1985	1990	1995	2000	2005	2010	2011	2012	2013	2014	2015	2016	2017	2018	2019
국세	0.365	1.4	5.8	11.9	26.8	56.7	92.9	127.4	177.7	192.4	203	201.9	205.5	217.9	242.6	265.4	268.1	294.8
지방세	0.033	0.2	0.8	1.6	6.4	15.3	20.6	36	49.2	52.3	53.9	61.7	61.7	70.9	75.5	75	80	81.8
총조세	0.398	1.6	6.6	13.5	33.2	72	113.5	163.4	226.9	244.7	256.9	255.7	267.2	288.9	318.1	340.4	348.1	376.6

출처: 국회예산정책처(2018, 2019b, 2019c)를 참고하여 작성, 2018년까지는 최종자료, 2019년은 예산기준, 지
　　방세는 당초 예산기준
　*　1970~1995년까지는 현진권. 1997. 조세관계 통계자료집. 한국조세연구원; 2000년 이후 자료는 한국은
　　행 경제통계자료(ECOS) 자료를 토대로 국회 예산정책처 작성(재인용)

가장 높은 수준이다. 1953년 조세부담률은 5.3%로 매우 낮았으나 점진적으로 증가하여 2007년 이후 최근의 조세부담률은 17~19%대를 유지하다 2017년 20.0%로 높아졌다.

국세의 세원별 세입비중 추이를 살펴보면, 2017년 현재 소득세제가 43.8%로 가장 높은 비중을 차지하고 있으며, 소비세제는 42.7%, 재산세제 10.5%, 기타 3.0%의 비중을 나타내고 있다. 2011년 이후 소득세제 비중이 점점 높아진 이후 2017년에는 소비세제 비중을 추월하였다. 재산세제는 2007년 이후 증가 추세를 보이다가 2009년 종합부동산세 부담을 낮추면서 최근 그 비중이 낮아지고 있다. 지방세의 세원별 세입비중 추이를 살펴보면, 2017년 현재 재산세제가 54.1%로 가장 높은 비중을 차지하고 있으며, 그 다음으로 소득세제가 20.3%, 소비세제가 14.8, 기타 9.9%의 순으로 나타나고 있다. 한편 조세지출은 재정정책수단으로 사용하기 간편하고 비용이 덜 든다는 장점이 있는 반면 세수손실, 세제의 복잡화, 세부담의 불평등, 시장기능 저해 등의 부작용이 있다. 우리나라의 2016년 기준 조세지출(국세) 규모(37.4조 원)는 조세지출 집계가 시작된 1998년 (7.7조 원) 대비 약 4.9배 증가하였다. 그리고 세출적 성격의 조세지출인 '근로장려세제' 및 '자녀장려세제' 등의 도입·확대에 따른 영향으로 조세지출액은 2016년 37.4조 원에 이르렀다. 2016년 기준 지방세 비과세·감면액은 총 12.9조 원으로, 이는 같은 해 국세 비과세·감면액 37.4조 원의 34.5%에 해당하는 규모이다. 조세감면의 규모는 전체 조세수입의 1/7정도에 해당하는 규모로 우리나라도 숨어 있는 복지(hidden welfare state)의 규모가 적은 편이 아니다.

(2) 사회보장 기여금

사회보장 기여금(Social security contributions)은 미래의 사회적 급여를 받기 위한 자격을 부여하기 위해 일반 정부에 대하여 지불되는 강제적인 비용(OECD, 2020)으로 한국의 경우는 4대 공적연금(국민연금, 공무원연금, 군인연금, 사학연금)과 고용보험, 산업재해보상보험, 건강보험, 노인장기요양보험의 기여금이 있다. 이 중에 건강보험과 노인장기요양보험을 제외한 6개의 사회보험이 기금으로 운영되고 있다.◇148 건강보험은 다른 사회보험과 달리 국가재정 외로 운용되고, 국민건강보험공단은 「국민건강보험법」에 따라 회계연도마다 예산안을 편성하여 이사회의 의결을 거친 후 보건복지부장관의 승인을 받는다. 사회보험은 정보의 비대칭성으로 인하여 사회적 위험을 공동적으로 대응하기 어려운 문제를 해결하기 위하여 국가가 최종 보증자가 되어 위험을 분산하는 제도이다. 경제발전의 수준이 낮은 때에는 전 국민을 대상으로 사회보험을 도입하기는 어려웠고, 국가가 관리하기 용이하고 소득수준이 안정된 공무원, 군인, 교사 등에 대하여 사회보험이 도입되었다가 경제발전이 이루어진 이후에 국민을 대상으로 건강보험과 국민연금이 도입되었다. 다만, 산업화의 기초가 되는 노동의 위험을 보호하기 위한 산업재해보험은 1964년에 먼저 도입될 수 있었다. 건강보험도 재원의 제약 때문에 1963년 500인 이상 사업장에 대하여 임의가입 형태로 시작되었고, 1977년 의료보험법의 개정으로 군인, 공무원, 500인 이상의 사업장에 대하여 강제적용이 시행된 이후 1980년대 경제발전이 지속됨에 따라 가입자의 범위가 점진적으로 확대되었고 1988년에는 전 국민을 대상으로 한 의료보험이 실시되었다. 실업보험은 이보다 늦게 1990년대 경제성장의 속도가 늦추어지고 산업구조조정의 필요성이 제기됨에 따라 실업자를 구제하고 재취업을 위한 제도로서 도입되었다. 노인장기요양보험은 2000년 이후 인구 고령화에 따라 노인요양의 필요성이 제기되어 건강보험과는 별도의 제도로 도입되었지만 장기요양의 수요에 비하여 보장율은 낮은 편이다.

우리나라는 사회보험의 역사가 오래되지 못했기 때문에 8대 사회보험의 전체 재정규모는 증가하고 있는 상황이며, 2019년 기준으로 총 수입은 185.6조이고, 총 지출은 150.2조 원이다(국회예산정책처, 2019a).◇149 구체적으로 살펴보면 국민연금은 수입 66.4조, 지출 23.5조이고, 공무원연금은 수입 15.3조, 지출 17.5조이며, 군인연금은 수입 1.8조, 지출 3.4조이고, 사학연금은 수입 6.1조, 지출 4.8조이다. 국민연금은 가입자가 증가하고 아직 재정수입이 지출보다 크기 때문에 자금이 적립되고 있지만 공무원연금과 군인연금은 이미 적자로 돌아섰고, 향후 10년간 적자가 지속될 것으로 예측된다. 한편 공적연금 이외의 사회보험의 경우 건강보험은 수입 67.8조, 지출 71.9조, 장기요양보험은 수입 7.5조, 지출 8.3조, 산재보험은 수입 7.5조, 지출 8.3조, 고용보험은 수입 11.8조, 지출 14조이다. 국회 예산정책처에 의하면 건강보험, 장기요양보험, 고용보험의 수지가 모두 적자로 되었고, 건강보험의 보장성 확대와 인구고령화 등으로 향후 10년간 건강보험과 노인장기요양보험의 재정수지가 지속적으로 적자를 기록할 것으로 전망되고 있다.

한국은 비교적 단기간에 서구의 사회보험제도를 도입하였지만 사회보험의 급여수준과 지속가능성에 대하여 충분히 고려하지 못했고, 중국의 추격으로 제조업의 쇠퇴, 저출산 및 고령화라는 예측하지 못한 변수가 발생하였기 때문에 제도개혁이 불가피하였으나 총체적인 개혁 보다는 임시적이고 단편적인 개혁조치들이 이루어져 왔다. 첫째, 국민연금의 경우는 초기에 가입율을 높이기 위하여 보험료 수준(9%)에 비하여 소득대체율은 70%로 과도하게 설계되었기 때문에 1999년 1차 연금개혁을 통하여 소득대체율 수준을 70%에서 60%까지 낮추고 연금 수급 개시 연령도 60세에서 65세로 연장하였다. 이것도 출산율 저하와 연금 고갈이 앞당겨지게 되자 2007년 소득대체율을 2008년 60%에서 50%로 낮춘 뒤, 2009년부터는 매년 0.5%p씩 낮춰 2028년 40%에 도달하면 이후 40%로 유지하는 방안을 적용하고 있다. 소득대체율 70%는 독일의 복지국가 황금기에 적용했던 비율로 독일은 2001년 개혁으로 64%로 낮추었으며, 기여율은 2019년 현재 18.6%에 이른다. 우리나라의 연금기여율 9%는 낮은 소득대체율로 나타날 수밖에 없는 구조임에도 기여율은 높고, 소득대체율을 높이는 방향의 개혁은 이루어지지 못하였다.

둘째, 공무원과 군인연금의 경우 1980년대까지 급여수준이 확대되어 왔으나 수명의 증가에 따른 수급자의 증가로 연금재정의 악화가 문제되었다. 그러나 획기적인 개혁보다는 시기 때마다 단편적인 개혁이 이루어졌으며, 그 결과 특수연금과 일반 공적연금 간에 차이가 발생하게 되었고, 자신들의 세대는 아닌 다음 세대에게 부담을 넘기는 개혁이 되어 버렸다. 또한 연금의 기본원칙인 기여원칙이 아니라 연령에 따라 수급액과 수급기간에 차이가 있게 되어 형평성에도 반하는 결과가 되고 말았다. 제1차 개혁은 기여율을 5.5%에서 7%로 인상하고 유족연금을 50% 축소하였으나 재정확보에 충분하지 않았고, 제2차 개혁은 기여율을 8.5%로 인상하고 기준보수를 퇴직당시 보수월액에서 최종 3년간의 평균보수월액으로 변경하였으며, 급여지출의 부족분을 국가에서 전액 보전하도록 하였다. 제3차 개혁은 기준보수를 수당 등을 제외한 기준소득월액◇150으로 변경하고, 기여금부담률을 기준소득월액의 7%로 하며, 연금지급률을 2%에서 1.9%로 낮추었고, 연금의 수급개시연령을 2010년 이후 임용자부터는 65세로 인상하였다. 이것에 대하여 기존 세대와 신규 세대의 차별적 요소를 포함하고 있고, 공무원 연금의 재정의 악화를 방지할 수 없다는 비판이 제기되었다. 이에 따라 2015년 다시 제4차 개혁을 시도하여 기여금부담률은 2015년 7%에서 2020년 9%까지 단계적으로 인상하고, 유족연금지급률을 임용시기와 관계없이 일괄 60%를 적용하도록 변경하였으며, 연금지급개시연령을 임용시기에 관계없이 모든 공무원이 65세부터 연금을 받도록 2033년까지 단계적으로 연장하기로 하였고, 연금지급률도 재직기간 1년당 2015년 1.9%에서 2035년 1.7%까지 단계적으로 인하하기로 하였다. 또한 제4차 공무원 연금제도의 개혁은 사학연금◇151에 대해서는 동일하게 적용되지만 군인연금은 적용되지 않았다. 공무원연금제도의 최종개혁 내용은 독일의 일반 연금제도와 유사한 기준이지만 향후 재정적자가 확대되지만 국가지원액의 한계를 두지 않는다는 점에서 차이가 있다.

  셋째, 건강보험의 경우 점진적으로 직장가입자와 지역가입자로 나누어 대상자의 수를 전 국민으로 확대하였으나 보장률은 그다지 높은 편이 아니었다. 2000년대 이후 건강보험의 재정이 흑자로 전환되자 보장성을 강화하기 위한 정부대책이 발표되었으나 보장율은 60%정도에 머무르고 있었다. 환자에게 부담이 되는 MRI, 초음파, 수술 후 치료에 필요한 선택진료비, 상급병실 이용료, 간호간병서비스 등이 비보장 의료비였으나 2017년 건강보험 보장성 강화를 위해 급여화를 추진함에 따라 건강보험의 재정수요는 더욱 늘어나게 되었다. 건강보험의 수입구조는 직장보험료, 공무원 및 교원 보험료, 지역가입자보험료 등의 보험료수입과 정부지원금 및 기타 수입금으로 이루어져 있다. 이 중 직장가입자의 보험료는 보수월액보험료와 소득월액보험료를 합하여 산정하고, 보수월액보험료는 직장가입자가 지급받는 보수월액에 보험료율을 곱하여 산정된 금액으로 2019년 현재 보험료율은 6.46%이고, 월별 보험료의 상한으로 6,365,520원, 하한액은 18,020원으로 보험료가 부과된다. 또한 직장가입자가 보수 외 소득(이자소득, 배당소득, 사업소득, 근로소득, 연금소득, 기타소득)이 연간 3,400만 원을 초과하는 경우, 보수외 소득월액에서 3,400만 원을 공제한 금액에 보험료율을 곱하여 보험료를 추가로 부담한다. 한편, 지역가입자의 보험료는 소득이외에 재산, 자동차 종류 및 가액을 고려하여 산정된다.◇152

지역가입자는 직장가입자와 달리 소득파악이 어렵기 때문에 재산 등에 대해서도 보험료를 징수하는 것이다. 건강보험료도 조세로의 성격이 있기 때문에 능력에 따라 부과하는 것이 원칙이고, 소득과 자본, 기타 금융수익 등에 대하여 부과하는 것이 바람직하다. 장기적으로 지역가입자 제도를 폐지하여 하나의 부과체계를 마련하고 임금소득, 재산, 금융소득, 연금 등 기타 소득 등을 포함하는 단일한 부과체계를 마련할 필요가 있다. 프랑스의 건강보험 부과체계가 이러한 방식을 취하고 있는데 사회보장재정법에 따라 소득, 자본과 도박소득, 연금과 기타 복지수당 등에 대하여 건강보험료를 부과하고 있다. 또 다른 문제점은 이러한 건강보험료의 산정 기준이 시행령에 위임되어 있어 의회의 통제가 아닌 행정부 내에서 건강보험정책심의위원회라는 조합주의적 기구를 통하여 결정된다는 것이다. 서구 국가들은 건강서비스가 조세로 충당되거나 사회보험 기여금이더라도 재정 법안을 통하여 의회에 제출되고 의회의 심사를 받는다는 점에서 차이가 있다. 한편, 정부지원금은 건강보험 재정의 건전성을 확보하기 위하여 국가의 일반회계(건강보험 예상수입액의 14%)와 국민건강증진기금(보험료 예상 수입의 6%로 담배부담금 예상수입액의 65%를 초과할 수 없음)을 통하여 건강보험 수입의 20%까지 지원하도록 되어 있다. 그러나 '예산범위 내'라는 법 규정이 모호하게 되어 있어 정부가 이를 모두 지원하지는 않고 일부만 지원해 오고 있다. 건강보험에 대하여 일반 재정이 투입되는 경우 건강보험의 사회보장적 성격이 약화되고, 적정 의료비에 대한 지출통제 없이 국고지원을 강제하는 경우 의료과잉과 재정의 위기를 초래할 수도 있다.

넷째, 노인장기요양보험제도는 건강보험제도와 별도로 운영되지만 건강보험제도와 마찬가지로 정부 재정 외로 운영되고 있다. 산재보험료는 건강보험에 연동하고 국민건강보험공단이 건강보험료와 통합징수하고 있다. 즉, 노인장기요양보험료는 건강보험료에 장기요양보험료율을 곱하여 산정되며, 건강보험의 직장가입자와 지역가입자의 건강보험료에 장기요양보험료율(2019년 8.51%, 2020년 10.25%)을 곱하여 산출한다.

다섯째, 산업재해보험은 자본주의 사회의 노동위험을 사회적으로 책임지는 것으로 다른 국가에서도 비교적 일찍 도입되었고, 그 부담책임도 사업주에게 부과하고 있다. 한국의 산재보험도 비교적 일찍 도입되었으며, 2019년 기준으로 수입이 8.9조, 지출 6.8조이며 적립금이 20조에 이르러 보험재정의 건전성을 유지하고 있다. 산재보험은 위험도가 높은 광업과 제조업에서 상시근로자 500명 이상 사업장에 우선 적용하도록 하였으나 적용범위가 확대되어 택배기사, 대리운전 등 특수형태 근로자, 소규모 건설공사 및 상시근로자 1인 미만 사업장에까지 적용이 확대되어 거의 모든 사업장에서 적용되고 있다. 기금의 규모가 크지는 않지만 「국가재정법」에 따라 산재보험기금을 설치하고 수입과 지출을 관리하고 있으며, 고용노동부는 매년 기금운용계획을 수립하고 국회의 심의·의결을 통해 계획을 확정하고 있다. 산재보험료는 제도 도입 당시부터 사업주가 전액 부담하고 있으며, 산재보험료율은 '사업종류별 산재보험료율'과 '출퇴근재해 산재보험료율'로 구성된다. 사업종류별산재보험료율은 매년 6월 30일 현재, 과거 3년간의 보수총액에 대한 보험급여 총액의 비율을 기초로 재해 발생의 위험확률에 따라 사업의 종류별로 구분하여 천분율로 적용된다(2019년 기준으로 금융 및 보험업은 6‰(천분율), 석탄광업 및 채석업 225‰). 한편, '출퇴근재해 산재보험료율'은 사업의 종류를 구분하지 않고 1.5/1,000(2019년)로 고용노동부장관이 정하여 고시한다.

여섯째, 고용보험은 근로자가 실직한 경우 생활에 필요한 급여와 재취업을 위하여 직업훈련 등을 위하여 실시된 제도이다. 서구의 고용보험 제도는 자본주의 사회가 발전함에 따라 20세기 초에 도입되었으며, 국가별로 자발적 상호부조, 소득이 낮은 특정한 집단을 대상으로 하는 경우, 사회보험의 형태로 관리하는 경우 등 다양한 형태가 존재하고 있으나(Sjöberg, Palme, and Carroll, 2010: 421-423)◊153 1970년대 복지국가의 위기 이후는 실업급여의 수준을 축소하거나 적극적 노동시장 정책을 통하여 일하는 사람에게 더 많은 혜택이 돌아갈 수 있도록 직업교육과 함께 근로장려세제를 결합하는 방향으로 나아가고 있다. 우리나라도 제조업의 구조조정이 시작됨에 따라 1995년 도입된 이후에 1998년부터는 1인 이상의 근로자를 고용하는 모든 사업장으로 확대되었다. 고용보험료는 고용안정·직업능력개발 사업 보험료와 실업급여 보험료로 구분되는데, 사업장 가입자의 고용안정·직업능력개발 사업 보험료는 사업주가 부담하며(고용주부담금), 실업급여 보험료는 사업주와 근로자가 함께 부담한다(고용주부담금 및 피고용자분담금). 고용안정·직업능력개발 사업 보험료율은 사업의 종류에 따라 근로자 개인별 월평균보수의 0.25~0.85%, 실업급여 보험료율은 근로자별 월 평균보수의 1.6%이다. 고용보험의 재정은「국가재정법」에 따라 고용보험기금을 통해 관리되며, 고용노동부는 매년 기금운용계획을 수립하고 국회의 심의·의결을 통해 계획을 확정한다.

(3) 지출측면

사회정책의 지출은 협의의 예산을 통한 지출, 기금을 통한 지출, 기타 사회보험을 통한 지출로 나누어 볼 수 있다. 한국의 예산제도는 1950년대까지 통제위주의 예산에서 1960년대 이후 발전국가를 거치면서 경제발전과 사회문제 해결을 위한 자원으로서 간주되었으며, 기획과 예산의 연계를 통한 목표달성에 초점을 두었다. 2000년대 이후에는 총액예산제의 도입을 통해 성과관리를 강조하고 있다. 서구의 경우 통제위주의 예산을 통해 행정의 부정을 감시하고, 예산집행의 합법성을 강조하였지만 우리는 입법국가와 의회주의가 지배하는 정치행정 일원론을 경험하지도 못하고 곧바로 발전국가를 지향하면서 예산의 신축성과 합목적성을 강조하게 되었으며, 관리상의 합리성과 성과에 대한 책임성을 강조하게 되었다(박동서, 1997: 438).◇154 한국의 예산은 개별 사업 예산을 기준으로 할 때 품목별 예산에 기초를 두고 있다. 예산항목 간의 전용은 원칙적으로 허용되지 않으며, 예산분류의 코드 중 가장 기초적인 단위가 품목(인건비, 수용비, 관서 운용비 등)으로 되어 있고, 각각 예산 항목에서 이전용에 대하여 감시하고 통제를 하고 있다. 예산개혁이 이루어지더라도 품목에 따른 예산의 사용은 행정의 투명성과 합법성을 위한 기본적 사항이므로 결코 간과할 문제가 아니다. 한편, 산출을 강조하는 성과주의 예산이 1964년 국방부를 시작으로 하여 농림부, 보사부 등에서 시도되었으나 국민들의 무관심과 행정인들의 몰이해, 이를 추진하던 혁신 관료들의 사임 등으로 중단되고 말았다(박동서, 1997: 449).◇155 또한 계획예산제도는 서구에서도 복잡한 정책분석과 계획 작업, 대안의 비교를 통한 의사결정 등의 과정에 대하여 정치인뿐만 아니라 행정인도 어려워하여 중단되고 말았는데, 한국에서는 예산지출의 계획성을 강조하는 차원에서 1982년 중기재정계획이 도입되었다. 초기의 중기재정계획은 재정적자 전망이나 적자축소 계획을 위한 재정정책 방향을 제시하는데 활용되었고, 예산을 편성하는 재정당국의 내부 참고자료로 활용되었다.◇156 한국에서도 재정성과를 높이기 위한 미국 등 서구 국가의 예산개혁을 참고하여 1982년 영기준예산을 도입하여 예산사업을 원점에서 검토하여 합리적 대안을 모색하였다. 2004년에는 총액배분자율편성 예산제도(top-down), 성과관리제도, 디지털예산회계시스템(dBrain)을 도입하여 예산을 전략목표 단위별로 편성하고, 각각 사업마다 성과지표를 제출하게 하여 재정사업의 평가를 통해 다음 연도의 예산편성과 연계하도록 하며, 재정운용의 전체적인 통계 파악과 관리를 위하여 정보통신기술을 예산과정에 적용하였다.

총액배분자율편성예산제도는 기존의 상향식 예산편성 방식과 달리 예산당국인 기획재정부가 각 부처별 재정사업 자율평가를 통하여 성과평가를 하고, 그 결과를 반영하여 다음 연도 예산안에서 각 부처의 예산한도를 결정해주면 부처가 자율적으로 구체적으로 프로그램에 배분할 예산배분액을 결정하는 방식이다(Kim and Park, 2008).◇157 중장기 재정운용계획을 활용하여 재정목표를 수립하고, 부처의 예산이 재정목표의 방향과 일치하도록 하여, 예산 성과를 반영하여 하향식으로 총액을 결정한다는 점에서 기존의 예산방식과는 차이가 있다. 또한 미국에서 도입된 성과주의예산 제도와 결합하여 프로그램별 성과목표를 정하고 성과를 평가하여 그에 따라 성과가 낮은 사업의 예산을 10% 감액하고 성과가 높거나 국정 현안 중 중요한 과제에 배분하고자 하는 것이다.

형식적으로 보면 국가재정운용계획 및 예산편성 단계에서는 프로그램-단위 사업을 중심으로 중기적 관점에서 편성하고, 예산심의 단계에서는 금액 위주에서 사업의 타당성 위주의 심의로 전환되기 때문에 성과주의 행정이 될 수 있을 것으로 전망된다(윤영진, 2004).◇158 그러나 미국과 달리 모든 프로그램 사업에 대하여 성과목표를 제출하는 것이 아니며, 성과목표로 결과(outcome) 지표가 없는 경우 산출(output) 지표를 사용하도록 하였고, 사업별로 성과지표가 많기 때문에 제대로 된 성과평가가 될 수 없으며, 사업부서들이 지표를 산정할 때 목표달성에 용이한 지표들을 우선적으로 고려하기 때문에 실질적으로 국민이 체감할 수 있는 성과와는 거리가 있을 수 있다. 또한 자율편성이기 때문에 성과지표도 부처에서 작성하여 기획재정부의 승인을 받으면 되고 실제로 성과에 따라 사업의 재조정이 이루어지는 것이 아니라 10% 감액이 될 뿐이다. 근본적인 문제는 외부전문가가 성과평가에 일부 참여하지만 관료들이 원하는 성과가 국민들이 원하는 정책과 다를 경우에도 산술적 수치로 관료제적 결정을 통해 정해진 성과가 높다면 보상이 될 수 있다는 것이다. 또한 중기재정계획과 연계된다고 하지만 대통령 선거로 정권이 바뀌게 되면 기존의 계획을 전면적으로 수정해야 하고, 기존에 성과가 좋던 사업도 성과가 나빠질 수 있으며, 하향식으로 부처의 예산총액이 결정되기 때문에 대통령의 국정과제에 대해서만 집중적으로 재원이 배분되어 진다. 대통령의 공약이 합리적이라면 문제가 적지만 만일 대통령의 공약이 문제점이 많다면 계층제적 집행과 성과평가를 통하여 예산집행이 급변하게 될 것이며, 국가정책의 수행에 급속도로 쏠림현상이 발생하게 된다.

총액배분자율편성과 같이 예산배정의 기준을 먼저 정하고 세부적인 내용은 협상을 통하여 결정하는 2단계 예산방식은 스웨덴의 예산제도에 기원을 두는 것으로, 춘계예산심사에서 경제상황과 재정계획에 대하여 국회에 보고하고, 예산편성의 방향을 결정하며, 실제 예산안은 추계 예산안을 통하여 결정된다. 이 때 의회가 예산의 전 과정에서 심의를 하고 다양한 이해관계자가 예산과정에 참여하기 때문에 경제적 합리성과 정치적 타당성을 동시에 달성할 수 있지만 한국의 예산과정은 권력층의 정치적 영향력이 크게 작용하고, 세부적인 과정에서는 부처의 자율성에 따라 부처의 이익이 개입될 수 있다. 또한 예산지출이 일반회계와 특별회계, 기금 등으로 나뉘어져 있고 개별 프로그램 단위가 너무 많기 때문에 보다 거시적인 지출단위별로 성과를 평가하고 지출한도액을 배정하는 것이 거의 불가능하다. 보건정책의 경우 일반회계의 예산, 기금, 재정외의 사업 (건강보험) 등으로 나뉘어져 있어 보건 분야에서 실제로 국민건강에 기여한 것이 무엇인지 성과평가가 어려울 뿐만 아니라 전체적인 재정지출의 한도를 파악하는 것도 쉽지 않다. 재정성과를 제대로 평가하기 위해서는 일반회계, 특별회계, 기금을 합한 통합 재정액을 국민생활에 중요한 영향을 미치는 정부 기능별로 재편성하여(30개 이내) 재정지출과 성과를 파악하고 그에 따라 지출한도를 결정하는 방식도 고려할 필요가 있다. 현재 통합재정수지는 재정운용의 합리화를 위하여 별도로 파악하고 있는 개념이므로 이를 보다 제도적 차원에서 활용할 필요가 있다.

3. 한국 사회정책의 재정분석

(1) 재정규모

위에서 논의한 것을 바탕으로 사회정책에 관한 재정이 어떻게 운영되고 있는지를 살펴보고자 한다. 먼저 한국의 재정규모를 전체적으로 파악한 후 사회정책으로 수입과 지출이 어떻게 이루어지고 있는지를 분석하고, 재정운영상의 문제점과 효율화 방안에 대하여 논의하고자 한다. 협의의 정부지출의 규모는 중앙정부, 지방정부의 총수입과 총지출을 통하여 파악할 수 있고, 전체 공공부문으로서 일반정부의 재정규모는 여기에 기타 공공기관을 포함하여 총수입과 총지출을 확인할 수 있다. 총수입이란 수입 측면의 중앙정부 재정규모를 나타내는

데, [총수입 = 수입총계(일반회계 + 특별회계 + 기금) − 내부거래수입 − 보전수입]
으로 계산한다. 내부거래 수입은 다른 회계나 기금으로부터 넘겨받은 수입으로,
일반회계, 특별회계, 기금 수입을 단순 합계하는 경우 중복 계상할 수 있기 때
문에 제외하고, 보전수입은 자체수입이나 내부거래수입으로 자금을 조달하지 못
해 민간으로부터 빌리거나(국채발행 또는 차입) 여유자금을 회수하는 경우를 말하
는데 실질적인 정부수입으로 보기 힘들기 때문에 역시 총수입에서 제외된다. 한
편 총지출은 정부의 실질적인 재정 활동을 파악하기 위하여 활용되는 것으로
[총지출 = 지출총계(일반회계 + 특별회계 + 기금) − 내부거래지출 − 보전지출]로
계산한다. 총수입과 같이 회계·기금 간 내부거래지출과 재정수지를 보전해 주
는 역할을 수행하는 국채발행이나 차입 등 보전지출을 제외하며 정부의 금융성
활동을 수행하는 금융성기금 및 외국환평형기금도 포함되지 않는다.

　　2019년 예산 기준으로 중앙정부의 재정규모는 총수입이 476.1조 원이고 총
지출이 469.6조 원이다. 총수입의 내역으로는 협의의 예산 321.4조(국세 294.8조,
세외수입 26.6조), 기금수입 154.7조 원이고, 총지출 내역으로는 협의의 예산
328.9조(일반회계 279.1조, 특별회계 49.8조), 기금 140.7조 원이다. 수입 중에서
국세는 국가가 부과·징수하는 조세로서 농림축산식품부 소관 농어촌구조개선
특별회계의 세입인 농어촌특별세, 기획재정부 소관 국가균형발전특별회계의 세
입인 주세를 제외한 나머지 12개의 국세는 모두 기획재정부 소관 일반회계의
세입으로 계상된다(국회예산정책처, 2019b: 76).◇159 세외수입은 국세 이외의 수입
으로서 「예산 및 기금운용계획 집행지침」상 재산수입, 경상이전수입, 재화 및
용역판매수입, 수입대체경비수입, 관유물 매각대, 융자 및 전대차관 원금회수,
차입금 및 여유자금 회수, 전년도 이월금, 정부내부수입 및 기타 등 9개의 항목
이 있다. 이 중 수입대체경비수입은 예산총계주의 원칙의 예외로서 국가가 용역
또는 시설을 제공하여 발생하는 수입과 관련된 경비인데 재산수입, 경상이전수
입, 재화 및 용역판매수입 상의 세부항목(수입항)이 모두 포함될 수 있다. 한편,
특별회계의 경우 세입 중 주세·농어촌특별세 등 국세 외의 자체세입(부담금, 기
업특별회계영업수입 등) 역시 세외수입에 해당한다. 한편, 기금 수입은 중앙정부

기금운용계획상의 전체 기금수입과 총 재정수입 상의 기금수입으로 구분할 수 있는데, 기금운용계획상 전체 기금수입은 외형상 기금수입으로 자체수입뿐만 아니라 실질적인 수입으로 보기 어려운 정부내부수입, 차입금, 여유자금회수 항목 등을 모두 포함하기 때문에 재정수입 상의 총수입에서는 연금보험료·융자회수금·이자수입 등 실질적인 의미에서 수입이라고 볼 수 있는 자체수입만을 기금수입으로 간주한다.

다음으로 2019년도 본예산의 총지출을 살펴보면 교육부가 74.9조 원(16.0%)으로 가장 높은 비중을 차지하며, 보건복지부(72.5조 원, 15.4%), 행정안전부(55.7조 원, 11.9%), 국토교통부(43.2조 원, 9.2%), 국방부(33.1조 원, 7.1%) 순으로 나타나고 있다. 총지출을 정부의 기능별로 분류하는 방식은 두 가지가 있다(국회예산정책처, 2019b).◇160 하나는 UN의 세출예산분류체계(COFOG), IMF의 정부재정통계편람(GFS; Government Finance Statistics Manual) 등 기준을 참고하여 2006년부터 12가지로 분류하여 정부에 제출하는 방식이다. 12개 분야로는 보건·복지·고용, 교육, 문화·체육·관광, 환경, R&D, 산업·중소기업·에너지, SOC, 농림·수산·식품, 국방, 외교·통일, 공공질서·안전, 일반·지방행정 등이 있다. 한편, 16개 분야에는 성과중심의 프로그램 예산체계가 도입됨에 따라 정부의 기능을 기존의 '장-관-항'에서 '분야-부문-프로그램'으로 전환한 예산체계로서 정부의 디지털예산회계시스템(dBrain)에서 활용하고 있다. 12대 분야와 16대 분야 분류의 차이점은 일부 사항에 대하여 집계방식에 차이가 있기 때문이다. 12대 분야에서는 R&D 분야를 OECD 기준에 따라 과학기술 분야를 포함한 전체 분야에 포함된 R&D 예산으로 재집계하고 있고, 국방 분야의 경우 병무청을 제외하고 국방부 및 방위사업청의 일반회계 총계만을 계상하고 있다. 결국 16대 분야 총지출의 합계는 정부가 발표하는 총지출 금액과 일치하여 재정상황을 정확하게 반영하지만 12대 분야의 경우 일부 집계가 별도로 이루어짐에 따라 지출액 합계가 총지출과 일치하지 않는다.

12개 분야로 분류하는 경우 보건·복지·고용이 161.0조 원으로 가장 많고, 일반·지방행정이 76.6조 원, 교육 70.6조 원, 문화·체육·관광 6.5조 원, 환경 6.9조 원을 차지하고 있다. 총지출은 2012년도 예산 325.4조 원에서 2019년 469.6조 원으로 지속적으로 증가하는 추이를 보이고 있다. 분야별로 변화를 살펴보면, 2014년 기준 100조 원을 초과한 보건·복지·고용 분야가 2012년 92.6조 원에서 2019년 161.0조 원으로 68.4조 원이 증가하여 가장 큰 폭의 증가세를 보이고 있다. 2014~2019년 연평균 증가율을 살펴보면, 총지출의 연평균 증가율은 5.7% 이며, 보건·복지·고용 분야(8.6%), 교육 분야(6.9%), 일반·지방행정 분야(6.0%), 문화·체육·관광 분야(6.0%) 등의 증가율이 총지출 증가율보다 높게 나타나고 있어 사회정책 분야에 대한 재정지출 확대가 이루어지고 있다고 볼 수 있다. 한편, 국방 분야(5.5%), 공공질서·안전 분야(5.0%), 산업·중소기업·에너지 분야(4.1%), R&D 분야(3.0%), 환경 분야(2.8%), 농림·수산·식품(1.3%) 분야의 경우 총지출 증가율에 비해 지출 증가율이 낮으며, SOC 분야(△3.6%)는 지출 비중이 감소하고 있는 추세를 보이고 있다(국회예산정책처, 2019b: 91).◇161

한편, 2019년도 총지출 469.6조 원을 16대 분야별로 살펴보면 사회복지 분야가 148.9조 원으로 가장 큰 규모이며, 다음으로 일반·지방행정 분야(76.6조 원), 교육 분야(70.6조 원), 국방 분야(45.3조 원) 순으로 규모가 크다. 2014년~2019년 연평균 증가율을 사회복지 분야(8.9%), 교육 분야(6.9%), 일반·지방행정 분야(6.0%), 문화 및 관광 분야(6.0%) 등의 증가율이 총지출 증가율보다 높게 나타난 반면에, 교통 및 물류 분야(△3.7%), 국토 및 지역개발 분야(△3.1%), 통신 분야(△0.2%)의 경우 지출 비중이 감소하고 있는 추세이다.

연도별 총수입과 총지출의 변화 추이를 살펴보면 총수입◇162은 2005년 222.4조 원에서 2019년 476.1조 원으로 증가한 반면, 총지출◇163은 2005년 209.6조 원에서 2019년 469.6조 원으로 증가하였다. 재정수지의 추이를 보면 2009~2010년 간 세계적 금융위기 극복을 위하여 적자재정이 편성되었고, 그 이외의 기간은 총수입이 총지출을 상회하고 있고 2020년 예산은 과감한 적자재정을 편성하였다. 케인즈주의에서는 완전고용을 달성하기 위하여 적자재정도 감수하지만 재정의 안정성을 강조하는 입장에서는 경기변동에 따라 재정균형에 차이가 있을 수 있지만 반경기적 대응으로 전체 재정수지는 악화되지 않도록 하는 재정의 준칙주의를 도입할 것을 주장한다. 한국도 재정정책이 경기 대응적으로 추진되고 있다고 볼 수 있으나 기본적인 기조는 재정의 균형을 맞추는 것이다. 총수입이 총지출보다는 많은 이유는 세입 추정을 잘못하여 불필요한 조세를 징수하게 되는 경우를 들 수 있는데 정부의 불필요한 개입으로 민간의 자율적인 경제활동을 저해함으로써 발생한 사중손실(deadweight loss)이 발생할 수 있다. 이럴 경우 마이너스 추경을 편성함으로써 국세를 환급하게 된다. 총지출에 비하여 세입이 부족한 경우는 필요한 재원을 위하여 국채를 발행하게 되는데 이는 국가채무의 누적으로 이어지게 된다.

그림 7-11 **연도별 총수입과 총지출**

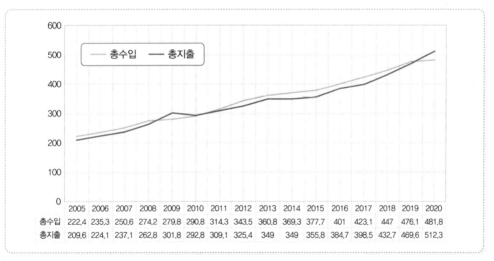

	2005	2006	2007	2008	2009	2010	2011	2012	2013	2014	2015	2016	2017	2018	2019	2020
총수입	222.4	235.3	250.6	274.2	279.8	290.8	314.3	343.5	360.8	369.3	377.7	401	423.1	447	476.1	481.8
총지출	209.6	224.1	237.1	262.8	301.8	292.8	309.1	325.4	349	349	355.8	384.7	398.5	432.7	469.6	512.3

출처: 대한민국 재정 2019, 정부예산안 2020(기획재정부 자료),
* 총수입과 총지출은 예산(추경 포함)을 기준으로 하였고, 2020 예산은 국회통과 예산 기준

중앙정부의 재정과 함께 지방정부의 지출 규모를 파악함으로써 정부재정을 통하여 국민들에게 어떻게 공공서비스가 제공되는지를 전체적으로 파악할 수 있다. 지방재정은 일반자치단체의 재정(일반재정)과 교육자치단체의 재정(교육재정)

으로 구분된다. 2019년 지방정부 일반재정의 순계예산(당초 예산) 기준으로 통합
재정수입은 208.4조 원이고, 통합재정지출은 230.7조이다(국회예산정책처, 2019c:
19).◇164 수입은 자치수입으로 지방세 81.8조, 세외수입 22.6조, 지방채 3.7조,
보전수입 등이 24.6조이며, 중앙정부로부터 이전재원으로 국고보조금이 58.7조,
지방정부의 일반재원으로서 교부세가 52.5조 원으로 구성된다. 교부세는 행정안
전부로부터 시도와 시군구로 분배되는데, 해당 연도의 내국세(목적세 및 종합부동
산세, 담배에 부과하는 개별소비세 총액의 100분의 20과 특별회계의 재원은 제외)의
19.24%, 「종합부동산세법」에 따른 종합부동산세 총액과 담배에 부과하는 개별
소비세 총액의 100분의 20에 해당하는 조세를 재원으로 하여 지방자치단체
(시·도 및 시·군)에게 교부하며, 지방자치단체의 일반재원으로 사용된다. 국고
보조금은 중앙정부가 지방자치단체에 보조금을 지급하여 사업을 수행하는 것으
로 시도를 통하여 시군구로 내려간다. 추가경정예산을 하지 않은 당초 예산을
기준으로 하기 때문에 지방정부의 통합재정에서 수입이 208.4조이고, 지출은
230.7조이며, 통합재정수지는 −22.3조 원이다.◇165 자치단체별로 보면 특별시와
광역자치단체는 수입이 138.2조, 지출이 70.2조이고, 기초자치단체인 시군구는
수입이 73.9조, 지출이 156.8조이다. 광역단체의 세입예산 규모가 기초단체보다
큰 이유는 광역단체에서 기초단체로 중앙정부로부터의 보조금, 시·도비 보조금
및 조정교부금 등이 이전되는데, 중복 계상되기 때문에 기초단체의 순계 기준
세입예산에서는 이를 제외한다. 한편, 기초단체의 세출예산 규모가 광역단체보
다 큰 이유는 광역단체에서 기초단체로 이전되는 보조금, 시·도비 보조금 및
조정교부금 등은 실제로는 기초자치단체에서 지출하기 때문에 광역자치단체의
순계 세출예산에서는 공제하기 때문이다. 자치단체간의 재원의 이전으로 특별·
광역시는 관할구역 내의 자치구에 조정교부금 2.7조 원, 시비보조금 2.9조 원을
이전하였고, 도는 관할구역 내에 있는 시·군에 조정교부금 4.8조 원, 도비보조
금 7.5조 원을 이전하였다. 조정교부금은 광역단체가 관내 기초자치단체 간의
재원 조정과 관리를 위하여 보통세 수입의 일정액을 조례로 정하는 바에 따라
기초단체에 교부한다. 또한 광역자치단체와 기초자치단체는 교육자치단체에 법

정전입금 11.3조 원과 비법정전입금 1.3조 원을 지방교육재정으로 이전하였다.

한편 지방교육재정을 살펴보면 교육부로부터 교육재정교부금 55.2조, 지방자치단체 전출금 12.6조, 유아교육지원특별회계전출금 3.8조, 자체수입 1.1조, 교육보조금 0.2조를 받아 재원을 마련한다. 이 중 교육재정교부금은 교부세와 비슷한 구조를 지니고 있는데 교육부가 내국세의 20.46%와 교육세 일부를 교육자치단체(시·도교육청)의 일반재원으로 교부하는 것이다. 이처럼 중앙정부와 지방정부가 지방교부세, 지방교육재정교부금, 조정교부금, 보조금 등의 지방재정조정제도를 통하여 재원이 배분되며 최종적으로 각각의 재원이 확정된 이후에 지출하게 된다. 2019년 분야별 지방재정지출은 사회복지 분야가 66조 1,191억 원으로 28.7%를 차지하였고, 인력운영비 29조 8,946억 원(13.0%), 환경보호 22조 3,908억 원(9.7%), 수송 및 교통 18조 1,007억 원(7.8%), 국토 및 지역개발 16조 5,501억 원(7.2%), 농림해양수산 14조 3,477억 원(6.2%), 교육 13조 4,461억 원(5.8%), 일반공공행정 11조 2,035억 원(4.9%) 등으로 나타났다. 한편 지방교육재정으로는 유아 및 초중등교육에 66.2조, 교육일반으로 4.2조, 평생교육 0.2조 등이 사용되었다. 그러나 지방정부만을 통하여 사회복지, 보건 등의 사회정책이 집행되는 것이 아니라 보조금 등을 제외하고 중앙정부가 직접 수행하거나 민간경상보조 등 다른 보조사업을 통해서 사업을 수행할 수 있다. 따라서 사회정책의 정확한 재원을 파악하기 위해서는 중앙정부에서 지방정부로 내려간 국고보조금 중 사회정책적 지출을 파악하고, 이를 중앙정부의 재정지출에서 제외한 다음 지방자치단체의 지출 중 사회정책적 지출과 중앙정부의 사회정책적 지출을 합하는 것이 필요하다. 결국 중앙정부와 지방정부는 예산상의 재정총량과 실제 재정사용액이 다를 수 있는데 조정과정을 거쳐서 [그림 7-12]에서 보는 바와 같이 2019년 중앙정부는 299.1조(49.4%), 일반 지방자치단체는 230.4조(38.1%), 지방교육재정으로 75.4조(12.5%)를 사용하였다.◇166 지방정부의 총지출(순계예산)과 실제 재정사용량이 다른 이유는 보조금 및 교부세를 통하여 예산을 편성하는 과정에서 재원조정이 일어났기 때문이다. 이러한 결과를 놓고 볼 때 여전히 중앙정부의 예산집행 비율이 높고, 실질적인 분권화가 되고 있지 못하고 있음을

그림 7-12 한국 중앙 및 지방정부의 재정 흐름

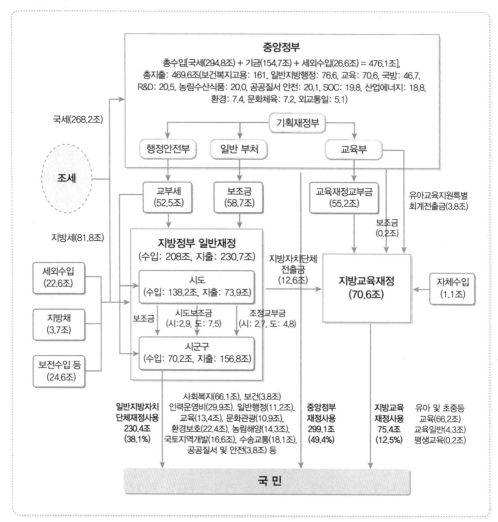

출처: 국회예산정책처. 2019c. 대한민국 지방재정, 행정안전부(2019.4). 2019년도 「지방자치단체 통합재정 개요」,
　　 교육부, 한국교육개발원(2019.3), 「2019회계연도 교육비특별회계 세입·세출 본예산 분석결과」에서 수정
　　* 교부세 및 보조금, 교육재정교부금은 2019년도 본예산 기준, 국가재정은 2019년 본예산 기준, 지방재
　　　정 및 지방교육재정은 2019년 당초예산 기준 통합재정지출액(일반회계 + 특별회계 + 기금), 시도 및
　　　시군구 재정은 당초 예산 순계기준이며, 재정사용액은 행정안전부(2019.4), 「2019년도 지방자치단체
　　　통합재정개요를 통해 확인함.

알 수 있다.

한편, 중앙정부와 지방정부 뿐만 아니라 공공기관을 포함한 일반정부 전체의 재정규모를 파악하기 위하여 국제통화기금(IMF; International Monetary Fund)의 『정부재정 통계편람』(GFS; Government Finance Statistics Manual)에 따른 일반정부 재정 통계가 사용된다. 2001년에 개정 GFS 작성기준에 의하면 발생주의를 채택하고 있기 때문에 중앙정부의 일반회계(1개), 특별회계(19개), 기금(67개), 비영리공공기관(217개)과 지방정부의 일반회계(243개), 특별회계(2,097개), 기금(2,371개), 비영리공공기관(97개)을 포함하고 현금주의에 기반한 통합재정수지와 달리 중앙정부의 8개 금융성기금과 외국환평형기금, 중앙정부 및 지방정부의 비영리공공기관을 포함한다(국회예산정책처, 2019b: 65).◇**167** 이 기준에 따르는 경우 2017년 회계연도에 일반정부의 규모는 수입 610.2조 원, 지출 562.8조 원, 재정수지 47.5조 원(흑자)이다. 수입 중 조세수입은 348.3조 원으로 전체 수입의 57.1%를 차지하고 중앙정부 266.1조 원, 지방정부 82.2조 원이다. 지출 중 가장 큰 비중을 차지하는 것은 사회급여(119.0조 원)이며, 다음으로 재화와 용역(110.7조 원), 피용자보수(105.3조 원) 등의 순이다.

이러한 논의를 바탕으로 사회정책의 재정을 분석하면 먼저 사회정책에 관한 지출을 어디까지로 볼 것인지에 대하여 범위를 정하여야 한다. 이와 관련하여 OECD의 공공사회지출에 관한 자료를 참고할 수 있다. 1980년대 자료부터 구축되기 시작한 OECD 사회적 지출 데이터셋(Social Expenditure Data Set: SOCX)에 의하면 노인연금, 유족, 장애인, 보건, 가족, 적극적 노동시장정책, 실업, 주거, 기타 사회적 부조로 나누어 사회적 지출에 관한 자료를 수집하고 있다. OECD의 정의 상 사회적 지출은 공적 및 사적 기관에 의하여 그들의 복지에 부정적으로 영향을 미치는 기간에 가계와 개인들에게 개별적인 계약, 특정한 재화와 서비스에 대한 직접적 지출이 아니면서 급여 및 재정적 지원이 제공되는 것을 말한다(Adema and Laroque, 2005).◇**168** 사회적 지출은 제공 주체가 중앙정부, 지방정부, 사회보험까지 포함한 공적 주체인지 아니면 민간 기관인지에 따라 공적 지출과 사적 지출로 나눌 수 있고, 이를 다시 강제적으로 이루어지는지 또는 자발적으로 이루어지는지 여부에 따라 강제적 공적 지출, 임의적 공적 지출, 강제적 사적 지출, 임의적 사적 지출로 나눌 수 있다. 건강보험이라도 민간이 강제적으로 사회보험에 기여금을 납부해야 한다면 공적 지출에 해당하고 고용주가 직접 의료보험 회사에 지급하는 경우는 사적 지출에 해당된다. 임의적 공적 지출은 개념상의 가정이고, 실제로는 강제적인 공공사회지출(Public Social Expenditure)로 운영되는데 여기에는 일반정부지출과 사회보험급여가 포함된다. 강제적 사적 지출(mandatory private expenditure)은 법률에 따라 고용주가 의무적으로 부담하는 의료보험, 연금 등의 의무를 말하며, 공적 기금에 납입되는 것이 아니라 사적 회사에 직접 지불하는 것이다. 미국의 의료보험의 경우 강제적 사적 지출제도를 채택하고 있다. 한편, 임의적 사적 지출(Voluntary Private Expenditure)은 민간이 자발적으로 지출하는 의료보험이나 연금 등에 대하여 조세혜택이 주어지는 것이다. 공공사회지출과 강제적 사적 지출을 합쳐서 사회적 지출(Social Expenditure)이라 하고, 여기에 자발적 민간지출을 합쳐서 총사회적 지출(Gross Social Expenditure)이라 한다. 또한 복지급여에 대한 조세와 세제혜택 등을 모두 반영한 것을 순사회지출(Net Social Expediture)이라 한다. 미국의 경우 공공사회지출은 다른 국가에 비하여 낮지만 복지급여에 대한 조세부과와 세제혜택 등의 인센티브를 고려하는 경우 순사회지출이 크다는 연구도 있다(Adema et al. 2011: 33).◇169 결국 공공사회지출에 의존하는 것이 복지국가의 전부는 아니며, 공공재정에 의존하는 유럽의 복지국가가 그렇게 비싸게 비용이 드는 것도 아니라는 것이다. 한국은 OECD 국가 중 공공사회지출이 2018년 GDP 11.1%(OECD 평균 20.1%)로 계속 낮은 수준에 위치해 있다. 그러나 연금과 의료, 사회적 부조 등으로 구성된 OECD 지표는 한국 사회의 경제적 여건과 인구구조를 반영하지 못하고 있으며, 인구고령화로 인하여 연금과 의료비 지출이 증가하게 되므로 결코 낮은 수준이 아니라는 견해가 있다(조동근, 2015).◇170 또한 한국은 자발적 민간 사회지출과 조세감면을 통하여 민간의 복지활동에 혜택이 주어지고 있으므로 이를 고려한다면 2013년 기준으로 중앙정부 34.2조, 지방정부 16.8조, 사회보험 81.6조이고 민간의 사회지출을 합한 총사회지출은 164.8조, 순사회지출은 165.2

조에 이른다는 연구도 있다(양재진, 2018: 361-364).◇171

　　우리나라의 경제여건과 인구구조로 볼 때 10년 이내에 연금지출과 의료비지
출이 급증할 것으로 예견되므로 공공사회지출의 비중이 중요한 것이 아니라 복
지제도의 특성에 맞는 지속가능한 사회정책의 재정체계를 마련하는 것이 중요하
다. 또한 OECD의 기준에 의하면 연금과 의료 등이 중심이고 교육은 포함되지
않는데 우리나라는 교육에 대한 투자가 많다는 점도 고려할 필요가 있다. 2019
년 기준으로 지방교육재정으로 70.6조, 지방정부 일반재정으로 13.4조가 지출된
것에 비하여 사회복지는 66.1조, 보건은 3.8조가 지출되었다. 교육정책이 사회정
책의 중요한 일부라는 점을 고려할 때 사회정책의 재정을 추계함에는 OECD의
공공사회지출에 더하여 교육재정까지도 고려할 필요가 있다. 나아가 사회정책의
새로운 추세는 삶의 질의 고려하는 사회적 웰빙(social wellbeing)을 중시하는데
이를 고려하게 되면 문화, 체육, 환경까지도 사회정책의 범주에 포함시키게 된
다. 특히 환경정책은 인간다운 생활의 바탕이 되는 것으로 주거정책 및 보건정
책과 밀접한 관련이 있다. 그러나 여기서는 OECD의 공공사회지출에 교육까지
포함하여 우리나라의 전체 사회정책의 재정규모는 어떻게 되는지를 확인해 본
다. OECD SOCX 자료가 정확하게 일치하는 것은 아니지만 한국의 예산과 비
교하면 2019년 예산을 기준으로 중앙정부는 보건복지고용 161조, 교육 70.6조,
주거복지 14.9조(국토교통부 2019년 예산)를 편성하였고, 중앙정부에서 교부세
52.5조, 국고보조금 58.7조, 교육재정교부금 55.2조, 유아교육지원특별회계전출
금 3.8조, 지방교육보조금 0.2조 등이 지방정부로 이전하였고, 지방정부의 일반
재정에서 사회복지 66.1조, 보건 3.8조, 교육 13.4조를 지출하고, 교육재정에서
70.6조를 더하여 중앙정부와 지방정부가 모두 사회정책에 400.4조 원을 지출하
였다. 그런데 중앙정부의 국고보조금 58.7조 중에 보건복지고용 분야의 보조금
은 44.1조(보건복지: 37.4조, 고용: 6.7조)◇172와 지방교육재정교부금(55.2조)을 중
복 계상으로 제외하면 중앙정부와 지방정부에서의 사회정책에 관한 재정지출액
은 301.1조로 추정된다.

　　여기에는 중앙정부가 사회보험의 기금을 통한 연금, 고용보험 등의 의무지출

이 포함되어 있는데 8대 사회보험 중 건강보험과 노인장기요양보험을 제외한 6개 보험의 기금의 수입은 2019년 154.7조 원이다. 수입원천별로 살펴보면, 사회보장기여금은 전년 대비 0.4조 원(0.7%) 증가한 69.7조 원, 융자원금 회수는 전년 대비 1.4조 원(5.4%) 감소한 24.2조 원, 이자수입 등 기타수입은 전년 대비 3.2조 원(5.5%) 증가한 60.7조 원으로 총 152.4조 원이다. 사회보험의 기금 수입은 모두 법정지출로서 연금이나 산재보험, 고용보험으로 급여로 지출되며, 잉여금은 적립된다. 그러나 건강보험과 노인장기요양보험은 재정 외로 운영되는데 기여금을 받아서 3개월을 한도로 단기로 운영되기 때문이다. 2019년 건강보험 재정은 보험료, 정부지원금, 기타수입으로 구성되는 수입이 67.8조, 건강보험 급여비, 건강보험공단 및 건강보험심사평가원의 관리운영비 등으로 구성되는 지출은 71.9조 원으로 전망되었고, 2019년 노인장기요양보험의 수입은 7.5조이고 지출은 8.3조로 전망되었다(국회예산정책처, 2019a).◇173 건강보험의 지출은 2019년 지방교육재정의 지출과 비슷한 수준이다. 따라서 재정 이외로 건강보험과 장기요양보험에서 적어도 80.2조가 지출되었고 건강보험과 장기요양보험에서 국고지원금(건강보험: 7.9조, 장기요양: 0.9조) 및 장기요양 의료급여부담금(1.5조)의 전망치를 제외하면 69.9조 원이 재정 외로 운용될 것으로 전망된다. 이것을 중앙정부와 지방정부의 사회정책에 대한 재정지출인 301.1조에 더하면 총 370.7조 정도가 될 것으로 추정된다. 또한 민간의 자발적 사회지출과 이와 관련된 세제혜택 등을 고려할 때 순사회적 지출을 감안하면 이보다 더 증가할 수도 있다. 사회정책과 관련된 재원의 규모 등을 고려할 때 향후 위의 재원을 어떻게 사용하는지가 복지국가의 발전방향과 지속성을 결정할 것으로 보인다.

(2) 국가채무

국가채무는 일정 시점에서 정부가 재정지출이 수입보다 많기 때문에 국채를 발행할 때 지게 되는 채무를 말한다. 국가채무에 대하여 완전고용을 중요시하는 케인즈주의적인 입장에서는 경기침체 시기에 정부가 국채를 발행하더라도 고용과 성장을 늘리면 이후에 경기가 회복되어 세수가 늘어남으로써 채무를 갚고 경기회복을 이룰 수 있다고 보지만 합리적 기대론자들은 국가가 채무를 통하여 재정지출을 증가하면 민간은 이후 조세가 증가할 것을 기대하게 하게 되고 소비를 줄이게 됨으로써 재정지출의 효과를 구축하게 된다는 리카르도의 등가성(Ricardian Equivalence)의 원리를 제시하였다. 또한 국채는 현재 세대의 이익을 위하여 미래세대에 부담을 지우는 것으로 세대 간의 갈등을 유발할 수도 있고, 최근에는 세계적인 금융위기 이후 적자재정을 통한 재정지출에 대하여 국가부채의 한계 수준(GDP의 90%) 이상으로 증가하면 경제성장에 심각한 영향을 미친다는 주장도 제기되어 논쟁이 벌어진 일도 있다(Reinhart and Rogoff, 2010).◇174

국가채무의 집계방식은 3가지로 나눌 수 있다(국회예산정책처, 2019b: 108-113).◇175 첫째, 현금주의에 중앙정부와 지방정부의 확정된 채무만을 작성하는 방식(D1)으로 IMF의 「정부재정 통계편람 1986(A Manual on Government Finance Statistics; GFS 1986)」을 기준으로 작성하며, 현재 국가재정법상의 국가채무는 이에 따라 작성되고 있다. 둘째, 발생주의에 따른 IMF의 「GFS 2001(Government Finance Statistics Manual)」의 기준을 적용하여 미지급금, 예수금 등의 부채 항목도 포함하며, 정부 기능을 수행하는 비영리 공공기관의 부채도 함께 포함하는 일반정부 부채(D2) 작성 방식이 있다. 이 방식은 국가 간의 부채비교를 가능하게 하며 OECD의 일반정부 부채 통계에서 활용되고 있다. 셋째, 발생주의 원칙에 따른 일반정부의 부채 작성에 비금융공기업도 추가하여 전체적인 공공부문(public sector)의 부채(D3)를 작성하는 방식이 있다. 이는 2008년 세계적 금융위기 이후에 각국의 재정적자 및 공공부문 부채비율이 증가함에 따라 IMF·OECD 등 9개 국제기구가 일반정부 부채(D2)에 공기업을 추가한 「PSDS(Public Sector Debt Statistics)」에 따라 작성하는 것이다. 2017회계연도 결산 기준으로 「국가재정법」 상의 현금주의에 따른 국가채무(D1)는 660.2조 원(GDP 대비 38.2%), 발생주의 회계에 따른 우리나라의 일반정부 부채(D2)는 735.2조 원(GDP 대비 42.5%), 일반정부 부채(D2)와 비금융공기업을 포함한 공공기관의 전체 부채(D3)는 1,044.6조 원(GDP의 60.4%)에 이른다. 아래 그림에서 보는 바와 같이 비금융공기업을 제외한 일반 정부 부채의 GDP 를 비교하면 2017년 기준

일본(222.7%), 그리스(112.8%), 이탈리아(110.7%)로 높고, 영국과 미국은 OECD 평균(110.3%)과 비슷하다. 높은 복지수준에도 불구하고 재정안정화를 위한 제도(재정준칙)를 도입한 독일(65.1%→72.4%)과 스웨덴(46.4%→49.8%)은 국가채무 비율이 높지 않고 2007년과 2017년간에 거의 변화가 없음을 알 수 있다. 한국의 GDP 대비 일반정부 채무는 2007년 27.2%에서 2017년 43.2%로 증가하였다. 특이한 점은 이스라엘, 스위스, 노르웨이 등에서 2007년에 비하여 2017년 국가채무 비율이 줄어들었다.

그림 7-13 일반정부의 국가채무 비교

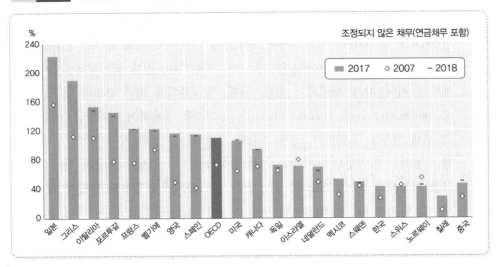

국가채무에 영향을 미치는 요인으로 사회보장과 관련된 의무지출을 어떻게 관리할 것인지가 중요하다. 여기서 의무지출(mandatory expenditure)이란 법령 등에 의해 국가의 지출의무가 명시된 지출로서 법정지출과 이자지출로 구분할 수 있다. 한편, 재량지출(discretionary expenditure)은 법률상 지출의무가 없는 지출로서, 재정지출에서 의무지출을 제외한 나머지 지출이다. 의무지출을 변경하기 위해서는 법률의 제·개정이 필요하지만 재량지출은 예산심사를 통하여 변경할 수 있다. 의무지출의 예로는 첫째, 법정지출로서 ① 지방교부세와 교육재정교부금 등의 지방이전재원, ② 보건·복지·고용 분야에서 국민기초생활보장의 기초생활보장 급여(생계급여, 주거급여, 교육급여, 의료급여, 해산·장제급여, 자활사업), 건강보험 가입자 지원◇176, 공무원·사립학교 교직원 국가부담 건강보험료, 4대 공적연금 중 국민연금의 노령·유족·장애연금 및 반환일시금, 공무원연금, 사학연금, 군인연금 등이 있고, 노인복지와 관련하여 만 65세 이상 노인 중 소득기준 하위 70%에게 매월 일정액의 급여액('19년 최대 30만 원)을 지급하는 기초연금, 65세 이상 노인 또는 치매·중풍 등 노인성 질환자에게 시설급여 또는 재가급여를 제공하는 노인장기요양보험 운영 지원, ③ 보훈부문에서 독립유공자와 상이 국가유공자 및 유족에 대한 보상금, 참전명예수당, 의료 지원이 있으며, 둘째, 이자지출로는 ① 공공자금관리기금 국채이자, ② 부동산 등기·등록 시 발행하는 제1종 국민주택채권(5년 만기) 등의 주택도시기금 국공채이자 등이 있고, 셋째, 기타 의무지출로서 ① 쌀생산 여부와 관계없이 논의 형상을 유지하는 경우 논 1ha당 100만 원을 지원하는 쌀소득보전 고정직불금, ② 유엔

표 7-5 의무지출과 재량지출 추이

(단위: 조 원, %)

구분	2015	2016	2017	2018	2019	연평균증가율
법정지출(A)	156.0	165.5	180.9	200.9	223.4	9.4
−지방이전재원	74.3	77.4	87.6	99.4	111.5	10.7
−복지	77.5	83.4	87.2	95.7	106.7	8.3
−기타	4.3	5.2	6.0	5.8	5.2	4.9
이자지출(B)	16.5	16.6	16.1	16.0	15.9	−0.9
의무지출(C=A+B)	172.5	182.6	197.0	216.9	239.3	8.5
재량지출(D)	202.9	203.8	203.5	211.9	230.3	3.2
총지출(C+D)	375.4	386.4	400.5	428.8	469.6	5.8

출처: 국회예산정책처(2019b), p. *본예산 기준(기획재정부 자료)

PKO (평화유지활동) 예산분담금 등이 있다(기획재정부, 2019년 국가재정운용계획). 한국은 그 동안 재량지출이 의무지출에 비하여 높았으나 2018년을 기점으로 의무지출이 재량지출을 추월하기 시작했으며, 향후 재원이 허락한다면 인구고령화와 복지사업 확대에 따라 증가가 예상된다. 복지국가의 지속성을 위하여 수입과 지출에 관한 재정수지를 관리할 필요가 있다.[177]

한편 정부의 국가재정운용계획 상으로는 2019~2023년 계획기간 중 국가채무는 GDP 대비 40% 중반 수준 이내로 관리할 것으로 계획하고 있으나 국회예산정책처의 장기재정전망에 의하면 의무지출의 급격한 증가로 인하여 GDP 대비 국가채무비율은 2019년 38.0%에서 2023년 48.2%로 총 38.7조 원이 더 높을 것으로 예상하였고, 2028년에는 GDP 대비 GDP 대비 56.7%까지 증가할 것으로 예상하였다. 인구구조의 변화와 복지급여 등의 의무지출의 증가로 재정지출이 증가할 것으로 예상되므로 선제적으로 국가채무를 관리하는 것이 필요하다. 국가재정법상 원칙규정으로 정부에 건전재정을 유지하고 국가채무를 적정수준으로 유지하도록 노력할 의무를 부과하고, 국가 채무관리계획의 수립과 국회제출을 규정하고 있으나 국가채무를 유발하는 재정지출의 상한선을 규정하거나 독일처럼 재정의 자동안정화장치로서 재정준칙을 헌법에 명문화하고 있지는 못하다.

4. 한국의 재정과정

재정과정은 예산 및 결산으로 이루어지는데, 예산과정은 재원을 합리적으로 배분하는 과정인 동시에 더 많은 몫을 차지하기 위하여 정치적으로 투쟁하는 과정이다. 국가의 정치제도의 특징에 따라 예산과정이 달라질 수 있는데, 중앙집권적이고 권력의 융합이 이루어지는 의원내각제 국가의 예산과정은 내각이 주도권을 가지고 있고, 의회는 행정부 예산안의 전체에 대하여 찬성 여부만을 결정한다. 반면에 미국의 예산과정은 행정부 예산과정과 별도로 의회 예산과정을 통하여 새롭게 예산이 편성되며, 의회예산처의 재정전망과 상하원의 협의에 따라 총액을 정하고, 각 부처의 예산에 대하여 의회가 수권을 하게 된다(Guess and LeLoup, 2010).◇178 프랑스의 경우는 과거에는 의회의 역할이 수동적인 역할에 머물렀으나 최근에는 예산관련 법안들에 성과지표를 포함하도록 하고 재정성과에 대한 감시를 확대하고 있으며(Moretti and Kraan, 2018),◇179 스웨덴은 춘계와 추계 예산 심사를 통하여 의회가 예산의 편성단계부터 개입하고 있다. 한국의 예산 과정은 대통령 중심제 국가이면서도 의원내각제 국가처럼 행정부에 편성의 주도권이 있으며, 미국처럼 의회 예산안을 별도로 만드는 것은 아니고 국회가 예산정책처 등의 지원을 받아 행정부 예산안을 심의하고 확정하며 감액을 할 수 있고, 증액에는 행정부의 동의가 필요하다. 아래에서는 우리나라 예산과 결산과정을 중앙정부와 지방정부를 포괄하여 살펴보고 성과중심의 사회정책을 위한 재정과정의 문제점과 개선방안에 대하여 제시하고자 한다.

(1) 중앙정부의 재정과정

예산과정은 편성·심의·집행 및 결산(회계검사) 등의 순환과정으로 나누어볼 수 있다(박동서, 1997: 476).◇180 보통은 3년의 주기로 이루어지는데 정부가 다음 연도 예산을 편성할 때 당해 연도의 예산은 집행되고 있으며, 전 연도의 예산에 대해서는 결산이 이루어지고 있다. 첫째, 예산편성은 예산의 정해진 분류방식에 따라 다음 해에 요청되는 예산을 조직하여 국회에 제출하는 것을 말한다. 가장 먼저 시작하는 것이 중기사업계획서의 제출인데 보통 기획재정부가 전년도 12월말에 5년 단위 중기재정운용계획 수립 지침을 내려 보내면 각 부처는 기획조정실장의 주관 하에 중기사업계획에 대한 부내 회의를 하고 매년 1월 31일까지 당해 회계연도부터 5년간 신규 사업 및 주요 계속사업에 대한 중기사업계획서를 작성하여 기획재정부에 제출한다. 부처에서는 중기사업계획서를 제출하기 전에 사업수요에 대한 사전조사와 대규모 신규 사업의 예비타당성 조사를 실시한다(국가재정법 제38조). 예비타당성 조사는 줄여서 '예타'라고 부르며, 사회정책에 관해서는 5년간 국비 500억 원 이상 소요되는 신규사업(세부, 내역사업)이고, 건설, 정보화, R&D분야는 총사업비가 500억 원 이상, 국비 300억 원

이상 신규사업이 대상이다. 사업개시 2년전까지 각 부처가 기획재정부장관에게 예비타당성조사를 요구해야 하고, 예외적으로 사업추진이 시급하고 불가피한 사유가 있는 경우에는 다음 연도 신규 예정사업에 대해 예비타당성조사를 요구할 수 있다. 예비타당성조사는 대상사업 선정에 약 2개월, 선정 후 조사 수행에 6개월이 걸린다. 예타가 통과된다고 하더라도 예산에 반영되는 것이 확정되는 것은 아니며 기재부의 예산심의 과정을 거쳐야 한다.

각 부처가 중기사업계획을 제출하면 기획재정부에서는 예산실장 주재 하에 검토와 심의를 거치게 되고(2~3월경), 총액예산제에 따라 각 부처의 지출한도를 정한다. 중기사업계획은 다음 연도 예산안 수립의 방향을 결정하는 국가재정운용계획과 국가재정전략을 수립하는 기초가 된다. 신규 사업의 경우 중기재정계획을 제출하지 않은 경우 본예산 심사에 반영할 수 없다. 중기예산심의에 포함된 사업은 일단 삭감 대상은 아니지만 반드시 본예산에 반영되는 것은 아니며, 기재부의 중기 예산심의에 반영되지 않은 사업은 보통 5% 일괄 삭감되게 된다.

기재부의 중기예산 심의를 통하여 예산편성의 밑그림을 마련하게 되면 기획재정부는 매년 3월 31일까지 다음연도의 예산안편성지침(기금운용계획안 작성지침)을 각 중앙관서의 장(기금관리주체)에게 통보하면서 각 부처별 지출한도를 포함할 수 있다. 각 부처가 지출한도를 통보받으면 기획조정실 주관으로 부처 내 사업의 우선순위를 정하고, 실국의 요구를 조정하여 부처별 지출한도를 맞추게 된다. 만일 부처가 지출한도를 지키지 않는 경우 기재부는 해당 부처의 기본경비(핵심예산)을 삭감하는 등 불이익을 가하게 된다. 각 부처에서는 국에서 기획조정실(예산담당관)로 사업별 예산요구서와 설명 자료를 제출하고 예산담당자가 심사를 진행하며, 부내의 실국장회의 등을 거치면서 각 부처의 예산 초안이 마련되고, 장차관에게 보고하여 의견을 반영한 후 부처의 예산요구안을 확정하고 5월 31일까지 기재부에 제출하게 된다. 부처의 예산요구안은 예산안편성지침(기금운용계획안 작성지침)에 따라 다음연도의 세입세출예산·계속비·명시이월비 및 국고채무부담행위요구서(기금운용 계획안)를 포함한다.

각 부처별로 예산요구안을 작성하는 중에 기획재정부는 4월경 대통령 주재

하에 국가재정전략회의를 개최하고 국가재정운용계획의 수립과 방향에 대하여 논의하게 된다. 기획재정부 담당자는 예산편성을 위한 기재부 심의에 앞서 예산 요구서 이외에 사업의 효율성, 효과성 등을 증명하는 다양한 설명 자료를 제출할 것을 요구하고, 각 부처의 업무담당자별로 사업설명을 듣는다. 또한 예산과 목의 구조 개편을 통하여 유사·중복사업의 통폐합을 실시하고 사업 명칭 변경, 사업코드 통일 등 예산의 구조를 조정하기도 하는데 4월말~5월초에 법령개정 등 정책여건 변경으로 과목구조 개편이 필요한 경우 기재부와 협의를 한다.

각 부처는 기획재정부 장관에게 각 부처 예산요구서를 제출하기 전에 「국고 보조금 통합관리지침」 및 「예산편성지침」에 따라 총사업비 또는 중기사업계획 서에 의한 재정지출금액 중 국고보조금 규모가 100억 이상인 신규 보조사업에 대해서 적격성 평가를 실시한다. 국고보조사업에는 민간경상보조, 민간자본보조, 자치단체경상보조, 자치단체 자본보조, 해외경상이전, 해외자본이전 등이 있고, 의무지출, 예타대상, 지자체 자율편성 사업(균특회계)은 제외된다. 또한 각 부처 가 예산요구서를 제출할 때는 디지털예산회계시스템(d-Brain)에 예산요구액을 시스템에 입력하여야 한다.

각 부처에서 기획재정부로 예산요구서가 보내지면 기획재정부 내에서 사업의 우선순위에 따라 예산배분액을 정하는 심의과정을 거치게 된다. 기획재정부의 심의과정은 보통 7월에 이루어지는데 5단계의 과정을 거치게 된다. 제1차 예산심의회에서는 예산실장, 예산실 각 국장, 예산총괄·제도·기준과장 등이 참여하고 큰 범위 내에서 반영해야 하는 예산사업을 정하게 된다. 제2차 심의회 는 '문제사업 심의'로 불리며 1차 심의 때 미반영 사업 중 꼭 필요한 사업을 다시 심의하는 것이고, 제3차 심의는 '미결쟁점 심의'로 불리며 보류사업 및 기타 쟁점사업에 대하여 심의한다. 제3차 심의 후에 다시 미반영된 10억 원 이하의 소액사업에 대하여 심의하고, 최종적으로 인건비·기본경비 및 주요 사업별 공통경비를 심의하게 된다. 특히 제1차 심의과정이 중요한데 기획재정부의 예산담 당자들은 기재부 실국과장들로 구성된 간부들에게 자신들이 맡은 예산사업의 효율성, 효과성, 타당성 등을 설명하게 되며, 토론과 경쟁에 의한 방식으로 진행된다. 우리나라는 예산의 편성의 구체적인 액수를 정하는 과성이 기재부 중심의 관료정치적 과정을 통하여 정하여 지고 있는 것이다. 기재부의 예산심의의 기준은 전년도 예산을 기준으로 하여 심사하고 일정한 한도를 정하여 중기계획에 반영되지 못하면 5% 일괄감액, 재정평가 미흡의 경우 10%감액 등의 기준이 적용되고 있다. 연초에 결산과 별도로 재정사업평가를 실시하여 집행이 부진하거나 평가 결과가 미흡을 받은 경우는 원칙적으로 예산을 감액한다. 최근에는 재정정책의 실효성과 구축효과 방지를 위하여 단순히 부처가 보조기관(지자체, 민간 등)에 교부한 집행실적인 집행률이 아닌 보조기관에서 실제 민간의 사업수행 주체(또는 수혜자)에게 집행한 실적으로서 실집행률을 강조하고 있다.

한편, 결산은 2년 전의 예산에 대하여 회계검사를 하기 때문에 그 결과가 제대로 환류되지 못하고 있다. 우선순위 결정에 가장 중요한 영향을 미치는 것은 대통령의 공약 이행과 관련된 지시와 핵심국정 과제와 관련된 예산이다. 나머지 과정은 기재부와 각 사업부처 관료들 간의 미시적 예산과정을 통한 협상에 의하여 소규모 배분 몫이 결정되는 것으로 볼 수 있다. 이렇게 기재부의 예산심의 과정을 통하여 정부예산안(기금운용계획안)이 편성되면 8월말 국무회의 심의와 대통령의 승인을 받아 회계 연도 개시 120일 전(9.3)까지 국회에 제출한다.

둘째, 예산편성의 다음 단계는 국회에서의 예산심의 과정인데, 과거에는 통제에 중점을 두었으나 행정의 능률화를 거쳐 재원의 합리적 배분에 더 관심을 두는 방향으로 전환되고 있다. 특히 미국의 의회가 이러한 경향이 강한 반면 한국은 예산질의에 정치적 쟁점이 포함시켜 진행되고, 선거구를 위한 예산증액에 보다 관심을 두고 있다(박동서, 1997: 483).◇181 이는 국회의 예산과정이 불과 3개월 정도 내에서 진행되기 때문에 심도 있는 정책 논의가 어렵기 때문이기도 하다. 국회의 심의과정을 보면 정부로부터 예산안이 이송된 후 국회 본회의에 예산안을 보고하고 정부의 시정연설을 듣는다. 국회의 예산심의는 상임위원회의 예비심사와 예산결산특별위원회의 종합심사로 나눌 수 있다. 상임위 예비심사에서는 소관 부처의 예산규모와 사업별 배분계획이 적절한지, 집행계획은 효율적으로 수립되었는지 등을 검토하고, 예산안의 증·감액 등 조정의견을 마련한다.

상임위는 여야의 대표의원들과 전문위원, 부처 차관, 실국장 등으로 구성된 상임위 예산소위를 구성하여 상임위 차원의 예산을 증액 위주로 심의하고 여야간 의견 대립이 있는 사업은 감액을 심의를 하며, 소위의 논의 결과를 상임위 전체회의에 보고하여 상임위 예산안을 확정한다. 이 과정에서 각 부처는 예정처, 상임위, 예결위 전문위원·조사관을 대상으로 예산설명회를 개최한다. 또한 국회 사무처의 입법관료들은 행정부에 대하여 자신들의 업무루틴에 따라 심의에 필요한 자료의 제출을 요구한다. 이러한 과정을 통하여 각 상임위원회별로 예비심사를 한 후에 그 결과를 국회의장에게 보고하고, 의장은 예산안(기금운용계획안)에 각 상임위원회의 예비심사 결과보고서를 첨부하여 예산결산특별위원회에 회부한다.

예산결산특별위원회에서는 상임위원회의 심사결과를 존중하여 예산안(기금운용계획안)을 종합심사하고 본회의에 상정하게 된다. 먼저 예결위는 국무위원 전원을 대상으로 국정전반에 대하여 각 위원이 질의하는 '종합정책질의'를 실시하게 되는데 예산과 무관한 정치적 쟁점에 대한 질의가 이루어지기도 한다. 다음으로 '부별심사'에서는 각 상임위원회별 예비심사결과를 보고받고 관계 국무위원에 질의하게 되고, 예산안조정소위원회심사에서는 종합정책질의와 부별심사과정에서 나타난 위원들의 질의 및 요구사항, 소관 상임위원회의 예비심사결과를 토대로 예산안을 종합적으로 조정하는데, 증액심의는 비공개로 이루어진다. 이 과정에서 지역구 예산을 끼워 넣기도 하며, 예산안소소위원회를 구성하고 막판 협상을 통하여 최종적인 계수조정을 하기도 한다. 예산안소위의 안은 예결위 전체회의에 보고되어 의결하게 되며, 11월 30일까지 의결되지 않으면 본회의에 정부안이 자동 부의된다. 예산결산특별위원회를 통과한 예산안의 수정안은 본회의에서 재적의원 과반수의 출석과 출석의원 과반수의 찬성으로 12월 2일까지 의결하고, 최종적으로 확정된다. 국회의 예산과정은 상당히 짧은 기간 내에 정치적 쟁점 속에서 진행되며, 여야의 대표, 행정부 고위관료, 국회 전문위원 등이 참여하는 소위원회를 통하여 실질적인 예산안이 결정되고, 이 과정에서 의원들의 정치력에 따라 지역구 예산이 반영되는 구조를 지니고 있다.

셋째, 예산집행이란 국회에서 심의 확정된 예산을 정부의 세입 및 세출을 통하여 구체적으로 실행에 옮기는 과정을 말한다(박동서, 1997: 491).◇182 예산 규모가 작고 정치가 행정에 대하여 우위의 시대에서는 통제중심의 예산제도가 발달하였지만 예산규모가 증가하고 성과와 기획을 강조하는 예산제도 하에서는 예산의 신축성을 강조하게 된다. 예산집행은 통제를 기본으로 하되, 목표달성을 위한 신축성을 해하지 않도록 운영하는 것이 바람직하다. 예산집행의 과정을 보면 예산집행의 준비절차로서 예산배정, 예산의 실제 집행으로 예산의 재배정, 지출원인행위, 예산의 지출로 나눌 수 있다(국회예산정책처, 2019b: 170-180).◇183 예산배정은 중앙예산기관이 면밀한 계획을 세워 각 분기별로 예산을 할당하는 것을 의미하고, 각 중앙관서의 장이 예산배정요구서 등을 기획재정부장관에게 제출하면, 기획재정부장관이 분기별 예산배정계획을 작성하여 국무회의의 심의를 거친 후 대통령의 승인을 얻고, 승인이 난 예산배정계획서에 따라 기획재정부장관이 각 중앙관서의 장에게 예산을 배정한다. 예산을 집행하기에 앞서 기획재정부는 「국가재정법 시행령」 제18조 및 제36조에 따라 매년 1월 31일까지 각 중앙관서의 장에게 「예산 및 기금운용계획 집행지침」을 통보한다. 예산 집행지침은 경상경비 절감, 예산배정, 수입관리 등 예산집행 전반에 걸쳐 통일적으로 준수해야 할 사항과 기본경비·정보화, 인건비·업무추진비 등 유형별·비목별 세부집행에 관한 사항을 규정하고 있다. 예산의 재배정이란 각 중앙관서의 장이 각 사업부서에게 예산을 지출할 수 있도록 권한을 부여하는 것을 의미하고, 예산의 재배정 후 지출원인행위는 국고금 지출의 원인이 되는 계약이나 그 밖의 행위를 말하며, 배정된 예산 또는 기금운용계획의 금액 범위 내에서 이루어진다. 지출원인행위에 따라 지출관은 재무관으로부터 지출원인행위 관계서류를 송부 받아 채무를 확인한 후, 채권자 등의 계좌로 이체하여 지급한다. 예산의 집행과정에서 예산의 통제는 배정과 재배정의 과정에서 원인행위와 지출행위를 상호 분리함으로써 일차적인 통제를 하고, 국회는 예산의 이용에 대한 사전승인, 예비비 사용에 대한 사후승인, 명시이월 및 국고채무부담행위에 대한 사전승인, 국채모집 및 국가부담이 될 계약 체결에 대한 동의, 결산심의, 국정감사 등의 통제가 이루어지며, 결산심의를 통해 예산집행 전반에 걸쳐 합법성, 타당성, 효율성 등에 대해 심사하고, 그 결과에 따라 정부 또는 해당기관에 변상 및 징계조치 등 그 시정을 요구하고, 필요한 경우 감사원에 감사를 요구할 수 있다.

한편, 국가의 예산규모가 증가하고 지역사회를 통한 재정집행이 증가함에 따라 현장에 자율성을 부여하는 예산집행의 신축성에 관한 제도도 두고 있다. 대표적으로 예산의 전용, 예산의 이용과 이체, 기금운용계획의 변경, 예산의 이월, 예비비, 총사업비 관리 등이 있다. 예산의 전용은 각 세항·목(행정과목) 사이에 상호 융통하는 것으로 각 중앙관서의 장은 기획재정부장관의 승인을 얻거나 기획재정부장관이 위임하는 범위 안에서 전용할 수 있다. 예산의 이용은 예산이 정한 각 기관 간 또는 각 장·관·항(입법과목) 간에 상호 융통하는 것이기 때문에 미리 국회의 의결을 얻은 경우에 가능하며, 기획재정부장관의 승인을 얻거나 기획재정부장관이 위임하는 범위 안에서 가능하다. 한편, 예산의 이체는 정부조직 등에 관한 법령의 제·개정 또는 폐지로 인하여 정부조직이 변동되는 경우 관련 예산의 귀속을 변경하는 것이다. 기금운용계획의 변경은 국회에서 확정된 기금운용계획의 세부항목 또는 주요항목의 지출금액을 변경하는 것으로 국회의 의결을 요하지는 않고 국무회의를 거쳐 국회에 제출하여야 한다. 예산의 이월은 회계연도 독립의 원칙의 예외로서 명시이월비와 연도 내에 지출원인행위를 하고 불가피한 사유로 인하여 연도 내에 지출하지 못한 경비, 지출원인행위를 하지 아니한 그 부대경비 등을 다음 회계연도에 넘겨서 지출하는 것을 말한다. 예비비는 예산의 편성 및 심의 시점에서는 예측할 수 없는 지출에 충당하기 위하여 총액으로 국회의 승인을 얻은 예산이며, 일반예비비와 목적예비비로 구분한다. 일반예비비는 사용용도가 제한되지 않으며, 일반회계 세출예산총액의 100분의 1 범위 내에서 편성하고, 목적예비비는 매년 예산총칙에서 용도를 제한하여 편성한다. 사회복지와 보건 분야에서는 전염병 예방 및 대책비, 인건비(국민건강보험 부담금, 연금부담금 포함) 등의 목적예비비가 편성되고 있다. 총사업비 관리는 완성에 2년 이상이 소요되는 대규모 재정사업의 총사업비를 사업추진 단계별로 합리적으로 조정·관리하기 위한 제도로서 재정의 신축적 이용 보다는 효율적 통제에 초점이 있는 제도이다.

위에서 살펴본 것처럼 예산의 신축성을 강화하는 것은 사전적 통제에서 결과중심의 사후적 통제로 전환되는 것을 의미한다. 그러나 우리나라의 예산의 신축성을 확보하기 위한 제도는 여전히 경직성을 지니고 있으며, 현장의 관리자들은 사후 감사를 두려워하여 예산의 신축적 사용을 주저하고 있고, 책임행정이라는 명목으로 이를 독려하고 있지만 감사원에 사전에 책임행정의 요건에 맞는지 심사를 하고 집행하는 것이 안전하다고 생각한다. 미국의 사회정책의 경우에는 현장 관리자에게 상당한 재량을 부여하고 있고, 의회로부터 직접적인 의무사항(mandate)을 규정하는 것 이외에 행정부 내에서 복잡한 지침을 둠으로써 현장 관리자의 집행을 제약하는 것은 아니다. 대표적으로 미국 노인복지법의 경우 조정되고 통합적인 네트워크(coordinated and integrated networks)를 구축하라는 의무사항이 법률에 명시되지만 이를 어떻게 구축하는지는 지역사회의 책임자의 판단과 재량에 맡기고 사후적 결과에 대하여 지방의회에 책임을 지도록 하는 것이다. 물론 기본적으로 준수해야 할 회계의 원칙은 핵심적인 사항만을 규정하고, 이를 변동하는 경우에도 의회에 보고한 후 의회가 승인을 한다면 집행책임을 면할 수 있도록 하고 있다.

넷째, 결산과정은 예산집행의 결과에 대하여 합법성뿐만 아니라 효과성과 효율성에 대하여 전반적으로 회계감사와 정책평가를 하고 그 결과에 따라 시정조치를 취하는 것을 말한다. 행정부 내의 결산은 주로 회계책임과 합법성 통제에 맞춰져 왔고 최근에 정책감사가 활성화되는 추세이다. 결산의 결과는 2년 전의 예산집행에 관한 것으로 예산의 편성과 직접적으로 연결되지 않는데, 이것이 결산의 결과가 제대로 활용되지 못하는 이유이기도 하다. 결산의 과정은 행정부와 국회에서의 결산과정으로 나누어 볼 수 있는데, 정부의 결산과정은 「국가재정법」, 「국가회계법」, 「국고금 관리법」에 따라 출납사무 완결, 각 중앙관서의 결산보고서 등의 작성 및 제출, 기획재정부의 국가결산보고서 작성 및 국무회의 심의, 감사원의 결산검사, 국가결산보고서의 국회제출 등으로 이루어진다(국회예산정책처, 2019b: 186-205).◇184 출납사무의 완결이란 수입금의 수납행위와 지출금의 지급행위를 종료하고 국고금 출납 장부를 마감하는 것으로 「국고금 관리법」 제4조의2에서는 한 회계연도에 속하는 세입·세출의 출납에 관한 사무를 다음 연도 2월 10일까지 완결하도록 규정하고 있다. 이후 각 중앙관서의 장은 2월 말까지 전년도의 결산에 대한 보고서를 작성하여 기획재정부장관에게 제출하고, 기획재정부는 각 중앙관서결산보고서를 통합하여 국가결산보고서를 작성한 후 국무회의 심의를 거쳐 대통령의 승인을 받은 다음 4월 10일까지 감사원에 제출한다. 감사원은 수입과 지출, 재산 등에 관한 회계검사를 실시하여 결산을 확인하고, 변상책임의 판정, 징계·문책요구, 시정·개선요구, 고발 등의 조치를 한다. 이후 감사원은 결산검사보고서를 5월 20일까지 기획재정부장관에게 다시 송부하면 기획재정부는 국가결산보고서를 5월 31일까지 국회에 제출한다.

국회의 결산심의는 재정집행에 대한 승인으로서, 예산집행에 대한 사후적인 심의를 통하여 적법·타당성을 확인하는 절차이다. 국회의 결산심의 과정은 「국회법」에 규정되어 있으며, 상임위원회의 예비심사, 예산결산특별위원회의 종합심사, 본회의 심의·의결 등으로 이루어진다. 결산의 경우 시정연설을 하지 않는 것을 제외하면 전반적인 절차는 예산안 심의과정과 유사하다. 국회의 결산심의·의결은 재정집행의 적법성 및 타당성을 확인하는 동시에 재정운용의 분석결과를 다음 연도의 예산 편성 및 재정운용에 반영하는 환류기능도 지닌다. 국가결산보고서에 성과보고서(2009회계연도 결산부터) 및 재무제표(2011회계연도 결산부터)가 포함되도록 제도화됨에 따라 국회의 결산심사도 성과중심의 심사로 전환되고 있다. 그러나 결산의 결과는 2년 전의 재정운용의 결과이기 때문에 즉각적으로 다음 연도의 예산심의에 반영되기는 어렵고, 중장기 재정운용의 방향에 참고할 수 있을 뿐이다. 이러한 문제점 때문에 행정부 내에서는 전년도 예산에 대한 재정사업 평가를 따로 실시하여 다음 연도 예산에 반영하고 있고, 디브레인을 통하여 최신 재정집행 성과를 참고하고 있다. 향후 정보통신기술의 발달에 따라 실시간 결산심사가 가능하게 된다면 재정평가의 환류기능이 보다 강화될 수 있을 것이다.

(3) 지방자치단체의 재정과정

지방정부의 재정과정도 중앙정부의 재정과정과 마찬가지로 편성-심의-집행 -결산의 과정을 통하여 이루어진다. 한편, 기금의 편성과 심의, 집행과 결산은 「지방자치단체기금관리기본법」에 따라 예산에 준하여 이루어진다. 중앙정부 이 외에 지방정부의 재정과정을 확인하는 이유는 사회정책의 대부분이 지방정부를 통하여 집행되기 때문에 사회정책의 재정과정을 이해하기 위해서는 중앙정부 뿐 만 아니라 지방정부의 재정과정까지도 포함하여 전체적으로 이해할 필요가 있기 때문이다. 첫째, 지방예산 편성은 지방정부가 다음 연도에 추진할 사업의 재원 을 추계하여 세입을 정하고, 그에 따라 세출의 규모를 확정하여 사업별로 배분 을 정하는 것을 말한다(강윤호외, 2015: 375).◇185 예산편성의 전 단계로 중기지 방재정계획과 투자심사제도가 있는데 중앙정부의 중기재정계획과 예비타당성조 사에 해당하는 것이다. 중기지방재정계획은 「지방재정법」 제33조에 따라 재정운 용의 기본방향과 목표, 중장기 재정여건과 재정규모전망, 관련 국가계획 및 지 역계획 중 해당 사항, 분야별 재원배분계획, 예산과 기금별 운용방향, 의무지출 의 증가율 및 산출내역과 재량지출의 증가율에 대한 분야별 전망과 근거 및 관 리계획, 지역통합재정통계의 전망과 근거, 통합재정수지 전망과 관리방안, 투자 심사와 지방채 발행 대상사업 등이 포함된 계획으로 지방자치단체장은 매년 다 음 회계연도부터 5회계 연도 이상의 기간에 대한 중기지방재정계획을 수립하여 예산안과 함께 지방의회에 제출하고, 회계연도 개시 30일 전까지 행정안전부장 관에게 제출하여야 한다(국회예산정책처, 2019c: 103-104).◇186 행정안전부장관은 각 지방자치단체가 제출한 중기지방재정계획을 기초로 하여 매년 종합적인 중기 지방 재정계획을 수립하여 국무회의에 보고하는데, 지방자치단체의 의견을 최대 한 반영하고, 국가재정운용계획과의 연계성을 높일 수 있도록 관계 중앙관서의 장과 협의하여야 한다. 한편, 투자심사는 「지방재정법」 제37조에 규정되어 있는 데 지방자치단체장은 총사업비 500억 원 이상의 신규사업에 대해서는 행정안전 부장관이 고시하는 전문기관의 타당성조사 결과를 토대로 투자심사를 하여야 하고 그 결과를 재정투자사업에 관한 예산안 편성에 반영하여 한다.

이러한 사전 준비가 끝난 후에 지방정부의 예산과정은 행정안전부의 예산편성기준이 통보되는 7월 이후부터 본격화된다.◇187 기재부가 중기예산 심의를 통하여 매년 3월 31일까지 다음연도의 예산안편성지침(기금운용계획안 작성지침)을 통보하듯이 행정안전부 지방정부의 중기지방재정계획을 검토하여 예산편성기준은 통보하는데(지방재정법 제38조) 행정안전부는 회계연도별 지방자치단체 예산편성기준을 행정안전부령(「지방자치단체 예산편성 운용에 관한 규칙」)으로 정하도록 하고, 행정안전부장관은 지방자치단체의 건전한 재정지출에 필요한 기준(「지방자치단체 예산편성 운영기준(행정안전부훈령)」)을 정하여 지방자치단체에 통보할 수 있다(국회예산정책처, 2019c: 104-105).◇188 예산안의 편성은 예산담당 부서 주관으로 이루어지는데 지방예산에도 자율편성총액예산제도가 도입되어 예산부서가 예산편성의 방침과 실국별 한도액을 정해주면 집행부서가 자율적으로 예산요구서를 작성하여 제출한다. 지방정부는 세입예산에 따라 세출예산이 결정되는데 세정담당관실로부터 자체세입에 관한 자료를 얻고, 행정안전부의 지방교부세 잠정통보◇189(10월 중순)와 중앙부처의 국고보조금 잠정통보(10월 중순)의 수입액을 합쳐서 세출예산을 잠정적으로 결정한다. 예산주관부서는 각 부서의 설명을 청취하고 주민참여 예산에 의한 의견을 반영하여 각 부서의 예산요구서를 종합·조정한 예산안을 마련한 후 단체장의 결재를 얻어 시도는 회계연도 개시 50일 전까지 시군구는 회계연도 개시 40일 전까지 예산안을 편성하고 지방의회에 제출한다(지방자치법 제127조).

지방의회의 예산안 심의는 중앙정부 예산과 비슷한 심의절차를 지니고 있지만 그 기간은 매우 짧은 편이다. 예산안이 지방의회에 제출되면 지방자치단체장이 본회의에서 제안설명한다. 의장은 예산안을 각 상임위원회에 회부하고, 각 상임위는 예비심사를 하여 그 결과를 의장에게 보고한다. 이후 의장은 상임위의 예비심사보고서를 첨부하여 이를 예산결산특별위원회에 회부하고 심사가 끝난 후 본회의에 부의한다. 지방의회는 지방자치단체장의 동의 없이 지출예산 각 항의 금액을 증가하거나 새로운 비용항목을 설치할 수 없다(지방자치법 제127조제3

항). 지방의회에서 예산안의 의결 및 확정은 시·도의 경우 회계연도 시작 15일 전(전년도 12월 16일)까지, 시·군·자치구의 경우 회계연도 시작 10일 전(전년도 12월 21일)까지 예산안을 의결하여야 한다(지방자치법 제127조 제2항). 의장은 예산안이 의결되면 3일 이내에 지방자치단체장에게 이송하여야 하며, 지방자치단체장은 예산을 이송받으면 지체 없이 시·도는 행정안전부장관에게, 시·군·자치구는 시·도지사에게 각각 보고하고 그 내용을 고시하여야 한다(지방자치법 제133조). 한편 지방자치단체는 예산편성 기간이 짧고 자체재원 뿐만 아니라 중앙정부의 이전 재원에 의존하기 때문에 예산 성립 후에 중앙정부로부터 재원을 이전받게 되면 예산성립 후 생긴 사유로 인하여 이미 성립된 예산을 변경할 필요가 있다. 지방자치단체는 순세계잉여금, 국고보조금이나 지방교부세 등 국가의 이전재원 증가분, 지방채 추가발행이나 당초 예상하지 못했던 특정재원의 수입 발생 분으로 사업을 추진할 필요가 있는 경우나 이미 편성된 예산 중 사업집행 등 경비집행에 있어서 부득이한 사유로 사업비를 추가하거나 변경할 필요가 있는 경우에는 추가경정예산을 편성한다.

셋째, 지방자치단체의 예산집행은 지방의회에서 확정된 예산을 실행하고 관리하는 행위를 말하며, 세입의 징수와 수납, 세출예산의 배정, 지출원인행위의 실행 및 출납 등을 모두 포함한다. 「지방자치단체 세출예산 집행기준」은 「지방재정법」, 「지방회계법」, 「지방공무원법」, 「지방자치단체를 당사자로 하는 계약에 관한 법률」 등을 근거로 지방자치단체의 세출예산 집행원칙을 규정하고 있다. 지방예산의 배정은 일정기간에 걸쳐 지출원인행위를 할 수 있는 세출예산의 한도액을 통지하는 행위로서 지방자치단체장은 예산배정계획서를 작성하고, 이에 따라 지방의회와 소속 행정기관에 예산을 월별 또는 분기별로 배정하여야 한다(지방재정법 시행령 제56조). 한편, 지출원인행위는 지방자치단체의 지출원인이 되는 계약이나 그 밖의 행위로서 지방자치단체장 또는 그 위임을 받은 공무원(재무관)이 법령·조례 및 규칙이 정하는 바에 따라 배정된 예산의 범위에서 하여야 하고(지방회계법 제29조), 재무관이 지출원인행위를 하였을 때에는 지방자치단체장이 임명한 공무원(지출원)에게 관계 서류를 보내야 하며(지방회계법 제31

조), 지출원이 지출원인행위에 의하여 지출을 할 때에는 현금지급에 갈음하여 자치단체의 지정된 금고(은행법에 따른 금고)에 대하여 지급명령을 하여야 한다 (지방회계법 제32조). 또한 지방회계법 제36조에 따라 재무관·지출원 및 현금출납의 직무는 서로 겸할 수 없도록 하고 있다. 이러한 일련의 제도들은 예산집행의 투명성과 부정을 방지하기 위한 통제장치로 볼 수 있다. 그 밖에 예산집행의 신축성을 확보하기 위한 제도로 예산의 이월, 예산의 이용, 전용 및 이체, 채무 부담행위, 계속비의 활용, 예비비의 활용, 추가경정예산 등이 있다.(강윤호외, 2015: 380-384).◇190 중앙정부의 예산과 일반적으로 유사하나 채무부담행위의 경우는 지방정부의 장이 법령 및 조례, 세출예산, 명시이월비, 계속비 총액 이외의 금전적 계약을 하고 당해 연도에 모두 지출할 수 없는 재원에 대하여 미리 예산으로 지방의회의 의결을 얻도록 하고 있다.

넷째, 결산은 재정과정의 마지막 단계로서 회계연도의 집행실적을 검사하고 확정된 계수로 표시하는 행위이다(국회예산정책처, 2019c: 116-121).◇191. 결산의 과정은 우선 출납폐쇄 및 출납사무완결로서 지방자치단체는 회계연도가 끝나는 날(12월 31일) 출납을 폐쇄한다. 또한, 세입·세출의 출납에 관한 사무는 다음 회계연도 2월 10일까지 마쳐야 한다(지방회계법 제7조). 지방자치단체장은 출납폐쇄 후 80일 이내에 일반회계·특별회계 및 기금을 통합한 결산서를 작성하여야 하는데, 결산서는 결산 개요, 세입·세출 결산, 재무제표(재정상태표, 재정운영표, 순자산 변동표), 성과보고서로 구성되며(지방회계법 제15조), 세입·세출 결산은 세입·세출 예산 또는 기금운용계획과 같은 구분에 따라 그 집행 결과를 종합하여 작성하고, 재무제표는 지방회계기준에 따라 작성하며, 공인회계사의 검토의견을 첨부하고, 성과보고서는 성과계획서에서 정한 성과목표와 실적을 대비하여 작성하여 사업원가와 성과를 연계한다(지방회계법 제16조). 중앙정부에서는 독립된 감사원이 결산의 회계검사를 담당하지만 지방정부에서는 지방의회가 선임한 검사위원에게 검사를 의뢰한다. 검사위원의 수는 시·도는 5명 이상 10명 이하, 시·군·자치구는 3명 이상 5명 이하로서 검사위원은 해당 지방의회 의원(검사위원 수의 3분의 1 이내), 공인회계사·세무사 등 재무 관리에 관한 전문지식과 경험을 가진 자 중에서 선임한다. 지방자치단체장은 결산서에 검사위원의 검사의견서를 첨부하여 다음 회계연도 5월 31일까지 지방의회에 제출하여야 하고(지방회계법 시행령 제10조 제1항), 지방의회에 결산 승인을 요청한 날부터 5일 이내에 결산서를 행정안전부장관에게 제출하여야 한다(지방회계법 제14조 제5항). 지방의회 의장은 결산서와 검사의견서를 받은 날부터 7일 이내에 검사의견서와 검사위원의 성명을 지방의회의 인터넷 홈페이지에 1개월 이상 공고하여야 한다(지방회계법 시행령 제10조).

　지방의회로 결산이 넘어 오면 지방의회 의장은 상임위의 예비심사보고서를 붙여 예결위에 회부하여 종합심사하게 한 후 그 결과를 본회의에 부의하여 처리한다. 또한 지방의회는 결산승인 시 위법·부당한 사항에 대해서 변상 및 관련자의 징계 등 시정요구를 한다. 지방자치단체장은 결산 승인을 받으면 5일 이내에 시·도는 행정안전부장관에게, 시·군·자치구는 시·도지사에게 각각 보고하고 그 내용을 고시하여야 하며(지방자치법 제134조 제2항), 지방자치단체장은 결산 결과를 다음 연도 예산 편성에 반영하도록 노력하여야 한다(지방회계법 제14조 제4항). 결산상 실제수입총액과 실제지출총액의 차액에서 법정잉여금, 이월금 및 국·도비 집행 잔액을 공제한 순세계잉여금이 있는 경우는 「지방회계법」 제19조 및 「지방회계법 시행령」 제16조에 따라 지방채 원리금 상환 및 다음 회계연도의 세입재원으로 활용할 수 있다.

　위에서 살펴본 바와 같이 지방정부에도 성과주의 예산이 도입되어 있으며, 지방의원을 포함하여 집행부로부터 독립된 검사위원에 의하여 회계검사가 이루어지고 그 결과가 주민들에게 공개되는 체제를 지니고 있다. 따라서 지방의회가 성과에 대하여 보다 명확한 목표와 측정지표를 공무원에게 제시하고 집행상 더 많은 재량을 부여하면서 사후책임의 형태로 운영할 수 있다. 그러나 실제로 법령과 중앙정부의 지침의 제약이 많기 때문에 결과중심의 재량을 행사하기에는 한계가 많다. 지방정부의 예산집행 관련 하위 법령과 지침을 정비하고, 시민들의 추천 등으로 회계검사기관의 독립성을 확보한다면 현장에서 정책을 집행하는 공무원들이 보다 적극적으로 행정에 임하고 성과에 대하여 사후적으로 책임을 지도록 하는 성과중심의 재정체계를 구축할 수 있을 것이다.

제4절 | 재정개혁

사회정책은 사회적 약자를 포용하고 통합하는 정책인 동시에 생산적 측면에서 지속가능한 경제발전을 위한 노동력을 창출하고, 창의적인 투자를 위하여 실패를 하더라도 생존할 수 있는 사회안전망의 역할을 수행한다. 노동력과 혁신적 투자를 통해 경제가 성장하면 사회정책에 대한 투자가 가능하고 성장과 복지의 선순환이 이루어질 수 있게 된다. 앞에서 살펴본 바와 같이 사회정책의 재정체계는 국가마다 차이가 있는데 영국의 경우는 완전고용을 확보하기 위하여 재량적 재정정책을 추구하는 케인즈주의와 시장경쟁을 강조하는 신자유주의가 정권변동에 따라 급변하는 반면에, 독일과 같은 보수주의 국가에서는 기여에 따른 차등급여와 재정의 안정화에 보다 초점을 두고 있다. 또한 복지국가의 수입 측면에서는 낮은 세율의 넓은 세원을 확보하기 위하여 노력하고 있으며, 사회보험에서는 기여와 급여의 직접적 연계를 강화하고 있다. 지출 측면에서는 사업 담당자에게 재량을 부여하고 실질적 결과 중심의 성과주의를 발전시키고 있다.

이러한 맥락 하에서 한국 사회정책의 재정개혁 방안을 제시하자면 첫째, 복지국가와 사회정책의 제도적 맥락에 따라 적합한 정책을 활용할 필요가 있다. 한국은 재정의 구조상 건강, 연금, 고용, 산업재해 등 중요한 사회정책의 분야에서 사회보험의 원리를 도입하고 있지만 보장성이나 급여의 수준은 높지 못하며, 노령화 등 인구구조의 변화에 대응한 지출통제나 재정 안정화 장치를 두고 있지 못하다. 독일, 프랑스 등 사회보험을 통하여 사회정책을 제공하는 대부분의 국가에서 재정안정화 장치를 도입하고 지출통제 등의 장치를 두고 있음을 참고할 필요가 있다. 또한 사민주의의 장점으로서 중앙집권적인 조합주의에 의한 임금협상을 통해 대기업과 중소기업, 산업별 임금격차를 완화할 수 있도록 하고,

연대적인 임금을 기반으로 사회보험 등에 대한 기여율을 보다 확대할 필요가 있다.

둘째, 수입측면에서 현재의 복잡한 조세체계를 단순화하여 넓은 세원, 낮은 세율의 조세체계로 전환하고, 재산세의 비중을 축소하는 대신에 소득세와 부가가치세를 조합하여 넓은 세원을 확보할 필요가 있다. 복지국가는 모든 국민이 자신의 능력에 따라 사회에 대한 책임으로서 세금을 납부하고, 반대급부로서 복지급여를 제공받는 사회적 연대와 책임의식을 통하여 건설되는 국민의 집이다. 그리고 기업의 국제경쟁력 강화를 통해 안정적인 일자리를 국내에서 제공할 수 있도록 법인세를 낮추는 슘페터적인 경쟁정책도 고려할 필요가 있다.

셋째, 지출측면에서 성과주의의 전제조건으로서 제도개혁이 필요하다. 지출체계를 보다 단순하고 투명하게 하고 실질적인 결과에 대한 성과평가가 되도록 하여야 한다. 이를 위하여 국민생활과 밀접한 핵심적 국가 기능을 위주로 지출회계를 구축하고, 해당 분야의 투입 대비 결과를 평가함으로써 효율적인 재원배분이 되는지 파악할 수 있도록 한다. 지방정부와 현장의 관리자에게 재량을 부여하고 결과중심의 성과에 대하여 책임을 지도록 하여야 한다. 이를 위하여 성과정보를 지방의회에 제공하도록 하고, 실질적인 성과에 대한 평가방법과 정책적 논의를 활성화하여야 한다. 향후 인구구조의 변화에 대비하여 예산뿐만 아니라 사회보험도 별도의 통합입법을 마련하여 법정지출의 적정수준에 대한 사회적 공론화가 필요하다. 공무원연금, 군인연금, 건강보험 등 개인적인 기여 이상으로 지출되거나 사회적 형평에 위반되는 사회지출에는 지출한도를 부과하는 것을 고려할 필요가 있다. 재정의 지속가능성을 확보하기 위하여 재정준칙, 재정안정화장치, 독립된 위원회를 통한 감시 등의 제도적 장치를 보완할 필요가 있다. 공공재원에는 한계가 있기 때문에 지역공동체를 단위로 하여 시민들의 민주적 참여와 사회적 목적을 동시에 추구하는 사회적경제 등의 민간재원을 활용하는 방안도 검토할 필요가 있다.

넷째, 예산과정의 개혁으로서 지방화와 분권화를 보다 강화할 필요가 있다. 광역과 기초단체의 역할을 구분하고 세원과 사업을 실질적으로 이전하며, 지역

주민의 참여와 정보공개를 통하여 시민사회의 행정통제가 가능하도록 하여야 한다. 중앙정부는 중장기적인 계획과 재정안정화, 지역 간 형평 및 조정 등의 임무에 주력하여야 한다. 지방정부에 실질적인 성과주의 예산이 정착될 수 있도록 다년도 예산을 도입하고 결산의 결과가 다음 연도의 예산에 반영될 수 있도록 재정환류 기능을 강화하여야 한다. 그러기 위해서는 주민들이 동의하는 행정의 성과지표에 대한 재조정이 필요하고, 지방정부의 내부규제 혁신, 책임행정을 위한 역량강화가 필요하다. 지방정부에 재량을 부여하되 집행의 사후 책임을 강화하고, 의회가 지정한 독립된 기관에 의한 감사를 강화하며, 주민참여 예산의 확대, 예산 성과에 대한 사회적 감시와 토론이 활성화되어야 한다.

수 석

◇1 Hall, Peter A. 1993. Policy Paradigms, Social Learning, and the State: The Case of Economic Policy Making in Britain. Comparative Politics, 25(3): 275-296.

◇2 최연혁. 2012. 경제와 정부재정. 보건사회연구원(편) 주요국의 사회보장제도: 스웨덴. pp. 127-130.

◇3 Alt, James. 1987. "Old Wine in New Bottles: Thatcher's Conservative Economic Policies," in Barry Cooper, Alan Kornberg, and William Mishler, eds., The Resurgence of Conservatism in the Anglo-American Democracies (Durham: Duke University Press), p. 217

◇4 Harris, S. E., 1941. Economics of Social Security, McGraw-Hill, New York.

◇5 Atkinson, Anthony Barnes. 1996. The Economics of the Welfare State. The American Economist, 40(2): 9.

◇6 Keynes, John Maynard. 1936. The General Theory of Employment, Interest and Money. London: Macmillan (reprinted 2007).

◇7 Thorne, Kym. 2010. Does History Repeat? The Multiple Faces of Keynesianism, Monetarism, and the Global Financial Crisis. Administrative Theory & Praxis, 32(3): 304-326.

◇8 Hall, Peter A. 1993. Policy Paradigms, Social Learning, and the State: The Case of Economic Policy Making in Britain. Comparative Politics, 25(3): 275-296.

◇9 Samuelson, Paul A. 1954. The Theory of Public Expenditure. Review of Economics and Statistics, 36: 386-389.

◇10 Schick, Allen. 1966. The Road to PPB: The Stages of Budget Reform. Public Administration Review, 26(4): 243-258.

◇11 Barr, Nicholas. 1992. Economic Theory and the Welfare State: A Survey and Interpretation. Journal of Economic Literature, 30(2): 741-803.

◇12 Akerlof, George A. 1970. "The Market for 'Lemons': Quality Uncertainty and the Market Mechanism". Quarterly Journal of Economics. 84(3): 488-500.

◇13 Arrow, Kenneth J. 1963. "Uncertainty and the Welfare Economics of Medical Care," American Economic Review, 53(6): 941-973.

◇14 Olson, Mancur. 1982. The Logic of Collective Action. Cambridge, MA: Harvard University Press.

◇15 Lindahl, Erik. 1958[1919]. Just taxation- A positive solution, in R. A. Musgrave and A.T. Peacock. (Ed.) Classics on the Theory of Public Finance. London: Macmillan; Johansen, Lief. 1963. Some Notes on the Lindahl Theory of Determination of Public Expenditures. International Economic Review, 4(3): 346-358.

◇16 Samuelson, Paul A. 1954. The Theory of Public Expenditure. Review of Economics and Statistics, 36: 386-389.

◇17 Hayek, Friedrich A. von. 1944. The Road to the Serfdom. Chicago: University of Chicago Press.

◇18 Friedman Milton and Rose Friedman. 1979. Free to Choose. New York: Harcourt, Brace, Javanovich.

◇19 Dryzek, John S. and Patrick Dunleavy. 2009. Theories of the Democratic State. Palgrave macmillan. p. 105.

◇20 Buchanan James M. and Gordon Tullock. 1962. The Calculus of Consent. Ann Arbor: University of Michigan Press.

◇21 Stigler, George J. 1971. "The Theory of Economic Regulation," Bell Journal of Economics and Management Science, 2(1): 3-21.

◇22 Niskanen, William A. 1971. Bureaucracy and Representative Government. Chicago: Aldine-Atherton.

◇23 Dunleavy, Patrick. 1991. Democracy, Bureaucracy, and Public Choice: Economic Explanations in Political Science. London: Pearson.

◇24 Tiebout, Charles. 1956. A Pure Theory of Local Expenditures. Journal of Political Economy, 64: 416-424.

◇25 Lucas, Robert 1972. "Expectations and the Neutrality of Money". Journal of Economic Theory. 4(2): 103-124; Barro, Robert J. 1977. "Unanticipated Money Growth and Unemployment in the United States". American Economic Review. 67(2): 101-115.

◇26 Kydland, Finn E. and Edward C. Prescott. 1982. "Time to Build and Aggregate Fluctuations". Econometrica. 50(6): 1345-1370.

◇27 Sbordone, Argia, Andrea Tambalotti, Krishna Rao and Kieran Walsh. 2010. "Policy analysis using DSGE models: an introduction". FRBNY Economic Policy Review. 16 (2). https://en.wikipedia.org/wiki/Dynamic_stochastic_general_equilibrium#cite_note-19.

◇28 Pierson, Paul. 2002. Coping with Permanent Austerity: Welfare State Restructuring in Affluent Democracies. Revue française de sociologie, 43(2): 369-406.

◇29 Boyer, Robert. 2012. The four fallacies of contemporary austerity policies: the lost Keynesian legacy. Cambridge Journal of Economics, 36(1): 283-312.

◇30 Konzelmann, Suzanne J. 2014. The political economics of austerity. Cambridge Journal of Economics, 38(4): 701-741. 금융위기 과정에서 실업이 증가함에 따라 정부가 적자를 감수하고 재정을 확대하여 지출해야 하는지에 대하여 논쟁이 벌어졌고, 반대론자들은 정부의 재정정책을 통하여 지출을 확대하더라도 사람들이 미래의 조세부담의 증가로 예측하고 소비를 줄이고 저축을 늘림으로써 재정 정책의 효과를 모두 구축할 것이라는 리카르도의 등가성(Ricardian Equivalence)의 원리를 제시하였지만 긍정론자들은 경기불황에 정부가 더 긴축적인 재정을 사용할 경우 불황이 장기적으로 지속되고 경기회복을 어렵게 할 것이라고 비판했다. 서구 국가들에서는 국가 부채를 줄이고 관리하는 긍핍정책이 더 지지를 얻어 미국의 오바마 정부와 영국의 보수당-자유당 연립정부에서도 국가 채무를 줄이는 정책을 시행하였는데 이를 통해 기존의 복지급여가 삭감되는 결과를 초래했다.

◇31 Lavoie, Marc and Engelbert Stockhammer. 2012. Wage-led growth: concept, theories and policies. International Labour Office, Geneva: ILO.

◇32 Defourny, J. 2001. From Third Sector to Social Enterprise. in Nyssens, M. (ed.) Social Enterprise, London and New York: Routledge. pp. 1-28.

◇33 Polanyi, Karl. 2001[1944]. The Great Transformation: The Political and Economic Origins of Our Time. Beacon Press: Boston.

◇34 Thaler, R. and C. Sunstein. 2008. Nudge: Improving Decisions about Health, Wealth and Happiness. London: Yale University Press.

◇35 박동서. 1997. 한국행정론(제4전정판). 법문사. pp. 435-445.

◇36 Morel, Nathalie and Joakim Palme. 2013. Financing the welfare state and the politics of taxation. in Bent Greve. (ed.) The Routledge Handbook of the Welfare State. Routledge: Taylor and Francis Group, London and New York. p. 403.

◇37 Adam, Stuart and Barra Roantree. 2016. Taxation and Welfare. in Pete Alcock, Tina Haux, Margaret May and Sharon Wright (eds.), the Student's Companion to Social Policy. Wiley Blackwell Press. pp. 290-291.

◇38 Howard, Christopher. 1997. The Hidden Welfare State: Tax Expenditures and Social Policy in the United States. Princeton, NJ: Princeton University Press.

◇39 Morel, Nathalie and Joakim Palme. 2013. Financing the welfare state and the politics of taxation. in Bent Greve. (ed.) The Routledge Handbook of the Welfare

State. Routledge: Taylor and Francis Group, London and New York. p. 403.

◇40 Ibid. p. 402.

◇41 복지국가의 재정제도의 차이에 따라 사회정책이 어떻게 달라지는지에 대해서는 제8장 분야별 사회정책에서 다루기로 한다.

◇42 사회정책의 정치행정체계에 대한 환류에 대해서는 제10장 사회정책의 평가에서 다루고자 한다.

◇43 https://www.britannica.com/topic/government-budget, 'budget'이라는 단어는 작은 가방(지갑)이라는 의미의 프랑스어 'bougette'에서 유래되었다고 한다.

◇44 Willoughby, William, F. 1918. The Movements for Budgetary Reform in the States. New York. D. Appleton and Company for the Institute for Government Research. pp. 1-18.

◇45 Wildavsky, Aaron. 1961. Political Implications of Budgetary Reform. Public Administration Review, 21(4): 184.

◇46 Schick, Allen. 1966. The Road to PPB: The Stages of Budget Reform. Public Administration Review, 26(4): 244.

◇47 Rubin, Irene B., 1990. The Politics of Public Budgeting. N.J.: Chatham House Publishers.

◇48 박동서. 1997. 한국행정론(제4전정판). 법문사. p. 434.

◇49 국회예산정책처. 2019. 대한민국 재정 2019. p. 26.

◇50 Key, V. O., Jr., 1940. Lack of a Budgetary Theory, American Political Science Review 34, pp. 1137-1144.

◇51 Schick, Allen. 1966. The Road to PPB: The Stages of Budget Reform. Public Administration Review, 26(4): 243-258.

◇52 Wildavsky, Aaron. 1961. Political Implications of Budgetary Reform. Public Administration Review, 21(4): 183-190.

◇53 Neuby, Barbara L. 1997. On the Lack of Budget Theory. Public Administration Quarterly, 21(2): 131-142.

◇54 Rubin, Irene B., 1990. The Politics of Public Budgeting. N.J.: Chatham House Publishers.

◇55 Premchand, A. 1999. Budgetary Management in the United States and Australia, New Zealand, and the United Kingdom. in R. T. Meyers (ed.). Handbook of Government Budgeting. San Francisco: Jossey-Bass. p. 84; Guess, George M. and Lance T. LeLoup. 2010. Comparative Public Budgeting: Global Perspectives on

Taxing and Spending. SUNY Press.

◇56 Schick, Allen. 1966. The Road to PPB: The Stages of Budget Reform. Public Administration Review, 26(4): 243-258; Denhardt, Robert B. and Janet V. Denhardt. 2009. Public Administration: An Action Orientation (6th edition). Thompson Wadsworth. pp. 257-261.

◇57 박동서. 1997. 한국행정론(제4전정판). 법문사. p. 447.

◇58 Schick, Allen. 1966. The Road to PPB: The Stages of Budget Reform. Public Administration Review, 26(4): 243-258.

◇59 Ibid. p. 209; Denhardt, Robert B. and Janet V. Denhardt. 2009. Public Administration: An Action Orientation (6th edition). Thompson Wadsworth. p. 258.

◇60 Rosenbloom, David H., Robert S. Kravchuk, and Richard M. Clerkin. 2009. Public Administration: Understanding Management, Politics, and Law in the Public Sector(7th edition). Mcgraw-Hill Higher Education. p. 288.

◇61 박동서. 1997. 한국행정론(제4전정판). 법문사. pp. 448.

◇62 Denhardt, Robert B. and Janet V. Denhardt. 2009. Public Administration: An Action Orientation (6th edition). Thompson Wadsworth. p. 259.

◇63 박동서. 1997. 한국행정론(제4전정판). 법문사. pp. 451.

◇64 Rosenbloom, David H., Robert S. Kravchuk, and Richard M. Clerkin. 2009. Public Administration: Understanding Management, Politics, and Law in the Public Sector(7th edition). Mcgraw-Hill Higher Education. p. 290.

◇65 Schick, Allen. 1966. The Road to PPB: The Stages of Budget Reform. Public Administration Review, 26(4): 243-258

◇66 박동서. 1997. 한국행정론(제4전정판). 법문사. pp. 453-454.

◇67 Wildavsky, Aaron. 1969. Rescuing Policy Analysis from PPBS. Public Administration Review, 29(2): 189-202.

◇68 박동서. 1997. 한국행정론(제4전정판). 법문사. pp. 457-459.

◇69 Rosenbloom, David H., Robert S. Kravchuk, and Richard M. Clerkin. 2009. Public Administration: Understanding Management, Politics, and Law in the Public Sector(7th edition). Mcgraw-Hill Higher Education. p. 292.

◇70 Ibid. p. 294.

◇71 U.S. Congress Budget Office. 1993. Using Performance Measures in the Federal Budget Process. pp. 1-9.

◇72 Keynes, John Maynard. 1936. The General Theory of Employment, Interest and

Money. London: Macmillan (reprinted 2007). p. 372.

◇73 이준구·조명환. 2016. 재정학. 문우사. pp. 392-397.

◇74 Rose, Richard. 1985. Maximizing Tax Revenue while Minimizing Political Costs. Journal of Public Policy, 5(3): 289-320.

◇75 Steinmo, Sven. 1993. Taxation and Democracy: Swedish, British, and American Approaches to Financing the Modern State. New Haven and London: Yale University Press. p. 17.

◇76 Titmuss, R. M., 1958. The Social Division of Welfare: Some Reflections on a Search for Equity. in Essays on the Welfare State. London: Allen & Unwin.

◇77 Seligman, Edwin, R.A. 1895. Essays in Taxation. New York: Macmillan and Co.

◇78 Raadschelders, Jos C.N. 2000. Handbook of Administrative History. Transaction Publishers: New Brunswick(USA) and London(UK). pp. 102-103.

◇79 Flora, Peter and Jens Alber. 1984. Modernization, Democratization and the Development of Welfare States in Western Europe. In Peter Flora and Arnold J. Heidenheimer (eds.), The Development of Welfare states in Europe and America. New Brunswick and London: Transaction Publishers. p. 41.

◇80 Morel, Natalie and Joakim Palme. 2013. Financing the welfare state and the politics of taxation. in Bent Greve (eds.). The Routledge Handbook of the Welfare State. Routledge Taylor and Francis Group: London and New York. p. 404.

◇81 Steinmo, Sven. 1993. Taxation and Democracy: Swedish, British, and American Approaches to Financing the Modern State. New Haven and London: Yale University Press. p. 54.

◇82 Heclo, Hugh. 1974. Modern Social Politics in Britain and Sweden. New Haven: Yale University Press. p. 89; Steinmo, Sven. 1993. Taxation and Democracy: Swedish, British, and American Approaches to Financing the Modern State. New Haven and London: Yale University Press. p. 58.

◇83 Heclo, Hugh. 1974. Modern Social Politics in Britain and Sweden. New Haven: Yale University Press.

◇84 Steinmo, Sven. 1993. Taxation and Democracy: Swedish, British, and American Approaches to Financing the Modern State. New Haven and London: Yale University Press. p. 116.

◇85 Hall. Peter A. 1993. Policy Paradigms, Social Learning, and the State: The Case of Economic Policy Making in Britain. Comparative Politics, 25(3): 275-296.

◇86 Steinmo, Sven. 1993. Taxation and Democracy: Swedish, British, and American Approaches to Financing the Modern State. New Haven and London: Yale University Press. p. 41.

◇87 Ibid. pp. 64-66.

◇88 Meidner, Rudolf. 1980. Our Concept of the Third Way: Sone Remarks on the Socio-political Tenets of the Swedish Labor Movement. Economic and Industrial Democracy 1(3): 343-370.

◇89 Steinmo, Sven. 1993. Taxation and Democracy: Swedish, British, and American Approaches to Financing the Modern State. New Haven and London: Yale University Press. p. 86.

◇90 Ibid. pp. 126-128.

◇91 Beck, Hermann. 1995. The Origins of the Authoritarian Welfare State in Prussia: Conservatives, Bureaucracy, and the Social Question, 1875-70. Ann Arbor: The University of Michigan Press.

◇92 Colm, Gerhard. 1934. Some International Comparison of Taxation. Social Research, 1(2): 244-247.

◇93 김상철. 2018. 정부재정과 사회보장재정. 한국보건사회연구원(편). 주요국 사회보장제도2: 독일의 사회보장제도. pp. 176-181.

◇94 Dutton, Paul V. 2002. Origins of the French Welfare State: The Struggle for Social Reform in France, 1914~1947. Cambridge University Press. pp. 2-3.

◇95 김은경. 2018. 정부재정과 사회보장재정. 한국보건사회연구원(편). 주요국 사회보장제도10: 프랑스의 사회보장제도. p. 162.

◇96 Steinmo, Sven. 1993. Taxation and Democracy: Swedish, British, and American Approaches to Financing the Modern State. New Haven and London: Yale University Press. p. 2.

◇97 조세부담률은 국민의 조세부담 정도를 측정하는 지표로써 국세 및 지방세를 합한 조세수입이 경상 GDP에서 차지하는 비중을 의미한다. 조세부담률 = 조세(국세 + 지방세) / 경상GDP

◇98 국민부담률은 국민들이 1년 동안 낸 조세와 국민연금·의료보험료·산재보험료 등 각종 사회보장기여금을 합한 총액이 국내총생산(GDP)에서 차지하는 비중을 말한다. 국민부담률 = 조세부담률(조세 / GDP) + 사회보장부담률(사회보장기여금 / GDP)

◇99 OECD. 2020. Social security contributions (indicator). doi: 10.1787/3ebfe901-en (Accessed on 17 January 2020).

◇100 미국의 경우 봉급에 부과하는 세금(payroll tax)으로서 '연방보험기부법(the Federal Insurance Contributions Act: FICA)'에 따라 노인, 장애, 유족 연금을 위한 기여금이 부과되며, 통상적으로 사회보장세라고 하며, 건강보험세와 함께 부과된다. 2019년 기준 사회보장세의 부과율은 노동자 6.2%, 고용주 6.2%를 합하여 12.4%이고, 건강보험의 부과율은 노동자 1.45%, 고용주 1.45%로 월 소득의 2.9%를 차지하고 있다.

◇101 https://de.wikipedia.org/wiki/Sozialversicherung_(Deutschland)

◇102 Hinrichs, Karl and Julia F. Lynch. 2010. Old-Age Pensions. In Francis G. Castles, Stephan Leibfried, Jane Lewis, Herbert Obinger, and Christopher Pierson. (eds.) The Oxford Handbook of The Welfare State. Oxford University Press. pp. 353-354.

◇103 https://www.lohn-info.de/sozialversicherungsbeitraege2019.html(검색일: 2020.6.30.)

◇104 Anderson, Karen M. and Traute Meyer. 2003. Social Democracy, Unions, and Pension Politics in Germany and Sweden. Journal of Public Policy, 23(1): 23-54.

◇105 Dutton, Paul V. 2002. Origins of the French Welfare State: The Struggle for Social Reform in France, 1914-1947. Cambridge University Press.

◇106 Blank, Robert H., Viola Burau, and Ellen Kuhlmann. 2018. Comparative Health Policy(5th edition). Palgrave macmillan education.

◇107 Freeman, Richard and Heinz Rothgang. 2010. Health. in Francis G. Castles, Stephan Leibfried, Jane Lewis, Herbert Obinger, and Christopher Pierson (ed.). The Oxford Handbook of the Welfare State. Oxford University Press. p. 369.

◇108 박동서. 1997. 한국행정론(제4전정판). 법문사. p. 434.

◇109 Higgs, Robert. 2012. Crisis and Leviathan: Critical Episodes in the Growth of American Governement(25th anniversary edition). The Independent Institute. pp. 6-18.

◇110 정용덕외. 2014. 현대국가의 행정학(제2판). 법문사. pp. 150-161.

◇111 기능주의 설명은 본서 제2장 제2절을 참고하기 바람.

◇112 Castles, Francis G. 2004. The Future of the Welfare State: Crisis Myths and Crisis Realities. Oxford: Oxford University Press; Obinger, Herbert and Uwe Wagschal. 2010. Social Expenditure and Revenues. in Francis G. Castles, Stephan Leibfried, Jane Lewis, Herbert Obinger, and Christopher Pierson. (eds.) The Oxford Handbook of The Welfare State. Oxford University Press. p. 342.

◇113 Morel, Natalie and Joakim Palme. 2013. Financing the welfare state and the politics of taxation. in Bent Greve (eds.). The Routledge Handbook of the Welfare State. Routledge Taylor and Francis Group: London and New York. p. 402.

◇114 Guess, George M. and Lance T. LeLoup. 2010. Comparative Public Budgeting: Global Perspectives on Taxing and Spending. SUNY Press.

◇115 Schick, Allen. 2006. "Twenty-five Years of Budgeting Reform", OECD Journal on Budgeting, Vol. 4/1. DOI: https://doi.org/10.1787/budget-v4-art4-en.

◇116 Guess, George M. and Lance T. LeLoup. 2010. Comparative Public Budgeting: Global Perspectives on Taxing and Spending. SUNY Press. pp. 36-42.

◇117 Hilton, Rita M. and Philip G. Joyce. 2012. Performance-Informed Budgeting: A Global Reform. in B. Guy Peters and Jon Pierre. (eds.) The SAGE Handbook of Public Administration. London: Sage Reference. p. 420.

◇118 Lienert, I. 2007. British influence on Commonwealth budget system: The case of the United Republic of Tanzania, International Monetary Fund Working Paper #07178. (April). p. 37.

◇119 Guess, George M. and Lance T. LeLoup. 2010. Comparative Public Budgeting: Global Perspectives on Taxing and Spending. SUNY Press. pp. 67-68.

◇120 Cronin, James E. 1991. The Politics of State Expansion: War, State and Society in Twentieth-Century Britain. Routledge: London and New York.

◇121 Guess, George M. and Lance T. LeLoup. 2010. Comparative Public Budgeting: Global Perspectives on Taxing and Spending. SUNY Press.

◇122 Moretti, Delphine and Dirk-Jan Kraan. 2018. Budgeting in France. OECD Journal on Budgeting, Vol. 18/2. DOI: https://doi.org/10.1787/budget-18-5j8jt0pt4c0q. pp. 19-20.

◇123 Premchand, A. 1983. Government budgeting and expenditure controls: Theory and Practice. Washington, DC: International Monetary Fund. p. 133.

◇124 나병균. 2018. 사회보장의 역사적 전개. 한국보건사회연구원(편). 주요국 사회보장제도 10: 프랑스의 사회보장제도. 나남. pp. 41-42.

◇125 Moretti, Delphine and Dirk-Jan Kraan. 2018. Budgeting in France. OECD Journal on Budgeting, Vol. 18/2. p. 19-20. DOI: https://doi.org/10.1787/budget-18-5j8jt0 pt4c0q. pp. 19-20.

◇126 OECD. 2015. Budget Review: Germany. OECD Journal on Budgeting, Vol. 14/2. DOI: https://doi.org/10.1787/budget-14-5jrw4sxb32q4.

◇127 Lübke, Astrid. 2006. Fiscal Discipline between Levels of Government in Germany. OECD Journal on Budgeting, Vol. 5/2. DOI: https://doi.org/10.1787/budget-v5-art9-en.

◇128 김정미·이강구. 2013. 해외 주요국의 재정준칙 운용방향과 정책시사점. 국회예산정책
처; 김상철. 2018. 정부재정과 사회보장재정. 한국보건사회연구원(편). 주요국의 사회보
장제도2: 독일의 사회보장제도. p. 198.

◇129 Downes, Ronnie, Delphine Moretti and Trevor Shaw. 2017. Budgeting in Sweden.
OECD Journal on Budgeting, Vol. 16/2. DOI: https://doi.org/10.1787/budget-16-
5jg1f8p0jh7b.

◇130 신정환. 2018. 경제여건과 소득분배구조. 한국보건사회연구원(편). 주요국 사회보장제
도5: 스웨덴의 사회보장제도. 나남. p. 73.

◇131 Blöndal, Jón R. 2001, "Budgeting in Sweden", OECD Journal on Budgeting, Vol.
1/1.DOI: https://doi.org/10.1787/budget-v1-art4-en; Downes, Ronnie, Delphine
Moretti and Trevor Shaw. 2017. Budgeting in Sweden. OECD Journal on
Budgeting, Vol. 16/2. DOI: https://doi.org/10.1787/budget-16-5jg1f8p0jh7b

◇132 보건복지부. 2018. 사회서비스 분야(보육, 장기요양)에 사회적 경제 활용방안. 부처맞
춤형 단기국외연수보고서.

◇133 Salamon, L. M. and W. Sokolowski. 2016. Beyond nonprofits: Reconceptualizing
the third sector. Voluntas. 27: 1515-1545.

◇134 Defourny, J., K. Grønbjerg, L. Meijs et al. 2016. "Voluntas Symposium: Comments
on Salamon and Sokolowski's Re-conceptualization of the Third Sector." Voluntas.
27: 1546-1561. DOI 10.1007/s11266-016-9743-y 1996년 벨기에에서 사회적 경제에
관한 연구네트워크(EMES: l'Emergence de l'Entreprise Sociale en Europe)가 창설할
당시에도 이러한 개념 정의를 따르고 있다. 즉, 자본보다 개인적 및 사회적 목표의 우
위, 자발적이고 개방적인 회원자격, 회원에 의한 민주적 통제, 회원의 이익과 공동 이
익의 결합, 연대성과 책임성, 자주적인 관리, 잉여 이익의 재투자 등으로 제시하고 있
다.

◇135 Defourny, J. and M. Nyssens. 2016. "Fundamentals for an International Typology
of Social Enterprise Models", ICSEM Working Papers, No. 33, Liege: The
International Comparative Social Enterprise Models (ICSEM) Project.

◇136 Nicholls, Alex, Rob Paton, and Jed Emerson. 2015. Social Finance. Oxford
University Press. pp. 3-5; 유현종. 2016. 사회적 금융의 국가 간 비교연구: 영국 및
프랑스 사회적 금융 생태계를 중심으로. 한국사회와 행정연구, 27(2): 31-63.

◇137 European Commission. 2016. Directorate-General for Employment, Social Affairs
and Inclusion: A Recipe Book for Social Finance-A Practical Guide on Designing
and Implementing Initiatives to Develop Social Finance Instruments and Markets.
p. 11.

◇138 World Economic Forum. 2006. Blended Value Investing: Capital Opportunities for Social and Environmental Impact.

◇139 Mulgan, Geoff, Neil Reeder, Mhairi Aylott and Luke Bo'sher. 2010. Social Impact Investment: the challenge and opportunity of Social Impact Bonds. the Young Foundation. p. 7.

◇140 이준구·조명환. 2016. 재정학(제5판). 문우사. p. 34; 국회 예산정책처. 2019b. 2019 대한민국 재정. pp. 29-31.

◇141 국회 예산정책처. 2019b. 2019 대한민국 재정. p. 30.

◇142 Morel, Natalie and Joakim Palme. 2013. Financing the welfare state and the politics of taxation. in Bent Greve (eds.). The Routledge Handbook of the Welfare State. Routledge Taylor and Francis Group: London and New York. p. 403.

◇143 조세는 OECD의 분류 기준에 따르면 과세기준에 따라 소득 및 자본수입에 대한 과세(1000), 사회보장기여금(2000), 급여 및 노동에 대한 과세(3000), 재산에 대한 과세(4000), 상품 및 서비스에 대한 과세(5000)의 소비과세, 그 이외의 기타과세(6000)로 구분하고 있다(OECD. 2011. Revenue Statistics.).

◇144 Dalsgaard, Thomas. 2000. The Tax System in Korea: More Fairness and Less Complexity Required. OECD Economics Department Working Papers No. 271.

◇145 국회 예산정책처. 2018. 한국 조세제도의 발전과정과 현황. p. 32-35.

◇146 상게서. pp. 48-50.

◇147 상게서. pp. 62-65.

◇148 사회보험은 공무원연금(1960년), 군인연금(1963년), 산재보험(1964년), 사학연금(1975년), 건강보험(1963년, 임의가입; 1977년, 강제가입), 국민연금(1988년), 고용보험(1995년), 노인장기요양보험(2008년) 등의 순으로 제도가 도입되었다.

◇149 국회 예산정책처. 2019a. 2019~2028년 8대 사회보험 재정전망. p. 11.

◇150 보수월액은 봉급과 기말수당액의 연지급액을 12월로 평균한 금액 및 대통령령으로 정하는 수당액을 합한 금액이고, 기준소득월액은 재직기간 동안의 보수총액에서 비과세소득을 제외한 금액의 연 지급액을 12개월로 평균한 금액이다.

◇151 공무원연금은 2020년 기준 본인 기여부담금 9%, 정부부담금 9%이지만 사학연금은 개인부담금 9%, 법인부담금, 5.294%, 국가부담금 3.706%이며, 사무직원은 개인부담금 9%, 법인부담금 9%이다.

◇152 지역가입자의 보험료는 보험료부과점수에 점수당 금액(2019년 기준, 189.7원)을 곱하여 산출하는데, 소득보험료는 과세소득이 연간 100만 원 이하인 경우 최저보험료인 13,100원(2019년)이고, 연간 100만 원 초과한 경우 소득등급표(97등급)에 따라 부과점

수를 산정하고, 재산보험료는 재산과표금액을 기준으로 1,200만 원 이하는 전액 공제
하고, 1,201~2,700만 원까지는 850만 원을 공제하며, 2,701~5,000만 원까지는 500만
원을 공제하고, 5,000만 원 초과는 전월세만 500만 원 공제하여 재산등급표(60등급)에
따라 산정한다.

◇153 Sjöberg, Ola, Joakim Palme, and Eero Carroll. 2010. Unemployment Insurance. in
Francis G. Castles, Stephan Leibfried, Jane Lewis, Herbert Obinger, and
Christopher Pierson. (eds.) The Oxford Handbook of The Welfare State. Oxford
University Press. pp. 421-423.

◇154 박동서. 1997. 한국행정론(제4전정판). 법문사. p. 438.

◇155 상게서. p. 449.

◇156 기획재정부, 2019년 국가재정운용계획.

◇157 Kim, John M. and Park, Nowook. 2008. Performance Budgeting in Korea. OECD
Journal on Budgeting, Vol. 7/4. DOI: https://doi.org/10.1787/budget-v7-art21-en

◇158 윤영진. 2004. 디지털 예산회계시스템 구축방안: 프로그램예산제도 도입을 중심으로.
한국행정학회 동계학술대회.

◇159 국회 예산정책처. 2019b. 대한민국 재정 2019. p. 76.

◇160 상게서. p. 86.

◇161 상게서. p. 91.

◇162 총수입＝수입총계(일반회계＋특별회계＋기금)-내부거래수입-보전수입

◇163 총지출＝지출총계(일반회계＋특별회계＋기금)-내부거래지출-보전지출

◇164 국회 예산정책처. 2019c. 대한민국 지방재정 2019. p. 19.

◇165 통합재정지출은 일반회계, 특별회계, 기금의 지출을 합한 금액에서 회계ㆍ기금간 내부
거래 및 보전지출을 뺀 금액이다.

◇166 통합재정사용액은 통합재정지출에서 이전재원(교부금, 국고보조금 등)을 반영한 금액
으로 국가 및 지방자치단체의 실제 재정사용액을 나타낸다.

◇167 국회 예산정책처. 2019b. 대한민국 재정 2019. p. 65.

◇168 Adema, Willem and Maxime Ladaique. 2005. Net Social expenditure, More
comprehensive measures of social support. OECD Social, Employment and
Migration Working Papers No. 29.

◇169 Adema, Willem, P. Fron, and M. Ladaique. 2011. Is the European Welfare State
Really More Expensive?: Indicators on Social Spending, 1980~2012. OECD Social,
Employment and Migration Working Papers, No. 124. p. 33.

◇170 조동근. 2015. 「OECD 대비 복지지출 적정성 논쟁의 인식오류(한국경제연구원 경쟁력

강화포럼 2015년 4월 발제자료)」.

◇171 양재진. 2018. 복지재정. 안병영외. 복지국가와 사회복지정책. 다산출판사. pp. 361- 364.

◇172 국고보조금 중에는 사회정책이 아닌 다른 정책 분야의 국고보조금이 포함되어 있을 수 있기 때문에 중복계산을 방지하기 위하여 2019년 보건복지부와 고용노동부의 국고 보조금을 차감하였다. 문화일보 2019.10.8. http://www.munhwa.com/news/view.html? no=2019100801070603020001

◇173 국회예산정책처. 2019a. 2019-2028년 8대 사회보험 재정전망. p. 11.

◇174 Reinhart, Carmen M. and Kenneth S. Rogoff. 2010. Growth in a Time of Debt. American Economic Review. 100 (2): 573-578. doi:10.1257/aer.100.2.573.

◇175 국회예산정책처. 2019b. 대한민국 재정 2019. pp. 108-113.

◇176 건강보험가입자 지원은 국민건강보험법 제108조에 따라 매년 예산의 범위 내에서 보 험료 예상수입의 14% 상당액을, 국민건강증진기금은 국민건강증진법 부칙에 따라 보 험료 예상수입의 6%상당액(단, 담배부담금 예상수입의 65%를 초과할 수 없다)을 지원 하는 사업이며, 2022년까지 한시적으로 지원하는 것으로 되어 있다.

◇177 재정수지의 개념과 현황에 대해서는 본서 제4장 사회정책의 현황과 도전 제2절 경제 적 맥락 부분을 참고하기 바람.

◇178 Guess, George M. and Lance T. LeLoup. 2010. Comparative Public Budgeting: Global Perspectives on Taxing and Spending. SUNY Press.

◇179 Moretti, Delphine and Dirk-Jan Kraan. 2018. Budgeting in France. OECD Journal on Budgeting, Vol. 18/2. DOI: https://doi.org/10.1787/budget-18-5j8jt0pt4c0q

◇180 박동서. 1997. 한국행정론(제4전정판). 법문사. p. 476.

◇181 상게서. p. 483.

◇182 상게서, p. 491.

◇183 국회 예산정책처. 2019b. 대한민국 재정 2019. pp. 170-180.

◇184 상게서. pp. 186-205.

◇185 강윤호·민기·전상경. 2015. 현대지방재정론(제4판). 박영사. p. 375.

◇186 국회 예산정책처. 2019c. 대한민국 지방재정 2019. pp. 103-104.

◇187 지방자치단체의 2019년 예산안 편성과 관련한 「지방자치단체 예산편성 운영기준」은 2019년 7월 1일에 시행 및 통보 되었다.

◇188 국회 예산정책처. 2019c. 대한민국 지방재정 2019. pp. 104-105.

◇189 실무행정에서는 임시로 알려준다는 의미로 가내시(假內示)라는 용어를 사용하고 있으 나 일본식 용어의 잔재이므로 본서에서는 '잠정 통보'라는 용어를 사용한다.

◇190 강윤호・민기・전상경. 2015. 현대지방재정론(제4판). 박영사. pp. 380-384.
◇191 국회 예산정책처. 2019c. 대한민국 지방재정 2019. pp. 116-121.

생각해 볼 문제

(1) 사회정책의 발전에 기반이 된 경제이론은 무엇이며, 그 이론이 제대로 작동하기 위한 전제조건은 무엇인가? 케인즈주의 경제이론이 비판을 받게 된 원인은 무엇이며, 대안으로서 어떤 이론과 정책들이 제안되었는가? 대안으로서의 경제이론이 사회정책에 가져온 변화는 무엇이며, 실질적인 변화가 있었는가?

(2) 복지국가의 수입측면에서 조세제도는 어떻게 발전하였는가? 수입을 일반 조세에 의존하고 있는 국가와 사회보험 기여금에 의존하고 있는 국가는 어떤 차이점이 있는가? 보편적 복지국가를 위하여 누진적 소득세로는 부족하고 낮은 세율, 넓은 세원의 조세제도가 필요하다는 주장에 대하여 복지국가의 재정 이론의 관점에서 설명하시오. 복지국가의 영원한 궁핍(permanent austerity)의 시기에 서구 복지국가의 조세제도 개혁의 특징은 무엇인가?

(3) 복지국가의 예산지출은 어떻게 변화해 왔는가? 예산지출의 성과를 강조하는 경향은 왜 등장하였으며, 각국의 사회정책에서는 어떤 형태로 나타났는가? 산출(output) 중심의 성과주의 예산과 결과(outcome) 중심의 성과주의 예산은 어떻게 다른가?

(4) 한국의 사회정책 재정의 특징은 무엇이며, 향후 인구구조 및 경제 환경의 변화에 따라 지속가능한 복지국가를 위하여 어떤 제도개혁이 필요한가?

읽을거리

복지국가의 경제이론에 관해서는 「Nicholas Bar. 1992. Economic Theory and the Welfare State: A Survey and Interpretation. Journal of Economic Literature, 30(2): 741-803.」, 「Nathalie Morel and Joakim Palme. 2013. Financing the welfare state and the politics of taxation. in Bent Greve. (ed.) The Routledge Handbook of the Welfare State. Routledge: Taylor and Francis Group, London and New York.」을, 조세제도의 변화에 대해서는 「Sven Steinmo 1993. Taxation and Democracy: Swedish, British, and American Approaches to Financing the Modern State. New Haven and London: Yale University Press.」를, 예산제도의 변화에 대해서는 「Allen Schick. 1966. The Road to PPB: The Stages of Budget Reform. Public Administration Review, 26(4): 243-258.」, 「George M. Guess and Lance T. LeLoup. 2010. Comparative Public Budgeting: Global Perspectives on Taxing and Spending. SUNY Press.」를 참고하기 바라고, 재무행정에 관한 국내 이론서로는 「강신택. 2006. 재무행정론(전정판). 박영사」, 「하연섭. 2018. 정부예산과 재무행정(제3판). 다산출판사」 등이 있고, 국내의 재정제도에 대한 전반적인 소개로는 「국회예산정책처. 2019. 대한민국 재정 2019.」, 「국회예산정책처. 2019. 대한민국 지방재정 2019.」 등이 있다.

제8장

분야별 사회정책

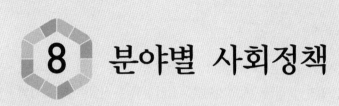

8 분야별 사회정책

제1절 | 복지국가의 사회정책

사회정책은 사회 문제를 해결하기 위하여 정치행정체계의 정책결정, 조직화 및 재원배분을 통하여 산출한 결과이다. 사회정책의 종류에 대해서는 다양한 기준들이 존재하는데 제공주체에 따라 공적 급여와 사적 급여, 공적 및 사적 급여의 혼합으로 나눌 수 있고, 다른 한편으로는 제공되는 급여의 성질에 따라 현금(in cash)과 현물(in kind) 급여로 나눌 수 있으며, 수혜자격 및 재원조달 방식을 기준으로 사회부조(social assistance), 사회보험(social insurance), 보편적 이전 및 서비스(universal transfers and services)로 나눌 수 있다(Béland, 2010: 19-20).[01] 정책 영역을 기준으로 하면 OECD의 사회적 지출(Social Expenditure) 통계에서는 노인연금(old age), 유족(survivors), 장애관련 급여(incapacity-related benefits), 보건(health), 가족(family), 적극적 노동시장(active labor market participation), 실업(unemployment), 주거(housing), 사회적 부조(social assistance)를 포함한 기타 영역의 9가지로 구분하고 있다(Adema and Fron, 2019: 8-16).[02] 노인영역은 연금, 조기퇴직 연금, 재가서비스를, 유족은 연금과 장례서비스를, 장애관련 급여는 돌봄 서비스, 장애급여, 직업적 사고나 장애로 인한 법적 급여, 질병비용 지원을, 보건정책은 입원 전후의 돌봄 비용, 의약품과 기구, 예방을, 가족정책은 아동수당과 세제혜택, 아동 돌봄 지원, 육아휴직 중 소득지원, 편부모에 대한 비용지원을, 직극적 노동시장 정책은 고용서비스, 직업훈련, 고용 장려 인센티브, 장애인의 노동 재통합, 일자리 창출, 창업지원을, 실업정책은 실업수당, 조기퇴직수당을, 주거정책은 주거수당과 임차금 지원을, 기타 사회정책 영역으로는 저소득 가정에 대한 현금급여와 사회서비스, 영양지원 등을 각각 포함한다. 여기서 사회적 지출은 반드시 공공지출만 포함하는 것은 아니며, 급여가 하나 이상의 사회적 목적을 충족하고, 개인 간의 재분배 또는 강제적 참여라는 요소를 지니고 있을 때 사회적 목적을 지니는 지출로 분류된다.[3] 보통은 공공사회지출과 의무적 민간지출까지 사회지출로 포함하고 있다.

그러나 사회문제를 해결하기 위한 국가별 대응으로 사회정책이 모두 일치하는 것은 아니며, 해당 국가의 제도적 특징이나 역사적 배경에 따라 사회정책의 구현방식은 달라질 수 있다. 경험적 연구에 의하면 사회민주주의의 정치이념을 지니고 있는 국가가 자유주의 또는 보수주의 국가에 비하여 공공사회지출을 더 많이 지출하고, 시장과 시민사회가 발달된 국가에서는 공공지출 보다는 민간 사회지출에 세제혜택을 주는 방식으로 복지정책을 수행한다. 아래 [그림 8-1]에서 보는 바와 같이 미국의 경우 공공사회지출은 낮지만 민간사회지출에 세제혜택을 부여하는 것을 포함한 순사회지출은 오히려 스웨덴보다 높은 수준이다. 이처럼 민간에 의한 복지제공과 정부의 세제혜택을 부여하는 방식을 숨겨진 복지국가(hidden welfare state)라고 한다.

그러나 공공에 의한 사회지출은 소득의 재분배측면에서 보다 유리하고, 불평등의 감소에 기여할 수 있다(Castles and Obinger, 2007).[4] 2018년 기준으로 OECD 국가의 공공사회지출 중에서 많은 비중을 차지하는 것은 연금과 보건이며, 스웨덴 등의 북유럽 국가에서는 여성의 노동시장 참여를 통하여 사회서비스에 대한 비중이 큰 편이다. 복지지출의 세부항목을 보면 OECD 국가는 평균적으로 연금과 보건서비스에 2/3이상을 지출하는 것으로 분석되었고, 그 중에도 연금이 가장 많은 비중을 차지하였다.

그림 **8-1** OECD 국가의 공공사회지출 구조

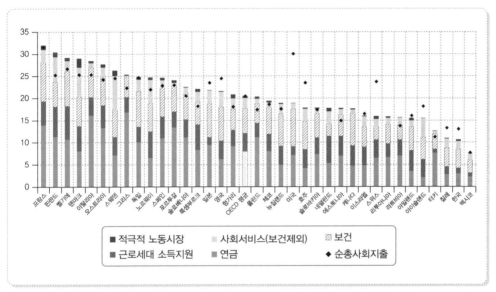

출처: OECD (2019), Social Expenditure (SOCX) via www.oecd.org/social/expenditure.htm.

    2018년 기준으로 36개 OECD 국가 중 공공사회지출이 평균적으로 GDP의 20%를 넘어섰고, 프랑스의 경우는 공공사회지출이 GDP의 30%를 초과하고 있으며, 오스트리아, 벨기에, 덴마크, 핀란드, 독일, 이탈리아, 스웨덴은 GDP의 1/4이상을 지출하고 있다. 반면에 칠레, 한국, 터키 등 비유럽 국가들은 공공사회지출이 낮은 편이며, 한국은 GDP 대비 11.1%로서 OECD 회원국 중 멕시코, 칠레 다음으로 공공사회지출이 낮은 국가에 해당한다(OECD, 2019: 106- 107).[5] 또한 한국은 제도적 복지국가로 전환되는데 시간은 걸리지만 공공사회지출이 1990년에 비하여 3배 이상 증가하였고, 민간 복지지출과 조세감면을 포함한 순총사회지출에서는 멕시코, 터키보다도 높은 수준이다. 1990년에 비하여 대부분의 국가가 공공사회지출이 증가하였으나 네덜란드, 스웨덴, 아일랜드는 공공사회지출의 축소에 성공한 국가이며, 캐나다, 슬로베니아, 슬로바키아, 이스라엘,

칠레 등의 국가는 공공사회지출의 증가를 최대한 억제하는데 성공하였다.

그림 8-2 GDP 대비 공공사회지출의 비중(1990, 2018)

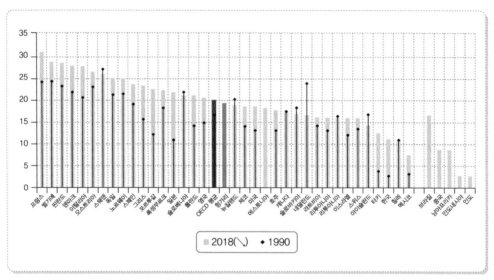

출처: OECD (2019) OECD Social Expenditure database, (www.oecd.org/social/expenditure.htm), OECD (2019), Society at a Glance: Asia/Pacific 2019, OECD Publishing, Paris.

사회정책에서 현금과 현물급여의 비중의 문제로서 유럽에서는 대부분의 국가에서 현금급여의 비중이 현물급여의 비중보다 크다. 2008년 기준으로 유럽 회원국가에서 현금급여가 사회지출의 65%를 차지하고 현물급여는 35% 정도를 유지하고 있었다(Eurostat, 2010).◇6 현금 급여는 복지수혜자의 선택권을 보장함으로써 효용을 극대화할 수 있는 장점은 있으나 정책목표와 다른 목적으로 사용되거나 사회적으로 바람직하지 못한 재화를 선택할 수도 있다. 한편, 현물급여는 국가가 복지수혜자를 보다 건전한 방향으로 보건, 교육, 영양 서비스를 제공하는 것으로서 복지수혜자의 복지의존도를 낮추는 효과도 있다(Matsaganis, 2013: 87-89).◇7 현물급여도 빈곤과 소득불평등을 줄이는 효과가 있으나 현금급여만큼 효과적이지는 않다. 현금 급여는 보건과 교육 이외의 사회서비스에 초점을 두는 북유럽 국가들에게서 소득재분배의 효과가 강하게 나타나고 있다 (Esping-Andersen and Myles, 2009).◇8

복지국가들의 사회정책은 해결해야 할 사회문제에 대하여 각각의 사회정책들이 독립적으로 집행되기보다는 상호보완적인 형태로 혼합되어 제공되고 있다. 복지수혜자가 복지혜택에 안주하는 것이 아니라 적극적 노동시장정책과 함께 구직활동 기간 동안 기초적인 복지서비스를 결합함으로써 실업에서 탈출할 수 있도록 하고 있다. 영국의 고용복지센터나 독일의 일자리센터들은 이러한 개념적 바탕 위에 설립되었고, 실업수당 삭감과 근로인센티브 제공 등의 노력을 하고 있다. 둘째, 시민권으로서 사회권이 보편화됨에 따라 생애주기별 접근이 강조되고 있다. 국민 개인들 중 누구도 소외되지 않고 생애주기에 발생할 수 있는 위험을 사회가 보호해 주는 예방적 기능을 지향하고 있다. 셋째, 인구감소의 위기에 대응하여 가족정책의 기능이 강화되고 있다. 기존의 아동수당 이외에 육아휴직이나 보육기능의 확대가 이루어지고 있고, 남성 생계자 부양자 모델에서 공동 부양자 및 일가정 양립 모델로 전환되고 있다.

제 2 절   가족정책

가족정책(family policy)이란 명확하게 개념적으로 정의할 수 있는 것은 아니지만 국가가 가족 구성원 간의 바람직한 관계를 위하여 가정 내에 개입하는 것이며(Saraceno, 2013: 381),◇9 명시적 및 묵시적 가족정책으로 나눌 수 있다. 명시적 가족정책(explicit family policy)은 가족 내 개인 또는 전체 가족에 관하여 특정한 목적을 달성하기 위하여 고안된 정책이고, 묵시적 가족정책(implicit family policy)은 고용, 주거, 보건 등 다른 정책에서 취해진 조치가 아동과 가족에 중요한 영향을 미치는 것을 말한다(Kameman and Kahn, 1978).◇10 가족정책의 예로는 결혼과 이혼에 관한 법, 성적인 행동, 임신과 낙태, 친권과 의무, 아동보호 등의 가족 행태에 관한 법적인 규제, 조세적인 수당, 가족 및 이동 급여, 육아휴직, 아동보호의 강제 등 가족 소득을 지원하는 정책, 가족에 대한 서비스를 제공하는 정책 등을 포함한다(Haux, 2016: 413).[11] 국가별로 프랑스와 벨기에는 명시적 가족정책을 추진하는 국가이며, 영미 국가는 묵시적 가족정책을 추진하는 국가로 분류되며, 중간의 영역에서 있는 국가도 있다.

가족정책의 모델은 가족을 보는 관점에 따라 남성 부양자 모델(Male Breadwinner Model)과 성인근로자(Adult Worker) 및 일-가정 균형(Work-Family Balance)모델로 나누어 볼 수 있다. 첫째, 남성 부양자 모델은 국가가 원칙적으로 가정의 일에 간섭해서는 안 된다는 보수주의에 기반하고 있고, 남성 가장을 통하여 가정의 안정과 공동체의 지속을 유지하는 모델이다. 즉, 남성 가장이 외부에서 소득활동을 하고 여성은 가정에서 돌봄의 책임을 담당하고, 남성의 직장과 연계하여 아동수당이나 건강보험 등 복지혜택을 부여하는 방식을 채택한다. 독일과 프랑스 등 사회보험제도에 입각한 국가는 남성부양자 모델에 기초하고 있다. 가족정책은 서구에서도 탈산업화와 인구구조의 변화 등으로 비교적 최근에 도입되었지만 프랑스는 1920~30년대 이미 가족정책을 시행하였다. 제1차 세계대전 이후 프랑스는 인구감소의 위기에 직면하였고, 전쟁 기간 동안 철강산업을 중심으로 고용주가 주도하여 자발적으로 가족수당(family allowances)을 도입하였는데, 이는 노동계급이 전투적으로 저항하는 것을 방지하기 위한 것이었다. 여기에는 단순히 아이들을 위한 도움을 주는 것이 아니라 보건과 장애에 대한 보상을 포함하는 것이었으며, 가족복지의 산업적 모델(industrial model of family welfare)이라고 할 수 있다. 이후 기독교민주주의자와 출산장려주의자들의 지원 하에 국가가 기업의 가족수당 금고에 개입하게 되었고 1932년 가족수당법을 제정하여 전국적으로 관리하게 된 것이다(Dutton, 2002).[12]

둘째, 성인 근로자 및 일-가정 양립 모델에서는 모든 성인이 유급 고용에 참여할 책임이 있고 그러한 노동은 돌봄의 의무와 병행되어야 한다는 것이다. 이 모델은 일과 가정의 돌봄을 어떻게 양립해야 하는지에 대하여 정책적 이슈를 제기하고 있는데 대표적으로 보육서비스, 유연 근무, 부모 휴직 등을 제시하고 있다(Lewis, 2009).◇13 제조업의 쇠퇴와 서비스 경제로 전환됨에 따라 더 이상 남성 가장이 소득을 벌어 오는 전통적인 가정을 유지하는 것이 어려워졌고, 다른 한편 여성의 사회참여가 확대되고 있어 돌봄 제공자로서 여성과 가족의 역할에 변화가 발생하고 있다(Hudson and Lowe, 2004).◇14 이러한 성인 근로자 및 일 가정 양립 모델은 스웨덴을 중심으로 하여 확산되기 시작하였다.

한편, 가족정책의 수단으로는 물질적 급여 및 세금감면, 서비스 제공, 일가정 양립, 가족 및 성 평등 교육 등 인식개선 정책으로 나눌 수 있다. 첫째, 급여 및 조세정책으로는 출산과 관련하여 필요한 비용을 국가가 지원하는 출산지원금, 아동(가족)수당, 다자녀 가족에 대한 세금감면을 들 수 있고, 둘째, 가족을 위한 서비스정책으로는 난임 부부에 대한 건강서비스, 산모 및 신생아에 대한 돌봄 서비스, 보육서비스, 주거지원, 일자리 알선 등을 들 수 있으며, 셋째, 인식개선 정책으로는 일 가정 양립을 위한 조직문화 변화, 육아휴직 장려, 가정 내의 양성 평등 확대, 가족의 가치에 대한 교육 등을 들 수 있다. OECD는 가족 정책의 요소로 가족수당, 부모육아휴직, 기타 현금 급여, 유아보육과 조기교육, 가정 지원 및 수용, 기타 현물 급여를 제시하고 있다(Adema and Fron, 2019).◇15

이 중에서 가족 정책의 핵심적인 정책으로는 일과 돌봄의 조화, 세금 및 급여정책을 들 수 있다(Bradshaw and Finch, 2010: 467-471).◇16 앞서 살펴본 바와 같이 탈산업화와 여성의 사회참여로 인하여 주된 돌봄 제공자로서 여성의 역할이 변화하고 있으며, 여성이 사회에서 임금노동자로서 활동할 수 있도록 국가나 시장이 보육이나 노인요양 등에서 서비스를 제공하는 역할을 수행할 수 있어야 한다(Esping-Andersen, 1999).◇17 보육이나 유치원 등에 공적 투자가 활발한 국가들은 주로 여성의 사회참여 비율이 높은 스웨덴, 덴마크, 핀란드 등의 북유럽 국가들이다. 주목할 점은 핀란드에서는 3세 이하의 아동에 대해서는 보육수당을 지급하고, 가정양육을 선택할 수도 있게 하고 있다. 또한 여성 노동자들이 일과 가정을 조화롭게 양립할 수 있도록 휴직기간을 거치더라도 원래 일자리로의 복귀를 보장하고 있다. 그러한 보호가 없이는 한번 직장을 그만 둔 경우 영구적으로 노동시장으로부터 경력 단질이 일어닐 수 있기 때문이다. 가정 내의 돌봄과 직장 생활의 양립을 위하여 어머니뿐만 아니라 아버지까지 육아휴직을 가능하게 함으로써 맞벌이 부부들이 아이들을 양육하면서 직장에서의 경력을 발전시켜 나갈 수 있다. 다른 한편 가족에 대한 조세 및 급여정책으로는 소득세 감면, 아동수당 등의 현금급여, 주거급여, 보건, 교육 및 보육비의 감면, 편부모 가정의 아동지원, 급식지원 등을 들 수 있다.

한국 사회는 유래 없는 저출산 현상이 지속됨으로 인하여 장기적 경제성장뿐만 아니라 공동체의 소멸이라는 위기에 직면하고 있다. 그동안 정부는 제1~3차에 걸친 저출산 및 고령사회 계획을 수립하고, 수십조에 이르는 예산을 지출했지만 저출산 문제는 해결되지 않고 2018년 합계출산율이 1.0이하로 추락하는 등 악화일로를 걷고 있다. 1970년대 출산율이 4명대였으나 1990년대 이후 인구대체율인 2.1 이하로 떨어졌고, 2016년에는 출산율이 1.0 수준으로 접근하여 지속되고 있다. 다른 국가도 출산율이 감소하고 있지만 인구대체율 밑으로 떨어

그림 8-3 OECD 국가의 출산율의 변화

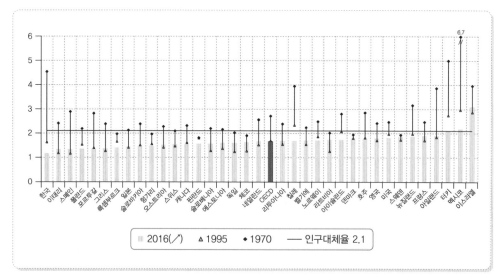

Source: OECD(2018),"SF2.1 Fertility rates",OECD Family Database,http://oe.cd/fdb.

지지 않거나(터키, 멕시코, 칠레), 인구대체율과 비슷한 수준에서 유지되고 있다
(영국, 미국, 스웨덴, 프랑스, 독일). 향후 저출산 대책을 전면적으로 검토하고 실질
적으로 출산율로 높이는 방향으로 가족정책(family policy)을 합리적으로 재설계
하는 것이 필요하다.

우선 가족정책에 대하여 정부가 얼마나 지출하고 있는지 확인이 필요하다.
OECD 국가 중에 가족정책 분야에 가장 많은 지출을 하는 국가는 스웨덴, 덴마
크, 영국으로서 2015년 기준으로 GDP의 약 3.5%를 지출하고, 가장 적게 지출
하는 국가는 터키로서 GDP의 0.4%를 지출하고 있다. 한국은 GDP의 1.2%를
지출하고 있으며, 낮은 출산율에 비하여 상대적으로 낮은 수준에 있다. [그림
8-4]에서 보는 바와 같이 가족에 대한 공공지출 수준과 아동빈곤율은 일반적으

그림 8-4 가족정책에 관한 공공지출과 아동빈곤율의 관계

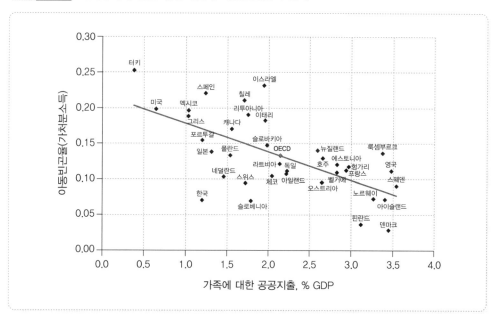

출처: OECD Social Expenditure Database (SOCX) and OECD Income Distribution, Database
     (http://oe.cd/idd).
* 2015년 가족에 대한 공공사회지출 자료임.

로 역의 관계에 있고, 가족에 대한 공공지출이 높을수록 아동빈곤율도 낮아진다. 그러나 한국의 경우는 가족에 대한 공공지출도 낮음에도 불구하고 아동빈곤율이 낮다. 이는 일종의 예외사례로 볼 수 있으나 이면을 들여다보면 슬픈 현실을 담고 있다. 즉, 공공지출이 낮지만 아동빈곤율이 낮다는 것은 전반적으로 출산율이 낮아서 아이들의 빈곤수준이 낮게 나타나고, 특히 소득수준이 낮은 사람들은 결혼과 출산을 포기하기 때문에 아동빈곤율이 높지 않을 수 있다.

정부는 출산율이 인구대체 수준인 2.03명으로 하락한 지 22년이 지나서 2005년에 저출산·고령사회기본법을 제정하였고, 2006년부터 제1차 저출산 고령사회 기본계획을 수립한 이후 5년마다 계획을 수립하여 2015년 제3차 저출산 고령사회 기본계획을 수립하였다. 그러나 이러한 노력에도 불구하고 출산율은 그다지 상승하지 못하고 있다. 정책 목표에도 불구하고 추진과제들이 기존의 정부의 복지정책을 그대로 모아 놓은 경우가 많고(이삼식 외, 2011),◇18 저소득층과 중산층을 포괄하는 보편주의적 접근이 부족하며, 저출산 현상은 사회적 불평등을 반영하므로 파격적인 정책이 필요하다는 비판이 제기되었다(윤홍식, 2010).◇19 특히 제3차 저출산 고령사회 계획에서 청년 일자리·주거대책 강화, 난임 등 출생에 대한 사회책임 실현, 맞춤형 돌봄 확대·교육개혁, 일·가정양립을 제시하고 실행기반으로 전사회적 대응체계 강화, 인식 및 문화개선, 인프라 개선을 제시하고 있으며, 고령사회 대책과 함께 총 160개의 세부 추진과제를 제안하였다. 그러나 OECD의 통계에 의한 한국의 가족정책에 대한 GDP 대비 공공지출 수준 1.2%는 저출산 문제를 극복한 영국(2016년 출산율 1.79), 스웨덴(2016년 출산율: 1.85)에 비하여 매우 낮은 수준이고, 2016년 한국의 출산율은 1.17이었다.

향후 저출산 문제를 극복하기 위하여 가족정책의 방향을 간략하게 제시하자면 첫째, 가족 모델이 남성 부양자 모델에 의하는지 아니면 성인근로자 및 일가정 양립 모델에 의하는지에 따라 가족정책의 구체적인 내용이 결정될 필요가 있다. 안정적 직장을 가진 가장이 있는 가정일 경우는 남성 부양자 모델에 따라 아동수당과 연금혜택 등의 금전적 지원에 초점을 두면서 일가정 양립모델을 보충적으로 활용하는 것이 바람직하고, 맞벌이 부부 등에게는 성인근로자 및 일가정 양립모델에 따라 육아휴직, 보육과 조기교육 등에 초점을 두는 정책이 필요하다. 둘째, 저출산고령사회기본법을 개정하여 출산정책과 고령사회정책을 분리하고 저출산 계획도 '출산 및 가정지원계획'으로 변경하며, 정부주도의 계획으로 모든 분야를 포함하기 보다는 출산과 가정보호 문제에 집중하면서 민간주도의 계획으로 변경하고, 출산율 제고라는 성과목표에 대한 사후 평가의 방식으로 현장의 집행 관료에게 재량을 부여할 필요가 있다. 셋째, 저출산 정책의 명목으로 지출되는 모든 정책사업의 재원을 재검토하여 OECD의 가족정책의 공공지출에 해당하는 분야의 재원으로 투입하여 가족정책에 대한 공공지출 수준을 GDP의 3% 이상이 되도록 한다. 넷째, 부처별로 흩어져 있는 인구정책과 가족기능을 통합하여 유기적으로 집행될 수 있도록 하고, 대통령이 직접 출산과 가족지원에 관한 국정회의를 주기적으로 주재하여 민간의 애로사항을 청취하고 이를 해결할 수 있도록 행정부에 직접 지시를 내려야 한다. 저출산과 관련된 담당 부처를 별도로 신설하는 것도 하나의 방법이지만 이 역시 다른 부처 간의 조정과 협업이 문제될 수 있으므로 국민의 참여 하에 대통령비서실과 저출산고령사회위원회, 인구정책과 가족정책의 통합적 조직을 통하여 실효적인 정책을 수립하고, 일선에 재량을 부여하며, 성과에 대한 사후 평가를 강화하는 것이 바람직하다.

제3절   고용 및 실업정책

고용은 개인에게 생활의 수단으로서 소득을 얻게 할 뿐만 아니라 사회적 관계를 형성하게 하고 자아실현을 가능하게 한다. 또한 사회적 차원에서는 부가가치를 창출함으로써 경제성장을 가능하게 하는 원동력이며, 사회의 활력과 안정성을 보장하는 정책 수단이 된다. 그러나 자본주의 경제는 경기변동을 반복하며, 불황이 오거나 국제시장에서 특정 산업의 경쟁력이 약화되는 경우 구조조정을 하지 않을 수 없고 이 경우 대량 실업의 문제가 발생하게 된다. 실업은 개인

뿐만 아니라 사회적으로 심각한 문제를 발생시키게 되므로 실업자의 생계를 유지시키고, 재취업을 위한 지원으로서 실업정책이 필요하게 된다. 실업정책의 대표적인 경우로서 실업보험 제도를 들 수 있는데 서구의 초기 실업보험은 평생직장을 전제로 노동자가 상해, 실업, 은퇴의 과정에서 소득과 치료 등 생활의 안정을 도모하는 소극적인 지원에 머물렀다. 국가가 민간 기업에 보조금을 지원하는 형태로서 실업 보험이 벨기에의 겐트(Ghent) 지방에서 실시된 이래 1905년 프랑스에서 전국적 규모로 확대 실시되었다(Sjöberg, Palme and Carroll, 2010: 421-422).◇20 한편, 실업상태에서 단순히 수동적으로 생계유지를 위한 지원을 하는 것에 그치는 것이 아니라 장기적으로 근로능력과 의욕의 감퇴로 이어지지 않도록 교육훈련과 정보제공을 통하여 노동시장에 재진입하도록 하는 적극적 노동시장 정책(Active Labor Market Policy)도 있다(Nordlund, 2013: 118).◇21 적극적 노동시장 정책은 스칸디나비아에서 연대 임금과 수요 억제를 통하여 완전고용과 물가를 동시에 잡으려는 렌-마이트너(Rehn-Meidner) 모델에 기초하고 있으며, 1990년대 유럽과 미국 등으로 확산되었다. 이는 경제구조의 전환에 따른 구조적 실업이 발생한 경우 새로운 산업에 필요한 노동 수요를 기존의 실업자들의 재교육을 통하여 충족시키고자 하는 것이었다.

20세기 초 민간의 자발적인 실업기금에 대하여 국가가 지원하는 것으로부터 실업보험을 도입한 유럽대륙의 국가들은 점차 국가가 관리하는 조합주의로 발전하게 되었고, 자신들의 기여한 것에 비례하여 실업급여를 받도록 하였다. 한편 호주와 뉴질랜드와 같이 자산조사를 통하여 필요한 사람에게 최소한 수준으로 실업급여를 제공하는 특화된 프로그램(targeted programmes)을 도입한 국가도 있다. 초기에 실업급여의 수준은 대부분의 국가에서 이전 소득에 대하여 30% 이하로 낮은 수준이었고, 생계유지에 필요한 최소한으로 지급되었다. 그러나 1960~70년대 복지국가의 황금기를 거치면서 실업급여가 확대되기 시작하였고, 1975~2005년 기간 동안 유럽의 주요 국가들의 실업보험의 순소득대체율은 영국, 호주, 뉴질랜드, 이태리 등을 제외하면 60%이상이었다. 그러나 1970년대 후반 재정위기가 오게 되자 복지개혁을 시도하기 시작하였고, 실업급여가 근로의

욕을 감퇴시킨다는 비판이 제기되면서 영미 국가들을 중심으로 이를 삭감하거나 근로장려세제를 통한 인센티브를 부여하는 방식으로 대체하려는 시도가 나타났다. 한편 조합주의 방식을 채택하고 있는 독일의 경우에도 1950년대 이후 실업급여의 소득대체율이 상승하였으나 1990년대 장기적인 경기불황과 실업의 문제에 직면하게 되자 2005년 하르츠 개혁(Hartz IV)을 통하여 26주 동안 실업급여의 조건은 이전처럼 유지하되 26주가 지난 이후에는 이전 소득의 대체율이 아닌 자산조사를 통한 사회적 부조 형태의 정률 지급방식을 적용하도록 개편하였다(Sjöberg, Palme and Carroll, 2010: 427).◇22

결국 실업보험 급여와 노동공급 간에 어떤 관계가 있는지가 쟁점이 되었으며, 실업급여의 관대성과 지급기간이 길수록 실업과 노동공급에 나쁜 영향을 미친다는 주장이 제기되었다. 직업 탐색 모델에서는 높은 수준의 실업급여가 실업자들이 일자리를 보다 선별하게 하여 실업기간이 길어진다고 주장하였고(Mortensen, 1977),◇23 실업기간의 지속효과(duration effect)로서 노동능력, 기술, 의욕이 감퇴되는 효과를 제기하기도 하였다(Blanchard, 1991).◇24 그러나 실업급여와 실업의 관계에 대하여 다양한 형태의 실업이 존재할 수 있고, 장기적인 실업뿐만 아니라 마찰적 실업이나 보다 더 좋은 직장을 구하기 위하여 실업기간이 길어지는 경우도 있으므로 실업급여의 관대성이라는 총합적 자료로 다양한 노동시장의 행태에 미치는 영향을 분석하는 데는 한계가 있다는 주장도 있다(Atkinson and Micklewright, 1991).◇25 또한 실업급여는 노동자의 실업으로 인하여 경제전체적으로 가처분소득이 줄어 소비가 줄어드는 것을 방지하는데 실업급여의 대폭 삭감은 이러한 자동안정화 장치의 기능이 약화될 수 있고, 실업 급여의 관대성도 인적 자본의 관점에서 보면 자신에게 더 적합한 직업을 찾는데 도움을 줄 수 있다고 본다(Sjöberg, Palme and Carroll, 2010: 432).◇26 이처럼 실업급여는 복지국가를 바라보는 시각에 따라 의견의 대립이 심한 분야이며, 신자유주의적 개혁에 의하여 가장 먼저 삭감의 대상이 되었다.

한편, 탈산업화와 노동의 유연성이 강화되고, 평생 교육을 통하여 인적자본을 형성하는 역량형성 국가(enabling state)의 관점에서는 일자리가 사회정책의 핵심으로 등장하였으며, 장기적인 실업에 빠지지 않고 노동시장에 재통합시키기 위한 적극적 노동시장 정책(labor market activation policy)이 강조되고 있다. 적극적 노동시장 정책이 등장하게 된 이유로는 첫째, 높은 고용율을 통하여 소득세율을 인상하지 않고도 더 많은 소득세를 확보할 수 있고, 사회적 부조, 실업수당 등의 복지지출을 줄일 수 있으며, 둘째, 복지급여의 수혜 정도에 대한 사회적 공정성에 대한 사회적 인식을 제고할 필요가 있으며, 셋째, 실업급여를 수급하는 대신에 노동시장에 참여하게 함으로써 빈곤율을 줄이고 사회통합을 달성할 수 있고, 넷째, 여성의 노동시장 참여를 통하여 경력단절을 막고 독립성을 이룰 수 있다는 것이다(Kenworthy, 2010: 436-437).[27]

   적극적 노동시장 정책의 종류로는 첫째, 고용주와 피용자 간에 정보를 교환함으로써 일자리의 매칭을 높이는 공공 고용 서비스와 행정(public employment services and administration), 둘째, 새로운 일자리에 필요한 기술과 지식을 습득

그림 8-5 OECD 국가의 적극적 노동시장 정책

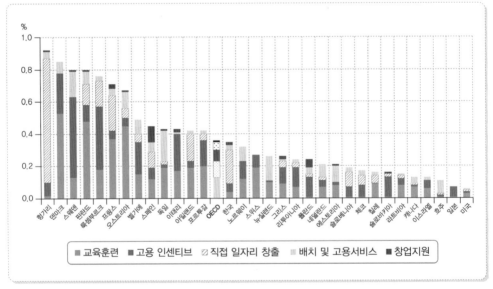

출처: OECD, Labour Market Programmes Database, October 2018.

하기 위한 교육훈련 활동(training activities), 셋째, 고용보조금 지급, 공공영역의 직접 고용, 창업 지원 등의 일자리 인센티브를 제공하는 방식, 넷째, 청년이나 장애인을 위하여 고용과 재활을 지원하는 방식 등이 있다. 2016년 OECD 회원국의 적극적 노동시장 정책에 대한 GDP 대비 지출을 살펴보면 스웨덴, 프랑스 등이 적극적 노동시장 정책에 많은 지출을 하고 있지만 일본과 미국 등은 거의 활용하고 있지 않다. 스웨덴의 경우 교육훈련과 고용 인센티브에 많이 지출하고 있는 것에 비하여 한국은 정부의 직접적 일자리 창출에 지출이 많다. 정부 일자리는 주로 단기간의 저임금 위주로 되어 있기 때문에 고용의 지속성을 유지하기 어려운 한계가 있다.

고용의 안정성만을 강조하다 보면 산업구조의 변화에 적응하기 어렵고 유연성만을 강조하다 보면 노동자의 직업 안정성이 위태롭게 된다. 1980년대 이후 유럽에서 복지국가의 개혁이 진행되면서 노동의 유연성과 안정성을 조화시킨 개념으로서 유연안정성(Fluxicurity)이 제시되고 있다. 유연안정성은 노동시장, 직업조직, 고용 관계의 유연성(flexibility)과 노동시장 밖의 취약집단에 대한 고용 및 사회보장 등의 안정성(security)을 동시에 증가시키는 정책을 말한다(Wilthagen and Tros, 2004).◇28 국가별로 유연안정성의 사례를 보면 네덜란드는 기업과 노동 영역의 사회적 파트너 간의 협약에 의하여 '유연성 및 안정성법(1999)'을 제정하였으며, 정규직 노동자의 해고절차가 마련되고, 임시직 노동조직의 허가절차가 폐지되었으며, 질병급여와 안정적 고용계약 체결 등 임시직 노동자의 법적 지위를 강화하였다(Tros and Wilthagen, 2013: 128-129).◇29 또한 스웨덴은 고용주와 노동조합이 고용안정협약과 고용전환협약을 체결하는데 중요한 역할을 담당하며, 강제적인 해고 대신에 자발적인 직업 이동을 장려하는 급여지원과 교육 등이 활성화되어 있다. 스웨덴은 산업구조의 변화과정에서 여유 노동력에 대하여 즉각적인 해고 대신에 보다 장기적인 해고절차와 직업 탐색의 기회를 제공함으로써 높은 청년 고용률을 유지하고 있다.

한국의 경우 노동시장의 환경을 보면 이후 비정규직 근로자가 30% 정도를 차지하고 있고, 2014년 기준으로 전체 근로자 중 41.3%의 근로자가 10미만의 사업장에 근무하고 있다(OECD, 2018: 37 38).◇30 또한 아래 [그림 8-6]에서 보는 바와 같이 한국은 12개월 이상의 장기실업률이 0.9%로 매우 낮은데 이는 고용보험의 소득지원이 충분하지 못하고, 아예 구직활동을 포기함으로써 경제비활동인구가 되기 때문이다. 실업보험에서 지원 수준을 비교하면 한국의 실업급여는 2019년 기준으로 구직자의 기여기간과 연령에 따라 120~270일(2019년 10월 1일 이전은 90일~240일)이며, 다른 OECD 국가들에 비하여 짧은 편이다. 고용보험은 구직급여와 취업촉진 수당으로 구성되는데 순수 구직급여의 경우 고용보험 적용사업장에서 퇴직 전 18개월 동안 180일 이상 피보험자로 근무하다가 비자발적 사유로 이직한 경우 이직 전 평균 임금의 60%(이직일이 2019년 10월 1일 이전인 경우는 50%)를 이직일 당시 연령과 피보험기간에 따라 차등하여 지급한다.

그림 8-6 OECD 국가별 실업률과 12개월 이상 실업 지속 비율

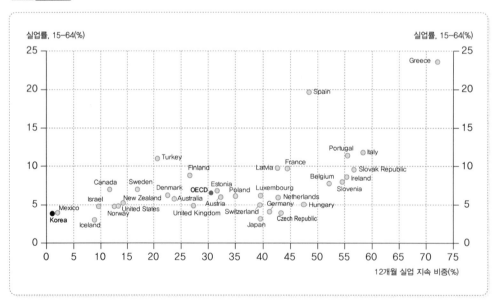

출처: OECD Employment Database, www.oecd.org/employment/database(accessedon04May2017). OECD (2018), Towards Better Social and Employment Security in Korea, Connecting People with Jobs, OECD Publishing, Paris. http://dx.doi.org/10.1787/9789264288256-en, p. 114.에서 재인용

그러나 여기에는 구직급여 1일 상한액(2019년 66천원)과 하한액(최저임금의 80% × 8시간, 2019년 10일 1일 이전은 최저임금의 90% × 8시간)의 제한이 있으며, 소정급여일수를 2분의 1 이상 남기고 재취업한 경우 구직급여일액에 미지급일수의 2분의 1을 곱한 금액을 제공한다. OECD 국가의 평균 소득지원 기간은 12개월 정도이며, 프랑스는 소득의 57~75%를 36개월간 지원하고 이후에는 공공부조 차원에서 정률에 의한 소득지원을 하고, 스웨덴은 처음 60주 중에 40주는 이전 소득의 80%를 지원하고 이후에는 70%로 줄며, 이후 60주간은 정률에 의한 소득지원을 하며, 독일의 경우는 처음 24개월간은 이전 소득의 60%를 지원하고 이후에는 가족 수를 고려하여 정률의 소득지원을 한다(OECD, 2018: 114-119).◇31 노동유연성이 강한 미국의 경우에는 주마다 다르지만 26~46주 동안 이전소득의 50%를 지급한다.

한국은 실업수당이 적고 급여기간이 짧기 때문에 한번 실직한 사람은 가급적 단기간에 쉬운 일자리를 얻기 위하여 서비스업에 종사하게 되며, 2013년 기준으로 최저임금의 노동에 종사하는 근로자가 전체의 14.7%로 높았다. 최근 한국에서 최저임금이 급격하게 인상되자 상대적으로 열악한 지위에 있는 노동자들의 고용이 줄어드는 결과가 발생하였다. 국제노동기구의 최저임금 결정 기준은 사회적 파트너와의 완전한 협의에 기초하여 평등하게 결정하되 근로자 및 그 가족의 필요, 경제적 요인 등을 고려하고, 동일 노동에 대한 동일 임금의 원칙을 적용하는 것이다. 아래 [그림 8-7]에 보는 바와 같이 2013년 기준으로 우리나라의 최저임금은 다른 국가에 비하여 낮은 수준이 아니었고, 다른 국가에 비하여 최저임금 이하의 근로자 비율이 높기 때문에 최저임금을 인상할 경우 이들의 고용의 지위에 미칠 영향을 고려하여야 한다. 최저임금은 또한 실업급여의 액수와 연동되어 있는데, 최저임금 인상으로 인하여 실업급여의 하한액에서 최저임금의 반영비율이 낮추어졌다.

그림 **8-7** OECD 국가의 최저임금 수준과 최저임금 근로자 비율

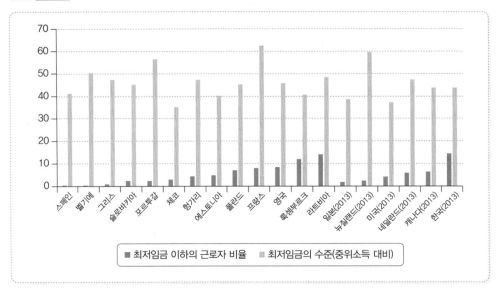

출처: Source: OECD (2015), Minimum wages after the crisis: Making them pay, OECD Publishing, Paris, p. 8.

고용정책은 삶의 기초가 되기 때문에 경제와 노동구조에 대한 이해를 바탕으로 이루어져야 하며, 대기업과 중소기업의 기술혁신과 국제경쟁력을 향상시키기 위하여 다양한 지원이 필요하고, 이를 위한 인력의 재교육과 배치가 이루어져야 한다. 현행 고용보험의 급여기간과 급여액을 OECD 평균 수준으로 조정하고 인적 자원의 발전이라는 관점에서 산업구조의 변화에 적응하는 실질적인 재교육과 직장의 알선이 유기적으로 연결되도록 할 필요가 있다. 후기 산업사회의 구조 변화에 대응하여 시간제 근로자의 직업보호와 공적 보험의 정비 등 유연안정성을 위한 제도적 개편도 필요하다.

제4절   연금정책

연금제도는 인생의 전 과정에서 저축과 소비를 적절하게 조절할 수 있는 보험으로서 산업화로 인하여 사람들이 직장에서 소득활동을 하고 수명이 연장됨에 따라 발전되기 시작하였다. 연금은 하나의 사회에서 젊은 세대와 노후 세대 간의 묵시적인 사회적 계약에 의한 소득의 균형잡힌 배분에 따라 사회적 후생을 증가시킬 수 있다는 가정에 기초하고 있다. 보통은 청장년 시기에 직업 활동을 통해 소득을 모두 소비하지 않고 저축하고 이를 노년기에 소비할 수 있도록 하는데 이렇게 소비와 저축을 강제적으로 조절할 수 있는 능력이 개인들에게는 부족하다. 그리고 민간 기업에 의하여 연금제도를 운영하더라도 연금가입자에 정보의 비대칭성과 적은 납입금으로 일찍 은퇴하려고 하는 이기적 심리가 작동할 경우 역선택이 발생할 수 있다. 이러한 시장 실패를 해결하기 위하여 국가가 강제적 공적 연금제도를 운영하여 젊은 시기에 소득을 저축하게 하고 노년기에 연금을 수령하게 할 수 있도록 보험자의 역할을 수행하는 것이 필요하다.

연금제도는 젊은 세대와 노년 세대의 사회적 계약으로 겹치는 세대 모델(overlapping generation model)을 적용할 수 있다(Samuelson, 1958).◇32 국가가 세대 간 계약의 중개자 역할을 수행하면서 이자를 포함한 장래의 저축을 증가시킬 책임을 질 수 있다. 그러나 여기에 중요한 제약 요인으로 미래 세대에 대하여 연금의 지속성을 높이기 위해서는 인구가 지속적으로 증가하여야 하는데 저출산 현상이 지속되어 인구가 줄어든다면 미래세대에 대하여 보장된 연금을 지불할 수 없을 수 있다. 젊은 세대의 평균 소득과 노년 세대의 연금액의 비율을 소득대체율(replacement rate)로 볼 수 있고, 연금수혜자 수를 일하는 사람 수로 나눈 비율이 의존율(dependency ratio)이며, 소득대체율 × 의존율이 바로 연금보험료율이 된다(이준구·조명환, 2016: 290-291).◇33 결국 인구가 증가하지 않는 한 연금의 소득대체율을 높이기 위해서는 연금보험료율을 올릴 수밖에 없다.

이것이 연금제도를 운영하는데 있어 역설적인 상황이라 할 수 있다.

연금제도의 유형은 독일의 보수주의적 사회개혁의 결과로 도입된 비스마르크형 연금제도(Bismarckian pension system)와 2차 세계대전 이후 영국 노동당 정부에 의하여 보편적이고 평등주의적인 제도로 도입된 베버리지형 연금제도(Beveridgean pension system)로 나눌 수 있다(Hinrichs and Lynch, 2010: 355-357).◇34 비스마르크 시스템은 기업이나 노동자의 기여금에 의존하고 있어 고용 중심적이며, 소비의 조절을 통하여 이전 상태를 유지하는데 초점을 두고 있는데 비하여, 베버리지형 연금은 조세를 재원으로 보편적이고 단일한 요율의 연금을 제공함으로써 빈곤을 완화하는 것에 목적을 두고 있다. 대다수의 유럽 대륙 국가는 19세기 후반 또는 20세기 초에 독일의 비스마르크식 연금제도를 참고하여 자신들의 제도를 발전시켜 왔다. 또한 미국은 1935년과 1939년 사회보장법을 통해 기여금을 재원으로 하여 소득유지를 목표로 하는 비스마르크식의 공적 연금제도를 도입하였고, 1960~70년대 남유럽에서도 기여금을 납부할 수 있는 핵심 근로계층을 위주로 한 연금제도와 노인에 대한 연금제도를 강화하는 방향으로 제도변화가 이루어졌다. 또한, 비스마르크식 연금제도를 실시하고 있는 국가에서도 대체로 노인에 대한 최소한의 연금(minimum pension)을 보장하려는 노력이 이루어지고 있다.

미국을 제외한 앵글로 색슨 국가와 스칸디나비아 국가들은 조세를 재원으로 한 평등주의적 연금제도를 도입하고 있었다. 20세기 초 영국에서 노동당의 성장을 의식한 자유당의 선거 전략에 따라 사회보험제도를 도입하게 되는데 사회적 지위에 따른 조합주의에 의한 것이 아니라 조세에 기반한 사회보험을 채택하였다. 그러나 1950~60년대 복지국가의 황금기에 스웨덴(1959)을 필두로 하여 핀란드, 캐나다 등에서 기존의 조세를 재원으로 하는 단일한 비율(flat-rate)의 국민연금의 층 위에 기여금에 기초하면서도 적립되지 않는(pay-as-you-go) 공적 연금을 도입하였는데 이를 통해 다소 재분배적인 기능을 수행하면서 사실상 비스마르크식의 연금제도와 비슷하게 변화하게 되었다. 즉, 스웨덴의 공적 연금제도는 단일한 비율에 따라 급여가 제공되는 기초연금과 확립된 기여의 원칙에 따라 소득에 비례하여 급여를 제공하는 일반보충연금(Allmän tilläggspension: ATP) 연금으로 구분되어 있었으며, 최소 30년의 근무기간 하에 최고액에 제한이 있는 공적 연금 급여를 제공받을 수 있도록 하였다(Anderson and Meyer, 2003).◇35 기초연금은 7.45%의 기여금으로 급여의 85%를 충당하고, 나머지는 국가의 재정으로 부담하는 PAYG 체제를 적용하였으며, 일반보충연금(ATP)의 경우는 월소득 13.5%의 기여금으로 급여를 제공하고 나머지는 기금에 적립하여 운용하였다. 그러나 인구고령화와 복지국가의 재정위기에 직면하여 스웨덴에서는 1990년대부터 명목확정기여(Notional Defined Contribution: NDC) 방식의 연금제도의 개혁을 진행하게 되었다. 명목확정기여는 개인별로 기여금을 확정하지만 운영에서는 부과방식으로 운영되는 연금제도이다(양재진, 2018: 428).◇36

스웨덴의 연금 개혁은 기존의 공적 연금에만 의존하던 방식에 탈피하여 연금에 보다 개인의 선택과 기여에 대한 유인을 확대함으로써 연금제도의 지속성을 높이는데 초점을 두고 있다. 즉, 인구고령화를 감안하여 개인의 능력에 따라 일할 수 있는 때까지 일하고 연금을 수급하도록 하고, 연금의 개인기여를 확대하고 개인과 가족의 권리를 인정함으로써 보다 연금에 가입할 수 있는 유인을 제공하며, 연금이자율을 정부가 다양한 요인을 종합하여 정책적으로 결정함으로써 개인 수익의 안정성을 보장할 수 있도록 하였다(Anderson and Meyer, 2003).◇37

한편, 베버리지식 연금제도를 뒤늦게 도입한 스위스, 호주 등의 국가에서는 기초연금의 부족한 부분을 보충하기 위하여 직장에서 가입이 강제되는 사적연금을 도입하였고, 영국은 1976년 국가에 의하여 관리되는 기여금 기반의 연금(State Earning-Related Pension: SERP)을 보편적 기초연금 위에 도입하였으나 신자유주의적 개혁으로 공적연금의 역할은 축소되었으며, 연금의 다층화 경향에 따라 사적연금의 비중이 강화되고 있다.

그림 8-8 연금제도의 유형과 변화

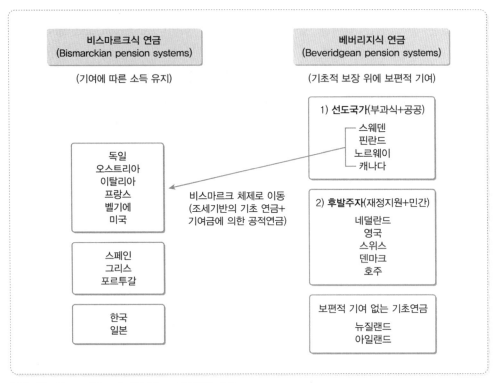

출처: Hinrichs and Lynch (2010), p. 356에서 수정.

　　이처럼 소득유지를 목표로 하는 비스마르크 연금제도에서도 재분배적인 요소를 기초연금에 도입하고자 하며, 평등주의적인 베버리지 연금도 소득보장액이 낮기 때문에 이를 보완하기 위한 기여에 기초한 다층의 연금을 도입하고자 하였고, 신자유주의적 개혁의 영향으로 개인들의 선택에 따라 민간연금을 활용하는 비중이 증가하고 있다. 이에 따라 세계은행(World Bank)이나 국제노동기구(International Labour Organization) 등에서도 노후 소득의 보장을 위하여 다층제적 연금제도를 제안하였다. 제1, 2층의 공적연금 뿐만 아니라 제3층의 사적연금도 장려하기 위한 노력이 이루어지고 있다. 특히, 1960~70년대의 황금기를 지나 후기산업사회의 전환, 저출산 및 인구고령화 등으로 인하여 연금의 지속가능성에 대하여 재정적 압박이 제기되었고, 다양한 연금제도의 개혁방안이 제안되었다. 세계은행의 개혁안을 살펴보면 「노년 우기의 회피(Averting the Old Age Crisis)」라는 보고서를 통해 현재 고령화의 인구상황과 재정적 여건을 고려할 때 조세를 재원으로 하여 자산조사를 거친 빈곤층에게 최소소득을 지급하는 기초연금, 실질적인 급여를 제공할 수 있도록 고용과 연계된 강제적으로 적립되는 사적연금, 개인적인 저축에 의존하는 임의가입 사적연금의 3가지 지주(pillar)로 구성된 연금체제를 제안하였다. 그러나 연금제도의 전환은 기존의 이해관계에 따른 제도적 지속성으로 인하여 쉬운 것은 아니며(Myles and P. Pierson, 2001),◇38 스웨덴과 같이 합의적 정치문화가 발달한 국가에서도 장기간에 걸쳐 점진적으로 진행되었다.

이러한 연금제도의 역사적 변화과정을 거쳐 현재 연금제도의 설계방식을 정리하자면 다음과 같다(Hinrichs, 2013: 361–362).◇39 첫째, 기초적 보장을 의미하는 제1지주의 제1층에서는 시민권으로서 보편적인 기초연금을 도입하고 재원은 조세로 충당하며, 국가에 의하여 관리한다. 제1지주의 2번째 층에 기여의 원칙에 따른 강제적인 공적연금을 도입하고 부과식으로 운영하기도 하며(스웨덴 ATP), 제1지주의 3번째 층에 적립식으로 민간 또는 공적 기관에 의하여 운영되는 연금을 도입할 수 있다. 제1지주는 공공기관이 운영하거나 가입이 강제된다는 점에서 공적 연금으로서의 특성을 지니고 있으며, 특히 제1지주의 3층에서는 스웨덴의 연금처럼 확정기여의 방식을 적용함으로써 개인의 선택권을 강조할 수 있다. 둘째, 제2지주에서는 직업적 연금이 적용되는데 자발적 또는 준강제적으로 가입하고, 완전하게 적립되는 사적 연금으로 운영하는데, 직장에서 활용되는 퇴직연금을 들 수 있다. 셋째, 제3지주에서는 순수한 개인적 저축으로서 자발적으로 가입되며, 완전적립식으로 민간기관에 의하여 운영할 수 있다. 서구의 연금제도는 제1지주의 제1층에서 보편주의적 연금(베버리지형)과 제1지주의 제3층(비스마르크형)에서 시작되었으나 인구고령화와 재정적 한계로 인하여 개인의 기여와 책임을 보다 강화하고, 사적 연금을 보완하는 방향으로 연금제도의 변화가 이루어지고 있다.

노령 연금의 성과로서 연금의 소득대체율과 상대빈곤율과의 관계를 살펴보면 아래 〈표 8-1〉에서 보는 바와 같이 순소득대체율이 50%를 넘어서는 국가에서는 스웨덴을 제외하고는 10%이하이고, 순 소득대체율이 40% 이하인 국가에서는 전체 인구의 상대빈곤율에 비하여 노인빈곤율이 높게 나타났다. 한국의 경우 연금의 총소득대체율(gross replacement rate)와 순소득대체율(net replacement rate)는 각각 37.3%와 43.4%로 나타났고 노인빈곤율도 OECD에서도 가장 높게 나타나고 있다.◇40

표 8-1 연금의 소득대체율과 상대 빈곤율

(단위: %)

국가 (연금개시연령)	소득대체율(평균소득자)		상대빈곤율(2016)	
	순소득대체율	총소득대체율	65세 이상	전체인구
그리스 (62)	51.1	49.9	7.8	14
노르웨이 (67)	51.6	45.4	4.3	8.4
뉴질랜드 (65)	42.8	39.7	11	11
덴마크 (74)	70.9	74.4	3	5.8
독일 (67)	51.9	38.7	9.6	10
리투아니아 (65)	31	23.6	25	17
멕시코 (65)	28.6	25.7	25	17
미국 (67)	49.4	39.4	23	18
벨기에 (67)	66.2	46.8	8.2	9.7
스웨덴 (65)	53.4	54.1	11	9.3
스페인 (65)	83.4	72.3	9.4	16
영국 (68)	28.4	21.7	15	12
호주 (67)	41	30.9	23	12
오스트리아 (65)	89.9	76.5	8.7	9.8

이태리 (71)	91.8	79.5	10	14
일본 (65)	36.8	32	20	16
체코 (65)	60.3	45.9	4.5	5.6
캐나다 (65)	50.7	39	12	12
프랑스 (66)	73.6	60.1	3.4	8.3
핀란드 (68)	64.2	56.5	6.3	6.3
한국 (65)	43.4	37.3	44	17
헝가리 (65)	84.3	56.1	5.2	7.8
OECD	58.6	49	14	12

출처: OECD (2019), "Net pension replacement rates(Average earners)", in Pensions at a Glance 2019: OECD and G20 Indicators, OECD Publishing, Paris, https://doi.org/10.1787/b630ed29- en. 및 OECD (2019), "Poverty rates among older age groups and the total population: Relative poverty rates, %, 2016", in Pensions at a Glance 2019: OECD and G20 Indicators, OECD Publishing, Paris, https://doi.org/10.1787/bd0441cb-en.를 활용하여 재작성.

한국에서 국민연금의 소득대체율이 이처럼 낮게 나타나는 이유는 연금의 기여율이 낮기 때문이다. 1980년대 후반 최초의 국민연금 실시 당시에는 보험료 (9%)에 소득대체율(70%)을 가정하고 설계하였는데 이는 적게 내고 더 받는 구조로 되어 있었다. 그러나 1998년 정부가 국민연금의 저부담 고수급을 개선한 다고 하면서 보험료(9%)를 높이는 대신에 소득대체율을 70%에서 60%로 낮추고, 연금 개시 연령도 60세에서 65세로 연장하였다. 그러나 이 재정계산은 인구 구조의 변화를 예측하지 못하여 2007년 정부에서 다시 보험료는 그대로 둔 채 소득대체율만 2008년 60%에서 50%로 낮춘 뒤, 2009년부터는 매년 0.5%p씩 낮춰 2028년 40%에 도달하면 이후 40%로 유지하겠다는 방안을 통과시켰다. 그리고 저소득 노인에 대하여 기초노령연금제도를 도입하였다. 대다수 서구의 연금제도가 평균소득 15% 이상의 높은 보험료를 부과하면서 상대적으로 높은 소득대체율을 유지하는데 비하여 한국은 조세가 아닌 기여금에 기반한 연금제도임에도 불구하고 연금보험료를 인상하기 위한 사회적 논의를 하지 않고, 급여수준을 낮추는 퇴행적인 개혁을 한 결과 현재와 같은 낮은 기여와 낮은 급여의 연금제도가 형성된 것이다.

그림 8-9 OECD 국가의 연금보험료(기여금)율 비교

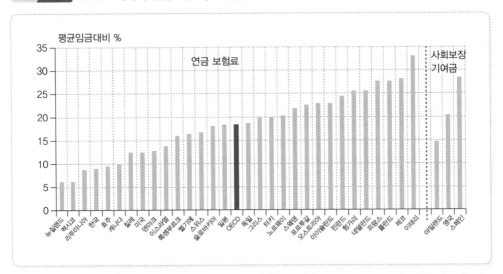

출처: OECD (2019), "Pension contribution rates differ widely among countries: Total effective mandatory and quasi-mandatory pension contribution rates for dependent workers, at the average wage, 2018", in Pensions at a Glance 2019: OECD and G20 Indicators, OECD Publishing, Paris, https://doi.org/10.1787/def6bf8a-en.

한편 공적 연금이 부실하게 되면 이를 보완하는 수단으로 사적 연금을 통하여 부족한 소득을 보충할 수밖에 없다. 그러나 빈곤층에서는 사적 연금은 거의 활용할 수 없고, 소득보조 차원에서 정률로 지원되는 기초연금에 의존할 수밖에 없을 것이다. [그림 8-10]에서 보는 바와 같이 공적 연금의 보험료가 낮은 미국, 캐나다, 호주 등은 다양한 사적 연금제도를 활용하고 있다. 그러나 한국도 공적연금에 대한 비중이 낮은 대신에 상대적으로 사적연금에 대한 지출비중이 높은 편이지만 연금에 대한 전체 지출은 낮은 수준이다.

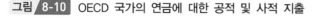
그림 **8-10** OECD 국가의 연금에 대한 공적 및 사적 지출

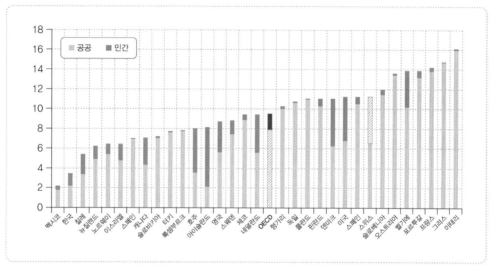

출처: OECD (2016), "Public and private expenditure on pensions: As a percentage of GDP, 2011", in Government, OECD Publishing, Paris, https://doi.org/10.1787/factbook-2015-graph171-en.

한국의 연금체계는 1960년대 공무원, 사학교원, 군인연금 등의 특수직역 연금에서 시작하여 1988년 전 국민을 대상으로 기여금에 기초한 비스마르크식의 국민연금제도를 도입하였으나 보험료와 보험급여에 대한 사회적 논의를 하지 못하고 초기에 설계된 연금제도가 지속적으로 후퇴하였고, 2007년 베버리지식의 기초연금을 도입하게 되었다. 서구의 베버리지 국가에서 제1지주의 기초연금을 먼저 구축한 다음 기여에 기초한 2층 연금을 도입한 것에 비하여 한국은 순서가 반대로 되었고, 비스마르크식의 연금제도를 두고 있는 국가에서는 제1지주의 기여에 기초한 연금을 발전시키면서 직장에서 가입이 강제되는 퇴직연금과 개인연금으로 연금의 다층구조를 확대시켰는데 한국은 제1지주의 국민연금을 확대하는 대신에 기여율을 그대로 둔 채 연금급여 수준을 축소시켜 왔다.[41]

그 결과 국민연금제도는 노후의 충분한 소득보장이 되기 어렵고, 공무원 연금과의 격차도 벌어지고 있다. 또한 기초연금제도도 소득 하위 70%에게 지급하는데 기초연금의 보편주의 원칙에 반할 수 있고, 국민기초생활 보장과의 구별도 모호하다. 또한 현행 국민기초생활보장법에서는 기초연금액만큼 생계급여를 삭감하고 있다. 향후 한국의 노인빈곤 문제를 해결하기 위해서는 제1지주에서 보험료를 인상하거나 국민연금에 개인의 기여의 원칙에 따른 명목확정기여(NDC)를 도입하여 연금의 소득대체율을 높이는 동시에 사적 연금에 대하여 세제지원을 통하여 노후 소득보장을 위한 다양한 지원체계를 마련하여야 할 것이다.

그림 **8-11** 한국의 연금체계

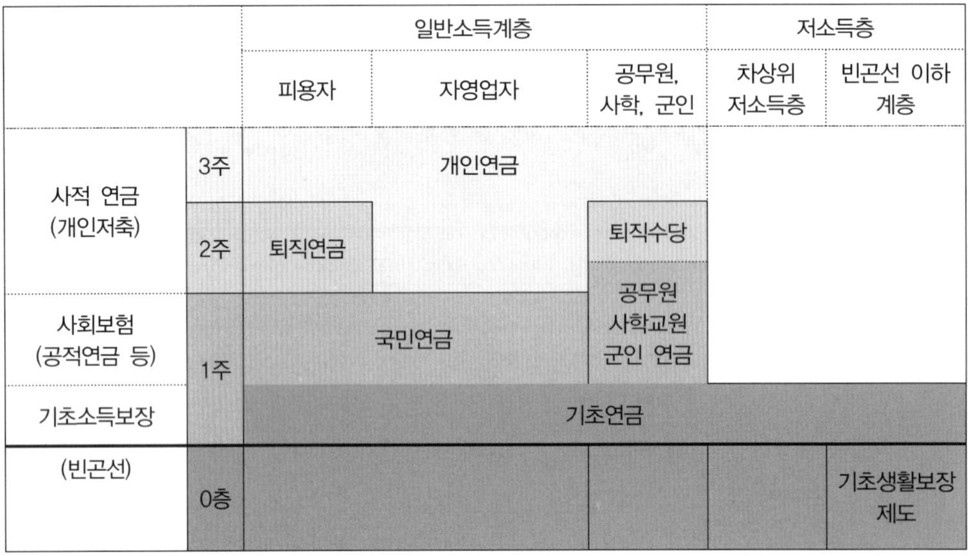

		일반소득계층			저소득층	
		피용자	자영업자	공무원, 사학, 군인	차상위 저소득층	빈곤선 이하 계층
사적 연금 (개인저축)	3주		개인연금			
	2주	퇴직연금		퇴직수당		
사회보험 (공적연금 등)	1주		국민연금	공무원 사학교원 군인 연금		
기초소득보장				기초연금		
(빈곤선)	0층					기초생활보장 제도

제 5 절	보건의료정책

　　보건의료(healthcare)는 사람을 질병으로부터 예방하고, 의료 전문가에 의한 치료와 돌봄을 통해 건강한 삶을 살아갈 수 있도록 하는 서비스를 말하며, 공공의료를 포함한다. 여기서 공공보건(public health)란 주로 사회의 조직화된 노력에 의하여 질병을 예방하고, 생명을 연장하며, 건강을 증진하는 과학과 기술을 말한다(Baggott, 2016: 358).◇42 또한 보건의료정책(healthcare policy)이란 협의로는 공공 및 민간의 의료기관을 통한 보건의료 서비스의 제공에 영향을 미치는 정부의 사업 기획과 집행을 의미하지만 광의로는 보건의료 연구 및 의료교육에 대한 재정지원, 병원시설 신축, 식의약품에 대한 규제, 건강에 해로운 환경오염에 대한 규제 등 공공과 민간의 보건의료 의사결정에 영향을 미치는 정부의 활동을 포함한다(Kraft and Furlong, 2015: 261).◇43 최근에는 건강보험 및 보건의료 서비스의 제공이라는 전통적인 보건의료 정책과 구별하여 질병에 대한 체계적인 보건연구, 질병통제, 식약품의 안전 규제 등이 보건정책의 새로운 과제로 부각되고 있다.

　　보건의료제도는 복지레짐의 특징을 결정하는 중요한 요인이 되며, 같은 의료제도 하에 동질적 서비스를 제공받을 수 있게 함으로써 사회적 연대성을 높일 수 있기 때문에 단순히 경제적 소비의 대상이라기보다는 인간다운 생활을 할 권리로 볼 수 있다. 보건의료는 의사를 중심으로 한 전문가 집단에 의하여 조직적으로 제공되는 서비스이기 때문에 계층적 구조를 지니고 있다. 보통은 1차 의료(primary care), 2차 의료, 3차 의료로 나눌 수 있다. 일차의료는 보건서비스의 일차적 접촉점을 의미하고, 지역사회를 중심으로 개업의, 주치의, 보건소 등에 의하여 제공되고, 2차 의료는 병원에 의하여 제공되는 응급 또는 전문적인 서비스를 의미하며, 3차 의료는 매우 복잡하고 발전된 조건 하에서 전문적인 서비스를 제공하는 것으로 종합병원에서 전문적인 수술이나 치료 등을 의미하고, 지역사회 보건의료(community healthcare)는 환자의 가정, 지역 진료소, 사는 동네에서 제공되는 일련의 서비스를 의미한다(Baggott, 2016: 352).◇44

보건의료 제도는 헌법을 포함한 정치제도의 제약 하에서 정치적 행위자와 이익집단의 활동에 의하여 영향을 받는다(Immergut, 1990). 예를 들어, 국가별로 재원조달방식, 서비스 공급기준에 따라 사적 보험(private insurance), 사회적 보험(social insurance), 국민건강서비스(national health insurance)로 구별할 수 있고(OECD, 1987),◇45 규제기구, 재원, 서비스 공급의 방식에 따라 국민건강서비스(national health service), 국민건강보험(national health insurance), 사회건강보험(social health insurance), 국가적 사회건강보험(etatist social health insurance), 사적건강시스템(private health system) 등 5가지 보건의료 레짐(healthcare regime)으로 분류한다(Böhm et al. 2013).◇46 첫째, 국민건강서비스는 일반 조세를 재원으로 하여 국가에 의한 평등하고 보편적인 의료서비스를 제공하며, 영국의 국민건강서비스(National Health Service)를 예로 들 수 있다. 둘째, 국민건강보험(National Health Insurance)은 일반 조세에 의하여 재원을 마련하지만 의료서비스의 공급은 민간 의료기관을 통하여 전달되며, 캐나다, 호주, 이태리 등을 들 수 있다. 셋째, 사회건강보험(Social Health Insurance)은 직업과 계층별로 건강보험에 가입이 강제되고, 고용주와 근로자가 사회보장 기여금을 납부하면 독립적인 질병보험 조합에 의하여 재정이 운영되고, 의료서비스는 민간 의료기관을 통하여 제공된다. 최초의 건강보험인 비스마르크의 질병금고가 여기에 해당하며, 현재 독일과 오스트리아에서 활용되고 있다. 넷째, 국가적 사회건강보험(Etatist Social Health Insurance)은 국가가 건강보험 정책에 대하여 규제를 하고 운영은 공단과 같은 공공기관이 담당하며, 고용주와 피용자가 부담하는 건강보험료를 재원으로 하여 의료서비스는 민간의 비영리 병의원에 의하여 제공된다. 대표적으로 프랑스, 일본, 한국을 들 수 있다. 다섯째, 사적 건강 시스템(Private Health System)은 미국의 경우처럼 고용주와 근로자가 근로계약 관계를 기초로 하여 연방정부로부터 세제감면이나 보조금을 지원받아 민간보험회사에 가입하고, 민간 의료기관을 통하여 의료서비스가 제공되는 방식이다. 전체적으로 볼 때 국민건강서비스와 국민건강보험은 국가의 개입이 강하고 공급자 중심적이며, 의료서비스에서 평등을 지향하지만 의료서비스의 품질과 대기시간의 문제를 발생시킨다. 사적 건강 시스템은 국가의 개입이 최소한으로 이루어지지만 의료서비스의 비용이 높고, 의료서비스의 형평에 문제가 발생한다. 국가적 사회건강보험과 사회적 건강보험은 사회보험을 통하여 재원을 마련하고 운영한다는 점에서 공통되지만 국가적 사회보험은 사회보험의 관리와 규제를 국가가 직접 담당한다는 점에서 차이가 있다.

그림 8-12 국가별 보건의료제도의 유형

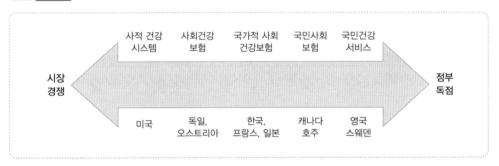

출처: OECD(1987: 24)에서 수정

국가별로 2018년 기준으로 GDP 대비 보건의료에 대한 지출 수준을 보면 사적 건강 제도를 도입하고 있는 미국에서 보건의료에 대한 지출이 수준이 가장 높은데(16.9%), 자발적인 개인지출이 아니라 정부 및 민간의 의무적 지출 수준이 높게 나타나고 있다. 미국의 사적 건강 시스템은 비용 대비 의료서비스의 효율성이 낮다는 사실을 확인할 수 있다. 한편 조세에 의한 국민건강서비스 제도를 도입하고 있는 영국(9.8%)은 사회보험 형식의 건강보험 제도를 도입하고 있는 독일(11.2%) 및 프랑스(11.2%) 등에 비하여 보건의료에 대한 지출 수준이 낮다. 한국은 보건의료에 대한 총지출이 OECD 평균보다 낮으며, 전체 8.1%를 나타내고 있는데, 정부와 민간의 의무적 지출이 4.8%, 민간의 자발적 또는 개인적 지출이 3.3%로 나타나 보건의료에 대한 공적 투자가 여전히 부족하다고 볼 수 있다.

그림 8-13 보건의료 지출의 국가별 비교

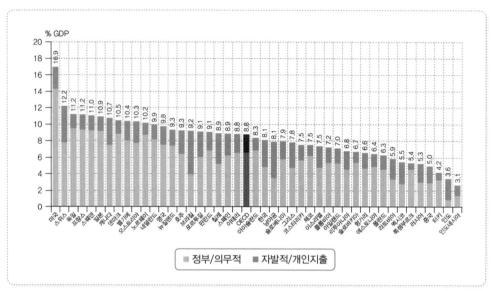

출처: OECD (2019), "Health expenditure as a share of GDP, 2018 (or nearest year)", in Health expenditure, OECD Publishing, Paris, https://doi.org/10.1787/5d50632f-en.

　　적용 인구에 대해서는 국민건강서비스 또는 사회적 건강보험을 도입하고 있는 대부분의 국가에서 100%에 가까운 가입률을 나타내고 있으나 사적 건강보험 제도에 의존하고 있는 미국의 경우는 2015년 기준으로 인구의 9%가 건강보험의 사각지대에 놓여 있고, 메디케어와 메디케이드 등 공적 건강보험에 의한 수혜비율은 35.9%, 민간 건강보험의 수혜비율은 54.8%이다(OECD, 2019: 104-105).◇47 미국의 의료보험은 1930년대부터 뉴딜정책으로 전 국민적 건강보장정책을 도입하려고 하였으나 미국의사협회(the American Medical Association) 등 이익집단의 반대로 도입되지 못하였고 국세청(Internal Revenue Service)의 세금감면과 결합된 기업의료보험을 중심으로 발전되어 오다가 1965년에 사회보장법

(the Social Security Act)의 개정을 통하여 빈곤층과 장애인에게 메디케이드(Medicaid)와 노인들에게 메디케어(Medicare)를 제공하도록 부분적인 도입이 이루어졌다. 기존의 사적 의료 보험제도가 미국의 헌법적 가치와 연관되어 있다는 미국의사협회와 민간보험회사의 로비로 보편적 공적 의료보험이 도입되지 못하고 점진적으로 제도를 덧씌우는(patched) 개혁이 되고 말았다. 2010년 오바마 행정부에서 「환자 보호 및 지불가능한 돌봄법(the Patient Protection and Affordable Act)」을 제정하여 의료보험의 수혜자를 확대하였으나 여전히 인구의 9%가 의료보험의 혜택을 누리지 못하고 있다.◇48

한편 보건의료제도의 보장율은 자발적 의료보험을 제외한 공적으로 정의된 급여 내에 어느 정도까지 서비스와 비용이 보상되는지에 따라 결정된다. 2017년 기준으로 OECD 국가들 내에서 노르웨이, 독일, 일본, 덴마크, 룩셈부르크, 스웨덴, 프랑스, 체코, 아이슬란드, 네덜란드 등이 80% 이상의 보장율을 나타내고 있으며, 한국, 라트비아, 멕시코 등이 60% 이하의 보장율을 나타내고 있다(OECD, 2019: 107~108).◇49 평균적으로 병원 내 진료와 퇴원 후 치료의 보장율이 높고, 치과 치료와 약제비에 대한 보장율은 낮은 편이다. 한국의 경우는 치과 치료의 보장율이 33%이며, 약제비와 퇴원 후 치료의 보장율이 60% 이하이다. 한국은 단기간에 건강보험의 수혜자를 확대하였지만 보장율은 낮은 편이어서 나머지 비용은 사보험이나 자기 부담으로 충당하고 있다. 이를 해결하기 위하여 건강보험 보장성을 강화하는 대책을 제안하고 있지만 재원을 어떻게 마련할 것인지가 문제되고 건강보험의 지출을 통제하기 위한 제도가 마련되어야 한다. 보장율이 높은 국가들도 건강보험의 지출을 억제하기 위하여 일차의료의 문지기 역할을 강화하였고, 병원 내에서도 낭비적 의료비를 줄이기 위한 포괄수가제(Diagnosis-Related Groups: DRG),◇50 조기퇴원 및 지역사회 중심의 재가 서비스 등의 제도를 도입하였다.

그림 8-14 각국별 보건의료제도의 보장율(2017년 기준)

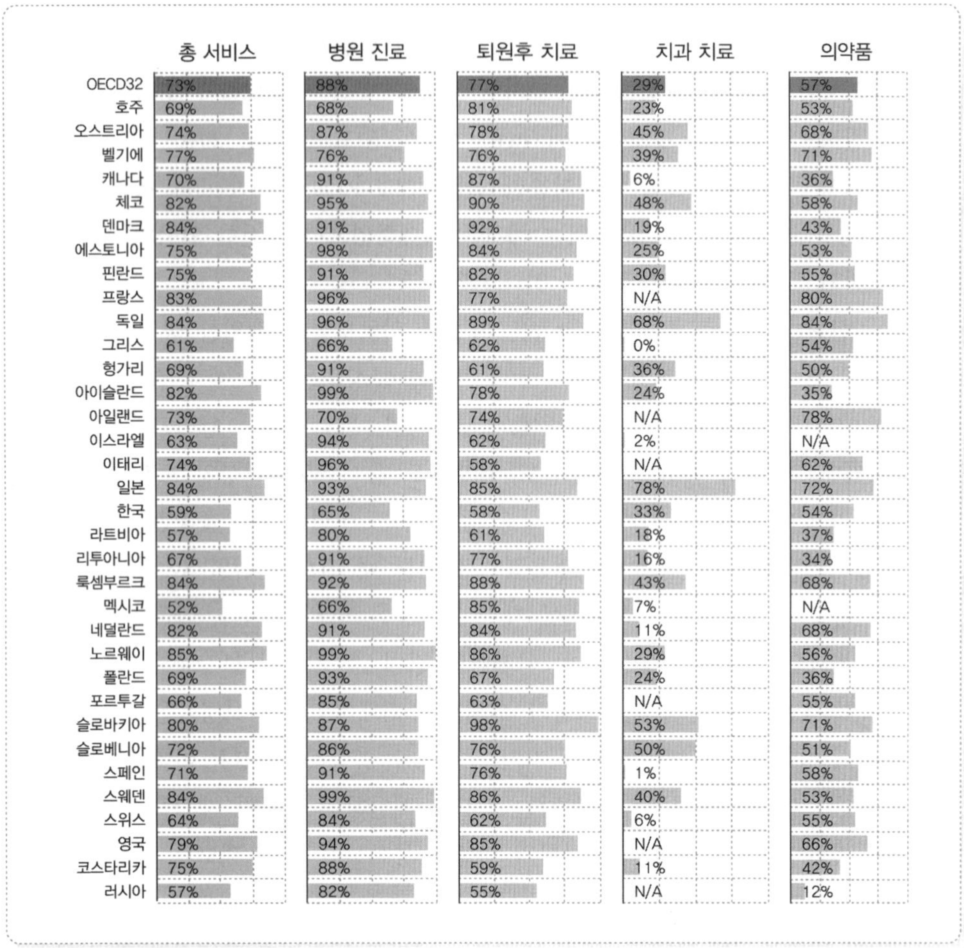

	총 서비스	병원 진료	퇴원후 치료	치과 치료	의약품
OECD32	73%	88%	77%	29%	57%
호주	69%	68%	81%	23%	53%
오스트리아	74%	87%	78%	45%	68%
벨기에	77%	76%	76%	39%	71%
캐나다	70%	91%	87%	6%	36%
체코	82%	95%	90%	48%	58%
덴마크	84%	91%	92%	19%	43%
에스토니아	75%	98%	84%	25%	53%
핀란드	75%	91%	82%	30%	55%
프랑스	83%	96%	77%	N/A	80%
독일	84%	96%	89%	68%	84%
그리스	61%	66%	62%	0%	54%
헝가리	69%	91%	61%	36%	50%
아이슬란드	82%	99%	78%	24%	35%
아일랜드	73%	70%	74%	N/A	78%
이스라엘	63%	94%	62%	2%	N/A
이태리	74%	96%	58%	N/A	62%
일본	84%	93%	85%	78%	72%
한국	59%	65%	58%	33%	54%
라트비아	57%	80%	61%	18%	37%
리투아니아	67%	91%	77%	16%	34%
룩셈부르크	84%	92%	88%	43%	68%
멕시코	52%	66%	85%	7%	N/A
네덜란드	82%	91%	84%	11%	68%
노르웨이	85%	99%	86%	29%	56%
폴란드	69%	93%	67%	24%	36%
포르투갈	66%	85%	63%	N/A	55%
슬로바키아	80%	87%	98%	53%	71%
슬로베니아	72%	86%	76%	50%	51%
스페인	71%	91%	76%	1%	58%
스웨덴	84%	99%	86%	40%	53%
스위스	64%	84%	62%	6%	55%
영국	79%	94%	85%	N/A	66%
코스타리카	75%	88%	59%	1%	42%
러시아	57%	82%	55%	N/A	12%

출처: OECD (2019), Health at a Glance 2019: OECD Indicators, OECD Publishing, Paris, https://doi.org/
10.1787/4dd50c09-en.

인구고령화와 보장성의 확대로 보건의료제도의 재정적 압박이 나타나게 되
자 각국은 건강보험의 지출을 통제하는 방법에 대하여 고민하게 되었다. 우선
국가능력이 강하면서 의료의 공공성을 강조하는 국가일수록 보다 지출통제에 적

극적으로 나서게 되었으며, 일차의료에서 문지기 기능을 강화하고 입원일수를 줄이는 대신에 퇴원 이후의 의료를 강화하기 시작하였다(Wendt, 2013: 352-355).◇51 또한 투입비용에 대하여 치료성과가 낮거나 불필요한 진료행위에 대하여 제재를 가하고 의약품에서는 보다 저렴한 바이오시밀러나 복제약 등을 처방하도록 함으로서 불필요한 의료비를 절감하려고 노력하고 있으며, 시민들에게 바람직한 의료행위에 대한 교육활동도 강화하고 있다(OECD, 2017).◇52

그림 8-15 기대수명(1970, 2017 또는 최근 연도)

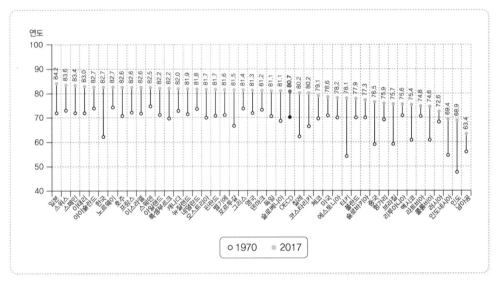

출처: OECD Health Statistics 2019.

　　이러한 건강보험제도의 성과로서 각국 별 기대수명을 살펴보면 보건의료에 대한 지출수준과 기대수명이 반드시 비례하는 것은 아니다. 미국의 경우 가장 높은 수준의 보건의료에 대한 지출을 나타내고 있지만 기대수명은 중위권 정도이고, 한국은 보건의료에 대한 지출 수준이 높지 않지만 기대수명은 상위권에 있다. 그러나 보건의료제도가 국가 또는 사회보험에 의하여 안정적으로 관리되고 있는 나라들에서는 모두 기대수명이 높게 나타나고 있고, 우리나라도 건강보

험이 실시되지 못한 1970년대에 비하여 2017년을 기준으로 기대수명이 대폭 증
가하였음을 알 수 있다.

　　의료서비스 공급에 대한 규제와 전달체계를 살펴보면, 국민건강서비스(NHS)
를 운영하는 영국은 제2차 세계대전 이후 의료의 사회화를 통한 평등주의를 지
향하면서 병원을 국유화하고, 지방정부로부터 보건기능을 독립시켜 별도의 공공
기관으로 NHS를 설립하여 서비스를 관리하고, 지역 NHS를 통하여 자원을 배
분하도록 하였다(Greener, 2009).◇53 이 과정에서 지역의 일반개업의(General
Practitioners)들의 문지기 역할을 인정해 줌으로써 정부와 협력적 관계를 형성하
도록 하였다. 그러나 1980년대 이후 신자유주의적인 개혁으로 인하여 NHS에도
경쟁의 원리가 도입되었으며, 병원과 일차 의료기관들이 경쟁하게 되었고, NHS
의 직접적 관리 대신에 각 지역마다 지출상한액이 설정된 임상위탁그룹(Clinical
Commissioning Groups: CCGs)을 통하여 일반개업의(GPs), 병원 등과 계약을 맺
고 환자들을 진료하게 되었고, 하향식 성과평가와 성과급제도 도입되었다(Baggott,
2016; Freeman and Rothgang, 2010: 374).◇54 한편, 지역사회에서 NHS, 지방정부
가 공동의 파트너십 기구를 설립하도록 하고, 관리자를 공동으로 임명하며, 각
각의 기관에서 파견된 직원들로 구성된 통합팀을 형성함으로써 공동기획과 예산
의 공동 활용 및 성과평가가 시도되기도 하였다.

　　사회건강보험제도를 채택하고 있는 독일에서도 1990년대 중반부터 수요자
가 다른 질병금고를 선택할 수 있는 권리를 인정하게 되었고, 다수의 의료보험
기금과 서비스 공급자간의 합의를 대체하여 하나의 의료보험기금과 다수의 서
비스 공급자 간에 선별적 계약을 도입하게 되었다. 그러나 미국에서는 메디케
어(Medicare)나 메디케이드(Medicaid) 뿐만 아니라 민간 고용자가 지원하는 사적
의료보험에서도 건강유지조직(Health Maintenance Organizations)을 통하여 의료
서비스 공급자에게 관리적 통제를 강화하였다(Freeman and Rothgang, 2010:
375).◇55

　　한국의 건강보험제도는 중앙정부가 법령과 규제, 예산지원 등 전반적인 책임
을 지고 그 산하기관인 공공기관으로서 국민건강보험공단이 운영을 담당하고 건

강보험심사평가원이 요양급여 비용과 적정성을 평가하며, 재원은 개인이나 직장 가입자들이 기부한 보험료가 중심이 되며, 의료서비스의 제공은 민간 병의원이 책임지고 있다. 또한 건강보험의 재정이 예산 외로 운영되고 있다. 의료비용을 결정하는 수가협상은 일단 형식적으로는 정부와 소비자를 대표하는 건보공단과 의사협회·병원협회·치과의사협회·한의사협회·약사회·간호사협회 등의 직능별 보건의료단체가 각자의 분야별 수가를 협상한다.◇56 각각의 직능별로 하나의 단체가 대표하기 때문에 경쟁의 원리를 활용되고 있지 않다. 1차 단계에서 수가협상이 원만하게 타결되면 건보공단 재정위원회가 심의·의결하고 보건복지부 장관이 고시하지만 수가협상이 결렬되면 건강보험 가입자와 의료서비스 공급자, 정부 대표 등이 참여하는 건강보험정책심의위원회에서 유형별 수가를 정한다. 그리고 수가협상에서 결렬의 책임이 있는 단체에게는 페널티를 부과하여 수가를 통보한다. 이는 국가의 주도의 조합주의적 의사결정 구조 하에 의료집단의 반발에도 불구하고 강제적으로 수가를 결정하고 집행할 수 있으나 의료공급자의 입장에서는 적자운영으로 장기적인 의료서비스에 투자와 발전을 저해할 우려도 있다.

　보건의료에서 최대의 과제는 재정적 한계를 감안하면서 의료서비스의 보장율과 품질을 유지하는 것이다. 최근에는 생애주기별 위험에 대한 사전예방을 강조하고, 건강한 생활을 위한 생활습관을 교정하고 일상생활에서 건강에 대한 위험요소를 제거하는 공공보건의 역할이 강화되고 있다. 전통적인 예방의 방식은 깨끗한 물, 위생, 백신 등의 예방적 조치를 강조했지만 최근에는 생활습관과 관련된 위험요소를 관리하는데 초점을 두고 있다(Berhman, Debels, and Hoyweghen, 2013: 52-53).◇57 예를 들어 만성질환이나 암 등의 원인이 되는 흡연, 건강하지 못한 영양, 운동부족, 음주 등의 요인들을 관리하고자 하는 것이다. 구체적으로 사람들이 예방적이고 건강한 행동을 하도록 강제하는 것이 아니라 인간의 심리적 작용을 활용하여 인센티브를 제공하거나 유도하는 넛지(nudge)방식을 활용하고 있다. 즉, 비만율을 낮추거나 금연을 하는 등 건강한 생활방식에 대하여 보험료 등의 인센티브를 제공한다.

영국의 경우 비만, 흡연, 과도한 음주, 보건의 불평등을 공공보건의 4대 중요한 과제로 선정하고 이를 개선하기 위하여 지방정부와 NHS 일차의료 트러스트가 공동으로 지역 주민들의 필요한 수요를 파악하고, 4대 문제의 개선과 관련된 성과를 평가하며, 주민들에게 삶의 방식을 바꾸는(Change4Life)는 의식개혁 운동을 전개하였다(Baggott, 2016: 360-362).◇58 특히 지역사회에서 통합적 서비스의 제공을 위하여 보건, 돌봄 영역의 통합적 위원회를 만들고, 생활방식의 변화를 위하여 넛지 전략을 적극 활용하였다.

제 6 절   교육정책

교육정책은 국가 및 사회가 지속적으로 성장하고 사회적 통합을 이룰 수 있는 인적자원을 육성할 뿐만 아니라 사회의 고유한 지식과 기술을 후세대에 이전하는 중요한 기능을 수행한다. 그러나 교육정책은 다른 사회정책들에 비하여 연구의 중심이 되지 못했는데, 교육정책의 효과가 간접적으로 나타나고, 사회보험이나 사회부조 등의 정책이 결과의 평등(equality of outcome)과 관련된다면 교육정책은 기회의 균등(equality of opportunity)과 관련되기 때문이다(Wilensky, 1975; Busemeyer and Nikolai, 2010: 495).◇59 복지국가의 교육 지출과 관련하여 산업화, 민주화뿐만 아니라 문화적 및 정치적 요소가 중요하다. 예를 들어 유럽 대륙의 국가들이 복지로서 사회보험에 대한 투자를 하였다면 미국은 보다 교육에 대한 공적 지출을 강조하였다(Heidenheimer, 1973).◇60 최근에는 사회투자국가(social investment state)와 노동 활성화(labour activation) 정책을 통하여 인적자본의 육성을 위한 교육정책의 중요성이 부각되고 있다(Giddens, 1998).◇61 과거에는 교육이 특정한 집단의 세습적 지위를 유지하는 수단으로 활용되었지만 제2차 세계대전 이후 나타난 국제규범에서는 교육의 보편성을 강조하게 되었다. 특히 세계 인권 선언(the Universal Declaration of Human Rights) 제26조 제1항에서 모든 사람은 교육에 대한 권리를 지니며 고등교육은 능력에 기초하여(on the basis of merit) 모든 사람에게 평등하게 접근가능하다는 규정을 두고 있으며, 교육에 관한 차별금지 협약(the Convention against Discrimination in Education of 1960) 제4조에서도 협약 당사국은 개인적 능력(individual capacity)에 기초한 고등교육에 평등한 접근가능성을 명문화하고 있다.

교육정책도 다른 사회정책과 같이 국가별로 독특한 특징을 지니고 있는데, OECD 국가들을 국가와 민간의 구분, 교육에 대한 공공투자, 학교나 직장에서의 직업훈련, 교육정책의 분권화 정도, 직업과 학문으로서 교육과정의 분리, 교육과정, 시험, 학습기회 등 교육의 다양성 등의 변수로 분석한 결과 북유럽형, 남유럽형, 영미형의 교육레짐(education regime)으로 분류되었다(Busemeyer and Nikolai, 2010: 495-503).◇62 첫째, 북유럽 교육레짐은 다시 스칸디나비아 국가, 독일 및 오스트리아, 프랑스 등 유럽대륙 국가로 나눌 수 있다. 스칸디나비아 국가들에서는 높은 수준의 공공교육지출이 이루어지고 있고, 인구 대비 높은 수준의 고등교육 수준과 교육성취도도 높게 나타나는 평등 지향적 교육레짐으로 볼 수 있다. 특히, 1950년대 스웨덴을 시작으로 기존의 엘리트 중심의 교육제도를 보편적이고 평등적인 교육제도로 전환하기 시작하였으며, 직업교육은 학교 내로 편입되어 실시되고 있다(Erikson and Jonsson, 1996).◇63 그러나 1990년대 이후에는 신자유주의적 개혁의 영향으로 교육에서 경쟁의 원리가 도입되었으며, 공적으로 자금을 지원받으면서도 독자적으로 운영되는 민간 교육기관들이 확대되었다. 한편, 독일과 오스트리아의 교육제도는 스칸디나비아 국가와 마찬가지로 민간교육 지출 수준이 낮고 공적 교육지출은 높다. 또한 국민의 절반 이상이 2차 교육이상의 학업을 수행하였고, 직업훈련을 강조하고 있다. 그러나 직업훈련이 학교 교육만을 통하여 이루어지는 것이 아니라 기업에서 실무교육과 학교에서의 이론교육을 포함한 이중적 도제 교육을 통하여 실시된다는 점에서 스칸디나비아 국가와 구별된다. 또한 1, 2차 교육뿐만 아니라 대학교육 등의 3차 교육에 대한 공공지출 수준이 스칸디나비아 국가에 비하여 낮아 실용적인 교육이 이루어지고 있다. 또한 프랑스, 네덜란드, 벨기에 등의 유럽 대륙 국가는 1, 2차 교육에 대한 공공지출이 중간 정도이지만 사적 지출은 높지 않다. 특히, 1, 2차 교육에서 가톨릭교회의 영향이 강하게 나타나는데 정부의 지원을 받는 가톨릭 교육기관들이 공교육을 수행하는 비중이 크다. 또한, 대학 등 3차 교육에 대한 공공 및 민간 지출도 높지 못하며, 인구 중 2차 교육이상을 받은 비율도 평균 이하로 나타난다. 둘째, 지중해 남유럽 국가들의 교육제도는 공적 및 사적 교육 지출이 모두 낮고, 인구 중 2차 교육 이상을 이수한 비율도 낮은 편이다. 또한 프랑스 등 유럽대륙 국가와 유사하게 가톨릭교회의 영향을 강하게 받고 있으며, 국가가 가톨릭 학교에 보조금을 지급하는 대신에 국가의 교육방향에 따를 것을 요구하고 있다.

셋째, 영국과 미국, 캐나다 등의 영미권 국가에서는 교육에 대한 공적 지출이 중간 정도이지만 교육에 대한 사적 지출의 비중이 크다. 또한 교육을 중시하기 때문에 3차 교육 이상을 이수한 인구의 비중도 높은 편이다. 영미 국가 내에서도 다소 차이가 있는데 미국은 뉴딜정책을 통하여 당시 엘리트 중심적인 영국과 달리 1,2차 교육에 대한 지출을 확대하기 시작하였고, 1960년대 빈곤에 대한 정책으로 교육투자를 확대하였다. 영국은 초중등 교육에 교회의 영향이 강했지만 잉글랜드와 웨일즈에서 1870년 초등학교법을 제정하고, 1918년 14세까지 의무교육을 도입하였으며, 1944년 교육법을 제정하여 5세부터 15세까지 무상 의무교육을 도입하였다(West, 2016: 366).◇64 영국도 1,2차 교육에서 평등주의적 경향을 강화하였지만 직업교육을 강조하고 독립적 고등교육기관에 대한 공적 지출을 인정한다는 점에서 미국과 차이가 있다. 한국은 공공지출은 중간 수준이고 민간의 높은 교육지출이 이루어지고 있으며, 대학교육 이상의 이수비율도 높기 때문에 영미형의 교육레짐과 유사하다고 할 수 있다.

이러한 교육 레짐의 특성을 반영하여 OECD 국가들의 교육에 대한 지출을 살펴보면 다음과 같다. [그림 8-16]에서 보는 바와 같이 2015년 기준으로 1차부터 3차 교육까지 학생당 교육비를 비교하면 영미권 국가인 미국과 영국, 북유럽 국가 중 노르웨이, 오스트리아, 스웨덴의 교육비 지출이 높게 나타나고, 남유럽 및 동유럽 국가들의 교육비 지출이 낮게 나타나고 있음을 알 수 있다(OECD,

2018).◇65 또한 평균적으로 OECD 국가들은 학생들을 초등학교에서 대학교육 이상까지 교육시키는데 10,500 달러(USD)를 지출하였고, 초등에서는 8,600달러, 중고등은 10,000달러, 대학교육 이상에 15,700달러를 지출하였다. 대학교가 아닌 초중등 교육 등에는 교육비의 94%정도가 교사의 직접적인 수업과 관련된 핵심서비스에 지출되었고, 나머지 부분을 학생 복지 등의 부가적 서비스에 지출하였으나 대학교육 이상에서는 교육과 직접적으로 관련된 핵심서비스로 68%를 지출하였고, 30% 정도는 연구개발에 지출되었다. 한국은 핵심서비스의 비중이 높은 편이며, OECD 평균과 비슷한 11,143 달러(USD)를 지출하는 것으로 나타났다.

그림 8-16 OECD 국가의 서비스 유형별 학생 일인당 교육기관에 대한 총지출(2015)

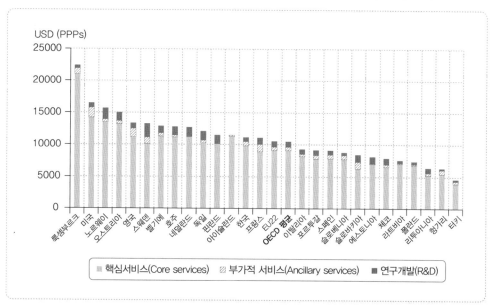

출처: OECD (2018), Education at a Glance 2018: OECD Indicators, OECD Publishing, Paris. http://dx.doi.org/10.1787/eag-2018-en, p. 246.

* 교육비는 초등교육에서 대학교육 이상까지 정규 교육을 기초로 하여 소요되는 비용을 구매력 평가 (Purchasing Power Parities: PPPs)를 기준으로 미국 달러로 환산한 것임.

교육재정의 문제로서 대부분의 국가에서 교육정책은 주나 기초지방정부에 이양되어 중앙정부는 지방정부에 보조금을 지급하고, 초중등교육은 지방정부의 책임 하에 실시하고 중앙정부는 고등교육에 집중하였다(Kraft and Furlong, 2015: 261).◇66 교육정책이 지방정부에 이양되어 있는 국가들에서는 교육재정도 재산세와 같은 지방정부의 자체재원을 통하여 확보하는 경향이 있다. 그러나 교육재정의 재원으로 지방정부의 세입을 고정적인 재산세만으로는 충당하기가 쉽지 않고, 늘어나는 교육재정을 충당하고 지역 간의 교육서비스의 형평성을 확보하기 위해서 중앙정부에 의한 재정지원이나 세원의 발굴이 필요하다.

[그림 8-17]에서 보는 바와 같이 지방분권화의 개혁을 하거나 연방주의를 채택하고 있는 국가에서는 교육재정의 초기 원천이 광역정부(주)나 기초정부에 이양되어 있지만 중앙집권적이고 국가의 개입이 강한 국가에서는 중앙정부가 재원을 모두 관리하고 교육행정에 직접 배분하고 있다. 한국도 프랑스와 마찬가지로 중앙정부의 재원이 많은 편이지만 기초지방정부의 재원은 거의 없고, 중앙정부에 재원이 집중되어 있음을 알 수 있다. 한국은 교육행정을 일반 행정으로부터 분리시키고, 교육감의 선출과 교육위원회의 구성 등에서 자치가 있을 뿐이지 교육재정에 있어서는 시도교육청에 과세권이 없고, 일반자치단체의 시도 일반회계와는 별도로 시도교육청 특별회계를 두고 국가로부터의 교부금·보조금, 일반자치단체로부터의 전입금, 그리고 자체수입 등으로 자금을 마련한다(강윤호외, 2015: 505).◇67 지방교육재정의 세입구조를 보면 교육부가 지방교육자치단체에 지원하는 지방교육재정교부금이 전체의 70%에서 76% 정도를 차지하고 있고, 일반자치단체인 시도로부터의 전입금이 15~18% 정도이고 자체수입은 4~10%, 국고보조금은 1%미만이다. 이러한 구조는 지방교육 자치단체가 중앙행정기관인 교육부에 종속된 형태이며, 실질적인 측면에서는 교육자치가 이루어지고 있다고 보기 어렵다.

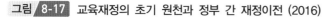

그림 **8-17** 교육재정의 초기 원천과 정부 간 재정이전 (2016)

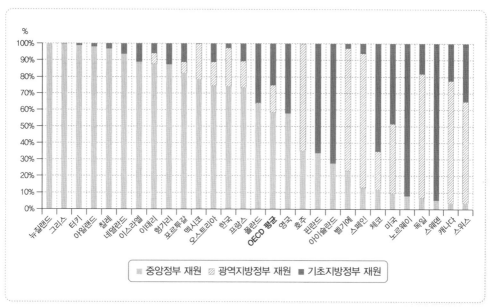

출처: Education at a Glance 2019: OECD Indicators, OECD/UIS/Eurostat (2019), Table C4.2.(https://
doi.org/10.1787/f8d7880d-en).
* 초등교육은 유치원 교육을 포함함.

　　복지국가의 교육정책은 평등성과 보편성을 지향하였지만 1970년대 후반 영
국으로부터 신자유주의적 교육개혁이 진행되면서 학부모들의 학교선택권(right
of school choice)을 도입하고 지역사회의 학교 대신에 자신들의 선택에 따라 학
생들을 선호하는 학교에 입학시킬 수 있도록 하였다(West, 2016: 366).◇68 또한
학교를 기존의 교육청으로부터 독립시켜 정부의 지침을 준수한다는 조건 하에
자율성을 부여함으로써 교육에서 경쟁 원리를 도입하였다. 특히, 사립학교로서
정부의 지원뿐만 아니라 민간의 재원을 도입하는 학교들은 교육서비스에서 차별
화된 서비스를 제공함으로써 교육의 수월성과 평등성, 교육격차의 논란을 일으
키게 되었다. 스코틀랜드와 달리 잉글랜드에서는 학교교육에 대하여 평가를 하

고 그 결과를 공개하여 학부모들의 학교 선택에 활용되도록 하고 있다.

여기서 교육제도의 성과를 무엇으로 볼 것인지에 대하여 견해가 대립하고 있다. 교육의 수월성을 강조하는 입장에서는 수학이나 과학문제의 해결, 언어구사능력 등의 기본적인 학습능력으로 측정해야 한다고 하지만 평등성을 강조하는 견해는 단순히 지식의 암기능력이 아닌 정보에 대하여 접근하고 판단하며 다른 사람들과 함께 일하는 능력이 더 중요하다고 한다. 일단 객관적인 평가를 위하여 국제 학생 평가 프로그램(Programme for International Student Assessment: PISA)의 지수를 활용할 수 있을 것이다. 교육의 성과로서 학업성취도 면에서는 일본, 에스토니아, 캐나다, 핀란드, 한국 등이 읽기, 수학, 과학 능력 점수(PISA)가 높게 나타나고 있고, 멕시코, 터키, 칠레, 그리스, 이스라엘의 점수가 낮게 나타나고 있다. 미국은 교육에 대한 높은 비용 지출에도 불구하고 PISA 성적은 평균 수준으로 나타났다.

그림 8-18 OECD 국가 학생의 PISA 평균점수(읽기, 수학, 과학)

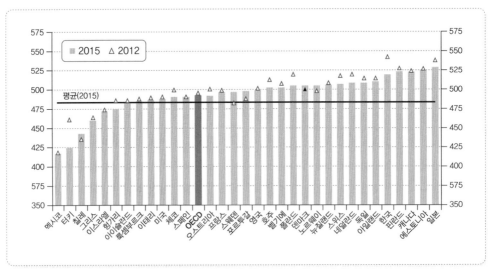

출처: OECD (2016), PISA 2015 Results (Volume I): Excellence and Equity in Education, PISA.
　　* PISA는 "the Programme for International Student Assessment"의 약자임.

다른 한편으로 가정의 소득격차에 따라 발생하는 학업 수준과 성취의 차이를 어떻게 줄일 것인지가 논란이 되고 있다. 부유한 가정의 아동들은 보다 일찍 학업에 집중함으로써 좋은 대학과 좋은 직장으로 이어지지만 가난한 가정의 아동들은 학교의 조기 포기, 낮은 교육수준, 저임금 일자리의 악순환이 반복되는 것이다. 영국에서는 유아기의 유치원 교육에서부터 개입함으로써 인지능력의 발달의 차이를 줄이고, 학생들의 학업 수준의 차이를 극복하기 위한 정부지원 프로그램을 도입하였다(West, 2016: 370).◇69

이처럼 교육정책은 미래의 인적자원이 양성과 관련된 중요한 문제이며, 교육의 수월성과 평등성이라는 요인이 상호작용하면서 발전해 왔다. 한국의 경우에도 자율형 사립학교 등을 통하여 학부모의 학교선택권이 도입되었으나 경제적 배경에 따른 인지능력의 차이를 극복하기 위한 조기개입은 부족한 편이다. 또한 저출산 현상의 지속으로 인하여 기존의 학교의 잉여 재원을 어떻게 조정할 것인지가 중요한 문제로 부각되고 있다.

제 7 절 ┃ 사회적 부조

사회적 부조(social assistance)란 어려움에 처한 사람에 대하여 사회적 보호를 제공하는 것이다(Bahle, Pfeifer, and Wendt, 2010: 448-449).◇70 넓은 의미에서 사회적 부조는 기여나 자격에 의하여 부여되는 급여와는 구별되는 자산조사에 의한(means-tested) 급여를 의미하고, 협의로는 모든 사회구성원 또는 노인과 같이 특정한 사회집단에 대하여 최소한의 소득을 제공하는 것을 의미한다. 과거에는 사회적 부조가 복지국가에서 중요한 정책수단이었으나 시민권으로서 사회정책이 확대됨에 따라 사회적 부조는 점차 복지국가에서 잔여적 영역으로 변화해가고 있다. 그럼에도 불구하고 사회에서 가장 취약한 사람에 대하여 최소한 인간다운 생활을 수준을 어느 정도까지 보장할 것인지에 대한 척도를 제공하기 때문에 복지국가의 가늠자 역할을 할 수 있다.

영국에서 사회적 부조는 구빈법의 전통에 따라 빈곤을 죄악시하였고, 교회나 자선단체를 중심으로 도움을 받을만한 자격이 있는 사람에 대하여 최소한으로 제공하였고, 노동교화소(work house)에서 노역을 부가하기도 하였다. 그러나 산업화와 도시화가 진행됨에 따라 도시 노동자의 빈곤의 문제가 대두되기 시작하였고, 1834년 새로운 구빈법(the Poor Law)을 제정하여 구빈법위원회(Poor Law Commission)를 설립하고 기존의 교구 중심의 빈곤구제 체제를 국가의 개입 하에 구빈조합 중심의 체제로 전환하였다(Harris, 2016: 114).◇[71] 그러나 자유주의적 빈곤체제로는 한계가 있었고, 실업보험과 산재보험 등이 도입됨에 따라 구빈법에 의한 공적 부조는 점차 잔여적인 영역으로 축소되기 시작했다. 한편 프랑스에서도 프랑스 혁명을 통해 1793년 공적 부조에 대한 권리를 천명하였으나 입법화되지는 못하고 19세기 후반에 공적부조가 도입되었으며, 독일의 경우도 교회의 주도적인 역할 하에 가족, 공동체 등이 일차적인 책임을 수행하였고 국가는 보충적으로 개입하는 원칙을 수립하였다(Bahle, Pfeifer, and Wendt, 2010: 450).◇[72]

사회적 부조의 지원형태는 역사적으로 국가마다 다양한 형태로 발전되어 왔고, 구체적으로 어느 정도의 범위까지 사회적 보호를 제공하여야 하는지에 관하여 다른 기준들이 제시되었다. 대체로 자유주의적 복지레짐에 해당하는 국가에서는 자산조사를 통해 사회적 약자에 대한 소득지원을 모색하지만 사민주의 복지레짐에서는 보편주의의 원칙에 의하여 국가가 조세를 통하여 적극적으로 개인의 기본적인 소득을 보장하려고 한다. 사회적 부조의 종류와 관련하여 빈곤조사 vs. 일반적 자산조사, 현금 vs. 특정 목적의 급여, 일반적 vs. 범주적 (특정적) 대상 집단 등의 기준을 활용한 빈곤 조사를 통하여 ① 모든 사람에게 급여를 제공하는 일반적 지원, ② 가족수당과 같은 일반적 조사를 활용하는 급여, ③ 특정 집단에 대한 범주적 급여, ④ 주거수당과 같이 특정한 목적의 급여 등으로 분류할 수 있다(Eardley et al., 1996; Bahle, Pfeifer, and Wendt, 2010: 449-450).◇[73]

또한 국가별로 사회적 부조의 종류를 분류하여 8가지 유형이 제시되었다 (Gough et al. 1997: 36-37).◇74 첫째, 호주, 뉴질랜드에서 실시되는 선별적 복지 제도(selective welfare system)는 대부분의 프로그램이 특정 집단을 대상으로 하고, 자산조사를 하며, 상대적으로 관대한 법적 권리로 인식되고, 둘째, 특정한 집단을 대상으로 하지만 낮은 급여수준에 낙인효과를 부여하고 근로동기를 강조하는 미국의 사회적 부조제도가 있으며, 셋째, 통합된 안전망으로서 사회적 부조가 전국적으로 제도화되어 있고, 급여수준도 관대한 캐나다, 영국 등의 국가도 있고, 넷째, 프랑스, 독일 등에서는 특정한 집단을 대상으로 하는 범주적 프로그램이 지배적이지만 최후의 수단으로 일반적 사회안전망에 의존을 할 수 있는 이중적 사회 부조시스템을 운영하고 있으며, 다섯째, 스웨덴 등의 북유럽 국가에서는 시민권으로서 관대하면서도 일반적 급여를 제공하지만 다른 사회보장제도 때문에 사회적 부조가 잔여적 위치에 머무르고, 여섯째, 남유럽 국가에서는 지방정부 수준에서 범주적 급여가 제공되고, 민간의 자선 차원에서 급여가 제공되며, 일곱째, 스위스와 노르웨이 등에서는 지방정부의 재량 하에 급여수준은 높지만 최소한의 사람에게 급여를 제공하는 분권적인 사회부조제도를 운영하고, 여덟째, 일본의 경우는 중앙집권적이면서도 재량적인 사회적 부조가 제공되어 진다.

사회적 부조의 수준을 비교하기 위하여 OECD 국가에서 2016년 기준 최저소득 급여의 순중위소득에 대한 비율을 살펴보면 다음과 같다. 기존의 연구와 다소 차이가 있으나 사회적 부조의 관대성은 독신의 경우 네덜란드, 아이슬란드가 중위 순소득의 50% 정도에 해당되었고, 프랑스는 독신의 경우 29.4%, 2자녀가 있는 부부의 경우 31.7%이고, 독일은 독신의 경우 22.3%, 2자녀를 둔 부부의 경우 34.8%, 영국은 21.4%, 2자녀를 둔 부부의 경우 39.1%의 수준이었다. 사회부조가 잔여적이고 낙인 효과가 강한 미국의 경우는 독신의 경우 7.2%, 2자녀를 둔 부부의 경우 20.8%의 수준이었으며, 남유럽의 국가들에서는 사회적 부조의 상대적 수준이 낮게 나타나고 있다.

그림 **8-19** OECD 국가의 사회적 부조의 상대적 수준

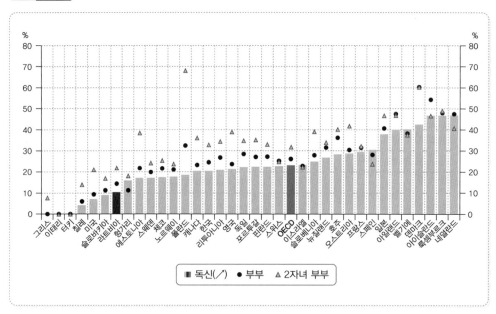

출처: OECD Database on Tax and Benefit Systems, http://www.oecd.org/els/benefits-and-wages.htm. and Key Indicators Dataset, http://stats.oecd.org//Index.aspx?QueryId=68227.

　　자유주의 복지레짐의 국가 중 영국은 복지국가의 황금기에 시민권의 원리에 따라 비교적 관대한 최저소득을 보장하였으나 아래 [그림 8-20]에서 보는 바와 같이 1990년대 신자유주의적 복지개혁으로 급여가 축소되었고 이후 복지와 근로를 연계함으로써 사회적 부조의 GDP에서 차지하는 비율은 낮은 수준에 머무르고 있다. 미국은 전통적으로 근로의욕을 강조하고, 잔여적 급여 수준에 머물렀으나 2008년 금융위기로 빈곤층이 증가하자 급여를 확대하였다. 프랑스는 GDP 중에 사회적 부조가 차지하는 비율이 높지 않았으나 2008년 금융위기 이후 사회적 부조의 지출 비중이 증가하였고, 독일은 경우는 낮은 수준을 유지하고 있다. 스웨덴의 경우는 GDP 대비 지출 비중이 1990년대 큰 폭으로 상승하였다가 다시 줄어들었고, 최근에 다시 상승하고 있다. 한국의 경우는 사회적 부

조의 지출 비중이 낮은 수준에 머물렀으나 2000년대 이후 대폭 증가하였고, 2007년 이후 감소하다가 2012년 이후 다시 증가하고 있다. 전체적으로 사회적 부조는 국가별로 정권의 이념이나 사회경제적 상황에 따라 변동 폭이 크게 나타나고 있는데, 이는 복지국가의 재정적 한계에 직면한 영원한 궁핍의 시기에 사회적으로 취약한 계층의 선별적 프로그램이 더 취약해진다는 것을 의미한다 (P. Pierson, 2001).◇75

그림 8-20 OECD 국가의 GDP 대비 기타 사회정책(사회적 부조) 공공지출의 변화

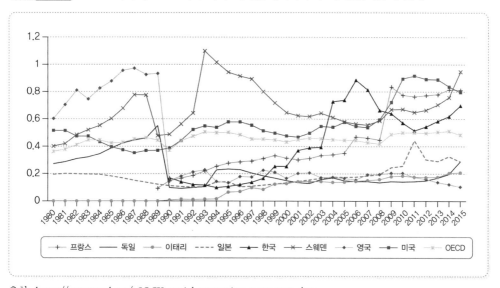

출처: https://stats.oecd.org/ SOCX social protection aggregate data
* 기타 사회정책으로는 저소득가구에 대한 비범주적(non-categorical) 현금급여, 무료 법률지원(네덜란드), 영양지원서비스(미국) 등의 기타 사회서비스를 포함함.

제조업의 쇠퇴와 장기적인 실업의 발생 등으로 사회적 부조가 일시적인 것이 아닌 장기적 현상으로 고착됨에 따라 기존의 사회적 부조정책에 세제지원, 저소득층에 대한 소득지원, 사회급여에 구직활동을 연계하는 적극적 노동정책을 결합하려는 시도가 나타나고 있다(Bahle, Pfeifer, and Wendt, 2010: 458).◇76 미

국의 경우 근로장려세제(Earned Income Tax Credit)가 1975년 도입된 이후 점차 확대되기 시작했으며, 빈곤한 가정에 대한 소득을 지원하는 TANF(Temporary Aid to Needy Families)를 통하여 개인이 아닌 가정에 소득지원을 하면서 급여수급 기간에 제한을 두고, 여기에 일자리를 통한 소득활동에 세제혜택을 부여하는 근로장려세제를 결합함으로써 복지에 의존하기 보다는 노동을 통하여 얻는 소득이 더 많도록 하고 있다(Béland, 2010: 30-32).◇77

한편, 민주주의의 재생을 위하여 사회에 대하여 기본적 책임을 다하는 시민들에게 어떤 조건도 없이 일반 조세를 재원으로 하여 인간다운 생활을 누릴 수 있는 일정한 소득을 지원하는 기본소득(basic income)의 개념이 제시되고 있다(Dryzek and Dunleavy, 2009: 210-211).◇78 기본소득에 대해서는 사람들의 근로의욕을 축소시킨다는 비판이 있고, 시장자유주의에서는 복지국가의 축소를 위하여 빈자에게 소득을 지원하고 일을 하는 사람에게 경제적 인센티브를 제공하는 부(−)의 소득세를 도입하자는 주장이 제기되었지만(Friedman, 1987),◇79 모든 시민들에게 어떤 조건도 부가하지 않고 품위있는 삶을 누릴 수 있는 소득을 국가가 지원함으로써 모든 사람을 위한 자유를 실현하고 민주주의의 발전에 기여할 수 있다는 주장도 있다(van Parijs, 1995).◇80 노동의 탈상품화와 자유를 위하여 완전한 형태의 기본소득을 도입한 국가는 아직 없으며, 2016년에 스위스에 기본소득 도입에 관한 국민투표가 있었으나 구체적인 재원조달 문제가 해결되지 않아서 부결되었다. 기본소득의 대안으로 이해관계자 보조금(stakeholders grant)도 제시되는데 사회에 진출하는 청년들에게 일정한 자금을 제공하고 장기간이 지난 후에 이를 다시 갚도록 하는 제도이다. 한국의 경우 복지국가의 기본 제도가 기여에 기반한 사회보험의 원리에 의하여 설계되었고, 제도가 충분히 성숙되지 않은 상황에서 일반 조세에 의한 기본소득의 도입은 제도적 정합성에 문제를 발생시킬 수 있고, 적정한 기본소득을 보장하기 위하여 막대한 재원 확보와 지속가능성이 어려운 문제이다. 현금복지 위주로 복지레짐의 시스템을 전환하기 보다는 가족, 고용, 연금, 건강보험, 공적 부조 등 기존 사회정책의 미비점을 개선하면서 전체적인 수준을 향상시키는 것이 보다 현실적이라고 할 수 있다.

　이처럼 저소득층에 대한 다양한 소득지원을 통합하여 관리하려는 시도들이 나타나고 있다. 영국의 경우 저소득층에 대하여 자산조사를 통한 소득지원을 사회적 부조로 부르는데, 소득지원, 노인들에 대한 연금 크레딧, 근로세제지원, 주거급여, 지방세 지원 등이 포함된다. 지원조건은 소득과 저축에 대하여 자산조사를 하여 일정 수준 이하여야 하고, 근로세대인 경우 직장 환경이 무엇이든지 간에 근로에 종사하거나 구직활동을 하여야 하며, 직장에 다니더라도 주당 16시간 이상 근로를 하지 못하는 경우이여야 한다(McKay and Rowlingson, 2016: 340-341).◇81 분산된 저소득층 소득 지원제도를 유니버설 크레딧(Universal Credit: UC)이라는 하나의 제도로 통합하여 수혜자와 비수혜자간의 차별을 줄이고 복지급여로 인하여 근로동기가 축소되는 것을 방지하려는 노력이 이루어졌다.

　한국의 경우 사회적 부조제도는 소득조사를 통하여 제공되는 기초생활보장급여, 기초연금, 장애인 연금 등의 제도를 들 수 있다(국회 예산정책처, 2019d).◇82 첫째, 기초생활보장급여는 저소득층에 대한 소득지원과 의료, 교육, 주거 급여를 제공하는 제도로서 1961년 12월 「생활보호법」의 제정에 따른 생활보호제도의 도입으로부터 시작되었고, 부양의무자가 없는 65세 이상의 노쇠자, 18세 미만의 아동과 임산부, 심신장애로 근로능력이 없거나 보호를 필요로 하는 사람을 대상으로 선별주의적 급여를 채택하였다. 한편, 1999년 기존의 생활보호법을 폐지하고 「국민기초생활보장법」을 제정하여 생활보호 대신에 주거급여와 긴급생계급여가 도입되었으나 부양의무자 요건이나 소득과 재산을 통한 소득인정액에 따라 급여가 결정되는 선별주의 방식은 그대로 유지되었다. 한편, 2015년에는 선정 및 급여기준을 최저생계비에서 기준 중위소득으로 변경하고, 생계급여는 중위소득의 30%, 의료급여는 중위소득의 40%, 주거급여는 중위소득의 44%, 교육급여는 중위소득의 50%(이상 2019년 기준)로 변경하였다. 또한, 생계급여, 의료급여, 주거급여 및 교육급여에 대하여 선정기준과 운영주체를 별도로 분리하여 주거급여는 국토교통부로, 교육급여는 교육부로 이관하였다.

　현행 기초생활보장급여는 근로능력이 있는 수급자와 근로능력이 없는 수급자를 구별하고, 근로능력이 있는 수급자에게는 자활사업에 참여를 조건으로 수급자격을 인정하고 있다. 기초생활급여 중 소득지원의 핵심인 생계급여를 보면 소득인정액이 기준 중위소득의 30% 이하(보장시설에 위탁하여 생계급여를 받게 되는 경우 중위소득의 40% 이하)가 되어야 하고, 소득이 있는 1촌 직계혈족(부모, 아들·딸 등) 및 그 배우자(배우자가 사망한 경우는 제외) 등이 있는 경우에는 수급이 제한된다. 가구별 급여수준은 수급자 가구의 소득인정액[83]을 차감하고 남은 금액을 보충급여 방식으로 지급한다. 예를 들어 2019년 기준으로 4인 가구의 생계급여 선정 기준액은 1,384,061원이고 소득인정액이 100만 원이라고 할 경우 384,070원(원단위 올림)의 생계급여가 제공된다. 생계급여가 인정되면 의료, 주거 및 교육급여의 수급자격 요건을 가지게 된다. 한편, 생계급여와 함께 중요한 의료급여는 소득인정액이 기준 중위소득의 40% 이하인 가구에 수급자격이 주어지는데, 생계급여와 같이 부양의무자 기준이 적용된다. 의료급여의 최저보장수준은 급여대상 항목의 의료비중 본인부담금을 제외한 전액을 지급한다.[84] 둘째, 기초연금은 2008년에 만 70세 이상 노인 중 소득하위 60%에 해당하는 자를 대상으로 하여 기초노령연금이 도입되었고, 2008년 8월부터 65세 이상 노인, 2009년 1월부터는 소득하위 70%로 대상자를 변경하였다. 현재는 65세 이상인 사람 중에서 소득과 재산을 고려한 소득인정액이 기초연금의 선정기준액 이하인 노인을 대상으로 기준연금액에서 부부 동시 수급여부와 소득역전 여부 등을 고려하여 지급한다. 셋째, 장애인연금은 2003년에 「장애인복지법」에 경증 및 중증 장애인에게 차등적으로 장애인 수당이 마련되었고, 2010년 「장애인연금법」을 제정하여 기초급여(장애로 인하여 근로하지 못함에 대한 지원)와 부가급여(장애로 인한 추가비용에 대한 보전)로 구성된 장애인 연금제도를 도입하였다. 장애인연금은 18세 이상의 중증장애인 중에서 소득인정액이 선정기준액 이하인 중증장애인을 대상으로 급여액을 지급하며, 급여액은 기초급여액(기초연금과 연계)과 부가급여액(국민기초생활보장 수급자, 차상위계층 수급자, 차상위초과자, 시설수급자 대상)으로 구분하여 지급한다.

현행 사회적 부조제도 중 기초 생활 급여는 소득과 재산에 대한 자산조사와 부양의무자 기준을 충족하여야 하므로 다양한 사각지대가 존재한다는 비판이 있다. 사회적 부조를 받을 수 있는 자격이 있는지를 판단하는 기준을 빈곤조사(poverty test)가 아닌 소득과 재산을 통한 자산조사(means test)에 의존하고 있다는 점에서 실제로 도움을 필요로 하는 사람이 탈락될 수도 있다. 부양의무자의 기준도 일률적으로 적용하기 보다는 부모와 자식 간의 왕래와 자식의 소득규모 등을 종합적으로 고려하여 예외를 인정할 필요가 있다. 독일의 경우 고령자와 장애인의 가족부양의 우선원칙을 폐지·완화하여 신청자의 부모 또는 자녀가 연간 100,000유로 이상의 고소득이 있는 경우에만 급여의 수급자격을 제한하고 있다(최병근, 2017).◊85

한국의 사회적 부조제도는 제도가 점진적으로 도입되는 과정에서 다양한 제도가 부처를 달리하여 혼재되어 있고, 구체적인 적용과정에서 실질적인 형평에 반하는 결과가 발생하기도 한다. 예를 들어 기초생활급여에서 차상위계층은 긴급복지 및 취약계층의 의료비 지원 대상이 될 뿐 기초생활의 수급으로 인하여 소득의 역전 현상이 발생하게 되므로 기초생활수급자가 되면 근로를 통하여 탈수급의 동기를 유발하기 어렵게 된다. 소득에 대한 심사 이외에 근로능력이 있는지 여부에 대한 심사가 충분하지 못하기 때문에 사회적 부조와 근로동기 부여의 연계 정책이 효과를 발휘하기 어렵다. 이를 위하여 수급자 판정에 있어 근로능력과 관련된 심사를 보다 강화하고, 근로능력이 있는 경우는 급여기간의 제한과 적극적 노동시장 및 근로장려세제와 결합된 적극적 인센티브를 제공함으로써 근로에 종사하는 경우 수급자일 경우보다 더 많은 소득을 얻을 수 있도록 제도를 설계할 필요가 있다. 그러기 위해서는 소득파악과 모든 급여를 통합적으로 관리하기 위한 개인예산제나 보편적 크레딧(Universal Credit)이 고려될 수 있지만 국가에 의한 개인정보의 관리가 근로무능력자나 저소득층의 급여를 삭감하기 위한 수단으로 악용되어서는 안된다.

또한 기초생활급여와 기초연금의 중복 수급의 문제는 대상이 다를 뿐 저소득층에 대한 본질적으로 소득지원제도라는 점에서는 동일하다. 기초생활수급자의 인간다운 생활의 전체적 최저소득수준을 정하고, 각종의 복지급여가 그 범위 내에서 조정되는 것이 필요하다.

제8절 │ 장애인정책

장애인 정책은 한 사회의 문명화된 정도를 반영하는 척도로서의 의미를 지니고 있다. 장애의 개념과 관련하여 생물학 및 의학적 개념, 근로능력의 감퇴, 사회적-맥락적 이해 등의 세 가지 접근방식을 제시할 수 있다(Hvinden, 2013: 371-373).[86] 첫째, 장애에 관한 생물학 및 의학적 개념은 전통적인 접근방식으로서 장애를 육체적, 감각적, 인지적 손상으로 인하여 야기된 개인적 문제로 본다. 그에 따른 해결방안으로 주로 의료 및 재활서비스를 통한 치료와 고용의 보호, 자택 돌봄, 사회보장비 지불 등을 통해 사회적 역할의 제한에 대한 보상 제공 등이 제시되었다. 둘째, 장애를 신체적 장애가 아니라 근로능력의 감퇴(diminished work capacity)로 보는 입장에서는 장애인에 대해서는 그가 변화된 조건 하에서 지속적으로 일할 수 있는 근무 여건을 마련하여 주는 것이 중요하게 된다. 셋째, 장애에 대하여 사회적-맥락적으로 이해하는 입장은 1960-70년대 사회운동을 통하여 나타난 것으로 장애를 개인에 국한된 문제로 보는 것이 아니라 사회 내에서 야기되는 억압, 체계적인 차별 등의 문제로 접근하기 시작하였다(Oliver, 1996).[87] 이 접근방식은 장애에 관한 사회적 모델로 불리는데, 신체적 장애로 보는 전통적인 견해에 대하여 장애인을 수동적이고 열등한 위치로 전락시키며 차별을 한다고 비판하며, 장애를 지닌 사람도 평등하게 사회적 활동에 참여하고, 자기결정권을 보장하여야 한다고 주장한다. 이러한 장애의 개념에 따라 장애인 정책도 사고의 전환이 이루어지고 있다. 첫째, 기존에는 장애(disability)를 한 사람의 결함(deficiency)의 문제로 접근했으나 최근에는 사회적 결함으로부터 발생하는 차별의 형태로 간주하고 있다. 둘째, 돌봄과 보상에 관한 정책에서 평등권과 사회적 포용에 대한 장애 제거로 전환이 있었으며, 셋째, 장애인들의 조직들에서 스스로 복지정책과정에 참여와 대표성을 확대하고 있다(Priestly, 2016: 439).[88]

역사적으로 장애라는 개념은 시대적 상황에 따라 상대적인 것이었다. 초기의 구빈복지의 시대에서는 장애는 빈곤과 같이 분류되었고, 장애인 정책도 빈곤정책의 일환으로 간주되었다. 그러나 단순히 게으른 빈곤자와 일할 수 없는 빈곤자를 명확하게 구분하는 것이 쉬운 일은 아니며, 노동력이 부족한 전시와 같은 상황에서는 기존의 장애인도 근로능력을 인정받는 경우도 있었다. 사회정책으로서 장애인 정책의 독자성이 확보되기 시작한 것은 구빈정책에서 벗어나 장애인의 유형에 맞는 독자적인 급여와 지원서비스를 제공할 필요성을 인식한 것에서부터 기인한다. 그리고 1960~70년대 세계적으로 장애인들이 스스로 국제장애인협회(Disabled Peoples' International) 조직을 결성하여 장애인 없는 장애인 정책의 금지, 평등과 인권에 기반한 차별금지, 건물, 교통, 정보기술 등에 장애인의 접근가능성의 보장, 자신의 복지에 대한 장애인의 일상적 관여 등을 제시하였다. 이러한 노력의 결과 국제적으로는 1975년 장애인의 권리에 관한 UN 선언(the United Nations Declaration on the Rights of Disabled Persons)이 채택되었고, 1985년에는 세계인권선언(the Universal Declaration of Human Rights)에 장애인의 권리가 포함되도록 확대되었으며, 1996년에 조약에 참여하는 모든 국가가 장애인에 대한 차별금지를 국내법에 규정하도록 하는 장애인의 권리에 관한 협약(the Convention on the Rights of Persons with Disabilities)이 채택되었다.

장애인 정책의 수단으로는 현금급여로서 장애인 연금과 장애수당이 있고, 근로에 종사하는 장애인을 위하여 직장 내에서 차별을 시정하는 조치와 장애인 고용의 의무적 할당제 등의 고용관련 규제가 있다. 유럽 대륙의 경우는 장애인 고용의 의무할당제와 국가의 개입에 초점을 두지만 미국에서는 직장 내에서 차별시정과 장애인의 인권보호에 보다 초점을 두고 있다(Goss et al. 2000).[89] 한편, 장애의 개념이 변화에 따라 장애인 정책도 장애인을 격려하고 제한하는 방식에서 일반인처럼 선택의 자유를 인정하고 평등하게 대응하는 방향으로 전환하고 있다. 대표적으로 1990년대 영국에서는 지역사회 돌봄(community care)을 도입하여 그 동안 시설에 수용되었던 장애인들을 지역사회 내에서 가정에서 생활하도록 하면서 돌봄을 받을 수 있도록 하였다(Priestley, 2016: 441).[90] 이는 기

존의 일방적인 공급자 중심의 돌봄에서 장애인들에게 선택권을 부여함으로써 독
립된 생활을 영위하면서 돌봄을 받을 수 있도록 한 것이다. 이러한 과정을 통해
서 서비스 공급자와 수요자 간의 경계가 무너지게 되었으며, 장애인들이 서로
부조하는 경우도 증가하게 되었고, 개인에게 직접적으로 급여를 지급하고 바우
처를 통해 선택할 수 있는 개인예산제(personal budget)를 도입하게 되었다. 그
러나 개인예산제는 재정위기에 직면한 상황에서 장애인에게 지급되는 급여를 삭
감하는 수단으로 이용되었으며, 현금급여와 연계하여 구직활동을 독려하는 수단
으로 활용됨으로써 장애인복지를 축소한다는 비판이 제기되고 있다.

국가별로 산업재해와 장애 등 신체능력 감퇴와 관련하여 공공사회지출의 규
모를 비교하면 스웨덴의 경우 신체무능력과 관련된 지출비중이 GDP 대비
4~5%로 가장 높게 나타났다. 프랑스는 1980년대 신체무능력과 관련된 공공사

그림 8-21 OECD 국가의 장애 또는 신체무능력(incapacity) 관련 공공사회지출

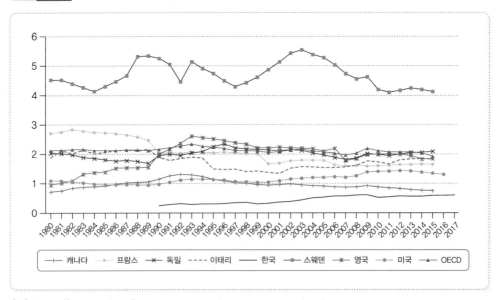

출처: https://stats.oecd.org/ SOCX aggregate data, incapacity related.
* OECD의 공공사회지출(SOCX)에서 무능력(incapacity)에는 장애, 질병, 산재급여 등도 모두 포함하고 있음.

회지출의 비중이 3%로 높았으나 점차 이를 축소하였고, 영국은 1980년대 신체
무능력과 관련된 공공사회지출이 1%에서 증가한 이후 2%정도에서 유지하고 있
으며, 독일은 신체무능력과 관련된 공공사회지출이 2% 수준에서 유지하고 있다.
미국은 2% 이하에서 유지되고 있으나 캐나다는 1% 이하로 줄었다. 한국은 신
체무능력과 관련된 공공사회지출이 1% 이하이지만 점진적으로 증가하고 있다.

  장애인 정책의 관대성을 나타내는 지표로 20~64세 생산가능인구 중 장애급
여를 받는 인구의 비율을 살펴보면 2012(13)년 기준으로 에스토니아, 노르웨이,
슬로베니아가 10%이상으로 높게 나타났고, 스웨덴, 영국, 미국 등이 6% 이상이
며, 프랑스(2007년) 5.1%, 독일 4.8%, 캐나다(2007) 4.4%로 나타났다. 한국

그림 8-22 20–64세 인구 중 장애급여를 받는 인구비율(2002년 및 2012/13)

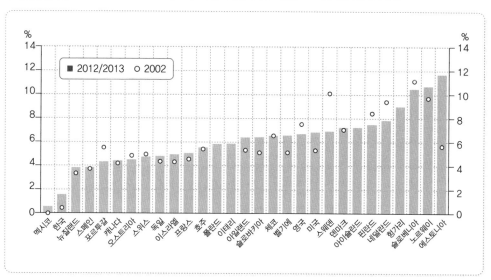

출처: OECD (2017), "Disability benefit recipient rates have slightly decreased over the past decade in
Australia", in Connecting People with Jobs: Key Issues for Raising Labour Market Participation in
Australia, Connecting People with Jobs, OECD Publishing, Paris,
https://doi.org/10.1787/9789264269637-graph15-en.
* 캐나다와 프랑스는 2007년, 오스트리아와 한국은 2008년, 스페인은 2010년, 호주, 체코, 에스토니아,
  핀란드, 미국은 2013년 자료임.

(2008년)은 1.6%로 낮게 나타났다. 대부분의 국가에서 장애급여를 받는 인구의 비중이 2002년에 비하여 증가하였으나 슬로베니아, 네덜란드, 핀란드, 스웨덴, 영국, 포르투갈 등에서 감소하는 것으로 나타났다.

한국에서도 민주화와 더불어 장애인의 권리를 확대해 왔으며, 장애인복지법을 제정하고 장애인 복지사업을 추진하여 왔다. 장애인 복지사업은 예산이 투입되는 재정사업, 세제혜택, 기타 법률에 근거한 할인 및 감면 등으로 구성된다(이채정, 2015).[91] 첫째, 재정사업으로 저소득 장애인에게 장애수당 및 장애인연금을 지급하는 소득지원사업이 있고, 장애인에 대한 선택적 복지로 중증 장애인에게 활동지원서비스, 여성 장애인, 발달 장애인, 장애아동 가족 등을 대상으로 각종 사회서비스를 제공하며, 기타 장애인 복지시설의 기능보강 및 장애인거주시설의 운영 지원, 저소득 장애인에게 의료비, 보조기구, 자녀학비 지원, 장애인 일자리 및 직업재활지원, 운전교육 등 장애인 권익증진 및 자립생활 지원, 농어촌 거주 장애인을 위한 주택 개조, 한국장애인개발원 등 장애인단체에 대한 지원 등이 이루어지고 있다. 둘째, 세제혜택으로는 장애인용 차량에 대한 취득세 및 자동차세 면제, 장애인 표준사업장에 대한 법인세 감면, 장애인용 보장구 등에 대한 부가가치세 영세율, 장애인·환자수송·영업용 승용차에 대한 개별소비세 면제, 장애인용품 관세 감면, 장애인이 증여받은 재산의 과세가액 불산입, 소득세에 대한 장애인 추가공제 등이 있다. 셋째, 장애인을 대상으로 하는 공공요금 혜택에는 유선 및 이동통신 전화, 초고속 인터넷, 도시가스 요금 할인, 전기요금 지원, TV 수신료 면제, 장애인차량에 대한 고속도로 통행료 감면, 철도·도시철도, 항공, 연안여객선 등 교통요금 할인 및 감면, 국공립 박물관, 미술관 등 공공시설 이용요금 감면 등이 있고, 기타 (무료)법률구조제도, 장애인에 대한 공동주택 특별공급 알선, 승용자동차에 대한 LPG연료 사용 허용, 차량 구입시 도시철도채권 및 지역개발공채 구입 면제 등의 혜택이 주어진다. 전체적으로 장애인에 대한 직접적인 소득지원 수준으로는 한국이 OECD 국가 중에서 낮은 편이지만 세제 및 공공요금 혜택을 감안하면 한국의 장애인 정책은 직접적인 공공지출보다는 간접적 공공지출을 통한 숨어있는 장애인 정책이 많다는 것을 알 수 있다.

한국의 장애인 정책은 장애인에 대하여 일률적으로 서비스가 제공되는 것이 아니라 의학적으로 판정된 장애의 등급에 따라 지원범위가 달라지는 장애인 등급제를 채택하고 있었다. 장애의 유형과 장애 정도가 어떠한지를 진단·판정하여, 장애인으로 등록하는데, 15개 장애유형별로 중증도에 따라, 1~6등급으로 구분하며, 1~2급과 3급 중복장애에 해당하는 중증장애인과 3~6급(3급 중복장애 제외)에 해당하는 경증장애인으로 구분하여, 장애인 대상 각종 정책의 적용범위를 다르게 운영하였다. 그러나 장애인 등급제가 장애인의 필요한 서비스를 모두 충족시킬 수 없는 한계가 있어 중증과 경증으로 2단계로 구분하고 욕구에 대한 종합적 조사 도구를 활용하는 방식으로 개편이 이루어지게 되었다.◇92 기존의 장애판정 도구가 의학적 기준에 입각한 신체적 장애에 초점을 두고 있다면 새로운 평가도구는 일상생활 수행능력, 인지·행동특성, 사회활동, 가구환경 등을 종합적으로 조사하여 장애 여부와 필요한 서비스 등을 결정한다. 그러나 생물-의학적 기준 뿐만 아니라 장애인의 근로능력에 따른 근무환경의 보완, 장애의 차별철폐에 관한 사회적 모델에 의하면 단순히 장애인에게 필요한 급여를 제공하는 것에 초점을 맞추는 것이 아니라 지원을 통하여 정상적인 사회생활을 할 수 있는 장애인들에게 적극적인 일자리 제공과 교육, 직장 내의 차별금지 등에 더 초점을 두고 있다(Priestley, 2010: 413-417).◇93 또한 등급을 폐지하였다고 하지만 중증과 경증을 구분하고 혜택에 차등을 둠으로써 장애인 등급제의 실질적인 폐지는 이루어지지 못하고 있다. 한편, 근로능력이 없는 장애인에게는 사회적 돌봄과 활동지원 서비스가 필요하다. 현재의 활동지원서비스의 수가를 상향하는 한편, 장애인과 노인을 포괄하는 지역사회 기반 돌봄 서비스를 위하여 노인과 장애인을 포괄하는 중앙단위의 전담조직을 마련하고 시도와 시군구로 연결되는 지역사회 중심의 통합적 전달체계를 마련하는 것이 필요하다.◇94

제 9 절 | 돌봄 서비스 정책

사회적 돌봄(Social care)이란 생활에서 힘든 변화에 직면한 성인과 아동들을 지원하는 일련의 서비스와 인력들을 묘사하는 개념이다(Glasby, 2016: 388).◇95 산업화가 이루어지기 전에는 돌봄의 책임은 가족과 교회 등의 자선단체가 지고 있었다. 그러나 산업화가 진행됨에 따라 돌봄은 가족과 교회의 영역을 넘어 국가와 사회가 책임을 지는 영역으로 전환되었다. 사회적 돌봄의 모델은 국가별로 역사적, 사회적 상황에 따라 다르게 나타난다(Österle and Rothgang, 2010).◇96 북유럽 국가에서는 국가의 관리 하에 보편적이고 공적인 서비스가 제공되지만 남유럽 국가에서는 가족중심의 비공식적인 서비스가 제공된다. 독일 등 보수주의 국가에서는 조합들로 구성된 사회보험을 중심으로 돌봄이 제공되며 국가는 보충적인 역할에 머무른다. 영국은 조세에 기초하여 지방정부의 관리 하에 서비스가 제공되지만 자산조사에 따라 선별적인 서비스가 제공된다. 일본과 한국의 경우도 가족 중심의 돌봄 서비스가 제공되었지만 노인 돌봄에서 사회보험의 원리에 입각한 장기요양이 도입되었고, 보육 분야에서는 지방자치단체의 책임 하에 민간전달체계를 활용한 보육서비스가 제공된다.

사회적 돌봄의 재원으로 대부분 조세를 재원으로 공적 서비스의 공급이 이루어지며, 사회보험의 원리를 적용한 장기요양을 도입한 국가는 독일, 한국, 일본, 네덜란드 등의 국가이다. 또한 전달체계로는 재가서비스와 결합한 지역사회를 중심의 돌봄 서비스를 제공하고 있다. 돌봄의 사회화가 이루어지고 있다고 하더라도 가족 돌봄의 장점도 함께 활용하고 있다. 독일과 프랑스에서 돌봄의 사회화가 이루어졌지만 가족 돌봄의 중요성을 포기하지 않았고, 스웨덴과 같은 공적 돌봄 서비스를 제공하는 국가에서도 가족의 역할을 고려하고 있다(Österle and Rothgang, 2010: 384-385).◇97 예를 들어 독일은 장기요양의 서비스 제공자가 가족이 될 수 있도록 하고 있다. 특히, 노인들은 당뇨, 관절염, 심근경색, 치매 등 만성 질환을 앓고 있는 경우가 많기 때문에 보건의료와 돌봄 서비스를 더 많이 필요로 하게 된다. 사회적 돌봄은 다양한 형태로 제공되는데 65세 이상의 노인이거나 65세 미만이라도 독립적 생활능력의 유무를 기준으로 장기적인 돌봄이 필요한 사람들에게 장기요양 서비스를 제공할 수 있다.

노인들은 자신이 거주하던 동네가 익숙하기 때문에 거주하는 지역 사회에서 민간-공공의 복지자원의 연계를 통한 촘촘한 노인복지서비스 전달체계를 구축하는 것이 필요하다. 특히 다양한 서비스 전달기관의 연계를 통하여 서비스 전달의 효과성을 제고하고 인구구조의 변화에 따라 노인 단독가구의 필요에 맞춘 통합적 서비스를 제공할 필요가 있다. 이와 관련하여 노인돌봄서비스의 전달체계를 살펴보면 미국은 보건인적서비스부(Department of Health and Human Services, DHHS) 내에 연방노인청(Administration of Aging)을 두고 있고, 연방정부 부서간 노인복지 정책조정, 주정부의 복지기획 심사 및 보조금의 배분·관리 업무를 담당하고 있다[노인복지법 제2장(TITLE Ⅱ) 제201조(a)]. 2012년에는 지역사회 중심의 돌봄을 위하여 노인과 장애인에 대한 지역사회 돌봄 업무를 통합조정하기 위하여 지역사회생활청(the Administration for Community Living: ACL)을 설립하고 노인청(the Administration on Aging), 장애인청(the Office on Disability), 지적 및 발달장애청(the Administration on Intellectual and Developmental Disabilities: AIDD)의 업무를 통합하도록 하였다. 또한 노인복지서비스전달체계는 '노인 네트워크(aging network)'로 대표되는데 보건인적서비스부내에 연방노인청(AoA)을 두고 각 주에는 노인국(State Units on Aging, 'SUAs'), 그리고 지역단위의 지역노인기관(Area Agencies on Aging, 'AAAs')을 두고, 지역사회 중심의 포괄적이고 조정된 서비스 연계망(comprehensive and coordinated services network)을 구축하고 있다.◇98

둘째, 프랑스는 중앙단위의 정부부처는 자주 바뀌지만 부처 내에 가족·노인·자율성 담당 국무차관을 두고, 노인들에게 소득보장을 담당하는 개별자율성수당(APA: Allocation Personalisée d'Autonomie)을 운영하는 기금(Caisse)을 설치하고 있다. 또한 노인복지 전달의 책임은 지방정부인 데빠흐뜨멍(département)이 담당하고 지역정보조정센터(la maison d'information et coordination locale)를 통하여 사례관리 및 통합적 서비스를 제공하고 있다. 셋째, 독일은 연방정부 차원에서 소득보장은 연방노동사회부(Bundesministerium für Arbeit und Soziales), 의료보장은 연방보건부(Bundesministerium für Gesundheit), 사회서비스는 가족·노인·여성·청소년부(Bundesministerium für Familie, Senioren, Frauen und Jugend)가 담당하지만 연방정부의 역할은 제한적이며 공공부조 및 사회서비스 영역에서는 주가 연방정부와 정책형성을 공유할 뿐 아니라 정책집행을 책임진다. 보건 및 요양서비스의 경우 노동사회부 산하에 사회보험청(Bundesversicherungsamt)을 두고 실행하고, 중앙정부가 감독하며, 공적부조, 사회활동, 주거서비스는 지방정부가 담당하고 있다. 실제적인 서비스의 전달은 민간복지단체 연합회 또는 영리기관을 통하여 수행된다.

넷째, 영국의 경우 19세기 후반부터 자선조직협회(Charity Organisation Society)를 중심으로 개인에게 특정한 지원을 위하여 욕구를 평가하는 사례관리(case management) 방식이 도입되었고, 다른 한편 빈곤을 개인문제로 보지 않고 사회적 요인을 중시하며 지역사회에 권한을 부여하는 지역 개발적 접근방식이 나타났다. 이러한 돌봄의 두 가지 접근방법은 1968년 영국의 시봄(Seebohm) 보고서에 반영되었고, 지방정부에 사회서비스국을 설립하고, 아동과 노인들에게 필요한 돌봄 서비스를 제공하도록 하였다(Glasby, 2016).◇99 한편, 1990년대 이후에는 돌봄 서비스에도 수요자 중심적인 접근방식을 도입하여 사회복지사들이 요부조자의 필요에 따라 공공, 민간, 제3섹터 등의 다양한 영역으로 서비스를 구매할 수 있도록 관리적 기능을 강화하였다. 지방정부는 돌봄법(the Care Act)을 통해 보건 및 돌봄 서비스의 통합적 제공, 노인복지서비스에 대한 정보제공, 서비스의 다양성 및 품질의 제고, 지역사회 내의 서비스 제공자들 간의 협력 조정의 역할을 부여받고 있다. 서비스 품질관리 기능은 독립된 기구로서 돌봄품질위원회(care quality commission)를 통하여 수행하며, 지방정부에 사회서비스국을 설치하고 서비스의 통합 및 조정의 의무를 부과하였다.

다섯째, 일본은 고령사회대책 관련 관계 행정기관 상호 간의 조정 그리고 중요사항의 심의를 담당하는 '고령사회대책회의'가 내각부에 설치·운영되고 있고, 중앙에는 후생노동성의 노건국에서 노인복지정책을 총괄하며, 매년 '고령사회대강'이라는 고령화 백서를 발간하고 있다. 노인복지 실시는 지방자치단체에 위임되어 있으며, 노인복지법 및 개호보험법에 따라 시정촌이 노인복지의 실시 책임을 맡고, 국가 및 도도부현이 재정지원을 분담하고 있다. 노인복지 서비스의 제공은 지역사회 중심의 복지 전달체계로 사회복지사무소 및 포괄지원센터를 두고 있는데 각각 도도부현에 지역의료 및 개호의 통합적 제공을 위한 기금을 설치하고 재택의료의 충실을 위한 사업을 실시하고 있다.

한국의 경우에도 고령화에 따라 노인들이 예방적 및 생애주기별 위험에 대응한 고품질의 사회서비스를 제공받을 수 있도록 돌봄을 제도화할 필요가 있다. 노인장기요양법에 의한 요양서비스는 대상이 한정적이기 때문에 전체 장기요양 수급율은 전체 노인의 6.8%(44.3만 명) 정도이고, 전체 65세 이상 노인인구 657만 명('15년) 중 장기요양을 포함한 돌봄 서비스를 제공받고 있는 노인은 10.8%에 불과하다.◇100 지역사회 중심의 노인복지 기획과 포괄적이고 조정된 노인복지 서비스 전달체계 구축을 위하여 시도와 구시군의 장에게 권한을 위임하고 적합한 역할을 배분할 필요가 있다. 구시군의 장에게 노인의 필요에 대한 조사를 바탕으로 돌봄 계획과 사례관리 기능을 강화하고, 독립적 생활이 어려운 노인들에게는 긴급적인 복지조치를 인정하는 한편, 일반 노인들은 영양지원, 보건 및 건강관리, 재가 및 시설에서의 노인요양서비스, 노인일자리, 주거서비스, 사회참여 및 문화·여가 등의 지원 서비스를 제공받을 수 있도록 체계를 정비하여야 한다.

한국의 사회서비스 제공기관은 영리형 기관들이 많고 영세할 뿐만 아니라 정부의존도가 크고 종사자의 처우수준도 열악한 실정이다. 돌봄 서비스의 품질 제고와 소비자의 권리 증진을 위하여 사회서비스 분야에서도 시장경쟁의 효과와 사회적 영향을 함께 고려하는 대규모 사회경제적 조직이 형성될 수 있도록 환경을 조성할 필요가 있다. 이를 위하여 사회적 경제 주체들의 집단화, 사회서비스의 상품화 또는 인증제를 통한 사회서비스 브랜드의 도입, 사회서비스 분야의 민간재원의 조달을 위한 사회직 금융(Social Finance)의 도입, 혁신적 사회적 기업가(social entrepreneurship)의 육성 등이 필요하다. 또한, 사회서비스의 가격체계를 소득을 중심으로 한 단일한 부과체계로 개편하여 사회적 돌봄 서비스의 적정 가격이 형성될 수 있도록 하고, 바우처를 통한 선택이 원활하게 이루어질 수 있도록 사회서비스 제공기관의 품질에 대한 정보를 소비자에게 제공하고 사회서비스 품질관리를 위한 독립된 평가기구를 설립할 필요도 있다. 현재 한국은 보육과 노인장기요양 서비스를 영리적 서비스 제공기관을 통하여 제공하고 있지만 사회적 금융을 활용한 제3섹터, 공공기관에 의한 서비스 제공 등 다양한 서비스 제공기관들이 경쟁하도록 함으로써 돌봄 서비스의 공공성과 서비스 품질을 향상시킬 수 있다. 한편, 돌봄의 사회화가 되더라도 가족 돌봄의 가치를 간과할 수 없기 때문에 가족이 실질적으로 돌봄을 담당하는 경우 소득지원이 될 수 있도록 할 필요가 있다.

제 10 절 | 주거정책

주거정책(housing policy)이란 사람이 살아가는 주거에 대한 정책을 말한다. 주거는 개인이 복지의 영역에서 큰 비중을 차지하고 있지만 보건, 교육, 기타 사회서비스에 비하여 정부의 직접적 개입은 덜 중요한 편이다. 19세기까지는 자유방임의 원칙에 따라 주택과 토지를 소유한 귀족이나 부유한 자본가를 제외하고는 대부분의 서민들은 주택을 임차하여 거주하고 있었지만 산업화에 따라 도시노동자가 늘어나고, 제2차 세계대전 이후 복지국가를 통한 재건사업을 통하여 주거정책이 본격화되었다(Fahey and Norris, 2010: 479-480).◇101 그러나 주거정책은 보건, 교육 등 다른 사회정책에 비하여 가장 적게 탈상품화가 되었고, 1980년대 이후 복지국가의 조정기에 가장 많이 삭감된 분야이기도 하다(P. Pierson, 1994).◇102

복지국가의 주거정책을 분류하는 기준으로는 첫째, 거주형태(housing tenure)에 따라 분류하면 복지국가 이전에는 주거의 형태가 불안정한 임차였지만 복지국가 이후에는 주거소유로 전환되었다. 특히 영미 국가에서는 개인주의적 전통 때문에 집을 소유하는 경향이 강했고, 이러한 주택소유의 경향 때문에 복지국가의 발전이 제한되기도 하였다(Olsen, 2013: 335-336).◇103 그러나 집단주의적 경향이 강한 유럽대륙의 국가에서는 집을 소유하는 비중을 낮추고 사회적 주거(social housing)를 통하여 복지국가에 보다 많은 투자를 할 수 있었다(Conley and Gifford, 2006).◇104 그러나 여기에 대하여 남유럽 국가에서는 대부분 주택을 소유하고 있는데, 주택의 소유 여부가 반드시 복지국가의 지출에 결정적인 영향을 미치는 것이 아니며, 유럽대륙의 국가에서도 공공정책을 통하여 주택의 소유비중을 증가시켰다고 비판하는 입장도 있다(Castles, 1998).◇105 둘째, 주거정책의 전체적인 네트워크를 통하여 분석하는 입장으로서 스칸디나비아 국가는 국가기획, 주거시장에 대한 규제, 보편적이고 단일한 주거시장을 강조함으로써 포괄적인 주거정책을 추진하는데 비하여 영미국가에서는 정부의 규제를 최소화하면서 사적인 시장과 금융을 통한 선별적 주택정책을 특징으로 한다(Heady, 1978).◇106 영미국가에서 정부개입에 의한 주택정책은 주로 저소득층을 대상으로 한다. 주택시장의 유형과 관련하여 집합적인 주거정책을 추진하는 국가들은 정부의 규제 하에 하나의 단일한 주택시장을 운영하며, 비영리 공공기관도 민간의 회사와 함께 직접적으로 경쟁하지만, 선별적인 주거정책을 추진하는 국가들에서는 민간회사들이 경쟁하는 보통의 민간 주택시장과 정부의 규제 하에 비영리 기관들에 의하여 운영되는 공공주택시장으로 이원화되어 있다(Kemeny, 1995).◇107

주택정책의 수단으로는 ① 소득지원 프로그램으로서 주거 수당(housing allowances), ② 사회서비스로서 사회적/공공 주거(social / public housing), ③ 사회적 입법으로서 임대료 규제(rent control)로 나누어 볼 수 있다(Olsen, 2013: 338-340).◇108 첫째, 주거에 대한 소득지원의 대표적인 유형으로 주거수당을 들 수 있는데, 저소득 가정, 청년, 아동이 있는 가족, 장애인, 연금수급 노인들에게 제공되며, 소득 중 주거에 지출되는 비용을 줄이는 역할을 한다. 한편, 소득수준에 따라 차등적인 임대료를 부과하고 세제혜택을 부여하는 소득지원의 형태를 묵시적 주거수당으로 부르기도 한다. 둘째, 사회서비스 형태의 주거정책으로는 국가나 공공기관이 직접적으로 주거서비스를 제공하는 사회적 주거(social housing)와 중앙정부와 지방정부 수준에서 주택을 소유하고 임대하는 공적 주거(public housing)가 있다. 영국에서는 지방정부에 의하여 운영하는 주거를 시청 주거(council housing)로 부르기도 한다. 복지국가의 황금기에는 사회적 주거가 민간에 의한 주택공급보다는 비중이 낮지만 20~30% 정도의 수준이었는데 신자유주의적 복지국가의 개혁과정을 거치면서 점차 축소되어 가고 있다. 셋째, 사회적 규제로서 임대료 규제는 임차인을 보호하기 위하여 임대료를 규제하는 것이다. 임대시장이 큰 스웨덴, 독일, 네덜란드 등에서 임대료에 대한 보다 엄격한 규제가 있지만 영미국가에서는 물가상승이나 유지수선에 따른 비용 상승 등을 감안하여 임대료 인상을 허용하고 있다.

주거에 대하여 OECD 주요 국가의 GDP 대비 공적 사회지출(Public Social Expenditure)를 살펴보면 영국은 1980년대 초에 주거에 대한 공공사회지출이 급격하게 증가하였고, 등락을 반복하다가 2008년 금융위기 이후 다시 증가하였다가 감소하고 있으며 전체적으로 높은 수준의 주거에 대한 공공사회지출을 유지하고 있다. 영국의 공공 주거정책은 제1차 세계대전 이후 참전 노동자들에게 지방정부가 주택을 공급하고, 임대료 규제를 강화함으로써 시작하였으며, 제2차 세계대전 이후 베버리지 복지국가의 영향으로 지방정부를 중심으로 계획적인 신도시와 주택공급을 확대하여 주택보급율도 대폭 확대되었다(Mullins, 2016: 381-382).◇109 그러나 1980년대 이후 신자유주의적 개혁으로 기존의 지방정부 소유의 주택을 임차인에게 매매하였고, 사회적 주택의 관리기능도 국가에서 비영리의 제3섹터 기관으로 이양되었다. 이러한 민영화 조치에도 불구하고 주거에 대한 공공사회지출은 오히려 증가하고 있는 것이다.

프랑스도 1980년대 초 주거에 대한 공공사회지출을 증가시킨 이후 GDP 대비 0.6~0.8% 사이에서 큰 변화 없이 유지하고 있다. 스웨덴은 1990년대 중반 이후 주거에 대한 공공사회지출을 지속적으로 축소하고 있다. 미국은 OECD 평균과 유사한 수준에서 주거에 대한 공공사회지출이 이루어지고 있고, 일본은 0.2% 이하로 낮은 수준에 머물러 있으며, 한국은 2014년 주거급여법의 제정으로 본격적으로 주거급여에 관한 통계를 작성하게 되었다.

그림 8-23 주거에 대한 GDP 대비 공공사회지출(OECD)

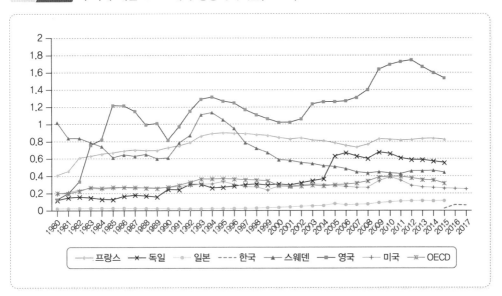

출처: OECD Social Expenditure Database (SOCX), Housing

한편 주거정책의 관대성을 나타내는 주거수당을 받는 가구의 비중(2014년)을 살펴보면 핀란드, 아일랜드, 프랑스의 경우 소득 하위 5분위의 50% 정도가 주거수당을 받고 있고, 스웨덴과 영국은 30% 정도가 주거수당을 받고 있다. 한편, 프랑스와 영국에서는 소득 3분위의 17.8%, 13.2%가 주거수당을 받고 있어 저소득층뿐만 아니라 중위소득층에게도 상대적으로 주거정책이 관대하다고 볼 수 있다.

그림 **8-24** 주거수당을 수령하는 가구의 비중(2014)

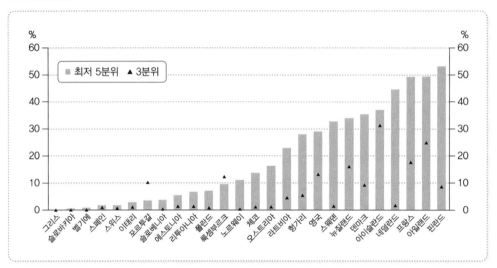

출처: OECD, Affordable Housing database, Figures PH3.1.1 and PH3.3.1, http://www.oecd.org/social/affordable-housing-database.htm. Barker, A. (2019), "Improving well-being through better housing policy in New Zealand", OECD Economics Department Working Papers, No. 1565, OECD Publishing, Paris, https://doi.org/10.1787/888933949708, p. 31.

거주할 집이 없는 것(homelessness)은 빈곤의 가장 심각한 경우이다. 다른 사회정책도 필요하지만 집이 없는 사람(홈리스)에게는 주거를 마련해 주는 것이 가장 중요하다. 주거정책에서 홈리스는 두 가지로 정의할 수 있는데, 절대적인 홈리스의 개념은 어떤 안식처나 피난처도 없는 사람들을 말하는 것으로 거리나 공공장소에서 숙식을 해결하는 경우이다. 한편, 상대적인 홈리스는 친척이나 시설 수용 등 다른 유형의 피난처가 있지만 주거가 불안정한 경우를 말한다(Olesn, 2013: 338-339).◇110 홈리스에 대한 주거정책은 절대적 홈리스 뿐만 아니라 상대적 홈리스 등에게도 안정적 주거를 제공하도록 주거권의 법제화가 논의되고 있다. 특히 북유럽의 국가들은 주거권을 법제화하고 사회정책에서 주거 우선의 정책을 제시하고 있다. 그러나 영미권의 국가들에서는 주택의 소유가 우선시되고, 홈리스들에게 적극적으로 조치를 취하지 않음으로써 거리에서 홈리스들이 늘어나고 빈곤의 악순환으로 이어지고 있다. 영국에서의 홈리스에 대한 주거대책은 구직활동과 주거제공을 연계시키고, 지방자치단체와 사회적 기업에 위탁하여 사회적 주거를 제공하고 있다(Mullins, 2016: 382-383).◇111

한국의 주거정책도 주거의 소유권을 중시하는 문화이기 때문에 다른 사회정책에 비하여 상대적으로 뒤처져 있다. 주거복지 관련 사업으로 공공임대주택 및 공공분양주택 공급, 주택자금 및 전세자금 융자, 주거급여, 주택 바우처와 같은 임대료보조, 기타 주택개량 사업으로 저소득층 에너지 효율개선, 슬레이트 처리지원, 농어촌주택 개량자금 등이 있다(이세진, 2013).◇112 공공분양주택 공급사업은 저소득층을 위한 주택의 소유권을 제공하기 위한 사업이지만 집을 장만하는데 막대한 자금이 소요되고, 장기간 이자와 비용부담을 져야 하므로 극빈층에게는 활용되기 어렵고, 공공임대주택 공급도 관리비에 대한 적정한 수준의 통제, 주거급여 등을 제공하지 않는 경우 많은 비용을 주거에 지출하게 되어 기본적인 생활수준을 유지하기 어렵다. 영미 국가와 같이 주거시장이 양극화되어 있는 경우는 수도권과 대도시에는 민간주택시장을 통하여 고급주택들이 공급되고, 공공주택의 경우는 주로 토지주택공사를 통하여 아파트 형태로 공급되며, 도시 변두리나 공공택지 개발이 있는 경우 일부분을 활용하여 공공임대주택을 공급하고 있다. 한국은 저출산 문제의 해결을 위하여 공공임대주택 중 최저소득계층을 위한 영구임대주택, 신혼부부·사회초년생 등을 위한 주거가 제공되고 있으나 전용면적 40㎡ 미만의 소형 주택이 거의 대다수이다(장경석·박인숙, 2019).◇113 저소득층에 주거에 관한 소득을 지원하는 주거급여의 경우도 2014년 주거급여법이 제정되기 전에는 국민기초생활급여의 일부로서 제공되었으나 주거급여를 별도로 분리하여 국토교통부로 이관하였다. 주거급여는 소득인정액이 기준 중위소득의 44% 이하인 가구에게 지급하며, 임차가구의 월 임대료의 일부를 지원하는 임대료 지원금과 자가 가구의 수선을 지원하는 수선유지급여로 구성되어 있다(국회 예산정책처, 2019d).◇114 2019년 4인 가족을 기준으로 할 때 서울은 365,000원, 경기, 인천은 317,000원, 광역시는 247,000원, 기타 지역은 220,000원을 기준임대료로 정하고 있다.

유럽대륙의 경우는 주거에 대하여 국가가 관리하는 단일한 시장으로 임대료에 대한 규제가 강하고, 상대적으로 소유에 관한 개념이 약하며, 저소득층에게 주거급여를 제공함으로써 주거의 안정성을 보장하고 있으나 한국은 주거시장이 양극화되어 있고, 소유의 개념이 강하며, 주거급여의 자격도 선별적이기 때문에 저소득층의 주거문제는 해결되지 않고 있는 것이다. 우리와 사정이 비슷한 영국의 경우는 주택공사를 통하여 대규모 아파트를 공급하는 것이 아니라 지방정부를 통하여 일반주택을 중심으로 주거를 공급하였고, 1980년대 지방정부의 주택을 입주자에게 매각하는 등 시장주의적 조치가 이루어졌으나 여전히 지방정부가 관리하는 주택에 대해서는 비영리 민간단체나 사회적 기업을 통하여 주거와 빈곤의 문제를 통합적으로 해결하는 사회적경제 형태의 사회적 주거(social housing)가 활용되고 있음을 참고할 만하다.

주 석

◇1 Béland, Daniel. 2010. What is social policy?: Understanding the Welfare State. Polity. pp. 19-20.

◇2 Adema, Willem and Pauline Fron. 2019. The OECD SOCX Manual: A guide to the OECD Social Expenditure Database. pp. 8-16.

◇3 OECD 공공사회지출(SOCX)은 한국의 예산상의 사회복지지출 통계와 완전히 일치하는 것은 아니다. 예산상 사회복지지출은 사회복지 분야의 9개 부문(기초생활보장, 취약계층지원, 공적연금, 보육가족여성, 노인청소년, 노동, 보훈, 주택, 사회복지일반)과 보건 분야의 3개의 부문(보건의료, 건강보험지원, 식품의약안전)을 포함하여 총 12개의 부문으로 구성되지만 OECD 공공사회지출(SOCX)은 9가지 정책영역으로 구성된다. 구체적으로 건강보험과 노인장기요양보험에서 SOCX는 급여비 전체를 포함하지만 사회복지지출은 국고부담분만 포함되고, 주택 부문에서 SOCX는 공공임대주택건설비를 포함하지만 사회복지지출은 주택부문 전액을 포함하며, 노동부문에서 SOCX는 실업급여와 산재보험급여에 적극적노동시장관련 지출을 포함하지만 사회복지지출은 실업급여와 산재보험급여에 노동부소관세출예산과 각종 기금지출액을 포함하고, SOCX는 지방재정 복지지출을 포함하지만 사회복지지출은 이를 제외한다[진익·곽보형. 2012. 우리나라 사회복지지출 수준의 국제비교평가. 국회 예산정책처 사업평가 14-12(통권 329호). pp. 7-8.]

◇4 Castles, Francis G. and Herbert Obinger. 2007. Social expenditure and the politics of redistribution. Journal of European Social Policy, 17(3): 206-222.

◇5 OECD. 2019. Society at a Glance 2019: OECD Social Indicators, OECD Publishing, Paris. https://doi.org/10.1787/soc_glance-2019-en. pp. 106-107.

◇6 Eurostat. 2010. Social protection expenditure: tables by functions, aggregated benefits and grouped schemes-in % of the GDP(spr_exp_gdp). Last update: 06-12-2010.

◇7 Matsaganis, Manos. 2013. Benefits in kind and in cash. in Bent Greve (ed.), The Routledge Handbook of the Welfare State. Routledge Taylor and Francis Group: London and New York. pp. 87-89.

◇8 Esping-Andersen, Gøsta and John Myles. 2009. Economic Inequality and the welfare state. in Wiemer Salverda, Brian Nolan, and Timothy M. Smeeding (ed.), Oxford Handbook of Economic Inequality. Oxford: Oxford University Press. pp. 639-664.

◇9 Saraceno, Chiara. 2013. Family policies. in Bent Greve (ed.), The Routledge Handbook of the Welfare State. Routledge Taylor and Francis Group: London and New York. p. 381.

◇10 Kameman, Sh. and A. J. Kahn. 1978. Family and the idea of family policy. in idem (eds.), Family policy: Government and Families in Fourteen Countries. New York: Columbia University Press. pp. 1-16.

◇11 Haux, Tina. 2016. Family Policy. in Pete Alcock, Tina Haux, Margaret May and Sharon Wright (eds.), the Student's Companion to Social Policy. Wiley Blackwell Press. p. 413.

◇12 Dutton, Paul. 2002. Origins of the French Welfare State: The Struggle for Social Reform in France, 1914~1947. Cambridge University Press.

◇13 Lewis, J. 2009. Work-Family Balance, Gender and Policy, Cheltenham: Edward Elgar.

◇14 Hudson, John and Stuart Lowe. 2004. Understanding the Policy Process: Analyzing Welfare Policy and Practice. Bristol: Policy Press.

◇15 Adema, Willem and Pauline Fron. 2019. The OECD SOCX Manual: A guide to the OECD Social Expenditure Database.

◇16 Bradshaw, Jonathan and Naomi Finch. 2010. Family Benefits and Services. in Francis G. Castles, Stephan Leibfried, Jane Lewis, Herbert Obinger, and Christopher Pierson (ed.). The Oxford Handbook of the Welfare State. Oxford University Press. pp. 467-471.

◇17 Esping-Andersen, Gøsta. 1999. Social Foundation of Postindustrial Economics. Oxford: Oxford University Press.

◇18 이삼식·이소정. 2011. 2011년도 저출산·고령화 대응정책의 변화와 전망. 보건복지포럼, 171: 59-68.

◇19 윤홍식. 2010. 반복되는 실패, 제2차 저출산 기본계획. 복지동향, 10월호. pp. 18-26.

◇20 Sjöberg, Ola, Joakim Palme and Eero Carroll. 2010. Unemployment Insurance. in Francis G. Castles, Stephan Leibfried, Jane Lewis, Herbert Obinger, and Christopher Pierson (ed.). The Oxford Handbook of the Welfare State. Oxford University Press. pp. 421-422.

◇21 Nordlund, Madelene. 2013. Active labour market policies. in Bent Greve (ed.), The Routledge Handbook of the Welfare State. Routledge Taylor and Francis Group: London and New York. p. 118.

◇22 Sjöberg, Ola, Joakim Palme and Eero Carroll. 2010. Unemployment Insurance. in Francis G. Castles, Stephan Leibfried, Jane Lewis, Herbert Obinger, and Christopher Pierson (ed.), The Oxford Handbook of the Welfare State. Oxford University Press. p. 427.

◇23 Mortensen, Dale T. 1977. Unemployment insurance and job search decisions. Industrial and Labor Relations Review, 30(4): 505-517.

◇24 Blanchard, Oliver. 1991. Wage bargaining and unemployment persistence. Journal of Money, Credit and Banking, 23(3): 277-292.

◇25 Atkinson, Anthony B. and John Micklewright. 1991. Unemployment compensation and labor market transactions: A critical review. Journal Economic Literature, 29(4): 1679-1727.

◇26 Sjöberg, Ola, Joakim Palme and Eero Carroll. 2010. Unemployment Insurance. in Francis G. Castles, Stephan Leibfried, Jane Lewis, Herbert Obinger, and Christopher Pierson (ed.). The Oxford Handbook of the Welfare State. Oxford University Press. p. 432.

◇27 Kenworthy, Lane. 2010. Labour Market Activation. in Francis G. Castles, Stephan Leibfried, Jane Lewis, Herbert Obinger, and Christopher Pierson (ed.). The Oxford Handbook of the Welfare State. Oxford University Press. pp. 436-437.

◇28 Wilthagen, T. and F. Tros. 2004. The concept of 'flexicurity'. A new approach to regulating employment and labour markets, Transfer 10(2): 166-186.

◇29 Tros, Frank and Ton Wilthagen. 2013. Flexicurity. in Bent Greve (ed.), The Routledge Handbook of the Welfare State. Routledge Taylor and Francis Group: London and New York. pp. 128-129.

◇30 OECD. 2018. Towards Better Social and Employment Security in Korea, Connecting People with Jobs, OECD Publishing, Paris. http://dx.doi.org/10.1787/9789264288256-en. pp. 37-38.

◇31 Ibid. pp. 114-119.

◇32 Samuelson, Paul A. 1958. An Exact Consumption-Loan Model of Interest with or without the Social Contrivance of Money. Journal of Political Economy, 66(6): 467-482.

◇33 이준구·조명환. 2016. 재정학(제5판). 문우사. pp. 290-291.

◇34 Hinrichs, Karl and Julia F. Lynch. 2010. Old-Age Pensions. in Francis G. Castles, Stephan Leibfried, Jane Lewis, Herbert Obinger, and Christopher Pierson (ed.).

The Oxford Handbook of the Welfare State. Oxford University Press. pp. 355-357.

◇35 Anderson, Karen M. and Traute Meyer. 2003. Social Democracy, Unions, and Pension Politics in Germany and Sweden. Journal of Public Policy, 23(1): 23-54.

◇36 양재진. 2018. 공적 연금. 안병영외. 복지국가와 사회복지정책. 다산출판사. p. 428.

◇37 Anderson, Karen M. and Traute Meyer. 2003. Social Democracy, Unions, and Pension Politics in Germany and Sweden. Journal of Public Policy, 23(1): 23-54.

◇38 Myles, John and Paul Pierson. 2001. The Comparative Political Economy of Pension Reform. in Paul Pierson (eds.) The New Politics of Welfare State. Oxford: Oxford University Press.

◇39 Hinrichs, Karl. 2013. Old age and pensions. in Bent Greve (ed.) The Routledge Handbook of the Welfare State. Routledge Taylor and Francis Group: London and New York. pp. 361-362.

◇40 순소득대체율(The net replacement rate)은 개인의 순 연금급여를 소득세와 사회보장 기여금 등을 제외한 은퇴 전 순소득으로 나눈 값을 말하고, 총소득대체율은 총 연금소 득을 은퇴 전의 총소득으로 나눈 값을 의미한다.

◇41 국민연금은 급여액은 연간 기본연금액 = 1.2 × (A값 + B값) × (1 + 0.05 × n)으로 산 출되는데 상수 값인 1.2는 소득대체율이 40%일 경우이며, 소득대체율이 70%일 때 (1998년 이전)는 상수 값으로 2.4를 곱하였고, 소득대체율이 60%일 때(1999~2007)는 1.8을 곱하였다.

◇42 Baggott, Rob. 2016. Public Health. in Pete Alcock, Tina Haux, Margaret May and Sharon Wright (eds.), the Student's Companion to Social Policy. Wiley Blackwell Press. p. 358.

◇43 Kraft, Michael E. and Scott R. Furlong, 2015. Public Policy: Politics, Analysis, and Alternatives. Sage: CQ Press. p. 261.

◇44 Baggott, Rob. 2016. Healthcare. in Pete Alcock, Tina Haux, Margaret May and Sharon Wright (eds.), the Student's Companion to Social Policy. Wiley Blackwell Press. p. 352.

◇45 OECD. 1987. Financing health system and delivering healthcare: A comparative analysis of OECD countries. Paris: OECD.

◇46 Böhm, K., A. Schmid, R. Gotze, C. Landwehr, and H. Rothgang. 2013. Five types of OECD healthcare systems: Empirical results of a deductive classification. Health Policy, 113(3): 258-269.

◇47 OECD. 2019. Health at a Glance 2019: OECD Indicators, OECD Publishing, Paris.

pp. 104-105.

◇48 이 법은 미국의 연방주의와 개인의 자유의 가치를 수호하기 위하여 중앙집권적인 국가 기능에 반대하는 비판에 직면하여 기존의 프로그램을 보완하고 최대한 의료서비스의 범위를 확대하는 것이어서 복잡한 구조를 지니고 있다. 대표적으로 극빈층과 장애인에 대한 메디케이드와 아동의료보험 프로그램을 확대하고 주별로 통일성을 확보하고자 하였으며, 의료보험의 미가입자에 대하여 고용주와 공공프로그램을 통하여 최소한의 의료서비스가 제공되도록 지원하고, 중하위 가정에 대하여 보험료의 지원, 중소기업의 의료보험에 대한 세금 지원 등을 포함하고 있다.

◇49 OECD. 2019. Health at a Glance 2019: OECD Indicators, OECD Publishing, Paris, pp. 107-108.

◇50 포괄수가제(Diagnosis-Related Group: DRG)는 서비스별로 병원에 비용을 지불하는 대신에 각각의 입원에 대하여 환자의 특정 질환의 진단에 따른 표준적인 비용의 크기에 따라 포괄적으로(lump sum) 비용을 지불하는 방식이다. 환자가 하나의 질환으로 입원하여 치료 후 퇴원하기까지 모든 서비스를 하나의 비용으로 지불하는 방식이다 (Bodenheimer, Thomas and Kevin Grumbach. 2016. Understanding Health Policy: A Clinical Approach. McGraw Hill Education: Lange. p. 41.) 포괄수가제는 1983년 미국 뉴저지(New Jersey)에서 시작되었고, 연방차원에서 메디케이드(Medicaid)에 채택된 이후 다른 주로 확산되었다. 포괄수가제의 효과에 대하여 초기에는 의료지출의 감소효과가 있었으나 병원들이 민간 의료보험회사에 비용을 전가함에 따라 전체적인 의료비용의 축소 효과는 그다지 크지 못한 것으로 나타났다(Bodenheimer et al. 2016. p. 110). 또한 최초로 이 제도를 도입한 뉴저지 주에서도 정치적 논쟁을 거친 다음 포괄수가제를 폐지한 바 있다. 포괄수가제의 성공 여부는 전체적으로 병원의 의료비용을 줄일 수 있는 사각지대를 방지할 수 있는지 여부에 달려있다고 할 수 있다.

◇51 Wendt, Claus. 2013. Healthcare of the Welfare State. in Bent Greve (ed.), The Routledge Handbook of the Welfare State. Routledge Taylor and Francis Group: London and New York. pp. 352-355.

◇52 OECD. 2017. Tackling Wasteful Spending on Health, OECD Publishing, Paris. http://dx.doi.org/10.1787/9789264266414-en.

◇53 Greener, Ian. 2009. Healthcare in the UK: Understanding Continuity and Change. The Polity Press.

◇54 Baggott, Rob. 2016. Public Health. in Pete Alcock, Tina Haux, Margaret May and Sharon Wright (eds.), the Student's Companion to Social Policy. Wiley Blackwell Press; Freeman, Richard and Heinz Rothgang. 2010. Health. in Francis G. Castles, Stephan Leibfried, Jane Lewis, Herbert Obinger, and Christopher Pierson (ed.),

The Oxford Handbook of the Welfare State. Oxford University Press. p. 374.

◇55 Freeman et al. ibid. p. 375; Bodenheimer, Thomas and Kevin Grumbach. 2016. Understanding Health Policy: A Clinical Approach. McGraw Hill Education: Lange.

◇56 여기서 수가란 건강보험공단과 환자가 의사나 약사 등의 의료서비스 제공자에게 의료행위에 대해 제공하는 비용으로서 치료원가와 의사·간호사 등 보건의료인의 인건비와 전기료 등 의료기관 운영비 등을 포함하여 결정한다.

◇57 Berghman, Jos, Annelies Debels, and Ine Van Hoyweghen. 2013. Prevention: The Cases of social security and healthcare. in Bent Greve (ed.), The Routledge Handbook of the Welfare State. Routledge Taylor and Francis Group: London and New York. pp. 52-53.

◇58 Baggott, Rob. 2016. Public Health. in Pete Alcock, Tina Haux, Margaret May and Sharon Wright (eds.), the Student's Companion to Social Policy. Wiley Blackwell Press. pp. 360-362.

◇59 Wilensky, Harold L. 1975. The Welfare State and Equity: Structural and Ideological Roots of Public Expenditures. Berkeley: University of California Press; Busemeyer, Marius R. and Rita Nikolai. 2010. Education. in Francis G. Castles, Stephan Leibfried, Jane Lewis, Herbert Obinger, and Christopher Pierson (ed.). The Oxford Handbook of the Welfare State. Oxford University Press. p. 495.

◇60 Heidenheimer, Arnold J. 1973. The politics of public education, health and welfare in the USA and Western Europe: How growth and reform potentials have differed. British Journal of Political Science, 3(3): 315-340.

◇61 Giddens, Anthony. 1998. The Third Way: The Renewal of Social Democracy. Polity.

◇62 Busemeyer, Marius R. and Rita Nikolai. 2010. Education. in Francis G. Castles, Stephan Leibfried, Jane Lewis, Herbert Obinger, and Christopher Pierson (eds.), The Oxford Handbook of the Welfare State. Oxford University Press. pp. 495-503.

◇63 Erikson, Robert and Jan O. Jonsson. 1996. Introduction: Explaining class inequality in education: The Swedish test case, in Robert Erikson and Jan O. Jonsson. (ed.), Can Education Be Equalized? The Swedish Case in Comparative Perspective. Boulder, CO: Westview, pp. 1-63.

◇64 West, Anne. 2016. Education in Schools. in Pete Alcock, Tina Haux, Margaret May and Sharon Wright (eds.), the Student's Companion to Social Policy. Wiley Blackwell Press. p. 366.

◇65 OECD. 2018. Education at a Glance 2018 − Indicator C1 − http://dx.doi.org/10. 1787/eag-2018-en.

◇66 Kraft, Michael E. and Scott R. Furlong, 2015. Public Policy: Politics, Analysis, and Alternatives. Sage: CQ Press. p. 261.

◇67 강윤호·민기·전상경. 2015. 현대지방재정론. 박영사. p. 505.

◇68 West, Anne. 2016. Education in Schools. in Pete Alcock, Tina Haux, Margaret May and Sharon Wright (eds.), the Student's Companion to Social Policy. Wiley Blackwell Press. p. 366.

◇69 Ibid. p. 370.

◇70 Bahle, Thomas, Michaela Pfeifer, and Claus Wendt. 2010. Social Assistance. in Francis G. Castles, Stephan Leibfried, Jane Lewis, Herbert Obinger, and Christopher Pierson (ed.). The Oxford Handbook of the Welfare State. Oxford University Press. pp. 448-449.

◇71 Harris, Bernard. 2016. Nineteenth-Century Beginnings. in Pete Alcock, Tina Haux, Margaret May and Sharon Wright (eds.), the Student's Companion to Social Policy. Wiley Blackwell Press. p. 114.

◇72 Bahle, Thomas, Michaela Pfeifer, and Claus Wendt. 2010. Social Assistance. in Francis G. Castles, Stephan Leibfried, Jane Lewis, Herbert Obinger, and Christopher Pierson (eds.), The Oxford Handbook of the Welfare State. Oxford University Press. p. 450.

◇73 Eardley, Tony, Jonathan R. Bradshaw, John Ditch, Ian Gough, and Peter Whiteford. 1996. Social assistance in OECD countries: Synthesis report(Research report, 46). London: HMSO. Department of Social Security; Bahle, Thomas, Michaela Pfeifer, and Claus Wendt. 2010. Social Assistance. in Francis G. Castles, Stephan Leibfried, Jane Lewis, Herbert Obinger, and Christopher Pierson (eds.), The Oxford Handbook of the Welfare State. Oxford University Press. p. 450.

◇74 Gough, Ian, Jonathan R. Bradshaw, John Ditch Tony Eardley, and Peter Whiteford. 1997. Social assistance in OECD countries. Journal of European Social Policy, 7(1): 36-37.

◇75 Pierson, Paul. 2001. Coping with permanent austerity: Welfare state restructuring in affluent democracies. in Paul Pierson. (ed.) The New Politics of Welfare State. Oxford: Oxford University Press. pp. 410-456.

◇76 Bahle, Thomas, Michaela Pfeifer, and Claus Wendt. 2010. Social Assistance. in

Francis G. Castles, Stephan Leibfried, Jane Lewis, Herbert Obinger, and Christopher Pierson (eds.), The Oxford Handbook of the Welfare State. Oxford University Press. p. 458.

◇77 Béland, Daniel. 2010. What is social policy?: Understanding the Welfare State. Polity. pp. 30-32.

◇78 Dryzek, John S. and Patrick Dunleavy. 2009. Theories of the Democratic State. Palgrave macmillan. pp. 210-211.

◇79 Friedman, Milton. 1987. "The Case for the Negative Income Tax (a view from the right)". in Kurt Leube (ed.). The Essence of Friedman. Hoover Institution Press: 57-68.

◇80 van Parijs, Philippe. 1995. Real Freedom for All: What if Anything Can Justify Capitalism? Oxford: Oxford University Press.

◇81 McKay, Stephan and Karen Rowlingson. 2016. Income Maintenance and Social Security. in Pete Alcock, Tina Haux, Margaret May and Sharon Wright (eds.), the Student's Companion to Social Policy. Wiley Blackwell Press. pp. 340-341.

◇82 국회 예산정책처. 2019d. 공공부조제도의 현안 및 재정소요 추계.

◇83 소득인정액 = 소득평가액 + 재산의 소득환산액,
　　* 소득평가액 = 실제소득(근로소득, 사업소득, 재산소득, 이전소득을 합산) − 가구특성
　　별 지출비용(장애요인, 질병요인, 양육요인, 국가유공요인으로 인한 금품) − 근로소
　　득공제 − 기타 지출비용,
　　** 재산의 소득환산액 = (재산 − 기본재산액 − 부채) × 소득환산율

◇84 근로능력이 없거나, 시설수급자 및 특례수급자, 희귀난치성질환 및 중증질환자 등의 1
　　종 수급자는 입원의 경우 본인부담금이 없고, 외래의 경우 진료별로 500~2,000원의
　　본인부담금(2019년 기준)으로 서비스를 이용할 수 있다. 2종 수급자의 경우는 입원의
　　경우 10%의 본인부담금에 외래의 경우는 2차, 3차 병원에서 15%의 본인부담금을 지
　　불하며, 1차 의원과 약국의 경우 본인부담금은 각각 1,000원과 500원으로 1종 수급자
　　와 같다.

◇85 최병근. 2017. 기초생활보장제도의 부양의무자 기준 폐지 논의 및 정책과제. 이슈와
　　논점, 제1295호. 국회 입법조사처.

◇86 Hvinden, Bjørn. 2013. Disability. in Bent Greve (ed.), The Routledge Handbook of the Welfare State. Routledge Taylor and Francis Group: London and New York. pp. 371-373.

◇87 Oliver. M. 1996. Understanding Disability Policy, Bristol: Policy Press.

◇88 Priestley, Mark. 2016. Disability. in Pete Alcock, Tina Haux, Margaret May and Sharon Wright (eds.), the Student's Companion to Social Policy. Wiley Blackwell Press. p. 439.

◇89 Goss, David, Fiona Goss, and Derek Adam-Smith. 2000. Disability and Employment: A comparative critique of UK legislation. International Journal of Human Resource Management, 11(4): 807-821.

◇90 Priestley, Mark. 2016. Disability. in Pete Alcock, Tina Haux, Margaret May and Sharon Wright (eds.), the Student's Companion to Social Policy. Wiley Blackwell Press. p. 441.

◇91 이채정. 2015. 장애인 복지사업 평가. 국회 예산정책처.

◇92 기존의 장애진단 도구가 의학적 기준에 입각하고 있다면 장애에서 근로능력과 사회적 모델을 반영한 도구로 2001년 세계보건기구(World Health Organization: WHO)가 발표한 '기능, 장애 및 건강 분류체계(The International Classification of Functioning, Disability and Health: ICF)' 지표가 있다. 이 지표는 장애인 등급제 폐지에 따른 새로운 장애판정 종합조사에 도입되었다.

◇93 Priestley, Mark. 2010. Disability. in Francis G. Castles, Stephan Leibfried, Jane Lewis, Herbert Obinger, and Christopher Pierson (eds.), The Oxford Handbook of the Welfare State. Oxford University Press. pp. 413-417.

◇94 미국의 경우에 노인과 함께 장애인에 대한 복지를 보건인적서비스부 내의 공동체 생활실(the Office of Community Living)에서 담당하고 있으며 지역사회 내에서 다양한 서비스 제공기관 간의 네트워크를 통하여 서비스를 공급하고 있다.

◇95 Glasby, Jon. 2016. Social Care. in Pete Alcock, Tina Haux, Margaret May and Sharon Wright (eds.), the Student's Companion to Social Policy. Wiley Blackwell Press. p. 388.

◇96 Österle, August and Heinz Rothgang. 2010. Long-term Care. in Francis G. Castles, Stephan Leibfried, Jane Lewis, Herbert Obinger, and Christopher Pierson (eds.), The Oxford Handbook of the Welfare State. Oxford University Press.

◇97 Ibid. pp. 384-385.

◇98 노인복지서비스의 내용을 살펴보면 지원서비스(Supportive service)와 노인복지센터(Multipurpose Senior Centers)의 운영을 통해 노인들이 가정과 지역사회에서 자립적인 주체로 살아갈 수 있도록 하고(Aging in Place), 건강(정신건강 포함), 교육과 훈련, 정보, 여가, 상담, 위탁 서비스(제321조(a)(1)), 교통서비스(transportation services) (제321조(a)(2)), 통역서비스(제321조(a)(3)), 홈-케어서비스(Home-care services) (제321

조(a)(5)), 법적 지원(제321조(a)(6)) 등의 서비스가 있다.

◇99 Glasby, Jon. 2016. Social Care. in Pete Alcock, Tina Haux, Margaret May and Sharon Wright (eds.), the Student's Companion to Social Policy. Wiley Blackwell Press.

◇100 노인 1인당 연평균 진료비는 2012년 307만 6,000원에서 2018년 456만 8,000원으로 1.5배로 올랐고 2018년 노인 진료비 총액은 31조8235억 원으로 전체 진료비의 40.8%를 차지했다.(국민건강보험공단·건강보험심사평가원. 2019. 2018년 건강보험통계연보. 연합뉴스. 2019.11.6. https://www.yna.co.kr/view/AKR20191106053700017?input=1195m)

◇101 Fahey, Tony and Michelle Norris. 2010. Housing. in Francis G. Castles, Stephan Leibfried, Jane Lewis, Herbert Obinger, and Christopher Pierson (eds.), The Oxford Handbook of the Welfare State. Oxford University Press. pp. 479-480.

◇102 Pierson, Paul. 1994. Dismantling the Welfare State? Reagan, Thatcher, and the Politics of Retrenchment. Cambridge: Cambridge University Press.

◇103 Olsen, Gregg M. 2013. Housing, housing policy, and inequality. in Bent Greve (ed.), The Routledge Handbook of the Welfare State. Routledge Taylor and Francis Group: London and New York. pp. 335-336.

◇104 Conley, Dalton and Brian Gifford. 2006. Home ownership. social insurance, and the welfare state. Sociological Forum, 21(1): 55-82.

◇105 Castles, Francis G. 1998. The really big trade-off: Home ownership and the welfare state in the New World and the Old. Acta Politica, 33(1): 5-19.

◇106 Heady, G. 1978. Housing Policy in the Developed Economy: The UK, Sweden and the US. New York: St. Martin's Press.

◇107 Kemeny, J. 1995. From Public Housing to the Social Market: Rental Policy Strategies in Comparative Perspective. London: Routledge.

◇108 Olsen, Gregg M. 2013. Housing, housing policy, and inequality. in Bent Greve (ed.), The Routledge Handbook of the Welfare State. Routledge Taylor and Francis Group: London and New York. pp. 338-340.

◇109 Mullins, David. 2016. Housing. in Pete Alcock, Tina Haux, Margaret May and Sharon Wright (eds.), the Student's Companion to Social Policy. Wiley Blackwell Press. pp. 381-382.

◇110 Olsen, Gregg M. 2013. Housing, housing policy, and inequality. in Bent Greve (ed.), The Routledge Handbook of the Welfare State. Routledge Taylor and Francis Group: London and New York. pp. 338-339.

◇111 Mullins, David. 2016. Housing. in Pete Alcock, Tina Haux, Margaret May and Sharon Wright (eds.), the Student's Companion to Social Policy. Wiley Blackwell Press. pp. 382-383.

◇112 이세진. 2013. 주거복지사업 평가. 국회 예산정책처.

◇113 장경석·박인숙. 2019. 공공임대주택 유형별 주택규모와 현황과 시사점. 국회 입법조사처.

◇114 국회 예산정책처. 2019d. 공공부조제도의 현안 및 재정소요추계. p. 10-11. 임대료 지원금은 최저주거기준과 지역별·가구원수별로 산정한 기준임대료를 상한으로 지원하되, 수급자의 소득인정액이 생계급여 선정기준보다 낮은 경우 기준임대료 전액을, 생계급여 선정기준보다 높은 경우에는 기준임대료에서 자기부담분을 제외한 금액을 지원한다.

생각해 볼 문제

① 분야별 사회정책들은 복지국가의 역사적 발전과정을 통하여 형성되었다. 국가별로 제공되는 사회정책에 차이가 있는 분야도 있고 비슷한 방향으로 수렴되는 분야도 있다. 국가별로 차이가 있다면 그 원인은 무엇인가? 국가별로 수렴되는 분야는 어떤 분야이며 수렴의 원인은 무엇인가?

② 사회정책의 다양한 분야 중 현대 복지국가에서 가장 중요하게 생각되는 정책은 무엇인가? 그 정책이 왜 중요한 지에 대하여 복지국가의 환경변화와 관련하여 설명해 보시오. 일자리와 관련된 정책의 종류를 설명하고, 적극적 노동시장 정책과 유연안정성(flexicurity) 모델의 한국 노동시장에 대한 적용가능성에 대하여 생각해 보자.

③ 각국의 보건의료제도는 어떻게 분류할 수 있는가? 의료서비스의 평등성과 품질의 향상이라는 역설적 상황에서 각국은 어떤 제도개혁을 추진하였는지를 설명하시오. 이러한 상황은 공적 연금의 경우에도 유사하게 나타나는데 연금의 보장성과 지속가능성을 조화하기 위하여 어떻게 연금개혁이 이루어졌는지를 설명하시오.

④ 사회정책의 바람직한 효과를 위하여 정책혼합(policy mix)의 아이디어가 제시되고 있다. 다양한 사회정책들 중 상호 연계적 효과를 위하여 정책혼합이 일어나고 있는 분야를 예를 들어 설명하시오.

읽을거리

분야별 사회정책을 소개하고 있는 개론서로는 「Pete Alcock, Tina Haux, Margret May and Sharon Wright. 2016. The Student's Companion to Social Policy(5th edition). Wiley Blackwell」의 "Part VIII Welfare Domains", 「Francis G. Castles, Stephan Leibfried, Jane Lewis, Herbert Obinger and Christopher Pierson. 2010. The Oxford Handbook of The Welfare State. Oxford University Press」의 "Part V Policies", 「Bent Greve(ed.). 2013. The Routledge Handbook of the Welfare State. Routledge Taylor & Francis Group: London and New York」의 "Part III Central policy areas" 와 「안병영·정무권·신동면·양재진. 2018. 복지국가와 사회복지정책. 다산출판사」 "제4부 한국 복지국가의 사회복지정책"을 참고하고, 사회정책의 국가별 비교를 위한 통계자료로는 OECD I-library(www.oecd-ilibrary.org)와 OECD 통계 DB(stats.oecd.org)에서 SOCX 자료를 참고하고, 국내 사회정책의 개요에 관한 자료들은 국회 예산정책처(www.nabo.go.kr), 입법조사처(www.nars.go.kr)의 정책보고서 등이 있다.

사회정책의 평가

9 사회정책의 평가

제1절 의 의

정책평가(policy evaluation)란 정책이 의도한 목표를 달성했는지 여부에 대하여 사후적으로 성과를 측정하고 평가하는 것을 말한다(Campbell, 1969; Nioche and Poinsard, 1985: 58-59).[1] 평가의 개념에 대하여 대안의 실현가능성을 판단하기 위한 정책분석뿐만 아니라 정책집행과 사업의 효용성에 대한 점검을 모두 포함하는 것으로 보는 견해(Rossi and Freeman, 1982: 16)[2]도 있으나, 정책분석에서 사전적인 대안의 평가는 수행한 사업의 정책효과에 대한 실제적인 평가는 아니므로 여기서는 사후적 평가로서의 정책평가를 다루고자 한다.

한편 정책평가 대신에 통제라는 개념을 사용하며 "이미 설정된 목표, 기획, 기준에 비추어 성과를 비교하고 빗나가는 것(deviation)이 있으면 시정조치를 취하는 것"으로 정의하면서 정책평가와 시정조치를 모두 포괄하는 개념을 제시하는 견해도 있다(박동서, 1997: 633-634).[3] 이 견해에 의하면 평가는 기준의 설정과 실적과의 비교를 의미하는 개념이고, 평가한 결과를 반영하여 행정개혁을 이루는 조치는 별도로 보아야 하므로 전체적으로 행정 통제라는 개념을 제시하고 있다. 여기서 시정조치는 사회정책의 정치행정시스템에서 환류(feedback loops)에 해당하는 것으로 특정 시스템의 산출 또는 결과가 다시 투입에 영향을 미치는 것을 의미한다.

사회정책에는 엄청난 재원이 투입되고 있기 때문에 실제로 의도한 목표를 달성했는지를 평가하고 개선조치를 마련하는 것은 매우 중요하다. 사회정책의 평가는 국민들의 세금이 효과적으로 집행되고 있는지를 평가하여 행정의 민주적 책임성을 확보하는 수단이기도 하다. 그렇기 때문에 정책평가의 가장 중요한 역할은 "권력자에게 진실을 말하는 것(speak truth to power)"이라고 하기도 한다 (Wildavsky, 1987).[4] 미국에서 정책분석을 비롯한 정책학이 발달하게 된 계기도 1960년대 정부 주도의 사회사업이 증가하게 된 영향이 크며 PPBS의 도입에 따라 정책 대안간의 분석과 평가를 위한 정책학의 수요가 증가하게 된 것이다 (Dror, 1967).[5] 초기의 정책학은 합리적 정책결정을 위하여 대안 간의 효율성과 효과성에 대한 양적 분석에 초점을 두었으나, 교육, 복지, 주거, 보건 등의 사회정책에 많은 정부재원들이 사용됨에 따라 사후적으로 비용편익을 분석하는 것이 점차 주목을 받게 되었다(Fisher, 1995; Bovens, Hart and Kuipers, 2008: 324).[6] 대표적으로 1960년대 저소득층 가정의 아이들에게 조기 교육을 통하여 인지능력을 향상시키기 위한 헤드 스타트(Head Start) 사업에 대하여 오하이오 대학교와 웨스팅 하우스(Westing House) 교육 회사의 사회실험적 정책평가 연구를 통하여 이 사업에 참가한 아동과 참가하지 않은 아동 간에 인지능력에 전반적으로 큰 차이가 나지 않으나 전체적으로 헤드스타트를 이수한 학생들 중에는 몇몇 인지능력 분야에서 약간의 차이가 난다는 연구 결과를 발표한 바 있다 (Westinghouse Learning Corporation and Ohio University, 1969).[7] 이 연구는 이후 보수와 진보의 정치적 이념에 따라 다른 해석을 내놓으며, 사회정책의 효과성에 대한 논쟁을 벌이게 되었다.

그러나 1970년대 후반부터 재원의 제약 때문에 정부 재정을 지출하는 사회정책에서 보다 비용효과성을 강조하는 경향들이 나타났다. 특히, 미국에서는 의회의 회계감사처(GAO)와 의회예산처(CBO) 등에서 행정부의 사업에 대해 통계적 성과지표를 포함한 정책평가를 의무화하기 시작하였고, 1990년대 성과주의 예산을 통해 더욱 확대되었다. 그러나 모든 사업에서 비용효과적인 정책평가가 수행될 수 있는 것은 아니며 정치적 순진성, 방법론적 어려움, 다양한 행위자의 이해의 차이, 결과를 그럴싸하게 과학적인 것으로 포장하는 등 부작용도 발생할 수 있다(Bozeman and Massey, 1982).[8] 정책평가를 수행하기 위한 몇 가지 기준으로 첫째, 결과변수와 관련하여 인과관계의 방향이 보다 분명한 정책과 전이효과(spillover effect)보다 더 중요하다고 생각되는 직접적 효과가 있는 정책을 평가하고, 둘째, 평가의 실효성 차원에서 단기적 편익이 요구되는 정책과 일반화가능성이 있는 정책을 평가하는 것이 보다 바람직하고, 성급한 평가와 비용과 이익이 적은 규모의 정책에 대한 평가를 피해야 하며, 셋째, 원인변수와 관련하여 효과성의 결정요인을 조작하거나 통제할 수 있는 정책을 평가하여야 하고, 정책적 개입이 분명하게 특정되지 않는 정책에 대한 효과성 평가를 피해야 하며, 넷째, 평가의 과정 및 비용과 관련하여 당사자들이 지지하고 재원마련이 가능한 평가를 고려하고 가급적 비용이 적게 드는 평가를 모색할 필요가 있다.

이처럼 사회정책의 평가는 국민의 세금이 제대로 쓰여지고 있는지에 대한 정책적 정보를 국민들에게 제공함으로써 관료제의 권력을 통제하는 역할을 수행하고, 사회정책의 재원의 비용효과성을 높일 수 있는 수단이 될 수 있으며, 사회정책이 실제 생활에 미친 영향을 강조함으로써 사회정책에 대한 국민의 체감도를 높일 수 있다.

제2절 | 정책평가의 이론

1. 정책평가의 접근방법

정책평가는 그 결과를 놓고 이념적 또는 주관적 관점에 따라 다양한 입장이 가능하기 때문에 정치적 성격을 지니고 있다. 정책평가의 과정은 객관적 분석결과를 활용하여 다양한 사회적 담론이 일어나는 논쟁의 장이며, 정책학습의 기회를 제공한다. 정책평가의 접근방법으로는 합리적 접근과 논변적 접근의 두 가지 방법을 제시할 수 있다(Bovens, Hart and Kuipers, 2008: 325-328).[9] 첫째, 합리적 정책평가(rationalistic policy evaluation)는 가치와 사실을 분리하고, 정책에 대한 객관적인 평가를 제공함으로써 정치적 압력으로부터 정책평가를 분리시키고자 한다. 이 접근방법은 실증주의에 입각하여 자연과학의 방법론을 사회정책의 평가에 적용함으로써 사실적 자료를 제공하고 정책결정의 합리성을 제고하고자 한다. 둘째, 논변적 정책평가(argumentative policy evaluation)는 정책평가에 대하여 본질적으로 정치적 현상이므로 가치중립적일 수 없다고 보며, 정책평가의 대상이 되는 사실들에는 전제로서 다양한 가치와 의미들이 포함되어 있기 때문에 합리적 의사결정이 아닌 담론을 통한 합의의 형성을 강조한다.

그러나 이 두 가지 접근방법은 상호 모순적인 것이 아니라 정책분석의 실제 과정은 과학적 방법에 따라 객관적이고 사실에 입각한 정보를 제공하도록 노력하고, 정책적 판단과정은 다양한 정책평가의 결과들을 놓고 논변적 과정을 통하여 합의를 도출하는 것으로 이해할 수 있다(Majone, 1989).◇10

정책평가의 과정은 목표달성 여부에 대한 평가기준의 설정, 성과의 관찰, 성과와 기준의 비교, 시정조치를 통하여 이루어지는데(박동서, 1997: 634),◇11 평가기준의 설정과 성과의 관찰은 보다 합리적 접근방식에 따라 이루어지고, 그러한 결과를 놓고 기준을 충족했는지 여부에 대한 판단과 기존 정책에 대하여 환류 방식을 결정하는 것은 정치적 영역으로 보다 상대적이고 논쟁적인 방법에 의하여 결정될 수 있을 것이다.

2. 성과측정

사회정책의 사업성과를 측정하는 방법으로 단순히 산출물(output)이 아니라 실제적인 결과(outcome)를 중심으로 성과를 측정하려는 노력이 강화되고 있다. 미국에서는 1990년대 이후 성과주의 행정을 정부재창조의 수단으로 활용하게 되었으며, 명확한 목표를 제시하는 대신에 재량을 부여하고, 부처별로 성과목표를 포함한 전략적 기획과 결과중심의 성과지표를 의회에 제출하도록 하였다. 또한 성과측정의 중요성이 강조되면서 다양한 성과측정 모델들이 개발되었다

(Heinrich, 2012: 42-45),◇12 대표적으로 논리모형(logical model)은 성과측정의 관련 요소로 투입, 활동, 산출, 결과들의 관련 요소들을 연결하고 각각의 요소에 설명변수로서의 정보를 논리적으로 연결함으로써 성과에 대한 질적이고 심층적인 평가가 가능하도록 하였다(Hatry, 1999; 노화준, 2015).◇13 또한, 다양한 환경적 요소, 사업의 특징, 성과를 연결하는 다층적인 통계분석을 통하여 성과분석 모델이 개발되기도 하였으며(Lynn, Heinrich and Hill, 2001; Mead, 2003),◇14 기존의 성과정보는 다소 모호하고, 주관적이고, 불완전하기 때문에 정치인과 행정관리자가 성과정보를 놓고 토론하고 학습하는 과정을 통하여 성과정보를 보다 효과적으로 활용할 수 있다는 성과정보의 상호작용적 대화 모델도 제시되고 있다(Moynihan, 2008).◇15

한편, 사회정책의 성과를 측정하기 위하여 자연과학의 원리를 사회현상에 적용한 실험적 방법이 사용될 수 있다. 초기의 사회정책의 효과성을 검증하려는 시도들은 실험적 방법을 적용하기도 하였다. 대표적으로 1965년에 미국에서 시작된 빈곤의 퇴치를 위한 취약 아동에 대한 조기 개입 프로그램인 헤드스타트(Head Start)는 주기적으로 사업의 효과성을 측정하고 있는데 1990년대와 2000년대에는 실험적 방법이 적용되기도 하였고(Boruch at al., 2017: 22),◇16 미국 테네시(Tennessee) 주에서는 학교 교실의 학생 수가 학생들의 성취에 미치는 영향을 무작위 실험을 통하여 검증한 결과 교실의 학생 수가 적을수록 높은 성취를 나타내는 것으로 확인되었다(Finn and Achilles, 1990).◇17

그러나 실험적 방법은 장기간 실험을 하는데 비용과 시간이 많이 드는 단점이 있고, 실험 참가자에게 발생하는 선택 변이(selection bias)를 효과적으로 통제하지 못할 경우 분석결과를 왜곡할 우려도 있다(Heckman, 1992).◇18 따라서 사회정책에서 일반적인 평가방법으로는 사전사후 비교, 횡단적 비교, 사회실험, 차이 내 차이 접근방법 등이 활용되고 있다(Van den Bosch and Cantillon, 2008: 297-300).◇19 첫째, 사전사후 비교방법(Method of comparison before and after)은 정책개입의 전과 후의 결과를 비교하는 방법이다. 이 방법에서는 비교적 장기간의 시계열자료를 확보하는 것이 중요한데, 긴 기간의 자료를 확보함으로써 정책개입 이외에 다른 요인들을 통제할 수 있다. 그러나 일시적인 요인이나 환경의 요구 때문에 프로그램이 도입되는 내생성을 통제할 수 없는 한계가 있다. 둘째, 횡단적 비교방법(Cross-sectional method)은 정책개입이 있는 집단과 없는 집단의 성과를 비교하는 방법이다. 사전 사후 방법의 보완적인 방법으로 활용될 수 있지만 사례 수에 비하여 비교할 변수가 많은 경우에는 자유도의 문제가 발생하므로 소수의 변수만으로 깊이 있는 묘사로 설명할 수밖에 없다. 셋째, 사회실험(social experiments)은 정책을 평가하는 가장 이상적인 방법으로서 인위적으로 실험상황을 조작한 것이 아니라 자연적인 사회적 배경 하에 무작위적으로 실험집단과 통제집단을 나눈 후 양 집단 간의 결과변수의 차이로 정책성과를 측정하는 방법이다. 이를 통하여 정책개입 변수 이외의 다양한 설명요인들을 통제할 수 있는 장점이 있지만 지리적, 공간적, 시간적인 제약이 있고, 실험에 참가하는 것이 자발적으로 일어나기 때문에 선택적 편이(selection bias)가 발생할 수 있다. 넷째, 차이 내 차이(difference in difference) 접근방법은 평가 대상이 되는 정책 프로그램에 참여한 사람과 참여하지 않은 비슷한 사람을 비교함으로써 정책의 결과를 측정하는 방법이다. 사회실험과 달리 연구자가 실험집단과 통제집단의 분리에 거의 개입할 수 없다는 점에서 보다 실험적 상황과 유사할 수 있지만 거의 동일한 통제집단을 어떻게 확보할 것인지가 문제이다.

위의 정책평가 방법을 구체적으로 적용한 사례를 살펴보면 첫째, 횡단적 비교방법을 사용한 연구로 OECD국가의 사회적 지출과 임금의 격차가 역의 관계에 있다는 평등성의 퍼즐(puzzle of egalitarianism)을 제시한 연구가 있다(Alvarez, 2001).[20] 임금격차가 커질수록 재분배를 위하여 사회적 지출이 증가하여야 하는데, 임금격차가 날수록 사회적 지출이 줄어든다는 사실을 비교연구를 통하여 발견한 것이다. 둘째, 공적인 소득이전이 근로유인에 미치는 영향에 대하여 사회실험적 연구가 진행되었는데, 공적인 소득이전이 증가하면 근로동기가 다소 줄어든다는 것을 확인하였다(Atkinson, 1993: 43).[21] 이러한 정책평가의 결과들은 학계뿐만 아니라 행정부의 정책성과를 직접적으로 감시하는 의회에서 논의의 자료로 활용될 수 있고, 다양한 정책논쟁을 불러 올 수 있다. 특히, 정부의 재정지원을 통하여 민간연구소가 장기간 수행한 보건, 교육정책의 분야에서의 사회실험은 향후 정책의 방향을 결정하는 중요한 자료로 활용되고 있다. 대표적으로 빈곤층에 대한 소득지원이 근로의 동기에 미치는 영향에 관한 사회실험 (1968~1978), 랜드(Rand) 연구소의 보건서비스의 비용 공유가 보건서비스의 이용과 건강상태에 미치는 영향에 관한 사회실험(1974~1982), 인력개발연구회사 (Manpower Development Research Corporation)의 사회적 부조인 의존이동가족지원(AFDC)의 수급자들에 대한 교육훈련과 고용서비스의 제공이 소득과 복지의존성에 미치는 영향(1975~1988)에 관한 사회실험들이 진행되었고, 그 결과에 따라 정책에 대한 사회적 논의를 불러일으키게 되었다(Weiss and Birckmayer, 2008: 810-811).◇22

한국의 경우에는 복지예산이 증가함에도 불구하고 사회실험을 통한 사회정책의 효과성에 대한 검증은 이루어지지 못하고 있으며, 학계에서 개별 사회정책에 대한 경험적 연구가 이루어지고 있다. 예를 들자면 2003년 저소득층을 시작으로 2013년 전 계층으로 확대된 보육료 지원정책과 양육수당 제공의 효과에 대하여 한국노동패널 데이터를 활용하여 준실험설계에 의하여 분석한 결과 보육료 지원정책의 보편적 확대는 기혼 여성의 취업에 긍정적 영향을 미치는 반면, 양육수당의 보편적 적용은 기혼 여성의 취업 결정에 부정적 영향을 미치는 것으로 나타났다(윤미례·김태일, 2017).◇23 또한 장애인 고용 장려금 제도가 기업의 장애인 고용에 미치는 효과를 2016년 기업체장애인고용실태조사 데이터를 활용하여 분석한 연구에서는 100인 미만 기업에서는 장려금에 따른 장애인 고용 확률이 낮은 반면, 100인 이상 기업 중 업무의 물리적 위험성이 높거나 장애인에 대한 생산성 인식이 우호적인 경우는 장려금을 통한 장애인 고용 확률이 증가한 것으로 나타났다(신가영·고길곤, 2019).◇24 정책수단의 효과에 대한 연구로서 정부의 적극적 사회복지지출과 조세지출이 빈곤 감소 및 소득재분배에 미치는 효과에 대하여 한국복지패널(서울대학교 사회복지연구소) 자료로 분석한 결과 빈곤 감소 및 소득재분배 효과에서 정부의 사회적 조세지출이 적극적 사회복지지출의 정책효과를 상쇄하는 것으로 나타났으며, 사회적 조세지출은 중산

층 이상에게 보다 혜택이 있는 것으로 나타났다(김효정, 2015).◇25

3. 정책환류와 정책학습

정책환류(policy feedback)란 정치행정 시스템의 동태적 성격을 나타내는 것으로 정책의 결과가 정책의 투입에 어떤 영향을 미치는 것을 말한다(Bardach, 2008: 339-340).◇26 정책환류의 유형으로 긍정적 환류(positive feedback)와 부정적 환류(negative feedback)가 있다. 긍정적 환류는 정책의 결과가 새로운 정책의 투입에 긍정적인 영향을 미쳐서 기존의 정책과 제도가 확대되거나 강화되는 방향으로 작용하는 것이다. 대표적으로 공동체 내에서 협력을 위한 합의를 형성하거나 경쟁적인 환경 속에서 특정한 요소가 선별적인 보유(selective retention)를 획득하거나 기존 제도의 효과성이 입증되어 수확체증의 원리에 의하여 경로의존성(path dependency)을 발생하게 되거나 시행착오를 통한 정책학습의 결과로 기존 시스템이 지니고 있던 문제가 해결되는 경우를 들 수 있다. 한편 부정적 환류는 정책결과가 정치행정시스템 내에서 부정적 영향을 미치는 것으로 환경변화에 따라 동요하거나 소극적인 힘의 균형을 유지하게 하는 것을 말한다. 예를 들어 정권이 변화함에 따라 규제정책의 정도가 달라지거나 특정한 철의 삼각형과 같은 하위 정부가 의제를 독점하여 균형을 유지하는 것을 들 수 있다.

사회정책에 관한 일련의 정책과정은 결국 정책의 수렴과 확산, 정책학습(policy learning)의 관점으로 파악할 수 있다. 정책의 수렴(convergence)이란 산업화 또는 근대화의 과정에 따라 국가들 간에 경제적, 사회적, 정치적 조직들 간의 유사성이 증가하는 것을 말하며, 정책의 확산(diffusion)은 국가, 지방정부 등을 가로질러 정책과 프로그램들이 승계 또는 연계되는 것을 말한다(Eyestone, 1977).◇27 공공정책은 사회문제를 해결하기 위한 과정이며, 정책에 대한 사회적 학습을 통하여 문제를 해결하는 것이다(Heclo, 1974).◇28 다양한 행위자들이 신념체계에 따라 정책옹호연합(policy advocacy coalition)을 형성하여 경쟁하고 서로 다른 신념체계를 지닌 전문가들이 정책 포럼을 통하여 문제와 대안들에 대하여 공적 토론을 함으로써 정책학습에 이를 수 있다(Sabatier and Jenkins-Smith, 1999).◇29 그러나 핵심 신념체계는 변화하기 어려우며, 신념체계에 대하여 헌신도가 높을수록 정책학습의 기회는 줄어들게 된다.

결국 사회정책의 평가를 통하여 긍정적 피이드백을 발생시키고 바람직한 방향으로 정책학습을 심화시키기 위해서는 사회적으로 정보의 공개와 자유로운 공론장이 형성되어야 한다. 소수에게 독점한 정책이 아니라 관심 있는 국민들에게 정책정보가 알기 쉽게 제공되고, 전문가들이 신념체계에 따라 토론하는 사회문화가 발전되어야 할 것이다.

제 3 절　　정책평가제도

복지국가의 정책과정에서 사회정책들이 정책결정, 조직화, 재원배분 등의 과정을 통해 사회적 문제를 효율적 및 효과적으로 해결하였는지를 평가하고, 그 결과를 정책과정에 다시 반영하는 것이 필요하다. 사회정책의 효율성과 효과성을 평가하는 주체로는 서비스의 수요자로서 일반 국민, 정치적 대표자인 대통령과 국회, 관료제 내에서 국무조정실, 기획재정부, 감사원 등과 같은 중앙관리기구, 그리고 부처 내에서의 자체적인 평가를 들 수 있다. 국가별로 공공서비스의 성과를 평가하고 관리하는 시스템을 마련하고, 국민이 체감할 수 있는 실질적인 평가가 되도록 노력하고 있지만 우리나라의 경우 평가 작업은 국무조정실(국무총리 국정평가위원회), 감사원, 기획재정부, 행정안전부 등 주로 행정부 내에서 이루어지고 있고, 국정평가기관이 과다하게 많은 편이며, 국민을 대표하여 국정통제의 기능을 수행하는 국회의 역할은 적극적이지 못한 편이다(박동서, 1997: 638).◇30 아래에서는 주요 국가의 정책평가제도에 대하여 살펴보고 한국의 국정평가제도의 문제점과 개선방안에 대하여 고찰하고자 한다.

1. 복지국가의 정책평가제도

미국은 20세기 초부터 시작된 행정 성과주의의 전통에 따라 목표와 성과를 연계시키고자 하는 노력을 지속적으로 기울여왔다. 1990년대에는 지방정부부터 시작된 정부재창조와 성과중심의 행정 기법을 연방정부가 수용하여 정부성과 및 결과법(Government Performance and Result Act of 1993)을 제정하고, 전략적 기획을 통하여 행정 관리자에게 재량을 부여하는 대신에 실질적인 결과에 책임을 묻는 사후적 성과평가로 전환하였다(Hilton and Joyce, 2012: 422-423).◇31 초기에는 성과정보의 제공을 의무화하고 복식부기 형태의 비용회계를 도입하는 것으로부터 시작하였으나 점차 성과관리를 위한 새로운 기법들이 개발되어 적용되기 시작하였다. 부시 행정부에서는 대통령의 행정부 예산 제안에 성과정보를 사용하도록 하고, 의회도 예산 승인 시 이를 활용하도록 독려하였으며, 중요한 대통령의 정책의제에 대하여 신호등 점수카드(녹색, 황색, 적색)를 도입하여 관리예산처(Office of Management and Budget: OMB)가 이행여부를 점검하고 각 부처의 등급을 매겼다. 또한, 사업평가등급도구(Program Assessment Rating Tool: PART)라는 설문지를 활용하여 사업의 목적과 설계(20%), 전략적 기획(10%), 사업관리(20%), 사업 결과(50%)의 항목에 따라 현장 관계자의 의견을 조사하였다. 그러나 PART는 피상적인 설문조사로서 한계가 있었고, 의회가 그러한 성과정보를 활용하는데 반감이 있어 오바마 행정부에서 중단되었고, 부시 행정부의 하향식 평가 대신에 각 부처를 중심으로 우선순위가 높은 성과목표를 관리하도록 하며, 그 평가결과를 인터넷에 공개하였다. 또한 중요한 사업에 대하여 정책평가 연구를 실시하여 실제적인 성과가 있는 여부에 대하여 조사하도록 하였다. 이러한 행정부 내에서 성과중심의 정책정보를 활용하려는 노력에도 불구하고 의회에서는 정치권력의 분포에 따라 행정부의 성과정보에 동의하는지 여부가 달라질 수 있고, 구체적인 사업 분야에서 행정성과 정보를 참고할 수 있을 뿐 구속되는 것은 아니다.

둘째, 1980년대부터 미국과 함께 신자유주의적 개혁을 추진한 영국에서도 돈의 가치(value of money)에 입각한 성과관리에 적극적이었다. 영국의 성과관리제도는 중앙집권적이고 강제적이며, 집행기관이나 지방기관이 동의한 목표나 계약을 달성하지 못한 경우에는 제재가 부과된다(Kuhlmann and Wollmann, 2014: 228-230).◇32 대표적으로 공공서비스 계약(Public Service Agreements: PSA)을 중앙행정기관에 도입하여 3년 동안의 성과목표와 성과측정의 방법 등을 포함하도록 하였다. 또한 1998년에는 포괄적 지출검토(Comprehensive Spending Review: CSR) 제도를 도입하여 PSA의 성과목표와 예산을 연계하도록 하고, 투입과 산출에 관한 지표들을 포함하도록 하였다. 또한 성과평가를 담당할 기관으로 1982년 감사위원회(the Audit Commission)를 설립하였고, 포괄적인 성과평가 도구를 통하여 지방정부의 성과를 평가하였으며, 성과가 나쁜 경우 선출된 지방정부를 해산하거나 외부전문가로 교체할 수 있도록 하였고, 성과가 우수한 지방정부에는 추가적인 재정지원의 보상이 주어지도록 하였다. 그러나 이러한 하향식의 성과평가 방법에 대하여 지방정부의 반발이 제기되었고, 믿을 수 있는 성과정보를 제공하기보다는 포장에 치중하는 부작용도 발생하였다. 또한 PSA에 의한 성과평가가 실제로 부처 내에서의 예산결정과 잘 연계되지 않는 것으로 나타났다(Hilton and Joyce, 2012: 424-425).◇33 이를 해결하기 위하여 2010년 이후 보수-자유연립 정부에서는 정부재정의 절약을 위한 프로그램을 마련하고, 정부 내 성과평가의 관료주의적 형식성을 개혁하기 위하여 감사위원회의 기능을 민간 회계회사에 이관하고 외부전문가에 성과평가를 맡기고 있다.

셋째, 독일은 연방주의적 전통에 따라 지방정부로부터 상향식으로 성과관리에 관한 제도개혁이 이루어졌다. 민간재단(Bertelsmann Foundation)과 기초지방정부협회의 도움을 받아 기존의 법적이고 과정에 중심을 둔 기초지방정부의 기능을 성과중심으로 바꾸고 산출에 관한 정보를 작성하도록 하였으며, 지방정부 내의 조직간 성과를 비교하도록 하였다(Kuhlmann and Wollmann, 2014: 235-236).◇34 초기에 기초정부에서 시작된 성과관리는 강제적인 것이 아니었으며, 실제로 지방정부의 참여가 높은 것이 아니었다. 그러나 기초정부를 감독하는 주정부가 성과정보를 활용하기 시작했고, 주정부와 연방정부의 회계기관이 비용 효과적 차원에서 성과정보를 활용함에 따라 자발적인 참여의 원칙이 변화하게 되었다. 또한 비록 의무적인 사항은 아니지만 2009년 연방 기본법(91d Grund Gesetz)에 성과비교와 벤치마킹 제도가 도입되었으며, 행정 현대화(administrative modernization)의 일환으로 의회가 성과정보를 활용하여 행정부를 통제할 수 있도록 하였다.

넷째, 프랑스는 중앙집권적 국가의 전통을 지니고 있으나 영국과 달리 국가는 선도적인 역할을 수행하지 않았다(Kuhlmann and Wollmann, 2014: 237-238).◇35 1980년대부터 지방정부에서 자발적으로 지표중심적인 성과보고서와 비용회계를 운영하고 있었으며, 다른 지방정부로 확산되고 있었다. 그러나 지방정부 간의 비교는 이루어지지 않았고, 지방정부의 성과에 대한 정보도 공개되지 않았다. 2001년에 국가예산에서도 사업과 성과목표, 계약관리, 성과평가에 기반한 포괄 예산(global budget)을 도입하고 사업관리자의 연간성과계약과 성과보고서의 제출을 의무화하는 법률(la loi organique relative aux lois de finances: LOLF 2001)이 제정되었다. 이 법에서 의회의 역할은 기본적인 임무와 예산 목표를 정하는 것으로 제한하고, 구체적인 실행은 각 부처에 위임하였다. 의회의 성과통제에 관한 권한이 제한적이고, 국가행정도 포괄 예산과 행정 분권화로 인하여 통제와 조정권한이 약화되었지만 지방정부의 중앙정부에 대한 재정의존도는 증가하였다. 무엇보다도 하향식의 성과관리제도로 인하여 성과지표에 대한 관료주의적 형식성이 나타났으며, 지방정부의 실정을 제대로 반영하지 못한다는 비판이 제기되었다(Fievet and Laurent, 2006).◇36

다섯째, 스웨덴에서는 영국에서 신공공관리 개혁이 시도되기 이전에 이미 지방정부를 중심으로 공공영역의 자발적인 성과지표에 기반한 정책평가와 자기평가의 절차가 도입되어 있었다(Kuhlmann and Wollmann, 2014: 232-233).◇37 또한 공개적이고 합의적인 정치문화를 지니고 있기 때문에 기초지방정부협회와 통계청의 협력을 통하여 지방정부의 성과정보의 수집과 비교, 결과의 공개 등이 이루어졌다. 스웨덴의 성과관리 체계의 특징은 단순히 성과정보를 수집하여 비교하는 것이 아니라 시민들의 참여에 의한 평가가 이루어진다는 점이다. 중앙정부 단위에서도 1980년대에 이미 재무부를 통해 성과정보에 관한 보고서를 도입하고 있었으나 이후 성과평가를 위한 독립된 기구(ämbetsverk)를 설립하고, 각 행정부처로 하여금 성과계약과 매년 성과보고서를 제출하도록 하였다. 또한 의회의 성과에 대한 재정 통제를 강화하여 춘계와 추계의 2차에 걸쳐 춘계 재정정책 법안(Spring Fiscal Policy Bill)과 예산법(Budget Bill)을 심의하며 재정지출 분야를 27개로 분류하여 지출한도액을 정하고 재정성과에 대하여 보고하도록 하여 의회 성과관리 통제기능을 강화하였다(Downes, Moretti and Shaw, 2017).◇38

2. 한국의 정책평가제도

(1) 일반국민

일반 국민은 정책의 수요자 또는 공동체의 시민의 자격으로 공공서비스를 정부로부터 제공받고 서비스의 품질과 대상자격에 대하여 평가하고 다양한 경로를 통하여 반영시킬 수 있다. 첫째, 선거과정에서 회고적 투표(retrospective voting)를 통하여 집권당의 사회정책의 성과에 대하여 평가를 할 수 있고, 각 정당의 새로운 대안에 대하여 전망적 투표(prospective voting)를 통하여 자신이 원하는 정책을 추진할 것으로 예상되는 후보자나 정당에 대하여 투표할 수 있다. 당선된 정당이나 후보자는 공약을 반영하여 국정과제로 집행하게 된다. 둘째, 관계법령에 의한 절차에 따라 이의신청을 하거나 행정심판이나 행정소송 등의 법적 절차를 통해 권리구제를 얻을 수 있다. 이는 관계법령상 명시적으로 규정이 있거나 해석을 통하여 당사자가 법률상의 권리를 인정받을 수 있을 때 구제를 받을 수 있다. 셋째, 국민참여 정책결정을 통하여 기존의 정책에 대하여 평가하고 정책결정이나 예산편성에 의견을 개진할 수 있다. 사회정책에 관한 기획단계에서 공청회를 개최하거나 국민참여 예산제를 통하여 의견을 개진할 수 있으나 행정청이 반드시 구속되는 것은 아니다. 넷째, 인터넷을 통하여 민원을 제기할 수 있다. 정부의 사회정책에 대하여 국민은 「민원 처리에 관한 법률」에 의하여 행정기관에 대하여 처분 등 특정한 행위를 요구할 수 있고, 소관 행정기관은 법정처리기간 내에 처리를 완료하고 그 결과를 민원인에게 문서로 통지하여야 한다(민원 처리에 관한 법률 제27조). 정책에 대한 시민참여와 사회적 소통을 강조하게 됨에 따라 대통령실을 비롯하여 정부부처마다 홈페이지에 인터넷게시판과 민원처리의 포털로서 「국민신문고(https://www.epeople.go.kr)를 운영 중이며, 청와대 홈페이지에도 국민참여 청원을 운영하고 있다. 이곳의 대부분의 민원은 국민신문고 민원과 같이 해당 부처의 담당자에게 이첩된다. 다섯째, 시민단체를 통하여 정부 정책을 감시하고 비판하며 대안을 제시할 수 있다. 시민단체(Civil Society Organizations)는 비정부조직(Non Governmental Organizations)이라고도 하며, 정부와 독립적으로 비영리적인 활동을 하는 자발적으로 결성된 조직으로 볼 수 있다(신광영, 1999).◇39 시민단체는 정부의 공공서비스 제공에 보완적인 역할을 수행하면서도 정부정책과 예산낭비에 대한 비판, 권한 남용에 대한 감시기능, 합리적인 대안을 제시함으로써 정책평가 활동과 민주적인 참여를 통하여 시민교육과 여론을 수렴하는 역할을 수행하고 있다(이윤식, 2014: 224).◇40 대표적인 시민단체의 정책평가 활동사례로는 한국유권자운동연합의 의정활동 평가, 선거참여운동, 경제정의실천연합 및 참여연대 등의 정부 및 국회의 정책에 대한 비판 및 감시활동을 들 수 있다. 한국의 사회정책 과정에서도 다양한 경로로 시민의견을 개진할 수 있으나 선거를 통하여 의견표출이 가장 강하고, 일부 시민단체의 활동과 권력 감시, 법적 소송 이외에 나머지 개인적인 참여는 행정통제에 크게 실효성이 없는 상황이다.

(2) 대의기구의 통제

대의제를 통한 통제는 국민의 대의기관인 대통령과 국회, 지방자치단체장, 지방의회를 통한 통제가 있다. 첫째, 대통령제 국가에서 대통령은 선출직으로서 관료제의 정점에 있으며 사회정책의 수행에 대한 정치적 책임을 진다. 대통령은 대통령실, 감사원, 국무조정실, 기획재정부, 행정안전부 등과 같은 제도적 평가기구를 통해서 국정전반을 일상적으로 통제할 수 있지만 시간적 제약 때문에 모든 상황에 대하여 보고받고 점검받기는 어렵다. 따라서 국무총리가 행정부를 총괄하는 지위에서 정부업무평가법에 따라 국정과제의 이행과 성과평가에 관한 업무를 담당하고 있다.

둘째, 국회는 예ㆍ결산, 법안심의, 국정감사제도를 통해 행정부를 통제한다. 의회가 사회정책에 관여하는 수준은 해당 국가의 헌법상 부여받은 제도적 권한에 따라 차이가 있다. 미국과 같이 의회가 실질적 권한을 행사할 수 있는 국가에서는 행정부의 정책적 조언과 자료를 참고하여 직접적으로 법안을 입안하고 예산을 편성할 수 있고 이를 지원하기 위한 조직으로 예산과 회계에 관한 감사기구인 회계감사처(Government Accountability Office: GAO), 입법보고서와 자료를 지원하기 위한 입법조사처(Congressional Research Service: CRS), 예산관련 정책을 지원하기 위한 의회예산처(Congressional Budget Office: CBO)를 설치하고 있다. 한국의 경우에는 국회가 예산을 직접적으로 편성할 수 없고 행정부가 편성한 예산안을 심의 확정할 수 있을 뿐이며, 정보의 제한성과 여야 정당의 협의가 어렵기 때문에 행정부와 별개로 국회 차원의 독자적인 법률을 제정하는 것도 한계가 있다. 따라서 국회의 통제 방식은 주로 위법성이나 부당한 예산 집행 여부, 집행상의 비위 및 추진상의 부진, 사업의 유사성이나 중복성 등을 중심으로 이루어지고 있으며, 감사원의 직무 및 회계감사, 언론의 보도 등 다소 비체계적인 방식에 의존하는 경향이 있다(이용준, 2005: 44-46; 이윤식, 2014: 216).◇41 국회는 정기회, 임시회의 소집을 통한 위원회의 개의(헌법 제47조), 법률안의 제출 및 심의의결(헌법 제52조 및 제53조), 예산안의 심의확정(헌법 제54조), 국채 모집 및 국가부담 계약에 대한 동의권(헌법 제58조), 조약체결 및 비준동의권(제60조), 국정조사 및 감사권(제61조), 국무총리 및 국무위원 해임건의(헌법 제63조), 탄핵소추권(헌법 제65조) 등을 통해 행정부를 견제하고 통제할 수 있다. 그러나 행정부가 법률안 제출 및 예산안 편성권이 있고 국회가 예산안을 삭감할 수 있으나 증액 또는 새로운 비목을 설치하는 경우에는 행정부의 동의를 필요로 하기 때문에 정책형성에는 상당한 제약이 있다. 일상적으로 국회가 행정부의 정책을 평가하는 방법으로는 정기회, 임시회, 국정감사 등 소관 상임위원회가 개최되는 경우 의원들이 장관에게 질의를 하는 형식이며, 이 과정에서 보좌진들이 행정부 공무원에게 자료제출을 요구한다. 또한 예결산 및 법안심의를 지원하기 위하여 국회사무처 소속의 입법관료들이 행정부에 자료의 제출을 요구하고 국회의 정책지원 조직으로 예산정책처, 입법조사처 등에서 예결산, 국정감사, 현안정책과 관련된 보고서를 발간하기도 한다. 국정감사는 국정운영 전반에 대하여 그 실태를 보다 정확히 파악함으로써 입법 활동과 예산심사를 위해 필요한 자료와 정보를 획득하고, 국정에 대한 감시·비판을 통하여 잘못된 부분을 적발·시정함으로써 국회의 입법기능·예산심사기능 및 국정통제기능을 효율적으로 수행할 수 있도록 하는데 제도적 의의가 있다. 그러나 실제로 운영되는 과정을 보면 의원들의 보여주기식 지적이나 반복된 질문 등으로 정책적 변화에 이르기까지는 부족한 점이 많다. 국정감사 전에 상임위의 '예비심사 검토보고서', '예비심사보고서', 예산결산위원회의 '결산종합심사 검토보고서'가 나오고, 국회의원들의 의정활동을 정책적으로 지원하는 조직으로 예산정책처와 입법조사처의 보고서가 발간되는데 예산정책처의 경우는 회계연도마다 '회계연도 결산분석보고서', '회계연도 공공기관 주요사업 집행 점검·분석보고서'를 발간하고, 입법정책처의 경우는 '국정감사 정책자료'와 현안문제에 대한 '이슈와 논점' 보고서 등을 발간한다. 결국 행정부의 입장에서 국정감사는 국회지원조직의 보고서, 언론보도, 감사원 등 국가기관의 지적사항 등을 종합적으로 정리하고, 정책 이슈를 학습하는 과정으로 파악할 수 있다.

셋째, 지방정부 차원에서는 선출직 지방자치단체장과 지방의회를 통해 지역사회에서 사회정책의 집행에 대하여 통제할 수 있다. 지방자치단체장은 선거에 의하여 선출되기 때문에 지역주민들의 여론이나 민원에 민감할 수밖에 없고 주민들의 불편 사항들을 듣고 지방정부 관료제들에 대하여 시정하도록 지시하고 개선책을 마련하도록 할 수 있다. 이를 뒷받침하는 것이 지방자치단체장의 인사권과 소속 공무원에 대한 지시감독권이다. 한편, 지역주민의 대표로 선출되는 지방의회의 경우에도 주민의 대표기관으로서 집행기관이 제안한 정책과 조례에 대하여 결정·감독·통제하는 기능을 행사한다.

(3) 정부업무평가 및 성과관리제도

행정부 내의 정책평가 방법으로 정부업무평가와 성과관리제도가 있다. 한국의 내부통제는 국무총리실의 심사분석 기능에서 시작하여 1980년대에 총리실의 기구를 축소하고, 대단위 사업에 대하여 경제기획원이 수행하는 것으로 축소되었다가 1994년 다시 부활되었고, IMF 외환위기 이후 기존의 국무총리 행정조정실을 국무조정실로 개편하고 2006년 정부업무평가기본법을 제정하여 정부업무평가제도를 도입하였다. 우선 정부업무평가는 국정운영의 능률성·효과성 및 책임성을 확보하기 위하여 기관·법인 또는 단체가 행하는 정책 등을 평가하는 것(정부업무평가기본법 제2조 제2항)으로서 정부업무평가기본법에 따라 정부업무평가위원회(국무총리 및 민간 공동위원장)를 통하여 국무조정실이 총괄하여 운영하고 있다. 정부업무 평가는 중앙행정기관 평가, 지방자치단체 평가, 공공기관 평가로 나눌 수 있다(국무조정실, 2019a).[42] 첫째, 중앙행정기관 평가는 국무총리가 중앙행정기관을 대상으로 국정과제 정책 등을 평가하는 특정평가와 중앙행정기관이 소관 정책 등을 스스로 평가하는 자체평가로 나뉘고, 특정평기에서 재정사업으로서 일반재정은 기획재정부, R&D는 과학기술정보통신부, 재난안전사업은 행정안전부, 균형발전세부사업은 지역발전위원회, 행정관리역량은 행정안전부와 인사처가 주관하여 평가를 담당하고 있다. 둘째, 지방자치단체 평가는 행정안전부 장관이 관계 중앙행정기관장과 합동으로 국가위임사무를 평가하는 '합동평가'와 지자체장 책임 하에 고유사무 전반을 평가하는 '자체평가'로 나눌 수 있으며, 중앙행정기관은 개별 사업에 대하여 지방자치단체를 평가한다. 셋째, 공공기관 평가는 「공공기관 운영에 관한 법률」 등 개별 법률에 의하여 경영성과를 평가하는 것으로 기재부는 공공기관의 경영 및 기금을 평가하고, 행안부는 지방공기업을 평가하며, 과기부는 과학기술분야 출연 연구기관을 평가하고, 경제인문사회연구회는 경제인문사회 분야 출연연구기관을 평가한다.

국정과제의 이행을 평가하는 정부업무 평가제도와 별도로 성과관리제도를 운영하고 있다. 성과관리란 기관의 임무, 중·장기 목표, 연도별 목표 및 성과

지표를 수립하고, 그 집행과정 및 결과를 경제성·능률성·효과성 등의 관점에서 관리하는 일련의 활동(정부업무평가기본법 제2조 제6호)으로서 중앙행정기관은 '성과관리 전략계획' 및 '성과관리 시행계획'을 수립하여야 한다. 성과관리는 정책 등의 계획수립과 집행과정에 대하여 자율성을 부여한다고 되어 있지만 국무총리실에서 성과관리지침을 시달하고, 각 부처가 자체적인 전략적 기획을 수립하면서 성과목표와 지표를 설정하는데 국무총리실에서 목표 및 지표의 타당성을 평가하고 수정을 요구할 수 있다. 또한 정부업무평가를 통하여 부처의 사업추진을 전체적으로 평가하고 있으므로 사실상 하향식의 평가제도로 볼 수 있다. 성과관리 절차를 보면 첫째, 계획수립의 단계로 중앙행정기관은 5년 단위의 '성과관리 전략계획'을 수립하여 기관의 임무와 비전, 전략목표와 5년 단위 성과목표를 제시하는데, 「국가재정법」에 의한 '국가재정 운용계획'을 반영하여야 하고 최초 수립 이후 최소 3년 마다 수정·보완하여야 한다(정부업무평가기본법 제5조 제2항). 또한 매년 성과관리 전략계획의 실행계획인 '성과관리 시행계획'을 수립하여 당해 연도의 성과목표와 이를 달성하기 위한 사업과 성과지표를 제시하도록 하였다(국무조정실, 2019b).◇43

아래 [그림 9-1]에서 보는 바와 같이 부처별로 전략적 기획을 작성할 때 전략목표는 보통 부처의 실국의 목표를 반영하게 되고, 여기에는 다시 과단위의 업무와 관련된 성과목표와 관리과제들을 포함하게 되며, 관리과제 사업별로 성과지표를 작성하게 되면 지표수가 지나치게 많게 되고, 전체적으로 합쳐놓고 볼 때 무엇을 성과로 볼 것인지가 불분명하게 된다. 스웨덴의 경우는 정부업무를 27개 영역으로 단순화하고 각 분야별로 핵심지표를 선정하여 의회에 보고하도록 되어 있다.

그림 **9-1** 현행 성과관리 시행계획의 성과목표와 지표의 체계

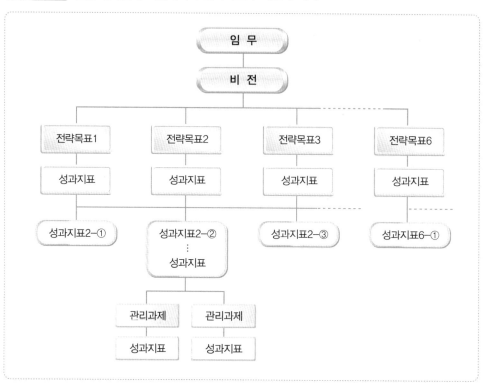

출처: 국무조정실. 2019년도 정부업무 성과관리 운영지침.

　한편, 국무총리 소속 정부업무평가위원회(국무총리·민간 공동위원장)는 중앙
행정기관의 목표체계와 성과지표의 적절성을 검토·조정할 수 있다. 둘째, 집
행단계로서 성과관리 계획의 시행은 부처의 자율에 맡기고 국무조정실은 성과
관리 운영에 대한 점검을 하도록 되어 있다. 셋째, 평가단계로서 중앙행정기관
은 매년 평가계획을 수립하고, 연말실적을 기준으로 다음해 1월 자체평가 실시
하는데, 성과관리시행계획의 관리과제와 과제별 성과지표를 활용하여 평가한다.
넷째, 평가결과의 환류 단계로서 평가결과를 기관 차원에서 정책개선 또는 예산
편성에 반영하거나 조직 관리에 활용하고, 개인차원에서는 개인성과 평가 및 인

사와 연계하고, 성과급 지급에 반영한다. 그러나 성과평가 결과를 국회에 성과 정보로 제공하거나 예산편성의 직접적인 자료로 활용되고 있지는 못하다.

영미의 경우는 하향식 평가 제도로서 예산부처가 주관하고 있지만 한국의 정부업무평가제도는 행정부 내의 국무총리가 주관하며, 중앙관리기능을 담당하는 부처가 분산되어 있기 때문에 예산, 조직, 인사, 과학기술, 안전, 정보 업무를 담당하는 부처가 각각 소관사항에 대하여 평가를 담당하여 복잡하고 분산된 구조를 지니고 있다. 미국의 경우에도 하향식 제도의 문제점으로 인하여 부처 중심의 상향식 평가와 중요 사업에 대한 객관적인 정책평가를 병행하고 있고, 의회의 성과평가 기능이 강화되고 있다. 독일, 스웨덴 등의 유럽 국가는 지방자치단체를 중심으로 자발적으로 성과평가 제도가 발전해 왔고, 의회에 대한 성과 정보 보고와 통제기능을 강화하고 있다. 그러나 한국의 내부통제는 행정부 내의 국가기관 간에 서열구조를 형성하게 하고, 지나치게 많은 기관들이 평가에 참여하기 때문에 평가로 인한 업무 피로도가 증가하고 있다. 또한 공무원들이 성과 관리가 왜곡되고 있다고 인식하는 비율이 높고 지방정부로 갈수록 더욱 심화되고 있다(박순애·이영미, 2018: 170-171).◇44 무엇보다도 행정 내부의 평가와 국민들이 생각하는 평가가 다를 수 있다는 문제가 있다. 국정과제를 중심으로 행정기관의 업무를 평가하는데 국정과제의 내용이 국민들의 선호와 다를 경우 이러한 문제는 더욱 악화될 수 있다.

(4) 감사원의 통제

감사원은 대통령 소속 하에 있지만 독립적인 지위에서 국가의 세입·세출의 결산, 국가 및 법률이 정한 단체의 회계검사와 행정기관 및 공무원의 직무에 관한 감찰 활동을 한다. 헌법상 감사원의 주요 임무는 세입 및 세출의 결산과 회계검사, 직무감찰로 행정행위의 투명성과 합법성, 비위적발에 초점을 두고 있었지만 1994년 이후 예산편성 및 행정의 효과성, 능률성, 경제성을 제고하기 위해 성과감사를 도입하고 있다. 세계감사기관협회(INTOSAI)의 「성과감사기준 실행지침」에서 의하면 성과감사란 "경제성·효율성·효과성에 대한 감사이며 그 대상으로 행정활동·조직 및 기관운영 등이 포함된다"고 되어 있는데, 감사원의 감사 중 성과감사의 비중은 낮은 편이다(윤기웅·공병천, 2019).◇45 성과주의를 도입한 영국, 스웨덴 등에서는 성과평가를 담당할 독립기관으로 감사위원회를 두고 있고, 지출심사와 성과감사를 연계하고 있다. 또한 미국에서도 회계감사처(Government Accountability Office: GAO)는 의회 소속이고, 고위험(High-Risk) 보고서를 통하여 위법 부당하고 비효율적인 행정운영을 비판하고 대안을 제시한다. 미국에서 행정부의 성과평가는 관리예산처를 통하여 이루어지고, 의회에 예산성과 정보를 제출하지만 회계감사처(GAO)와 의회예산처(CBO) 등의 보고서가 의회에서 행정부의 사업의 성과를 평가하는데 보충적인 자료로 활용될 수 있다. 한국의 감사원은 특정 사업의 위법 부당성 여부와 비효율성에 초점을 맞추고 있으며, 전체적인 정부 업무의 성과평가에 관한 업무는 수행하지 못하고 있다. 결산에 관한 회계검사의 업무를 감사원이 담당하고 있기 때문에 영국의 지출검토와 같이 행정부의 비용지출과 성과평가를 연계할 수 있는 역할을 할 수 있지만 성과평가는 일년 단위로 부처가 자율적으로 수행하고 국무총리실의 점검과 확인을 받기 때문에 돈의 지출에 대힌 결산과 업무성과에 대한 연계가 어렵다.

제4절 　 국정평가의 개혁

사회정책의 평가와 관련된 한국의 국정평가 체계는 평가기관이 지나치게 많으며, 목표에 따른 지표수도 많아서 실제로 국민생활에 밀접한 문제에 대하여 제대로 된 평가를 수행하지 못하고 있다. 하향식 방식으로 평가가 이루어지다 보니 평가지표 선정에서 실질적인 결과보다는 목표달성의 용이성을 강조하는 관료적 편의주의가 만연하고, 평가에 대한 피로도도 증가하고 있다. 결국 평가를 통하여 긍정적인 피이드백이 이루어지기 어렵고 평가를 위한 평가에 머물 수 있다.

이러한 국정평가 체계를 개혁하기 위하여 첫째, 난립된 국정평가 기능을 통합하는 것이 필요하다. 기존의 국무총리와 예산, 조직, 인사 등의 중앙관리기능을 담당하는 부처들을 통폐합하는 국가개혁을 추진하는 것이다. 또한 대통령제 하에 대통령에 집중된 내부통제 기능을 완화하기 위하여 감사원을 국회 소속으로 독립시키는 것도 대안이 될 수 있다. 그러나 이러한 작업은 행정부 내의 권력기관을 개혁하는 것으로 헌법개정 등이 필요하며 쉽게 이루어지기 어렵다. 따라서 법률개정으로 가능한 부처기능의 통합과 자금의 지출과 성과를 연계하는 기능의 조정이 필요하다. 예를 들어 감사원의 결산검사 기능과 성과평가를 연계하거나 성과평가를 보다 장기적으로 하여 중장기적 예산편성에 반영하도록 하는 방안을 모색할 필요가 있다.

둘째, 성과정보에 대한 민주적 통제를 강화할 필요가 있다. 서구의 성과관리 제도는 행정부의 성과정보를 의회에 보고하도록 하고 의회가 이를 참고하여 예산과 입법에 반영할 수 있도록 하고 있다. 또한 스웨덴의 경우 성과정보를 국민들에게 공개하고 국민들이 성과를 평가하는 과정에 참여할 수 있도록 하고, 영국은 최근에 성과평가를 위한 감사위원회의 기능을 민간 회사에 위탁하여 실시하고 있다. 한국의 경우도 행정부의 정부업무평가와 개별 부처의 성과평가 정보를 국회에 제공하고, 국회가 이를 다시 검토하여 예산 및 제도 개선에 반영할 수 있도록 하여야 한다.

셋째, 상부기관의 지침과 통제를 통하여 성과를 평가하는 것이 아니라 지방자치단체나 집행기관을 중심으로 자율적으로 성과평가를 통한 정책학습을 하고, 그 결과를 그대로 공개함으로써 성과관리의 형식주의를 방지할 필요가 있다. 특히, 기초지방정부협의회와 학계, 시민단체들이 공동으로 성과평가의 방법을 개발하고 주민들의 참여 하에 자율적인 평가결과를 공개함으로써 정책학습의 긍정적 환류가 발생할 수 있는 구조를 만들어야 한다.

넷째, 막대한 정부 예산이 투입되는 중요한 사업에 대해서는 사회실험을 통하여 중장기적인 정책효과를 측정하고, 향후 사업의 운영에 반영할 수 있도록 하여야 한다. 이를 위하여 의회의 승인 하에 대규모 사회실험 연구를 수행하고,

결과를 사회적 공론장에서 논의하게 함으로써 증거에 기반한 정책평가가 될 수 있도록 한다.

다섯째, 현행 정부사업을 국민들의 생활에 중요한 영향을 미치는 기능을 중심으로 재분류하고 대분류된 기능에 따라 핵심적 성과지표를 선정하여 이를 중심으로 성과관리를 하는 것이 필요하다. 과 단위의 사업별로 성과지표를 만드는 것이 아니라 정부가 해결해야 할 핵심과제와 그에 따른 정부기능을 대분류하고 기능 내에서 적합한 지표를 국민과 전문가의 여론을 수렴하여 선정하고 사회문제 해결에 기여한 정도에 따라 성과평가를 달리하는 것이 필요하다. 이를 통해 개인별 성과보다는 전체적인 팀웍과 협업에 대한 평가가 이루어지며 국민들이 체감할 수 있는 정책평가가 가능하게 된다.

주 석

◇1 Campbell, Donald T. 1969. "Reforms as experiments," American Psychologist 24: 409-429; Nioche, Jean-Pierre and Robert Poinsard. 1985. Public Policy Evaluation in France. Journal of Policy Analysis and Management, 5(1): 58-59.

◇2 Rossi, P. H. and H. E. Freeman. 1982. Evaluation-A Systematic Approach. Beverly Hills: Sage Publications. p. 16.

◇3 박동서. 1997. 한국행정론(제4전정판). 법문사. pp. 633-634.

◇4 Wildavsky, A. 1987. Speaking Truth to Power: The Art and Craft of Policy Analysis. New Brunswick, NJ: Transaction.

◇5 Dror, Yehezkel. 1967. Policy Analysts: A New Professional Role in Government Service. Public Administration Review, 27: 197-203.

◇6 Fisher, F. 1995. Evaluating Public Policy. Chicago: Nelson Hall; Bovens, Mark, Paul 'T Hart, Sanneke Kuipers. 2008. The Politics of Policy Evaluation. in Michael Moran, Martin Rein, and Robert E. Goodin. The Oxford Handbook of Public Policy. Oxford University Press. p. 324.

◇7 Westinghouse Learning Corporation and Ohio University. 1969. The Impact of Head Start: An Evaluation of the Effects of Head Start on Children's Cognitive and Affective Development. Vols. 1 and 2. Report to the Office of Economic Opportunity. Athens, OH: Westinghouse Learning Corporation and Ohio University.

◇8 Bozeman, Barry and Jane Massey. 1982. Investing in Policy Evaluation: Some Guidelines for Skeptical Public Managers. Public Administration Review, 42(3): 264-270.

◇9 Bovens, Mark, Paul 'T Hart, Sanneke Kuipers. 2008. The Politics of Policy Evaluation. in Michael Moran, Martin Rein, and Robert E. Goodin. (eds.), The Oxford Handbook of Public Policy. Oxford University Press. pp. 325-328.

◇10 Majone, G. 1989. Evidence, Argument and Persuasion in the Policy Process. New Haven, Conn.: Yale University Press.

◇11 박동서. 1997. 한국행정론(제4판). 법문사. p. 634.

◇12 Heinrich, Carolyn J. 2012. Measuring Public Sector Performance and Effectiveness. in B. Guy Peters and Jon Pierre. (eds.), The Sage Handbook of Public Administration(2nd edition). Sage. pp. 42-45.

◇13 Hartry, Harry P. 1999. Performance Measurement: Getting Results. Washington, DC:

The Urban Institute Press; 노화준. 2015. 정책평가론(제5판). 법문사.

◇14 Lynn, Laurence E., Carolyn J. Heinrich Jr., and Carolyn J. Hill. 2001. Improving Governance: A New Logic for Research. Washington, DC: Georgetown University Press; Mead, Lawrence M. 2003. Performance Analysis. in Mary Clare Lennon and Thomas Corbett. (ed.), Policy into action: Implementation research and welfare reform. Washington DC: Urban Institute Press. pp. 75-83.

◇15 Moynihan, Donald P. 2008. The Dynamics of Performance Management: Constructing Information and Reform. Washington DC: Georgetown University Press.

◇16 Boruch, Robert, Rui Yang, Jordan M. Hyatt and Herb Turner II. 2017. Randomized controlled trials in Bent Greve (eds.) Handbook of Social Policy Evaluation. Edward Elgar Publishing. p. 22.

◇17 Finn, J. and C. Achilles. 1990. Answers and questions about class size: A statewide experiment. American Educational Research Journal, 27(5): 557-577.

◇18 Heckman, James J. 1992. "Randomization and social policy evaluation." In Charles F. Manski and Irwin Garfinkel. (eds.) Evaluating Welfare and Training Programs. Cambridge, Mass.: Harvard University Press. pp. 201-230.

◇19 Van den Bosch, Karel and Bea Cantillon. 2008. Policy Impact. in Michael Moran, Martin Rein, and Robert E. Goodin. The Oxford Handbook of Public Policy. Oxford University Press. pp. 297-300.

◇20 Alvarez, P. 2001. The Politics of Income Inequality in the OECD: The Role of Second Order Effects. Luxembourg Income Study Working Paper No. 284. Syracuse, NY: Syracuse University.

◇21 Atkinson, A.B. 1993. Work Incentives. in A.B. Atkinson and G.V. Morgensen. (eds.), Welfare and Work Incentives: A North European Perspective. Oxford: Oxford University Press. p. 43.

◇22 Weiss, Carol Hirschon and Johanna Birckmayer. 2008. Social experimentation for public policy. in Michael Moran, Martin Rein, and Robert E. Goodin. (eds.), The Oxford Handbook of Public Policy. Oxford University Press. pp. 810-811.

◇23 윤미례·김태일. 2017. 준실험설계에 의한 보육지원 정책의 고용효과 분석. 한국행정학보, 51(1): 205-231.

◇24 신가영·고길곤. 2019. 고용장려금제도의 장애인 고용 효과성에 관한 연구: 기업의 고용결정의 영향요인별 한계효과 분석. 한국행정학보, 53(1): 223-252.

◇25 김효정. 2015. 공적 소득 이전의 수단과 정책 효과에 대한 재고찰: 사회복지지출 (welfare expenditure)과 사회적 조세지출(social tax expenditure)의 통합적 접근. 한 국행정학보, 49(4:) 329-358.

◇26 Bardach, Eugene. 2008. Policy Dynamics. in Michael Moran, Martin Rein, and Robert E. Goodin. The Oxford Handbook of Public Policy. Oxford University Press. pp. 339-340.

◇27 Eyestone, R. 1977. Confusion, Diffusion, and Innovation. American Political Science Review, 71: 441-447.

◇28 Heclo, H. 1974. Modern Social Politics in Britain and Sweden: From Relief to the Income Maintenance. New Haven, Conn.: Yale University Press.

◇29 Sabatier, P. and H. Jenkins-Smith. 1999. The Advocacy Coaltion Framework: an assessment. in P. Sabatier (ed.) Theories of the Policy Process. Colo.: Westview.

◇30 박동서. 1997. 한국행정론(제4판). 법문사. p. 638.

◇31 Hilton, Rita M. and Philip G. Joyce. 2012. Performance-Informed Budgeting: A Global Reform in B. Guy Peters and Jon Pierre. (eds.), The Sage Handbook of Public Administration(2nd edition). Sage Reference. pp. 422-423.

◇32 Kuhlmann, Sabine and Hellmut Wollmann. 2014. Introduction to Comparative Public Administration: Administrative Systems and Reforms in Europe. Edward Elgar. pp. 228-230.

◇33 Hilton, Rita M. and Philip G. Joyce. 2012. Performance-Informed Budgeting: A Global Reform in B. Guy Peters and Jon Pierre. (eds.), The Sage Handbook of Public Administration(2nd edition). Sage. pp. 424-425.

◇34 Kuhlmann, Sabine and Hellmut Wollmann. 2014. Introduction to Comparative Public Administration: Administrative Systems and Reforms in Europe. Edward Elgar. pp. 235-236.

◇35 Ibid. pp. 237-238.

◇36 Fievet, F. and P. Laurent. 2006. Faut-il-une LOLF pour les collectivités locales? Revue Française de Finances Publiques, 95(1): 129-145.

◇37 Kuhlmann, Sabine and Hellmut Wollmann. 2014. Introduction to Comparative Public Administration: Administrative Systems and Reforms in Europe. Edward Elgar. pp. 232-233.

◇38 Downes, Ronnie, Delphine Moretti and Trevor Shaw. 2017. Budgeting in Sweden. OECD Journal on Budgeting, Vol. 16/2. DOI: https://doi.org/10.1787/budget-16-

5jg1f8p0jh7b.

◇39 신광영. 1999. 비정부조직(NGO)과 국가 정책: 외국의 사례를 중심으로. 한국행정연구, 8(1): 29-41.

◇40 이윤식. 2014. 정책평가론. 대영문화사. p. 224.

◇41 이용준. 2005. 공공부문 사업평가. 국회예산정책처. pp. 44-46; 이윤식. 상게서. p. 216.

◇42 국무조정실. 2019a. 정부업무평가기본계획(2020~2022).

◇43 국무조정실. 2019b. 2019년도 정부업무 성과관리 운영지침.

◇44 박순애·이영미. 2018. 성과관리의 역설: 성과관리 왜곡의 실태 및 영향요인에 관한 실증연구. 한국행정학보, 52(4): 170-171.

◇45 윤기웅·공병천. 2019. 한국 성과감사의 과제 및 방향. 한국행정학회 하계학술대회 발표논문.

생각해 볼 문제

1. 사회정책에서 정책평가는 어떤 의미를 지니고 있는지를 서구의 성과주의 행정개혁 과정을 통하여 생각해보자.

2. 정책평가의 결과는 정치적 이념에 따라 다르게 해석될 수 있는데, 정책분석가는 권력자에게 진실을 말하는 것이라는 주장과 어떻게 조화를 이룰 수 있는가? 정책평가의 합리적 접근과 논변적 접근방법을 비교하고 실제 정책평가에서 두 가지 방법을 통합적으로 적용할 수 있는 방법에 대하여 설명하시오.

3. 성과관리의 방식으로 하향식 방법과 상향식 방법이 있다. 국가별로 어떤 차이가 있으며 장단점은 무엇인가?

4. 한국 행정조직은 성과평가 기관과 종류가 많지만 공무원들의 성과평가에 대한 피로도가 크고 실제 사회문제는 해결되지 않은 채 반복되고 있다. 현행 성과평가제도에 어떤 문제점 때문이며, 바람직한 해결방안은 무엇인가?

읽을거리

정책평가 이론과 관련하여 「A. Wildavsky. 1987. Speaking Truth to Power: The Art and Craft of Policy Analysis. New Brunswick, NJ: Transaction」, 「G. Majone. 1989. Evidence, Argument and Persuasion in the Policy Process. New Haven, Conn.: Yale University Press」, 「Karel Van Den Bosch and Bea Cantillon. 2012. Policy Impact. Michael Moran, Martin Rein, and Robert E. Goodin. (ed.) The Oxford Handbook of Public Policy. Oxford University Press」, 「Bent Greve (eds.) 2017. Handbook of Social Policy Evaluation. Edward Elgar Publishing.」를, 성과평가에 대해서는 「Carolyn J. Heinrich. 2012. Measuring Public Sector Performance and Effectiveness. in B. Guy Peters and Jon Pierre. The Sage Handbook of Public Administration(2nd edition). SAGE. pp. 32-49」, 「Rita M. Hilton and Philip G. Joyce. 2012. Performance-Informed Budgeting: A Global Reform in B. Guy Peters and Jon Pierre. The Sage Handbook of Public Administration(2nd edition). SAGE. pp. 414-429.」를 참고하고, 국내서로는 「박동시. 1997. 한국행정론(제4선성판). 법문사. pp. 633-697.」, 「정정길·최종원·이시원·정준금·정광호. 2014. 정책학원론. 대명출판사.」, 「노화준. 2015. 정책평가론(제5판). 법문사.」, 「이윤식. 2014. 정책평가론. 대영문화사.」 등이 있다.

복지국가의 미래와 전망

10 복지국가의 미래와 전망

　복지국가는 자본주의 국가에서 산업화와 민주화로 진행되는 근대화의 산물이었다. 19세기 말 독일에서 노동계급의 성장에 대한 보수적인 지배층의 회유로 사회보험이 시작된 이래 대공황 등 경제위기를 극복하기 위한 케인즈주의 경제학이 나타면서 국가의 사회에 대한 개입이 시작되었고, 양차 세계대전을 겪으면서 국가기능이 팽창하여 국가 간의 전쟁을 피할 수단으로서 영국에서 베버리지형 복지국가가 제안되었으며, 그 결과 기존의 가족과 교회를 대신하여 국가에 의한 복지가 제공되기 시작한 것이다. 특히, 이 과정에서 노동계급을 대변하는 사민주의적 정당들이 정권을 차지함에 따라 복지국가는 급속하게 확대되었고, 단일 국가의 경제체제 내에서 완전고용과 케인즈주의적 경제정책이 결합된 1950~60년대 복지국가의 황금기를 맞이하게 되었다. 그러나 1970년대 이후 국제경제의 개방성이 강화되고, 신흥 공업국의 등장으로 서구 복지국가의 경제구조가 바뀌게 되었으며, 오일쇼크 등의 경제위기, 인구고령화와 복지국가의 재정적 한계 등으로 국가중심의 케인즈주의적 복지정책이 비판을 받게 되어, 영미국가를 중심으로 국가 대신에 공급자간의 경쟁과 수요자의 선택을 중시하는 시장자유주의에 입각한 복지개혁을 진행하게 된 것이다. 또한 한정된 재원으로 최대한의 성과를 창출하기 위한 성과주의 예산과 신공공관리론이 확산되어 갔다.

특히 인구고령화와 제조업의 쇠퇴와 더불어 2008년 세계적 금융위기를 경험한 이후로 기존의 세계화와 금융 자유주의에 입각한 신자유주의적 경제정책에 비판이 제기되었고, 재정적 한계로 인한 궁핍의 정치(politics of austerity)가 나타나게 되었다.

이러한 공통적인 역사적 흐름에도 불구하고 각국의 정치행정체계가 고유한 역사적 및 제도적 제약 하에서 정책결정, 조직화, 재원마련을 통하여 사회정책을 제공하는 방식은 차이가 있다. 첫째, 미국의 복지국가와 사회정책 제도를 살펴보면 국가에 대한 반감이 존재하고 있고, 개인의 자유를 중시하는 문화이며, 연방주의적 전통 하에서 사회정책에서 주정부의 역할이 강하고, 분권화가 활성화되어 있으며, 시장경제가 발달되어 있다. 정책형성과정은 사상과 언론의 자유 하에서 다원주의적 의제설정이 이루어지고, 조직화에서는 정치행정체계가 견제와 균형의 원리로 권력분립이 되어 있고, 정치가 행정보다 우위에 있는 이분론적 구조를 지니고 있으며, 실제 서비스의 집행자에게 재량이 많이 부여되고 네트워크를 통한 서비스 제공이 이루어지고 있다. 재원에서는 수입은 주로 소득세 위주로 충당하고, 지출은 공적 사회지출이 낮은 반면 세제감면을 통하여 민간의 사회 정책적 활동을 지원하고 있어 숨은 복지국가(hidden welfare state)로 불린다. 사회정책의 특징으로는 자산조사를 통하여 빈곤층에 집중하는 선별주의를 채택하고 있고, 교육정책을 강조하며, 공공부조에 근로동기를 결합하고, 의료제도가 사적 보험에 의존하고 있다. 평가 및 환류에서는 결과 중심의 성과관리를 강조하고, 행정부 내부뿐만 아니라 의회의 역할이 강하며, 사회실험 등을 통한 정책평가가 발달되어 있다.

둘째, 영국의 복지국가와 사회정책의 제도를 살펴보면 중앙집권적 국가에 시장과 시민사회의 역할이 활성화되어 있고, 자유와 책임을 강조하는 다원주의적 정치 문화이다. 정책형성 과정을 보면 경쟁적 선거를 통하여 의제설정이 이루어지고, 사상과 언론의 자유가 보장되며, 행정부 내의 정책형성도 중요하다. 조직화 측면에서 의원내각제에 따라 권력의 융합을 추구하고 승리한 정당이 행정부를 책임지며, 사회정책과 관련된 조직이 내무행정으로부터 분화되었으며, 중앙정부의 통제 하에 하향식 정책집행이 이루어지고, 실질적 지방자치가 실시되지만 중앙정부가 보건, 노동 등의 영역에서 별도의 전달체계를 만들어 제한할 수 있다. 재원에서는 과거에는 재산세의 비중이 컸으나 세계대전의 과정에서 소득세의 비중을 확대하였고, 현대 복지국가의 시기에는 간접세의 비중도 증가하였으며, 지출에서는 중간정도의 공적 사회지출을 나타내고 있고, 복지재원을 조세에 의존하고 있기 때문에 변화가 심하다. 사회정책의 특징으로는 자산조사에 의한 선별주의를 채택하고 있지만 보건은 조세를 재원으로 하여 보편주의를 채택하고 있다. 생산적 복지를 통하여 복지와 근로동기를 결합하고 있고, 가족정책을 강화하며, 돌봄에서는 지역사회를 통한 서비스를 제공한다. 평가 및 환류 면에서는 총리실과 재무부를 중심으로 하향식 성과관리 체제를 채택하고 있고, 돈의 가치를 중시하여 지출과 성과를 연계하는 포괄적 지출검토(comprehensive spending review)제도를 활용하고 있다.

　셋째, 프랑스의 복지국가와 사회정책의 제도를 살펴보면 체계적으로 연결되고 통합된 중앙집권적 국가체제가 형성되어 있고, 국가의 사회에 대한 광범한 개입이 용인되며, 자유와 평등 및 연대의 가치를 동시에 추구한다. 정책형성에서는 민주주의의 원칙상 정치가 우위에 있지만 역할이 약하며, 역사적으로 형성된 엘리트 관료들이 대집단(Grand Corps)을 형성하여 정책을 주도한다. 조직화에서는 정치는 정당성 차원에서 우위에 있으며 실질적 권한은 관료제가 지니고 있고, 통합적 국가구조 내에서 계통적으로 연결된 하향식 전달체계를 마련하였고, 내무행정으로부터 사회정책 조직들이 분화되었으며, 지방자치와 행정 분권화가 동시에 이루어지고 있다. 재원으로는 사회보험 기여금의 비중이 가장 높은 가운데 간접세, 소득세의 비중도 높고, 높은 수준의 공적 사회지출을 유지하고 있다. 사회정책의 특징으로는 기여에 따른 차등주의를 채택하고 있고, 복잡한 사회보장 레짐별로 보장수준이 다르며, 보수적인 가족정책이 발달되어 있다. 평가 및 환류에서는 지방자치단체의 자율적 성과관리에서 하향식 성과통제로 전환되었고, 국가 성과관리체계 하에서 의회의 지출통제도 도입하고 있다.

　넷째, 독일의 복지국가와 사회정책 제도를 살펴보면 역사적으로 오랜 기간 동안 분열되어 있었고, 19세기 독일 통일 후 양차 세계대전에서 패전한 후 분권적 연방주의를 채택하였고, 법치주의적 문화가 자리 잡고 있으며, 협의와 조정의 통치가 발달되어 있다. 정책형성의 측면에서 정당명부적 선거를 통하여 정당 간 연립과 합의로 정부를 구성하고 역사적으로 형성된 유기적인 국가 관료제가 자율성을 지니고 있으며, 연방정부와 주정부의 협의에 따라 중요한 정책을 결정한다. 조직화에서는 정치적 영역이 우위이나 관료적 자율성이 보장되고, 사회정책의 실질적 권한이 주정부에 이양되어 있으며, 내무행정에서 사회정책 조직들이 분화되었고, 단체를 통한 협의와 조정이 이루어진다. 재원에서는 프랑스와 마찬가지로 사회보험 기여금이 가장 큰 비중을 차지하고 있는 가운데 소득세와 간접세(부가가치세)의 비중도 높으며, 지출에서는 중간 정도의 공적 사회지출 수준을 유지하고 있고, 재정준칙과 안정화 장치를 도입하고 있다. 사회정책의 특징으로는 기여에 따른 차등주의 원칙을 도입하고 있으며, 조합과 단체들 간의 협상에 따라 급여수준과 비용이 결정되고, 보수주의적 가족정책과 일과 복지의 결합이 시도되고 있다. 평가 및 환류에서는 성과평가 제도가 지방정부를 중심으로 시작되었고, 연방정부 차원에서는 행정 현대화(administrative modernization) 차원에서 부분적으로 이루어지고 있으며, 법과 절차에 의한 집행이 중심이 되고 있다.

다섯째, 스웨덴의 복지국가와 사회정책 제도를 살펴보면 중앙집권적 복지국가에서 행정의 자치와 실질적 분권화가 진행되었고, 오랜 기간 동안 사회민주주의 정당이 집권하였으며, 시민참여, 협의 및 조정의 문화가 발달되어 있다. 정책형성에서는 이해관계자의 참여를 통하여 정책을 결정하는 포용적 정책결정 절차가 마련되어 있고, 옴부즈만과 정보공개를 통하여 행정의 투명성을 확보하며, 전문가를 적극적으로 의사결정에 참여시키고 있다. 조직화에서는 정치가 우위에 있고 행정의 전문성과 서비스 정신이 존중되며, 분권화된 집행이 이루어지면서 집행기관의 독립성을 강화하고 있다. 특히 복지국가의 형성과정에서 중앙관리기구 대신에 사회부의 역할이 강하였고 사회예산의 관리와 유관 부처들의 업무를 조정하였다. 재원에서는 수입으로 소득세, 사회보장기여금, 간접세의 비중이 비

숫하게 높고, 낮은 세율과 넓은 세원의 정책기조를 유지하고 있으며, 지출 면에
서는 높은 수준의 공적 사회지출과 재정준칙을 도입하고 있다. 사회정책의 특징
으로는 보편주의 원칙에 따라 모든 사람에게 생애주기별 복지를 제공하고, 사회
서비스를 통한 일자리를 창출하며, 여성의 사회참여를 위한 가족정책을 강화하
고 있다. 평가 및 환류에서는 행정 공개를 통하여 행정 책임성을 확보하고, 영
미의 신공공관리론(NPM)이 시행되기 이전에 성과주의 제도가 도입되었으며, 상
향식의 자발적 성과관리제도가 시행되고 있다.

여섯째, 한국의 복지국가와 사회정책 제도를 살펴보면 중앙집권적 국가 체제
이고 대통령을 중심으로 한 행정부에 권한이 집중되어 있으며, 국가 주도의 경
제성장을 이룩하는 과정에서 시장의 자율성을 존중하고, 사회정책은 보완적인
역할을 하였으며, 경쟁적이고 대립적인 정치문화를 지니고 있다. 정책형성의 과
정을 보면 대통령 선거의 결과에 따라 하향식으로 국정과제가 결정되고, 대통령
의 통제 하에 행정부 중심으로 정책이 결정되지만 관료제의 집단의식은 약하며,
정책과정에서 다양한 이해세력 간의 협의는 부족하다. 조직화에서 과거에는 행
정부 우위였지만 민주화 이후 정치우위로 전환되었고, 실질적 정책결정은 행정
부가 담당하고 있으며, 사회부처가 내무행정으로부터 분화된 것이 아니고, 정치
행정부를 보좌하는 중앙관리조직이 비대화되어 있으며, 하향식 정책집행이 이루
어진다. 재원에서는 소득세 비중이 증가하고 있지만 재산세, 법인세, 간접세, 사
회보험 기여금 등의 다양한 재원들이 난립되어 있고, 공적 사회지출의 수준은
낮은 편이며, 사회정책 재정에 대한 재량준칙이나 지출통제 등은 도입되어 있지
않다. 사회정책의 특징으로는 자산조사에 의한 선별주의와 보건과 연금에서 기
여에 따른 사회보험을 도입하고 있으며, 근로동기와 가족의 의무를 강조하며,
가족정책에 대한 지원은 낮은 수준이다. 평가 및 환류에서는 평가기구가 복잡하
고 분화되어 있으며, 하향식 성과통제가 이루어지고, 지출과 성과의 연계가 이
루어지지 못하며, 국정과제의 이행도 중심의 평가가 이루어지고 있다. 국가별
복지국가와 사회정책 제도의 분석결과를 정리하면 다음 〈표 10-1〉과 같다.

표 10-1 국가별 복지국가와 사회정책 제도의 요약

	미국	영국	프랑스	독일	스웨덴	한국
맥락	국가에 대한 반감, 자유와 책임, 연방주의, 분권화, 자유시장경제	중앙집권적 국가, 시민사회 및 시장 경제 발달, 자유와 책임	중앙집권적 국가(일관된 체계), 국가개입, 자유, 평등, 연대	분권적 연방주의, 자유와 협의 및 조정, 법치국가, 연방주의	중앙집권에서 실질적 분권화로, 사민주의적 전통, 공개 행정, 협의와 조정	중앙집권 국가, 대통령 권력집중, 국가주도 성장, 시장경제, 적대적 정치문화
정책 형성	사상 및 언론의 자유, 다원주의적 의제설정	경쟁적 선거를 통한 의제설정, 언론의 자유, 행정부 내 정책형성	약한 정치, 엘리트 관료제, 행정부 내의 정책형성	정당 간 합의와 조정, 유기적 국가 관료제, 연방과 주의 협의	적극적 포용적 정책결정, 전문가 중시, 시민참여와 행정 감시	경쟁적 선거, 하향식 정책결정, 관료의 집단의식 약함, 합의부족(승자독식)
조직화	정치 우위의 이분론, 지방분권화, 재량과 책임, 네트워크	권력 융합, 내무행정에서 분화, 하향식 전달체계, 실질적 지방자치, 중앙정부의 독자적 전달체계 형성	제한된 정치우위, 계통적 통합적 국가, 내무행정에서 분화, 지방자치와 행정 분권화	정치우위와 관료적 자율성, 주에 권한 이양, 내무행정에서 분화, 단체를 통한 협의 및 조정	정치 우위, 행정의 전문성, 집행의 분권화, 집행기관의 독립성 보장, 사회부처의 역할 강화	행정주도에서 정치우위 일원론으로, 하향식 통제, 중앙관리조직 비대, 내무행정에서 분화 아님
재원	수입: 누진적 소득세, 간접세 지출: 낮은 공적 지출, 세제 감면(숨은 복지국가)	수입: 재산세에서 소득세로, 간접세 증가 지출: 중간수준 공적 지출 조세에 의존	수입: 사회보험, 소득세, 간접세 지출: 높은 공적 지출, 사회보험 위주	수입: 사회보험, 소득세, 간접세 지출: 중간수준 공적지출, 재정준칙과 안정화 장치	수입: 소득세, 간접세 함께 발달 낮은 세율, 넓은 세원 지출: 높은 공적 지출, 재정준칙	수입: 재산세, 법인세, 소득세, 사회보험, 간접세(복잡) 지출: 낮은 공적 지출, 재정준칙 없음
사회 정책의 특징	선별주의, 교육정책 강조, 민간 의료보험, 근로동기 강조	선별주의, 보건은 보편주의, 근로동기 및 가족정책 강화, 지역사회서비스	기여에 따른 차등주의, 복잡한 레짐, 가족정책 발달, 보수주의	차등주의, 보충성의 원칙, 가족정책, 지역사회 중심, 일자리 복지, 보수주의	보편주의, 사회서비스, 일자리 강조, 여성의 사회참여를 위한 가족정책	선별주의, 기여에 따른 사회보험, 근로동기 및 가족의무 강조, 가족정책은 낮은 수준

| 평가 및 환류 | 결과중심 성과관리, 강한 의회권한, 사회실험 및 정책평가 발달 | 하향식 성과관리, 돈의 가치 강조, 총리실 및 재무부 중심, 지출검토 | 자율적 성과관리에서 하향식 성과관리로, 국가성과관리 체계, 의회의 지출통제 | 행정 현대화, 성과관리의 선택적 도입, 법과 절차 위주 | 행정책임과 공개, 성과주의 발달, 시민참여, 자발적 성과평가 | 하향식 성과통제, 평가기구 복잡, 지출과 성과 미 연계, 국정과제 이행 중심 평가 |

제 2 절 이슈와 전망

1. 세계화와 사회정책

1970년대 이후 다국적 자본의 초국가적 투자가 증가하고, 항공교통 및 통신수단의 발달로 개인들의 국제적 이동이 활발해지게 되었다. 이러한 시대적 변화를 반영하여 나타난 개념이 세계화(globalization)이며, 학자들마다 다양한 정의가 제시되고 있다. 세계의 사람들이 하나의 사회로 통합되는 모든 과정으로 이해하거나(Albrow and King, 1990),[1] 특정 지역의 사건이 거리적으로 많이 떨어진 다른 지역의 사건과 상호 연관되는 세계적인 사회적 관계의 강화로 정의하기도 하며(Giddens, 1991: 64),[2] 지방, 국가, 지역의 연속선상에서 지역과 대륙을 넘어 인간 활동을 확대하고 상호 연결함으로써 조직 내에서 특징적인 변혁을 나타내는 시간적 공간적 변화의 과정으로서 이해하기도 한다(Held, 1999).[3] 한편, 국제통화기금(the International Monetary Fund: IMF)에서도 ① 무역과 거래(trade and transactions), ② 자본과 투자의 이동(capital and investment movements), ③ 사람의 이주와 이동(migration and movement of people), ④ 지식의 전파(dissemination of knowledge)를 세계화의 중요한 요소로 제시하고 있다(IMF, 2000).[4] 결국 세계화란 주권국가의 경계를 넘어 개인, 기업, 국가, 국제기구 등의 다양한 행위자들이 경제적, 정치적, 사회적으로 상호 연결되고 의존적이게 되는 상황 또는 과정을 말한다고 할 수 있다(Yeates, 2016: 513).[5] 세계화를 통해 지구를 공유된 장소로 인식하는 휘말림(enmeshment) 현상이 발생하고, 사회적, 경제적, 환경적 문제에 대하여 국제기구나 지구적 기관에 의하여 협의된 조정과 협력이 요청되고 있는 것이다.

세계화 현상이 복지국가에 미치는 영향에 대하여 긍정적인 견해와 부정적인 견해가 갈리고 있다. 복지지출의 규모에 대해서만 놓고 볼 때 선진 국가에서 사회적 보호의 축소는 거의 나타나지 않았다는 주장도 있지만(P. Pierson, 1996),◇6 복지국가의 사회서비스와 고용프로그램의 변화를 살펴본 결과 전체적인 지출과 달리 복지국가의 축소가 확인되었다(Clayton and Pontusson, 1998).◇7 국제자본의 자유화로 인하여 국가 간의 경제적 경쟁을 심화시키고, 기업에 부담을 주는 복지정책을 축소하고, 다국적 기업에게 이익이 되는 방향으로 복지정책을 채택하는 상황에 직면하게 될 수 있다. 그러나 1981~2000년간의 OECD 국가의 실업, 질병, 연금 급여자격과 탈상품화 정도를 종속변수로 하여 자본이동의 자유, 무역개방성 등의 세계화와 관련된 독립변수의 관계를 실증적으로 검증한 결과 기업에 직접적으로 부담이 되는 연금급여를 제외하고는 이들 독립변수와 복지국가의 급여 간에 부정적인 관계를 발견하기 어려웠고, 자본자유화와 실업급여, 무역개방성과 탈상품화간에는 긍정적인 관계가 확인되었다(Swank, 2002; 2014).◇8

세계화와는 다소 다른 문제이지만 사회정책에서 국가와 개인들의 상호협력뿐만 아니라 국제기구와 비정부간 기구를 통한 협력도 강화되고 있다. 국제기구(international organizations)는 20세기 초부터 사회보장과 보건정책에서 활동을 시작하였고, 제2차 세계대전 이후 급속하게 확산되었는데 1940년대 70개이던 국제기구가 현재는 1,000개를 넘어서고 있다(Yeates, 2016: 513).◇9 국제기구가 사회정책을 형성하는 데는 4가지 중요한 방법이 있다. 첫째, 상호 교육, 연구분석과 토론의 장을 제공함으로써 사회정책의 논쟁을 위한 정보를 제공하고 공통적인 분석과 신뢰의 형성을 통해 장래의 협업을 촉진한다. 둘째, UN 인권헌장, 국제노동협약과 같이 사회정책의 국제적 기준과 공통적 틀을 제시하며, 셋째, 정책개발과 집행을 지지하는 자원을 제공하고, 넷째, 노동, 재화와 서비스의 국제이동의 자유화와 같은 규제 개혁을 촉진한다. 한편, 국제비정부간기구(International Non-Governmental Organizations)는 자발적, 자선적, 노조, 전문가 협회, 산업 조직 그리고 회사들이 국제적으로 운영하는 조직체를 말하며, 정책의제형성에서 정책집행까지 지구적 정책과정의 모든 분야에 참여하고 있다. 국제비정부간기구 는 국제정부간기구가 접근할 수 없는 지역과 주민들에게 지구적 사회 프로그램 과 인도적 지원을 제공한다. 지구적 정책형성에서 국제비정부간기구의 지구적 시민사회를 구현하고 지구적 정치의 민주화와 사회화를 달성하고 있다.◇10

국제적 관점에서 사회정책을 추진할 경우에도 평등과 정의, 효율성과 선택 등 다양한 관점들이 고려될 수 있다. 개인이 얼마나 평등한 대우를 받는지 여부 는 본인이 태어난 국가에 따라 결정된다. 북반구에 위치한 선진국일수록 더 영 향력이 크기 때문에 분담금에 따라 발언권이 결정되는 국제기구에서 더 영향력 을 행사할 수 있다. 시민권의 인정에서는 지역마다 다를 수 있으나 유럽연합에 서는 시민권의 인정에 대하여 평등한 권리를 요구할 수 있고, 유럽법원에 항소 할 수 있으나 국제적으로 이런 것들이 보편화되어 있는 것은 아니다.

2. 현안과 쟁점

복지국가의 지속가능성에 대하여 마르크스주의 학자들도 재정적 위기 (O'Connor, 1984)◇11와 국민들의 서비스 기대를 충족시키지 못하는 정당성의 위 기(Offe, 1984)◇12를 예측했고, 신자유주의적 입장에서도 국가 관료제의 사익 추 구와 비효율성 때문에 복지국가의 개혁을 주장한 바 있다. 그러나 복지국가는 여전히 건재하며, 1980년대 신자유주의적 개혁 기간에도 공공사회지출이 증가하 였고, 복지국가는 지속되고 있다. 영국의 대처(Thatcher)와 미국의 레이건 (Reagon) 행정부 하에서도 복지국가의 후퇴(retrenchment)는 많은 국민들이 연 금, 교육, 보건 등의 복지 급여와 서비스에 의존하고 있었기 때문에 유권자의 표를 의식하지 않을 수 없어서 정치적으로 시도하기가 어려웠다(P. Pierson, 1994).◇13 서구 사회가 복지제도에 대하여 일반 국민들의 지지를 받고 있다고 하더라도 재정적 측면에서 지속적인 압력에 놓여 있기 때문에 복지제도의 탄력성(resilience)과 영원한 궁핍(permanent austerity) 사이에서 광범한 개혁 세력의 연합이 형성되게 되며, 기존의 복지국가를 해체(dismantling)하기보다는 비용을 제한하고, 서비스를 시장에 재상품화하며, 재조정하는 복지국가의 구조조정으로 나아가게 되었다(P. Pierson, 2001).◇14 또한, 복지국가의 지속성을 확보하기 위하여 더욱 많은 재원을 사회정책에 투자하고, 비현실적인 연금 급여를 조정하며, 근로연령을 연장하고, 인구구조의 고령화에 따른 지출 증가에 대응하여 민간 지출을 활용하거나 개인의 책임을 강조하는 강제적 사적 연금(스웨덴), 강제적 사적 의료보험(네덜란드), 대학 졸업세 등의 준조세를 부과하고 있다(Glennerster, 2010: 689-696).◇15 결국 서구 복지국가에서도 기존의 공적 지출로는 한계가 있기 때문에 영원한 재정적 궁핍을 감안하여 시장과 민간의 책임, 기여와 급여의 연계를 강화하고 있다. 한편, 시장의 자율성을 지나치게 강조하는 경우 2008년 금융위기에서 보는 바와 같이 소수의 부유층의 탐욕 추구의 결과 때문에 모든 사회계층들이 피해를 보는 결과를 초래할 수 있다.

이러한 상황에서 향후 서구의 복지국가는 다음과 같은 새로운 도전에 직면해 있다. 대표적으로 인구고령화와 저출산, 기술발전과 세계화로 인하여 야기될 수 있는 소득불평등, 기후변화, 국제 금융자본에 대한 규제의 미비, 선진국으로의 이민과 난민의 문제, 가족의 해체와 아동보호, 초국가적 기구의 등장과 국내 정책의 개입 등을 제시하기도 하고(Glennerster, 2010: 699-700),◇16 인구구조의 고령화, 금융 및 재정위기로 인하여 복지국가에 대한 재정압박, 생활수준의 향상에 따른 복지수요의 증가, 선진국으로 이민의 증가, 아동과 노인에 대한 돌봄 서비스에 대한 복지국가의 역할 증가, 장기적인 복지국가의 지속성을 위한 경제적 대안, 일자리, 환경에 대한 영향 등 구조적인 측면에서 복지국가의 역할 전환 등을 제시하는 견해도 있다(Greve, 2013: 437-438).◇17

산업화와 근대화의 결과로 탄생한 복지국가는 지구적 환경오염, 기후변화, 핵물질, 전염병과 같은 위험(risks)에 직면하고 있다. 복지국가의 지속가능성은 이러한 상존하는 위험들을 어떻게 관리하느냐에 따라 달려있다. 복지국가는 완전고용을 통한 경제성장에 기초하고 있는데 자원을 고갈하는 경제성장은 기후변화를 초래하여 인류 전체의 생존을 위협하는 모순이 발생하게 된다. 사민주의적 입장에서는 환경보호와 지속가능성의 제한을 받는 경제발전을 주장하며 생태적 근대화(ecological modernization)의 개념을 제시하고 있다(Giddens, 1998).◇18 또한 위험사회에서는 사회의 다양한 집단들이 성찰적 근대성을 통하여 기존의 체제에 의문을 제기하고 비판과 토론을 강조하기도 한다(Beck, 1992).◇19 사스나 코로나 바이러스와 같은 전염병에 대해서는 과학적 근거에 기초한 국제적 정보 공유와 협조 하에 개별 국가의 방역능력과 시민사회의 협조 하에 초동적인 대응이 가능하도록 지구적 학습이 필요하다. 하나 뿐인 지구를 보존하고 복지국가의 지속가능성을 높이기 위해서는 기존의 사회정책도 환경과 안전을 포함하는 사회적 웰빙(social wellbeing) 또는 더 좋은 삶의 지표(better life index)라는 전체적인 관점에서 접근하려는 입장도 있다(Boarini and McGregor, 2014; OECD, 2014).◇20

향후 복지국가의 발전은 기존의 자유주의, 보수주의, 사민주의, 남유럽, 동아시아 복지레짐 등 각각의 국가들이 처한 역사적 및 제도적 맥락에 따라 이러한 새로운 도전들에 어떻게 대응하는지에 따라 다르게 나타날 수 있다고 생각된다. 그러나 인구고령화, 경제성장을 통한 재원 마련, 복지국가의 재정적 한계와 지속성에 대한 문제는 모든 복지국가가 공통적으로 직면하는 문제이며, 완전히 동일하지는 않더라도 상호 정책학습을 통하여 자기 나라에 적합한 복지제도의 개혁을 시도할 것으로 보인다.

제 3 절 한국형 복지국가의 길

한국은 서구의 복지국가의 산업화와 민주화라는 근대화의 경로를 압축적으로 이루어냈다. 국가주도의 경제발전 우선 정책으로 사회정책은 경제발전을 보완하는 수단으로 인식되었기 때문에 경제규모에 비하여 공적 사회지출이 적은 작은 복지국가의 특징을 보이고 있다. 그러나 특이한 점은 한국의 주요 복지제도의 기초가 되는 건강보험, 국민연금, 사회적 부조의 기본적 틀이 1970~80년대 경제 발전기에 형성되었고, 민주화 이후 양적 성장이 이루어졌으나 복지급여의 범위, 재원마련과 부담 등 복지국가의 청사진에 대한 근본적인 계획과 사회적 합의가 없었기 때문에 복지국가로의 획기적인 전환은 이루어내지 못했다. 1990년대 이후 고용보험의 도입과 생활보호법의 기초생활보장법으로의 전환 등 변화가 있었지만 근본적인 제도적 기반으로 1960년대 생활보호법 및 산재보험법의 제정, 1977년 건강보험 강제실시, 1988년 국민연금 도입, 1980년대 노인복지법, 장애인복지법의 제정 및 아동복지법의 전면개정 등 복지제도의 근간이 1960~80년대 경제 발전기에 이루어졌다. 이는 후발 개도국으로서 선진국의 복지제도를 학습하고 정책이전을 시도할 수 있는 기회가 있었을 뿐만 아니라 강한 국가역량을 활용하여 사회의 이해관계를 조정하면서 사회발전을 위한 제도적 틀을 신속하게 마련할 수 있었기 때문이다.

어떤 국가나 사회에서 사회문제를 해결하고자 할 때 자체적인 연구뿐만 아니라 외국사례를 참고하지 않을 수 없다. 외국의 정책과 제도를 수용하는데 있어 정책이전(policy transfer)과 정책확산(policy diffusion)의 개념을 고려할 필요가 있다. 정책이전이란 과거 또는 현재에 하나의 정치체제에서 사용된 정책, 행정적 장치, 제도, 아이디어에 관한 지식을 다른 나라의 정책, 행정적 장치, 제도, 아이디어의 개발에 사용하는 정치적 행위를 말하고(Dolowitz and Marsh, 2000: 5),◇21 정책확산은 이전되는 정책에 초점을 두어 한 국가에서 선택된 정책이 다른 나라의 정책적 선택에 영향을 미치는 것을 말한다(Meseguer and Gilardi, 2009: 528).◇22 정책이전은 정책이전을 주도한 행위자가 자발적으로 정책을 이전하는 자발적 이전(voluntary transfer)과 행위자의 의사와 상관없이 외적인 요인에 의하여 정책을 이전받는 강압적 이전(coercive transfer)으로 나누어 볼 수 있다(정정길, 최종원, 이시원, 정준금, 정광호, 2014: 360; Dolowitz and Marsh, 2000).◇23 외국에서 참고할 만한 정책사례가 있더라도 곧바로 정책이 이전되는 것은 아니고 이전된다고 하더라도 해당 국가에서 성공한다는 보장도 없다. 따라서 한 국가에서 다른 국가로 직접적으로 정책이 이전되는 경우는 극히 드물다. 정책이전의 장애요인의 예를 들자면 해당 국가와의 상호적인 관계, 지정학적 접근성, 사용언어의 동질성, 정치적 제도, 정치적 행위자의 이념적 성향, 존재하는 경제적 체제 및 정책의 유형에 따라 정책이전 및 확산의 유형과 정도가 달라질 수 있다.

한국의 경우 고유한 복지제도를 창출하지 않은 이상 복지제도의 중요한 요소가 어떻게 구성되어 있으며, 어느 나라의 제도로부터 영향을 받았는지를 확인할 필요가 있고, 이는 향후 복지국가의 발전과정을 전망하는데 있어 매우 중요하다. 첫째, 복지제도의 근간을 이루는 보건, 연금, 실업, 산업재해 등의 제도를 사회보험의 원리에 기초하여 설계하고 있어서 독일의 비스마르크형 사회보험에 영향을 받았다고 볼 수 있다. 그러나 국가 개입에 보충성의 원리가 적용되는 독일과 달리 한국은 국가가 사회보험 공단을 통하여 직접적으로 관리하고 있다. 둘째, 사회적 빈곤층에 대한 사회적 부조와 사회적 돌봄에서는 자산조사에 의한 선별주의를 도입하고 있고, 근로동기와 자활을 강조하며, 근로장려세제(EITC)와 같은 인센티브를 활용한다는 점에서 영미의 복지제도와 유사하다. 셋째, 가족을 형성하고 보호하는 육아휴직, 아동수당 등의 가족정책에 대한 지출은 낮은 반면에 부양의무자 등 가족의 의무를 강조한다. 넷째, 복지국가의 생산주의적 특성 때문에 국가를 통한 공공 전달체계보다 민간 전달체계를 주로 활용하며, 2000년대 이후에는 보육과 장기요양에서 영리형 민간전달체계가 확대되었다. 다섯째, 한국의 복지국가는 중앙집권적이고 강력한 국가능력을 지니고 있음에도 국민들로부터 복지국가를 위한 충분한 재원을 추출하고 있지 못하다. 연금 등 사회보험의 기여율이 낮기 때문에 본래 설계의도와는 달리 연금급여를 축소해 왔고, 일반 국민을 대상으로 한 소득세와 간접세 이외에 법인세의 과세 비중도 높다. 서구와 달리 복지국가의 기본방향에 관한 국가적 계획과 사회적 합의가 부족하고, 선거를 의식한 정치인들의 비난 회피 때문에 국민들에게 증세를 공개적으로 요구하지 못하는 것이다. 여섯째, 한국의 복지국가는 기초생활보장, 아동수당, 실업급여, 근로장려세제(EITC) 등의 현금 복지와 보육, 건강보험, 장기요양, 주거, 문화, 직업훈련, 평생교육 등의 현물(서비스) 복지에 이르기까지 서구 복지국가에서 시행되는 웬만한 복지제도는 거의 도입하고 있다. 그러나 복지재원의 조달 문제와 연관된 것이지만 사회정책의 수준에서는 그다지 관대하거나 보편적이지 못하며, 저소득층에 초점을 맞추거나 일반 국민에게는 맛보기 수준에 머무르고 있으며, 이러한 한국 복지국가의 특성을 감안하면 맛보기 복지국가(gustation welfare state)로 볼 수도 있다. 한국은 급속한 경제성장을 경험하고 전통적 가치와 새로운 기술과 문화가 혼재된 프리즘 사회이기 때문에 향후 복지국가로 전환을 위해서는 사회의 현실에 바탕을 둔 자체적인 복지국가의 진화 가능성에 대하여 연구할 필요가 있다.

첫째, 복지국가로의 전환을 위해서는 이념적으로 보편적 복지와 사회정책에 친화적인 정치세력의 성장이 있어야 한다. 서구에서는 사민주의나 친 노동적인 정치세력이 집권함으로써 복지국가의 확대가 이루어졌지만 한국과 같이 지역구 중심의 정당체제에서는 승자독식의 현상이 발생하고, 진보적인 정당에서도 실질적으로 노동활동을 하는 후보자가 추천되기 보다는 직업적 정치인이 주축을 이루고 있어 계급정당으로 보기는 어렵다. 따라서 선거제도가 정당 내부의 민주화와 상향식 공천과정이 확립된다는 전제 하에 좀 더 투표 가치를 반영할 수 있는 비례대표제를 확대하게 되면 계급정당의 의회 진출이 확대될 수 있고, 기업별 노조 보다는 산업별 노조를 통하여 상호 연대하는 경우 복지친화적인 사민주의적 정당의 원내 진출이 확대될 수 있다. 한편 보수정당에서도 진보정당의 사회 개혁적 아이디어에 대해서 전통을 존중하면서도 보수주의 특유의 실용성의 원칙에 따라 수용하여 보수적 가치에 맞추어 더욱 발전시켜 나간다면 중도적 복지국가의 아이디어에 대한 사회적 컨센서스가 형성되고 주기적 선거를 통해 사회정책의 이념적 경쟁과 수렴 현상이 발생할 수 있다. 보수와 진보 진영 간에 자신의 핵심적 가치를 보존하며 상대방의 장점을 수용하여 자기변화를 추구하는 정책혁신의 대화가 필요한 것이다.

둘째, 사회적 합의를 바탕으로 복지국가의 발전방향과 재원부담에 대한 종합적이고 체계적인 중장기 계획을 수립하고, 정권의 교체에도 불구하고 이를 일관성 있게 추진할 필요가 있다. 이러한 계획은 국가주도보다는 정치권의 합의에 따라 형성된 민관 합동 위원회에서 마련하고, 국민적 토론을 거쳐 국회에서 정당 간의 결의로서 구속력을 부여할 필요가 있다. 복지국가의 사회적 합의 중에 중요한 부분은 복지국가의 재원이다. 복지국가의 재원은 경제성장이라는 지속가능성과 모든 국민의 복지국가의 혜택을 공유한다는 연대성의 원칙에 기초하여 마련되어야 한다. 서구 복지국가는 세계대전을 거치면서 국가가 소득세의 징세를 강화하고 1950년대 이후 부가가치세를 도입함으로써 재원을 마련하였고, 독일 등 보수주의적 복지국가에서는 사회보험에 대한 개인 기여를 강화함으로써 연금과 의료 등에서 보장성을 확대할 수 있었다. 즉, 국민 개개인의 복지국가라는 공공재에 대한 연대성과 책임의식이 뒷받침되지 않고는 복지국가의 확대가 어렵다는 것을 확인할 수 있다. 또한 최근에는 세계화라는 맥락 하에서 기업 활동을 통한 일자리 창출과 국제경쟁력을 확보하기 위하여 법인세의 비중을 낮추어 기업의 경제성장에 대한 순기능을 보호하고 있는 추세이다. 한국의 경우에는 소득세 비중이 높아지고 있지만 여전히 재산세 비중이 높고, 법인세의 과세 비중도 높은 편이다. 복지국가의 재원을 마련하기 위하여 보다 낮은 세율과 넓은 세원이라는 원칙하에 소득세의 징수범위와 세율을 확대하고, 소득분배의 역진성에 문제가 있기는 하지만 부가가치세 등의 간접세를 통한 세원을 확충할 필요가 있다. 이는 소득 수준이 낮은 사람이라도 복지국가의 재원에 일정한 기여를 함으로써 복지국가가 국민 모두의 제도라는 것을 인식시키는 의미도 있다.

셋째, 복지국가를 실현하기 위한 국가구조와 행정체계에 대한 개혁이 필요하다. 이는 복지국가의 재원이 정부에 의하여 효율적이고 투명하게 사용된다는 것을 국민들에게 확신시켜 주는 의미가 있다. 서구에서도 복지국가의 발전기에 국가기구가 팽창되었고, 내무행정으로부터 분화된 사회정책 조직의 체계화가 이루어졌는데, 한국은 과거 경제개발 중심의 행정기구의 발전이 이루어졌고, 중앙집권적인 관리에 초점을 둔 행정시스템이 복지국가의 전환기에도 그대로 유지되고 있다. 복지국가에 부합하는 행정조직으로는 지방분권화, 사회정책 부처의 체계화와 공적 전달체계의 확립, 기획, 예산, 인사, 조직 등의 중앙관리부처의 통합과 정치적 통제가 필요하며, 시민참여와 자발적 성과평가를 통하여 복지국가를 위한 행정역량의 향상이 병행되어야 한다.

넷째, 한국의 복지국가의 발전경로에서 인구구조의 변화와 재정적 지속가능성을 고려하여야 한다. 전례가 없는 저출산과 인구 고령화로 한국의 복지국가는 서구의 복지국가와 같은 황금기를 경험하지 못하고 재정적 위기에 직면할 수도 있다. 서구의 복지국가가 재정적 위기에 빠지게 된 근본 원인이 고령화에 따라 연금, 실업 수당 등의 현금 복지의 증가이므로 한국의 경우는 사전 예방적 조치로 현금복지에 대해서는 보다 기여와 급여를 연계하는 조치를 강화하고 보건, 돌봄 등 서비스 복지에서는 국가의 개입을 통한 공공성을 강화하여야 할 것이다. 또한 사회보장 재정지출에 대하여 헌법적 수준의 재정준칙이나 재정안정화 장치의 도입도 검토할 필요가 있다. 현재와 같은 조세부담율과 공공사회지출을 낮게 유지하고, 민간에 의존하는 전달체계를 지속할 경우 한국은 자유주의 복지 레짐과 유사한 경로로 변화할 것으로 예상되지만 사회보험에서 강제가입과 함께 기여의 원칙을 강화하고, 기여율을 높이는 사회적 합의가 형성된다면 한국의 복지국가는 보다 보수주의적 사회보험 국가로 접근하게 될 것이다.

다섯째, 저출산의 늪에서 탈출하기 위하여 가족의 의무보다는 가족의 보호와 육성에 관심을 기울일 필요가 있다. 저출산 대책으로 선택과 집중이 필요하며, 가족정책의 핵심인 아동수당, 일 가정 양립을 위한 육아휴직과 보육시스템을 선진국 수준으로 마련하고, 당분간은 가족정책을 사회정책의 최우선 순위에 둠으로써 저출산의 문제를 극복하는데 집중하는 것이 바람직하다. 그리고 돌봄의 영역에서 가족끼리 돌보는 행위에 대해서도 보육이나 장기요양 급여를 인정함으로써 가족 돌봄의 선한 동기와 가족의 가치를 보호하여야 한다.

여섯째, 근로능력이 없거나 뜻하지 않은 이유로 도움이 필요한 사회적 빈곤층에 대해서는 가족부양과 관련 없이 인간다운 생활을 유지할 수 있는 수준의 복지급여를 제공하거나 가족이 지원하는 경우 이를 공적으로 보상하고, 근로능력이 있는 빈곤층은 근로에 종사하는 것이 복지에 의존하는 것보다 더 혜택이 되도록 복지와 일자리를 체계적으로 연계하는 공적 부조의 재설계도 필요하다.

　결론적으로 한국은 실용적인 정치적 리더십 하에서 복지국가의 발전방향에 관한 사회적 합의를 바탕으로 복지국가의 재원을 마련하고, 효율적이고 책임성 있는 행정체계에 의하여 사회정책이 집행되며, 국가 이외의 시장, 공동체, 가족 등의 가치가 조화를 이루고, 복지국가의 지속가능성을 위하여 시장경제의 역동성을 통한 일자리 창출, 개인의 기여와 책임, 인적자원 개발과 근로동기를 중시하면서도 보건, 교육, 돌봄 등 사회서비스의 공공성을 확보하고 사회적 약자에게 인간다운 생활을 보장하기 위한 사회적 부조를 제공하는 등 사회정책의 혁신성과 통합성을 모두 갖춘 제도적 복지국가를 지향하는 것이 바람직하다.

주 석

◇1 Albrow, Martin and Elizabeth King. 1990. Globalisation, knowledge, and society: readings from International sociology. Sage Publications.

◇2 Giddens, Anthony. 1991. The Consequences of Modernity Cambridge: Polity Press. p. 64.

◇3 Held, David, Anthony McGrew, David Goldblatt, and Jonathan Perraton. 1999. Global Transformations: Politics, Economics, and Culture. Stanford University Press.

◇4 International Monetary Fund. 2000. "Globalization: Threats or Opportunity." IMF Publications.

◇5 Yeates, Nicola. 2016. Globalization, International Organisations and Social Policy. in Pete Alcock, Tina Haux, Margaret May and Sharon Wright (eds.), the Student's Companion to Social Policy. Wiley Blackwell Press. p. 513.

◇6 Pierson, Paul. 1996. The new politics of the welfare state. World Politics, 48(2): 143-179.

◇7 Clayton, Richard and Jonas Pontusson. 1998. Welfare state retrenchment revisited: Entitlements cuts, public sector restructuring, and inegalitarian trends in advanced capitalist societies. World Politics, 51(1): 67-98.

◇8 Swank, D. 2002. Global Capital, Political Institutions, and Policy Change in Developed Welfare States, New York: Cambridge University Press; Swank, D. 2014. Globalization, the Welfare State and Inequality. in Christopher Pierson, Francis G. Castles and Ingela K. Naumann (eds.) The Welfare State Reader. Third Edition. Polity Press. pp. 185-187.

◇9 Yeates, Nicola. 2016. Globalisation, International Organisations and Social Policy. in Pete Alcock, Tina Haux, Margaret May and Sharon Wright (eds.), the Student's Companion to Social Policy. Wiley Blackwell Press. p. 513. 국제기구는 정부간국제기구(International governmental organisations: IGOs)와 국제비정부기구(International non-governmental organisations: INGOs)로 나눌 수 있다. 국제정부간기구는 주권 국가들이 일정한 목적을 달성하기 위하여 협동적인 정치적 및 법적 관계를 시작하는 국제적 조직을 말한다. 최상위의 국제기구로 국제연합(the United Nations)과 그 부속기관으로 국제노동기구(International Labour Organisation), 세계보건기구(World Health Organisation) 등이 있으며 소관 분야에서 회원국들을 구속하는 국제법규를 제정할 수 있으며, 자유주의적 금융과 관련해서는 세계은행(World Bank)과 국제통화기금

(International Monetary Fund: IMF)이 있으며, 국제무역 분야에서는 세계무역기구 (World Trade Organisation)가 있다. 지역적으로 활동하는 국제기구로는 유럽연합 (European Union), 북미자유무역협정(North American Free Trade Agreement: NAFTA), 아세안(Association of South East Asian Nations: ASEAN) 등이 있다.

◇10 대표적인 국제비정부간기구로는 세계경제포럼(World Economic Forum), 세계물포럼 (World Water Forum), 자유노동조합국제연맹(International Confederation of Free Trade Unions) 등이 있다.

◇11 O'Connor, James. 1984. Accumulation Crisis. New York: Basil Blackwell.

◇12 Offe, Claus. 1984. Contradictions of the Welfare State. Cambridge, MA: MIT Press.

◇13 Pierson, Paul. 1994. Dismantling the Welfare State? Reagan, Thatcher, and the Politics of Retrenchment. Cambridge: Cambridge University Press.

◇14 Pierson, Paul. 2001. Coping with permanent austerity: Welfare state restructuring in affluent democracies. in Paul Pierson. (ed.) The New Politics of Welfare State. Oxford: Oxford University Press. pp. 410-456.

◇15 Glennerster, Howard. 2010. The Sustainability of Western Welfare State. in Francis G. Castles, Stephan Leibfried, Jane Lewis, Herbert Obinger, and Christopher Pierson. (eds.) The Oxford Handbook of The Welfare State. Oxford University Press. pp. 689-696.

◇16 Ibid. pp. 699-670.

◇17 Greve, Bent. 2013. Future of the welfare state. in Bent Greve (eds.), The Routledge Handbook of the Welfare State. Routledge Taylor and Francis Group: London and New York. pp. 437-438.

◇18 Giddens, Anthony. 1998. The Third Way: The Renewal of Social Democracy. Polity Press.

◇19 Beck, Ulrich. 1992. Risk Society: Toward a New Modernity. London: Sage.

◇20 Boarini, R., A. Kolev and A. McGregor. 2014. "Measuring Well-being and Progress in Countries at Different Stages of Development: Towards a More Universal Conceptual Framework", OECD Development Centre Working Papers, No. 325, OECD Publishing, Paris, https://doi.org/10.1787/5jxss4hv2d8n-en; OECD. 2014. "Better Life Index (Edition 2013)", OECD Social and Welfare Statistics (database), https://doi.org/10.1787/data-00703-en.

◇21 Dolowitz, D and D. Marsh. 2000. Learning from abroad: the role of policy transfer in contemporary policy-making. Governance, 13(1). p. 5.

◇22 Meseguer, C. and F. Gilardi. 2009. What is new in the study of policy diffusion? Review of International Political Economy, 16(3), p. 528.

◇23 정정길, 최종원, 이시원, 정준금, 정광호. 2014. 정책학원론. 대명출판사. p. 360; Dolowitz, D and D. Marsh. 2000. Learning from abroad: the role of policy transfer in contemporary policy-making. Governance, 13(1): 15-24.

참고문헌

◼ 국내문헌

강광하·이영훈·최상오. 2008. 한국 고도성장기의 정책결정체계: 경제기획원과 정책추진기구. 한국개발연구원.

강신택. 2006. 재무행정론(전정판). 박영사.

강윤호·민기·전상경. 2015. 현대지방재정론(제4판). 박영사.

구인회·손병돈·안상훈. 2012. 사회복지정책론. 나남.

국무조정실. 2019a. 정부업무평가기본계획(2020~2022).

_____ 2019b. 2019년도 정부업무 성과관리 운영지침.

국민건강보험공단·건강보험심사평가원. 2019. 2018년 건강보험통계연보.

국회 예산정책처. 2018. 2018 NABO 중기 재정전망: 2018~2027.

_____ 2018. 한국 조세제도의 발전과정과 현황.

_____ 2019a. 2019~2028년 8대 사회보험 재정전망.

_____ 2019b. 대한민국 재정 2019.

_____ 2019c. 대한민국 지방재정 2019.

_____ 2019d. 공공부조제도의 현안 및 재정소요 추계.

금종예·금현섭. 2017. 증세와 복지확대에 대한 태도: 세금부담 인식을 중심으로. 한국행정학보, 51(1): 1-29.

금현섭·김민영·백승주. 2011. 기관경쟁과 이용자선택이 사회서비스만족도에 미치는 영향: 아동대상 대인서비스를 중심으로. 지방정부연구, 15(4): 153-176.

기획재정부, 2019년 국가재정운용계획.

김경수·허가형·김윤수·김상미. 2018. 우리나라 저 출산의 원인과 경제적 영향. 국회 예산정책처 경제현안분석 94호.

김도균. 2012. 한국 법질서와 정의론: 공정과 공평, 그리고 운의 평등: 시론. 서울대학교 법학, 53권 1호.

김병섭. 1995. 경찰공무원의 심리적 탈진 원인 분석. 한국행정학보, 29(2): 449-467.

김병섭·박광국·조경호. 2000. 조직의 이해과 관리. 대영문화사.

김보영. 2009. 영국 신노동당 정부의 사회서비스 개혁 방향과 전략연구. 사회복지정책, 36(3): 127-152.

_____ 2018. 사회보장제도의 기본구조. 한국보건사회연구원(편), 주요국 사회보장제도 6: 영국의 사회보장제도. 나남. pp. 53-88.

김상철. 2018. 정부재정과 사회보장재정. 한국보건사회연구원(편). 주요국 사회보장제도 2: 독일의 사회보장제도. 나남. pp. 165-204.

김신복. 1978. 국가기획의 본질 및 접근방법의 변화. 행정논총, 16권1호, pp. 139-156.

_____ 1980. 기획이론 서설. 행정논총, 18권 2호. pp. 63-81.

_____ 1982. 프랑스, 일본, 소련의 국가기획제도. 행정논총, 20권2호. pp. 274-292.

_____ 2001. 발전기획론. 서울: 박영사.

김연명 편. 2002. 복지국가 성격논쟁 1. 인간과 복지.

김연명. 2009. 동아시아 복지체제론의 재검토. 정무권 편. 복지국가의 성격논쟁 2. 인간과 복지.

김영순·권순미. 2008. 공공부조제도. 양재진외. 한국의 복지정책 결정과정: 역사와 자료. 나남.

김영종. 2009. 사회정책론. 형설출판사.

_____ 2010. 사회복지행정. 학지사.

김용득. 2007. 영국 사회복지서비스의 구조와 서비스 질 관리체계. 보건복지포럼, pp. 76-91.

김윤권. 2013. 정부 조직개편의 조직과 기능별 개편전략. 한국행정학보, 47(3): 49-74.

김은경. 2018. 정부재정과 사회보장재정. 한국보건사회연구원(편). 주요국 사회보장제도10: 프랑스의 사회보장제도. 나남. pp. 139-170.

김 인. 2010. 사회복지 서비스 전달에 있어서 바우처 제도의 시장경쟁성과 수급자 선택권이 서비스 질에 미치는 영향, 한국행정논집, 22(2): 397-425.

김일영. 2001. 한국에서 발전국가의 기원, 형성과 발전 그리고 전망. 「한국정치외교사논총」, 23(1): 87-126.

_____ 2008. 정치적 맥락(1): '발전국가' 형성과정. 정용덕 (편). 한국행정 60년 1948~2008. 1. 배경과 맥락. 한국행정연구원.

김정미・이강구. 2013. 해외 주요국의 재정준칙 운용방향과 정책시사점. 국회 예산정책처.

김진욱. 2009. 한국의 복지혼합과 복지체제. 정무권 편. 복지국가의 성격논쟁 2. 인간과 복지.

김태성・성경륭. 2014. 복지국가론(개정 2판). 나남.

김태성・손병돈. 2002. 빈곤과 사회복지정책. 청목출판사.

김태홍. 2012. 고용보험 및 고용정책. 한국보건사회연구원(편). 주요국의 사회보장제도 한국. pp. 118-153.

김효정. 2015. 공적 소득 이전의 수단과 정책 효과에 대한 재고찰: 사회복지지출(welfare expenditure)과 사회적 조세지출(social tax expenditure)의 통합적 접근. 한국행정학보, 49(4): 329-358.

나병균. 2018. 사회보장의 역사적 전개. 한국보건사회연구원(편). 주요국 사회보장제도 10: 프랑스의 사회보장제도. 나남. pp. 17-52.

남궁근. 2010. 행정조사방법론(제4판). 법문사.

노화준. 2015. 정책평가론(제5판). 법문사.

마이클 샌들(이창신 역). 2010. 정의란 무엇인가? 김영사.

박동서. 1994. 한국에서의 행정이론의 변천. 행정논총, 32(2): 1-123.

_____ 1997. 한국행정론(제4전정판). 법문사.

_____ 1998. 한국행정의 연구와 개혁 ― 궤도수정. 한국행정학보, 32(1): 1-10.

박병현. 2017. 복지국가의 비교: 영국, 미국, 독일, 스웨덴 사회복지의 역사와 변천. 공동체.

박상인. 2017. 왜 지금 재벌개혁인가: 박정희 개발체제에서 사회통합적 시장경제로. 미래를소 유한사람들.

박순애・이영미. 2018. 성과관리의 역설: 성과관리 왜곡의 실태 및 영향요인에 관한 실증연 구. 한국행정학보, 52(4): 151-176.

박승희・채구묵・김철주・홍세영 외. 2007. 스웨덴 사회복지의 실제. 양서원.

박응격. 1995. Lorenz von Stein의 학문적 생애와 행정사상. 한국행정학보, 29(4): 401-412.

박창렬. 2012. 역사적 전개과정. 한국보건사회연구원(편). 주요국의 사회보장제도: 프랑스. pp. 10-39.

박천오. 2012. 한국 정부관료제. 법문사.

백승호・안상훈. 2009. 한국 복지국가 성격 재조명. 정무권 편. 복지국가의 성격논쟁 2. 인간 과 복지.

보건복지부. 2011. 보건복지백서.

_____ 2018. 사회서비스 분야(보육, 장기요양)에 사회적 경제 활용방안. 부처맞춤형 단기국 외연수보고서.

손병덕. 2012. 사회보장 관리체계. 한국보건사회연구원(편). 주요국의 사회보장제도: 영국. pp. 37-67.

손준규. 1981. 한국의 복지정책 결정과정에 관한 연구. 서울대 정치학 박사 논문.

신가영·고길곤. 2019. 고용장려금제도의 장애인 고용 효과성에 관한 연구: 기업의 고용결정 의 영향요인별 한계효과 분석. 한국행정학보, 53(1): 223-252.

신광영. 1999. 비정부조직(NGO)과 국가 정책: 외국의 사례를 중심으로. 한국행정연구, 8(1): 29-41.

신정완. 2018. 경제여건과 소득분배구조. 한국보건사회연구원(편). 주요국 사회보장제도5: 스 웨덴의 사회보장제도. 나남. p. 65-93.

_____ 2018. 사회보장의 역사적 전개. 한국보건사회연구원(편). 주요국의 사회보장제도5: 스 웨덴의 사회보장제도. 나남. pp. 15-44.

신현웅. 2011. 건강보험. 보건복지부·보건사회연구원 (편). 우리나라 주요 사회보장제도 전 개과정과 과제 정책 세미나 자료.

심헌섭. 1988. 정의에 관한 연구: 기일. 정의의 기본개념과 기본원리. 서울대학교 법학, 29권 2호.

안병영. 1984. 복지국가의 태동과정의 비교연구. 한국행정학보, 18(2): 423-444.

_____ 2018. 복지국가의 형성과 전개. 안병영외. 복지국가와 사회복지정책. 다산출판사. pp. 59-102.

안상훈. 2010. 현대 한국복지국가의 제도적 전환. 서울대학교출판문화원.

양재진. 2008a. 국민연금제도. 양재진 외. 한국의 복지정책 결정과정: 역사와 자료. 나남.

_____ 2008b. 복지정책. 한국행정연구원 편. 한국행정 60년 3. 공공정책. 법문사.

_____ 2008c. 한국 복지정책 60년: 발전주의 복지체제의 형성과 전환의 필요성. 한국행정학 보, 42(2): 327-349.

_____ 2018. 공적 연금. 안병영외. 복지국가와 사회복지정책. 다산출판사. pp. 415-442.

_____ 2018. 복지재정. 안병영외. 복지국가와 사회복지정책. 다산출판사. pp. 347-370.

_____ 2018. 한국 복지국가의 어제와 오늘. 안병영 외. 복지국가와 사회복지정책. 다산출판 사. pp. 149-175.

양현모·조태준·서용석. 2010. 영국의 행정과 공공정책. 한국행정연구원.

우명숙. 2008. 산재보험제도. 양재진 외. 한국의 복지정책 결정과정. 나남.

유근춘. 2018. 사회보장제도의 기본구조. 한국보건사회연구원(편). 주요국 사회보장제도 2: 독일의 사회보장제도. 나남. pp. 57-88.

유모토 켄지·사토 요시히로, 2011. 스웨덴 패러독스. 김영사.

유현종. 2010. 대통령의 입법의제로서 정부법안의 국회제출과 통과의 영향요인: 민주화 이후 역대 정부를 중심으로(1988-2007). 행정논총, 48(4): 263-293.

_____ 2013. Woodrow Wilson, 박동서, 그리고 한국행정. 행정논총, 51(3): 31-66.

_____ 2013. 선택 2012의 분석: 정치행정 개혁의 비전과 과제. 법문사.

_____ 2014. 사회서비스 전달체계의 비교복지국가론적 분석 : 사회적 돌봄 서비스의 5가지 복지레짐 비교를 중심으로. 한국행정연구, 23(1): 1-38.

_____ 2015. 국가적 재난관리의 책임성과 확보방안. 한국행정학보, 49(4): 419-450.

_____ 2016. 사회적 금융의 국가 간 비교연구: 영국 및 프랑스 사회적 금융 생태계를 중심으로. 한국사회와 행정연구, 27(2): 31-63.

_____ 2016. 한국 복지전달체계의 제도적 변화와 지속성. 한국행정학회 동계학술대회 발표논문.

_____ 2018. 정치-행정관계의 이론적 곤경과 해결방안. 한국행정학보, 52(4): 331-354.

유현종·정무권. 2018. 한국 사회적경제 거버넌스와 지역발전. 지역발전연구, 27(2): 33-82.

윤기웅·공병천. 2019. 한국 성과감사의 과제 및 방향. 한국행정학회 하계학술대회 발표논문.

윤미례·김태일. 2017. 준실험설계에 의한 보육지원 정책의 고용효과 분석. 한국행정학보, 51(1): 205-231.

윤영진. 2004. 디지털 예산회계시스템 구축방안: 프로그램예산제도 도입을 중심으로. 한국행정학회 동계학술대회.

윤홍식. 2010. 반복되는 실패, 제2차 저출산 기본계획. 복지동향, 10월호. pp. 18-26.

_____ 2019. 한국 복지국가의 기원과 궤적 1,2,3. 사회평론아카데미.

이두호·최일섭·김태성·나성린. 1991. 빈곤론. 나남.

이명석. 2001. 거버넌스의 개념화: 사회적 조정으로서의 거버넌스. 한국행정학보, 36(4): 321-338.

이병천. 2008. 경제적 맥락(2): 경제발전의 명암. 정용덕 (편). 한국행정 60년 1948~2008. 1. 배경과 맥락. 한국행정연구원.

이봉주·김용득·김문근. 2007. 사회복지서비스와 공급체계: 쟁점과 대안. 커뮤니티.

이삼식·이소정. 2011. 2011년도 저출산·고령화 대응정책의 변화와 전망. 보건복지포럼, 171: 59-68.

이상호. 2018. 한국의 지방소멸 2018. 2013~2018년까지의 추이와 비수도권 인구이동을 중심으로. 고용동향브리프 7월. 한국고용정보원.

이세진. 2013. 주거복지사업 평가. 국회 예산정책처.

이영찬. 2000. 영국의 복지정책. 나남출판사.

이용준. 2005. 공공부문 사업평가. 국회예산정책처.

이원식. 2006. 일본의 노인개호서비스 공급의 다원화, 시장화에 관한 연구. 한국사회복지정책학회. 「사회복지정책」, Vol. 27.

이윤식. 2014. 정책평가론. 대영문화사.

이정희·황혜신. 2010. 행정부의 예산편성 선진화를 위한 제도개선 연구. 한국행정연구원.

이주하. 2009. '민주화 이후의 민주주의'와 공공성. 한국행정학회 동계학술대회 발표논문.

이준구·조명환. 2016. 재정학(제5판). 문우사.

이채정. 2015. 장애인 복지사업 평가. 국회 예산정책처.

이한빈 외. 1969. 한국행정의 역사적 분석: 1948~1967. 서울: 한국행정문제연구소.

이현주·정익중. 2012. 아동복지서비스 전달체계의 복지혼합과 공공의 역할 재구축. 한국사회정책, 19(1): 65-94.

인경석. 2008. 복지국가로 가는 길. 북코리아.

인사혁신처. 2019. 인사혁신통계연보.

임도빈. 2004. 정부조직의 재설계: 최고 조정체계를 중심으로. 행정논총, 42(3): 1-25.

장경석·박인숙. 2019. 공공임대주택 유형별 주택규모와 현황과 시사점. 국회 입법조사처.

전광희. 2012. 역사적 전개과정. 한국보건사회연구원(편). 주요국의 사회보장제도: 독일.

전영한·이경희. 2007. 정책수단연구: 기원, 전개, 그리고 미래. 행정논총, 48(2): 91-118.

정광호. 2007. 바우처 분석: 한국과 미국을 중심으로. 행정논총 제45권제1호. pp. 61-109.

정규서. 1983. 정책기획에 관한 일 고찰. 한국행정학보, 제17권. pp. 214-229.

정무권 편. 2009. 복지국가의 성격논쟁 2. 인간과 복지.

정무권. 1993. 국가자율성. 국가능력, 사회보장정책: 유신체제의 연금제도와 의료보험정책을 중심으로. 한국행정학보, 27(2): 493-516.

_____ 1996. 한국 사회복지제도의 초기형성에 관한 연구. 한국사회정책 3.

_____ 2009. 한국 발전주의 생산레짐과 복지체제의 형성. 정무권 편. 복지국가의 성격논쟁

2. 인간과 복지.

＿＿＿ 2009. 한국 복지국가 성격 논쟁의 새로운 쟁점을 찾아서. 정무권 편. 복지국가의 성격논쟁 2. 인간과 복지.

＿＿＿ 2018. 사회복지정책과 정책과정. 안병영·정무권·신동면·양재진.(편) 복지국가와 사회복지정책. 다산출판사. pp. 179-235.

정용덕 외. 1999. 신제도주의 연구. 대영문화사.

＿＿＿ 2014. 현대국가의 행정학(제2판). 법문사.

정용덕. 1996. 미국 행정(학)의 무(無)국가성이 한국 행정(학) 발전에 미친 영향. 행정논총, 34(1): 33-50.

정재훈. 2007. 독일 복지국가와 사회복지서비스. 집문당.

정정길·최종원·이시원·정준금·정광호. 2010. 정책학원론. 대명출판사.

정해구. 2008. 정치적 맥락(2): '운동정치' 한국행정연구원 (편) 한국행정 60년: 1948~2008. 1. 배경과 맥락. 법문사.

정형선. 2012. 노인장기요양보험. 한국보건사회연구원(편). 주요국의 사회보장제도: 한국. pp. 336-353.

조동근. 2015. OECD 대비 복지지출 적정성 논쟁의 인식오류(한국경제연구원 경쟁력강화포럼 2015년 4월 발제자료).

조석준·임도빈. 2010. 한국행정조직론. 법문사.

조영재. 2008. 건강(의료)보험제도. 양재진 외. 한국의 복지정책 결정과정: 역사와 자료. 나남.

조영훈. 2002. 생산적 복지론과 한국 복지국가의 미래. 김연명(편). 복지국가의 성격논쟁 1. 인간과 복지.

조추용. 2012. 역사적 전개과정. 한국보건사회연구원(편). 주요국의 사회보장제도: 일본. pp. 10-50.

진 익·곽보형. 2012. 우리나라 사회복지지출 수준의 국제비교평가. 국회 예산정책처 사업평가 14-12(통권 329호).

최병근. 2017. 기초생활보장제도의 부양의무자 기준 폐지 논의 및 정책과제. 이슈와 논점, 제1295호. 국회 입법조사처.

최병선. 2001. 정부주도 경제사회 운영과 행정윤리. 행정논총, 39(4): 81-111.

최병조. 1990. 로마 법률가들의 정의관. 서울대학교 법학 제31권 제3·4호.

최성재·남기민. 2008. 사회복지행정론. 나남.

최신용·강제상·이병기·김선엽·임영제. 2014. 기획론. 학림.

최연혁. 2012. 경제와 정부재정. 보건사회연구원(편) 주요국의 사회보장제도: 스웨덴. pp. 95-140.

_____ 2012. 역사적 전개과정. 한국보건사회연구원(편). 주요국의 사회보장제도: 스웨덴. pp. 10-47.

_____ 2018. 사회보장제도의 기본구조. 한국보건사회연구원(편). 주요국의 사회보장제도 5: 스웨덴의 사회보장제도. 나남. pp. 45-64.

최태현·임정욱. 2015. 관청형성모형에 기반한 중앙정부 예산점증성 분석. 한국행정학보, 51(2): 389-420.

통계청. 2017. 장래인구특별추계: 2017~2067년.

_____ 2019. 장래인구특별추계: 2017~2067년.

하연섭. 2011. 제도분석: 이론과 쟁점(제2판). 다산출판사.

_____ 2018. 정부예산과 재무행정(제3판). 다산출판사.

한국경제 60년사 편찬위원회. 2010. 한국경제 60년사 V. 사회복지.

한국보건사회연구원. 2012. 주요국의 사회보장제도.

_____ 2018. 주요국 사회보장제도. 나남.

한국복지행정학회. 2014. 사회복지정책론. 양서원.

한국행정연구원. 2017. 대한민국 정부 조직개편 성찰. 대영문화사.

행정안전부. 2019. 지방자치단체 통합재정 개요.

행정자치부. 1998. 정부조직변천사.

현외성 외. 1992. 복지국가의 위기와 신보수주의의 재편. 대학출판사.

후지무라 마사유키(藤村正之). 2006. 현대 일본 사회보장의 역사: 중앙집권적인 사회복지와 분립형 사회보험의 전개. 이혜경·다케가와 소고 (편). 한국과 일본의 복지국가레짐 비교연구: 사회보장·젠더·노동시장을 중심으로. 연세대학교출판부.

◼ 외국문헌

Achinger, Hans u.a.(Hg.). 1952. Reicht der Lohn für Kinder?, Selbstverlag des Deutschen Vereins für öffentliche und private Fürsorge.

Adam, Stuart and Barra Roantree. 2016. Taxation and Welfare. in Pete Alcock, Tina

Haux, Margaret May and Sharon Wright (eds.), the Student's Companion to Social Policy. Wiley Blackwell Press. pp. 290-296.

Adema, Willem and Maxime Ladaique. 2005. Net Social expenditure, More comprehensive measures of social support.

_____ 2009. How expensive is the welfare state? Gross and net indicators in the OECD Social Expenditure Database(SOCX) (OECD Social Employment and Migration Working Papers, 92). Paris: OECD.

Adema, Willem and Pauline Fron. 2019. The OECD SOCX Manual: A guide to the OECD Social Expenditure Database.

Adema, Willem, P. Fron, and M. Ladaique. 2011. Is the European Welfare State Really More Expensive?: Indicators on Social Spending, 1980~2012.

Agranoff, Robert and Michael McGuire. 2003. Collaborative Public Management: New Strategies for Local Governments. Washington, D.C.: Georgetown University Press.

Agranoff, Robert. 2006, "Inside Collaborative Networks: Ten Lessons for Public Managers." Public Administration Review, 66: 56-65.

Akerlof, George A. 1970. "The Market for 'Lemons': Quality Uncertainty and the Market Mechanism." Quarterly Journal of Economics. The MIT Press. 84(3): 488-500.

Albrow, Martin and Elizabeth King. 1990. Globalisation, knowledge, and society: Readings from international sociology. Sage Publications.

Alcock, Pete and Saul Becker. 2016. Researching Social Policy. in Pete Alcock, Tina Haux, Margaret May and Sharon Wright (eds.), the Student's Companion to Social Policy. Wiley Blackwell Press.

Alcock, Pete. 2016. Poverty and Social Exclusion. in Pete Alcock, Tina Haux, Margaret May and Sharon Wright (eds.), the Student's Companion to Social Policy. Wiley Blackwell Press.

Allison, G. T. 1971. Essence of Decision: Explaining the Cuban Missile Crisis. Boston, MA: Little, Brown.

Alt, James. 1987. "Old Wine in New Bottles: Thatcher's Conservative Economic Policies," in Barry Cooper, Alan Kornberg, and William Mishler, eds., The Resurgence of Conservatism in the Anglo-American Democracies (Durham: Duke University Press).

Alvarez, P. 2001. The Politics of Income Inequality in the OECD: The Role of Second Order Effects. Luxembourg Income Study Working Paper No. 284. Syracuse, NY: Syracuse University.

Amenta, Edwin and Alexander Hicks. 2010. Research Methods. in Francis G. Castles, Stephan Leibfried, Jane Lewis, Herbert Obinger and Christopher Pierson. (eds.), The Welfare State. Oxford University Press. pp. 105-120.

Amenta, Edwin. 2003. What we know about the development of social policy: Comparative and historical research in comparative and historical perspective, in Comparative Historical Analysis in the Social Sciences, ed. James Mahoney and Dietrich Rueschemeyer, Cambridge: Cambridge University Press pp. 91-130.(reprinted in Leibfried and Mau 2008: vol. 1, 22-61).

Anderson, Karen M. and Traute Meyer. 2003. Social Democracy, Unions, and Pension Politics in Germany and Sweden. Journal of Public Policy, 23(1): 23-54.

Aquinas, Thomas. Summa theologiae. 1981. Trans. Fathers of the English Dominican Province. Westminster: Christian Classics. https://www.iep.utm.edu/aq-moral/#SH3d

Aristotle. Nichomachean Ethics. Book IV.

Arrow, Kenneth J. 1963. "Uncertainty and the Welfare Economics of Medical Care," American Economic Review, 53(6): 941-73.

Ashford, D. E. 1986. The Emergence of the Welfare States. Oxford: Blackwell.

Atkinson, Anthony B. 1970. On the measurement of inequality. Journal of Economic Theory, 2(3): 244-263.

_____ 1996. The Economics of the Welfare State. The American Economist, 40(2): 5-15.

Atkinson, Anthony B. and John Micklewright. 1991. Unemployment compensation and labor market transactions: A critical review. Journal Economic Literature, 29(4): 1679-1727.

Atkinson, Anthony. B. 1993. Work Incentives. in A. B. Atkinson and G. V. Morgensen. (ed.), Welfare and Work Incentives: A North European Perspective. Oxford: Oxford University Press.

Babbie, Earl. 2013. The Practice of Social Research. Wadsworth Cengage Learning.

Baggott, Rob. 2016. Healthcare. in Pete Alcock, Tina Haux, Margaret May and Sharon Wright (eds.), the Student's Companion to Social Policy. Wiley Blackwell Press.

_____ 2016. Public Health. in Pete Alcock, Tina Haux, Margaret May and Sharon Wright (eds.), the Student's Companion to Social Policy. Wiley Blackwell Press.

Bahle, Thomas, Michaela Pfeifer, and Claus Wendt. 2010. Social Assistance. in Francis G. Castles, Stephan Leibfried, Jane Lewis, Herbert Obinger, and Christopher Pierson (eds), The Oxford Handbook of the Welfare State. Oxford University Press.

Bardach, Eugene. 2008. Policy Dynamics. in Michael Moran, Martin Rein, and Robert E. Goodin. (eds.), The Oxford Handbook of Public Policy. Oxford University Press.

Barnard, Chester I. 1949. Organizations and Management. Cambridge: Harvard University Press.

Barr, Nicholas A. 1992. Economic theory and the welfare state. Journal of Economic Literature, 30(2): 741-803.

Barro, Robert J. 1977. "Unanticipated Money Growth and Unemployment in the United States". American Economic Review. 67(2): 101-115.

Baumgartner, Frank R. and Bryan D. Jones. 1993. Agendas and Instability in American Politics. Chicago: University of Chicago Press.

Beck, Hermann. 1995. The Origins of the Authoritarian Welfare State in Prussia: Conservatives, Bureaucracy, and the Social Question, 1815-70. Ann Arbor: The University of Michigan Press.

Beck, Ulrich. 1992. Risk Society: Toward a New Modernity. London: Sage.

Bekke, A.J.G.M. and Frits M. Meer. 2000. Civil Service Systems in Western Europe: An Introduction. in A.J.G.M. Bekke and Frits M. Meer. (eds.), Civil Service Systems in Western Europe. Edward Elgar Publishing.

Béland, Daniel. 2010. What is Social Policy: Understanding The Welfare State. Polity Press.

Berghman, Jos, Annelies Debels, and Ine Van Hoyweghen. 2013. Prevention: The Cases of social security and healthcare. in Bent Greve (ed.), The Routledge Handbook of the Welfare State. Routledge Taylor and Francis Group: London and New York.

Birkland, Thomas A. 2015. An Introduction to the Policy Process: Theories, Concepts, and Models of Public Policy Making(3rd edition). Routledge: Taylor and Francis Group.

Blanchard, Oliver. 1991. Wage bargaining and unemployment persistence. Journal of

Money, Credit and Banking, 23(3): 277-292.

Blank, Robert H., Viola Burau, and Ellen Kuhlmann. 2018. Comparative Health Policy(5th edition). Palgrave macmillan education.

Blöndal, Jón R. 2001, "Budgeting in Sweden", OECD Journal on Budgeting, Vol. 1/1.DOI: https://doi.org/10.1787/budget-v1-art4-en.

BMAS(Bundesministerium für Arbeit und Soziales). 2015. Sozialbudet 2014.

Boarini, R., A. Kolev and A. McGregor. 2014. "Measuring Well-being and Progress in Countries at Different Stages of Development: Towards a More Universal Conceptual Framework", OECD Development Centre Working Papers, No. 325, OECD Publishing, Paris, https://doi.org/10.1787/5jxss4hv2d8n-en.

Bochel, Catherine. 2016. State Welfare. in Pete Alcock, Tina Haux, Margaret May and Sharon Wright (eds.). the Student's Companion to Social Policy. Wiley Blackwell Press. p. 246.

Bodenheimer, Thomas and Kevin Grumbach. 2016. Understanding Health Policy: A Clinical Approach. McGraw Hill Education: Lange.

Boeßenecker, K.-H. 2005. Spitzenverbände der Freien Wohlfahrtspflege. Eine Einführung in die Organizationsstruckturen und Handlungsfelder der Deutschen Wohlfahrtsverbände. Weinheim/München: Juventus.

Böhm, K., Schmid A., Gotze R., Landwehr C. and H. Rothgang. 2013. Five types of OECD healthcare systems: Empirical results of a deductive classification. Health Policy, 113(3): 258-269.

Boruch, Robert, Rui Yang, Jordan M. Hyatt and Herb Turner II. 2017. Randomized controlled trials in Bent Greve (eds.) Handbook of Social Policy Evaluation. Edward Elgar Publishing. pp. 15-37.

Bovens, Mark, Paul 'T Hart, and Sanneke Kuipers. 2008. in Michael Moran, Martin Rein, and Robert E. Goodin. (eds.), The Politics of Policy Evaluation. The Oxford Handbook of Public Policy. Oxford University Press.

Boyer, Robert. 2012. The four fallacies of contemporary austerity policies: the lost Keynesian legacy. Cambridge Journal of Economics, 36(1): 283-312.

Bozeman, Barry and Jane Massey. 1982. Investing in Policy Evaluation: Some Guidelines for Skeptical Public Managers. Public Administration Review, 42(3): 264-270.

Bradshaw, Jonathan and Naomi Finch. 2010. Family Benefits and Services. in Francis G. Castles, Stephan Leibfried, Jane Lewis, Herbert Obinger, and Christopher Pierson (eds), The Oxford Handbook of the Welfare State. Oxford University Press.

Bradshaw, Jonathan. 1974. The concept of social need. Ekistics, 37(220): 184-187.

Braibant, G. 1998. An Overview of the French administration in F. Gallouedec-Genuys' (ed.), About French Administration, Paris: La Documentation Francaise.

Brownlow, Louis, Charles E. Merriam, and Luther Gulick. 1937. Report of the President's Committee on Administrative Management. Washington D.C.: U.S. Government Printing Office. pp. 1-16.

Brunsson, N. and J. P. Olsen. 1993. Organizing Organizations. Bergen: Fagbokforlaget.

Bryson, J. & W. Roering. 1988. Initiation of Strategic Planning by Governments. Public Administration Review, 48(6): 995-1004.

Buchanan, James M. and Gordon Tullock. 1962. The Calculus of Consent. Ann Arbor: University of Michigan Press.

Busemeyer, Marius R. and Rita Nikolai. 2010. Education. in Francis G. Castles, Stephan Leibfried, Jane Lewis, Herbert Obinger, and Christopher Pierson (eds.), The Oxford Handbook of the Welfare State. Oxford University Press.

Campbell, Donald T. 1969. "Reforms as experiments," American Psychologist 24: 409-429.

Castles, Francis G. 1998. The really big trade-off: Home ownership and the welfare state in the New World and the Old. Acta Politica, 33(1): 5-19.

_____ 2004. The Future of the Welfare State: Crisis Myths and Crisis Realities. Oxford: Oxford University Press.

_____ 2007. Testing the retrenchment hypothesis: An Aggregate Overview, in Francis Castles (ed.), The Disappearing State? Retrenchment Realities in the Age of Globalization. Cheltenham: Edgar Elgar.

_____ 2010. The English-Speaking Countries. in Francis G. Castles, Stephan Leibfried, Jane Lewis, Herbert Obinger and Christopher Pierson (eds.), The Oxford Handbook of the Welfare State. Oxford University Press.

Castles, Francis G. and Herbert Obinger. 2007. Social expenditure and the politics of redistribution. Journal of European Social Policy, 17(3): 206-222.

Chambers, Donald. E. and Jane Frances Bonk. 2013. Social Policy and Social

Programs: A Method for the Practical and Social Programs. Pearson.

Chevallier, Jacques. 1996. Public Administration in Statist France. Public Administration Review, 56(1): 67-74.

Childs, Marquis. 1936. Sweden: The Middle Way, New Haven, CT: Yale University Press.

Christensen, Tom, 2012. Organization Theory and Public Administration. in B. Guy Peters and Jon Pierre (ed.), The Sage Handbook of Public Administration(concise second edition). Sage reference.

Clayton, Richard and Jonas Pontusson. 1998. Welfare state retrenchment revisited: Entitlements cuts, public sector restructuring, and inegalitarian trends in advanced capitalist societies. World Politics, 51(1): 67-98.

Cohen, Michael D., James G. March, and Johan P. Olsen. 1972. A Garbage Can Model of Organizational Choice. Administrative Science Quarterly, 17(1): 1-25.

Colm, Gerhard. 1934. Some International Comparison of Taxation. Social Research, 1(2): 244-247.

Congressional Budget Office. 2013. Federal Grants to State and Local Governments.

Conley, Dalton and Brian Gifford. 2006. Home ownership. social insurance, and the welfare state. Sociological Forum, 21(1): 55-82.

Cooper, Terry L. 2006. The Responsible Administrator: An Approach to Ethics for the Administrative Role. Jossey-Bass. pp. 47-53.[행정사상과 방법론 연구회 옮김. 2013. 공직윤리. 조명문화사].

Cronin, James E. 1991. The Politics of State Expansion: War, State and Society in Twentieth-Century Britain. Routledge: London and New York.

Dahl, Robert. 1961. Who Governs? Democracy and Power in an American City. New Haven, CT: Yale University Press.

Dahlstörm, Carl. 2012. Politics and Administration. in B. Guy Peters and Jon Pierre (eds.), The Sage Handbook of Public Administration. London: Sage.

Dalsgaard, Thomas. 2000. The Tax System in Korea: More Fairness and Less Complexity Required. OECD Economics Department Working Papers No. 271.

Daly, Guy and Howard Davis. 2016. Local Governance. in Pete Alcock, Tina Haux, Margaret May and Sharon Wright (eds.), the Student's Companion to Social Policy. Wiley Blackwell Press.

Daly, Mary and Jane Lewis. 2000. The Concept of Socal Care and the Analysis of Contemporary Welfare States. British Journal of Sociology, 51(2): 281-298.

Damon, Julien. 2010. l'État-providence: des populations inégalement protégées, Cahiers Français, n° 358.

Dean, Hartley. 2012. Social Policy(Second Edition). Polity.

_____ 2016. The Socialist Perspective. in Pete Alcock, Tina Haux, Margaret May and Sharon Wright (eds.), the Student's Companion to Social Policy. Wiley Blackwell Press.

Defourny, J. 2001. From Third Sector to Social Enterprise. in Nyssens, M. (ed.) Social Enterprise, London and New York: Routledge. pp. 1-28.

Defourny, J. and M. Nyssens. 2016. "Fundamentals for an International Typology of Social Enterprise Models", ICSEM Working Papers, No. 33, Liege: The International Comparative Social Enterprise Models (ICSEM) Project.

Defourny, J., K. Grønbjerg, and L. Meijs et al. 2016. "Voluntas Symposium: Comments on Salamon and Sokolowski's Re-conceptualization of the Third Sector." Voluntas. 27: 1546-1561. DOI 10.1007/s11266-016-9743-y.

Denhardt, Robert B. and Janet V. Denhardt. 2009. Public Administration: An Action Orientation (6th edition). Thompson Wadsworth.

Derthick, Martha. 1987. American Federalism: Madison's Middle Ground in the 1980s. Public Administration Review, 47(1): 66-74.

Diesing, Paul. 1962. Reason and Society. Urbana: University of Illinois Press.

Dilulio, John, Jr., Gerald Garvey, and Donald Kettl. 1993. Improving Government Performance: An Owner's Manual, Washington D.C.: Brookings Institution.

DiMaggio, Paul. 1998. The New Institutionalisms: Avenues of Collaboration. Journal of Institutional and Theoretical Economics(JITE)/ Zeitschrift für diegesamte Staatswissenschaft, Vol. 154, No. 4.

Dolowitz, D and D. Marsh. 2000. Learning from abroad: the role of policy transfer in contemporary policy-making. Governance, 13(1): 15-24.

Dorwart, Reinhold A. 1971. The Prussian Welfare State Before 1740. Cambridge, MA: Harvard University Press.

Downes, Ronnie, Delphine Moretti and Trevor Shaw. 2017. Budgeting in Sweden. OECD Journal on Budgeting, Vol. 16/2. DOI: https://doi.org/10.1787/budget-16-5jg1f8p0

jh7b

Dror, Yehezkel. 1963. The Planning Process: A Fact Design. International Review of Administrative Science. 29(1).

_____ 1967. Policy Analysts: A New Professional Role in Government Service. Public Administration Review, 27: 197-203.

Dryzek, John S. and Patrick Dunleavy. 2009. Theories of the Democratic State. Palgrave macmillan.

Dunleavy, Patrick. 1985. Bureaucrats, Budgets and the Growth of the State: Reconstructing an Instrumental Model. British Journal of Political Science, 15(3): 299-328.

_____ 1991. Democracy, Bureaucracy and Public Choice. Harlow: Prentice Hall.

Dutton, Paul V. 2002. Origins of the French Welfare State: The Struggle for Social Reform in France, 1914~1947. New York: Cambridge University Press.

Dwyer, Peter. 2016. Citizenship. in Pete Alcock, Tina Haux, Margaret May and Sharon Wright (eds.), the Student's Companion to Social Policy. Wiley Blackwell Press.

Eardley, Tony, Jonathan R. Bradshaw, John Ditch, Ian Gough, and Peter Whiteford. 1996. Social assistance in OECD countries: Synthesis report(Research report, 46). London: HMSO. Department of Social Security.

Easton, David. 1957. An Approach to the Analysis of Political Systems. World Politics, 9(3): 383-400.

Easton, David. 1965. A Framework for Analysis of Political Analysis, Englewood Cliffs: Prentice Hall.

Egeberg, Morten. 2012. How Bureaucratic Structure Matters: An Organizational Perspective. in B. Guy Peters and Jon Pierre (eds.), The Sage Handbook of Public Administration(concise second edition). Sage reference.

Elderveld, Samuel J. 2007. Poor America: A comparative historical study of poverty in the United States and Western Europe. Lanham, MD: Lexington Books.

Elmore, Richard. 1979. Backward Mapping: Implementation Research and Policy Designs. Political Science Quarterly, 94(4): 601-616.

_____ 1985. Forward and Backward Mapping. in K. Hauf and T. Toonen. (eds.). Policy Implementation in Federal and Unitary Systems. Dordrecht, Netherlands: Martinus Nijhoff. pp. 33-70.

Erikson, Robert and Jan O. Jonsson. 1996. Introduction: Explaining class inequality in education: The Swedish test case, in Robert Erikson and Jan O. Jonsson. (ed.), Can Education Be Equalized? The Swedish Case in Comparative Perspective. Boulder, CO: Westview, pp. 1-63.

Esping-Andersen, Gøsta and John Myles. 2009. Economic Inequality and the welfare state. in Wiemer Salverda, Brian Nolan, and Timothy M. Smeeding (ed.). Oxford Handbook of Economic Inequality. Oxford: Oxford University Press. pp. 639-664.

Esping-Andersen, Gøsta. 1990. The Three Worlds of Welfare Capitalism. Cambridge and Princeton, NJ: Princeton University Press[G. 에스핑 앤더슨 지음(박시종 옮김). 2007. 복지 자본주의의 세 가지 세계. 성균관대학교출판부.].

_____ 1996. "After the Golden Age? Welfare State Dilemmas in a Global Economy." In Esping-Andersen (ed.), Welfare States in Transition: National Adaptations in Global Economies. London: Sage Publications.

European Commission. 2016. Directorate-General for Employment, Social Affairs and Inclusion: A Recipe Book for Social Finance — A Practical Guide on Designing and Implementing Initiatives to Develop Social Finance Instruments and Markets.

Eurostat. 2010. Social protection expenditure: tables by functions, aggregated benefits and grouped schemes-in % of the GDP(spr_exp_gdp). Last update:06-12-2010.

Eyestone, R. 1977. Confusion, Diffusion, and Innovation. American Political Science Review, 71: 441-447.

Fahey, Tony and Michelle Norris. 2010. Housing. in Francis G. Castles, Stephan Leibfried, Jane Lewis, Herbert Obinger, and Christopher Pierson (eds.), The Oxford Handbook of the Welfare State. Oxford University Press.

Farnsworth, Kevin and Zoë Irving. 2016. The Economic Context. in Pete Alcock, Tina Haux, Margaret May and Sharon Wright (eds.), the Student's Companion to Social Policy. Wiley Blackwell Press.

Federal Ministry of Labor and Social Affairs. 2010. Wilhelmstraße 49, A building in Ber lin with a history. https://www.bmas.de/SharedDocs/Downloads/EN/PDF-Publikation en/a139a-hausbroschuere-englisch.pdf?__blob=publicationFile&v=2 검색일: 2020.4. 2.

Ferragina, E. and M. Seeleib-Kaiser. 2011. The Welfare Regime Debate: Past, Present, Future?, Policy and Politics, 39(4): 583-561.

Ferrera, Maurizio, Hermerijck, Anton, and Rhodes, Martin. 2000. The Future of Social Europe: Recasting work and welfare in the new economy. Report Prepared for the Portuguese Presidency of the EU. Oeiras: Celta Editora.

Ferrera, Maurizio. 1996. The 'Southern model' of welfare in social Europe. Journal of European Social Policy, 6(1): 17-37.

Fievet, F. and P. Laurent. 2006. Faut-il-une LOLF pour les collectivités locales? Revue Française de Finances Publiques, 95(1): 129-145.

Finer, Herman. 1945.The Road to Reaction, Boston: Little Brown and Co.

_____ 1941. Administrative Responsibility in Democratic Government. Public Administration Review, 1(4): 335-350.

Finn, J. and C. Achilles. 1990. Answers and questions about class size: A statewide experiment. American Educational Research Journal, 27(5): 557-577.

Fisher, F. 1995. Evaluating Public Policy. Chicago: Nelson Hall.

Fitzpatrick, Tony. 2016. The Sustainability Challenge. in Pete Alcock, Tina Haux, Margaret May and Sharon Wright (eds.), the Student's Companion to Social Policy. Wiley Blackwell Press.

Flora, Peter and Arnold J, Heidenheimer. 1982. The Historical Core and Changing Boundaries of the Welfare State. in Peter Flora and Arnold J. Heidenheimer. (eds.), The Development of Welfare States in Europe and America. Transaction Publishers.

Flora, Peter and Jens Alber. 1982. Modernization, Democratization and the Development of Welfare States in Western Europe. in Peter Flora and Arnold J. Heidenheimer. (eds.), The Development of Welfare States in Europe and America. Transaction Publishers. pp. 37-80.

Foucault, Michel. 1982. The Subject and Power. in Michel Foucault. Beyond Structuralism and Hermeneutics. Chicago: Chicago University Press

Fox, Charles J. and Clarke E. Cochran. 1990. Discretion Advocacy in Public Administration Theory: Toward a Platonic Guardian Class? Administration and Society, 22: 249-271.

Frederickson, H. George and Kevin B. Smith. 2003. The Public Administration Theory Primer. Westview Press.

Frederickson, H. George. 1980. New Public Administration. Tuscaloosa, Ala.:University of Alabama Press.

Freeman, Richard and Heinz Rothgang. 2010. Health. Francis G. Castles, Stephan Leibfried, Jane Lewis, Herbert Obinger, and Christopher Pierson (ed.). The Oxford Handbook of the Welfare State. Oxford University Press.

Friedman, Milton. 1987. "The Case for the Negative Income Tax (a view from the right)". in Kurt Leube (ed.). The Essence of Friedman. Hoover Institution Press: 57-68.

Friedman, Milton and Rose Friedman. 1979. Free to Choose. New York: Harcourt, Brace, Javanovich.

Friedrich, Carl J. 1935. Responsible Government Service Under the American Constitution. in C. J. Friedrich and others (eds.), Problems of American Public Service. New York: McGraw-Hill.

_____ 1940. Public Policy and the Nature of Administrative Responsibility in Carl J. Friedrich and Edward S. Mason. (ed.), Public Policy. Cambridge, Mass.:Harvard University Press. pp. 3-24.

Fry, Geoffrey K. 2000. The British Civil Service System. in A. J. G. M. Bekke and Frits M. Meer. (eds), Civil Service Systems in Western Europe. Edward Elgar Publishing. pp. 12-35.

Furniss, N. and T. Tilton. 1977. The Case for the Welfare State: From Social Security to Social Equality, Bloomington : Indiana University Press.

Giddens, Anthony. 1991. The Consequences of Modernity Cambridge: Polity Press.

_____ 1998. The Third Way : The Renewal of Social Democracy. Polity Press.

Gilbert, Neil and Paul Terrell. 2013. Dimensions of Social Welfare Policy (8th edition). Person.

Glasby, Jon. 2016. Social Care. in Pete Alcock, Tina Haux, Margaret May and Sharon Wright (eds.), the Student's Companion to Social Policy. Wiley Blackwell Press.

Glennerster, Howard. 2010. The Sustainability of Western Welfare State. in Francis G. Castles, Stephan Leibfried, Jane Lewis, Herbert Obinger, and Christopher Pierson. (eds.), The Oxford Handbook of The Welfare State. Oxford University Press.

_____ 2016. Crisis, Retrenchment and the Impact of Neo-Liberalism, 1976~1997. in Pete Alcock, Tina Haux, Margaret May and Sharon Wright (eds.), the Student's Companion to Social Policy. Wiley Blackwell Press.

Goldsmith, S. and W. D. Eggers. 2004. Governing by Network. The New Shape of the

Public Sector. Washington, DC: Brookings Institution Press.

Goodin, Robert E. and John S. Dryzek. 1995. Justice Differed: War time rationing and post war welfare policy. Politics and Society, 23(1): 49-73.

Goodnow, Frank J. 1900. Politics and Administration: A Study in Government. New York: Russell & Russell. pp. 17-26.

Goss, David, Fiona Goss, and Derek Adam-Smith. 2000. Disability and Employment: A comparative critique of UK legislation. International Journal of Human Resource Management, 11(4): 807-821.

Gough, Ian, Jonathan R. Bradshaw, John Ditch Tony Eardley, and Peter Whiteford. 1997. Social assistance in OECD countries. Journal of European Social Policy, 7(1): 17-43.

Greener, Ian. 2009. Healthcare in the UK: Understanding Continuity and Change. The Polity Press.

Greve, Bent. 2013. Future of the welfare state. in Bent Greve (eds.), The Routledge Handbook of the Welfare State. Routledge Taylor and Francis Group: London and New York.

Guess, George M. and Lance T. LeLoup. 2010. Comparative Public Budgeting: Global Perspectives on Taxing and Spending. SUNY Press.

Gulick, L. H. 1937. Notes on the Theory of Organization. In L. Gulick & L. Urwick (eds.), Papers on the Science of Administration (pp. 3-45). New York: Institute of Public Administration.

Gulland, Jackie. 2016. Accountability for Welfare in Pete Alcock, Tina Haux, Margaret May and Sharon Wright (eds.), the Student's Companion to Social Policy. Wiley Blackwell Press.

Hagenbuch, W. 1958. Social Economics. Nisbet. Welwyn.

Haggard, Stephan and Robert R. Kaufman. 2008. Development, Democracy, and Welfare States: Latin America, East Asia, and Eastern Europe. Princeton University Press: Princeton and Oxford.

Hall, Peter A. 1993. Policy Paradigms, Social Learning, and the State: The Case of Economic Policy making in Britain. Comparative Politics, 25(3): 275-296.

Hall, Peter A. and David Soskice. 2001. An Introduction to Varieties of Capitalism, in Peter A. Hall and David W. Soskice (eds.), Varieties of Capitalism: The Institutional

Foundations of Comparative Advantage, Chapter 1, Oxford: Oxford University Press. pp. 1-68.

Hall, Peter A. and Rosemary Taylor. 1996. Political Science and the Three New Institutionalism. Political Studies, 44(4): 936-957.

Halligan, John. 2012. Leadership and the Senior Service from a Comparative Perspective. in B. Guy Peters and Jon Pierre. (ed.), The Sage Handbook of Public Administration. Sage reference.

Hannan, M. and J. Freeman. 1977. The population ecology of organizations. American Journal of Sociology, 82(5): 929-964.

Harris, Bernard. 2016. Nineteenth-Century Beginnings. in Pete Alcock, Tina Haux, Margaret May and Sharon Wright (eds.), the Student's Companion to Social Policy. Wiley Blackwell Press.

Harris, José. 1981. Some aspects of social policy in Britain during the Second World War, in Wolfgang J. Mommsen (ed.), The Emergency of the Welfare State in Britain and Germany. London: Croom Helm. pp. 247-262.

Harris, S. E. 1941. Economics of Social Security. New York: McGraw-Hill.

Hartry, Harry P. 1999. Performance Measurement: Getting Results. Washington, DC: The Urban Institute Press.

Haux, Tina. 2016. Family Policy. in Pete Alcock, Tina Haux, Margaret May and Sharon Wright (eds.), the Student's Companion to Social Policy. Wiley Blackwell Press.

Hayek, Friedrich A. 1944. The Road to Serfdom. Chicago: University of Chicago Press.

_____ 1982. Law, Legislation and Liberty: A new statement of the liberal principle of justice and political economy. Routledge & Kegan Paul Ltd.

Heady, G. 1978. Housing Policy in the Developed Economy : The UK, Sweden and the US. New York: St. Martin's Press.

Heckman, James J. 1992. "Randomization and social policy evaluation." In Charles F. Manski and Irwin Garfinkel. (eds.) Evaluating Welfare and Training Programs. Cambridge, Mass.: Harvard University Press. pp. 201-230.

Heclo, H. 1974. Modern Social Politics in Britain and Sweden: From Relief to the Income Maintenance. New Haven, Conn.: Yale University Press.

Heidenheimer, Arnold J. 1973. The politics of public education, health and welfare in the USA and Western Europe: How growth and reform potentials have differed.

British Journal of Political Science, 3(3): 315-40.

Heinrich, Carolyn J. 2012. Measuring Public Sector Performance and Effectiveness. in B. Guy Peters and Jon Pierre. (eds.), The Sage Handbook of Public Administration (2nd edition).

Held, David, Anthony McGrew, David Goldblatt, and Jonathan Perraton. 1999. Global Transformations: Politics, Economics, and Culture. Stanford University Press.

Henriksen, Lars Skov, Steven Rathgeb Smith, Annette Zimmer. 2012. At the Eve of Convergence? Transformations of Social Service Provision in Denmark, Germany, and the United States. Voluntas, 23: 458-501.

Herzberg, Frederick. 1968. One time more do we motivate employees? Harvard Business Review(Jan.-Feb.). pp. 53-62.

Hicks, Alexander and Duane Swank. 1992. Politics, institutions, and welfare spending in industrialized democracies, 1960-1982. American Political Science Review, 86(3): 658-674.

Higgs, Robert. 2012. Crisis and Leviathan: Critical Episodes in the Growth of American Government(25th anniversary edition). The Independent Institute.

Hilton, Rita M. and Philip G. Joyce. 2012. Performance-Informed Budgeting: A Global Reform in B. Guy Peters and Jon Pierre. The Sage Handbook of Public Administration(2nd edition). Sage reference.

Hinrichs, Karl and Julia F. Lynch. 2010. Old-Age Pensions. in Francis G. Castles, Stephan Leibfried, Jane Lewis, Herbert Obinger, and Christopher Pierson (ed.). The Oxford Handbook of the Welfare State. Oxford University Press.

Hinrichs, Karl. 2013. Old age and pensions. in Bent Greve (ed.) The Routledge Handbook of the Welfare State. Routledge Taylor and Francis Group: London and New York. p. 361-362.

Hofferbert, Richard. 1974. The Study of Public Policy. Indianapolis: Bobbs-Merrill.

Hoffmann-Martinot, V. 2006. Reform and modernization of urban government in France. in V. Hoffmann-Martinot and H. Wollmann (eds.), State and Local Government Reform in France and Germany. Divergence and Convergence, Wiesbaden: Springer, pp. 231-251.

Holden, Chris. 2016. Commercial Welfare. in Pete Alcock, Tina Haux, Margaret May and Sharon Wright (eds.), the Student's Companion to Social Policy. Wiley

Blackwell Press.

Hollander, Edwin. 1971. Style, Structure and Setting in Organizational Leadership. American Science Quarterly, 16(1).

Holliday, Ian, 2000, Productivist Welfare Capitalism: Social Policy Political Studies, 48(4): 708-723.

Hood, Christopher C. 1986. The Tools of Government. Chatham, N.J.: Chatham House.

House of Commons Committee of Public Accounts. 2013. Managing budgeting in government.

Howard, Christopher. 1997. The Hidden Welfare State: Tax Expenditures and Social Policy in the United States. Princeton, NJ: Princeton University Press.

Howlett, M. 1991. Policy Instruments, Policy Styles, and Policy Implementation, Policy Studies Journal, 22(4): 631-651.

Hudson, John and Stuart Lowe. 2004. Understanding the Policy Process: Analyzing Welfare Policy and Practice. Bristol: Policy Press.

Hvinden, Bjørn. 2013. Disability. in Bent Greve (ed.) The Routledge Handbook of the Welfare State. Routledge Taylor and Francis Group: London and New York.

ILO. 2008. World of Work Report 2008 ─ Income inequalities in the age of financial globalization. Geneva: International Labour Office. https://www.ilo.org/global/publicati ons/ilo-bookstore/order-online/books/WCMS_100354/lang-en/index.htm 검색일: 2019. 7.20.

Immergut, Ellen M. 1990. Institutions, veto points, and policy results: A comparative analysis of health care. Journal of Public Policy, 10(4): 391-416.

_____ 1992. The Political Construction of Interests: National Health Insurance Politics in Switzerland, France and Sweden, 1930~1970. New York: Cambridge University Press.

International Monetary Fund. 2000. "Globalization: Threats or Opportunity." IMF Publications.

Iversen, Torben and Thomas R. Cusack. 2000. The causes of welfare state expansion: Deindustrialization or globalization. World Politics, 52(3): 313-349.

Johansen, Lief. 1963. Some Notes on the Lindahl Theory of Determination of Public Expenditures. International Economic Review, 4(3): 346-358.

Johnson, William C. 2014. Public Administration: Partnership in Public Service.

Waveland Press, Inc.

Jones, Catherine (ed.) 1993. New Perspectives on the Welfare State in Europe. London: Routledge.

Jones, Charles O. 1970. An Introduction to the Study of Public Policy. Belmont, CA: Wadsworth Publishing Company.

_____ 1984. An Introduction of the Study of Public Policy(3rd ed.). Montrey: California: Brooks.

Jones, R., M. Whitehead and J. Pykett. 2013. Changing Behaviors: On the Rise of the Psychological State. Cheltenham: Edward Elgar.

Kamerman, S. B. and A. J. Kahn. 1978. Family and the idea of family policy. in idem (eds), Family policy: Government and Families in Fourteen Countries. New York: Columbia University Press. pp. 1-16.

_____ 1990. Social services for children, youth and families in the United States. Special Issue of Children and Youth Services Review, Vol. 12, Nos. 1/2, pp. 1-179.

Kaufman, Herbert. 2007. "Administrative Management: Does Its Strong Executive Thesis Still Merit Our Attention?". Public Administration Review. 67(6):1041-8.

Kemeny, J. 1995. From Public Housing to the Social Market: Rental Policy Strategies in Comparative Perspective. London: Routledge.

Kendall, Jeremy. 2016. Voluntary Welfare. in Pete Alcock, Tina Haux, Margaret May and Sharon Wright (eds.), the Student's Companion to Social Policy. Wiley Blackwell Press.

Kenworthy, Lane. 2010. Labour Market Activation. in Francis G. Castles, Stephan Leibfried, Jane Lewis, Herbert Obinger, and Christopher Pierson (ed.), The Oxford Handbook of the Welfare State. Oxford University Press.

Kerr, Clark, John Dunlop, Frederick Harbison, and Charles Myers. 1960. Industrialism and Industrial man: The Problems of Labor and Management in Economic Growth. Cambridge, MA: Harvard University Press.

Key, V. O., Jr., 1940. Lack of a Budgetary Theory, American Political Science Review 34, pp. 1137-1144.

Keynes, John Maynard. 1936. The General Theory of Employment, Interest and Money. London: Macmillan (reprinted 2007).

Kim, John M. and Park, Nowook. 2008. Performance Budgeting in Korea. OECD

Journal on Budgeting, Vol. 7/4. DOI: https://doi.org/10.1787/budget-v7-art21-en.

Kingdon, John W. 1995. Agendas, Alternatives, and Public Policies. 2nd ed. New York: Harper Collins College.

_____ 2001. Agendas, Alternatives, and Public Policies. 2nd ed(updated). Longman: Pearson.

Kiser, Larry and Elinor Ostrom. 1982. The Three Worlds of Action. in E. Ostrom (ed.). Strategies of Political Inquiry, Beverly Hills: Sage, pp. 179-222.

Knott, Jack H. and Gary J. Miller. 1987. Reforming Bureaucracy: The Politics of Institutional Change. Prentice-Hall, Inc.

Konzelmann, Suzanne J. 2014. The political economics of austerity. 38(4): 701-741.

Korpi, Walter. 1978. Working Class in Welfare Capitalism: Work, Unions and Politics in Sweden. London: Routledge and Kegan Paul.

_____ 1989. Power, Politics and State Autonomy in the Development of Social Citizenship: Social Rights during Sickness in Eighteen OECD Countries since 1930. American Sociological Review, 54.

Kraft, Michael E. and Scott R. Furlong. 2015. Public Policy: Politics, Analysis, and Alternatives(6th edition). Sage: CQ Press.

_____ 2019. Public Policy: Politics, Analysis, and Alternatives(7th edition). Sage: CQ Press.

Krasner, Stephen D. 1988. Sovereignty: An Institutional Perspective. Comparative Political Studies, 21(1): 66-94.

Kuhlmann, Sabine and Hellmut Wollmann. 2014. Introduction to Comparative Public Administration: Administrative Systems and Reforms in Europe. Edward Elgar.

Kuhnle, Stein and Anne Sander. 2010. The Emergence of the Western Welfare State. in Francis G. Castles, Stephan Leibfried, Jane Lewis, Herbert Obinger, and Christopher Pierson. (eds.), The Oxford Handbook of The Welfare State. Oxford University Press.

Kwon, Huck-Ju. 1997. Beyond European Welfare Regimes: Comparative Perspectives on East Asian Welfare Systems. Journal of Social Policy, 26(4): 467-484.

Kydland, Finn E. and Prescott, Edward C. 1982. "Time to Build and Aggregate Fluctuations". Econometrica. 50(6): 1345-1370.

Lægreid, P. and J. P. Olsen. 1984. Top Civil Servants in Norway: key players-on different teams?, in E.N. Suleiman (ed.), Bureaucrats and Policy-Making. New York; Holmes and Meier.

Laroque, P. 1993. Au Service de l'homme et du droit, Suvenirs et réfléxions, p.221. Comité de l'histoire de la sécurité sociale er Association pour l'étude.

Lasswell, Harold D. 1956. The Decision Process. College Park: University of Maryland Press.

Lavoie, Marc and Engelbert Stockhammer. 2012. Wage-led growth: concept, theories and policies. International Labour Office, Geneva: ILO.

Lawrence, P. R. and L. W. Lorsh. 1967. Organization and Environment: Managing Differentiation and Integration. Boston, MA: Graduate School of Business Administration, Harvard University.

Leibfried, Stephan and Steffen Mau. 2008. Introduction in Leibfried, Stephan and Steffen Mau (eds.), Welfare States: Construction, Destruction, Reconstruction. Volume Ⅰ Analytical Approaches. An Elgar Reference.

Lewis, J. 2009. Work-Family Balance, Gender and Policy, Cheltenham: Edward Elgar.

Lienert, I. 2007. British influence on Commonwealth budget system: The case of the United Republic of Tanzania, International Monetary Fund Working Paper #07178. (April).

Lijphart, Arend. 2000. Varieties of Nonmajoritarian Democracy. in Markus M. L. Crepaz, Thomas A. Koelbe, and David Wilsford, (eds.), Democracy and Institutions: The Life Work of Arend Lijphart. Ann Arbor: University of Michigan Press, pp. 225-246.

Lindahl, Erik. 1958[1919]. Just taxation- A positive solution, in R. A. Musgrave and A.T. Peacock. (Ed.), Classics on the Theory of Public Finance. London: Macmillan.

Lindbeck, Assar. 1997. 'The Swedish Experiment', Journal of Economic Literature, XXXV, September, 1273-319.

Lindblom, Charles E. 1959. The Science of Muddling Through. Public Administration Review, 19: 79-88.

Lipsky, Michael. 1980. Street-Level Bureaucracy: The Critical Role of Street-Lvel Bureaucrats. in Jay M. Shafritz and Albert C. Hyde. (eds.) Classics of Public Administration(8th edition). Cengage Learning.

Locke, John. 1688~1690. Two Treaties of Government. Cambridge: Cambridge University Press, 1988, ed. Peter Laslett.

Lodge, Martin. 2010. Public Service Bargains in British Central Government: Multiplication, Diversification and Reassertion? in Martin Painter and B. Guy Peters. (eds.), Tradition and Public Administration. Palgrave macmillan,

Long, Norton E. 1949. Power and Administration. Public Administration Review, 9(4): 257-264.

Lübke, Astrid. 2006. Fiscal Discipline between Levels of Government in Germany. OEC D Journal on Budgeting, Vol. 5/2. DOI: https://doi.org/10.1787/budget-v5-art9-en.

Lucas, Robert 1972. "Expectations and the Neutrality of Money". Journal of Economic Theory. 4(2): 103-124.

Lundqvist, Å and Klaus Peterson. In Experts We Trust: Knowledge, Politics and Bureaucracy in Nordic Welfare States. University Press of Southern Denmark.

Lynn, Laurence E. 2008. What Is a Neo-Weberian State? Reflections on a Concept and its Implications. The NISPAcee Journal of Public Administration and Policy Special Issue: A Distinctive European Model? The Neo-Weberian State.

Lynn, Laurence E., Carolyn J. Heinrich Jr., and Carolyn J. Hill. 2001. Improving Governance: A New Logic for Research. Washington, DC: Georgetown University Press.

Magrid, Henry M. 1987. John Stuart Mill. Leo Straus and Joseph Cropsey (ed.), History of Political Philosophy(3rd edition). The University of Chicago Press.

Mahoney, James and Kathleen Thelen. 2010. Explaining Institutional Change: Ambiguity, Agency, and Power. New York: Cambridge University Press.

Mahoney, James. 2000. Path dependence in historical sociology. Theory and Society, 29: 507-548.

Majone, G. 1989. Evidence, Argument and Persuasion in the Policy Process. New Haven, Conn.: Yale University Press.

Mankiw, N. Gregory. 2018. Principles of Economics(8th edition). CENGAGE Learning.

Mannheim, Karl. 1940. Man and Society in an Age of Reconstruction. New York: Harcourt, Brace and Co.

Manning, Nick. 2016. Social Needs, Social Problems, Social Welfare and Well-being. in Pete Alcock, Tina Haux, Margaret May and Sharon Wright (eds.), the Student's Companion to Social Policy. Wiley Blackwell Press.

Manow, Philip, and Bruno Palier. 2009. A conservative welfare state regime without

Christian Democracy? The French état-providence, 1880~1960, in Religion, Class-Coalitions and Welfare States, ed. Kees van Kersbergen and Philip Manow, Cambridge: Cambridge University Press, pp. 146-174.

March, James G. and J. P. Olsen. 1989. Rediscovering Institutions: The Organizational Basis of Politics. New York: Free Press.

March, James G. and Herbert A. Simon. 1958. Organizations. New York: John Wiley.

Marshall, Thomas H. 1965. Social Policy. Hutchinson: London.

_____ 1992[1949]. Citizenship and Social Class. in T. H. Marshall and Tom Bottomore. Citizenship and Social Class, Part I. London and Concord, MA: Pluto Press.

Maslow, A. H. 1943. A Theory of Human Motivation. Psychological Review 50: 370-396.

Matsaganis, Manos. 2013. Benefits in kind and in cash. in Bent Greve (ed.) The Routledge Handbook of the Welfare State. Routledge Taylor and Francis Group: London and New York.

Mayntz, R. 1993. 'Governing Failures and the Problem of Governability: Some Comments on a Theoretical Paradigm' in J. Kooiman (ed.), Modern Governance: New Government-Society Interactions. London: Sage.

Mazmanian, Daniel and Paul Sabatier. 1989. Implementation and Public Policy. Lanham, MD: University Press of America.

McDonald, Peter. 2006. Low fertility and the state; the efficacy of policy. Population and Development Review, 32(3).

McGregor, Douglas. 1957. Theory Y: Integration of Individual and Organizational Goal in the Human Side of Enterprise. McGraw-Hill. pp. 45-64.

McKay, Stephan and Karen Rowlingson. 2016. Income Maintenance and Social Security. in Pete Alcock, Tina Haux, Margaret May and Sharon Wright (eds.), the Student's Companion to Social Policy. Wiley Blackwell Press.

Mead, Lawrence M. 2003. Performance Analysis. in Mary Clare Lennon and Thomas Corbett. (ed.) Policy into action: Implementation research and welfare reform. Washington DC: Urban Institute Press. pp. 75-83.

Meidner, Rudolf. 1980. Our Concept of the Third Way: Sone Remarks on the Socio-political Tenets of the Swedish Labor Movement. Economic and Industrial

Democracy 1(3): 343-70.

Meier, Kenneth J. and Lawrence J. O'Tool. 2006. Bureaucracy in a Democratic State: A Governance Perspective. Johns Hopkins University Press.

Meier, Volker and Martin Werding. 2010. Ageing and the Welfare State: Securing Sustainability. Oxford Review of Economic Policy, 26(4): 655-73.

Meiniger, Marie-Christine. 2000. The Development and Current Features of the French Civil Service System. in A.J.G.M. Bekke and Frits M. Meer. (eds.), Civil Service Systems in Western Europe. Edward Elgar Publishing.

Merton, Robert K. 1968. Social Theory and Social Structure. New York: Free Press.

Meseguer, C. and F. Gilardi. 2009. What is new in the study of policy diffusion? Review of International Political Economy, 16(3).

Mill, John Stuart. 1843. A System of Logic, Vol. 1.

_____ 1859. On Liberty. London.

Millet, John D. 1954. Management in the Public Service. New York: McGraw-Hill Book Co.

Milward, H. Brinton and Keith Provan. 2000. Governing the Hollow State. Journal of Public Administration Research and Theory, 10: 358-379.

Mishra, R. 1990. The Welfare State in Capitalist Society: Policies of Retrenchment and Maintenance in Europe, North America and Australia, Harvester Wheatsheaf.

Moe, Terry. 1989. The Politics of Bureaucratic Structure. in John E. Chubb and Paul E. Peterson. (eds.) Can the Government Govern? Washington, DC: Brookings Institution.

Monihan, D. P., B. E. Wright and S. K. Pandey. 2012, Setting the table: How transformational leadership fosters performance information use. Journal of Public Administration Research and Theory, 22(1): 143-164.

Morel, Natalie and Joakim Palme. 2013. Financing the welfare state and the politics of taxation. in Bent Greve (eds.). The Routledge Handbook of the Welfare State. Routledge Taylor and Francis Group: London and New York.

Moretti, Delphine and Dirk-Jan Kraan. 2018. Budgeting in France. OECD Journal on Budgeting, Vol. 18/2. DOI: https://doi.org/10.1787/budget-18-5j8jt0pt4c0q

Mortensen, Dale T. 1977. Unemployment insurance and job search decisions. Industrial and Labor Relations Review, 30(4): 505-517.

Mosher, Frederick C. 1963. Careers and Career Service in the Public Service. Public Personnel Review, 24(1).

_____ 1968. The Evolution of American Civil Service Concepts. In Democracy and the Public Service, London: Oxford University Press. pp. 53-98.

Moynihan, Donald P. 2008. The Dynamics of Performance Management: Constructing Information and Reform. Washington DC: Georgetown University Press.

Mulgan, Geoff, Neil Reeder, Mhairi Aylott and Luke Bo'sher. 2010. Social Impact Investment: the challenge and opportunity of Social Impact Bonds. the Young Foundation.

Mullins, David. 2016. Housing. in Pete Alcock, Tina Haux, Margaret May and Sharon Wright (eds.), the Student's Companion to Social Policy. Wiley Blackwell Press.

Myles, John and Jill Quadagno. 2002. Political Theories of the Welfare State. Social Service Review, 76(1): 34-57.

Myles, John and Paul Pierson. 2001. The Comparative Political Economy of Pension Reform. in Paul Pierson (eds.), The New Politics of Welfare State. Oxford: Oxford University Press.

Neuby, Barbara L. 1997. On the Lack of Budget Theory. Public Administration Quarterly, 21(2): 131-142.

Nicholls, Alex, Rob Paton, and Jed Emerson. 2015. Social Finance. Oxford University Press.

Nioche, Jean-Pierre and Robert Poinsard. 1985. Public Policy Evaluation in France. Journal of Policy Analysis and Management, 5(1): 58-59.

Niskanen, W. 1971. Bureaucracy and Representative Government. Chicago, IL: Aldine-Atherton.

Nordlund, Madelene. 2013. Active labour market policies. in Bent Greve (ed.) The Routledge Handbook of the Welfare State. Routledge Taylor and Francis Group: London and New York.

North, D. C. 1990. Institutions, Institutional Change and Economic Performance. New York: Cambridge University Press.

Nozick, Robert. 1974. Anarchy, State, and Utopia. New York: Basic Books.

O'Connor, James. 1973. The Fiscal Crisis of the State. New York: St. Martin's Press.

_____ 1984. Accumulation Crisis. New York: Basil Blackwell.

O'Donohue, T. and M. Rabin. 2006. Optimal Sin Tax. Journal of Public Economics, 90: 1825-1849.

Obinger, Herbert and Uwe Wagschal. 2010. Social Expenditure and Revenues. in Francis G. Castles, Stephan Leibfried, Jane Lewis, Herbert Obinger, and Christopher Pierson. (eds.), The Oxford Handbook of The Welfare State. Oxford University Press.

OECD. 1987. Financing health system and delivering healthcare: A comparative analysis of OECD countries. Paris: OECD.

_____ 2003. Managing Senior Management: Senior Civil Service Reform in OECD Member Countries. Background Note, 28th Session of the Public Management Committee, 13-14 November, Paris.

_____ 2005. Modernizing Government: The Way Forward.

_____ 2008. Growing Unequal? Income Distribution and Poverty in OECD Countries. Paris: OECD.

_____ 2011. Revenue Statistics.

_____ 2014. "Better Life Index (Edition 2013)", OECD Social and Welfare Statistics (database), https://doi.org/10.1787/data-00703-en

_____ 2015. Budget Review: Germany. OECD Journal on Budgeting, Vol. 14/2. DOI: https://doi.org/10.1787/budget-14-5jrw4sxb32q4

_____ 2017, Tackling Wasteful Spending on Health, OECD Publishing, Paris. http://dx.doi.org/10.1787/9789264266414-en

_____ 2018. Education at a Glance 2018 ─ Indicator C1 ─ http://dx.doi.org/10.1787/eag-2018-en.

_____ 2018. Towards Better Social and Employment Security in Korea, Connecting People with Jobs, OECD Publishing, Paris. http://dx.doi.org/10.1787/9789264288256-en.

_____ 2019. Health at a Glance 2019: OECD Indicators, OECD Publishing, Paris.

_____ 2019. Society at a Glance 2019: OECD Social Indicators, OECD Publishing, Paris. https://doi.org/10.1787/soc_glance-2019-en.

_____ 2020. Social security contributions (indicator). doi: 10.1787/3ebfe901-en

(Accessed on 17 January 2020).

Offe, Claus. 1984. Contradictions of the Welfare State. Cambridge, MA: MIT Press.

Office of National Statistics. 2015. UK National Statistics Socio-Economic Classification.

Oliver. M. 1996. Understanding Disability Policy, Bristol: Policy Press.

Olofsson, J. 2011. Socialpolitik: Vaför, Hur och Till Vilken Nytta? Stokholm: SNS Förlag.

Olsen, Gregg M. 2013. Housing, housing policy, and inequality. in Bent Greve (ed.) The Routledge Handbook of the Welfare State. Routledge Taylor and Francis Group: London and New York.

Olson, Mancur. 1982. The Logic of Collective Action. Cambridge, MA: Harvard University Press.

Ophuls, Williams. 1977. Ecology and Politics of Scarcity. San Francisco: W.H. Freeman.

Orloff, Ann Shola and Theda Skocpol. (eds.), 1988. The politics of social policy in the United States. Princeton: Princeton University Press.

Orloff, Ann Shola and Theda Skocpol. 1984. Why not Equal Protection? Explaining the politics of public social spending in Britain, 1900-1911, and the United States, 1880s-1920. American Sociological Review, 49(6): 726-750.

Österle, August and Heinz Rothgang. 2010. Long-term Care. in Francis G. Castles, Stephan Leibfried, Jane Lewis, Herbert Obinger, and Christopher Pierson (ed.). The Oxford Handbook of the Welfare State. Oxford University Press.

Ostrom, Elinor, Larry Schroeder and Susan Wayne. 1993. Analyzing the Performance of Alternative Institutional Arrangements for Sustaining Rural Infrastructure in Developing Countries. Journal of Public Communication Research and Theory, 1: 11-45.

Ostrom, Elinor, Roy Gardner, and James Walker. 1994. Rules, Games, and Common-Pool Resources. Ann Arbor: University Michigan Press.

Ostrom, Vincent, Charles M. Tiebout and Robert Warren. 1961. The Organization Government in Metropolitan Areas: A Theoretical Inquiry, American Political Science Review, 55(4): 831-842.

Øverbye, Einar. 2010. Disciplinary Perspectives. in Francis G. Castles, Stephan Leibfried, Jane Lewis, Herbert Obinger, and Christopher Pierson. (eds.) The Oxford Handbook of The Welfare State. Oxford University Press.

Page, Robert M. 2016. Social Democracy. in Pete Alcock, Tina Haux, Margaret May and Sharon Wright (eds.), the Student's Companion to Social Policy. Wiley Blackwell Press.

Painter, Martin and B. Guy Peters. 2010. Administrative Traditions in Comparative Perspective: Families, Groups and Hybrids. in Martin Painter and B. Guy Peters. (eds.), Tradition and Public Administration. Palgrave macmillan,

Peng, Ito and Joseph Wong. 2010. East Asia. in Francis G. Stephan Leibfried, Jane Lewis, Herbert Obinger, and Christopher Pierson. (eds.), The Oxford Handbook of The Welfare State. Oxford University Press. pp. 656-670.

Perry, James and Lois Recascino Wise. 1990. The Motivational Bases of Public Service. Public Administration Review, 50: 367-373.

Peters, B. Guy and John Pierre. 1998. Governance Without Government? Rethinking Public Administration. Journal of Public Administration Research and Theory, 8: 223-244.

Pickard, Linda. 2016. Informal Welfare. in Pete Alcock, Tina Haux, Margaret May and Sharon Wright (eds.), the Student's Companion to Social Policy. Wiley Blackwell Press.

Pierre, Jon and Guy P. Peters. 2000. Governance, Politics and the State. Basingstoke: Macmillan.

Pierson, Christopher and Matthieu Leimgruber. 2010. Intellectual Roots, in Francis G. Castles, Stephan Leibfried, Jane Lewis, Herbert Obinger, and Christopher Pierson. (eds.), The Oxford Handbook of The Welfare State. Oxford University Press.

_____ 2007. Beyond the Welfare State? : The New Political Economy of Welfare. Pennsylvania State University Press.

Pierson, Paul and Theda Skocpol. 2002. Historical Institutionalism in Contemporary Political Science, in Ira Katznelson and Helen V. Milner. (eds.), Political Science: The State of the Discipline. New York: Norton, pp. 693-721.

Pierson, Paul. (ed.), 2001. The New Politics of the Welfare State. Oxford: Oxford University Press.

Pierson, Paul. 1993. When Effect Becomes Cause: Policy Feedback and Political Change. World Politics, 45(4): 595-628.

_____ 1994. Dismantling the Welfare State? Reagan, Thatcher, and the Politics of

Retrenchment. Cambridge: Cambridge University Press.

_____ 1996. The new politics of the welfare state. World Politics, 48(2): 143-179.

_____ 2000. Increasing returns, path dependence, and the study of politics. American Political Science Review, 94(2): 251-267.

_____ 2001. Coping with permanent austerity: Welfare state restructuring in affluent democracies. in Paul Pierson. (ed.) The New Politics of Welfare State. Oxford: Oxford University Press. pp. 410-456.

_____ 2002. Coping with Permanent Austerity: Welfare State Restructuring in Affluent Democracies. Revue française de sociologie, 43(2): 369-406.

_____ 2004. Politics in Time: History, Institutions, and Social Analysis. Princeton: Princeton University Press.

Plato. The Republic(Πολιτεία, Politeia). Book Ⅳ. 443b.

Polanyi, Karl. 1944[2001]. The Great Transformation: The Political and Economic Origins of Our Time. Beacon Press: Boston.

Pollitt, Christopher, and Geert Bouckaert. 2004. Public Management Reform: A Comparative Analysis. (2nd edition). Oxford: Oxford University Press.

Popper, Karl R. 1966. The Open Society and its Enemies. London: Routledge & Kegan Paul.

Powell, Martin. (ed.), 2007. Understanding the Mixed Economy of Welfare, Bristol: Policy Press.

Powell, Martin. 2016. Modernisation and the Third Way. in Pete Alcock, Tina Haux, Margaret May and Sharon Wright (eds.), the Student's Companion to Social Policy. Wiley Blackwell Press.

Premchand, A. 1993. Government budgeting and expenditure controls: Theory and Practice. Washington, DC: International Monetary Fund.

_____ 1999. Budgetary Management in the United States and Australia, New Zealand, and the United Kingdom. in R. T. Meyers (ed.). Handbook of Government Budgeting. San Francisco: Jossey-Bass. pp. 82-115.

Pressman, Jeffery and Aaron Wildavsky. 1973. Implementation. Berkeley: University of California Press.

Priestley, Mark. 2010. Disability. in Francis G. Castles, Stephan Leibfried, Jane Lewis, Herbert Obinger, and Christopher Pierson (ed.), The Oxford Handbook of the

Welfare State. Oxford University Press.

_____ 2016. Disability. in Pete Alcock, Tina Haux, Margaret May and Sharon Wright (eds.), the Student's Companion to Social Policy. Wiley Blackwell Press.

Propper, Carol. 2016. Efficiency, Equity and Choice. 2016. in Pete Alcock, Tina Haux, Margaret May and Sharon Wright (eds.), the Student's Companion to Social Policy. Wiley Blackwell Press.

Provan, Keith and H. Brinton Milward. 1995. A Preliminary Theory of Network Effectiveness. A Comparative Study of Four Community Mental Health Systems, Administrative Science Quarterly, 40: 1-33.

Przeworski, Adam and Herry Teune. 1970. The Logic of Comparative Social Inquiry. New York: Wiley-Interscience.

Putnam, Robert D. 2001. Bowling Alone: The Collapse and Revival of American Community. Simon and Schuster.

Raadschelders, Jos C.N. 2000. Handbook of Administrative History. Transaction Publishers: New Brunswick(USA) and London(UK).

Rapp, C. A. and R. Chamberlain. 1985. Case Management Services to the Chronically Mentally Ill. Social Work, 28. pp. 16-22.

Rapp. C. A. 1998. The Strength Model. Oxford: Oxford University Press.

Rawls, John. 1971. A Theory of Justice. Cambridge, Massachusetts: Harvard University Press.

Reinhart, Carmen M. and Kenneth S. Rogoff. 2010. Growth in a Time of Debt. American Economic Review. 100 (2): 573-578. doi:10.1257/aer.100.2.573.

Rhodes, R.A.W. 2000. 'Governance and Public Administration' in J. Pierre (ed.), Debating Governance. Oxford: Oxford University Press.

Rhodes, R.A.W. and P. Dunleavy. (ed.), 1995. Prime Minister, Cabinet, and Core Executive. London: St. Martin's Press.

Rimlinger, Gaston V. 1971. Welfare Policy and Industrialization in Europe, America and Russia. New York: Wiley and Sons.

Rinfret, Sara R. and Michelle C. Pautz. 2019. US Environmental Policy in Action(2nd edition). Palgrave Macmillan.

Ring, Peter Smith and Andrew H. Van de Ven. 1994. Development Process of Cooperative Interorganizational Relationships. Academy of Management Review,

19(1): 90–118.

Robbins, Stephen P. 1980. The Administrative Process, 2nd ed. Englewood Cliffs, NJ: Prentice-Hall, Inc.

Rokkan, Stein. 1970. Citizens, Elections, Parties: Approaches to the Comparative Study of the Processes of Development. New York: David McKay. pp. 61–62.

Rose, Richard. 1985. Maximizing Tax Revenue while Minimizing Political Costs. Journal of Public Policy, 5(3): 289–320.

Rosenbloom, David H., Robert S. Kravchuk, and Richard M. Clerkin. 2009. Public Administration: Understanding Management, Politics, and Law in the Public Sector(7th edition). Mcgraw-Hill Higher Education.

Rossi, P. H. and H. E. Freeman. 1982. Evaluation-A Systematic Approach. Beverly Hills: Sage Publications.

Rowntree, B. S. 1901. Poverty: A Study of Town Life: London: MacMillan.

Rubin, Irene B., 1990. The Politics of Public Budgeting. N.J.: Chatham House Publishers.

Sabatier, Paul A. 1986. Top-down and Bottom-up Approaches in Implementation Research: A Critical Analysis and Suggested Synthesis. Journal of Public Policy, 6(1): 21–48.

_____ 1987. Knowledge, Policy-Oriented Learning, and Policy Change: An Advocacy Coalition Framework. Knowledge: Creation, Diffusion, Utilization 8(4): 649–692.

Sabatier, Paul A. and Christopher M. Weible. 2014. Theories of The Policy Process(Third Edition). Westview Press.

Sabatier, Paul A. and Hank C. Jenkins-Smith. 1993. Policy Change and Learning: An Advocacy Coalition Approach. Boulder, CO: Westview Press.

_____ 1999. The Advocacy Coalition Framework: an assessment. in P. Sabatier (ed.), Theories of the Policy Process. Colo.: Westview.

Saint-Jour, Y. 1980. Le Droit de la Sécurité Sociale. Paris: LGDJ.

Salamon, Lester M. and W. Sokolowski. 2016. Beyond nonprofits: Reconceptualizing the third sector. Voluntas. 27: 1515–1545.

Salamon, Lester M. 2002. The New Governance and the Tools of Public Action: An Introduction. in Lester M. Salamon (ed.), The Tools of Government: A Guide to the

New Governance. Oxford University Press.

Samuelson, Paul A. 1954. The Theory of Public Expenditure. Review of Economics and Statistics, 36: 386-389.

_____ 1958. An Exact Consumption-Loan Model of Interest with or without the Social Contrivance of Money. Journal of Political Economy, 66(6): 467-482.

Sandel, Michael J. 2009. Justice: What's the right thing to do? New York: Farrar, Straus and Giroux.

Saraceno, Chiara. 2013. Family policies. in Bent Greve (ed.) The Routledge Handbook of the Welfare State. Routledge Taylor and Francis Group: London and New York.

Saunders, Peter. 2010. Inequality and Poverty. in Francis G. Castles, Stephan Leibfried, Jane Lewis, Herbert Obinger and Christopher Pierson. (ed.), The Oxford Handbook of the Welfare State. Oxford University Press.

Sbordone, Argia, Tambalotti, Andrea, Rao, Krishna, and Walsh, Kieran. 2010. "Policy analysis using DSGE models: an introduction". FRBNY Economic Policy Review. 16(2).https://en.wikipedia.org/wiki/Dynamic_stochastic_general_equilibrium#cite_note-19.

Schick, Allen. 1966. The Road to PPB: The Stages of Budget Reform. Public Administration Review, 26(4): 243-258.

_____ 2006. "Twenty-five Years of Budgeting Reform", OECD Journal on Budgeting, Vol. 4/1. DOI: https://doi.org/10.1787/budget-v4-art4-en.

Schmidt, M. G. 2000. Demokratietheorien[Democratic Theories]. 3rd edition, Wiesbaden: VS Verlag für Sozialwissenschaften.

Schmidt, Vivien A. 2008. Discursive Institutionalism: The Explanatory Power of Ideas and Discourse. Annual Review of Political Science, Vol. 11.

Schneider, Anne L. and Helen Ingram. 1990. Behavioral Assumptions of Policy Tools. Journal of Politics, 52(2): 510-529.

Seibel, Wolfgang. 1996. Administrative Science as Reform: German Public Administration. Public Administration Review, 56(1): 74-81.

Seligman, Edwin R. A. 1895. Essays in Taxation. New York: Macmillan and Co.

Selznick, P. 1957. Leadership in Administration. New York: Harper and Row.

Sharpe, L. J. 2000. 'The United Kingdom: the disjointed meso' in L. J. Sharpe (ed.), The Rise of Meso Government in Europe, London: Sage, pp. 246-295.

Singer, Philip and Scott L. Greer, 2016. Social Policy in the United States. in Pete Alcock, Tina Haux, Margaret May and Sharon Wright. 2016. The Student's Companion to Social Policy. Wiley Blackwell. p. 476.

Sjöberg, Ola, Joakim Palme, and Eero Carroll. 2010. Unemployment Insurance. in Francis G. Castles, Stephan Leibfried, Jane Lewis, Herbert Obinger, and Christopher Pierson. (eds.) The Oxford Handbook of The Welfare State. Oxford University Press.

Skocpol, Theda and Dewin Amenta. 1988. Redefining the New Deal: World War II and the development of social policy in the United States. in Margaret Weir, Ann Schola Orloff and Theda Skocpol. (eds.), The politics of social policy in the United States. Princeton: Princeton University Press. pp. 81-122.

Skocpol, Theda. 1985. Bringing the state back in: Strategies of analysis in current research. in Evans P, Rueschemeyer D. and Theda Skocpol (eds.), Bringing the State Back In. New York and Cambridge: Cambridge University Press.

_____ 1987. "A Society without a 'State'? Political Organization, Social Conflict, and Welfare Provision in the United States." Journal of Public Policy 7(4): 349-371.

_____ 1992. Protecting Soldiers and Mothers: The Political Origins of Social Policy in the United States. Cambridge, Mass.: Harvard University Press.

Smith, Adam. 1761. Theory of Moral Sentiments (2nd edition), Strand & Edinburgh: A. Millar, A. Kincaid & J. Bell.

Smith, Herbert A., Donald W. Smithburg, and Victor A. Thompson. 1950. Public Administration. New York: Alfred A. Knopf, Inc.

Sørensen, E. and J. Torfing (eds.), 2007. Theories of Democratic Network Governance. Basingstoke: Palgrave.

Starke, Peter, Herbert Obinger, and Francis G. Castles. 2008. Convergence Towards Where: In what ways, if any, are welfare state becoming more similar? Journal of European Public Policy, 15(7): 975-1000.

Stein, Lorenz von. 1865-1884. Verwaltungslehre. Stuttgart. 8 volumes.

Steinmo, Sven. 1993. Taxation and Democracy: Swedish, British and American Approaches to Financing the Modern State. New Haven, CT: Yale University Press.

Steiss, Alan W. 2003. Strategic Management for Public and Nonprofit Organizations. CRC Press.

Steuerle, C. E. and G. Mermin. 1997. Devolution as seen from the budget. Series A, No. A-2. Washington DC: The Urban Institute.

Stigler, George J. 1972. "The Theory of Economic Regulation," BellJ. Econ., Spring, pp. 137-146.

Stiller, Sabina. 2010. Ideational Leadership in German Welfare State Reform: How Politicians and Policy Ideas Transform Resilient Institutions. Amsterdam University Press.

Stillman Ⅱ, Richard J. 1990. The Peculiar Stateless Origins of American Public Administration and the Consequences for Government Today. Public Administration Review, 50: 156-167.

_____ 2010. Public Administration: Concepts and Cases(9th edition). Wadsworth CENGAGE Learning.

Stöbe-Blossey, S. 2010. Soziale Dienste zur frühkindlichen Bildung and Betreuung. In A. Evers, R. Heinz, and T. H. Olk (eds.), Handbuch der Sozial Dienste. Wiesbaden: VS-Verlag.

Stoker, G. 1998. Governance as Theory: Five Propositions. International Social Science Journal. 50(1): 17-28.

Streeck, Wofgang and Kathleen Thelen. 2005. Beyond continuity: institutional change in advanced political economies. Oxford University Press.

Svara, J. H. 1985. Dichotomy and Duality: Reconceptualizing the relationship between policy and administration in council-manager cities. Public Administration Review, 45: 221-232.

Swank, D. 2002. Global Capital, Political Institutions, and Policy Change in Developed Welfare States, New York: Cambridge University Press.

_____ 2014. Globalization, the Welfare State and Inequality. in Christopher Pierson, Francis G. Castles and Ingela K. Naumann (eds.) The Welfare State Reader. Third Edition. Polity Press.

Taylor-Gooby, Peter (ed.), 2004. New Risks, New Welfare: The Transformation of the European Welfare State. Oxford: Oxford University Press.

Taylor-Gooby, Peter. 2016. Equality, Rights and Social Justice. in Pete Alcock, Tina Haux, Margaret May and Sharon Wright (eds.), the Student's Companion to Social Policy. Wiley Blackwell Press.

Temple, W. 1941. The state. In Citizen and Churchman. London: Eyre and Spottiswoode. Repr. in. Schottland. (ed.), The Welfare State. London: Harper and Row, 1967, pp. 20-24.

Thaler, Richard H. and Cass R. Sunstein. 2008. Nudge: Improving Decisions about Health, Wealth, and Happiness. London: Yale University Press.

Thelen, Kathleen A. 1999. Historical Institutionalism in comparative politics. Annual Review of Political Science, 2: 369-404.

Thelen, Kathleen A. and Sven Steinmo. 1992. "Historical Institutionalism in Comparative Politics." In Structuring Politics: Historical Institutionalism in Comparative Analysis, ed. Sven Steinmo, Kathleen Thelen, and Frank Longstreth, 1-32. New York: Cambridge University Press.

Thomson, A. and J. Perry. 2006. Collaboration Processes: Inside the Black Box. Public Administration Review, 66: 20-32.

Thorne, Kym. 2010. Does History Repeat? The Multiple Faces of Keynesianism, Monetarism, and the Global Financial Crisis. Administrative Theory & Praxis, 32(3): 304-326.

Tiebout, Charles. 1956. A Pure Theory of Local Expenditures. Journal of Political Economy, 64: 416-424.

Titmuss, Richard M. 1950. Problems of Social Policy(History of the Second World War: United Kingdom Civil Series). London: HMSO/Longmans.

_____ 1958. The Social Division of Welfare: some Reflections on a Search for Equity. in Essays on the Welfare State. London: Allen & Unwin.

_____ 1968. Commitment to Welfare. London: George Allen and Unwin Ltd.

_____ 1974. What is Social Policy?, in Brian Abel-Smith and Kay Titmuss (eds.). Social Policy: An Introduction, Chapter 2, New York, NY: Pantheon Books, A Division of Random House. pp. 23-32.

Townsend, Peter. 1979. Poverty in the United Kingdom. London: Allen Lane.

Tros, Frank and Ton Wilthagen. 2013. Flexicurity. in Bent Greve (ed.), The Routledge Handbook of the Welfare State. Routledge Taylor and Francis Group: London and New York.

Tucker, D. J. 1980. Coordination and Citizen Participation. Social Service Review, 54(1).

U.S. Congress Budget Office. 1993. Using Performance Measures in the Federal Budget Process. p.1-9.

United Nations Statistics Division. 2003. Handbook on nonprofit institutions in the system of national accounts. New York: UN Statistics Division.

United Nations. 2019. World Population Prospect. https://www.un.org/development/desa/publications/world-population-prospects-2019-highlights.html. search date: 2020. 4.5.

van den Bosch, Karel and Bea Cantillon. 2008. Policy Impact. in Michael Moran, Martin Rein, and Robert E. Goodin. (eds.), The Oxford Handbook of Public Policy. Oxford University Press. pp. 297-300.

Van Horn, Carl E. and Donald S. Van Meter. 1976. The Implementation of Intergovernmental Policy. in Charles O. Jones and Robert D. Thomas (eds.), Public Policy Making in a Federal System. Beverly Hills: Sage.

van Parijs, Philippe. 1995. Real Freedom for All: What if Anything Can Justify Capitalism? Oxford: Oxford University Press.

Vroom, Victor H. 1964. Work and Motivation. N. Y.: John Wiley and Sons.

Wagner, Adolph. 1893. Grundlegung der politischen Ökonomie. Erster Theil: Grundlagen der Volkswissenschaft. Leipzig: Winter.

Waldo, D. 1948. The Administrative State: A Study of the Political Theory of American Public Administration. New York: Ronald Press.

Waterston, Albert. 1965. Development Planning: Lessons of Experience. Baltimore: The Johns Hopkins Press.

Weathers, C. 2009. Business and Labor. In William M. Tsutsui, ed., A Companion to Japanese History.

Weaver, R. Kent . 1986. The Politics of Blame Avoidance. Journal of Public Policy, 6(4): 371-398.

Weber, Max. 1921. "Politik als Beruf," Gesammelte Politische Schriften (Muenchen, 1921), pp. 396-450.

_____ 1922. Wirtschaft und Gesellschaft, part III, chap. 6, pp. 650-678. in Gerth, H.H. and C. Wright Mills. 1946. (Translated and edited), From Max Weber: Essays in Sociology, pp. 77-128, New York: Oxford University Press.

Weight, Sharon. 2016. Divisions and Difference. in Pete Alcock, Tina Haux, Margaret

May and Sharon Wright (eds.), the Student's Companion to Social Policy. Wiley Blackwell Press.

Weiss, Carol Hirschon and Johanna Birckmayer. 2008. Social experimentation for public policy. in Michael Moran, Martin Rein, and Robert E. Goodin. (eds.), The Oxford Handbook of Public Policy. Oxford University Press.

Weiss, John H. 1983. Origins of the French Welfare state: Poor Relief in the Third Republic, 1871~1914. French Historical Studies, 13(1): 47-78.

Wendt, Claus. 2013. Healthcare of the Welfare State. in Bent Greve (ed.), The Routledge Handbook of the Welfare State. Routledge Taylor and Francis Group: London and New York.

Wernham, R. 1984. Bridging the Awful Gap between Strategy and Action. Long Range Planning, 17.

West, Anne. 2016. Education in Schools. in Pete Alcock, Tina Haux, Margaret May and Sharon Wright (eds.), the Student's Companion to Social Policy. Wiley Blackwell Press.

Westinghouse Learning Corporation and Ohio University. 1969. The Impact of Head Start: An Evaluation of the Effects of Head Start on Children's Cognitive and Affective Development. Vols. 1 and 2. Report to the Office of Economic Opportunity. Athens, OH: Westinghouse Learning Corporation and Ohio University.

Whiteside, Noel. 2016. The Liberal Era and the Growth of State Welfare. in Pete Alcock, Tina Haux, Margaret May and Sharon Wright (eds.), the Student's Companion to Social Policy. Wiley Blackwell Press.

Whitfold, Andrew B. 2012. Strategy, Structure and Policy Dynamics. in B. Guy Peters and Jon Pierre (eds.), The Sage Handbook of Public Administration. London: Sage.

Wiggan, Jay. 2016. Austerity Politics. in Pete Alcock, Tina Haux, Margaret May and Sharon Wright (eds.), the Student's Companion to Social Policy. Wiley Blackwell Press.

Wildavsky, Aaron. 1961. Political Implications of Budgetary Reform. Public Administration Review, 21(4): 183-190.

_____ 1969. Rescuing Policy Analysis from PPBS. Public Administration Review, 29(2): 189-202.

_____ 1987. Speaking Truth to Power: The Art and Craft of Policy Analysis. New

Brunswick, NJ: Transaction.

Wilensky, Harold L. 1975. The Welfare State and Equality: Structural and Ideological Roots of Public Expenditures. Berkeley: University of California Press.

Wilensky, Harold L. and C. N. Lebeaux. 1958. Industrial Society and Social Welfare. New York: Russell Sage.

Willoughby, William, F. 1918. The Movements for Budgetary Reform in the States New York. D. Appleton and Company for the Institute for Government Research. pp. 1–18.

Wilson, Woodrow. 1887. The Study of Administration. Political Science Quarterly, 2: 197–222.

Wilthagen, T. and F. Tros. 2004. The concept of 'flexicurity'. A new approach to regulating employment and labour markets, Transfer, 10(2): 166–186.

Winter, Søren. 1990. Integrating Implementation Research. in Dennis J. Palumbo and Donald J. Castila (eds.), Implementation and the Public Policy Process. New York: Greenwood Press, pp. 19–38.

Wong, Joseph. 2004. Healthy Democracies: Welfare Politics in Taiwan and South Korea. Ithica, NY: Cornell University Press.

Wood, Arthur Lewis. 1944. The Structure of Social Planning. Social Forces, 22(4): 388–398.

Wood, Dan and Richard Waterman. 1994. Bureaucratic Dynamics: The Role of Bureaucracy in a Democracy. Boulder: Westview Press.

World Economic Forum. 2006. Blended Value Investing: Capital Opportunities for Social and Environmental Impact.

Wright, Deil S. 1974. Intergovernmental Relations: An Analytical Overview. Annals of the American Academy of Political Science. Vol. 416: 1–16.

Wright,Sharon. 2016. Divisions and Difference. in Pete Alcock, Tina Haux, Margaret May and Sharon Wright (eds.), the Student's Companion to Social Policy. Wiley Blackwell Press. p. 220.

Yeates, Nicola. 2016. Globalisation, International Organisations and Social Policy. in Pete Alcock, Tina Haux, Margaret May and Sharon Wright (eds.), the Student's Companion to Social Policy. Wiley Blackwell Press.

Zimmerrn, A. 1934. Quo Vadimus. Oxford: Oxford University Press.

大霞会. 1980. 『内務省史』 第三巻. 原書房.

中野晃一. 2013. 『戦後日本の国家保守主義 内務・自治官僚の軌跡』. 岩波書店.

増田寛也. 2014. 地方消滅 東京一極集中が招く人口急減. 中央公論新社.

■ 인터넷 검색

○ Alternatives économiques, n° 250, septembre 2006, pp. 87-88.
https://fr.wikipedia.org/wiki/Minist%C3%A8re_du_Travail_(France) (검색일: 2019.12.7.)

○ Bundesministerium der Finanzen. 2008. The Federal Budget System of the Federal Republic of Germany.
www.bundesfinanzministerium.de/Content/DE/Standardartikel/Themen/Oeffentliche_Finanzen/Bundeshaushalt/Haushaltsrecht_und_Haushaltssystematik/das-system-der-oeffentlichen-haushalte-anl-engl.pdf?__blob=publicationFile&v=2. (검색일: 2013.11.30.)

○ Civil Service Statistics of UK, 2018.
https://www.gov.uk/government/collections/civil-service-statistics) (검색일: 2020.8.9.).

○ Government Office of Sweden. 2013. How Sweden is governed?
https://www.government.se/information-material/2013/10/how-sweden-is-governed/ (검색일: 2020.4.3.)

○ 경향신문 2019. 2. 29. 토요판
http://news.khan.co.kr/kh_news/khan_art_view.html?artid=201902190600035&code=940100) (검색일: 2020.8.9.)

○ 독일 사회보장기여금
https://www.lohn-info.de/sozialversicherungsbeitraege2019.html. (검색일: 2020.8.9.)

○ 로컬 프랑스 신문
https://www.thelocal.fr/20190920/five-things-you-need-to-know-about-trade-unions-in-france (검색일: 2019.12.7.)

○ 문화일보 2019.10.8.
http://www.munhwa.com/news/view.html?no=2019100801070603020001 (검색일: 2020.8.9.)

○ 브리태니카 복지국가 개념
https://www.britannica.com/topic/welfare-state (검색일: 2019.7.25.)

○ 브리태니카 정부예산 개념 (https://www.britannica.com/topic/government-budget) (검색일: 2020.8.9.)

○ 스웨덴 정부 예산
https://www.government.se/articles/2019/09/central-government-budget-in-figures/ (검색일 2020.4.2.)

○ 스웨덴 정부 입법과정
https://www.government.se/how-sweden-is-governed/swedish-legislation---how-laws-are-made/ (검색일: 2019.12.8.)

○ 연합뉴스. 2019. 11. 6.
https://www.yna.co.kr/view/AKR20191106053700017?input=1195m

○ 위키피디아 독일 사회보장(https://de.wikipedia.org/wiki/Sozialversicherung) (검색일: 2020.8.9.)

○ 위키피디아 독일 연방 가족, 노인, 여성, 청소년부
https://en.wikipedia.org/wiki/Federal_Ministry_of_Family_Affairs,_Senior_Citizens,_Women_and_Youth (검색일: 2019.12.6.)

○ 위키피디아 미국 연방 행정부
https://en.wikipedia.org/wiki/United_States_federal_executive_departments (검색일: 2019.8.25.)

○ 위키피디아 일본 내무성
https://ja.wikipedia.org/wiki/%E5%86%85%E5%8B%99%E7%9C%81_(%E6%97%A5%E6%9C%AC (검색일: 2019.12.10.)

○ 위키피디아 프랑스 내무부
https://fr.wikipedia.org/wiki/Minist%C3%A8re_de_l%27Int%C3%A9rieur_(France) (검색일: 2019.12.7.)

○ 위키피디아 한국 교육부
https://ko.wikipedia.org/wiki/%EB%8C%80%ED%95%9C%EB%AF%BC%EA%B5%AD_%EA%B5%90%EC%9C%A1%EB%B6%80 (검색일: 2019.12.12.)

○ 위키피디아 한국 보건사회부
https://ko.wikipedia.org/wiki/%EB%8C%80%ED%95%9C%EB%AF%BC%EA%B5%AD_%EB%B3%B4%EA%B1%B4%EC%82%AC%ED%9A%8C%EB%B6%80 (검색일: 2019.12.12.)

○ 위키피디아 한국 여성가족부

https://ko.wikipedia.org/wiki/%EB%8C%80%ED%95%9C%EB%AF%BC%EA%B5%AD_%
EC%97%AC%EC%84%B1%EA%B0%80%EC%A1%B1%EB%B6%80 (검색일: 2019.12.12.)
○ 일본 내각인사국
http://www.cas.go.jp/jp/gaiyou/jimu/jinjikyoku/satei_03.html (검색일: 2019.12.12.)

찾아보기

ㄱ

저자약력

유현종은 서울대학교 법과대학을 졸업하고, 서울대학교 행정대학원에서 행정학 석사 및 박사 학위를 취득하였다. 입법고시(제17회)와 행정고시(제45회)에 합격하여 국회사무처, 법제처(파견), 중앙선거관리위원회 등에서 근무하였고, 현재는 보건복지부에서 근무하고 있다. 서울대학교 행정대학원 시간강사, 캐나다 몬트리올의 International Center for Innovation and Knowledge Transfer on the Social and Solidarity Economy에 방문연구원(visiting researcher)으로 있었으며, 「한국행정학보」, 「한국정치학회보」, 「행정논총」 등의 학술지에 다수의 논문을 발표하였고, 공저로 「현대국가의 행정학(제2판)」이 있다.

사회정책론: 비교 역사 및 제도적 접근

2020년 9월 1일 초판 인쇄
2020년 9월 10일 초판 발행

저 자 유 현 종

발 행 인 배 효 선

발행처 도서출판 法 文 社

주 소 10881 경기도 파주시 회동길 37-29
등 록 1957년 12월 12일 / 제2-76호(윤)
전 화 (031)955-6500~6 FAX (031)955-6525
E-mail (영업) bms@bobmunsa.co.kr
(편집) edit66@bobmunsa.co.kr
홈페이지 http://www.bobmunsa.co.kr

조 판 법 문 사 전 산 실

정가 35,000원   ISBN 978-89-18-91142-7